本书荣获中国大学出版社协会优秀教材奖

高等院校应用型本科“十一五”规划教材

市场营销学

（第2版）

主　编　梁士伦　李　懋
副主编　杨奇星　郑灿雷
伍燕妩　周桂华

武汉理工大学出版社

内 容 提 要

本教材从当代市场营销的理论与实践出发,博采众长,注重市场营销学基本原理与实务操作的紧密结合,注重实际教学与实践经验的融入。内容上既注重市场营销学基础知识、基本原理体系的阐述,又特别注重实践训练和综合能力的培养,突出强调了市场营销的实践性、应用性和可操作性。全书共十八章,可分为六大部分:总论、市场研究、战略研究、策略研究、营销执行、营销创新。为方便自学和实践练习,结合内容穿插了大量的小案例,每章后除设有小结和复习思考题外,还附有案例分析和实训题,同时还开发了与本书配套的教学课件。

本教材系统性强、信息量大、案例丰富、时代感强,适合高等院校经济管理类相关专业教学使用,也可作为广大营销工作者以及社会自学者的参考书。

图书在版编目(CIP)数据

市场营销学/梁士伦,李懋主编.—2版.—武汉:武汉理工大学出版社,2013.8
(2019.12重印)
高等院校应用型本科"十一五"规划教材
ISBN 978-7-5629-3994-8

Ⅰ.①市… Ⅱ.①梁… ②李… Ⅲ.①市场营销学-高等学校-教材 Ⅳ.①F713.50

中国版本图书馆CIP数据核字(2013)第197109号

项目负责人:崔庆喜(027-87523138)　　**责任编辑**:楼燕芳
责任校对:雷　蕾　　**装帧设计**:吴　极
出版发行:武汉理工大学出版社
社　　址:武汉市洪山区珞狮路122号
邮　　编:430070
网　　址:http://www.wutp.com.cn
经　　销:各地新华书店
印　　刷:武汉市籍缘印刷厂
开　　本:787×1092　1/16
印　　张:25
字　　数:624千字
版　　次:2013年8月第2版
印　　次:2019年12月第3次印刷　　总第7次印刷
印　　数:15001—16000册
定　　价:39.00元

凡使用本教材的教师,可通过E-mail索取教学参考资料。
E-mail:wutpcqx@163.com
本社购书热线电话:027-87384729　87664138　87165708(传真)

高等院校应用型本科“十一五”规划教材

出　版　说　明

应用型本科院校是我国高等教育发展的重要组成部分。加强教材建设特别是适应应用型本科特点和教学要求的应用型教材建设，是实现应用型本科院校长期稳步发展的基本保障，也是体现其办学特色的基本要求。

为了满足应用型本科院校对教材的需要，武汉理工大学出版社经过广泛、深入的调研，决定组织编写一套定位准确、具有特色、适合应用型本科教学的“高等院校应用型本科‘十一五’规划教材”。本系列教材将分期、分批出版。

本系列教材具有以下特色：

1. 教材内容围绕本科生所要掌握的基本知识与概念展开；

2. 内容编写淡化学术研究成分，在章节的编排上先易后难，既要低起点，又要有坡度、上水平，特别注重对学生应用能力的培养，增加案例教学；

3. 教材内容的设计打破了研究型教材从“绪论”、“概念”、“论述”等入手的传统套路，以具体案例(问题)为诱饵，引出相关知识与理论，保证让应用型本科生能接受到最新鲜、最前沿的知识。

我们愿与各校教师真诚合作，共同努力，为我国应用型本科院校的教学工作与教材建设做出更大的贡献。

武汉理工大学出版社

高等院校应用型本科“十一五”规划教材

编　委　会

第 2 版前言

市场营销学是一门建立在经济学、管理学、行为科学等学科基础上的应用科学，从 20 世纪初诞生以来，在全世界范围内得到了迅速的传播和普及。虽然市场营销学在我国出现的时间还不算长，但其对社会经济发展和企业经营具有无可替代的指导意义，其理论、方法和技巧被广泛应用于企业和各种非营利性组织，已涉及社会生活的各个方面，社会对营销人员的需求一直保持持续高速增长态势，市场营销专业也因此成为了各类别、各层次高校的热门专业。1999 年，教育部首次将市场营销学列为高等院校工商管理类专业的核心课程。目前，市场营销学不仅是各级各类高等院校经济与管理类专业的必修课程，也是各高校的热门选修课程。

市场营销学研究以满足市场需求为中心的企业营销活动及其规律性，是一门理论性、综合性、实践性很强的学科。课程的开设，旨在使学生通过系统的学习，掌握市场营销学的基本理论和基本方法，了解分析和解决市场营销问题的基本逻辑，从而培养学生从事市场营销活动的基本能力，并为学习其他专业课程奠定基础。市场营销学的实践性很强，是一门不断发展和完善的新学科。因此，在学习与研究市场营销学原理时，需要将理论与实践紧密结合，注重实践，强调运用；既要遵循其自身的理论框架，又要不断地进行理论创新，使市场营销学的内容不断丰富与发展。基于此，我们进行了一系列的探索和尝试，紧紧围绕培养高素质应用型营销人才的目标，在长期的教学实践中形成了一整套科学、系统、成熟的学科体系，并不断地吸取最新的研究和实践成果。第 2 版是在第 1 版的基础上经过精心的修订、完善与补充而成，更符合教学与实践的要求。本教材共十八章，分为六大部分：总论、市场研究、战略研究、策略研究、营销执行、营销创新。

本教材的主要特点是：

1. 重基础、重原理、重知识面。作为工商管理类专业的核心课程，市场营销学课程注重基础知识、基本原理体系的学习和掌握，教材中适当介绍学科的前沿知识，反映营销管理方法和经营理念的变化，体现教材的先进性、科学性。

2. 重实践、重综合能力的培养。教材试图突破“黑板上搞营销，教室里做市场”的现状，改变了传统教材过分强调其理论性的一面，突出了原理的应用，注重对学生综合能力的培养，尤其是突出学生实际应用能力的培养。在教材中围绕主题穿插了一些来自实际的小案例作为范例，以启发读者将教材中的相关原理与实践相结合，通过大量的、系列化的实例的介绍，激发学生的求知欲望，启迪学生的创新意识，提高学生的综合素质与解决实际问题的能力。

3. 突出对中小型企业营销案例的分析。充分考虑到了本科层次大学毕业生绝大多数到中小企业就业的现实，穿插在教材之中的近两百个案例主要取材于中小企业。

4. 每章均在开篇列明本章学习提示，结尾对全章进行系统小结，并编写了相应的复习思考题和案例，便于读者学习和掌握。编写组还计划在本版的基础上编写出版配套的案例与习题集和市场营销课程实训教程，以更好地突出本课程的实战性。

5. 为适应多媒体教学的需要，开发了与本教材配套的多媒体教学课件。

本教材吸收了编写组近几年教学实践的成果，是集体智慧的结晶。参加本教材修编的均是长期使用本教材、在高校多年从事市场营销学教学和研究的专业教师，从而保证了教材的质量。其中第一、二、五、六、十八章由郑灿雷修编，第三、四、八、十六、十七章由杨奇星修编，第七、九、十、十一章由周桂华修编，第十二、十三、十四、十五章由伍燕妩修编。全书由梁士伦教授负责确定统一的修编大纲和具体要求，并对全书进行了系统的修改和总纂定稿。

在本教材的修编过程中，电子科技大学副校长马争教授、中山学院院长助理刘长坤教授、中山职业技术学院副院长李懋教授等给予了特别的关心和具体指导，在出版过程中得到了武汉理工大学出版社有关部门和编校人员的大力帮助与支持，在此一并表示衷心的感谢。同时，作者还参考了国内外具有代表性的相关著作和大量学者的科研成果，在此对各位原著作者致以诚挚的敬意！

限于作者的水平，本书仍然存在不足和错误之处，敬请各位专家、学者和广大读者批评指正。

编　者

2013 年 2 月于中山市经济研究院

目　录

第一章　市场营销概述

本章学习提示

通过本章的学习，你应该能够：掌握市场及市场营销的核心概念；了解市场营销学的产生与发展以及在我国的传播；理解市场营销学的性质及研究对象；了解研究市场营销学的意义与方法。

导引案例

鞋对不穿鞋的人有什么用？

美国一家制鞋公司派它的财务人员到一个非洲国家去了解公司的鞋能否找到销路。一个星期后，这位财务人员打电报回来说："这里的人不穿鞋，因而没有市场。"

制鞋公司决定派最好的销售员到这个国家对此进行仔细调查。一个星期后，销售员打电报回来说："这里的人不穿鞋，因此是一个巨大的市场。"

制鞋公司总经理为弄清情况，再派他的营销副总经理去解决这个问题。两个星期后，营销副总经理打电报回来说："这里的人不穿鞋，然而他们有脚病，穿鞋对脚会有好处。无论如何，我们必须再行设计我们的鞋子，因为他们的脚比较小。我们必须在教育他们懂得穿鞋有益方面花费一笔钱。我们首先必须得到部落首领的合作。这里的人没有什么钱，但是他们生产有我未曾尝过的最甜的菠萝，我估计鞋的潜在销售需要三年以上的时间，我们的一切成本将包括推销菠萝给一家欧洲超级连锁市场的费用。结论是，我们可获得投资报酬的30%的利润。我认为，我们应该去开拓这个市场。"

伴随着社会经济发展和企业经营管理需要而形成的市场营销学，是20世纪发展速度最快、应用范围最广的管理学科之一。面对经济全球化和经营管理知识化、信息化的全面挑战，市场营销的理论与实践也正在不断创新、发展，以适应新的、更为急剧变化的世界市场环境要求。当代市场营销理论及其实施，正推动企业界以市场为导向，以知识为基础，强化市场营销职能，通过"学习"过程不断追求卓越。

第一节　市场与市场营销

一、市场概述

要研究市场营销学，首先必须明确什么叫市场，它是怎样产生与发展的，这是我们研究市场营销学的前提。市场在生产、分配、交换和消费中具有什么样的功能和作用，各类市场的内容、特点以及它们之间的内在联系如何,等等,弄清这些问题,有利于进一步对市场营销学进行研究,有利于企业采取正确的营销策略达到企业营销的目标。

(一)市场的含义

从人类社会发展的历史来看,并不是从一有人类社会开始就有市场的。市场是社会分工和商品生产的产物。人们对市场的认识随着生产力的发展和社会分工的扩大而不断深化、充实和完善。市场的含义随着商品经济的发展而不断发生变化,在不同的历史时期、不同的场合,具有不同的含义。

1. 市场是商品交换的场所

"市场"最初的含义是指商品交易的场所,"市"就是买卖,"场"就是场所,"市场"即买者和卖者于一定的时间聚集在一起进行交换的场所。因此,市场就是交易的场所,这是市场最古老的定义。当时生产力水平低下,人类的交换是物物交换,这样就要求交换的双方必须在约定的时间和地点进行交换。例如我国古代文献中记载有"神农之市,日中为市……致天下之民,聚天下之货,交易而退,各得其所"。一定的时间和空间为物物交换创造了条件,但又同时限制了物物交换。

2. 市场是商品交换关系和供求关系的体现

市场的概念随着劳动分工的细化、货币职能的完善和科技的进步发生了转变。由于社会分工的发展,每个生产者的生产活动不仅仅是满足自己的需要。生产者一方面为满足自己的需求而生产产品,同时也为他人的需求提供商品,从而出现了专门实现商品交换的商品流通职业以及其从业者,他们起到沟通供方和需方的作用。货币职能的完善突破了原始物物交换的限制,为每一种类商品的规模经营提供了条件,大大刺激了商品交换的意愿,带动劳动分工的进一步细化,同时也催生了一个新的概念——价格,使得不同商品之间进行价值的比较有了一个统一的标准。另外,随着科学技术的进步,商品交换并不固定局限在某些场所,供需双方可以通过互联网、电话、电报、邮汇、电汇、传真等多种形式和方式达到商品交换的目的,因而,再将对市场的认识局限于"商品交换的场所"显然不能满足社会发展的需要。为了更好地认识供求关系随着价格变化的规律,经济学上通常将市场定义为"通过相互作用决定一种或一系列产品价格的买卖双方的集合,是商品交换关系和供求关系的体现"。如"垄断市场"反映的就是一种供求关系,而不单纯指买方或卖方。

3. 市场是现实和潜在的购买者

站在市场营销者的角度来讲,将市场定义为买卖双方的集合显然太过空泛,因此,在市场营销学中,我们沿用菲利普·科特勒对市场的定义:"市场是由一切具有特定欲望和需求并且愿意和能够以交换来满足这些需求的潜在顾客所组成。"由以上含义我们知道,市场是一个动态的组合的概念,但应突出消费者的需求,因而构成市场的因素是人口、购买动机及购买力。这三个要素同时并存,缺一不可,任何一个因素的变化都会影响市场规模与容量大小的变化。可用一个函数式表示,即市场规模与容量是人口、购买动机、购买力的函数,其中,人口是决定市场规模与容量大小的最活跃的基本因素。一般来说,人口越多,市场的规模和容量就越大,反之则小;但仅有人口,而人口的购买力水平不高,也不能构成理想的市场;同时,虽然人口多,购买力亦强,但消费者将货币储蓄起来,或者因商品不适合消费者的需求,不能引起他们的购买欲望,对卖方来说,仍然构不成现实的市场。因此,市场的三要素缺一不可,可用公式表示为:

市场＝人口＋购买力＋购买欲望

(二)市场的功能

在商品经济条件下，市场的功能就是市场机体所具有的客观职能，它表现为市场机体所从事的具体活动。具体来说，市场具有以下三大功能：

1. 交换功能

交换功能即市场通过自身的活动方式和各种机构，使商品的交易各方转移彼此对商品的所有权。商品生产者出售商品的活动，消费者购买商品的活动，都是通过市场进行的。他们之间通过多次购销活动使商品所有权在交换当事人之间不断转手，完成商品交换，实现商品的使用价值。

2. 分配功能

分配功能即市场通过自身的运行和各类机构实现商品实体位置的转移。在一般情况下，商品需经过运输、存储、包装等环节，从而转移到消费者那里，实现消费者对各类商品的需求。

3. 服务功能

服务功能即市场通过各种与商品交换有关的辅助机构，如物流公司、银行、咨询公司、信托投资公司、保险公司等来促进和保证商品生产、流通与消费的顺利实现。比如借助金融机构来为生产者或消费者提供资金融通，使商品生产和交换顺利开展。

二、市场营销的基本概念

(一)市场营销的定义

不少学者曾对“市场营销”一词下过各种不同的定义，并力图使自己的定义恰如其分地表达出市场营销的实际科学含义。由于各人的观点和出发点不同，人们对“市场营销”一词有各种各样的概述。本教材将使用一个较宽、较具综合性的市场营销定义，即采用现代营销之父——菲利普·科特勒对营销做出的定义：市场营销是企业为从顾客处获得利益回报而为顾客创造价值并与之建立稳固关系的过程。为更好地理解这一定义的内涵，需要读者了解如图1-1所示的一系列概念。

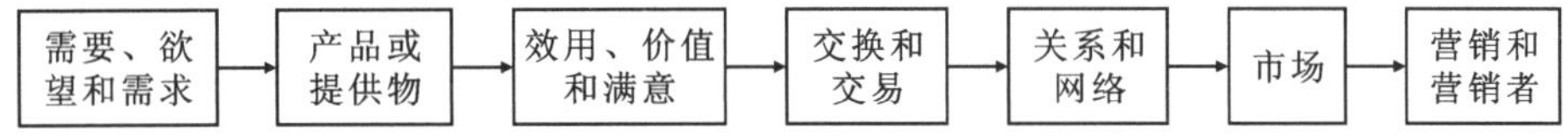

图1-1　市场营销的核心概念

1. 需要、欲望和需求

市场营销的核心概念告诉我们，市场交换活动的基本动因是满足人们的需要和欲望。“需要”(Needs)、“欲望”(Wants)、“需求”(Demands)三个看来十分接近的词汇，其真正的含义是有很大差别的。“需要”是指人们在生理上、精神上或社会活动中所产生的一种无明确指向性的满足欲，就如饥饿了想寻找“食物”，但并未指明是“面包”、“米饭”还是“馒头”；而这一指向一旦得到明确，“需要”就变成了“欲望”；而对企业的产品而言，有购买能力的“欲望”才是有意义的，才能真正构成对企业产品的“需求”。有这样的认识对企业十分重要。

2. 产品或提供物

任何需要的满足都必须依靠适当的产品，好的产品可以更好地满足需要，从而也就能在市场上具有较强的竞争力，实现交换的可能性也更大。产品不仅是指那些看得见、摸得着的物质产品,也包括那些同样能使人们的需要得到满足的服务甚至创意,我们把所有可通过交换来满足他人需要的事物统称为“提供物”。

案例1-1 任天堂初创于1889年,当时仅是一个小作坊,专做纸牌,后发展到做扑克、麻将、象棋等,在很长一段时间里维持着小本经营,并无多大起色。

1975年,日本兴起电子热,任天堂清楚地看到电子产业是未来的经济基石,而游戏业恰恰能利用电子的优势。于是,任天堂大力投资开发电子游戏,1977年就开发出面向家庭的录像游戏机软件,随后又相继开发出游戏软盘、大型游戏机及液晶电子游戏与数字表盘结合的游戏表,从而使任天堂进入了一个新的时代。

3.效用、价值和满意

在对能够满足某一特定需要的一组产品进行选择时,人们所依据的标准是各种产品的效用和价值。效用是消费者对满足其需要的产品的全部效能的估价,是指产品满足人们欲望的能力。效用实际上是一个人的自我心理感受,它来自人的主观评价。

案例1-2 某消费者到某地去的交通工具可以是自行车、摩托车、汽车、飞机等,这些可供选择的产品构成了产品的选择组合。又假设某消费者要求满足不同的需求,即快速、安全、舒适及节约成本,这些构成了其需求组合。这样,每种产品有不同的能力来满足其不同的需要,如自行车省钱,但速度慢,欠安全;汽车速度快,但成本高。消费者要选择一项最能满足其需要的产品,为此需要将产品按照满足需求的程度进行排列,从中选择出最理想的产品,它对顾客而言效用最大。如顾客到某目的地所选择理想产品的标准是安全、速度,他可能会选择汽车。

顾客价值是指顾客通过购买商品所得到的效用和顾客花费的代价的差额。人们是否购买某产品并不仅仅取决于该产品的效用,还取决于人们获得效用的代价。人们在获得使其需要得以满足的产品效用的同时,必须支付相应的费用,这是市场交换的基本规律,也是必要的限制条件。市场交换能否顺利实现,往往取决于人们对效用和代价的比较。如果人们认为产品的效用大于其支付的代价,再贵的商品他们也愿意购买;相反,如果人们认为支付的代价大于产品的效用,再便宜的东西他们也不会要,这就是人们在交换活动中的价值观。

市场经济的客观规律告诉我们,人们只会去购买有价值的东西,并根据效用和代价的比较来认识价值的实现程度。人们在以适当的代价获得了适当的效用的情况下,才会有真正的满足;而当感到以较小的代价获得了较大的效用时,则会十分满意;只有在交易中感到满意的顾客才可能成为企业的忠实顾客。所以,企业不仅要为顾客提供产品,更必须使顾客感到在交换中价值的实现程度比较高,这样才可能促使市场交易的顺利实现,才可能建立企业的稳定市场。当然,顾客的满意程度还和期望有关,这一点将在后续章节深入讨论。

4.交换、交易和关系

人们实际上可以通过四种方式获得他们所需要的东西:一是自行生产,获得自己的劳动所得;二是强行索取,不向对方支付任何代价;三是向人乞讨,同样无需作出任何让渡;四是进行交换,以一定的利益让渡从对方获得相当价值的产品或满足。市场营销活动仅是围绕第四种方式进行的。从交换(Exchange)实现的必要条件来看,必须满足以下几条:①至少要有两方;②每一方都有被对方认为有价值的东西;③每一方都能沟通信息和传送物品;④每一方都可以自由接受或拒绝对方的产品;⑤每一方都认为与另一方交换是适当的或是称心如意的。可以看到,需要的产生才能使交换成为有价值的活动,产品的产生才能使交换成为可能,而价值的认同才能使交换最终实现。市场营销最终是为“交换”服务的,因“交换”才有意义的。所以说

“交换”是市场营销概念中的核心要素。如何通过克服市场交换障碍，顺利实现市场交换，进而达到实现企业和社会经济效益之目的，是市场营销学研究的核心内容。

交易(Transactions)是指双方以货币为媒介的价值交换。交易的最终实现需要双方对意向和承诺的完全履行，市场营销的直接目的就是为了实现买卖双方的交易。

在现代市场营销活动中，企业为了稳定自己的销售业绩和市场份额，希望能将自己与顾客群体之间的交易关系长期地保持下去，并得到不断的发展。而要做到这一点，企业市场营销的目标就不能仅仅停留在一次交易的实现上，而应当通过营销的努力来发展同供应商、经销商和顾客之间的关系，使交易关系能长期稳定地保持下去。从 20 世纪 80 年代开始，对顾客关系的重视终于使“关系营销”成为一种新的概念和理论充实到市场营销学的理论体系中来。“关系营销”和“交易营销”的主要区别在于其把研究的重点由单纯研究交易活动的实现转变为研究交易关系的保持和稳定以及顾客关系的维护和管理，我们将在第十八章中具体讨论这方面的问题。

5. 市场营销者

在交换双方中，如果一方比另一方更主动、更积极地寻求交换，我们就将前者称为市场营销者，后者称为潜在顾客。换句话说，所谓市场营销者，是指希望从别人那里取得资源并愿意以某种有价值的东西作为交换的人。市场营销者可以是卖方，也可以是买方。当买卖双方都表现积极时，可以把双方都称为市场营销者，并将这种情况称为相互市场营销。

(二)宏观市场营销与微观市场营销

市场营销的概念还可以分别从宏观与微观两个角度去认识。

宏观市场营销是以整个社会经济系统为出发点和基础来研究市场营销。其研究重点在于产品和服务如何能最为经济地从生产领域进入消费领域，并使社会的供应和需求达到有效的平衡。其涉及如何建立一种使资源和产品在社会组织和个人中得以合理分配的经济体系。宏观市场营销要求通过买卖功能、储运功能、规范功能、金融功能、风险承担功能以及市场信息功能的发挥，创造出产品的形态效用(服务效用)、时间效用、空间效用和持有效用，以满足社会和个人在各种时间和地点所产生的各种需要，并促使整个社会经济系统得以正常运行。

微观市场营销以个别企业为出发点和基础，研究的重点是企业如何利用其有限的资源创造出能满足消费者需要的产品和服务，并通过有效的市场活动(分销和促销)实现同消费者的交换，同时实现企业的经济利益等一系列问题。一些营销学者将其归纳为如何在适当的时间(Right Time)、适当的地点(Right Place)，以适当的价格(Right Price)和适当的方式(Right Pattern)，将适当的产品(Right Product)销售给适当的顾客(Right Customer)的“6R 模式”。

在一般情况下，微观市场营销是人们研究的重点，宏观市场营销常常是作为微观市场营销的环境因素来加以研究的。

三、市场营销与企业职能

迄今为止，市场营销的主要应用领域是企业。在市场经济体系中，企业存在的价值在于它能有效地提供满足顾客需要的商品。因此，管理大师彼得·德鲁克(Peter F. Drucker)指出：“企业的基本职能只有两个，就是市场营销和创新。”这是因为：

(1)企业作为交换体系中的一个成员，必须以顾客的存在为前提。

(2)顾客决定企业的本质。只有顾客愿意花钱购买产品和服务，才能使企业资源变成财富。

(3)企业最显著、最独特的职能是市场营销。

因此,市场营销不仅以其创造的产品和服务去占领市场,而且将企业与其他类型的组织区分开来,不断促进企业将市场营销概念贯彻于每一个部门,将市场营销作为企业的核心职能。

第二节 市场营销学的产生与发展

一、市场营销学的产生

人类的市场营销活动从市场出现之初就开始了。但在20世纪之前,市场营销尚未形成一门独立的学科。进入19世纪,伴随着资本主义经济的发展,资本主义矛盾日趋尖锐,频频爆发的经济危机迫使企业日益关心产品销售,千方百计地应付竞争,并在实践中不断探索市场营运的规律。到19世纪末20世纪初,世界主要资本主义国家先后完成了工业革命,从自由竞争向垄断资本主义过渡。垄断组织加快了资本的积聚和集中,使生产规模扩大。这一时期,泰罗以提高劳动生产率为主要目标的"科学管理"理论、方法应运而生,并受到普遍重视。一些大型企业由于实施科学管理,促使产品迅速增加,进而对流通领域也产生了巨大影响,对相对狭小的市场需要有了更精细的市场营销。同时,科学技术的发展也使企业内部计划与组织变得更为严密,从而有可能运用现代化的调查研究方法预测市场变化趋势,制订有效的生产计划和销售计划,控制和调节市场销售量。在这种客观需要与可能条件下,市场营销学作为一门独立的学科诞生了。市场营销学于20世纪创建于美国,后来流传到欧洲各国、日本和其他国家,在实践中不断完善和发展。市场营销学的形成时段为1900—1930年。

20世纪之前,美国学者已经发表和出版了一些论著,分别论述了产品分销及推销、商业广告、定价、产品设计和实体分配等专题。到20世纪初,一些学者如阿克·肖(Arch W. Shaw)、爱德华·琼斯(Edward D. Jones)、拉尔夫·斯达·巴特勒(Ralph Star Butler)、詹姆斯·海杰蒂(James E. Hagerty)等人,将上述问题综合起来,形成一门市场营销学科。1902—1905年,密歇根州大学、加利福尼亚州大学、伊里诺斯州大学和俄亥俄州大学等相继开设了市场营销课程。1910年,执教于威斯康星大学的巴特勒教授正式出版《市场营销方法》一书,首先使用市场营销作为学科名称。而后,弗莱德·克拉克(Fred E. Clark)于1918年编写了《市场营销原理》讲义,被多所大学用作教材并于1922年出版。邓肯也于1920年出版了《市场营销问题与方法》。

这一时期的市场营销学,其内容局限于流通领域,真正的市场营销观念尚未形成。然而,将市场营销从企业生产活动中分离出来做专门研究,无疑是一个创举。

二、市场营销学的发展

1929—1933年的资本主义经济危机震撼了整个资本主义世界。生产严重过剩,产品销售困难,已直接威胁企业生存。从20世纪30年代开始,主要资本主义国家市场明显进入供过于求的买方市场。这时,企业界广泛关心的首要问题已经不是如何扩大生产和降低成本,而是如何把产品销售出去。为了争夺市场,解决产品价值实现问题,企业家开始重视市场调查,提出了"创造需求"的口号,致力于扩大销路并在实践中积累了丰富的资料和经验。

与此同时，市场营销学研究大规模展开。一些著名大学的教授将市场营销研究深入到各个问题，调查和运用大量实际资料，形成了许多新的原理。如弗莱德·克拉克和韦尔法在其《农产品市场营销》(1932 年)中指出：农产品市场营销系统包括集中(农产品收购)、平衡(调节供求)和分散(化整为零销售)三个相互关联的过程，营销者在其中执行七种市场营销职能：集中、储存、融资、承担风险、标准化、销售和运输。拉尔夫·亚历山大(Ralph S. Alexander)等学者在 1940 年出版的《市场营销》一书中则强调市场营销的商品化职能应适应顾客需要的过程，认为销售是“帮助或说服潜在顾客购买商品或服务的过程”。

1937 年，美国市场营销学和商业广告学教师协会及美国市场营销学会合并组成现在的美国市场营销学会(AMA)。该学会在美国设立了几十个分会，从事市场营销研究和人才的培训工作，出版市场营销专著和市场营销调研专刊，对市场营销学的发展起了重要的推动作用。到第二次世界大战结束，市场营销学已得到长足的发展，并在企业市场营销实践中广泛应用。但在这一阶段，它的研究主要集中在销售推广方面，应用范围基本仍局限于商品流通领域。

三、市场营销学的革命

第二次世界大战后至今，市场营销学从概念到内容都发生了深刻的变化。第二次世界大战以后，和平的环境和现代科技的进步促进了社会生产力的高度发展。社会产品数量剧增，花色品种日新月异，垄断资本的竞争加剧，销售矛盾更为尖锐。西方国家政府先后推行所谓的高工资、高福利、高消费以及缩短工作时间的政策，刺激了人们的购买力，但并未引起实际购买量的直线上升，而只是使消费者的需求和欲望在更高层次上变化，对社会供给提出了更高的要求。这时，传统的市场营销学已经不能适应形势要求，需要进行重大变革。

许多市场营销学者经过潜心研究，提出了一系列新的观念。其中之一就是将“潜在需求”纳入市场概念，即把过去的“市场是卖方与买方之间的产品或劳务的交换”旧观念，发展成为“市场是卖方促使买方实现其现实的和潜在的需求的任何活动”。这样，凡是为了保证通过交换实现消费者需求(包括现实需求与潜在需求)而进行的一切活动，都纳入了市场营销学的研究范围。这也就要求将传统的“生产—市场”关系颠倒过来，即将市场由生产过程的终点倒置于生产过程的起点。这样也就从根本上解决了企业必须根据市场需求来组织生产及其他企业活动的问题，确立了以消费者需求为中心而不是以生产者为中心的观念。这一新的概念导致了市场营销学基本指导思想的变化，在西方被称为市场营销学的一次“革命”。

第二次世界大战后，市场营销论著层出不穷，理论不断创新。市场营销学逐步建立起以“满足需求”、“顾客满意”为核心内容的框架和体系，不仅在工商企业，而且在事业单位和行政机构也得到广泛运用。市场营销学术界每隔几年就有一批新概念出现。这些新概念推动了市场营销学从策略到战略、从顾客到社会、从外部到内部、从国家到全球的延伸，得到了全面系统的发展和深化。

四、市场营销学在我国的传播与发展

从 20 世纪 70 年代末开始，我国发生了巨大的变化，开始真正走理智地面对现实、全方位地改革开放的道路。西方一切对于发展经济有益的思想观点、理论方法和实践经验开始逐步被引进来，并随着市场环境的变化和企业意识的增强而被企业所接受。市场营销学的理论就是在这一时期开始进入我国内地的。

市场营销学在我国的传播与发展主要有以下几个阶段(图1-2):

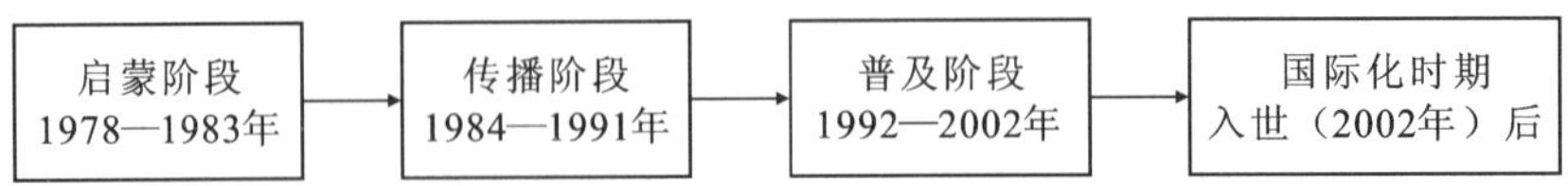

图1-2 市场营销学在我国的传播与发展

(一)启蒙阶段

1978—1983年,是市场营销学引进我国并初步传播时期。党的十一届三中全会后,我国确定了以经济建设为中心,对外开放、对内搞活的方针。经济学界努力为商品生产恢复名誉,改革、开放的实践则不断冲击着旧体制,逐步明晰了以市场为导向、建立社会主义市场经济体制的改革目标,从而为我国重新引进和研究市场营销学创造了良好的条件。在此期间,北京、上海和广州等地的学者对国外市场营销学的研究、应用和人才培养做了大量工作:通过论著、教材翻译评介,到国外访问、考察和学习,邀请境外专家学者来华讲学等方式,系统介绍了当代市场营销的理论和方法,组织了第一批市场营销学的讲座(1979年部分大专院校和外贸部等聘请外国专家开展市场学讲座),成立了第一个"市场学"方面的培训中心(1980年,国家经济贸易委员会与美国政府合作成立了以厂长、经理为培训对象的大连培训中心),输送了第一批市场营销学的师资(1981年暑期中国人民银行在陕西财经学院举办了市场学师资班),编写了第一批市场营销学的教材(1981年初由郭军元主编《市场学讲义》,次年由机械工业出版社出版等),在综合大学和财经院校开设了第一组市场营销学的课程(1979年暨南大学、哈尔滨工业大学率先开设了市场营销学课程等)等。所有这些对市场营销理论在我国的重新引入和市场营销观念的先行启蒙都起到了重要的推动作用。

(二)传播阶段

1984—1991年,是市场营销学在我国进一步传播与应用的时期。1984年,党的十二届三中全会后,经济体制改革的重点由农村转入城市,企业的目标是建立"自主经营、自负盈亏"的企业体制,同时,多种经济成分并存的所有制结构初步形成,市场供求格局开始由卖方市场向买方市场转换。随着国内经济的快速成长和市场竞争的加剧,企业界的营销管理意识也开始形成。市场营销的运用从外贸企业、商业企业、乡镇企业逐步扩展到国有企业,从消费品市场扩展到产业用品市场。能源、原材料、交通、通信企业也开始接受市场营销概念。市场营销热点开始从沿海向内地推进。社会对市场营销知识和管理人才提出了旺盛的需求。

1984年1月,为加强学术与教学研究,推进市场营销学的普及与发展,全国高等财经院校综合大学市场学教学研究会成立(1987年改名为中国高等院校市场学研究会)。研究会聚集了全国100多所高校的市场营销学者,每年定期交流研讨,公开出版论文集,对市场营销学的传播、深化和创新运用做出了积极贡献。在以后的几年时间里,全国各地各种类型的市场营销学研究团体如雨后春笋般纷纷成立。各团体在做好学术研究和学术交流的同时,还做了大量的传播工作。在此期间,市场营销学在学校的教学中也开始受到重视,有关市场营销学的著作、教材、论文在数量上和质量上都有了很大的提高。

从1984年起,开设市场学课程的高等院校日渐增多,到目前为止,几乎所有大专院校、中专学校无一例外都开设了市场学的课程。市场营销作为专业设置虽然较晚,但不少院校在1984年以前就开设了市场营销专业或专业方向。经国家各级政府批准,1984年,广西商业高等专科学校开设第一个市场营销专科专业;1988年,山东大学开设第一个市场营销本科专业;

1984 年,北京商学院等第一批招收市场营销方向的硕士研究生;1992 年,中南财经政法大学(原中南财经大学)、武汉大学、南开大学等开始培养第一批市场营销方向的博士研究生。

1991 年 3 月,中国市场学会在北京成立。该学会的成员包括高等院校、科研机构的学者,国家经济管理部门的官员和企业经理人员。中国高等院校市场学研究会、中国市场学会开展了一系列活动,对促进学术界和企业界、理论与实践的结合,为企业提供营销管理咨询服务和培训服务,建立对外交流渠道,做了大量有成效的工作。

(三)普及阶段

1992—2002 年,是市场营销理论研究结合我国实际提高、创新时期。邓小平的南方讲话奠定了建立社会主义市场经济体制的改革基调。改革进一步加速并全方位展开,国内经济结构发生了进一步变化,外资企业大量而快速涌入,买方市场特征日益明显,我国的市场竞争进一步加剧。

在这种形势下,强化营销和营销创新成为企业的重要课题。

一方面,中国营销学术界通过举办一系列市场营销国际学术会议加强了国际沟通,同时,通过中国高等院校市场学研究会及相关机构,展开了以“从计划经济向市场经济转变,从粗放经营向集约化经营转变”为主题的营销创新研究,以及以“跨世纪的中国市场营销”为主题的营销创新研究。在这一阶段出现了一批颇有价值的研究成果。

另一方面,因市场竞争的需要,越来越多的企业、社团组织等开始重视市场营销理论研究与实际运用,更多的企业和营销人借助网络平台、通过网络媒体和公共活动等途径的宣传与传播,了解到了营销的基础知识,经典的营销理论、方法和手段,以及最新的营销观点和营销动态。同时透过营销案例的分析、热点问题的讨论以及互动方式的交流,激发了企业、社团组织等社会各部门人士的深层次思考,共同探索了适合我国企业和职业营销人的成长道路,有力地推动了整个社会的进步。至此,“市场营销”一词已经前所未有地深入到了我国社会各阶层,使市场营销进入了全面普及时期。

(四)国际化时期

加入 WTO(世界贸易组织)后,我国在国际上的经济地位得以进一步提升,与他国之间的商务活动进一步频繁,我国的大中小型企业都在努力使自己的营销策略适应国际形势,迎接新的挑战,我国企业逐步走上了国际化大舞台。与之相适应,WTO 框架下的以营销为主题的我国市场营销研究,加速了营销科学化的进程,我国的营销学及其学者也开始走上了国际化营销的大舞台。

第三节 市场营销学的性质与研究对象

“市场营销学”英文的原文为“Marketing”。我国在引进这门学科的过程中,对其进行翻译的方法有好几种,而一些翻译恰恰反映了当时人们对市场营销在理解上的偏差与局限。曾经有人将“Marketing”翻译为“销售学”,译者可能认为这门学科主要研究的是企业如何将生产出来的产品更好地销售出去。而在以后的分析中我们会看到这种认识是很不全面的,销售只是营销活动的组成部分之一。后来又有人将“Marketing”翻译为“市场学”,这种译法也会使人产生误解,以为“Marketing”只是单纯从客观的角度研究市场,同企业的经营决策活动关系不大。“市场营销学”的译法则比较准确地反映了“Marketing”这门学科是企业以市场为导向,以实现潜在交换为目的,去分析市场、进入市场和占领市场这样一种基本的特征,所以是现有的译法中比较能被接受的一种。此外,在我国的台湾,比较普遍地将"Marketing"翻译为"行销学",而在香港,则曾经将其翻译为"市务学",其语义同"市场营销学"比较类似。

一、市场营销学的性质

市场营销学是一门研究企业经营方略和生财之道,研究企业如何在激烈的市场竞争中求生存、求发展的学问,也是一门研究企业如何更好地满足消费者或客户的需要与欲望的学问,是一门实用性很强的学科。市场营销学吸收了经济学、企业管理学、社会学、心理学等学科的有关成就,是一门边缘交叉的应用学科。

二、市场营销学的研究对象

市场营销学的研究对象是市场营销活动及其规律,即研究企业如何识别、分析评价、选择和利用市场机会,从满足目标市场的顾客需求出发,有计划地组织企业的整体活动,通过交换,将产品从生产者手中转向消费者手中,以实现企业营销目标。

企业的营销活动应围绕市场展开,从潜在的市场入手,以消费者为中心,研究消费者的欲望和需求,掌握市场变化规律,结合企业的资源条件去组织企业的整体市场营销。为什么市场营销学的研究要以消费者为中心?这是因为消费者是社会再生产的最终环节,是企业实现经营目的的关键,所以,市场营销学必须围绕消费者及其需要去研究,并据此寻找满足需求的具体策略方法和途径。

三、市场营销学的理论架构

市场营销学的研究内容是由其研究对象决定的。在不同发展时期,市场营销学的研究对象不同,其研究内容也就不一样。现代市场营销学以满足消费者的现实需求和潜在需求为中心,研究开拓市场的战略与策略,研究内容比较丰富,其基本理论架构如图1-3所示。

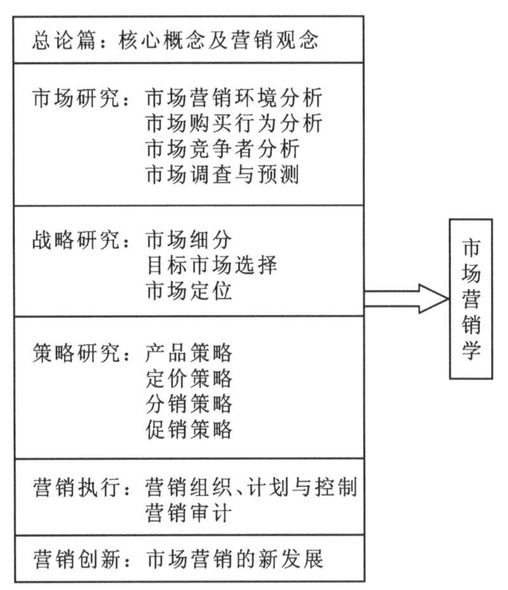

图1-3 市场营销学的基本理论架构

第四节 研究市场营销学的意义与方法

一、研究市场营销学的意义

(一)迎接21世纪的营销挑战

新世纪的企业所面对的营销环境更具挑战性,数字时代的到来、全球化和公众对企业社会责任有更多的要求是当前企业营销环境的三大特点。

首先，计算机、信息技术和互联网的迅猛发展，从根本上改变着人们的生活方式和社会生产方式，也改变着企业为顾客创造和传递价值的方式。互联网的普及影响了消费者购物的方式，网络购物消费者权益保护法律的完善以及快捷登录、快捷支付等方式的出现降低了消费者网络购物的操作门槛，网络购物市场交易规模持续高速增长；消费者更多地借助门户网站、搜索引擎和平台式电子商务网站提供的站内搜索引擎来获取信息，企业之间的竞争变得更加透明；这种获取信息方式的变化催生了互联网广告的快速发展；而近年智能手机的普及则为移动互联网市场规模爆发式的增长提供了终端支持；企业普遍大力推动电子商务发展，企业之间的沟通和交易逐步实现数字化。

其次，互联网的普及给迅速全球化带来了软件上的支持，而我国的改革开放和加入 WTO，无疑从制度和法律层面打开了全球竞争的闸门，使企业之间的竞争突破了本国地域范围的限制。对我国企业来讲，它们一方面受到全球跨国公司争夺我国市场份额的影响，尤其在汽车、电子、日化、食品等行业，跨国公司占据了很大的优势；另一方面，我国企业也将自己的优势产品销售到了全球的各个角落，甚至直接在当地设立了工厂或贸易商城。我国越来越多的公司从全球范围来配置资源，如一些手机厂商从日本采购芯片，从欧洲采购液晶板，从美国采购操作系统，在国内采购其他的零配件，将产品卖给国内的消费者。发达的国际贸易机构可以为这些企业节省大量的成本。在完全市场竞争的领域，企业必须以全球竞争的思维来引导企业经营行为，消费者不会因为是“本土公司”而多加惠顾，相反，消费者可能更愿意相信某些外资品牌。如近年来受到三聚氰胺事件的影响，国内乳制品企业丢掉了大量的市场份额，尤其是高端市场份额。事实上，消费者并非“崇洋媚外”，而是在追求一种“安全感”，企业应该以全球最高的标准要求自己制造安全的产品，而不仅仅是本国标准，千万不能做“搬起石头砸自己的脚”的事情。

最后，随着全球环境的恶化和资源的匮乏，各国政府都意识到了环境保护的重要性，纷纷提高了控制排污方面的标准。哥本哈根全球气候大会召开以后，全球掀起了一股低碳经济的浪潮。我国政府将“节能环保”、“新能源”、“新能源汽车”确定为七大战略新兴产业中的三个，无疑从国家战略层面为未来产业结构的调整和升级确定了方向。在具体的操作层面也有相应的政策法令相配套，如不断提高的汽车尾气排放标准及自来水供应标准、限塑令等。消费者的环保意识也日益增强，再加上进口国在环境保护方面的高标准要求，这些因素都促使企业必须更多地关注能源的节约和环境保护。在此背景下，更具社会责任感的企业也更容易得到消费者的尊重。

(二)促进经济成长

宏观经济的稳定、健康和持续发展，已经成为各国(地区)关心的话题。经济成长取决于多种要素，其中市场营销占据重要地位。

第二次世界大战后许多国家的经济成长经验表明，市场营销观念的转变和贯彻是经济成长的一个重要原因。

回顾我国改革开放 30 多年来的经济成长过程，也不难看到市场营销对经济发展的重要作用。可以预言，随着我国社会主义市场经济体制的构建和完善，这种作用还将进一步加强。

(1)市场营销在促进经济总量增长方面发挥着重要作用。市场营销以满足消费者需求为中心，强调不断开拓新的市场，为生产者、经营者提供不断向新的价值生产领域拓展和产品价值实现的手段，有效地促进经济成长。

(2)市场营销通过营销战略与策略的创新，指导新产品开发，降低市场风险，促进新科技成果转化为生产力,充分发挥科技作为第一生产力在经济成长中的作用。

(3)市场营销的发展,在扩大内需和进军国际市场,以及吸引外资、解决经济成长中的供求矛盾和资金、技术等方面,开拓了更大的市场空间。

(4)市场营销为第三产业的发展开辟了道路。专业性市场营销调研、咨询机构的发展,企业营销机构的充实,市场营销支持系统的发展,提供了大量的就业机会,并直接、间接地创造了价值,促进了第三产业的成长和发展。

(5)市场营销强调经营与环境的系统协调,倡导保护环境、绿色营销,对经济的可持续发展起着重要作用。

(三)促进企业发展

企业是现代经济的细胞,企业的生存和发展是国民经济发展的基础。市场营销学对经济成长的贡献,主要表现在其解决企业成长与发展中的基本问题上。

市场营销学为企业成长提供了战略管理原则,将企业成长视为与变化的环境保持长期适应关系的过程。企业为此必须不断了解变化的环境,预测其趋势,不断创新产品及营销策略,避免营销短视,不断在更高层次上满足需要来实现自身成长。

市场营销学为企业成长提供了一整套竞争策略,指引企业创造竞争优势。在战略与策略层面,企业应以满足需求为中心,形成自己的经营特色,以保证处于不败之地。

市场营销学为企业提供了系统的策略方案。企业可以通过市场营销战略、营销组合策略的决策和系统实施来达到其成长目标。

市场营销学也为企业成长提供了组织管理和营销计划的执行与控制方法。

二、研究市场营销学的方法

市场营销理论以克服市场交换活动的障碍,促使市场交易顺利实现为研究目标,系统研究同交易成功有关的需要产生和满足、产品开发与价值、参加交易的组织和个人行为及其影响因素、交易的过程与规律以及促使交易成功的各种策略组合。但就其理论和实践的成熟过程而言,研究的角度是在不断发生变化的,大体上有产品研究、职能研究、机构研究和管理研究等几种不同的角度。

(一)产品研究方法

20世纪初是市场营销研究刚刚开始的阶段,营销学者们主要是通过对各种产品在市场交易活动中的特征进行分析来研究企业的营销行为的。例如,韦尔德最早的市场营销学著作就是《农产品市场营销》(1916年);科普兰(Melvin Copeland)在1923年提出了著名的产品分类理论,将所有的消费品分为便利品、选购品和特殊品,并研究了消费者在购买这些不同类别产品时的行为特征;在此之前(1912年),另一位叫帕林(Charls Parlin)的学者就已提出过对"妇女购买的商品"进行分类的思想,他将这些商品分为便利品、急需品和选购品等不同类型;劳德斯(E. L. Rhoades)在1927年还提出过根据产品的使用特征、物理特征(易腐性、体积、价值集中度)和生产特征(生产规模、生产地点、生产周期、生产方法、生产集中度)来对产品进行分类的思想。这些理论的提出强调了市场营销对各种不同类型的企业和产品的适应性,基于相当实用性的原则。

(二)职能研究方法

从企业营销职能的角度对市场营销学进行研究始于20世纪初。阿克·肖(Arch W. Shaw)

于1912年在《经济学季刊》中第一次提出了职能研究的思想，当时他将中间商在产品分销活动中的职能归结为五个方面：风险分担；商品运输；资金筹措；沟通与销售；装配、分类与装载。韦尔德在1917年对营销职能也进行了研究，提出了装配、储存、风险承担、重新整理、销售和运输等职能分类。至1935年，有一位叫弗兰克林（Ryan Franklin）的学者撰文指出，已有的职能研究已经提出了52种不同的营销职能，但并未对分销过程中两大隐含的问题作出解释：一是哪些职能能使商品实体增加时间、地点、所有权、占有权等效用；二是企业经营者在分销过程中应当主要承担哪些职能。弗兰克林认为：在第一个问题上，主要有装配、储存、标准化、运输和销售五项职能；在第二个问题上，企业经营者则应主要履行承担风险和筹集营销资本两项职能。

从职能角度对市场营销学的研究直接导致了对营销策略组合的研究。尼尔·博登（Neil Borden）在1950年提出的"营销策略组合"将企业营销活动的相关因素归结为12个方面，包括产品、品牌、包装、定价、调研分析、分销渠道、人员推销、广告、营业推广、售点展示、售后服务以及物流等；之后，弗利又将这些因素归纳为同提供物有关的"基本因素"和同销售活动有关的"工具因素"；直至1960年，杰罗姆·麦卡锡（Jerome McCarthy）提出著名的"4P's"组合理论，实际上都继承了职能研究的分类研究方法。职能研究方法为以后占主导地位的营销管理学派的产生奠定了基础。

（三）机构研究方法

与职能研究方法不同，机构研究方法主要分析执行营销职能的组织及其相互之间的关系。早期的机构研究主要集中于中间商和分销渠道的组织与效率。韦尔德在他的《农产品市场营销》中指出"要执行营销职能，问题是要发现最经济的职能组合"，他针对一些人对中间商的偏见指出"用第一手资料不偏不倚地研究营销系统，将发现总体上已发展的营销系统是胜任的，而不是极端臃肿和浪费的，已发展的组织形式有恰当的实际原因"。巴特勒（R. S. Butler）在1923年出版的《营销与经销》一书中强调了中间商和渠道机构所创造的地点效用和时间效用，从理论上肯定了中间商的地位。20世纪30—40年代，加入营销机构研究的人越来越多，美国宾夕法尼亚大学沃顿商学院的教师拉尔夫·布莱耶（Ralph Breyer）撰写了《营销机构》一书，强调了营销机构的重要性，他指出"完成执行营销职能的相关工作需要建立庞大且高度复杂的商业机构……这个机构的各个部门都涉及与营销有关的各种商业事宜"。之后，一些学者又对营销渠道中的"纵向一体化"问题展开了研究，考虑到对生产和分销过程中独立营销机构的总体控制和协调，最后形成了"垂直营销系统"的理论。这实际上已经进入了营销管理研究的领域。所以说从管理角度对市场营销进行研究的营销管理学派，其理论基础仍来源于之前的产品、职能和机构研究学派。

（四）管理研究方法

从20世纪50年代开始，随着国际市场竞争的日益激烈，从企业整体角度进行营销的战略决策变得格外重要。企业要获得营销的成功，决不能仅依赖于在某一具体部门或个别行为上的努力，而更取决于企业各种营销资源的有效组合和相互支撑，于是市场营销的研究也就自然而然地进入了以管理为导向的阶段。

尼尔·博登在1950年提出了"市场营销组合"的概念，强调了从企业整体营销目标的实现出发，对各种营销要素的统筹和协调，而企业的经理就是"各种要素的组合者"，这是从管理的角度提高营销效率的重要思想。这一思想后来被麦卡锡发展为"4P's"营销策略组合的著名理论，20世纪80年代后出现的"整合营销"理论也包含了这方面的思想。1956年温德尔·史密斯的“市场细分”理论的提出使企业的市场营销真正上升到战略规划的层次，其同之后的“目标市场”和“市场定位”理论一起，共同构成了“STP”的营销战略思想，为从管理角度研究市场营销做出了重要的贡献。1960年，西奥多·莱维特(Theodore Levitt)提出了“市场营销近视症”的问题，强调了以顾客需求为导向来制订企业发展战略规划的问题，实际上是进一步明确了市场营销观念在企业管理决策中的重要地位。菲利普·科特勒于1967年出版了《营销管理》著作，之后不断完善，最终形成了对市场营销进行分析、计划、管理与控制的完整理论体系，使从管理角度研究市场营销的方法成为集各种研究方法之大成的基本研究方法，从而在推动市场营销理论和实践的发展方面发挥了重要的作用。

本章小结

市场营销是企业以市场为导向，以满足顾客需求、实现潜在交换为目的，而分析市场、进入市场和占领市场的一系列战略与策略活动。克服交换障碍、实现潜在交换是市场营销概念的核心内涵。发现市场需要，生产有价值的产品和提供物是为了实现交换，而一定的市场、关系、网络是交换得以实现的重要条件。

人们曾经从产品、职能、机构等不同的角度对市场营销展开过研究，而20世纪40年代以后开始的从管理角度对市场营销的研究，提高了研究的层次，集各种研究方法之大成。

市场营销学于20世纪70年代末被再次引入中国。20世纪90年代以来，随着中国社会经济环境的变化与发展，市场营销学得到了普遍的重视和应用。我国的学术界和企业界将积极开展营销本土化的研究，克服各种思想障碍，总结实践经验，为市场营销学的进一步发展作出贡献。

关键概念

市场　Market　　市场营销　Marketing　　需要　Needs
欲望　Wants　　需求　Demands　　价值　Value
交换　Exchange

复习思考题

1. 分析说明“人多的地方就有巨大的市场”这一观点是否正确。
2. 简述人口、购买力以及购买欲望三者之间的联系。
3. 为什么说市场营销不单纯是产品的推销活动？市场营销的核心概念是什么？
4. 简述需要、欲望与需求，交换和交易的异同。
5. 简述市场营销学的产生与发展过程。
6. 简述市场营销学的研究方法。
7. 在日常生活中会经常遇到上门推销的人员，那么推销就是市场营销吗？

【案例分析】

百事可乐、可口可乐之战

半个多世纪以来,百事可乐与可口可乐之间一直进行着激烈的竞争。早在20世纪30年代,百事可乐便在世界上首次通过广播宣布,将当时最高价为10美分的百事饮料降价一半,从而拉开了软饮料工业中首场价格争夺战的序幕。

尔后的几十年中,百事可乐的销售额一直远次于可口可乐,位居第二。20世纪60年代初期,这两种饮料的销售量比例超过2∶1。然而到1963年,百事可乐便声称其成功地掀起了一场可称之为"百事新一代"的市场营销运动,并以年轻人为目标大做"生活方式广告",以各种形式使其产品得以幸存下来。

百事可乐于20世纪60年代初决定将重点放在考虑用户的需求上,作出了长期占领市场的战略性决策。一方面,它努力增加自身产品在市场的占有额,另一方面,它又特别注重改进这些产品在人们头脑中的印象。百事可乐的销售人员决定,将产品打入当时尚未完全依赖于可口可乐的新一代消费者市场。公司认为,与其艰难地吸引可口可乐的忠实客户,让他们变换口味改饮百事可乐,不如努力赢得尚未养成习惯而又有迫切需求的目标市场。现在回顾起来,甚至百事可乐的竞争对手们也不得不承认这一决策的明智果断性。

大约25年后,百事可乐仍然依赖着它的这种"世代"策略大肆销售。1983年,百事可乐开始将销售方针修正为"新一代的选择",并一直持续到20世纪90年代。百事可乐以它富有独创性和强有力的广告攻势,包括邀请摇滚歌星迈克尔·杰克逊和莱昂内尔·里奇、电视演员唐·约翰逊和迈克尔·福克斯,以及喜剧演员比利·克里斯特尔等出面大做电视广告,来吸引新的一代人。1985年,百事可乐在广告上的花费估计有4.6亿美元之巨,超过其1983年花费的29%。

在可乐商业大战史上,百事可乐不仅以其"百事新一代",而且以其至今仍闻名于世的"百事挑战"这两大运动成功地冲击了可口可乐的统治地位。"百事挑战"运动1974年始于得克萨斯州,做法是让可口可乐的忠实饮用者作盲目的尝饮试验,并将他们饮用时的反应用录像实录下来作进一步观察。经过如此反复后发现,这些可口可乐的忠实饮用者们在这些盲目尝饮试验中,有半数以上都声称他们更喜欢百事可乐的味道。

毋庸置疑,"百事挑战"运动所造成的威胁使可口可乐不得不在万般无奈的情况下,于1985年作出生产"新可乐"的决定,来取代人们长期以来所熟悉的可口可乐。可口可乐的董事们开始或许这样认为,他们要保住其产品在软饮料工业史上曾有过的霸主地位,产品的味道就必须更好些。意想不到的是,很多忠实于可口可乐的消费者对新可口可乐的引进大为恼火,成千上万个抱怨电话打到可口可乐公司总部。于是,可口可乐只得又"请"回"老牌可口可乐",但接着便发现自己又面临着一个新的市场营销难题:怎样才能推销两种不同类型的可口饮料?

思考题

1. 试述百事可乐是怎样关注顾客需求的。
2. 百事可乐主要采取了哪些营销措施与可口可乐展开竞争?

【实训题】

正确理解和掌握市场营销的重要性

实训目的:帮助学生正确理解和掌握市场营销的重要性,增强学习市场营销学的兴趣。

实训任务:要求学生全面、正确理解市场营销的基本概念,联系企业营销的成败案例,理解和掌握市场营销的重要性,完成一篇1000字左右的"认识体会"并与同学相互交流心得。

实训实施:以个人为单位,形成书面报告。

第二章　市场营销管理哲学

本章学习提示

通过本章的学习,你应该能够:了解市场营销行为和营销观念产生和发展的背景条件;掌握市场营销观念的基本特征;认识企业经营观念发展与变化的过程;明确顾客让渡价值的内涵;掌握顾客满意及其实现的途径。

导引案例

香格里拉的营销之道

香格里拉饭店与度假村是从1971年新加坡香格里拉饭店的开业开始起步的,之后很快便以其标准化的管理及个性化的服务赢得国际社会的认同,在亚洲的主要城市得以迅速发展。其总部设在香港,是亚洲最大的豪华酒店集团,并被许多权威机构评为世界最好的酒店集团之一,它所拥有的豪华酒店和度假村已成为最受人们欢迎的休闲度假目的地。香格里拉始终如一地把顾客满意当成企业经营思想的核心,并围绕它把其经营哲学浓缩于一句话——“由体贴入微的员工提供的亚洲式接待”。

香格里拉有8项指导原则:

1. 我们将在所有关系中表现真诚与体贴;
2. 我们将在每次与顾客的接触中尽可能为其提供更多的服务;
3. 我们将保持服务的一致性;
4. 我们确保我们的服务过程能使顾客感到友好,员工感到轻松;
5. 我们希望每一位高层管理人员都尽可能多地与顾客接触;
6. 我们确保决策点就在与顾客接触的现场;
7. 我们将为我们的员工创造一个能使他们的个人、事业目标均得以实现的环境;
8. 客人的满意是我们事业的动力。

与航空公司联合促销是香格里拉互惠合作的手段之一。香格里拉与众多的航空公司推出了频繁飞行旅行者计划。入住香格里拉时,客人只要出示频繁飞行旅行者计划的会员证并支付门市价后,就可得到众多航空公司给予的免费公里数或累计点数,如:在香格里拉住宿一晚,便可得到德国汉莎航空公司、美国西北航空公司、联合航空公司提供的500英里的优惠。其他航空公司如加拿大航空公司、新加坡航空公司、瑞士航空公司、澳大利亚航空公司、马来西亚航空公司、泰国航空公司等也可提供相应的优惠。另外,香格里拉还单独给予顾客一些额外的机会来领取奖金和优惠。

在顾客服务与住房承诺方面,则体现了香格里拉在承诺、信任原则上的坚持。香格里拉的回头客很多。饭店鼓励员工与客人进行私人的交流。饭店建立了一个顾客服务中心,客人只需打一个电话到顾客服务中心,一切问题均可解决,饭店因此也可更好地掌握顾客信息,协调部门工作,及时满足顾客。在对待顾客投诉的问题上绝不说“不”,全体员工达成共识,即“我们不必分清谁对谁错,只需分清什么是对什么是错”。让客人在心理上感觉他“赢”了,而我们在事实上做对了,这是最圆满的结局。每个员工时刻提醒自己多为客人着想，不仅在服务的具体功能上，而且在服务的心理效果上满足顾客。香格里拉重视来自世界不同地区、不同国家客人的生活习惯和文化传统的差异，有针对性地提供不同的服务。如对日本客人提出“背对背”的服务：客房服务员必须等客人离开客房后才能打扫整理客房，避免与客人直接碰面。饭店为客人设立个人档案并长期保存，作为为客人提供个性化服务的依据。

以什么样的观念指导营销活动是营销管理中的一个关键性问题。市场营销观念是企业开展营销活动的基本指导思想，它指导着企业的各项活动，决定着营销的成败。对于企业来讲，只有重视顾客、了解顾客，向顾客提供满意的产品和服务，才能实现产品的交换，进而在市场上实现产品的价值并获得利润。

第一节　市场营销管理哲学及其演进

市场营销到底是什么？在最早的企业活动中，它只是表现为在某种偶然的经营活动中的个别经营技巧；大量的经营活动和经营技巧抽象出了有规律的营销策略，对营销策略的组织和实施形成了企业的营销职能；而从根本上讲，对市场营销的认识还不能仅仅停留在“策略”或“职能”的层面上，应当把市场营销看做一种经营哲学。菲利普·科特勒在《营销管理》(第8版)的序言中曾经说过：“毫不奇怪，今天能取得胜利的公司必定是那些最能使它的目标顾客得到满足，并感到愉悦的公司。这些公司把市场营销看成是公司的整体哲学，而不仅仅是某一部门的个别职责。”所谓“哲学”，就是人们认识问题和分析问题的基本角度和方法。从指导企业经营实践的思想观念的发展与变化来看，市场营销是一种新的经营思想和经营观念，是企业在其经营实践的发展中对自身经营哲学的调整。实践也证明，企业在市场上的表现和业绩方面的差异，主要并不是策略和技巧的差异，更重要的是经营观念的差异。

一、以企业为中心的经营观念

在早期的企业经营活动中，企业经营观念的基本特征是以企业为中心，以资源和利润为导向。这是由于当时产品在市场上主要表现为供不应求，企业在销售方面基本上不成问题，企业间的竞争主要表现为以成本为基础的价格竞争。以企业为中心的经营观念按其发展顺序来看主要有以下三种：

（一）生产观念

生产观念是最陈旧的一种企业经营观念。以这种经营观念为指导的企业认为，获得产品的基本效用是消费者的主要目的，企业的任务就是生产并向市场提供顾客所买得起的产品。提高生产的效率和降低生产的成本是经营者所关心的全部问题。企业主要以提高劳动生产率，扩大生产规模，并以此降低产品价格来吸引顾客，获得自己的市场地位，很少关注除此之外的其他市场因素，甚至不注意对产品的更新和改良。

案例 2-1　美国的福特公司创建于1903年。1908年，亨利·福特建立了世界上第一条汽车生产流水线，并推出了他的T型车，只有一种颜色(黑色)、一种型号。通过这种有效的生产模式，福特把T型车的售价从1908年的850美元一辆降到1924年的290美元一辆，而当时马车的价格则是400美元一辆。规格统一、品种单一、价格低廉、大众需要又买得起的特性，使福特T型车的销量迅速增加。福特的市场占有率也从1908年的9%提高到1921年的60%。

到1923年,几乎每一户美国家庭都拥有一辆T型车。

到了20世纪20年代中期,美国汽车市场发生了巨大的变化,买方市场基本形成,道路及交通状况也大为改善,简陋且千篇一律的T型车虽然价廉,但已经不能满足消费者的需求。然而,面对市场的变化,福特仍然顽固地坚持"以生产为中心"的观念,宣称"无论你需要什么颜色的汽车,我福特只有黑色的"。因为他认为福特公司的汽车价廉物美,不愁没有销路。而通用汽车公司则及时地抓住市场机会,推出了新式样和颜色的雪佛兰汽车。雪佛兰汽车一上市就受到了消费者的追捧,而福特T型车的销量剧降。1927年,累计销售了1500多万辆的T型车不得不停产,通用也一举超过福特,成为世界最大的汽车公司。

根据市场特点及时改变营销理念成就了通用,而固守僵化的营销理念却使福特遭受了沉重的打击。从福特T型车的兴衰史可以看出,正确的营销理念是企业成败的关键。

以生产观念为导向的企业基本上处于以下三种市场环境条件之下:一是产品明显地供不应求。企业将产品生产出来,总能销得出去。西方在20世纪20年代以前、我国在20世纪80年代以前的情况基本上都是如此。当时,我国许多消费工业品(如手表、缝纫机、自行车、电视机等)都要凭票凭证供应,所以生产企业只需扩大生产,提高产量,而根本没有必要去考虑市场销售问题。二是价格竞争是市场竞争的基本形态。这种情况下,企业竞争的主要手段是降低产品的价格,而降低价格的前提则是生产规模的扩大和生产成本的控制。所以企业必然以主要精力去扩大生产和降低成本。三是实行计划经济体制。在计划经济条件下,企业实际上只是政府计划的附属体,是一个严格按照计划进行生产的工作部门,资源和产品的分配不属于企业的责权范围,所以企业无须考虑除生产之外的其他问题。

显然,在市场经济条件下,当产品的供应已相当丰富时,生产观念的弊病就明显暴露出来了。从我国来看,20世纪80年代以前,上海的工业企业曾一度在全国消费工业品市场中占有1/4的份额,但由于长期受"生产观念"的影响,产品更新能力差,市场营销能力弱,至20世纪90年代,上海产品在全国的市场占有率已下降为6%;而在较早接受市场导向经营观念的福建、广东等地区,工业企业的产品在全国市场的占有份额却不断扩大,形成了很强的竞争优势。这是由于20世纪80年代以后,我国开始导入市场经济机制,生产力的发展导致市场供应日益丰富,从而使生产观念面临了不可避免的挑战。

(二)产品观念

产品观念是在生产观念基础上的发展,但仍属于一种比较陈旧的经营观念。其特征在于企业经营者主要不是靠降低成本,而是靠提高产品的质量来开发和占领市场。经营者认为顾客关注的主要是产品的性能、质量和特色,设计和开发优良产品是企业市场竞争的主要手段。确实,产品的品质和特色是企业争取顾客的主要因素,注意以产品质量的改变和提高去赢得企业的市场地位比只重视产量和成本的"生产观念"是前进了一步,但是问题在于其并未明确进行产品设计开发的出发点。产品观念的局限性在于对于产品的设计与开发只是从企业的角度出发,以企业为中心进行。经营者认为,顾客想购买的只是产品,而并没有认识到顾客所购买的实际上是对于某种需要的满足。企业经营者仍然只是把眼光放在企业内部的生产领域,而没有把眼光转移出去,注意研究企业外部的市场,即患上了所谓的"营销近视症"。

案例2-2 美国爱尔琴钟表公司自1869年创立到20世纪50年代,一直被公认为是美国最好的钟表制造商之一,该公司在市场营销管理中强调生产优质产品,并通过由著名珠宝商店、大百货公司等构成的市场营销网络分销产品。1958年之前,爱尔琴钟表公司的销售额始终呈上升趋势，但此后其销售额和市场占有率开始下降。造成这种状况的主要原因是市场形势发生了变化：这一时期的许多消费者对名贵手表已经不感兴趣，而趋于购买那些经济、方便、新颖的手表；而且，许多制造商迎合消费者的需要，已经开始生产低档产品，并通过廉价商店、超级市场等大众分销渠道积极推销，从而夺得了爱尔琴钟表公司的大部分市场份额。爱尔琴钟表公司竟没有注意到市场形势的变化，依然迷恋于生产精美的传统样式手表，仍旧借助传统渠道销售，认为自己的产品质量好，顾客必然会找上门，结果致使企业经营遭受重大挫折。

产品观念产生的市场环境条件同生产观念差不多，但此时产品的供应已经比较丰富，出现了品种和类型上的差异，顾客对产品的选择性也开始增强，从而使企业在一定的范围内面临市场竞争，促使企业开始重视产品的改良和提高。但是只要市场上总体的供求状况仍然是求大于供，新的经营观念就很难为企业所接受。

(三)推销观念

当市场经济发展到一定的阶段后，推销观念就必然会成为许多企业所奉行的经营观念。持推销观念的企业经营者认为，仅有优良的产品和低廉的成本并不一定会本能地吸引顾客，而必须通过企业对顾客的宣传和推销，促使顾客理解和接受产品。推销观念将顾客看成是被动的、迟钝的，认为只有强化刺激才能吸引顾客。

当市场刚刚进入供过于求、竞争激烈的阶段时，推销观念确实产生过很强的实际效应，一些企业通过大量的广告宣传和人员推销使产品的销路有了明显的上升。

案例 2-3　美国柯达公司曾经是全球最大的照相机胶片生产企业，为了与日本企业富士竞争，曾与中国政府签订了著名的“98 协议”，这是一个排他性协议，据此柯达得以收购中国 7 家感光材料企业中 6 家的大部分股权，而且中国政府承诺，在“98 协议”签订后的 3 年之内，不允许其他外资进入中国的感光材料行业。借助这一协议，柯达到 2003 年获得了中国市场超过 50%的份额，而富士在中国的市场份额则从 48%降到 15%，但柯达为了“独霸”中国市场，进行了大量的投资，也背上了沉重的负担。而这时，市场需求却正在悄悄发生变化，数码相机普及的速度远远超出了柯达的预期，消费者对传统感光材料的需求急剧下降。柯达不愿意面对这一现实，企图借助强有力的推销手段来刺激需求。2002 年，柯达实施了“照相机播种计划”，推出 99 元的照相机，还附赠 4 卷胶卷，在中国市场的彩色冲扩店也发展到 8000 多家。由于市场需求根本性的变化，事实证明，柯达这些强有力的推销行动并没有扭转局势，反而使其经营状况更趋恶化，柯达传统影像部门的销售利润从 2000 年的 143 亿美元锐减至 2003 年的 41.8 亿美元，跌幅达到了 71%。最终，柯达这一拥有 100 多年发展历史的公司不得不于 2012 年 1 月 19 日申请了破产保护。

推销观念同生产观念和产品观念相比具有明显的进步，其主要表现为企业经营者开始将眼光从生产领域转向了流通领域，不仅在产品的设计和开发，而且在产品的销售促进上投入了精力和资本。但是推销观念仍然是以企业为中心，以说服和诱导消费者接受企业已经生产出来的产品为目的，仍然没有把消费者放在企业经营的中心地位。再好的推销手段也不能使消费者真正接受他所不需要或不喜欢的产品，特别是当市场竞争变得日益激烈的时候，推销的效应就会逐渐递减。20 世纪 90 年代中期，我国的消费品市场供大于求的趋势日益明显，企业的推销大战也愈演愈烈，尽管有奖销售、削价活动天天可见，消费者的反应却越来越冷淡，这说明，推销观念对企业拓展市场的局限性是十分明显的。

当大量的推销活动仍不能使企业摆脱产品滞销积压、经营每况愈下的局面时，一些企业就会从市场上去寻找原因，就会考虑根据顾客的需要和市场的变化来调整自己的经营，从而导致新的企业经营观念得以产生。

二、以顾客需求为中心的营销观念

营销观念是以顾客需求为中心的、整体战略性很强的企业经营观念。营销观念的产生和应用是对其以前的各种经营观念的一种质的变革。其核心是从以企业的需要为经营出发点转变为以顾客的需求为经营出发点。图2-1表示了营销观念与推销观念在出发点、中心、手段和目的方面的差异。

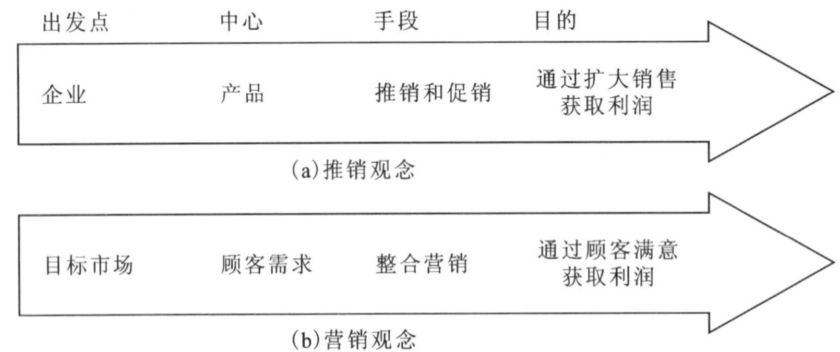

图2-1 营销观念和推销观念的主要区别

总的来讲，营销观念的基本特征可表现为以下三个方面：

(1)企业的经营以顾客需求的满足为中心；

(2)企业注重于长远的发展和战略目标的实现；

(3)企业必须通过各种营销策略及各部门的整合营销来实现自己的目标。

以顾客需的求满足为中心是营销观念的本质特征。这一思想是企业在其经营实践中自然形成的。在市场竞争日趋激烈的情况下，以企业为中心的推销活动必然会受阻。经营者们最终会发现，真正成功的销售并不主要取决于推销的力度，而主要取决于企业满足顾客需求的程度。当顾客有可能在大量商品面前从容选择的时候，他们一定会对那些最符合其需求的商品产生兴趣，于是企业就会逐渐重视对于顾客需求的研究。

案例2-4 神州租车是目前中国最大的汽车租赁公司，它的成功得益于以顾客需求满足为中心的营销观念。对于想要租车的消费者来讲，他们的需求点在于"手续简单，车辆安全，还车方便，价格实惠，网点广泛"，针对这一需求特点，神州租车推出了4 Any服务——Any One(18岁+驾照即可租车)、Any Time(超简手续+24小时租车服务)、Any Car(超过70款选择悉听尊便)、Any Where(全国超过300个网点+国际联网)。"全国连锁，异地还车，免担保，免押金"，只要提供有效身份证、驾驶证、信用卡，满足年龄条件即可租车，并通过不断扩大规模、控制成本，挤压租车价格中的水分，最终获得了市场领先地位。

注重长远利益和战略目标的实现是营销观念的另一基本特征，其不同于只注重当前产品销售和短期利润获取的推销观念。持有营销观念的经营者认为，不顾及企业的长远发展目标而进行的盲目生产或倾力推销对企业可能不仅无利而且有害，因此，一些营销学者认为，对于企业来说，稳定的市场份额可能比高额的短期利润更为重要。

整合营销体现了企业经营思想的整体化和系统化，它强调企业的经营活动是一个完整的系统，由具备各种不同功能的经营部门所构成，各个部门的经营活动必须以实现企业的总体经营目标为核心，相互协作和协调。各种营销策略之所以都能在企业的经营活动中发挥作用，就是因为它们之间具有很强的互补性，若能很好地加以组合，共同发挥作用，就能产生强大的效应。因此整合营销比单纯的推销更具优势。这一经营思想还强调防止对于个别经营职能短期效应的追求而影响企业总体目标的实现。整合营销不仅强调企业各职能部门的相互协调，更强调每一个部门和员工都必须在"以顾客需求为导向"的思想指导下去开展工作。整合营销体现了营销观念是一种系统的哲学观念。

一般来说，营销观念只有在市场经济发展比较成熟、市场竞争十分激烈的市场环境条件下才容易被企业所接受。这是因为真正采用营销观念的企业会在原有的基础上增加很多新的工作和投资(如市场调研与营销策划等)，以盈利为目的的企业只有在其认为确实有必要的情况下才会接受营销观念并相应地增加这方面的投入，随着营销必要性的逐步增强而提高营销在企业中的地位。图 2-2 反映了市场营销职能在企业中地位的变化。

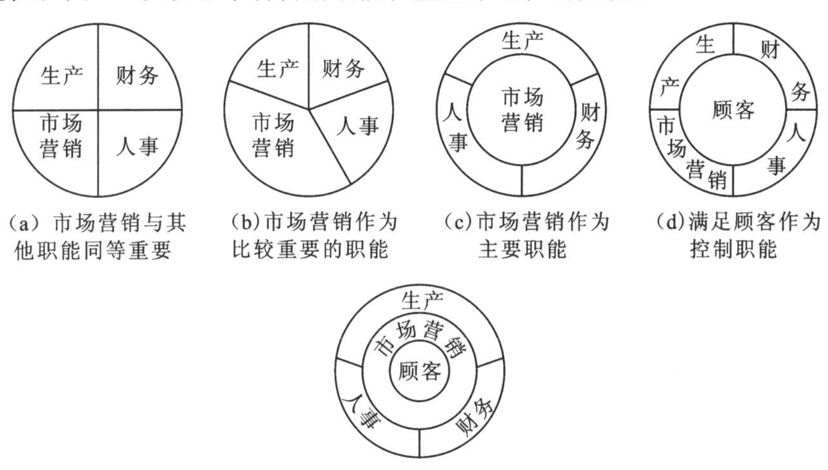

(e) 满足顾客作为控制职能，而市场营销作为综合职能

图 2-2 市场营销职能在企业中地位的变化

三、社会营销观念

在当今社会，有人提出了这样的问题：在环境恶化、资源短缺、人口爆炸性增长、世界性饥荒和贫困的年代里，市场营销观念是不是一个最适当的组织目标呢？一个在了解、服务和满足消费者需要方面做得十分出色的企业，是否必定也能满足广大消费者和社会的长远利益？营销观念回避了消费者需要、消费者利益和长期社会福利之间隐含的冲突。

案例 2-5 汉堡包快餐行业提供了可口但并不营养的食品。汉堡包脂肪含量太高，餐馆出售的油煎食品和肉馅饼都含有过多的淀粉和脂肪。

美国汽车行业历来为迎合美国公众需要而提供各种大型汽车，与小型汽车相比较而言，它导致了燃料的高消耗、严重的污染、更多的车祸以及较高的购买和修理费用。

软饮料行业为了满足美国公众的方便性需要，增加了一次性使用的瓶子。这种一次性瓶子的使用意味着资源的大量浪费。同时，许多一次性瓶子不能进行还原或分解处理，扔得遍地皆是的瓶子也污染了环境。

清洁剂行业为了迎合美国人偏爱洁白衣服的喜好，推出了一种增白剂，这种产品污染了江湖河流,杀死了鱼虾,并且破坏了再生的可能性。

上述情况的出现要求有一种新的观念来修正或取代营销观念。"人道主义营销"、"生态营销"等新观念应运而生,我们称之为社会营销观念。

所谓社会营销观念(Societal Marketing Concept),即企业在其经营活动中必须承担起相应的社会责任,保持企业利益、消费者利益同社会利益的一致性。企业是一种营利性的组织,处于经济循环系统之中。然而企业又不可避免地属于社会生活的一员,处于整个社会系统之中。因此,企业的经营活动不仅要受到经济规律的制约,而且也会受到社会规律的制约。随着企业经营活动的发展,企业行为对于社会的影响会变得越来越大。首先是企业的产品服务及其宣传直接影响着社会的生活方式和思想意识;其次是企业生产经营行为所产生的一些污染会对社会环境产生影响;最后是企业在国民经济中所发挥的作用会对整个社会发展带来影响。因此,企业在其经营活动中必须同时兼顾企业的利益、消费者的利益和社会的利益,谋求企业同社会的共同发展。

案例 2-6 上海大众通过其自身的影响力,带动全产业链条自觉地产生环境保护行为,还推己及人,通过构建传播平台,引领社会各方参与环保行动。在生产领域,上海大众秉承绿色造车的理念,提出"蓝思·众享"的经营理念,将创新科技和环保理念共同应用于实践当中,TSI+DSG 技术令更多的车拥有更大动力、更少油耗和更低排放。在上游供应领域,上海大众对配套商提出了严格的环保要求,各零部件配套企业必须通过严格的环保检测才能最终实现批量供货。供应商在首次送交零件前,必须自行或委托第三方对其产品进行检测,检测合格后,上海大众还会对其提供的样品进行再检验,以确保所有零部件的环保质量。与此同时,上海大众正逐步加大对 4S 店施加环境影响的力度,组织专家组对 4S 店的主管负责人进行培训,提高他们对环境风险的认识,加强 4S 店的环境管理,为推进绿色经销商认证做好基础工作。该项工作不仅使经销商的环保意识得到了提升,同时也通过一线销售人员与消费者日常的沟通,进一步传播环保知识与理念,从而产生了更大的边际效应。上海大众还通过各种形式的社会活动构建环保理念的传播平台,引领包括上海大众车主在内的社会各方人士共同参与环保。如在国内唯一一处与候鸟保护区相邻的湿地公园——崇明东滩湿地公园内,上海大众 VW 品牌特别设置了一片上海大众爱心植树林,邀请各家媒体在这片绿意盎然的土地上身体力行地完成了一场维护生态平衡的公益行动。

社会营销观念也是随着企业经营实践的发展而逐步为企业所接受的。因为如果企业在其经营活动中不顾社会利益,造成社会利益的损害,就必然会受到社会公众和舆论的谴责而影响企业的进一步发展;另外,近年来社会对于环境保护和健康消费的重视,也使得政府的政策对于有损社会利益的生产行为和消费行为的约束越来越严厉,从而迫使企业不得不通过树立良好的社会形象和主动协调各方面的关系来改善自己的经营环境,社会营销观念也因此而被普遍接受。

第二节 顾客满意及其实现途径

管理学大师彼得·德鲁克曾经说过,公司的首要任务就是"创造顾客"。今天的顾客面对如此众多的产品和服务,他们将如何选择呢?我们相信,顾客能够判断哪些供应品将提供最高价值。

消费者是否会购买某一产品，从最根本的意义上讲取决于两个方面：一方面是其可能获得的满足，即其所得到的效用或价值；另一方面是其在得到这一满足时的必要支出，即其所付出的代价和成本。两者比较，若效用大于代价，消费者就会倾向于购买；若代价大于效用，消费者则可能放弃购买。这是消费者在购买行为中最基本的规律。研究这一规律，我们就可以得出"顾客价值理论"。

案例 2-7　麦当劳公司的总部坐落在美国伊利诺伊州 Oak Brook，是拥有数十亿美元资产的国际性公司。麦当劳是全球规模最大、最著名的快餐集团，从 1955 年创始人雷·克洛克在美国伊利诺伊州开设第一家餐厅至今，它在全世界的 120 多个国家和地区已开设了 3 万多家餐厅，现在仍以令人惊叹的速度迅猛发展。

全世界每天有一百多个国家的 4000 多万人光顾麦当劳的 3 万多家餐厅。人们不会仅仅因为喜欢汉堡包就涌向麦当劳餐厅，其他一些餐厅制作的汉堡包味道或许更好。人们是冲着某个系统而来的。这个有效运转的系统向世界传送一个高标准，即麦当劳公司所谓的 QSCV——质量(Quality)、服务(Service)、清洁(Cleanliness)和价值(Value)。麦当劳公司的有效就在于它和它的供应商、特许经营店业主以及其他有关人员共同向顾客提供了他们所期望的高价值。

一、顾客让渡价值

顾客价值理论是研究构成顾客价值的基本内涵和消费者评价顾客价值的基本标准的理论。消费者购买某一产品是为了获得一定的顾客价值，即其所得到的期望利益满足；而消费者会不会购买这一产品则取决于"顾客让渡价值"，即顾客总价值(其获得的全部利益，包括产品价值、服务价值、人员价值和形象价值)与顾客总成本(其支付的全部成本，包括货币成本、时间成本、精力成本和体力成本)之间的差额(图 2-3)。顾客让渡价值为正时，购买行为很有可能实现；顾客让渡价值为负时，购买行为则很难发生。

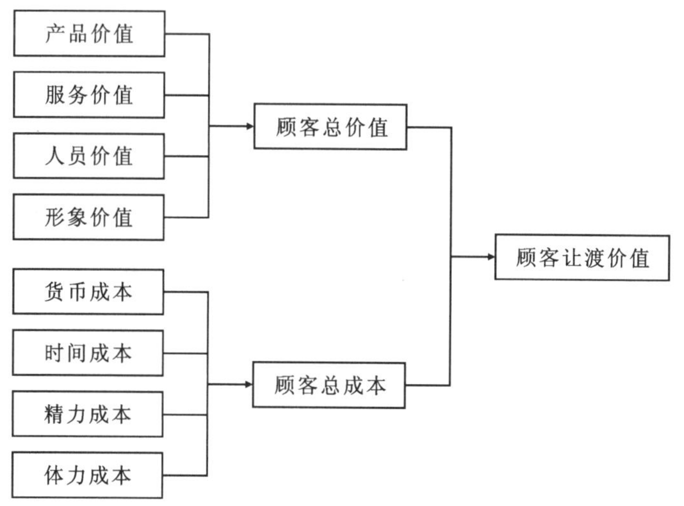

图 2-3　顾客让渡价值模型

我们可以用这样的例子来说明顾客价值理论。当一个住在城乡结合部的主妇准备购买一台脱排油烟机时，她会面临这样的情况：一种她所喜欢的脱排油烟机，在其附近的商店里有售，同时她也知道在市中心这种脱排油烟机的价格比较便宜,而且款式也比较多,但是市中心的商店不肯送货和负责安装,附近的商店则不仅安装,还能常年维修。主妇考虑再三,还是决定在附近购买。主妇作出购买决策的理由可以用顾客价值理论来加以说明。即如果在附近购买的价格比在中心购买贵不了多少(如仅贵5%),那么主妇会认为她得到的顾客总价值(仅为产品效用)差异不大;而顾客总成本则因省却了运货、安装等时间、精力和体力成本,而大大低于在市中心购买的总成本,从而使顾客让渡价值增大,于是她会决定在附近购买。当然,如果价格相差得比较大(如相差20%以上),主妇则会由于总成本差异大于总价值差异而仍然选择去市中心购买。

顾客让渡价值模型的普遍接受是顾客行为的研究在20世纪80年代后的又一次突破,这个概念说明了顾客所谓的"是否合算?是否划得来?"的判断细节,并对价值和成本作了更全面深入的分析,从而将企业的注意力从产品和服务上吸引到了"价值"上。无论是有形商品的出售,还是无形服务的消费都可以用到这个最基本的概念。

(一)顾客总价值

单纯用有形产品来说明顾客总价值是比较简单的,但大多数消费行为是有形产品和服务产品兼而有之(实际上,有形产品与服务产品在现实生活中的界线有时是非常模糊的),因此选取一个轿车车主到某品牌的特约维修站换一只轮胎的简单例子来说明这个问题。

首先,我们看一看顾客得到了什么。

第一,顾客得到了产品价值——一只新轮胎的使用价值。轮胎质量是否合格,以及各项性能高于标准水平的程度将决定产品价值的高低。

第二,顾客得到了服务价值。车主不需要去轮胎销售商处提货,而是在维修站得到了这只轮胎。这还不是最重要的,重要的是有人为他换好了轮胎并且作了校正。当然,服务价值的大小除了与换轮胎的技术有关外,还与耗时有关。

第三,顾客得到了人员价值。人员价值的含义十分广泛,主要指的是服务人员的可靠性、响应性、安全性和移情性。假如,一位年长的技师不仅在几分钟内换好了轮胎,还亲自向车主讲述了造成轮胎破损的几种可能原因。同时,当老技师知道车主是个新司机时,还提醒他新司机经常犯的错误及因此会导致的严重后果。离开时,车主还顺便问了一个有关汽车保养方面的问题,老技师也给予了解答。这位车主所得到的人员价值是非常高的。是否能向顾客提供高额的人员价值取决于服务提供者的技能和对企业的忠诚度。

第四,顾客得到了形象价值。形象价值在许多时候表现为顾客心理上得到的满足。车主走进一个路边的修车铺子和走进一个装修精致的特约维修站所得到的形象价值不一样,车主与穿着不洁的工作服的修理工交谈和与穿着整洁制服的技师交谈所得到的形象价值也不一样。这种差别会随着车主所开车的车价和品牌地位的上升而增大。

(二)顾客总成本

顾客得到的全部价值已经有所了解,下面再来看一下顾客所支付成本的构成。

第一,货币成本。在上面换轮胎的例子中,车主付出了货币,作为获得轮胎和修理服务的代价。但是,对于上面的例子中老技师提供的额外服务,车主并未支付费用,这种人员价值将是真正的"超值部分"。

第二,时间成本。车主为了寻找特约维修站花费了一定的时间,这是时间成本的一个方面;另一方面,如果车主进了一家缺乏经验的修理店换轮胎,可能因为修理工缺少经验和训练,使他等了近一个小时才得到换好轮胎的车。这样他在修理店所支付的时间成本就会远远地高于他在特约维修站所支付的时间成本。车主越是处于紧急状态越会在乎这种时间成本。另外一种情况是，所需要修理的车必须耗时几天才能修好，特约维修站可以向急等用车的车主提供一辆备用车供其使用，而修理店却不能，这样车主在特约维修站所付出的时间成本就低得多了。

第三，精力成本。车主可能在进站维修前路过一个社会修理厂或一个轮胎专卖和服务店，他曾犹豫是否非要到特约维修站修理，为了作出决策，他用心作了比较，这就是顾客付出的精力成本。假如他的轮胎是在一个社会修理厂换的，并且比平均价格便宜许多，便会担心新轮胎有问题，所以大多数顾客会选择特约维修站或品牌轮胎的专卖店。另外，服务无形性会带来购买风险的上升，顾客也常常会出于降低风险的考虑而忠诚于某个维修站。服务商在广告中对自己可以提供的服务品质或服务的时间作出承诺，是为了降低顾客可感知的风险，从而降低他们的精力成本。

第四，体力成本。车主当然可以选择购买一只轮胎，然后自己把它换上，这样他就耗费了自己的体力。为了节省体力和降低风险，很多顾客选择了专业的技师来完成这项工作。

了解顾客价值理论，主要是要明白两点：一是顾客在信息基本透明的情况下，会以顾客让渡价值的最大化作为购买决策的主要依据；二是顾客的总价值和总成本都是包含有多种因素的综合体，而不仅仅是产品效用和产品价格之间的比较。当明白消费者会根据顾客让渡价值来决定其购买行为时，企业就应当主动地对自己的顾客让渡价值进行测算和评估，并同竞争者的顾客让渡价值进行比较，以调整顾客的总价值和总成本，增强自己的竞争力。

二、顾客满意的含义

购买者在购买后是否满意取决于与这位购买者的期望值相关联的供应物的功效。一般来说，顾客满意是顾客对一个产品的可感知效果（或结果）与他的期望值相比较后所形成的愉悦的感觉状态。

这个定义清楚地表明，满意水平是可感知效果和期望值之间的差异函数。如果可感知效果低于期望值，顾客就会不满意；如果可感知效果与期望值相匹配，顾客就会满意；如果可感知效果超过期望值，顾客就会高度满意或欣喜。

许多公司不断追求高度满意，因为那些一般满意的顾客一旦发现有更好的产品，依然会很容易地更换供应商，而那些高度满意的顾客一般不打算更换供应商。高度满意和愉快创造了一种在品牌情绪上的共鸣，而不仅仅是一种理性偏好，正是这种共鸣创造了顾客的高度忠实。施乐公司的高层领导相信，高度满意或欣喜的顾客价值是满意顾客价值的 10 倍。一个高度满意的顾客比一个满意的顾客留在施乐公司的时间更长，购买的产品更多。

消费者满意或不满意的感觉及其程度受到以下四个方面因素的影响：

（一）产品和服务让渡价值的高低

消费者对产品或服务的满意度会受到产品或服务的让渡价值高低的巨大影响。前面已经讨论过，如果消费者得到的让渡价值高于他的期望值，他就倾向于满意，差额越大越满意；反之，如果消费者得到的让渡价值低于他的期望值，他就倾向于不满意，差额越大越不满意。

（二）消费者的情感

消费者的情感同样可以影响其对产品和服务的满意的感知。这些情感可能是稳定的、事先存在的,比如情绪状态和对生活的态度等。非常愉快的时刻、健康的身心和积极的思考方式,都会对所体验的服务的感觉有正面的影响。反之,当消费者正处在一种恶劣的情绪中时,消沉的情感将被会他带入对服务的反应,并导致他对任何小小的问题都不放过或感觉失望。

消费过程本身引起的一些特定情感也会影响消费者对服务的满意。例如,中高档轿车的销售过程中,消费者在看车、试车和与销售代表沟通过程中所表现出来的对成功事业、较高的地位或较好的生活水平的满足感,是一种正向的情感。这种正向情感是销售成功的润滑剂。从让渡价值的角度来看,这类消费者对形象价值的认定水平比一般消费者要高出许多。

(三)对服务成功或失败的归因

这里的服务包括与有形产品结合的售前、售中和售后服务。当消费者面临一种不太好的结果(服务比预期好得太多或坏得太多)时,他们总是试图寻找原因,而他们对原因的评定会影响其满意度。例如,一辆车虽然修复,但是没有能在消费者期望的时间内修好,消费者认为的原因(这有时和实际的原因是不一致的)将会影响到他的满意度。如果消费者认为原因是维修站没有尽力,因为这笔生意赚钱不多,那么他就会不满意甚至很不满意;如果消费者认为原因是自己没有将车况描述清楚,而且新车配件确实紧张的话,他的不满意程度就会轻一些,甚至会认为维修站是完全可以原谅的。相反,对于一次超乎想象的良好服务,如果顾客将原因归为"维修站的分内事"或"现在的服务质量普遍提高了",那么这项良好服务并不会对提升这位顾客的满意度有什么贡献;如果顾客将原因归为"他们因为特别重视我才这样做的"或是"这个品牌是因为特别讲究与顾客的感情才这样做的",那么这项良好服务将大大提升顾客对维修站的满意度,并进而将这种高度满意扩展到对品牌的信任。

(四)对平等或公正的感知

消费者的满意还会受到对平等或公正的感知的影响。消费者会问自己:我与其他的消费者相比是不是被平等对待了?别的消费者得到比我更好的待遇、更合理的价格、更优质的服务了吗?我为这项服务或产品花的钱合理吗?以我所花费的金钱和精力,我所得到的比他人多还是少?公正的感觉是消费者对产品和服务满意感知的中心。

三、价值链

在顾客价值和满意的重要性已确定的前提下,用什么来产生价值和转让价值呢?为了回答这个问题,我们引入价值链概念。

哈佛大学的迈克尔·波特教授提出了价值链概念,并把它作为公司的一种工具,用以识别创造更多的顾客价值的各种途径。波特认为,"每一个企业都是在设计、生产、销售、发送和辅助其产品的过程中进行种种活动的集合体,所有这些活动可以用一个价值链来表明"。企业的价值创造是通过一系列活动构成的,这些活动可分为基本活动和辅助活动两类,基本活动包括内部后勤、生产作业、外部后勤、市场和销售、服务等;而辅助活动则包括采购、技术开发、人力资源管理和企业基础设施等。这些互不相同但又相互关联的生产经营活动,构成了一个创造价值的动态过程,即价值链。波特价值链如图2-4所示。

企业的价值链不是一堆相互独立的活动,而是一个由相互依存的活动组成的系统。价值链在经济活动中是无处不在的,上下游关联的企业与企业之间存在行业价值链,企业内部各业务单元的联系构成了企业的价值链。价值链上的每一项价值活动都会对企业最终能够实现的价值造成影响。

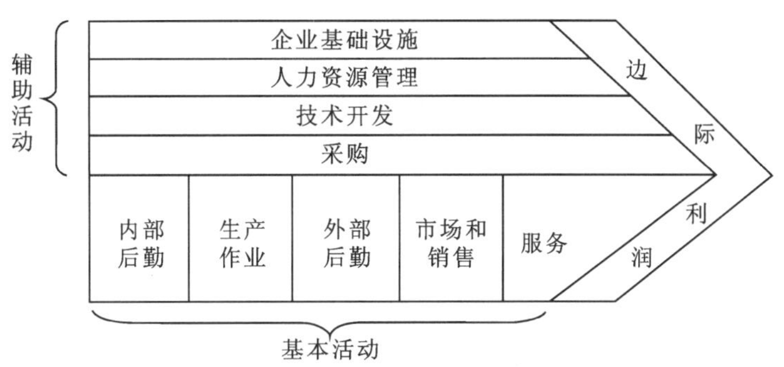

图 2-4　波特价值链

由于社会分工越来越细化，产业间的协调与联系也随之越来越重要，竞争的加剧使企业单独作战很难体现竞争优势，所以，企业必须与其供应商及销售渠道建立起密切的价值链关系，从而实现网络竞争优势。企业利用价值链之间的纵向联系，加强其与供应商及销售渠道的合作，能提高顾客整体价值，降低顾客购买成本，实现顾客让渡价值最大化。

四、全面质量营销

企业提高顾客让渡价值、建立顾客让渡价值系统的工作不可能由企业的市场营销部门单独完成，这需要企业的市场营销部门与其他部门很好地进行协调，在企业内部实行全面质量营销。

美国质量控制协会对全面质量营销所下的定义是：质量是一种产品或服务的性能和特征的集合体，它具有满足现实或潜在需求的能力。

我们认为，全面质量营销是一种以顾客为中心的质量定义。顾客有一组需求、要求和期望，当卖方的产品和服务符合或超过期望时，可以说卖方在传递质量。一个具有竞争力的企业必须是建有顾客让渡价值系统的企业，而企业要建立顾客让渡价值系统，首先必须树立全面质量营销的观念。那么如何理解全面质量营销呢？

第一，质量一定是由顾客所理解的。质量工作开始于顾客的需求，结束于顾客的理解。因此质量改进只有建立在顾客理解的基础之上才是有意义的。也就是说，制造商必须将顾客的声音贯彻到整个设计、工程、制造和配送过程之中。

第二，质量必须反映在公司的每一项活动之中，而不仅仅反映在产品中，质量要求全体员工的共同参与。成功的公司是那些消除了部门间壁垒的公司，他们的员工像团队一样协同工作，不仅仅在提高产品的质量，而且在提高广告、服务、产品说明、配送以及售后支持等活动的质量。

第三，质量要求有高质量的合作伙伴，即要实现价值链之间的纵向联系。

第四，质量要能不断改进，包括量上的飞跃，即制订数量改进的目标，小的改进常可以通过努力工作来实现，大的改进要求有崭新的措施和方法，需要更有创造性的工作。

第五，质量并不花费更多的成本。也就是说，质量可以通过认识到“第一次就把事情做好”而得到确实的改进，当企业第一次就把事情做正确时，很多成本就被节约了。

第六，质量的提高是必要非充分条件。高质量可能并不能赢得竞争优势，尤其是当竞争者也或多或少提高了相当程度的质量时。

本章小结

市场营销观念是在生产力高度发展、产品供过于求、竞争日益激烈的社会经济背景条件下形成的,它区别于以企业为中心的生产观念、产品观念和推销观念,具有以顾客需求的满足为中心,注重企业的长期发展战略,以整合营销为手段等基本特征。从本质上讲,市场营销学是一种经营哲学。市场营销哲学随着社会经济环境的不断变化而发展。

顾客是价值最大化者,他们将从能提供最高顾客让渡价值的公司购买产品。顾客让渡价值是顾客总价值和顾客总成本之差。这意味着销售者必须对顾客总价值和顾客总成本进行估算并考虑它们与竞争者的差别,以明确如何在市场上销售自己的商品。

对以顾客为中心的公司来说,顾客满意既是目标又是一个营销工具。高度的满意会导致高度的顾客忠诚。

质量是一种产品或服务的性能和特征的集合体,它具有满足现实或潜在需求的能力。质量必须反映在公司的每一项活动之中,而不仅仅反映在产品中,质量要求全体员工的共同参与。每项营销活动如营销调研、销售人员的培训、广告、顾客服务等,都必须执行贯穿质量的高标准。

关键概念

生产观念　Production Concept　　产品观念　Product Concept

推销观念　Selling Concept　　营销观念　Marketing Concept

顾客满意　Customer Satisfaction　　价值链　Value Chain

社会营销观念　Societal Marketing Concept

顾客让渡价值　Customer Delivered Value

复习思考题

1. 营销观念与推销观念有何区别?营销观念有哪些主要特征?
2. 什么是顾客让渡价值?其由哪些部分构成?
3. 什么是顾客满意?如何实现顾客满意?
4. 什么是价值链?简述波特价值链的内涵。
5. 简述全面质量营销的含义。

【案例分析】

盛田昭夫的经营哲学

20世纪50年代中期,索尼公司研制出了第一代晶体管收音机,为求更大的发展,索尼公司创办人盛田昭夫亲自带着这一产品来到美国纽约,以图打开美国市场。

一、为创名牌而努力

索尼公司研制开发的这种晶体管收音机体积小、轻便实用,价格也只有29.5美元。然而刚到纽约,许多美国人并不喜欢，他们说："为什么你们公司要做这么小的收音机？美国人都想要大收音机，因为美国的房子大，有许多房间，这么小的收音机有什么用？"

盛田昭夫则根据他在美国的观察做了许多解释工作。他说："美国有许多广播电台，仅在纽约就有 20 多家。而且美国人的房子确实很大，大到可以让家里的每一个人都有一个房间。我们收音机的收音效果虽然比不上大的收音机的收音效果，但方便实用。这样，就像每个美国人都有自己的房间一样，每个美国人都可以有自己的收音机，想听什么就听什么，既不打扰别人，也不会被别人干扰。"

渐渐的，很多人都觉得盛田昭夫说得有道理，开始与盛田昭夫讨论收音机的经销问题。事情有了转机，盛田昭夫很高兴，但也很谨慎。一次，一个经销商同意经销索尼公司的收音机，并且要买 10 万台，但有一个条件，就是必须在索尼公司制造的收音机上打上经销商的商标。

10 万台收音机是一笔大生意，因此当盛田昭夫将这个消息告知东京索尼总部时，总部的回答是：接下来。但盛田昭夫却拒绝了，他的想法很明确，就是：索尼绝不做其他公司的制造商，索尼要以自己的产品闯出自己的品牌。当盛田昭夫把自己的决定告诉那位美国经销商时，对方还以为盛田昭夫是在开玩笑，说："我们的公司已有 50 年的历史，名声响亮。你们的公司却名不见经传，为什么不利用我们公司的名声呢？"

盛田昭夫回答："50 年前，贵公司想必也和我们公司今天一样默默无闻吧。我现在是为我们公司未来的 50 年走出的第一步，我向你保证，50 年后，我们公司一定和贵公司一样名扬四海。"

对于盛田昭夫的决定，美国经销商不理解，索尼公司内也有很多人不理解，但盛田昭夫却一直认为，这是他最成功的一次决策。

二、订单量增加而售价提高的原因

后来，盛田昭夫又遇到了一位美国经销商，这位经销商很喜欢索尼的晶体管收音机，同意经销该产品，而且由于他有 150 家左右的连锁店，需要许多这样的产品。为此，他要盛田昭夫分别开出 5 千台、1 万台、3 万台、5 万台和 10 万台收音机的报价，最重要的是他没有要求在索尼的产品上挂上他们公司的商标和牌号。这桩买卖对盛田昭夫来说是一个很好的机会。

但是盛田昭夫仔细一考虑，却又发现了其他问题。索尼当时还是一个小公司，规模不大，生产能力也有限，还不具备 10 万台收音机的生产条件。如果接下 10 万台收音机的订单，就要扩建厂房，增加设备，招收新员工并进行培训，这就意味着需要大笔投资。如果以后每年都有 10 万台的订单，问题还不大，但是如果以后订单又没有了，那么为扩建厂房、增加设备而投下的资金如何回收呢？另外，新招的员工也不好安置。日本要求公司对员工负长期责任，不能因为没有订单就随便解雇员工。因此，有大笔订单是好事，但仅凭一张订单就决定公司扩张却不一定是好事，里面有风险，这就如同赌博一样。

根据这样的考虑，盛田昭夫便列了一个报价单：5 千台是起点，一种价格；1 万台时因有数量折扣，价格较低；3 万台时价格开始上升；5 万台的价格超过了 5 千台的价格；10 万台的价格最高。盛田昭夫的理由是，在公司不新增投资而以现有条件生产收音机的情况下，产品数量的增加会降低生产成本，因此价格下降；但当数量进一步增加、超过公司现有能力以至要新增投资时，公司就要承担风险，因此价格不是下降而是上升。

美国经销商看了报价单后非常不理解，盛田昭夫解释了自己的理由。美国经销商考虑了很久，最终同意了盛田昭夫的看法，订购了 1 万台晶体管收音机。结果可谓两全其美。

三、质量与利润

美国是一个大市场，因此盛田昭夫也认识到，在美国推销索尼的晶体管收音机不是他一个人就能办到的，因此便找了代尔盖尼柯国际公司作为索尼晶体管收音机的代理商。

起初，索尼公司和代尔盖尼柯国际公司的合作关系还不错，可是后来出现了分歧。原因是索尼的收音机已经有了一定的市场，名声比较响亮，销售量也不断增加。按盛田昭夫的想法，这时更应注重质量问题。可是代尔盖尼柯公司却更注重降低售价，而对质量的提高毫无兴趣。他们总是要求索尼公司制造一些比较便宜的晶体管收音机，这样，他们便可以极大的折扣进行大量销售。但这不是盛田昭夫的作风，盛田昭夫告诉他们:索尼公司无意为了赚钱而生产低质量的产品。

分歧后来发展成了危机。那是在1950年,索尼公司宣布已成功地研制出世界上第一台晶体管电视机,代尔盖尼柯国际公司却不与索尼公司商量,就大做广告说他们将代销这项产品,这使盛田昭夫深感震惊,他不喜欢代尔盖尼柯国际公司的这种做法,更怕他们会使世界上第一台晶体管电视机以低廉的价格和屈辱的折扣在市场上出现。为此,他向代尔盖尼柯国际公司明确表示,无意将索尼公司的电视机代销权授予他们,并毅然与代尔盖尼柯国际公司终止了合同关系。

在20世纪50年代,像索尼公司这样在纽约经销自己产品的还有许多其他的日本公司,很多在纽约的日本公司都依赖国内规模很大的贸易公司做生意,这些贸易公司了解海外市场,并在各地设有分支机构,可是对盛田昭夫而言,这些贸易公司都不够理想,因为他们都不太了解索尼公司的产品和盛田昭夫的经营哲学。

思考题

1. 通过盛田昭夫的经历,我们应如何理解推销和营销的区别?
2. 盛田昭夫的经营哲学是什么?
3. 通过这个案例,我们应得出什么样的营销观念?

【实训题】

绿色环保技术与措施在酒店中的应用

实训目的:了解酒店绿色环保技术的应用现状;综合分析绿色环保技术应用对酒店盈利的作用;加深学生对于社会营销理念的理解;增强学生的绿色环保意识。

实训任务:掌握酒店有关节能技术的应用;调查酒店绿色环保技术的应用现状。

实训实施:以小组为单位展开,形成书面报告。

第三章　市场营销环境

本章学习提示

通过本章的学习，你应该能够：掌握市场营销环境的概念和特点；了解影响企业营销的直接和间接环境因素；认识企业如何应对营销环境的变化；掌握营销环境的分析方法。

导引案例

山雨欲来风满楼　大众汽车中国亮剑 2012

2012 新年伊始，几大跨国汽车巨头相继公布 2011 年全年销量。大众汽车全球销售 816 万辆，同比增长 14.3%，首度超越丰田汽车，成为仅次于通用汽车(全球销量 903 万辆)的全球销量第二大车企。而丰田汽车受到日本海啸和福岛核危机的影响，其 2011 年全球销量为 790 万辆，同比下跌 6%。

2011 年，在全国汽车销量的同比增幅仅为 2%的市场环境下，大众汽车在中国市场的销量独占鳌头，从 2010 年的 192 万辆提高到 225 万辆，占据 35%的市场份额，增幅高达 17.2%。而早在 2009 年，大众汽车在中国市场的销量就首次超越德国，成为大众汽车在全球最大的单一市场。然而，令大众汽车耿耿于怀的是，其“2018 计划”中的另一项更重要的目标“销量达到 1000 万辆、成为世界第一”还尚未实现，大众汽车岂能善罢甘休。而要尽快实现这一目标，中国市场对大众汽车至关重要。

2012 年 1 月，大众汽车宣布将在未来五年内(2012—2016 年)对其汽车业务投资 624 亿欧元。大众汽车 CEO 文德恩博士日前表示：“这一投资规模将创下集团历史纪录，将优先用于开发面向可持续发展的驱动系统和环保车型，同时将进一步巩固集团在技术和创新方面的领先地位。”

中国市场，无疑是大众汽车全球战略中的重中之重。两年前，一项“落子华南，冲击日系车企盘踞的华南市场”的“南方战略”开始实施。长期以来，作为进入中国最早、市场份额最大的汽车品牌，大众汽车在东北、华北、华东等地拥有很高的市场份额。但在占据全国车市总销量 30%的华南，大众汽车的市场份额低得可怜，仅有 12%。而日系车在华南则具有很高的占有率，大众汽车发誓要在这片日系车的沃土上建立起自己的势力王国。截止到 2011 年年末，经过两年的集中火力猛攻，大众汽车的南方战略成果显著，其在华南市场的份额已达 15.8%，增速快于全国平均水平。从旗下两大合资公司来看，自“南方战略”启动以来，一汽大众连续两年在南方市场的增长率都保持在 30%以上，上海大众则更为明显：2009 年上海大众在南方六省中排名第 4 位，2011 年升至第 3 位，距离第一名的差距由 3%缩小到了 0.9%。市场占有率从 2009 年的 6.6%提升至 2011 年年末的 8.2%。在“南方战略”实施两年之后，这一次，大众汽车又气势汹汹、率领大军直插华南腹地。2011 年 12 月 1 日，一汽大众佛山分公司在广东佛山南海正式成立，大众汽车 CEO 文德恩和奥迪全球 CEO 施泰德均高调出席。大众汽车宣布，佛山工厂未来的总产能将达到 60 万辆，一期实现 30 万辆，首批投产的车型将是大众高尔夫 7，随后是奥迪 A3。

除了“南方战略”外，大众汽车还在谋划进军中国西部地区的“西部战略”。2011 年 10 月 13 日，一汽大众成都新工厂正式投产运营，这座新工厂设计年产量达 35 万辆，可以生产 A 级车、B 级车、混合动力车型和四驱车型，投产初期将以生产新捷达和速腾车型为主。成都新工厂是大众汽车在全球推行本地化战略、改善当地可持续结构性发展的标志性尝试,将大众汽车的全球绿色生产提升到新的水平。

2012年年初,上海大众宣布将在乌鲁木齐建成上海大众第六工厂。新疆向来不是汽车制造商心仪的建厂之地,因其气候干旱,寒暑变化剧烈;工业区距乌鲁木齐国际机场7千米,距全疆最大的货物储运站10千米,更远离成熟的零部件供应商,在乌鲁木齐西郊头屯河区兴建上海大众新工厂的意图令人生疑。但大众汽车认为:"在全国19个省市对口援疆政策的大力推动下,新疆经济可能出现爆发性增长,在新疆投资汽车产业前景广阔。事实上,除比亚迪以外,大多汽车制造商在新疆的销量增幅都颇为可观,在新疆当地,大众品牌占有率远超同行,其2011年上半年上牌量增长43%。"

面对增速明显放缓的消费需求,早就有很多专家提醒要警惕汽车产能的过度扩张行为,而大众汽车如此大手笔的投资扩张,是福还是祸?我们拭目以待。

以顾客为中心的企业价值创造、传递和实现过程离不开产业链上相关企业的配合,也要受到周围环境的影响和限制。从本质上看,市场营销活动就是营销者努力使企业可控制的因素同外界不可控制的因素相适应的过程。因此,认识与分析营销环境成为营销管理的基础和重要内容,而对环境的认识和分析过程也是不断地发现机会和识别威胁,以选择达到企业营销目标最佳途径的过程。

第一节 市场营销环境及其特点

一、市场营销环境的含义

环境是指事物外界的情况和条件。企业的市场营销环境指的是与企业市场营销活动相关的所有外部因素和条件。这些因素和条件由企业营销管理机构外部的行动者与力量所组成,它们影响着企业管理当前的发展和维持为目标顾客提供令其满意的产品或服务的能力。作为一个开放的系统,企业的所有活动都发生在一定的环境中,并不断地与外界环境发生着这样或那样的交流;企业在从外界吸纳各种物质和信息资源的同时,也通过企业自身的活动输出产品、劳务和信息,对外界施加影响。企业的营销活动也是这样一种促使企业内外资源发生交流的活动。

根据营销环境对企业市场营销活动产生影响的方式和程度,可将市场营销环境大致上分成两大类:直接营销环境和间接营销环境。对于直接营销环境,因其与企业具有一定的经济联系,直接作用于企业为目标市场服务的能力,从而又被称为作业营销环境、微观营销环境。间接营销环境的诸要素与企业不存在直接的经济联系,是通过直接营销环境的相关因素作用于企业的较大的社会力量,又称为宏观营销环境。这两种环境之间不是并列关系,而是包容和从属的关系,直接(微观)营销环境受间接(宏观)营销环境的大背景所制约,间接(宏观)营销环境则借助于直接(微观)营销环境发挥作用,见图3-1。

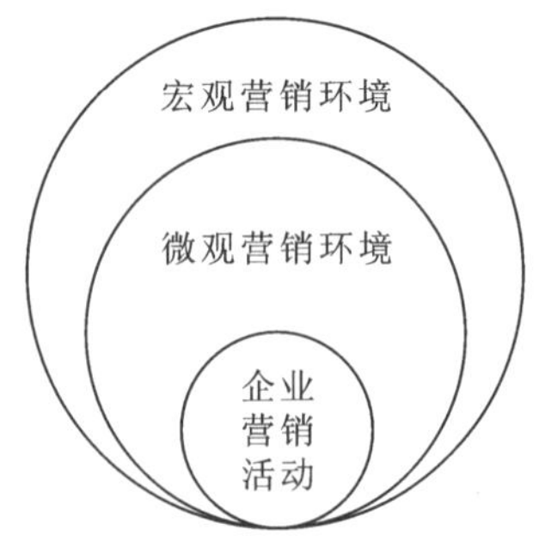

图3-1 营销活动与营销环境

二、市场营销环境的特点

(一)客观性

客观性是市场营销环境的首要特征。市场营销环境的存在不以营销者的意志为转移。主观地臆断某些环境因素及其发展趋势，往往造成企业盲目决策，导致在市场竞争中的惨败。

(二)动态性

动态性是市场营销环境的基本特征。任何环境因素都不是静止的、一成不变的，相反，它们始终处于变化，甚至是急剧的变化之中。例如，顾客的消费需求偏好和行为特点在变，宏观产业结构在调整等。企业必须密切关注市场营销环境的变化趋势，以便随时发现市场机会和监视可能受到的威胁。

(三)复杂性

市场营销环境包括影响企业市场营销能力的一切宏观和微观因素，这些因素涉及多方面、多层次，而且彼此相互作用和联系，既蕴涵着机会，也潜伏着威胁，共同作用于企业的营销决策。

(四)不可控性

相对于企业内部的管理机能，如企业对自身的人、财、物等资源的分配使用来说，市场营销环境是企业无法控制的外部影响力量。例如，无论是直接营销环境中的消费者需求特点，还是间接营销环境中的人口数量，都不可能由企业来决定。

三、市场营销活动与市场营销环境

市场营销环境复杂而动态的发展变化基本上可分为两大类：环境威胁和环境机会。所谓环境威胁，是指环境中一种不利的发展趋势所形成的挑战，如果不采取果断的市场营销行为，这种不利趋势将会伤害到企业的市场地位。营销者应善于识别所面临的或潜伏的威胁，并正确评估其严重性和可能性，进而制订应变计划。所谓环境机会，是指对企业市场营销管理富有吸引力并易于建立企业竞争优势的领域。企业应对环境机会的吸引力和成功的可能性做出恰当的评价，结合企业自身的资源和能力，及时将市场机会转化为企业机会，即符合企业实力范围的、企业可真正获利的机会。

每一个环境因素的变化，都可能为某些企业创造机会，也可能对另一些企业造成威胁。而且，鉴于营销环境的动态性，环境机会和环境威胁在一定的条件下还会互相转化。例如，德国政府对环境保护的苛刻要求使许多企业感到压力和威胁，但也为新材料、新能源产业和环保产业带来了巨大商机；而若干年后，绿色产品和绿色营销成为德国企业在国际市场明显的竞争优势。

企业对市场营销环境的适应，既是市场营销环境客观性的要求，也是企业营销观念的要求。现代营销观念以消费者需求为出发点和中心，它要求企业必须清楚地认识环境及其变化，发现需求并比竞争对手更好地满足需求，否则就会被无情的市场竞争所淘汰。而且，因为环境的复杂性和动态性，企业对环境的适应必须是永不松懈的。消费者的需求不断变化，市场上就不存在永远正确的营销决策和永远受欢迎的产品，对企业来说，唯有通过满足消费者需求而实现盈利目标的任务是永恒的。而要成功地完成这一任务，适应环境是关键。

案例 3-1 几十年前，美日企业对石油危机的不同反应造成它们的市场地位产生戏剧性变化是一个典型的例子。美国被称为“车轮上的国家”，其发达的汽车工业是美国人引以为傲的资本。但美国几大汽车巨头对能源危机反应迟钝，在能源趋紧的环境条件下，依然生产着大型、耗能高的传统汽车，而日本企业却适时地研制出小型节能汽车，成功地占领了大片美国市场。美国人曾以为高枕无忧的国内市场，在日本人的进攻下痛失“半壁江山”。

这个例子说明,在客观环境面前,强与弱的划分标准是对环境的适应能力,善于适应环境就能创造竞争优势。市场营销学认为,企业营销活动的成败,营销目标能否实现,关键在于企业能否适应环境的变化,并以创新的对策去驾驭变化的营销环境,做到"以变应变"。在风云变幻的市场竞争中,"适者生存"是颠扑不破的真理。企业的大小决策、各种活动都应是有理有据的,以利于对市场营销环境的分析。而企业的营销活动从本质上说,就是企业利用自身可控的资源不断适应外界环境不可控因素的过程。

值得注意的是,企业对环境的适应并不仅仅是被动的接受,而应该是能动的适应,既有对环境的依赖,又有对环境的改造,即采取积极主动的行为影响营销环境因素。在企业和环境这对矛盾之中,我们要承认客观环境的制约作用,但也不可忽视企业营销活动对环境的反作用。在企业与环境的对立统一中,企业是居于主动地位的,成功的营销者往往是那些主动地认识、适应和改造环境的人。

企业对市场营销环境的影响主要表现在两方面:

一方面,市场营销环境虽然有不可控性,但企业仍可借助科学的营销研究手段认识并预测环境的变化趋势,及时地调整营销计划。例如,目前许多企业意识到消费者对自身健康和社会环境的关注将对市场需求产生深远影响,纷纷开发绿色产品,力争在市场竞争中获得先机。据预测:环保、休闲、健康是21世纪最时尚、最持久的时装主题,天然纤维的棉、麻、丝或高新技术合成的特殊保健纤维面料将成为消费者的偏好。美国、日本、韩国的企业都已发展了有利健康和环保的各种成衣进入我国市场。

另一方面,企业可以通过各种宣传手段,如广告、公共关系等,来创造需求、引导需求,促使某些环境因素向有利的方向发展变化。在现实生活中,绝大多数消费流行或时尚潮流都是由企业所创造出来的。牛仔服刚进入我国市场时,被人们视为"异物",与游手好闲、不三不四的形象联系在一起。服装企业通过一系列的营销努力,最终使牛仔服成为广大消费者喜爱的一大服饰种类。而一句"温饱以后要健身"的广告揭开了健身器材热销的序幕,企业正是通过引导生活水平有了提高的人们追求健康美丽来创造对自己产品的需求。

从企业的营销实践来看,企业对环境的反作用既受企业实力的影响,也与环境因素本身有关。一般说来,企业对直接环境比对间接环境更容易产生影响。这显然是因为企业与其直接环境因素联系得更紧密,相互的作用更直接。比如,供应商是企业的直接环境因素之一,但同时企业又是供应商的客户,企业可利用商务谈判、长期订单等方法影响或改善与供应商的关系,获得一定的优惠条件。又如,企业无法控制人口规模,但可以通过营销宣传影响特定顾客群的态度,刺激他们的购买欲望;企业无法控制人均收入,但可以通过分期付款等方式加快潜在需求向现实需求的转化。

第二节 宏观营销环境

宏观(间接)营销环境指那些作用于直接营销环境,并因而形成市场机会或造成环境威胁的主要社会力量,包括人口、经济、政治法律、社会文化、科学技术和自然环境等企业不可控制的宏观因素。企业及其直接环境都受到这些社会力量的制约和影响。

一、人口环境

市场营销学认为市场是由有购买愿望并且具备购买能力的人构成的，人的需求是企业营销活动的基础。所以，对人口环境的考察是企业把握需求动态的关键。从量的角度看，人口的数量是市场规模的重要标志，在人均消费水平一定的情况下，人口数量越多，市场需求规模就越大。而从人口的分布、结构及变动趋势等方面进行质的分析，则能够刻画出市场需求的特点和发展趋势。我们可以从以下方面讨论人口环境及其变化对企业营销活动的影响。

(一)人口数量

随着世界科学技术的进步、生产力的发展和人民生活条件的改善，世界人口的平均寿命延长，死亡率下降，全球人口尤其是发展中国家的人口持续增长。据估计，目前世界总人口已经超过60亿，并将在2025年达到79亿以上。20世纪的最后20年中，世界人口居然增长了近18亿。世界人口的迅速增长意味着人类需求的增长和世界市场的扩大。东亚地区被人们誉为“最有潜力的市场”，除了因为该地区近年来经济发展迅速外，还因为它的人口数量庞大且增长较快，使得该地区的市场需求日益扩大。

世界人口的增长呈现出极端的不平衡。发达国家的人口出生率下降，人口甚至出现负增长，导致这些国家的市场需求增长缓慢，有的甚至开始萎缩。例如，欧洲儿童数量的减少，给以儿童市场为目标的企业造成威胁，而因为年轻夫妇有更多的闲暇和收入用于旅游和娱乐，给另一些行业带来佳音。世界人口的80%在发展中国家，而且人口增长最快的往往是那些落后、欠发达的国家。贫穷问题困扰着这些国家的人民，在人口呈几何级数上升的同时，消费者的购买力并没有提高多少，市场需求层次较低，以追求基本需求的满足为主。世界人口的过度膨胀给有限的地球资源带来巨大的压力，由此，可持续发展战略的研究为市场营销提出了新的课题。

(二)人口结构

人口结构可从其自然结构(性别、年龄)和社会结构(文化素质、职业、民族和家庭)两方面进行分析。

1. 人口的自然结构

人口的性别构成与市场需求的关系密切。男性和女性在生理、心理和社会角色上的差异决定了他们不同的消费内容和特点。一些产品有明显的性别属性，只为男性或女性专用。男女不同的性别心理和社会角色对消费行为有直接影响。一般来说，男性以阳刚粗犷为美，崇尚冒险精神，以事业为重，决策果断，因而男性消费者的需求特点常常表现为粗放型、冒险型、冲动型和事业型；女性比较温柔细腻，善于谨慎从事，以生活和家庭为重，因而女性消费者的需求特点多为谨慎型、生活型和唯美型。随着社会经济的发展，男女的性别角色也在悄然变化，并影响到了市场需求的变动。越来越多的女性摆脱了传统观念的束缚走向社会，寻求与男性同样的发展机会，女性就业的人数和领域在不断增加和扩大，她们的家庭和社会地位都有所改善。女性不仅在家庭中参与消费决策的权力有所提高，而且职业女性本身也日益成为商家瞩目的消费者群。

案例 3-2 随着越来越多的女性走上就业岗位，女性在家庭和社会中的地位迅速提高，越来越多的女性希望拥有自己的汽车，大众的甲壳虫汽车面向的正是这一市场。甲壳虫汽车以其独特曲线仿生的自然美、亮丽的色彩征服了中高端女性市场。其保守带给女性的是一种安全踏实;理性增加了女性对汽车的信任和驾驶的自信;圆润和流线型又恰好缓解了机械那种冰冷坚硬的感觉,在造型语言上更加迎合女性的需要。

人口的年龄结构是企业分析市场环境的主要内容之一,不同年龄层次的消费者因为生理和心理特征、人生经历、收入水平和负担状况的不同,有着不同的消费需要、兴趣爱好和消费模式。目前,人口老龄化是世界人口年龄结构变化的新特点,其原因在于许多国家尤其是发达国家的人口死亡率普遍下降,平均寿命延长。这一人口环境动向对市场需求的影响是十分深刻的:市场对摩托车、体育用品等青少年用品的需求将会减少,而且由于老年人对添置住宅、汽车等高档商品的兴趣不大,这部分产品的市场需求也呈下降趋势;老年人的医疗和保健用品、生活服务、旅游和娱乐的市场需求将会迅速增加。据中国老年协会介绍,目前我国60岁以上的老年人口已达1.6亿,并以每年3%的速度递增。预计到2030年,我国老年人口将超过欧洲人口。我国老年产品与服务的多种需求构成了一个十分庞大、丰富多彩的市场。据测算,仅其潜在消费每年也在3000亿元人民币以上,老年人的消费需求以人寿保险、医疗保健和生活服务为热点。有关人士预测,在未来的相关产业中,第一产业将出现老年人饮食特需的农副产品,第二产业将出现老年人专用商品,第三产业将出现照料老年人生活的特殊行业,信息产业中还会出现为老年人提供精神慰藉的服务。

2.人口的社会结构

人口的文化素质对市场消费需求的影响亦不能忽视。一般来说,随着受教育人数的增加和受教育水平的提高,市场将增加对优质高档产品,旅游、书籍杂志等文化消费品的需求,而且人们的需求会更加追求个性化和多样化。此外,企业采用的营销手段及其效果也因目标顾客的受教育程度而异。

职业是消费者的社会角色。不同的职业往往和相应的收入水平联系在一起,直接制约消费者的购买能力。特定的职业常常和一定的生活方式联系,进而影响消费方式、消费习惯。即使收入水平相同,出租车司机和大学教授的消费兴趣也不会相同。

不同民族的消费者在各自传统民族文化的影响下,其消费行为、消费内容有鲜明的民族性。我国是一个多民族的国家,除占人口绝大多数的汉族外,还有满族、藏族、回族、壮族、维吾尔族、蒙古族等50多个少数民族。每个民族都有特殊的需求和消费习惯。以不同民族消费者为目标顾客的营销者必须尊重民族文化,理解民族文化间的差异。

家庭是社会的细胞,也是某些商品的基本消费单位。例如,住房、成套家具、电视机、厨房用品等商品的消费数量就和家庭单位的数量密切相关。目前,家庭规模缩小已经是世界趋势。家庭规模小型化,一方面导致家庭总户数的增加,进而引起对家庭用品总需求的增加;另一方面则意味着家庭结构的简单化,从而引起家庭需求结构的变化。例如,单人户、双人户和三人户的增加使得家庭对产品本身的规格和结构有不同于多世同堂的大家庭对产品的要求。营销者应在产品设计、包装和促销上做出相应的调整。

(三)人口分布

人口的地理分布指人口在不同地理区域的密集程度。由于各区域的自然条件、经济发展水平、市场开放程度以及社会文化传统和社会经济与人口政策等因素的不同,不同区域的人口具有不同的需求特点和消费习惯。例如在我国,不同区域的食品消费结构和口味就有很大差异,俗话说"南甜北咸,东辣西酸",也因此形成了如粤菜、川菜、鲁菜、徽菜等著名菜系。

人口密度是反映人口分布状况的重要指标。人口的地理分布往往不均匀,各区域的人口密度大小不一。人口密度越大，意味着该地区人口越稠密、市场需求越集中。准确地了解这一指标有利于营销者制订有效的营销计划。人口的地理分布并不是一成不变的，它是一个动态的概念，这就是人口流动问题。近几十年来，世界上人口的"城市化"是普遍存在的现象，有些国家的城市人口高达百分之七八十。但近些年来，在一些发达国家，与城市化倾向相反，出现了城市人口向郊区及卫星小城镇转移的"城市空心化"趋势。这些人口流动现象无一不造成了市场需求的相应变化，营销者必须充分考虑人口的地理分布及其动态特征对商品需求及流向的决定性影响。

案例 3-3 我国东部沿海地区是经济最发达的地区，也是人口最密集、城镇化率最高的区域，汽车企业在对车厂和 4S 网点进行布局的时候都会考虑如何更好地覆盖这一区域，以降低物流成本。1992 年 2 月，看到中国市场巨大的发展潜力，日本第五大汽车厂马自达汽车与海南汽车有限公司合资成立了海南马自达汽车冲压有限公司，生产福美来、普力马车型。选址在海南有助于借助海运的方式到达各个沿海城市，当然，也综合考虑了东南亚汽车产业链的配套、土地成本、税收优惠等因素。2005 年，马自达汽车又和一汽轿车成立了一汽马自达汽车销售有限公司；2007 年 9 月，长安福特马自达南京工厂正式投产，面向城市群密集的东部沿海地区供应经济型轿车将使马自达更具有成本优势；面对西部城市群的崛起，长安福特马自达重庆二工厂于 2012 年 2 月正式投产。

二、经济环境

市场营销学认为，人的需求只有在具备经济能力时才是现实的市场需求。在人口因素既定的情况下，市场需求规模与社会购买力水平成正比关系。经济环境包括许多因素，如产业结构、经济增长率、货币供应量、利率等。而社会购买力正是以上一些经济因素的函数。所以，企业必须密切注意其经济环境的动向，尤其要着重分析社会购买力及其支出结构的变化，敏感于促成其变化的各种因素。

(一)消费者收入水平

消费者的收入是消费者购买能力的源泉，包括消费者个人工资、奖金、津贴、股息、租金和红利等一切货币收入。消费者收入水平的高低制约了消费者支出和支出模式，从而影响了市场规模的大小和不同产品或服务市场的需求状况。

对消费者收入的分析绝非简单的问题，必须准确理解一系列相关概念。

首先，个人可支配收入和个人可任意支配收入是一对重要概念。个人可支配收入指在个人总收入中扣除税金后，消费者真正可用于消费的部分，它是影响消费者购买力水平和消费支出结构的决定性因素。个人可任意支配收入是在个人可支配收入中减去消费者用于购买食品、支付房租及其他必需品的固定支出后所剩下的那部分收入，一般还要扣除稳定的储蓄。非必需品的消费主要受它的限制。

个人可任意支配收入＝个人全部收入－税费－固定开支－储蓄＋手存现金

在这两种收入中，由于国家税收政策的稳定性，个人可支配收入变化趋势缓慢，而个人可任意支配收入变化较大，而且在商品消费中的投向不固定，成为市场供应者竞争的主要目标。

另一对重要概念是货币收入和实际收入。它们的区别在于后者通过了物价因素的修正，而前者没有。货币收入只是一种名义收入，并不代表消费者可购买到的实际商品的价值。所以，货币收入的上涨并不意味着社会实际的购买力提高，而货币收入的不变也不一定就是社会购买力的不波动。唯有考虑了物价因素的实际收入才能反映实际社会购买力水平和变化。假设消费者货币收入不变,但物价下跌,则消费者的实际收入上升,购买能力提高;相反,如果物价上涨,则消费者的实际收入下降,购买能力降低。即使货币收入随着物价的上涨而增长,如果通货膨胀率大于货币收入增长率,消费者的实际收入仍会减少,社会购买力下降。

另外,消费者的储蓄额占总收入的比重和可获得的消费信贷也影响实际购买力。一般说来,储蓄意味着购买力被雪藏了,储蓄额越大,当期购买力越低,从而给以后的市场供给造成压力,有人以"笼子里的老虎"形象地比喻它对未来市场的冲击。与储蓄相反,消费信贷使消费者能够凭信用取得商品使用权在先,按期归还贷款在后。消费信贷有短期赊销、分期付款和信用卡信贷等多种形式。发达的商业信贷使消费者将以后的消费提前了,即所谓的"寅吃卯粮",对当前的社会购买是一种刺激和扩大。

除了分析研究消费者的平均收入外,营销者还应了解不同社会阶层、不同地区、不同职业的收入和收入增长率的差别,深入认识各个细分市场的购买力分布。

(二)消费者支出模式

消费者支出模式指消费者各种消费支出的比例关系,也就是常说的消费结构。社会经济的发展、产业结构的转变和收入水平的变化等因素直接影响了社会消费支出模式,而消费者个人收入则是单个消费者或家庭消费结构的决定性因素。对这个问题的分析要涉及"恩格尔定律"。德国经济学家和统计学家恩斯特·恩格尔(Ernst Engel)1857年在对英国、法国、德国、比利时不同收入的家庭进行调查的基础上,发现了关于家庭收入变化与各种支出之间比例关系的规律性,提出了著名的恩格尔定律并得到其追随者的不断补充与修正。目前该定律已成为分析消费结构的重要工具。该定律指出:随着家庭收入的增加,用于购买食品的支出占家庭收入的比重就会下降,用于住房和家庭日常开支的费用比例保持不变,而用于服装、娱乐、保健和教育等其他方面及储蓄的支出比重会上升。其中,食品支出占家庭收入的比重被称作恩格尔系数。恩格尔系数是衡量一个国家、一个地区、一个城市、一个家庭生活水平高低的标准。恩格尔系数越小表明生活越富裕,越大则生活水平越低。根据联合国粮农组织提出的标准,恩格尔系数在59%以上为贫困,50%~59%为温饱,40%~49%为小康,30%~39%为富裕,低于30%为最富裕。企业通过恩格尔系数可以了解市场的消费水平和变化趋势。

消费者支出模式除了主要受消费者收入影响外,家庭生命周期阶段和家庭所在地点的不同也会形成不同的消费结构。一个家庭的新婚阶段是家用电器、家具等耐用品的需求旺盛期;家庭中有了孩子,消费支出的重心便转移到孩子的需求上,家庭收入的很大比例都用于孩子的食品、服装、教育和文娱等方面;待孩子长大成人、独立生活后,父母的消费多用于医疗、保健、旅游或储蓄。家庭所在地点不同,开支也不一样,比较居住在城市中心和郊区的家庭,会发现在交通、住房和食品等方面有不同的支出比例。

案例3-4 近年来,我国政府在努力提高居民收入水平的同时,加大了对低收入人群的政策倾斜,着力于提高农民的收入,各地的最低工资标准不断提高,并通过产业转移缩小各地区发展的差距,农村居民收入的增速明显高于城镇居民。大众汽车集团负责销售和营销的集团董事会成员 Christian Klingler 先生认为,在未来几年中,三、四线城市的增长幅度要远远超过一、二线,西部地区经销商的增长要快于东部地区。为此,大众汽车加大了对三、四线城市销售网点的建设,并且大众汽车计划在6~8年的时间内,将经销商的数量翻一番。当然,我们也应注意到在2006年中国城镇居民的恩格尔系数达到最低点35.8%之后,近几年有连续反弹的趋势，2010 年达到 39.76%，这说明城镇居民正面临更大的生活压力，在一定程度上会压制对汽车的消费需求。

三、政治法律环境

政治与法律是影响企业营销的重要的宏观环境因素。政治因素像一只无形之手调节着企业营销活动的方向，法律则为企业规定商贸活动的行为准则。政治与法律相互联系，共同对企业的市场营销活动产生影响和作用。

(一)政治环境

政治环境指企业市场营销活动的外部政治形势、国家方针政策及其变化。

在国内，安定团结的政治局面不仅有利于经济的发展和人们收入的增加，而且影响到人们的心理状况，导致市场需求发生变化。党和政府的方针、政策规定了国民经济的发展方向和速度，也直接关系到社会购买力的提高和市场消费需求的增长变化。

对国际政治环境的分析，应了解“政治权力”与“政治冲突”对企业市场营销活动的影响。政治权力对企业营销活动的影响主要表现在有关国家政府通过采取某种措施限制外来企业及产品的进入，如进口限制、外汇控制、劳工限制、绿色壁垒等。政治冲突指的则是国际上的重大事件和突发性事件，这类冲突即使在以和平和发展为主流的时代也从未绝迹过。这种冲突对企业市场营销工作的影响或大或小，或意味着机会或产生巨大的威胁。

(二)法律环境

法律环境是指国家或地方政府颁布的各项法规、法令、条例等。法律环境不仅对企业的营销活动而且对市场消费需求的形成和实现具有一定的调节作用。企业研究并熟悉法律环境，不仅可以保证自身严格依法经营和运用法律手段保障自身权益，还可通过法律条文的变化对市场需求及其走势进行预测。

各个国家的社会制度不同，经济发展阶段和国情不同，体现统治阶级意志的法律制度也不同。从事国际市场营销的企业，必须对相关国家的法律制度和有关的国际法规、国际惯例和准则进行深入的学习研究并在实践中遵循。

案例 3-5　企业应特别关注与行业发展密切相关的国家政策、法律法规。如近几年影响汽车行业发展的主要政策要点有：

从 2008 年 9 月起，调整汽车消费税税率，提高大排量汽车消费税税率；降低小排量乘用车的消费税税率，排气量在 1.0 升(含 1.0 升)以下的乘用车，消费税税率由 3%下调至 1%。

2009 年 3 月，国务院通过《汽车产业振兴规划》，大力支持汽车金融发展。

2011 年 1 月 1 日，汽车下乡、以旧换新和小排量车购置税优惠三大政策推出。

2011 年，《节能与新能源汽车产业发展规划(2011—2020)》发布，规划到 2020 年节能与新能源汽车累计产销达到 500 万辆。

新的《车船税法》将于 2012 年 1 月 1 日起施行，2.0 以下车型不增加税负。

北京、广东等地开始实施国Ⅲ环保标准；

北京实行摇号购车、上海拍卖私家车牌照限制汽车消费。

从 2012 年 7 月 1 日起，广州正式实施车牌限额。

(三)公众利益集团的发展

公众利益集团指代表一定公众利益的民间社团组织，如消费者协会、老年协会、旅游者俱乐部、环境保护组织等。这些利益集团不是官方组织，不具强制性，但因为是某个群体的利益代言人，所以颇具影响力和号召力。例如，某类消费者利益集团，往往对其群体的消费需求有引导或抑制的作用，构成对企业的营销行为和市场地位的压力。企业在作出营销决策时，必须认真考虑这种动向。

自从"消费者主权论"问世以来，消费者权益的保护运动蓬勃开展，公众利益集团的数量、规模和影响力都有增无减，已成为一种重要的社会力量。在我国影响最大的是1985年1月在北京成立的中国消费者协会，该协会是对商品和服务进行社会监督、保护消费者合法权益的社团组织。它主要履行下列职能：

(1)向消费者提供消费信息和咨询服务；

(2)参与有关行政部门对商品和服务的监督、检查；

(3)就有关消费者合法权益的问题，向有关行政部门反映、查询，提出建议；

(4)受理消费者的投诉，并对投诉事项进行调查、调解；

(5)投诉事项涉及商品和服务质量问题的，可以提请鉴定部门鉴定，鉴定部门应当告知鉴定结论；

(6)就损害消费者合法权益的行为，支持受损害的消费者提起诉讼；

(7)对损害消费者合法权益的行为，通过大众传播媒介予以揭露、批评。

四、社会文化环境

社会文化深远地影响着人们的生活方式和行为模式。一方面，消费者的任何欲望和购买行为都深深地印有文化的烙印，例如，华人的春节和西方人的圣诞节是有着两种不同文化背景的消费高峰期，不同的节日风俗使他们的节日消费各具特色。另一方面，营销者本身也深受文化的影响，表现出不同的经商习惯和风格。

要理解社会文化环境对市场营销活动的影响，首先应认识到，社会文化是一个涵盖面非常广泛的概念，是"一种复杂的总体，包括知识、信仰、艺术、道德、法律、风俗和任何人作为一名社会成员获得的所有能力和习惯"。这其中既有物质的外壳，又有精神的内核。根据人的社会实践和不同的文化现象的特殊性，社会文化基本上可以分成三大要素：物质文化、关系文化和观念文化。物质文化是指人们在从事以物质资料为目的的实践活动过程中所创造出来的文化成果，以生产力为首；关系文化是人们在创造、占有和享受物质文化的过程中形成的社会关系，包括以生产关系为基础的经济关系、阶级关系、民族关系、国际关系等，还包括为维护这些关系而建立的各种社会组织形式和与之相应的政治法律制度、社会道德规范等；观念文化是在前两种文化的基础上形成的意识形态文化，包括人们在长期的文化历史发展中积淀而成的社会文化心理、历史文化传统、民族文化性格等，以及社会有意识地宣传和倡导的思想理论、理想精神和文学、艺术、宗教、道德等。任何一种社会文化都是这三方面的统一。其中，以价值观为内核的观念文化是最深层的核心文化，有高度的连续性，不会轻易改变。营销者应分析自己的市场营销活动将涉及哪些层次的文化因素，灵活地采取相应的策略。

案例3-6 大众汽车在2004年推出了一个总体品牌形象广告"中国路 大众心"，广告中配合情景在画面的右下角连续出现"忠、志、恳、态、惠、想、聪、慧、悠、感、恣、愛"等带有"心"的书法汉字。大众汽车认为，在中国文化中，这些带"心"字的汉字，都可以用来表现那些非常美好的品质和精神，这就是"大众心"的体现。"大众心"不仅是大众汽车追求完美、不断创新和持之以恒的造车之心，更是大众汽车对广大中国用户的赤诚之心。在广告片结尾，大众汽车给出的承诺“有多少心，用多少心”，更传达了大众汽车始终与中国消费者心心相印，正全心倾注于为中国消费者制造更多的好车、提供更多的优质服务的信息。

营销者在进行社会文化环境分析时，还要着重研究亚文化群的动向。每一种文化内部都包含若干亚文化群，即那些有着共同生活经验或生活环境的人类群体，如青少年、知识分子等。这些亚文化群的信念、价值观和风俗习惯既与整体社会文化相符合，又因为他们各有不同的生活经历和环境而表现出不同的特点来。这些不同的人群也是消费者群，根据各亚文化群所表现出来的不同需求和不同的消费行为，营销人员可以选择这些亚文化群作为他们的目标市场。

图腾文化是民族文化的源头。图腾是一种极其古老的东西，简单地说，就是原始社会作为各部落或氏族血统的标志并当作祖先来崇拜的动物或植物等。古老的图腾文化渗透到现代文化中，形成各种风俗习惯和禁忌，进而形成特别的消费习惯。例如，由于古文化中一些民族对牛有着崇高的敬仰，使得这些民族至今不吃牛肉。再如，中华民族对龙凤呈祥、松鹤延年的美好祈盼，在消费者对产品设计、包装、商标、色彩和推销方式的特殊心理偏好上都有反映。

社会文化的影响深远而广泛，在国际营销活动中尤其如此。国际营销是跨国界、跨文化的活动，不同国家的文化差异对其影响很大：在本国市场上成功的营销策略在他国异文化中可能行不通，甚至招来厌恶、抵制；在本国文化中属于表层文化的因素，在他国文化中可能是必须严肃对待的“禁区”……这所有的一切，都需要营销者仔细分析，并在充分尊重他国文化的基础上创新性地实现跨文化营销目标。那些有民族特色，又不对他国文化构成利害冲突的营销努力往往会受到欢迎。

五、科学技术环境

科学以系统的理论反映系统的现象，是人类对于自然、社会和思维等现象认识的结晶。技术是人类为实现社会需要、改革客观世界所采用手段的总和。科学、技术与生产的结合、统一是新技术革命的特征之一，作为推动社会生产力发展的主导力量，科学转化为直接的社会生产力的周期日益缩短，科学技术在社会化大生产中的作用呈几何级数递增。第二次世界大战以后，高新技术群继续不断地深化发展，微电子技术、电子计算机技术、原子能技术和生物技术在整个经济结构中的含量急剧上升，新技术革命进入了加速发展的新阶段。人类明确地认识到科学技术是第一生产力，21 世纪是高科技继续发展的新世纪。

营销者应准确地把握科技革命的发展趋势，密切注意技术环境的变化对市场营销活动的影响，并及时地采取适当的对策。

1. 新技术的发展和运用促成新的市场机会，产生新的行业

据美国《设计新闻》报道，由于大量启用自动化设备和采用新技术，将出现许多新行业，包括新技术培训、新工具维修、电脑教育、信息处理、光导通讯、遗传工程、海洋技术和空间技术等。新技术革命的蓬勃发展促进了产业革命的进行，而产业革命所包含的主导技术群和技术体系则催化了社会经济的变革，甚至整个社会结构、时代文化和价值观的更新。

与此同时，新技术也使某些行业遭到环境威胁或毁灭性打击，一些旧行业受到冲击甚至被无情地淘汰，新的消费市场不断替代旧的需求，例如，激光唱盘技术夺走了磁带市场，复印机伤害了复写纸行业。

2. 新技术的发展和运用赋予了企业改善经营管理的能力

竞争战略学家迈克尔·波特指出，技术除了可狭义地定义为一种科技类的东西外，还具有极为广泛的含义，包括管理、组织创新或其他，而运用技术的能力是企业获得竞争优势的源泉。

3. 计算机、通信和互联网技术的发展正在改变人们的生活方式，也在改变着企业创造和传递价值的方式

近年来，我国的电子商务领域呈现出以下发展趋势：

(1)互联网迅速普及，网民规模平稳增长。20世纪90年代以来，互联网在全球迅速普及，据中国互联网络信息中心(CNNIC)公布的数据，截至2011年年底，我国网民规模突破5亿人，较2010年年底的4.57亿增长10.5%。

(2)网络购物市场交易规模继续高速增长。互联网的普及影响了消费者购物的方式，据艾瑞咨询公布的调查数据，2011年我国网络购物市场交易规模达7735.6亿元，占社会消费品零售总额的4.3%，较2010年增长67.8%，相比较于2006年的263.1亿元，仅仅5年的时间就增长了近30倍。同时，网络购物用户规模达到1.87亿人，在宽带网民中的渗透率为41.6%。我国网络购物市场中B2C市场增长迅猛，将继续成为网络购物行业的主要推动力。

(3)网络交易规模的迅速扩大得益于日益规范的网络环境。各部委共同推进网络购物消费者权益保障，降低了消费者网络购物的心理门槛；快捷登录、快捷支付等方式的出现降低了消费者网络购物的操作门槛，不断加大了网络购物应用在网民中的渗透。

(4)消费者获取信息和沟通信息的方式正在发生变化。人们不再只是通过亲朋好友和传统的电视、报纸等媒体获取信息，而更多地借助门户网站、搜索引擎和平台式电子商务网站提供的站内搜索引擎来获取信息，企业之间的竞争变得更加透明。网民通过博客、微博、QQ、MSN、微信等工具发布和沟通信息，借助社交网站将人际关系网络从现实转向虚拟。

(5)获取信息方式的变化催生了互联网广告的快速发展。2011年我国互联网广告市场规模达到511.9亿元，较2010年增长57.3%，已经超过了报纸广告的市场规模。

(6)团购网站的出现正在改变买卖双方的力量对比。近年来，团购网站的兴起犹如狂风骤雨，来势汹汹，但很快实现了行业的洗牌，只有少数实力雄厚的企业生存了下来，一些大型的B2C和C2C平台式网站也都推出了自己的团购网站品牌。

(7)移动互联网市场规模呈现爆发式增长。艾瑞咨询统计数据显示，2011年我国移动互联网市场规模达393.1亿元，同比增长97.5%。移动营销发展良好，广告主的进一步认知和智能终端的快速普及促进行业快速发展；绝大多数移动互联网模式尚处于培养用户习惯阶段，盈利模式仍在摸索中。

(8)企业普遍大力推动电子商务发展，企业之间的沟通和交易实现数字化。据艾瑞咨询统计，2011年我国电子商务市场的交易规模达7万亿元，同比增长46.4%，其中，B2B交易额占比86.6%。值得注意的是，服务类产品尤其是旅游产品的电商运营有望成为新的增长点。

案例3-7 2011年4月7日，吉利汽车在国内首次试水网络直销汽车，与淘宝合作开设淘宝商城全球鹰官方旗舰店，开业3个月，已经实现200多宗交易，逐渐打破了媒体和消费者对汽车网购的顾虑和质疑。2011年6月17日—6月23日，淘宝商城全球鹰官方旗舰店推出了“熊猫千人团，团到就是赚到”的熊猫团购活动。活动一推出，熊猫的成交数量就不断攀升，不出几天便成功破百，短短一周的成交数量更高达142台，再次创造了汽车团购的新纪录。

六、自然环境

自然环境是人类最基本的活动空间和物质来源，可以说，人类发展的历史就是人与自然的关系发展的历史。自然环境的变化与人类活动休戚相关。目前，自然环境却面临危机，主要表现在：

（一）自然资源逐渐枯竭

传统上，人们将地球上的自然资源分成三大类：取之不尽、用之不竭的资源，如空气、水等；有限但可更新的资源，如森林、粮食等；有限又不能更新的资源，如石油、煤和各种矿物。由于现代工业文明无限度地索取和利用，导致矿产、森林、能源、耕地等资源日益枯竭。甚至连以前认为永不枯竭的水、空气也在世界某些大城市出现了短缺。目前，自然资源的短缺已成为各国经济进一步发展的制约力甚至反作用力。

（二）自然环境受到严重污染

随着工业化和城市化的发展，环境污染程度日益增加。人类面临资源枯竭、海洋污染、土壤沙化、温室效应、物种灭绝和臭氧层破坏等一系列资源生态环境危机。人们对这个问题越来越关心，纷纷指责环境污染的制造者，力求达到与自然环境和谐发展。

1992 年 6 月，联合国环境与发展大会在巴西里约热内卢通过了包括《21 世纪议程》在内的一系列重要文件，指出人类社会应走可持续发展（Sustainable Development）的道路。可持续发展指经济发展应建立在资源可持续利用的基础上，符合生态环境所允许的程度，既能满足当代的发展需求，又不对后代的生存和发展构成危害，通过产业结构调整与合理布局，实行清洁生产和文明消费，使社会的发展在代内和代际都达到与环境的和谐。可持续发展理论逐渐被世界各国所接受，并促进了绿色产业、绿色消费、绿色市场营销的蓬勃发展。从世界范围看，环境保护意识和市场营销观念相结合所形成的绿色市场营销观念（Green Marketing Concept）正成为新世纪市场营销的新主流。

案例 3-8　大众汽车一直关注经济的可持续发展与绿色生产，大众汽车成都工厂的涂装车间拥有世界最先进的环保有益性设计——干式水幕漆水分离技术。这套工艺将传统的漆水分离系统改成干式分离，漆雾分离介质由水改成石灰粉，使面漆生产线用水量减少了 90%，标准面漆生产线二氧化碳年排放量减少了约 10000 吨，相当于生产每辆车的二氧化碳排放量减少了 19.6%。可持续发展一直是大众汽车发展战略的基础。大众汽车在全球范围内制定了 22 条环保准则，通过实施这 22 条准则，大众汽车在全球范围内有效地实现了与环境和谐发展的“绿色生产”，达到了经济与生态的双赢。

第三节　微观营销环境及行业环境分析工具

一、微观营销环境

微观（直接）营销环境指对企业服务其目标市场的营销能力构成直接影响的各种力量，包括企业内部环境及其营销渠道、目标顾客、竞争者和社会公众等与企业具体业务密切相关的个人和组织。

(一)企业内部环境

除市场营销部门外,企业本身还包括最高管理层和其他职能部门,如制造部门、采购部门、研究开发部门及财务部门等,这些部门与市场营销部门一起为实现企业目标共同努力着。正是企业内部的这些力量构成了企业内部的营销环境。而市场营销管理部门在制订营销计划和决策时,不仅要考虑企业外部的环境力量,还要考虑与企业内部其他力量的协调。

首先,企业的营销经理只能在最高管理层所规定的范围内进行决策,以最高管理层制订的企业任务、目标、战略和相关政策为依据制订市场营销计划,且得到最高管理层批准后方可执行。

其次,市场营销部门要成功地制订和实施营销计划,必须有其他职能部门的密切配合和协作。例如,财务部门负责解决实施营销计划所需的资金,并将资金在各产品、各品牌或各种营销活动中进行分配;会计部门则负责成本与收益的核算,帮助市场营销部门了解企业利润目标实现的状况;研究开发部门在研究和开发新产品方面给市场营销部门以有力的支持;采购部门则在获得足够和合适的原料或其他生产性投入方面担当重要责任;而制造部门的批量生产保证了适时地向市场提供产品。

(二)供应商

供应商是向企业及其竞争者供应原材料、部件、能源、劳动力等资源的企业和个人。供应商是能对企业的经营活动产生巨大影响的力量之一。其提供资源的价格往往直接影响企业的成本,其供货的质量和时间的稳定性直接影响企业服务于目标市场的能力。所以,企业应选择那些能保证质量、交货期准确和低成本的供应商,并且避免过分依赖某一家供应商,不至于受该供应商突然提价或限制供应的控制。

企业对于供应商的传统做法是选择几家供应商,按不同比重分别进货,并使它们互相竞争,从而迫使它们提供价格折扣和优质服务。这样做,虽然能使企业节约进货成本,但也隐藏着很大的风险,如供货质量参差不齐,过度的价格竞争使供应商负担过重而放弃合作等。认识到这一点后,越来越多的企业开始把供应商视为合作伙伴,设法帮助他们提高供货质量。

1992年,菲利普·科特勒提出了整体市场营销(Total Marketing)的观点。他认为,从长远利益出发,企业的市场营销活动应囊括构成其内外环境的所有重要行为者。“供应商市场营销”即是其中很重要的内容。因这种市场营销活动与产品流动的方向相反,故也称为“反向市场营销”。“供应商市场营销”主要包括两个方面的内容:其一,为选择优秀的供应商严格确定资格标准,如技术水平、财务状况、创新能力和质量观念等;其二,积极争取那些业绩卓越的供应商,与之建立良好的合作关系。

案例3-9 从2009年开始,上海大众打造了Dynamic(有活力的、动态的)供应商体系,包括四个方面的内容:

(1)淘汰落后供应商:一个健康的供应商体系是需要有淘汰机制的。为此,上海大众制订了供应商退出机制,通过KPI评分的方式,将供应商分为A、B、C三级,协助所有未达到A级的供应商分析在开发能力和质量能力方面存在的问题,帮助它们制订“冲A计划”,同时,从总体上减少供应商数量,将一些长期存在问题且改进意愿和力度不足的供应商列入淘汰计划,不再向这些供应商提供订单。

(2)引入潜在供应商:一个健康的供应商体系同样需要新鲜血液的补充。在供应商体系管理方面,上海大众始终保持开放的态度,在淘汰落后供应商、减少供应商总体数量的同时,始终没有停止引入新的供应商的工作。在2009年，上海大众组织了对上百家潜在供应商的评审，并成功引入新供应商43家。

(3)表彰优秀供应商：上海大众每年都会对那些在质量、服务、技术开发和价格水平方面表现卓越的供应商进行表彰，奖项包括年度最佳综合表现奖、卓越开发表现奖、卓越质量表现奖、卓越商务表现奖、卓越服务表现奖。

(4)发展战略供应商：2009年，上海大众制订了战略供应商计划，与那些在质量、服务、技术开发和价格水平方面表现非常突出的供应商建立战略伙伴关系，双方签订长期战略合作框架，在未来的新项目定点方面向战略供应商倾斜。

(三)营销中介

营销中介是协助企业推广、销售和分配产品给最终买主的那些企业，包括中间商、物流机构、营销服务机构和金融机构等。

1. 中间商

中间商是协助企业寻找顾客或直接与顾客进行交易的商业组织和个人。中间商分为两类：代理中间商和商人中间商。代理中间商指专门协助达成交易，推销产品，但不拥有商品所有权的中间商，如经纪人、代理人和制造商代表等。商人中间商指从事商品购销活动，并对所经营的商品拥有所有权的中间商，包括批发商、零售商。除非企业完全依靠自己建立的销售渠道，否则中间商对企业产品从生产领域成功地流向消费领域有至关重要的影响。中间商是联系生产者和消费者的桥梁，他们直接和消费者打交道，协调生产厂商与消费者之间所存在的数量、地点、时间、品种以及持有方式之间的矛盾。因此，他们的工作效率和服务质量直接影响到企业产品的销售状况。如何选择中间商并与之合作，以及如何在激烈的市场竞争中争取和保持一定的“货架空间”都不是简单的事情，这方面的内容将在第十三章和第十四章中进行详细论述。

2. 物流机构

物流机构是帮助企业储存、运输产品的专业组织，包括仓储公司和运输公司。企业通过成本、运送速度、安全性和方便性等因素选择合适的物流机构。物流机构的作用在于使市场营销渠道中的物流畅通无阻，为企业创造时间和空间效益。近年来，随着仓储和运输手段的现代化，物流机构的功能越发明显和重要。

3. 营销服务机构

营销服务机构包括市场调研公司、财务公司、广告公司、各种广告媒体和营销咨询公司等，它们提供的专业服务是企业营销活动所不可缺少的。尽管有些企业自己设有相关的部门或配备了专业人员，但大部分企业还是以合同委托的方式获得专业的营销服务机构的这些服务。企业往往通过比较各营销服务机构的服务特色、质量和价格，来选择最适合自己的有效服务。

4. 金融机构

金融机构包括银行、信贷公司、保险公司等为企业营销活动提供融资或保险服务的各种机构。在现代社会，几乎每一个企业都与金融机构有一定的联系和业务往来。企业的信贷来源、银行的贷款利率和保险公司的保费变动无一不对企业的市场营销活动产生直接的影响。

在市场经济得以发展的今天，企业通过各种市场营销中介来进行市场营销过程中的各种活动，正是社会分工的要求，也是社会发展的标志之一。

供应商和营销中介都是企业向消费者提供产品或服务价值过程中不可缺少的支持力量，

是价值让渡系统中主要的组成部分。企业不仅仅要把它们视为营销渠道成员，更要视为伙伴，追求整个价值让渡系统业绩的最大化。

案例3-10 基于VW品牌、SKODA品牌的差异化定位，上海大众建立了两大营销服务网络，为客户提供个性化的服务。经过20多年的发展，上海大众VW品牌及SKODA品牌的“4S”(Sale整车销售，Sparepart零部件销售，Service售后服务，Survey信息反馈)经销商和特约维修站总计已经超过700家，全国地级市覆盖率超过78%，当之无愧地成为汽车服务领域的领跑者。目前，上海大众已经在广州、西安等地因地制宜地建设了城市精品店。汽车经济已由一线城市逐渐延伸至二、三线城市，在积极开拓一线城市网点的同时，直营店模式是上海大众销售网络在二、三线城市的有效覆盖和延伸。

上海大众致力于搭建自己的汽车物流配送系统，全资设立了子公司——上海大众国际仓储物流有限公司；为了满足日益增长的汽车融资需求，它还成立了上海大众汽车金融有限公司；上海大众与国内的新华信市场研究咨询有限公司展开合作，以获取市场信息；上海大众还与中国太平洋保险公司、中国人民财产保险股份有限公司签署品牌保险战略合作协议，通过强强联手，最大限度地满足用户的一站式保险理赔需求。

(四)目标顾客

目标顾客是企业的服务对象，是企业产品的直接购买者或使用者。企业与市场营销渠道中的各种力量保持密切关系的目的就是为了有效地向其目标顾客提供产品和服务。顾客的需求正是企业营销努力的起点和核心。因此，认真分析目标顾客需求的特点和变化趋势是企业极其重要的基础工作。

市场营销学根据购买者和购买目的来对企业的目标顾客进行分类。包括：

1. 消费者市场

消费者市场由为了个人消费而进行购买的个人和家庭构成。

案例3-11 对于汽车这种产品来讲，消费者最关心的当然是安全问题，在此基础上，近年来，中国的汽车消费者比以往表现出更为强烈的个性化消费倾向，越来越重视汽车制造商的服务水平，更加看重消费全过程的体验，并通过调查发现顾客最多的售后维修需求为补漆。据此，大众汽车在汽车的制造和营销过程中，一直非常注重安全的品质和形象宣传；不断拓展和丰富原装附件的产品链，最大限度地满足车主对原装个性化精品附件以及养护产品的需求；在全国特许经销商范围全面推广实施“GCE(Guest Centered Excellence)卓越体验”、“CSE(Customer Service Engine)卓越服务”项目，提高服务质量及消费者购车过程体验的满意度；还携手世界著名油漆供应商PPG、巴斯夫、杜邦，作为汽车售后修补漆业务的合作伙伴，使经销商网络能够为车主提供更高品质的漆面修复服务；根据不同目标顾客的需求推出不同的子品牌产品，如帕萨特、速腾、朗逸、polo等，都有非常明确的目标顾客定位。

2. 生产者市场

生产者市场由为了加工生产以获取利润而进行购买的个人和企业构成。

3. 中间商市场

中间商市场由为了转卖以获取利润而进行购买的批发商和零售商构成。

4. 政府市场

政府市场由为了履行政府职责而进行购买的各级政府机构构成。

5. 国际市场

国际市场由国外的购买者构成，包括国外的消费者、生产者、中间商和政府机构。

每种市场类型在消费需求和消费方式上都具有鲜明的特色。企业的目标顾客可以是以上五种市场中的一种或几种。也就是说，一个企业的营销对象可以不仅包括广大的消费者，还包括各类组织机构。企业必须分别了解不同类型目标市场的需求特点和购买行为。

（五）竞争者

任何企业都不太可能单独服务于某一顾客市场，完全垄断的情况在现实中不容易见到。而且，即使是高度垄断的市场，只要存在着出现替代品的可能性，就可能出现潜在的竞争对手。所以，企业在某一顾客市场上的营销努力总会遇到其他企业类似努力的包围或影响，这些和企业争夺同一目标顾客的力量就是企业的竞争者。企业要在激烈的市场竞争中获得营销的成功，就必须比其竞争对手更有效地满足目标顾客的需求。因此，除了发现并迎合消费者的需求外，识别自己的竞争对手，时刻关注他们，并随时对其行为做出及时的反应亦是成功的关键。1986年，艾·里斯（Al Ries）和杰克·特劳特（Jack Terout）出版了《市场营销战》（*Marketing Warfare*）一书，将竞争作为现代营销的生命线。迈克尔·波特（Micheal Porter）在他的著名论著《竞争战略》中对竞争环境和企业的对策作了精彩的分析。

企业必须时时从顾客的角度出发，考虑顾客在购买决策过程中可能考虑的因素，通过有效的产品定位取得竞争优势。值得注意的是，企业的竞争环境不仅包括其他同行企业，而且包括发生于消费者进行购买决策全过程的其他更基本的内容。菲利普·科特勒将企业的竞争环境分为四个层次：

1. 欲望竞争

欲望竞争即消费者想要满足的各种愿望之间的可替代性。当一个消费者休息时，他可能想看书、进行体育运动或吃东西，每一种愿望都意味着消费者将在某个行业进行消费。

2. 类别竞争

类别竞争即满足消费者某种愿望的产品类别之间的可替代性。假设某消费者有吃东西的欲望，他可以选择的食品很多，包括水果、冰淇淋、饮料、糖果或其他。

3. 产品形式竞争

产品形式竞争即在满足消费者某种愿望的特定产品类别中仍有不同的产品形式可供选择。假设消费者想吃糖果，则有巧克力、奶糖、水果糖等多种产品形式可满足他吃糖的欲望。

4. 品牌竞争

品牌竞争即在满足消费者某种愿望的同种产品中不同品牌之间的竞争。或许某消费者对巧克力感兴趣，并特别偏爱某品牌，于是，该品牌的产品在竞争中赢得了最后的胜利。

品牌竞争是这四个层次的竞争中最常见和最显眼的，其他层次的竞争则比较隐蔽和深刻。有远见的企业并不会仅仅满足于品牌层次的竞争，而会关注市场发展趋势，在恰当的时候积极维护和扩大基本需求。

（六）社会公众

社会公众指对企业实现其市场营销目标的能力有着实际或潜在影响的群体。社会公众可能有助于增强一个企业实现目标的能力，也有可能妨碍这种能力。企业的主要社会公众包括金融界、新闻界、政府、社区公众和企业内部公众。有时候社会公众的态度会直接影响企业营销的成功与否，因此，成功地处理好与社会公众的关系格外重要。目前，许多企业建立了公共关系部门，专门筹划与各类社会公众的良好关系，为企业建设宽舒的营销环境。

二、行业环境分析的工具——波特五力模型

迈克尔·波特(Michael Porter)于20世纪80年代初提出的五力分析模型,为企业面临的行业环境分析提供了一个分析的框架,通过对如图3-2所示的五种力量的分析,企业可以知道未来3～5年影响企业盈利能力的关键力量是什么,在这些力量的作用下未来潜在的盈利能力怎样。这种分析的结果可以为企业制定应对战略以保持盈利水平提供决策依据,甚至可以为企业是否保留某一块业务提供决策依据。

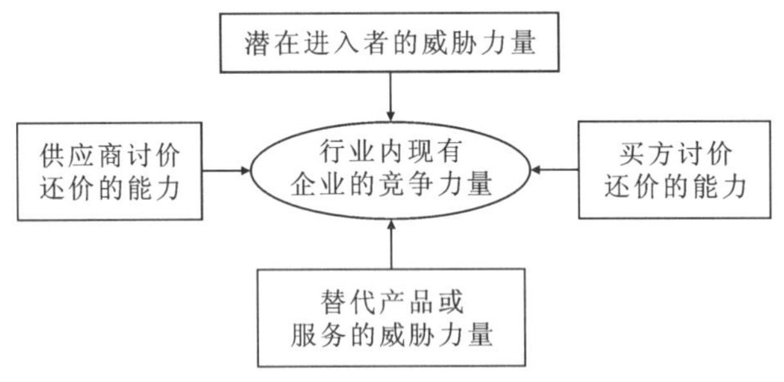

图3-2 波特五力模型

1.行业内现有企业的竞争力量

这种竞争力量是企业所面对的最强大的一种力量,这些竞争者根据自己的一整套规划,运用各种手段(价格、质量、造型、服务、担保、广告、销售网络、创新等),力图在市场上占据有利的地位和争夺更多的消费者,对行业造成了极大的威胁。一个行业的退出壁垒越高,行业内现有企业的竞争就会越激烈。

2.潜在进入者的威胁力量

潜在的行业新进入者是行业竞争的一种重要力量,这些新进入者大都拥有新的生产能力和某些必需的资源,期待能建立有利的市场地位。新进入者加入该行业,一方面会带来生产能力的扩大,带来对市场占有率的要求,这必然会引起与现有企业的激烈竞争,使产品价格下跌;另一方面,新加入者要获得资源才能进行生产,从而可能使行业生产成本升高,这两方面都会导致行业的获利能力下降。一个行业的投资回报率越高,潜在进入者就会越多。如果行业的进入壁垒很高,会在一定程度上减少潜在进入者。

3.替代产品或服务的威胁力量

某一行业的企业有时常会与另一行业的企业处于竞争的状况,其原因是这些企业的产品具有相互替代的性质。替代产品的价格如果比较低,它投入市场就会使本行业产品的价格上限只能处在较低的水平,这就限制了本行业的收益。本行业与生产替代产品的其他行业进行的竞争,常常需要本行业所有企业采取共同措施和集体行动。如果消费者需求的变化导致新产品对原来产品的替代趋势已经无法逆转,原有产品的生产企业一定要顺势而为跟进开发替代产品,对原有产品采取收缩/退出战略,否则难以保持持续的竞争优势。正如数码相机对传统相机、沐浴露对香皂的替代。

4.买方讨价还价的能力

买方亦即顾客,买方的竞争力量需要视具体情况而定,但主要由以下三个因素决定:买方所需产品的数量、买方转而购买其他替代产品所需的成本、买方各自追求的目标。买方可能要求降低购买价格,要求高质量的产品和更多的优质服务,其结果是使得行业的竞争者们相互竞

争残杀，导致行业利润下降。一个下游客户能为本企业创造的现实或潜在收益越大，本企业对该客户的依赖度越高，该客户对本企业的讨价还价能力就越强。下游客户购买集中度的高低往往是影响其讨价还价能力的最重要因素。如近几年家电连锁企业的行业集中度提高，其强大的讨价还价能力压缩了上游家电生产企业的利润空间。

5.供应商讨价还价的能力

对某一行业来说，供应商竞争力量的强弱主要取决于供应商行业的市场状况以及它们所提供物品的重要性。供应商的威胁手段一是提高供应价格，二是降低相应产品或服务的质量，从而使下游行业的利润下降。供应商的垄断性往往会导致其非常强的讨价还价能力，如巴西的淡水河谷、澳洲的必和必拓与力拓三大铁矿石巨头的提价压缩了我国钢铁企业的利润空间。

在不同行业及同一行业的不同时期，影响其未来潜在盈利水平的力量可能是不一样的，企业应根据自己所处行业的特征进行分析和作出预判，提前制定应对的战略措施。

第四节　市场营销环境分析

企业的市场营销战略工作是从分析企业的市场营销环境开始的。现代营销学认为，企业在制订和调整营销战略和计划时，要根据其掌握的市场信息进行环境机会和环境威胁分析。所以企业要根据不同的市场营销环境，制订应变计划，采取适当对策，以求得生存与发展。

前两节对宏观营销环境和微观营销环境的分析分别介绍了六个方面，需要特别说明的是，对于不同的行业来讲，制约企业成功或可能导致企业失败的环境要素大不相同，比如我国对稀土出口的配额限制政策造就了国内稀土企业利润的暴涨，而我国本土乳制品企业的三聚氰胺事件无疑给外资品牌带来了机会，全球铁矿石资源的垄断让我国的钢铁企业苦不堪言；有时候，威胁甚至可能来自于自然环境中的“大地震”。因此，对于不同行业的企业来讲，对企业营销环境进行分析的侧重点应该是有所不同的，因为影响它们成功的关键“方面”是不同的。即使对于同一个行业中的企业，不同的发展时期分析的侧重点也应该有所不同。在进行营销策划时，一定要结合目标企业所处的行业、所处的发展时期进行实事求是、轻重有别的分析。

一、环境威胁与环境机会

市场营销环境通过对企业构成威胁或提供机会而影响营销活动。

(一)环境威胁

环境威胁是指环境中不利于企业营销的因素的发展趋势，对企业形成挑战，对企业的市场地位构成威胁。这种挑战可能来自于国际经济形势的变化，也可能来自于社会文化环境的变化。

(二)环境机会

环境机会指对企业营销活动富有吸引力的领域，在这些领域，企业拥有竞争优势。环境机会对不同企业有不同的影响力，企业在每一特定的环境机会中能否成功，取决于其业务实力是否与该行业所需要的成功条件相符合。

二、威胁与机会的分析与评估

企业面对威胁程度不同和市场机会吸引力不同的营销环境，需要通过环境分析来评估环境机会与环境威胁。企业可采用“威胁分析矩阵图”和“机会分析矩阵图”来分析、评价营销环境。

(一)威胁分析

对环境威胁的分析一般着眼于两个方面:一是分析威胁的潜在严重性,即影响程度;二是分析威胁出现的可能性,即出现概率。其分析矩阵见图3-3。

出现概率

影响程度	高	低
大		
小		

图3-3　威胁分析矩阵图

(二)机会分析

机会分析主要考虑潜在的吸引力(盈利性)和成功的可能性(企业优势)大小。其分析矩阵见图3-4。

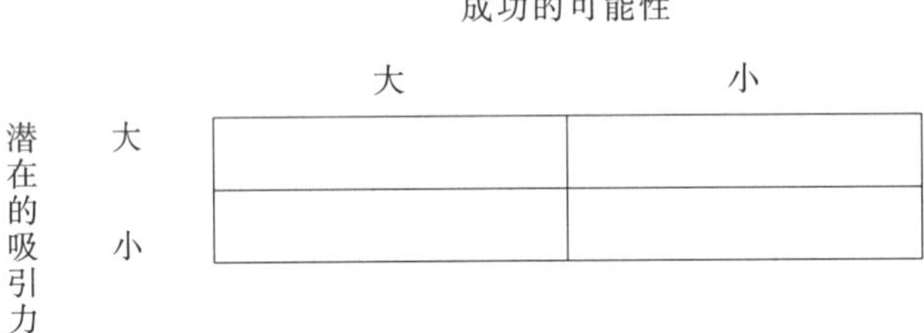

图3-4　机会分析矩阵图

用上述矩阵分析、评价营销环境,可能出现四种不同的结果,其综合评价见图3-5。

威胁水平

机会水平	低	高
高	理想业务	冒险业务
低	成熟业务	困难业务

图3-5　环境分析综合评价图

对市场机会进行分析,还必须深入分析机会的性质,以便企业寻找对自身发展最有利的市场机会。

1. 环境市场机会与企业市场机会

市场机会实质上是“未满足的需求”。但对不同企业而言,环境市场机会并非都是最佳机会,只有理想业务和成熟业务才是最适宜的企业市场机会。

2. 行业市场机会与边缘市场机会

企业通常都有其特定的经营领域,出现在本企业经营领域内的市场机会即行业市场机会;出现于不同行业之间的交叉与结合部分的市场机会,则称之为边缘市场机会。

3. 目前市场机会与未来市场机会

从环境变化的动态性来分析,企业既要注意发现目前环境变化中的市场机会,也要面对未来,预测未来可能出现的大量需求或大多数人的消费倾向,发现和把握未来的市场机会。

4. 全面的机会与局部的机会

市场从其范围来说,有全面的、大范围的市场和局部的、小范围的市场之分。全面的机会是在大范围市场，如国际性市场、全国性市场上出现的机会；局部的机会则出现在局部市场。

三、企业营销对策

在环境分析与评价的基础上，企业对威胁与机会水平不等的各种营销业务要分别采取不同的对策：

（1）对理想业务，应看到机会难得，甚至转瞬即逝，必须抓住机遇，迅速行动，否则，丧失战机，将后悔莫及。

（2）对冒险业务，面对高利润与高风险，既不宜盲目冒进，也不应迟疑不决，坐失良机，应全面分析自身的优势与劣势，扬长避短，创造条件，争取突破性的发展。

（3）对成熟业务，机会与威胁处于较低水平，可作为企业的常规业务，用以维持企业的正常运转，并为开展理想业务和冒险业务准备必要的条件。

（4）对困难业务，要么努力改变环境，走出困境或减轻威胁，要么立即转移，摆脱无法扭转的困境。

本章小结

市场营销环境是企业借以寻找市场机会和密切监视可能受到的威胁的场所，它由能影响企业有效地为目标市场服务的能力的外部所有行动者和力量所组成。企业的营销环境可分为直接营销环境和间接营销环境两类。企业与环境是对立统一的关系，能动地适应环境是企业市场营销成功的关键。

企业的间接营销环境又称宏观营销环境，包括与企业营销活动密切相关的六大社会力量：人口环境、经济环境、政治法律环境、社会文化环境、科学技术环境和自然环境。

企业的直接营销环境又称微观营销环境，包括企业内部环境、供应商、营销中介、目标顾客、竞争者和社会公众。

现代营销学认为，企业在制订和调整营销战略和计划时，要根据其掌握的市场信息进行环境机会和环境威胁分析。

关键概念

供应者　Supplier	中介　Agent	顾客　Customer
公众　Public	竞争者　Competitor	机会　Opportunity
威胁　Threaten	营销环境　Marketing Environment	

复习思考题

1. 什么是直接营销环境和间接营销环境？为什么说企业对营销环境能动的适应是其营销成功的关键？

2. 目前企业在自然环境方面的主要动向是什么？它们对企业的市场营销有何影响？

3. 企业应如何分析研究消费者收入？消费者支出模式受哪些因素影响？

4. 企业应如何分析评价环境威胁和环境机会？

5. 以某服装专卖店为例,列举其将受到的各种外部影响因素。

【案例分析】

美国三大汽车的复兴之路

如果退回到2009年,没有人能够预料到今天的美国三大汽车能复兴,正如没有人能够料到它们会濒临破产一样。在刚刚过去的2011年,通用重新夺回全球汽车霸主的位置,福特2011年第四财季也获得了历史同期最高水平的盈利,而被菲亚特重组的克莱斯勒也摆脱亏损实现盈利,这些被视为美国汽车全面复苏的迹象。

尽管丰田全球召回、日本地震重挫日系和泰国水灾等大事件贯穿于美国三大汽车的复兴之路,让其看起来有些侥幸,不过,经历了2009年的劫后余生,美国三大汽车从财务报表到产品阵容,早已焕然一新。这一切,从根本上来说要归于通用和克莱斯勒2009年的破产重组以及福特的复兴计划。

一、破产重组

2011年,通用以903万辆的规模夺回了被丰田霸占了4年的全球销量冠军"宝座"。此次夺冠对通用来说不仅仅是汽车卖得多,而且钱赚得也不少,这和破产重组以前卖车不赚钱的情况截然相反。2011年前三季度,通用的净利润达71亿美元。2011年年底,福特正式宣布恢复季度分红。2006年,福特遭受重大的损失,暂停了股东分红,并引入新的CEO艾伦·穆拉利进行公司重组。截至2011年第三季度末,福特的流动资产高达310亿美元。克莱斯勒2011财年实现利润1.83亿美元,这是该公司2009年提出破产申请以来首次实现年度盈利。

十几年以来,美国三大汽车第一次出现集体大幅盈利的情况,2009年通用、克莱斯勒的破产重组对美国汽车的复兴起到了功不可没的作用。2009年,上台不久的奥巴马政府快速处理了日益滑向深渊的美国汽车工业,向通用和克莱斯勒注资达820亿美元,要求其进行一次性重建的破产重组,从根本上调整业务,执行积极的复兴计划。借助破产重组,通用和克莱斯勒一举甩掉沉重的历史包袱,特别是解决了一直困扰美国三大汽车的劳工成本居高不下问题(劳工成本高被认为是美国汽车工业无法同日本同行竞争的关键所在)。在破产重组之前的15年里,通用员工的退休金和医疗保险支出高达1030亿美元,平均每年约70亿美元。在宣布破产保护前,通用和美国汽车工人联合会达成劳工成本削减协议。2011年,美国三大汽车和汽车工人联合会又达成更具竞争性的新协议,劳工成本与金融危机之前相比减少了30%以上。

二、加减之道

在复兴之路上,除劳工成本大幅下降外,美国三大汽车在战略性上也进行了根本性的调整,加减兼顾。从福特2006年开始的复兴之路,到通用、克莱斯勒2009年的破产重组,战略性的减法就一直是美国三大汽车的重点。

2006年穆拉利就任福特CEO之后,迅速进行了资产整合,关闭了17家工厂,裁员5万人,出售了阿斯顿·马丁、路虎、捷豹,减持马自达,甚至出售了"下金蛋的鸡"赫兹,很快囤积了200亿美元的现金。这也是福特能够在2009年避免破产重组的原因所在。通用在破产重组之后,也相继关闭和出售了土星、萨博、悍马等品牌,只保留了别克、雪佛兰、凯迪拉克和GMC,并将雪佛兰作为全球主打品牌。对于缺少成熟产品销售渠道和参与国际化竞争能力的克莱斯勒,美国政府不惜让意大利的菲亚特重组克莱斯勒。

这种战略性的减法还将持续。通用全球产品开发总监玛丽·巴拉表示:"在接下来的10年内,通用将在全球范围内削减一半的车型平台和引擎平台。"2010年,通用的汽车平台数量是30个。到2018年,通用计划在14个平台上生产其90%的汽车,而引擎平台的数量也将从20个降到10个。通用准备用整合后的平台制造和销售更多的汽车,以达到降低成本、提高利润的目的。削减车型和引擎平台能够使生产效率提高40%。

除了减法,美国三大汽车还不断强化在燃油经济性上的产品竞争力。提高燃油经济性是美国政府主导的2009年通用、克莱斯勒破产重组的重点。在菲亚特对克莱斯勒的重组中,美国政府甚至规定,只要帮助克莱斯勒在美国生产一款能效为每加仑汽油行驶 40 英里的轿车，菲亚特对克莱斯勒的持股就可以提高 5%。通用中国人士表示，通用如此快的复苏主要归功于产品燃油经济性能得到提升，全球平台研发出来的新产品在市场上获得了极大的成功。

2011 年，通用的 Malibu 和福特的 Fusion 的美国销量在 20 万辆左右，成为最受欢迎的美国家用中级车。虽然依然赶不上日本的雅阁和凯美瑞，但是差距缩小到了 10 万辆左右。而在新能源领域，通用的 VOLT 于 2011 年开始上市销售；福特的混合动力和插电式混合动力产品也将在不久后上市。这将改变新能源领域被日本企业占据主导的局面。

三、未来的不确定性

奥巴马对美国三大汽车的复兴给予了很高的评价。不过，在未来汽车产业全球竞争日趋激烈的情况下，美国三大汽车依然面临着很高的不确定性。

美国三大汽车的复兴有着侥幸的一面，在一定程度上与主要竞争对手日系最近两年因遭遇各种情况而衰退有关。2010 年，丰田因为全球的召回使竞争力受损；2011 年日本地震和泰国水灾也打击了以丰田为首的日本汽车工业。或许，正是考虑到这种情况，重返全球霸主地位的通用并没有刻意强调第一。通用董事长兼 CEO 艾克森在 2011 年表示："我需要在市场上取胜，但我更愿意战胜健康而充满活力的丰田和本田。"

2011 年，美国三大汽车在美国市场的份额为 47%，与上年相比提升了 2%。不过预测显示，2012 年在日本汽车企业恢复竞争力之后，通用、福特、克莱斯勒的美国市场份额将分别下滑 0.6%、0.5%和 0.2%。分析师杰西·托普拉克(Jesse Toprak)表示，对于三大汽车来说，比保证市场份额更重要的是明确未来发展重点，改进成本结构，生产更能满足消费者需求的、有竞争力的产品，依靠产品而非促销活动打动消费者的心。

对于通用来说，最大的优势在于其全球化的布局。其每 10 辆汽车销售当中就有 7 辆来自于美国以外的市场，最近实现的业绩增长大部分都来自于新兴市场，比如巴西、俄罗斯、印度和中国。

而对于大众和丰田来说，各有劣势，大众在美国市场远远落后，而丰田在中国市场远远落后。不过，通用的欧宝依然在"流血不止"，这也是通用 2009 年破产重组时的遗留问题。在欧债危机影响不确定的情况下，2012 年欧宝的扭亏依然面临着很多不确定性。

思考题

1. 请结合 2008 年全球金融危机爆发时的环境特点，分析美国三大汽车深陷危机的外部原因。
2. 美国三大汽车的危机有哪些深层次的内部原因？
3. 美国三大汽车借助哪些手段实现了复苏？
4. 为什么说美国三大汽车的复苏有其侥幸的一面？

【实训题】

某企业营销环境的分析及其对企业的影响

实训目的：了解市场营销环境对市场营销活动的重要影响作用；掌握微观营销环境和宏观营销环境的主要构成，以及分析、评价环境机会与环境威胁的基本方法。

实训任务：以学校周边某一熟悉的餐饮或其他企业为样本，对其营销环境予以分析。能够运用环境分析的基本方法，分析、评价企业的市场营销环境及其应对策略。

实训实施：以小组为单位展开，形成书面报告。

第四章 市场营销调研与预测

本章学习提示

通过本章的学习,你应该能够:了解市场信息的含义和特征;掌握市场营销管理信息系统的构成;掌握市场营销调研的过程和方法;掌握市场预测的步骤和方法。

导引案例

吉列:把"剃须刀"卖给女人

男人长胡子,因而要刮胡子;女人不长胡子,自然也就不必刮胡子。然而,美国的吉列公司却把"剃须刀"以"刮毛刀"的形式推销给了女人,居然大获成功。

吉列公司创建于1901年,其产品因使男人刮胡子变得方便、舒适、安全而大受欢迎。进入20世纪70年代,吉利公司的销售额已达20亿美元,成为世界著名的跨国公司。然而吉利公司的领导者并不因此满足,而是想方设法继续拓展市场,争取更多用户。就在1974年,公司提出了面向妇女的专用"刮毛刀"。

这一决策看似荒谬,却是建立在坚实可靠的市场调查的基础之上的。吉列公司先用一年的时间进行了周密的市场调查,发现在美国30岁以上的妇女中,有65%的人为保持美好形象要定期刮除腿毛和腋毛。这些妇女之中,除使用脱毛剂之外,主要靠购买各种男用"剃须刀"来满足此项需要,一年在这方面的花费高达7500万美元。相比之下,美国妇女一年花在眉笔和眼影上的钱仅有6300万美元,染发剂5500万美元。毫无疑问,这是一个极有潜力的市场。

根据市场调查结果,吉列公司精心设计了新产品,它的刀头部分和男用"剃须刀"并无两样,即采用一次性使用的双层刀片,但是刀架则选用了色彩鲜艳的塑料,并将握柄改为弧形以利于妇女使用,握柄上还印压了一朵雏菊图案。这样一来,新产品立即显示了女性的特点。

为了使雏菊"刮毛刀"迅速占领市场,吉列公司还拟定了几种不同的"定位观念"到消费者之中征求意见。这些定位观念包括:突出"刮毛刀"的"双刀刮毛";突出其创造性的"完全适合女性需求";强调价格的"不到50美分";以及表明产品使用安全的"不伤玉腿",等等。

最后,公司根据多数妇女的意见选择了"不伤玉腿"作为推销时突出的重点,刊登广告进行刻意宣传。结果,雏菊"刮毛刀"一炮打响,迅速畅销全球。

这个案例说明,市场调查研究是经营决策的前提,只有充分认识市场,了解市场需求,对市场做出科学的分析判断,决策才具有针对性,从而拓展市场,使企业兴旺发达。

社会和经济的快速发展使得市场瞬息万变,企业要在这样的市场环境中生存乃至发展,就必须能够快速、准确地了解市场信息,并据此做出正确的营销决策。而现代信息技术的不断完善为企业进行市场信息管理提供了充分的技术保障和可能。如何知道自己需要哪些信息?如何获取市场信息?如何处理掌握的大量市场信息?如何让信息为经营决策服务?这都是摆在我们面前必须解决的问题。一个远离信息的营销人员，无异于在黑暗中远征。

第一节　市场信息与营销信息管理系统

一、市场信息

市场信息是一种特定信息，是企业所处的宏观营销环境和微观营销环境的各种要素发展变化和特征的真实反映，是反映它们的实际状况、特性、相关关系的各种消息、资料、数据、情报等的统称。市场信息是社会信息的重要组成部分，它反映市场动态，表现市场供求、消费心理、竞争及市场营销活动，并不断扩散。它是企业了解市场、掌握市场供求发展趋势，了解用户、为用户提供产品和服务的重要资源。

(一)市场信息的特征

市场信息主要有以下几个特征：

1. 社会性

在市场经济的条件下，一切商品的生产、分配、流通、消费都同市场紧密联系在一起，国民经济的运行、管理以及整个社会生活也与市场紧密地联系在一起，即市场具有社会性。市场的社会性决定了市场信息也具有社会性，因为：市场上从事商品交换的企业需要市场信息进行预测和决策；国家的各类机构需要市场信息实现其管理职能；社会上的各类团体和组织需要市场信息参与社会活动；个人作为消费者需要市场信息寻找满意度最高的产品和服务。

2. 时效性

在市场经济日益得到发展的今天，市场情况瞬息万变，市场信息的生成速度快，变化也快。许多市场信息生成后，存在时间很短，如不注意收集使用就会消失。许多市场信息的效用会随着时间的推移而递减，有的甚至一过某个时限，对某些使用者而言就会变得毫无价值。

3. 分散性和大量性

市场信息的产生没有固定的时间和地点，而是随时随地地发生和传播着。市场信息这种分散性和大量性的特点，要求企业必须广泛开辟信息渠道，建立市场营销信息系统，借助科学的手段收集和处理信息，为营销决策提供科学依据。

4. 压缩性

人们依据各种特定的需要，对信息进行收集、筛选、整理、概括和加工，并可建立相应的信息系统对大量的信息进行多次加工，增强信息自身的信息量。

5. 可存储性

信息可以通过人的记忆或各种文字性的、音像性的、编码性的载体存储起来。

6. 系统性

企业必须连续地、大量地、多方面地收集、加工有关信息，分析它们之间的内在联系，提高它们的有序化程度。只有这样的信息才是可以运用的。

(二)市场信息的内容

企业营销决策需要哪些信息呢？

1. 宏观市场环境发展状况

企业必须了解最新的政治、经济、社会、文化发展动态，如人口增长率、消费支出数量、收入增长情况、消费时尚等数据。

2.市场需求

某种产品的市场需求是指在特定的地理区域、特定的时间、特定的营销环境中,特定的顾客愿意购买的总量。市场需求是企业营销人员最关心的信息,因为需求是营销管理的核心,企业只有在确定和捕捉到顾客需要之后,才有可能采取适当的营销组合,满足需求,最终实现企业目标。与市场需求有关的数据主要包括市场需求总量、企业的市场占有率、企业销售额、市场需求增长率和企业市场占有率的增长率等。

3.竞争状况

了解竞争对手的状况有助于企业制订竞争战略,在市场竞争中争取主动,"知己知彼,百战不殆"。表明市场中各个企业竞争状况的数据主要有竞争企业的数量、竞争企业产品的市场占有率及相对市场占有率、竞争企业的产品价格、竞争企业的生产效率和成本费用等。

4.企业内部营销信息

企业内部的生产、销售、财务等部门会产生大量的有关企业营销活动状况的信息,即内部营销信息。企业内部营销信息对于营销活动的计划、管理和控制具有重要意义,其作用相当于人体的本位感觉器,时刻反映企业的情况。内部营销信息数据主要有订单数量、销售量、存货水平、生产成本费用、生产进度、现金流量、应收和应付账款等。

(三)市场信息的功能

迅速、准确、及时地收集和掌握国内外市场信息,对企业制订营销组合策略、建立产品营销渠道、实现企业营销目标和经营目标具有十分重要的意义。企业营销成功的关键在于营销决策,而营销决策成功的前提是准确掌握市场信息。

市场信息的功能主要有:

1.市场信息是企业制订正确的市场营销决策的基本保证

企业在营销决策活动甚至经营决策活动中,必须掌握大量的市场信息,以作为决策的直接依据和间接依据。只有掌握了大量的市场信息,企业才能制订出科学合理的营销决策和经营决策。没有市场信息作基础,企业的营销决策就像没有安装指南针的航船,其风险是可想而知的。

2.市场信息是企业进行市场预测的依据

企业进行市场营销决策和实施营销策略前,通常都要进行市场预测,这是开展营销活动必需的环节。市场信息所提供的资料、数据则是进行市场预测活动的依据。没有市场信息作支撑,市场预测只会误导企业的发展。

3.市场信息是企业制订营销计划的基础

营销计划是企业计划的重要组成部分,它规定了企业营销活动的目标和达到目标的主要途径及措施。企业要制订营销计划,必须通过充分的市场信息去掌握市场的需求状况。

4.市场信息是企业制订营销策略的前提

企业的营销策略是为了实现营销目标和营销战略,而由于环境的不可控性,如何制订营销策略成为一个复杂的问题。掌握企业的不可控因素必须通过市场信息。

案例4-1 2004年,华帝与北京奥林匹克运动会组织委员会正式签约,成为2008年北京奥运会燃气具独家供应商。但与奥运会合作伙伴和赞助商不同,供应商并不能在媒体上投放关于奥运、火炬的广告。如何把奥运、火炬与华帝联系起来成为华帝面临的一个难题。当华帝了解到中央电视台将在2008年3月24日直播在雅典的圣火采集和火炬传递仪式时，立即买下了该时段的广告权，广告内容主要是华帝的内燃机技术能够让火力强劲、防风防水，与当时直播圣火采集和火炬传递仪式的特定场景相结合，很容易让人把华帝与火炬联系在一起。

5.市场信息是企业营销控制的保障条件

企业在营销活动中总会遇到许多新的问题和未知的状况，使得原来的营销决策和销售计划无法适应变化了的市场环境。这就需要企业领导重新决策或者修订计划，使营销计划与企业目标保持动态平衡。因此，企业在市场营销活动中，要随时注意市场信息的变化，据此来进行营销控制。

二、市场营销信息管理系统

当今社会被称为“信息爆炸”的时代。信息数量剧增，尤其是市场营销信息，通过现代通信技术与传播媒体，广泛地被传播于社会经济生活的各个层面，一方面促进企业进行营销管理，为其发展提供条件；另一方面对企业经营管理人员的接受能力、理解能力、运用能力提出了严峻的挑战。为了更好地利用市场营销信息，必须建立健全市场营销信息管理系统，加强市场营销信息管理。

（一）市场营销信息管理系统的建立

1.市场营销信息的收集

市场营销信息的收集就是运用常规的调查方法，系统、科学地将营销信息进行积累的过程。市场营销信息收集是营销信息管理的基础环节。市场营销信息能否为营销决策提供依据，关键在于信息收集的质量及其系统、完整、真实的程度。因此，收集市场营销信息必须坚持针对性、准确性、系统性、时效性和预见性的原则。

企业所需要的各种市场营销信息，可以通过下列渠道获得：政府主管部门、新闻媒介、中介机构、商业销售部门、消费者或用户、企业维修服务网点、市场调查咨询公司。

市场营销信息收集的过程一般分为以下四个步骤：第一，制订收集计划，保证市场营销信息的收集工作能有条不紊地进行；第二，按照收集计划确定的内容、信息源和方法收集市场营销信息；第三，将收集到的各种信息资料做初步的分析，避免信息收集过程中发生遗漏；第四，把获得的市场营销信息以调查报告、资料摘编、统计报表等形式整理出来，提供给相关决策部门。

在初步分析和提供资料的过程中，如发现收集到的资料不符合收集计划要求，还需进行必要的补充收集。

2.市场营销信息的加工

收集市场营销信息的最终目的是为了更好地利用信息，然而并非所有收集来的信息都是有用的。在实际工作中，要获得有针对性的、能反映出实际情况的必要的市场信息，就必须对已获得的原始信息进行加工处理。

市场营销信息的加工也是信息管理的主要环节，它是指将收集到的信息资源按照一定的程序和方法进行分类、计算、分析、判断、编写，使之成为一种真实准确的信息资料，以便使用、传递和存储。

3.市场营销信息的传递

市场营销信息的收集、加工和使用有时不在同一个时空，而市场营销信息只有从信息源传到使用者那里才能起到应有的作用。对市场营销信息的管理,必须加强其传递的功能,建立起自己的传递渠道系统,形成科学的信息网和有效的信息流。

市场营销信息传递的基本要求是速度快、质量高、费用省。目前可供使用的信息传递工具有信函、电话、传真、电子邮件等。这些传递工具各有其优缺点,企业应根据自己的需要与可能,选择合适的工具来传递市场营销信息,使市场营销信息的传递更加有效。

4.建立企业市场营销信息管理系统

为了在激烈的市场竞争中获胜,企业必须建立一个能快速、高效、系统地收集信息并且能对信息及时进行加工处理的市场营销信息管理系统。

市场营销信息管理系统(MIS)是由人、计算机和程序构成的一个集合体,它为营销决策者收集、整理、分析、评价和提供及时、准确、有用的信息。营销部门所需要的信息可通过该系统来获得,根据不同的信息,该系统还能做出相应的辅助决策,利用该系统可提高企业营销活动的快速反应能力。

(二)市场营销信息管理系统的构成

整个市场营销信息管理系统的结构可以用图4-1来表示。

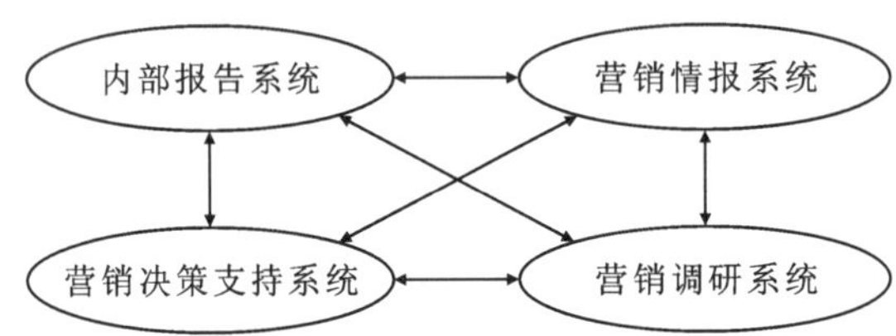

图4-1 市场营销信息管理系统构成图

1.内部报告系统

内部报告系统是一个分析报告订单、销售额、价格、存货水平、应付账款、应收账款等的系统。通过内部报告系统,营销管理者能够从中发现重要的机会和重大的问题。

2.营销情报系统

营销情报系统是公司经理用以获得日常的关于营销环境发展的恰当信息的一整套程序和来源。通过这一系统,可将环境发展的最新信息传递给有关的管理人员。

3.营销调研系统

营销调研系统是指系统地设计、收集、分析和提出数据资料以及提出与公司所面临的特定营销状况有关的调查研究结果的系统。其主要任务是收集、评估、传递管理人员制定决策所必需的各种信息。

4.营销决策支持系统

营销决策支持系统通过软件与硬件支持,协调数据收集、系统、工具和技术,使企业能得到内部和外部环境的有关信息,并把它转化为营销活动的基础。该系统可以用图4-2形象地表示。

图4-2 营销决策支持系统

数据库用以存储决策过程所需的大量企业内外部数据,可以细分为静态数据库与动态数据库。企业生产能力、企业资本、营销人员数量等一般较少发生变化的数据可以放入静态数据库，而市场价格、库存、市场环境等一类经常发生变化的数据则放入动态数据库。知识库主要用来存放各种规划、因果关系、各类营销专家的经验与成功企业的营销经验。模型主要分为预测类、投入产出类、优化类、决策类与不确定类等几大类。

第二节　市场营销调研

任何企业，不论是制造企业，还是服务性企业，要开张经营，首先应该具备的就是信息。一家企业，要是不能获得系统的、持续不断的信息，其所作出的决策必然缺乏坚实的基础，甚至可能与现实背道而驰，从而导致经营失败。作为销售经理，个人的工作能力再突出，也不可能挽救由决策失误而造成的损失，因此，在销售工作中组织销售人员做好市场调研，或配合市场部作好市场分析工作，为决策层提供及时可靠的市场信息是销售经理重要的职责之一。

一、市场营销调研的含义和内容

所谓市场营销调研，是指运用科学的方法，有目的、系统地对过去和当前市场销售及产品需求的状况进行收集、记录、整理和分析研究的一系列活动。

市场调研的内容主要有以下几个方面：

(一)市场营销环境调研

市场营销环境调研的内容包括政治环境、经济环境、科技环境、竞争环境等。

案例 4-2　美国是典型的个人消费主导的经济增长模式，个人消费的支出占 GDP(国内生产总值)的 70%，其中服务业占 43%、耐用品占 10%、非耐用品占 17%，非个人消费占 30%。美国的医疗保健占 GDP 的 17%。金融危机后，长期以信贷消费方式为主的美国消费者的消费行为发生了以下变化：

趋势一：消费习惯和行为发生变化。金融危机后，由于失业导致收入下降，美国人选择减少消费，更多地倾向于购买便宜的产品，降低消费档次。

趋势二：出生在 1982—2000 年的“Y 代”人群更崇尚自我，不但熟悉网络媒体，而且能够熟练地使用和驾驭媒体，不再热衷于逛商店，喜爱的东西和购物的方式都发生了本质的变化，环境保护意识大大超过他们的父母，推崇“绿色革命”。

趋势三：消费者态度的变化可以概括为五个“I”，即：Informed，Intuitive，Involved，Interactive，Individualized。可以理解为未来的消费者对产品和服务的要求是：(Informed)智能手机广泛应用，一机在手便知商家天下大事；(Intuitive)即兴消费；(Involved)参与意识和话语权加强；(Interactive)互动；(Individualized)个性化，表达自我。

趋势四：个性化的科学技术被广泛应用。

趋势五：城市商店和小型商店的兴起。“婴儿潮”一代逐步成为“空巢”家庭(即孩子已经离家独立)，开始了一场悄悄地返回城市生活的迁移。厌倦了雷同的购物中心，他们希望住在歌剧院附近，希望到有地方特色的商店购物和餐馆用餐。商家为迎合这一消费群体，推出了城市商店和小型商店。

趋势六：网络销售快速增长。网络销售在美国的增长速度大大超过零售业行业的平均增长速度，传统的连锁店零售商(Brick-and-Mortar)现在开始成为网络销售的主力军。沃尔玛、塔给特(Target)、佳购(Best Buy)等各类商店无一不在网站上厮杀竞争。

趋势七:个性化服务蔚然成风。如美国高档皮鞋商店 Allen Edmonds 在2010年圣诞节期间推出了定制皮鞋的业务。顾客可以根据自己的喜好选择皮鞋底、皮革的颜色和鞋子的款式。虽然这样的一双皮鞋价格不菲(375~450美元),但求购者络绎不绝。

趋势八:零售商变成了品牌玩家。零售商开发自有品牌商品并不是新鲜事,但近几年零售商已经从最初简单地将商店名称印在包装盒上转变为深谙品牌管理之道的行家里手。经济越景气,自有品牌的销售越大幅度上升。

(二)市场需求情况调研

市场需求情况的调研包括:关于现有顾客需求情况的调研;关于现有顾客对本企业产品满意程度的调研;关于现有顾客对本企业产品信赖程度的调研;对影响需求的各种因素变化情况的调研;对顾客的购买动机、购买行为的调研;对潜在顾客需求情况的调研。

案例4-3 麦肯锡在对中国消费者行为驱动因素的研究中惊讶地发现,在当代这个厮杀激烈的中国市场上,消费者行为也呈现出了与众不同的形态:中国消费者迷恋品牌,但是迷恋并未给企业带来它们在成熟市场里享有的忠诚度,中国消费者对价格高度敏感,对尝试新事物乐此不疲。同时,麦肯锡的《2011年度中国消费者调查报告:消费新力量》显示,随着消费市场的日趋成熟,在不多花钱的前提下,中国消费者对使用的便捷性及优质服务等精细功能的需求越来越高。

在新消费习惯和竞争白热化的冲击之下,服务竞争力开始成为企业迎接新挑战的利器之一,很多企业争先向产品的研究开发设计、市场服务等生产性服务链借力,谋求战略层次的转型:海尔从制造商向服务商的转变,最终让它成为中国家电行业的领头羊,并跻身于世界家电企业十强;苹果、HTC、三星等智能手机企业从关注硬件转向关注用户多元化的应用服务和体验,使得它们占据了目前手机市场的半壁江山;淘宝、京东、当当等电子商务企业从粗放式的发展到开始重视整个顾客服务流程以及如何让用户更满意;海底捞凭借"将服务细节做到极致"的独门秘诀让顾客无可挑剔,一跃成为中国餐饮业的服务标杆……

(三)市场供给情况调研

市场供给情况的调研包括:产品或服务供给总量、供给变化趋势、市场占有率;消费者对本企业产品或服务的质量、性能、价格、交货期、服务、包装的认识、评价和要求;本企业产品或服务的市场寿命、消费者对本企业产品或服务更新的态度、有无新产品或服务来代替;生产资源、技术水平、生产布局与结构;该产品或服务在当地生产的发展趋势;协作伙伴与竞争对手的状况,即它们的产品或服务的质量、数量、成本、价格、交货期、技术水平、潜在能力等。

案例4-4 2005年12月,国家发展改革委员会发布的《产业结构调整指导目录》指出,鼓励清洁能源(核电、风力发电、太阳能、潮汐等)发电设备制造业的发展。自此,我国太阳能发电产业(光伏产业)进入了持续5年的爆发式增长期。据独立第三方调研机构大禾咨询统计显示,2006—2010年间,我国太阳能光伏电池产量连续5年年增长超过或接近100%;2007—2010年,我国太阳能光伏电池产量连续4年居全球首位。我国光伏产业在经过连续5年的爆发式增长后,随之而来的是产能严重过剩的巨大压力。据大禾咨询统计显示,2010年,国内多晶硅产能利用率为52.94%,硅片硅锭产能利用率为47.83%,晶体硅电池产能利用率为40.48%,太阳能薄膜电池产能利用率则仅为20%。截至目前,国内光伏产业链接近1/3的企业处于停产或半停产状态,就连龙头企业英利集团也不得不开始卖起了橄榄油以弥补主业亏损。

在这样的市场背景下,中国有两家在美国上市的光伏企业格外引人注目——浙江嘉善县李仙寿、李仙华、李仙德兄弟三人创办的昱辉阳光、晶科能源。昱辉阳光是大哥李仙寿创办的；晶科能源由两个弟弟李仙华和李仙德联手打造。即将公布的在美国上市的中国光伏企业年报中，晶科能源或许是唯一一家盈利的公司；而昱辉阳光债务控制良好、资产优异。这两家企业被认为是深陷寒冬中的中国光伏行业经营业绩最好的公司。兄弟三人没有受国内光伏企业盲目扩张的影响，而是坚持先做强再做大的发展路径，最终脱颖而出。可见，有时候走得慢一点，也未必是坏事。李仙寿所言"制造型企业三个永恒的主题是成本、研发和管理"耐人寻味。

（四）市场行情调研

市场行情的调研包括很多方面：整个行业市场、地区市场、企业市场的销售状况和销售能力；商品供给的充足程度、市场空隙、库存状况；市场竞争程度，竞争对手的策略、手段和实力；有关企业同类产品的生产、经营、成本、价格、利润的比较；有关地区、企业产品的差别和供求关系及发展趋势；整个市场价格水平的现状和趋势、最易为顾客所接受的价格性能与定价策略；新产品定价及价格变动幅度等。

（五）市场销售调研

市场销售调研主要是对销售渠道、销售过程和销售趋势的调研，主要内容有：企业产品是自销还是代销，是完全通过自设网点销售，还是部分由代销网点销售；代销商的经营能力、社会声誉、目前销量和潜在销量；委托代销的运输成本、工具、路线、仓库储存能力等；人员直销和非人员直销各自的优劣；采用哪种广告媒体（如电视、广播、报纸、杂志、广告牌）引人注目，效果较好；服务方式的优劣，如成套供应、配件准备、分期付款、免费维修、价格折扣、技术培训，哪种方式最受顾客欢迎等。

（六）市场营销效果调研

市场营销效果调研是对企业的各种营销活动及营销策略实施效果进行评价与分析，以修正企业的市场营销计划、市场营销决策，并用其指导营销实践。

二、市场营销调研的类型

（一）探索性调研

探索性调研是为了澄清或者辨明一个问题，而不是为了寻求问题的解决办法。探索性调研的应用十分广泛，如国内钢铁价格上涨，造成这种情况的原因可能有多种，包括国内制造业发展导致原材料需求增加、战争导致国外的钢铁需求增加、国内钢铁厂商的生产成本上升、贸易壁垒加强导致进口不足等。对于这种问题，一般就要从探索性调研入手，因为如果不经过广泛的调查，就难以确定什么因素是最重要的，更深入的调研就无法开展。从某种程度上说，探索性调研是正式调研的序曲，通过探索性调研，可找出问题的症结所在，从而确定下一步的研究重点。

案例 4-5 大学生钟某想在上学期间做点生意，补贴开支的同时也可以提升自己的能力，但他苦于找不到项目，就想就下面的问题先进行调研：在校园内同学们最需要的产品和服务都有哪些？哪些产品和服务已经有强劲的竞争对手在提供？在购买这些产品和服务的时候同学们最看重的是什么？怎样的价格和服务方式是合理的？为了解决这些问题，他决定先从第一个问题着手，为此他询问了近 100 个同学，让他们说出 5 项平时需要但又不方便得到的产品或服务，通过统计他们回答的结果，得出排在前五位的产品或服务为：手机个性化配件；实习兼职中介服务；体育用品；化妆品；旅游策划。这便是一种探索性调研。

(二)描述性调研

描述性调研是通过详细的调查和分析，对市场营销活动的某个特定方面进行客观的描述，以说明它的性质与特征。它在市场营销调研中应用较多。仍以钢铁价格上涨为例，若通过探索性的调研发现这主要是由贸易壁垒引起的，此时就应该制订调研计划，对相关资料进行收集、整理和分析，并将结果进行描述，如实地反映客观情况，找出对策。与探索性调研相比，描述性调研的目的更加明确、更加具体，其形式和方法的规范性也更强，企业的投入也更多。

在进行描述性调研之前，企业往往需要制订非常周密的调研计划，做好各项准备工作，以保证整个调研工作顺利进行。在实际工作中，开展描述性调研需要进行实地调查，收集第一手资料，调查法是其经常运用的方法之一。

案例4-6 承接案例4-5，若钟某结合自身的资源优势、竞争状况，决定为同学们提供手机个性化配件这种产品，他就需要进一步调查市场需求的具体情况。可设计一份问卷展开调查，如以下是其中的两个问题：

(1)请问您现在使用的是哪个品牌的手机?

A. 苹果　B. 诺基亚　C. HTC　D. 摩托罗拉　E. 三星

F. 索爱　G. ________

(2)您喜欢购买的个性化手机配件有________。(多选)

A. 手机保护套　B. 手机挂饰　C. 蓝牙耳机　D. 手机充电器　E. 手机贴纸

F. ________

对调查结果进行统计后，钟某就会知道哪个牌子的哪些个性化手机配件最受欢迎。此外，他还可以通过问题的设置调查诸如款式、价格、颜色、购买方式、售后服务等方面的内容，据此作出营销策划。这便是一种描述性调研。

(三)因果关系调研

进行因果关系调研是为了找出关联现象或者变量之间的因果关系，其是在描述性调研基础上的进一步分析，具体目的是揭示变量的变化受到哪些因素的影响、各种影响因素的变化以及各因素对变量产生影响的程度。还就钢铁价格上涨为例，通过因果关系调研，我们可以知道钢铁价格上涨对钢铁生产厂商利润的影响究竟是正相关、负相关还是相关性不大。

因果关系调研和描述性调研相同，也要有详细的计划，并在实施之前做好各项准备工作。在调查过程中，实验法是其主要的研究方法。

(四)预测性调研

预测性调研是为了收集预测所需要的信息而进行的调研活动，它对企业合理制订营销计划、有效进行营销环节控制以及防范市场风险具有非常重要的意义。比如，对于钢铁价格上涨，通过预测性调研就可以估计出未来的市场需求量，进而使产量和库存保持在最佳范围，最终使企业盈利最大化。

预测性调研可采用的研究方法较多，研究方式也较为灵活。

三、市场营销调研的过程

市场营销调研的过程一般可分为以下四个阶段、七个步骤，见图4-3。

(一)非正式调研阶段

这一阶段的主要职能是对所要调研的课题进行非正式的摸底。它包含三个步骤：

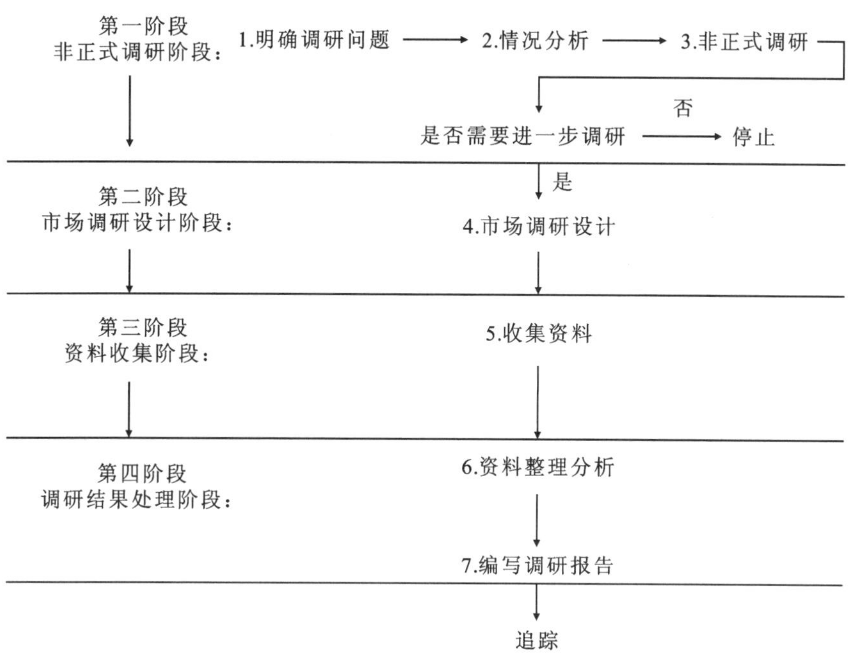

图 4-3　市场营销调研的过程

1. 明确调研问题

市场调研人员必须明确所要调研的问题，以及调研的目的。

2. 情况分析

在明确调研问题的基础上，由市场调研人员根据自己的知识和经验，结合已掌握的资料进行初步分析。分析的层面应尽量宽一些，包括所要调研的问题本身、大致的范围、调研的可能性和难易程度等。通过情况分析，调研人员应对课题的基本框架有一个大致的了解。

3. 非正式调研

非正式调研是指由市场调研人员寻找一些与调研问题相关的资料，或者与熟悉这方面情况的、消息灵通的人士交谈，进一步了解有关情况，积累资料。它可以弥补调研人员本身经验和掌握资料的不足，为判断是否需要进一步调研提供充分条件。

(二)市场调研设计阶段

这一阶段包含一个步骤，即市场调研过程的第四步——市场调研设计。市场调研设计相当于市场调研方案，是指导市场调研的蓝图。它包括五个步骤：确定调研目的、确定调研对象和单位、确定调研项目、确定调研时间和期限、制订组织调研的实施计划。

(三)资料收集阶段

这一阶段包含一个步骤，即市场调研过程的第五步——收集资料。这部分内容将在后面介绍。

(四)调研结果处理阶段

该阶段包含两个步骤，即市场调研过程的第六步和第七步——资料整理分析和编写调研报告。这部分的具体内容将在第三节中介绍。

调研报告的撰写和提供并不是市场调研过程的结束，继续追踪调研，对原结果进行补充、完善是必要的。

四、市场营销调研的方法

(一)室内调研

室内调研亦称案头调研,它有两重含义:一是企业收集、整理和统计企业内外现成信息,这是"调查"的过程;二是企业将收集、整理和统计企业内外现成信息与有针对性地开展实地调查结合起来,进行统计、分析、预测和利用,以便为企业的经营战略和营销决策提供依据,这是"研究"的过程。

企业在进行市场营销调研时,从成本效益角度考虑,首先要进行的不是实地调研,而是室内调研,以便充分利用企业内外已经存在的信息。以一家房屋建筑企业为例,可以先行收集、整理和分析企业已经掌握的本地区乃至全国建筑市场的信息,特别是国家和地方政府统计部门发布的行业市场统计数据,这就是室内研究过程。在实地调研之前先通过室内调研获取充分的二手资料是非常必要的,不但可以最大限度地降低成本,还可以借以界定实地调研的范围,避免不必要的资源浪费。

(二)实地调研

1.询问法

询问法是指调查者通过询问被调查者来了解情况、收集资料的调研方法,这是最常用的一种调研方法。按调查者与被调查者的接触方式不同,询问法还可细分为面谈调研、网络调研、电话调研、邮寄调研等。

面谈调研能够获得比较真实准确的信息,反馈的速度快,能够直接与被调查对象进行交流解释,便于监控调研员的行为。若采用街头随机拦访的方式,还能控制样本的年龄和性别比例,省却抽样环节。其缺点是成本较高。

随着电脑的普及和互联网的发展,网络调研方式正得到越来越广泛的应用,其优点是成本低,突破时空限制,反馈快,统计分析便捷,利用技术手段可以防止应付式作答;缺点是有效性往往局限于面向年轻群体的调研。

电话调研的反馈速度较快,成本低,能当面解答被调查对象的疑问,便于控制;但所问问题不能太长,选项受限,并且由于不信任的原因,拒绝率往往会较高。

邮寄调研的优点是受访者可以在一个轻松、自由的环境中填写问卷,可以调查信息量比较大的问题,但存在回收率低、回收时间较长的缺陷。

2.观察法

观察法是调查人员或机器在调查现场对调查对象的行为进行直接观察记录,以取得第一手资料的一种调研方法。

在市场营销活动中,观察法多用于对零售活动、消费者购买习惯与动向、广告效果等方面的研究,具体又可分为直接观察法、亲身经历法、行为记录法、实际痕迹观察法等。

3.实验法

实验法是指在给定的条件下,通过实验对比,对市场现象中某些变量之间的因果关系及其发展变化过程加以观察分析的一种调研方法,如产品包装实验、新产品销售实验等。实验法的一般步骤见图4-4。

案例4-7 如前例所述,若钟某经营了一年的手机个性化配件后发现在新学年开学后销量大不如前,他一开始怀疑是有新的竞争对手,但经过调查后发现并没有,他又想是否价格太

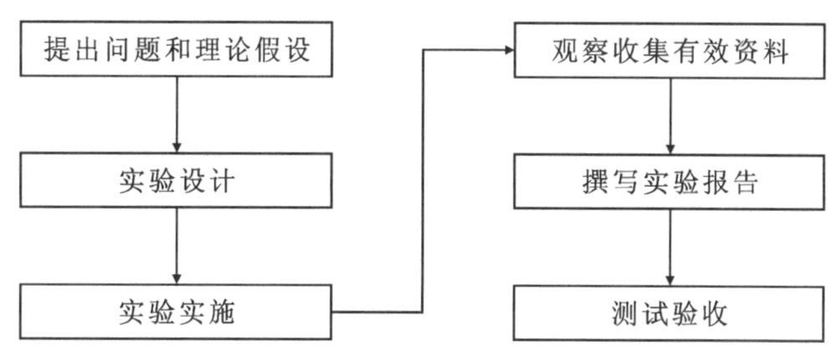

图 4-4　实验法的一般步骤

高，因此，他决定挑选其中的三款产品降价 10%进行为期一个月的促销，但发现销量还是没有明显变化。最后他又想是否因为大一新生还不了解自己的产品和服务，于是他重新印刷了广告宣传单，在新生宿舍附近张贴并派发到各个宿舍，一周后，销量果然有了显著回升，甚至超过了以前。这便是一种实验法。

五、调查问卷与抽样设计

调查问卷设计的质量将直接影响整个营销调研的质量，此外，确定调查对象所采用的抽样方法是否科学以及样本量也会影响调研结果的准确性。

(一)调查问卷设计

一份完整的调查问卷通常由下列部分组成：

1. 调查问卷介绍

在调研开始之前，调查者通常需要向被调查者说明本次调研的目的及意义；声明将为被调查者的隐私进行保密；告知对方是否有奖励办法；感谢对方的协助；调查者的身份或署名。

2. 收集资料部分

这是调查问卷的主体部分，提问的方式主要有封闭式和开放式两种。封闭式问题常见的表现形式有以下几种：

(1)单项选择题。被调查者从备选项中选择其中一项。如：

您是否使用智能手机？　　□是　　□否

(2)多项选择题。被调查者从备选项中选择两项及以上。如：

请选出您认为质量最好的三个智能手机品牌。

□苹果　□HTC　□三星　□诺基亚　□小米　□摩托罗拉　□华为　□中兴　□酷派

(3)重要性量表。对提出的问题给出程度不同的答案，被调查者从中选择认同的一个做出回答。例如：

您认为智能手机的产地(　　)。

A. 很重要　　B. 重要　　C. 一般　　D. 不重要　　E. 根本不重要

(4)利克特量表。被调查者可以在同意和不同意的量度之间选择，如：

您对“智能手机让人们的生活更有乐趣”这一说法的态度是(　　)。

A. 非常同意　　B. 同意　　C. 无意见　　D. 不同意　　E. 非常不同意

(5)排序量表。对某些属性从质劣到极好或者相反的顺序进行分等。如：

您认为中国电信提供的 3G 服务(　　)。

A. 很好　　B. 较好　　C. 一般　　D. 较差　　E. 很差

(6)购买意图量表。如：

若中国电信免费赠送一款价值2000元的智能手机，您会因此转网换号吗?

A. 肯定会　　B. 可能会　　C. 不知道　　D. 可能不会　　E. 肯定不会

封闭式的问题方便被调查者迅速作答，容易事后的统计分析，但由于被调查者作答的范围被限制，因而调查者可能会漏掉一些重要信息。

开放式提问是指对所提出的问题，回答没有限制，被调查者可以根据自己的情况自由回答。此种提问方式答案不唯一，不易统计分析，但可以获得比封闭式问题更多的信息。

3. 样本特征问题

常见的样本特征问题包括年龄、性别、学历、职业、个人月收入、家庭月收入等，根据项目需要可进行取舍；样本特征问题并非多多益善，当被调查者被问及此类问题时往往会产生抵触情绪，因此可以考虑将这类问题放在问卷主体内容之后。设置样本特征问题一是为了屏蔽掉一些不满足条件的被调查者；二是满足对调查资料进行分组研究的需要，以了解被调查者情况对研究的影响。

4. 作业证明记载

为了防止调查者作弊造假，有些调查问卷会在最后要求被调查者留下个人联系方式以用于复核，同时也可以为企业建立潜在客户的档案库提供资料，方便日后企业的宣传促销。

(二)抽样设计

抽样设计至少涉及两个问题：如何抽样？抽多少？

对于第一个问题，有随机抽样和非随机抽样两种类型，具体又可以分为六种抽样方法，详见表4-1。

表4-1　抽样的类型及方法

类　型	抽样方法	特　征
随机抽样	简单随机抽样	总体中的每个对象都有被抽中的相同概率
	分层随机抽样	总体被分为有高低层次之分的若干组(如按年龄或收入分组)，调查者从每个组中随机抽取样本
	分群随机抽样	总体被分为并行的若干组(如按性别分组)，调查者从各组中随机抽取样本
非随机抽样	最易抽样	调查者选择最容易接触到的样本进行调查
	判断抽样	调查者根据自己的判断，选择有可能提供准确信息的样本进行调查
	配额抽样	调查者从各种类型中选取规定的人数进行调查

对于一般的调研，调查者实际上很难完全采取简单随机抽样，因为这需要对总体中的每一个个体进行编码和抽样，这往往很难做到。通常企业会采取分层随机抽样、分群随机抽样或配额抽样的方法。有些企业采取先选取部分城市，然后到备选城市去进行街头拦访的方法，这实际上是一种配额抽样，对于一般的市场调研，这种方法的调研结果具有较好的代表性。

第二个问题是抽多少样本。样本量的确定受到以下因素的制约：

(1)决策的重要性。战略性决策调研比策略性决策调研所需的样本量要更多。

(2)研究的性质。探索性调研的样本量可以少些，描述性调研所需的样本量要多些。

(3)完成单位样本调查所需的成本。若采取网络调研，单位完成成本较低，则样本量可以多些；而如果要实施面对面街头拦访，单位成本较高，则常常由于受限于预算而不得不减少样本量。

(4)发生率或完成率。如邮寄调研方式问卷的回收率非常低，所以为了获得足够的有效问卷，样本量就要多些。

(5)可支配预算。在实践中，抽样的多少往往还受到调研经费预算的限制，当然，调研组织者可以根据调查性质的不同争取不同的经费预算，以保证调研结果的可靠性。

六、市场营销调研的作用

在市场竞争日益激烈的今天，光有质量优异的产品和服务，没有强有力的市场营销活动，是很难确保企业的经营成功的。而市场营销活动必须与企业内、外条件相吻合，由此才能制订出切实可行的营销方案。企业营销策略也要考虑企业内、外部的条件，而且更多的要考虑外部条件。只有根据市场形势的不断发展变化制订的企业营销组合，才能使营销活动正确而有效地进行。而要了解和掌握这些企业外部情况，就必须依赖市场营销调研获取市场信息资料，分析这些信息资料，预测市场发展趋势。通过市场营销调研，可以了解市场总的供求情况、市场的规模和发展趋势，以便确定企业的生产计划和销售方案。通过市场营销调研，可以对日益复杂的分销渠道进行筛选，确立最有效的分销途径和分销方式，以尽量减少流通环节，缩短运输路线，降低仓储费用及销售成本。由此可见，市场营销调研是企业制订营销计划和策略的基础工作。没有市场营销调研，营销计划和策略的制订就没有依据，也就制订不出切实可行的营销计划和策略。

第三节　市场营销信息的整理与分析

一、市场营销信息的整理

根据市场研究的任务，需要对收集到的大量原始资料进行加工汇总，使其系统化、条理化、科学化，便于发现市场信息的特征和规律，为信息资料的分析奠定基础。市场信息资料的整理主要包括五个步骤，如图4-5所示。

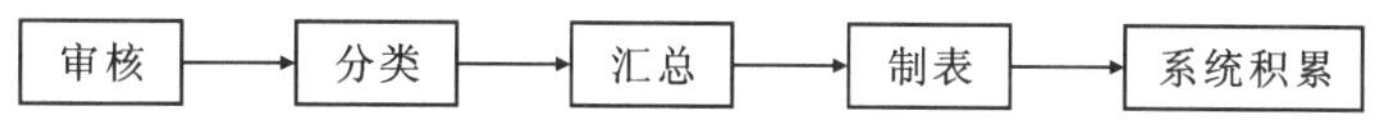

图4-5　市场信息资料整理的步骤

(一)审核

审核是指检查核对收集到的信息资料，消除资料中的错误、遗漏或含糊之处，以提高信息资料的准确程度。

(二)分类

分类是市场营销信息整理的一个重要环节。由于对调研结果的客观性和准确性至关重要，分类工作必须严格遵循科学的原则、应用科学的标准、采取科学的方法。

(三)汇总

对数据还需要进行必要的计算和加工，但是这里的计算、加工等汇总方法仅指最为初级的汇总，不包括深入的统计推断。

(四)制表

制表是对经上述步骤处理过的信息资料进一步进行加工,使其成为便于观察和分析的表格形式。常见的表格形式有单栏表和多栏表两种。

(五)系统积累

通常,为了便于查阅过去的资料,与现在和未来的资料形成对比,应该将加工好的资料进行系统整理,做好积累工作,以便连续研究市场的变化。

二、市场营销信息的分析

对市场营销信息进行整理,其目的在于对其进行分析,得出调研结论。常用的分析方法有定量分析和定性分析。

(一)定量分析

定量分析是依据统计数据建立数学模型,并利用此模型计算出分析对象的各项指标及其数值。定量分析方法主要包括描述性统计分析、判别分析、聚类分析、相关分析、回归分析、方差分析等。

1. 描述性统计分析

描述性统计分析是最简单的定量分析,常见的有频数、均值、众数、中位数、极值等。对于收集来的数据,经过整理和统一编码后,借助统计软件可以进行最为基础的描述性统计,将每个问题各个选项的回答情况进行统计并制作成图表,可以对调查的结果有一个初步的、直观的认识。一些简单的调查往往借助描述性统计分析就能满足要求。

2. 判别分析

判别分析是指根据表明事物特点的变量值和它们所属的类别求出判别函数,再根据判别函数对未知类别的事物进行分类的一种分析方法。在进行判别分析时,由于假设前提、判别依据和处理手法不同,有不同的数学模型和具体方法,实际工作中常用的有距离判别、贝叶斯判别、费雪判别等。判别分析的主要步骤如图4-6所示。

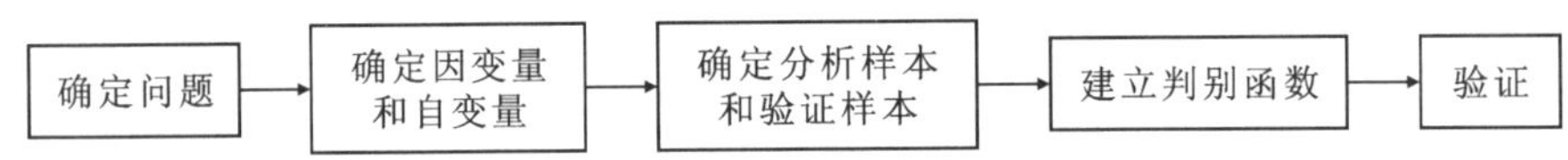

图4-6 判别分析的步骤

3. 聚类分析

聚类分析是指对事物之间彼此不同的属性进行辨认,将具有相似属性的事物聚为一类,尽可能地避免分析对象之间的交叉所带来的不便。聚类分析根据间距的不同可以分为最短距离法、最长距离法、中间距离法、平均距离法、重心法、类平均法、离差平方和法等。聚类分析的主要步骤如图4-7所示。

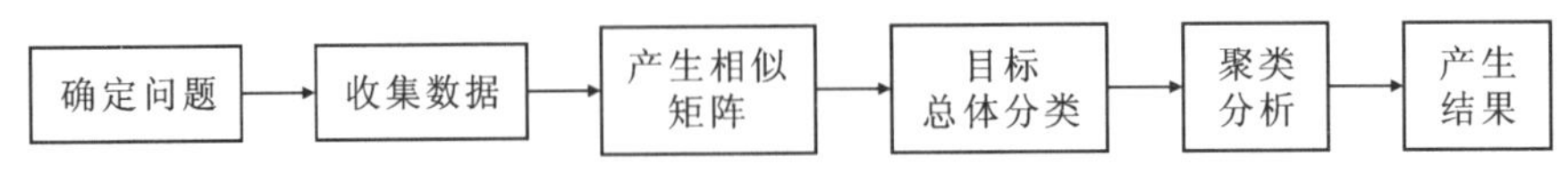

图4-7 聚类分析的步骤

4. 相关分析

在介绍相关分析之前,有必要先解释一下相关关系的含义。相关关系是指现象之间数量上不严格的依存关系,即两者之间不具有确定性的对应关系。相关分析是指对客体间具有的相关关系进行研究分析，为其密切程度和变化规律提供判断依据，并作为预测的基础。

相关关系具有两个特点：第一，现象之间确实存在数量上的依存关系，即某种经济现象变化会引起另一经济现象的变化；第二，现象之间的这种依存关系是不严格的，即无法用具体的数学公式表示。相关分析的主要步骤如图4-8所示。

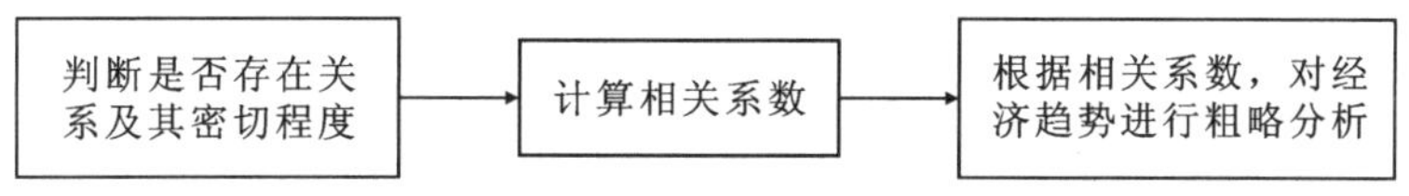

图 4-8　相关分析的步骤

5. 回归分析

回归分析是在相关分析的基础上，确定出因变量和自变量，根据自变量的变化预测因变量的变化。回归分析的主要步骤如图 4-9 所示。

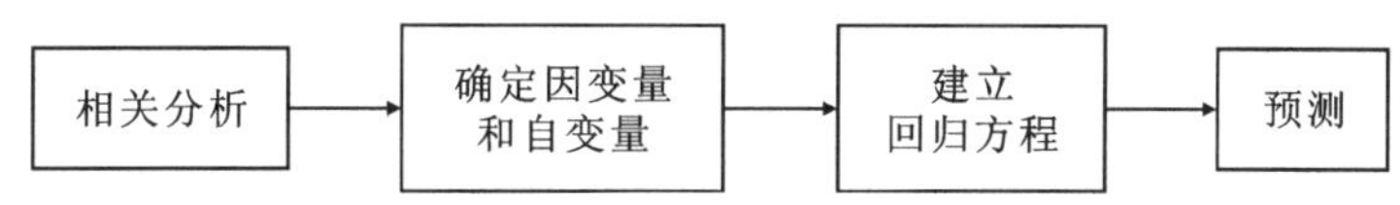

图 4-9　回归分析的步骤

6. 方差分析

方差分析又称为变异数分析或者 F 检验，其目的是推断两组或多组资料的总体均值是否相同，检验两个或者多个样本均值的差异是否具有统计学规律。根据资料设计类型的不同，方差分析可以分为单因素方差分析和二因素方差分析两种。方差分析的主要步骤如图 4-10 所示。

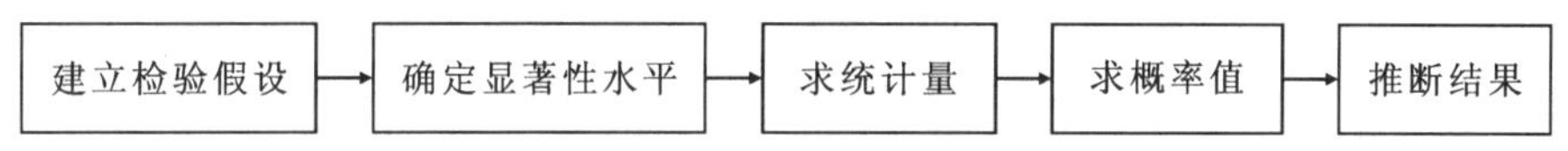

图 4-10　方差分析的步骤

(二)定性分析

对市场的需求量、价格水平、规模等因素的变化，我们都可以借助定量分析得出相关结论，但是对事物发展的方向等方面的判定却只能靠定性分析才能得出相关结论。

定性分析是凭借分析者的经验和直觉，以分析对象过去和现在的状况以及各种最新的信息，对分析客体的性质、特点和变化发展规律作出判断。

在目前的市场营销调研工作中，大部分企业对定性分析都不够重视，一提到市场调研和信息分析的准确性、专业性，就会立刻想到定量分析，认为只有定量分析才是唯一的科学分析方法，而把定性分析视作主观臆断并加以排斥和贬低。很多时候，企业花费大量的人力、物力、财力进行市场调研得到大量的数据，在没有定性分析辅助的条件下进行定量分析，其结果往往没有实用性。

因此，为保证分析结果的准确性和客观性，往往需要把定性分析和定量分析相结合。

第四节　市场预测

一、市场预测的含义

市场预测就是在市场营销调研的基础上，利用一定的方法或技术，测算一定时期内市场供求的趋势和影响市场营销的因素，从而为企业的营销决策提供科学的依据。市场预测的内容包括市场需求预测、市场供给预测、市场物价与竞争形势预测等。对企业来说，最主要的是市场需求预测。

市场预测同市场营销调研和营销决策紧密联系，是一个发展过程的不同阶段。市场营销调研是市场预测的依据，市场预测是营销决策的基础，调研和预测的目的是为了实现营销决策的精确性和科学性。

二、市场预测的方法

(一)定性预测法

定性预测法是以市场营销调研为基础的经验判断法，主要通过社会调查，采用少量的数据和直观材料，结合人们的经验加以综合分析，作出判断和预测。

1.经营管理人员意见调查预测法

这种方法是指企业的经理(厂长)与熟悉市场情况的各业务部门主管人员进行座谈，将与会人员对市场商情的预测意见加以归纳、分析、判断，制订企业的预测方案。其基本步骤如图4-11所示。

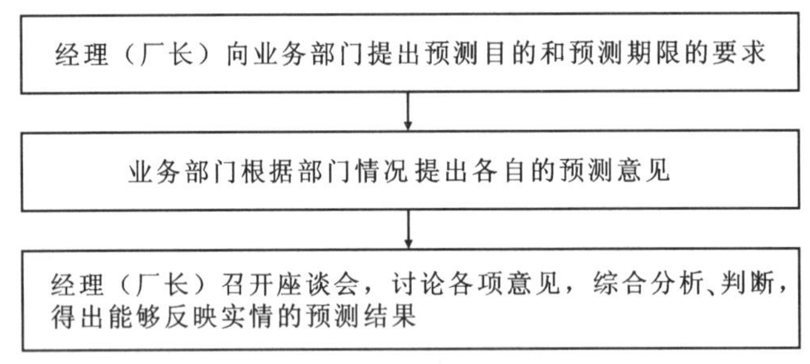

图4-11　经营管理人员意见调查预测法的步骤

2.销售人员意见调查预测法

这种方法是指向销售人员进行调查，征询他们对产销情况、市场动态以及对自己负责的销售区、商店、柜台未来销售量的估计，加以汇总整理，对市场销售前景作出综合判断。其基本步骤如图4-12所示。

3.商品展销、订货会调查预测法

这种方法是指通过商品展销、订货会直接向用户进行调查，以了解用户对商品的花色、品种、质量、价格的意见，将意见加以汇总整理，综合判断商品销售的发展前景。它是商品展销、订货会和调查预测的结合，因此，首先应有齐备的本企业商品和充足的储备，实行敞开供应，然后通过销售掌握市场需求信息，搞好预测。

案例4-8　2005年，香飘飘奶茶负责营销的常务副总蔡建峰将一千多箱奶茶拉到在济南

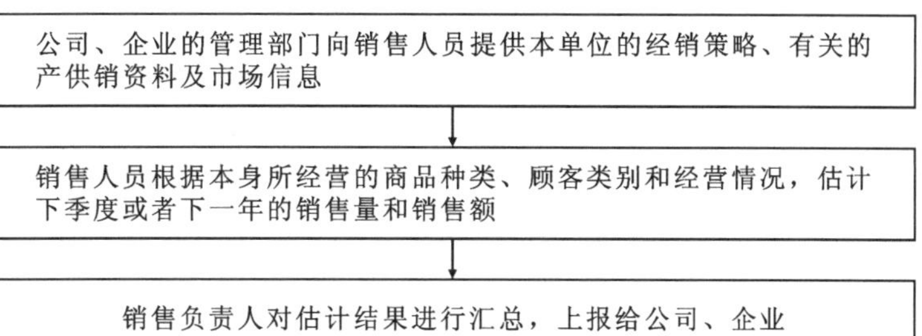

图 4-12　销售人员意见调查预测法的步骤

召开的全国糖酒会上，正式向全国招商。经销商们此前从未见过杯装奶茶，亲口品尝后兴奋不已。而香飘飘则承诺 50 箱即可批发试销，现场签单者络绎不绝。数月后，全国各地的订单开始向湖州聚集，香飘飘当年的销售额即达数千万元。

4. 消费者购买意向调查预测法

这种方法是采用随机或者典型调查方式，从调查对象中抽选一定数目的消费者，通过发放调查问卷、访问进行调查，将消费者的购买意向加以汇总分析，推断商品未来需要量的方法。

5. 专家评估法

专家评估法是向一组专家征询意见，将专家们对过去历史资料的解释和对未来的分析判断进行汇总整理，尽可能取得统一的意见，对市场变化和发展前景进行预测的方法。专家评估法也称为德尔菲法，其步骤如图 4-13 所示。

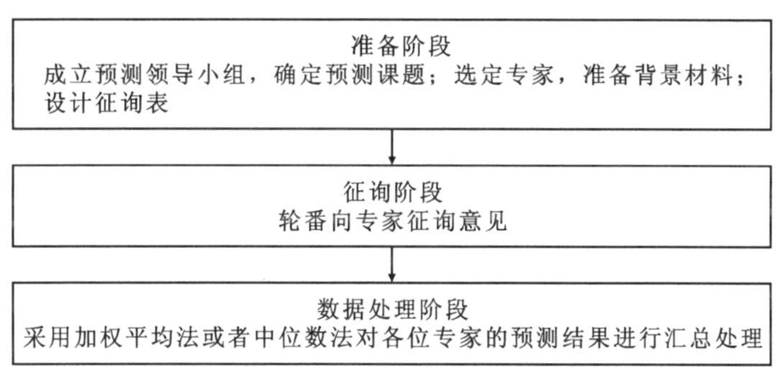

图 4-13　专家评估法的步骤

(二)定量预测法

定量预测法是根据市场调研所得的比较完备的统计资料，运用数学特别是数理统计方法建立数学模型，用以预测经济现象未来数量表现的方法。

1. 时间序列预测法

时间序列是指将某种经济统计指标的数值，按时间先后顺序排列所形成的序列。时间序列预测法有很多具体方法，对于不同的预测对象或预测对象的不同发展趋势，应采用不同的方法，配合不同的曲线，主要有以下几种：水平型发展趋势、线性变化趋势、二次曲线趋势、对数直线趋势、修正指数曲线趋势、龚伯兹曲线趋势。一般来说，产品成长期的预测可采用线性方程或者指数曲线；产品成熟期的预测可采用二次曲线和指数曲线；产品处在衰退或者消亡阶段时，可采用线性方程或者指数曲线，但要注意与定性分析相结合，比如新老产品对比法。

2. 因果分析预测法

因果分析预测法是以事物之间的相互联系、相互依存关系为根据的预测方法。因果分析预测法的主要工具是回归分析技术，因此又称其为回归分析预测方法。

在利用这种方法进行预测时，首先要确定事物之间相关性的强弱，相关性越强，预测精度越高；反之，预测精度就越低。同时还要研究事物之间的相互依存关系是否稳定，如果不稳定，或在预测期内发生了显著变化，则利用历史资料建立的回归模型就会失败。

运用回归方程进行分析预测的方法主要有三种：一元回归预测、多元回归预测、自回归预测。

三、市场预测的步骤

(一)确定预测目的，制订预测计划

预测目的即要研究的问题；预测计划即预测方案，包括预测的内容和项目、预测需要的资料、预测方法、预测进程和完成时间、预测预算、组织实施等。

(二)收集、审核和整理资料

收集资料的标准是直接相关性、可靠性、最新性；审核资料主要是核查其来源是否可靠、准确和齐备；整理资料主要是对不准确的资料进行查证核实或删除，将不可比的资料调整为可比资料，对短缺的资料进行估计推算，对总体资料进行分类组合。

(三)选择预测方法和建立预测模型

在现有资料的基础上，进一步选择适当的预测方法，建立预测模型，这是预测准确与否的关键步骤。

对定性预测方法或者定量预测方法的选择，应根据掌握资料的情况而定。当掌握的资料不够完备、准确程度较低时，可采用定性预测方法。比如新产品的发展预测，由于缺少历史统计资料和经济信息，一般应采用定性预测方法，凭掌握的情况和预测者的经验进行判断预测。当资料比较完备、准确程度较高时，可采用定量预测方法。考虑到不能量化的因素的影响，在定量预测的基础上要进行定性分析，经过调整才能定案。

进行定量预测时，对时间序列预测法或者因果分析预测法的选择，除根据掌握的资料情况而定外，还要考虑分析要求。当只掌握与预测对象有关的某种指标的时间序列资料，并要求进行简单的动态分析时，可采用时间序列预测法。当掌握与预测对象有关的多种相互联系的指标资料，并要求进行较复杂的依存关系分析时，可采用因果分析预测法。

定量预测离不开数学模型。数学模型也称为预测模型，是指反映经济现象过去和未来之间、原因和结果之间相互联系和发展变化规律性的数学方程式。数学模型可能是单一方程，也可能是联立方程，可能是由一次方程组成的线性模型，也可能是由二次以上的方程组成的非线性模型。数学模型中的参数通常需要利用历史资料进行估计，常用的参数估计方法为最小二乘法。预测者应根据不同情况选用不同的估计方法，比如偏最小二乘法等。

(四)进行预测

选择了预测方法之后，就要进行定性预测或者定量预测了。定性预测时，由预测者对经济现象未来发展的性质、方向和程度做出判断。定量预测时，由预测者利用数学模型，给定自变量的数值，估算出相对应的一个因变量的数值；或者，在给定概率保证的条件下，得出实际值所处的可能区间。

（五）计算、分析预测误差，评价预测结果

我们知道，误差是不可消除的，预测结果与时间数值之间总存在或大或小的差距。为了保证预测结果尽可能准确，必须计算预测误差，并分析预测误差产生的原因，把误差控制在一定的范围内。同时还要与定性分析相结合，调整预测值，使预测结果与实际数值尽可能接近。

评价定性预测结果时，要结合实际情况进行经济理论分析，评价预测是否切实可行。评价定量预测结果时，要将假设检验与理论分析相结合，并与利用数学模型得到的结果相比较，以判断预测结果的可信程度，看其是否接近实际。

（六）改进预测方法，修正预测模型，提高预测质量

在预测过程中，要经常注意市场的发展变化。当市场发生重大波动时，就需要修改预测方法和数学模型，以准确预测市场的变化和趋势，为营销计划的制订和营销决策的形成提供参考依据。

本章小结

市场信息是一种特定信息，是企业所处的宏观营销环境和微观营销环境的各种要素发展变化和特征的真实反映，是反映它们的实际状况、特性、相关关系的各种消息、资料、数据、情报等的统称。

市场营销管理信息系统（MIS）是由人、计算机和程序构成的一个集合体，它为营销决策者收集、整理、分析、评价并提供及时、准确、有用的信息。它有四个子系统：内部报告系统、营销情报系统、营销调研系统、营销决策支持系统。

市场营销调研的内容包括市场营销环境调研、市场需求情况调研、市场供给情况调研、市场行情调研、市场销售调研、市场营销效果调研。市场营销调研的类型有：探索性调研、描述性调研、因果关系调研、预测性调研。市场营销调研的过程分为四个阶段：非正式调研阶段、市场调研设计阶段、资料收集阶段和调研结果处理阶段。市场调研的形式有室内调研和实地调研。实地调研有询问法、观察法和实验法。

市场营销资料的分析包括定性分析和定量分析。定量分析主要有描述性统计分析、判别分析、聚类分析、相关分析、回归分析、方差分析等。

市场预测就是在市场营销调研的基础上，利用一定的方法或技术，测算一定时期内市场供求的趋势和影响市场营销的因素，从而为企业的营销决策提供科学的依据。市场预测的方法分为定性预测法和定量预测法。定性预测法包括经营管理人员意见调查预测法，销售人员意见调查预测法，商品展销、订货会调查预测法，消费者购买意向调查预测法，专家评估法等。定量预测法主要有时间序列预测法和因果分析预测法。市场预测的步骤为：确定预测目的，制订预测计划；收集、审核和整理资料；选择预测方法和建立预测模型；进行预测；计算、分析预测误差，评价预测结果；改进预测方法，修正预测模型，提高预测质量。

关键概念

市场信息　Market Information　　市场预测　Market Forecasting

市场营销信息管理系统　Marketing Information System

市场营销调研　Marketing Investigation and Study

复习思考题

1. 什么是市场营销信息管理系统？它由哪几部分组成？

2. 市场营销调研的内容有哪些？市场营销调研的类型有哪几种？市场营销调研的过程是怎样的？

3. 市场预测需要哪些步骤？市场预测都有哪些方法？

【案例分析】

美日洁宝的市场称王之道

美日洁宝(中山)有限公司(以下简称美日洁宝),这家由中山东凤镇土生土长的企业家陈锐强创办的民营企业,曾被誉为沐浴露行业中民族品牌抗衡洋品牌的"英雄"。几年间,美日洁宝与宝洁、联合利华的市场博弈也为媒体所津津乐道。

1995年,刚刚创立的美日洁宝以高调的姿态进入沐浴露市场。12年后,已成华南沐浴露市场霸主的美日洁宝却转入了苦练内功的韬光养晦阶段,以沉默酝酿着下一次更强大的喷发。也许正因为从诞生之日起,已敢叫板日化行业的"洋巨头",美日洁宝仅用不到10年的时间,就在竞争中从无名新人跃上沐浴露行业的冠军宝座。

一、一品多牌,深耕市场

与宝洁为洗发水建立起飘柔、潘婷、沙宣、海飞丝等众多品牌一样,陈锐强在沐浴露市场上也推行起了"多品牌策略"。1995年,美日洁宝推出高端产品"樱雪"时首先打出了"沐浴、润肤二合一"的滋润概念,后来成为沐浴露行业的独特卖点。在1996年,美日洁宝在国内推出止痒健康天然配方概念的"花世界",定位中高端市场;1998年推出"缤纷",1999年"滋采"上市,面向的是中低端市场。通过细分市场、定位不同卖点的"多品牌策略",美日洁宝带动了整个沐浴露市场的发展。美日洁宝目前毫无疑问已经成为沐浴露市场的老大,在华南更占到了38%的市场份额。而根据国家统计局发布的信息,"樱雪"、"花世界"、"滋采"品牌名列2002年度全国沐浴露十大畅销品牌榜。

二、高歌猛进,"传播为王"

"樱雪午间剧场"、"花世界周日影院"、"无限美周六影院"……20世纪90年代,伴随着香港翡翠、亚视播出的剧集、影片,美日洁宝这家年轻的中山企业,与那些"港产片"一起,迅速走进了珠三角乃至整个华南地区坐在电视机前的千千万万的观众心里。"传播为王",时至今日,陈锐强提起当年的整合传播策略,仍难掩得意之色。当时,美日洁宝调查发现,20世纪90年代中期的珠三角,休闲文化娱乐内容仍未丰富,其中6%～7%的家庭在周末或节假日时,选择在家看电视、追"港产片"。美日洁宝先人一步看到了其中的商机,率先找到翡翠、亚视,以相当优惠的广告价格在当时仍被视为"垃圾时段"的午间剧场、周日影院插播美日洁宝的广告。如果说美日洁宝是借"垃圾时段"抢夺了观众的眼球,那么,最终赢得消费者"芳心"的则是那些为"樱雪"、"花世界"、"无限美"代言的明星。

在日化用品行业,请明星代言几乎是每个企业的必修课,为了配合多品牌策略,美日洁宝更是大手笔。与其他企业选取代言人不同的是,美日洁宝综合考虑明星代言的各种风险与利益之后,确立了自己独特的明星策略,即根据不同的细分产品,美日洁宝请香港巨星张曼玉、关之琳、黎明、古天乐、郭富城、金延胄等分别担任美日洁宝不同品牌的形象代言人。

这样,美日洁宝利用明星来演绎产品品牌的个性,用明星这个大众容易接受的载体向大众精确地诠释了产品品牌的个性。比起那些盲目追求明星效应,将产品、品牌与明星的地位本末倒置,使明星个性掩盖了品牌个性的企业来说，这就是美日洁宝的高明之处。不让品牌跟着明星走，而让明星跟着品牌走，充分发挥明星的广告优势，吸引消费者对产品的关注，这极大地提升了美日洁宝沐浴露品牌的专业形象，大幅提升了其产品的销售量。

三、深度分销，渠道制胜

为配合广告优势，美日洁宝在渠道和终端上也开展了积极的动作。陈锐强把“广告当先锋、开拓渠道的主力大部队跟进”简练归纳为“一拉一推”四字市场战略。在分销渠道策略上，美日洁宝采用的是所谓的“深度分销策略”：制造企业不经过任何外部经销商（或只在少量市场和业务中借助于经销商），直接面向数万个零售终端进行销售。此外，美日洁宝还第一个把促销员派到终端卖场，并将促销员转变为导购员的角色，通过企业“导购员”热情的态度、甜美的微笑和专业的介绍，来打动每一位潜在顾客，由此，美日洁宝生产的沐浴露销量大增。深度分销的结果使美日洁宝拥有了最完善的销售网络，其区域覆盖了除青海、西藏等西北偏远省份外的其他所有省会城市（直辖市）及大部分二级城市。

四、韬光养晦，苦练内功

有过这样一份市场调查：20 世纪 90 年代初，曾用过沐浴露的广东人约为 10%，常用沐浴露的仅百分之几。在美日洁宝进入沐浴露这个领域后，撬动了一个巨大的消费市场，时至今日，常用沐浴露的广东人已增至 85%～87%。美日洁宝被公认为沐浴露行业的“开荒牛”。2002—2004 年，“樱雪”、“花世界”、“滋采”连续三年获得全国沐浴露市场十大畅销品牌，美日洁宝成为华南地区沐浴露市场的霸主。

沐浴露市场这块诱人的蛋糕很快就引来了众多的“食客”，广东人幽默地称之为“瘦田没人耕，耕开有人争”。短短几年间，国内最重要的沐浴露市场——华南地区已接近饱和，竞争也从一度的惨烈回归理性。2005 年，美日洁宝宣布从 7 月起停止生产“激爽”，这一 3 年投放了 10 亿元苦心经营的品牌黯然退出沐浴露市场。当一个市场接近饱和时，如何寻找新的增长点，便成为企业最为魂牵梦萦的头等大事。

正是在此背景下，陈锐强领军下的美日洁宝，从昔日的高歌猛进转为现时的韬光养晦——埋头苦练“内功”。12 年前，刚刚创立的美日洁宝以高调的姿态进入沐浴露市场；12 年后，已成华南沐浴露市场霸主的美日洁宝却转入了苦练内功的韬光养晦阶段，以沉默酝酿着下一次更强大的喷发。在适当的时候前进，在适当的时候后退，既要懂得搏击，也要善于养气。这大概就是一家成功企业的王者之道。

2008 年，美日洁宝与中山小榄的澳雪国际合并共同抵御国际石化巨头的竞争。

思考题

1. 1995 年陈锐强选择进入沐浴露市场是基于怎样的市场信息？

2. 美日洁宝为什么选择“樱雪”作为进入市场的突破口？

3. 美日洁宝的广告策略是基于怎样的市场信息？

4. 20 世纪 90 年代中后期美日洁宝能够直接面向终端进行销售并派驻导购员是基于当时怎样的商业环境？我国零售行业正进行着怎样的变革？

【实训题】

市场调研策划、执行及调研报告的撰写

实训目的：通过实训，使学生了解市场营销调研的全过程，掌握市场调研方案策划、调研执行及调研报告的撰写等三大环节的具体程序、技巧和方法。

实训任务：设计调研方案；进行市场调研；撰写调研报告。

实训实施：以小组为单位展开，形成书面报告。

第五章　消费者市场及其购买行为分析

本章学习提示

通过本章的学习，你应该能够：了解消费者市场的概念与特点；掌握影响消费者购买的主要因素；认识消费者购买行为的不同类型；了解购买群体决策中的角色及各自的作用；了解消费者购买的决策过程和决策方式。

导引案例

“80后”消费现象调查

20世纪80年代出生的年青一代被称为“80后”，总数有2亿多，未来几年将成为我国消费者市场的中坚力量。这一代人是在特殊的政策背景下成长起来的，具有鲜明的时代烙印，期望拥有能显示自身的DNA，并能紧紧抓住潮流脉搏，把握前沿理念，独立，有个性，追求时尚，对事物有独特的看法和价值观。

在“80后”人群中，按照收入和消费习惯可以将其分为“前80后”和“后80后”。“后80后”大多为在校大学生或刚走上工作岗位。大学生的消费大多都还基于家庭的供养，刚走上工作岗位的，他们的职位以普通白领为主，工资水平不高。这些大学生和刚走上工作岗位的人大多还是以消费基本生活用品和电子产品为主。而“前80后”群体因为已经工作了一段时间，取得了一定的成绩，成为中层管理者的已经不在少数，他们除消费基本的生活用品和电子产品外，还更多地关注房子、车子的消费。这些“前80后”的新贵们日益受到各大商家的重视。

“80后”消费群体在经历了市场经济、全球化、互联网进程的洗礼后，消费观念、消费行为呈现出与其父辈迥然不同的特征，对社会消费结构的影响越来越大。其消费特征主要呈现以下特点：

1. 追求时尚、个性

在“80后”身上总能找到最新的流行元素：手里是新款商务手机，口袋里塞着iPod播放器，用IBM笔记本电脑无线上网。每天网上冲浪，经常在网上买书、光碟、数码产品，闲时喜欢呼朋唤友去唱卡拉OK，假期闲时去旅游。

“80后”通常处于家庭的核心地位，形成了独立、自我的个性，不满足于标准化、模式化，有独立的思考方式和价值观，追求个性彰显、与众不同。他们标榜“我就喜欢”，崇尚“我有我风格”、“我的地盘我做主”，喜欢个性化、独一无二的产品。

网络成为“80后”生活中不可或缺的组成部分。他们将大量精力、金钱投入网络，QQ、MSN是其日常沟通工具，并迷恋网络游戏，网上购物日渐成为其主要的购物方式。

2. 追求物质享受，吃要美味，穿要名牌，玩要高档

受广告、海报、视频、互联网等传媒营造出的消费文化影响，“80后”具有强烈的“享受生活”意念。以前的人看重“物质化消费”，有钱时主要置办“家庭资产”，大到住房，小到冰箱、彩电等，而“80后”则强调“感官型消费”，喜欢买CD、上网、互动游戏、旅游、聚会、健身等。他们容易受到奢侈消费品的吸引，品牌意识鲜明，电脑、MP3、数码相机等电子数码类产品成为必需品，日常娱乐消费及旅游消费比重增加。他们中的相当一部分人

讲究排场，互相攀比，吃要美味，穿要名牌，玩要高档。

3. 倾向于超前消费

与上一辈克勤克俭、量入为出的消费观念不同，"80 后"超前消费意识崛起，花钱没有节制，挣多少花多少，很少考虑为将来而储蓄，敢于"花明天的钱，圆今天的梦"。

"80 后"信贷消费的比例也相当高，刷卡、透支已成为很多"80 后"的日常经济行为。他们虽然经济能力不强，但敢于贷款买车、买房。随着一些银行在大学校园发行信用卡，一些大学生也步入信贷行列，用明天的钱为今天投资。

资料来源：邓晓霞."80 后"消费现象调查.人民日报，2007-03-27(09)

前一章所述的市场营销信息管理系统除了对宏观营销环境和行业环境进行监控以外，最重要的作用就在于对目标消费群体的购买行为及其影响因素的监测和调研，这是企业制订营销战略和策略的根据。对购买者行为的研究始于 20 世纪 50 年代，在吸取经济学、心理学、社会学和人类学等相关学科研究成功经验的基础上，逐步形成了系统的购买者行为理论，并最终成为市场营销理论体系中的一个重要组成部分。购买者行为理论认为，企业在其营销活动中必须认真研究目标市场中消费者的购买行为规律及其特征，准确把握其购买行为，只有这样才能制订科学的营销策略，满足市场需要，实现企业的经营目标。

第一节　消费者市场与消费者购买行为模式

一、消费者市场的含义与特点

(一)消费者市场的含义

市场指有购买力、有购买愿望的顾客群体。按照顾客购买目的或用途的不同，市场可分为组织市场和消费者市场两大类。组织市场指以某种组织为购买单位的购买者所构成的市场，购买目的是为了生产、销售、维持组织运作或履行组织职能。消费者市场是个人或家庭为了生活消费而购买商品或服务的市场。生活消费是商品和服务在流通环节的终点，因而消费者市场也称为最终商品市场。

(二)消费者市场的特点

1. 分散性

生活中的每一个人都不可避免地会发生消费行为或消费品购买行为，成为消费者市场的一员，因此，消费者市场人数众多，范围广泛。消费者的购买单位是个人或家庭，一般而言，家庭商品储藏空间小、设备少，不宜购买大量商品存放；家庭人口较少，商品消耗量不大；再者，现代市场商品供应丰富，购买方便，随时需要随时购买，不必大量储存，导致消费者每次购买数量零星，购买次数频繁，易耗的非耐用消费品更是如此。

2. 复杂性

消费者因受到年龄、性别、身体状况、性格、习惯、文化、职业、收入、教育程度和市场环境等多种因素的影响而具有不同的消费需求和消费行为，几乎找不到两个真正相同的消费者、消费需求和消费行为，他们所购商品的品种、规格、质量、花色和价格千差万别。

3. 发展性

人类社会的生产力和科学技术总是在不断进步，必然伴随着新商品的不断出现，这是社会发展、科技进步的必然结果，是一个不争的长期趋势；同时，必然带来消费者收入水平的不断提高及消费者素质的不断提高，进而也就呈现出消费需求的量由少到多、消费需求的质量由低到高、消费需求的形式也越来越个性化等趋势。

4. 多变性

不同消费者的心理不同，在个性化时代，更加强化了消费需求所具有的求新求异的特性，要求商品的品种、款式不断翻新，有新奇感，不喜爱一成不变的老面孔。商品的更新并不局限于质量和性能有所改进，结构和款式的变化也属于商品更新的范围。消费需求受消费者收入、生活方式、商品价格和储蓄利率的影响较大，在购买数量和品种选择上表现出较大的需求弹性或伸缩性。收入多则增加购买，收入少则减少购买；商品价格高或储蓄利率高的时候减少消费，商品价格低或储蓄利率低的时候增加消费。

5. 替代性

消费者在购买商品前通常是无计划的，至少是无严格计划的，他们会因场景、心情的变化改变原来设想的本不太严格的购买计划或购买投向。由于消费品具有替代性，消费者在有限购买力的约束下对满足哪些需要以及选择哪些需要必然会慎重地决策且经常变换，导致购买力在不同商品、品牌和企业之间流动。如“海尔”牌洗衣机和“西门子”牌洗衣机可互相替代，毛衣与皮衣虽然属于不同种类也可互相替代。

6. 地区性

同一地区的消费者在生活习惯、收入水平、购买特点和商品需求等方面有较大的相似之处，而不同地区消费者的消费行为则表现出较大的差异性，即消费需求、消费爱好、消费习惯呈现出地区性。

7. 季节性

季节和气候的不同也会影响消费者的消费需求。通常分为三种情况：一是季节性气候变化引起的季节性消费，如冬天穿棉衣，夏天穿单衣；热天买冰箱，冷天买电热毯等。二是季节性生产而引起的季节性消费，如春夏季是蔬菜集中生产的季节，也是蔬菜集中消费的季节。三是风俗习惯和传统节日引起的季节性消费，如端午节吃粽子，中秋节吃月饼等。

8. 非专家性

大多数消费者对所购买的商品大多缺乏专门的甚至必要的知识，对质量、性能、使用、维修、保管、价格乃至市场行情都不太了解，尤其是在机械商品、电子商品、高科技商品层出不穷的现代市场，消费品千千万万，消费者只能根据个人好恶和感觉做出购买决策，受环境因素、情感因素、企业广告宣传和推销活动的影响较大，大多属非专家性购买。

9. 非营利性

消费者市场的消费者购买商品的目的是直接消费。消费者所看重的是商品功能所能带来的利益，因而，更在于自己的感受，更讲究商品的使用价值，如商品功能的多寡、使用的方便性等。

二、消费者购买行为

(一)消费者购买行为模式

消费者购买行为是指消费者在寻求、购买、使用、评价和处理预期能满足其需要的商品或服务时所表现出来的行为。研究消费者购买行为就是要研究消费者是如何用有限的可支配的资源(时间、精力、金钱等)来更高效地、尽可能多地满足自身需要的行为的过程。消费者购买行为研究涉及的内容繁杂,从哪里入手进行分析是一大难题。市场营销学家科特勒研究了一系列较为完整的消费者购买行为过程后,归纳出以下七个主要问题:

消费者市场由谁构成?(Who)　　购买者(Occupants)

消费者购买什么?(What)　　购买对象(Objects)

消费者为何购买?(Why)　　购买目的(Objectives)

消费者市场的购买活动有谁参加?(Who)　　购买组织(Organizations)

消费者怎样购买?(How)　　购买方式(Operations)

消费者何时购买?(When)　　购买时间(Occasions)

消费者何地购买?(Where)　　购买地点(Outlets)

由于七个英文字母的开头都是O,所以称为"7O"研究法。营销人员在制订针对消费者市场的营销组合之前,必须先研究消费者购买行为。

案例5-1　某时装厂生产和销售男式西装,其必须分析研究以下问题:①西装的市场由哪些人构成?②目前消费者市场需要什么样的西装?③消费者为什么购买这种西装?④哪些人会参与西装购买行为?⑤消费者怎样购买这种西装?⑥消费者何时购买这种西装?⑦消费者在何处购买这种西装?

(二)消费者购买心理暗箱

消费者购买行为通常受一系列复杂因素的影响,理论界形象地把由这些影响因素产生的环节或过程称为"消费者购买心理暗箱"。

研究消费者购买行为的理论中最有代表性的是刺激—反应模式,见图5-1。市场营销因素和市场环境因素的刺激进入购买者的意识,购买者根据自己的特征处理这些信息,经过一定的决策过程导致了购买决定。在这一购买行为模式中,"营销刺激"和各种"外部刺激"是可以看到的,购买者最后的决策和选择也是可以看到的,但是购买者如何根据外部的刺激进行判断和决策的过程却是看不见的。这就是心理学中所谓的"暗箱"效应。消费者购买行为分析就是要对这一"暗箱"进行分析,设法了解消费者的购买决策过程以及影响这一决策过程的各种因素的影响规律。对消费者购买行为的研究主要包括两个部分:一是对影响购买者行为的各种因素的分析;二是对消费者购买决策过程的研究。

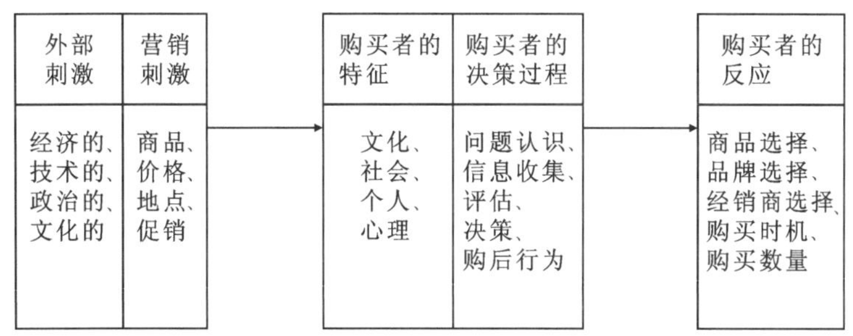

图5-1　消费者购买行为理论中的刺激—反应模式

(三)研究消费者购买行为模式的意义

1.有助于更好地满足消费者的需求

现代市场营销观念是"以消费者为中心,从满足买主需求中获利"。因而分析消费者的购买动机形成和变化的规律，可以帮助企业有目的地调整产品策略、开发新产品、开拓新市场以促进产需结合。

2. 有助于企业积极主动地影响和指导消费者

现代市场营销虽提倡“以消费者为中心”，但是企业并非只能消极被动地适应消费者的购买行为，而是能够通过营销活动主动地影响消费者的购买行为。要做到这一点，必须以准确地掌握消费者的购买动机和购买行为的变化规律为前提。市场营销人员通过对影响消费者购买行为的心理、个人特性、社会文化等因素的了解，可以使企业识别可能对其产品或劳务最感兴趣的买者，为市场细分和选择目标市场提供必要的线索。同时，还可以通过对消费者购买动机、感知、信念等的了解，帮助企业制订相应的市场营销策略，在一定程度上影响和指导消费者的购买行为。所以，现代企业非常注重研究产品开发、价格确定、网点设置、广告设计、商品陈列、售货员态度等市场营销刺激与消费者反应的关系，以此作为制订有效的营销战略和在市场竞争中取得优势的重要手段。

3. 有助于提高企业的服务质量和经济效益

众所周知，消费者在购买消费品时，营业员或服务员要是能根据消费者的心理特征热情接待，主动介绍，消费者就会对他们产生信任感，乐意做他们的忠实主顾，并通过口头宣传而引来更多的顾客。“满意的顾客是最好的广告”说的就是这个道理。所以，研究消费者的购买行为往往能从一个侧面反映出企业经营业绩的好坏，使企业及时地从“反馈”信息中总结经验教训，改善管理与服务，提高服务质量，进而提高企业的经济效益。

第二节　影响消费者购买行为的因素

毫无疑问，经济收入水平是影响消费者购买行为的基本因素。不同收入水平的人的购买行为会有很大的差异。高收入者会购买大量的奢侈品，而低收入者则只能以满足基本生活需求为限；不同收入层次的人甚至连购买商品所选择的地点和商店都会有所不同。所以有人认为消费者是一种“经济人”，其购买行为主要受其经济收入水平的影响。然而，在现实生活中，我们不难看到，即使是同一收入水平的人们，他们的消费行为也存在着很大的差异。因此，营销学者认为，经济因素对于消费者的购买行为固然有着重要的影响，但消费者并非是纯粹的“经济人”，一些非经济因素对消费者的购买行为同样发挥着重要的作用，而且其影响方式更为复杂。研究发现，影响消费者购买行为的非经济因素主要有内外两个方面。

一、影响消费者购买行为的外在因素

从外部来看，影响消费者购买行为的因素主要有：消费者所处的文化环境，消费者所在的社会阶层，消费者所接触的各种社会团体（包括家庭），以及消费者在这些社会团体中的角色和地位等。其中文化因素的影响最为广泛和深远。

(一)文化因素

1. 文化

文化是人类需求和行为最基本的决定因素，是从生活实践中建立起来的价值观念、道德、理想和其他有意义的象征的综合体。它包含法律、宗教、风俗、语言、艺术、工作方式及其他能影响社会及社会成员行为的人文环境。每一个人都在一定的社会文化环境中成长，在家庭和

其他主要机构的社会化过程中学到和形成了基本的文化观念。文化决定了人类个体起居、建筑风格、节日、礼仪等各个方面的不同特点。比如，中国人的文化中强调男儿要成家立业，并且往往要先“立业”后“成家”，所以大多中国人都喜欢在结婚前买好房，构筑自己的爱巢，否则就没有“家”的感觉，这也是中国城镇化过程中房价高涨的助推因素之一。再如，中国人对传统节日尤其是中秋节、春节是非常重视的，每年春节，大家都会给小孩、老人添衣加裳，购买大量的年货，封利是，贴春联，农村还燃放烟花爆竹，带来巨大的消费需求。

中国人还非常注重面子和人情关系，由此带来攀比消费、炫耀消费、象征消费和关系消费。中国人的社会中，由于历史文化等原因，关系消费、公关消费及招待消费等司空见惯。关系消费带来赠礼行为。在中国人送礼的行为规范中特别值得注意的是，礼品反映并表达送礼者对受礼者地位的尊重程度，而不反映送礼者的经济能力（往往超能力送礼），购买者与使用者分离，重“看”不重“用”，对包装、文化寓意等高度关注，并且与节日或办事目标高度相关。

中国人在教育消费、仪式消费、祭祖消费、崇拜消费上也都很舍得花大本钱。上海市妇联对上海 1250 户家庭的调查显示，教育支出占到了这些家庭人均可支配收入的 46.2%和人均消费支出的 62.7%。仪式是文化的组成部分，中国是世界上仪式最盛的国家之一。婚丧嫁娶、红白喜事、添丁满月、新房搬迁、升学高就都构成中国人仪式消费的内容，这些仪式多与根文化相关。中国人为了表达对先人的哀思，会举行各种祭祀仪式。每年清明，总会产生大量的消费，各地交通运输全线吃紧；清明前后，鲜花、水果、乳猪、冥纸、冥币、鞭炮、寿衣等祭祀用品供不应求。祭祀消费不仅包括祭祀过程中的消费，更包括一些较大投入的一次性殡葬消费及墓地消费。方寸大小的墓地，卖上数千元至上万元只属中低档次，数万元才够得上高档，而几十万元一座的豪华墓地也不鲜见。崇拜消费（Sacred Consumption）又称为神圣消费，区别于普通消费或世俗消费。如广州莲花山上的香最少都要 18 元，稍大些的要卖到 68 元、168 元不等，鞭炮竟然卖到 998 元一捆，而且这里的顾客都非常“豪爽”，买东西不还价。

2. 亚文化

任何文化中都包含着一些较小的群体或个体，这些较小的群体或个体就是亚文化。它们以特定的认同感和社会影响力将各成员联系在一起，使这些较小群体具有特定的价值观、生活方式和生活情趣。就目前而言，对消费者最具影响力的亚文化主要有四种：

(1)民族亚文化群。世界上许多国家都存在不同的民族，每个民族都在漫长的历史发展过程中形成了许多以民族为基础的独特的风俗习惯和文化传统。

(2)宗教亚文化群。世界上的许多国家都存在不同的宗教，每种宗教都有自己的教规或戒律，形成与各自宗教相一致的信仰、禁忌、偏好。如伊斯兰教、佛教、天主教、基督教以及道教等各种宗教的信仰者在购买商品品种、购买商品行为等方面都会表现出许多带有各自宗教特色的行为。

(3)种族亚文化群。世界各个国家可能都有不同的种族，不同的种族有不同的生活习惯和文化传统。比如，美国的黑人与白人相比，他们购买的衣服、个人用品、家具和香水较多，食品、运输工具和娱乐较少，他们更重视商品的品牌，更具有品牌忠诚性。美国的许多大公司如西尔斯公司、麦当劳公司、宝洁公司和可口可乐公司等都非常重视通过多种途径开发黑人市场，有专门为黑人开发的特殊的商品和包装。

(4)地理亚文化群。世界上处于不同地理位置的各个国家、同一国家内处于不同地理位置的各个省份和市县都有着不同的文化和生活习惯以及不同的商品需求。如北京的男性老年人茶余饭后更多地是在讨论欧债危机、国家大事，或听京剧，四川的男性老年人则在茶馆里忙着搓麻将，而广东的男性老年人则在证券交易所大厅看股市；广东人重“吃”和“旅游”，上海人重“穿”，北京人重“购车”，长沙人重“找乐子”。

案例5-2 基督教、伊斯兰教和佛教是世界三大宗教。基督教的教徒信奉上帝，一般忌讳“13”这个数字，认为它不吉利；基督教教徒过圣诞节。伊斯兰教的教徒一般禁止食用猪肉及其有关的制品，禁止饮酒。虔诚的佛教教徒禁止食用肉类食品，提倡素食，也不允许饮酒。

3.社会阶层

社会阶层是社会学家根据职业、收入来源、教育水平、价值观和居住区域对人们进行的一种社会分类，是按层次排列的、具有同质性和持久性的社会群体。

社会阶层具有以下特点：

(1)同一阶层的成员具有类似的价值观、兴趣和行为，在消费行为上相互影响并趋于一致。

(2)一个人的社会阶层归属不仅仅由某一变量决定，而是受到职业、收入、教育、价值观和居住区域等多种因素的制约。

(3)人们能够在一生中改变自己的社会阶层归属，既可以迈向高层，也可以跌至低层，这种升降变化的程度随着所处社会阶层森严程度的不同而不同。

不同阶层的人们，无论在商品的购买行为还是在购买商品的种类上都具有明显的差异性。如在服饰、家具、活动及其活动方式等方面，都会因阶层不同而存在不同偏好。

据调查，中国的富人阶层主要将时间和金钱花在以下八类行为中：①参加顶级私人俱乐部；②极限运动；③艺术品收藏；④公益慈善；⑤时尚派对；⑥奢华旅游；⑦高端充电；⑧高尔夫。

而中国年轻一代中间阶层的生活方式则明显不同，表现出以下特征：①时尚消费。十分关注国际、港台、内地的流行趋势，有选择或盲目地跟进，以保持始终“In Vogue”。尤其是35岁以下的青年中产群体，他们的消费水平总是会略高于收入水平，消费外来产品是他们的一种时尚。②品牌消费。大多数中产阶级都十分关注品牌，并选择性地拥有品牌。经济条件较好的人会在耐用品、地位商品上选择品牌；较为拮据的人则在服装、装饰品、化妆品等上选择品牌。③文化消费。中产阶级有向上跃升的愿望和地位忧虑，使他们有较强烈的学习、更新动机，希望通过获取新的技能、文凭等提升文化资本竞争优势。因此，工作之余参加各种培训是中产阶级群体，尤其是白领阶层重要的生活内容。中产阶级是目前中国社会文化消费支出最大的群体。互联网、音乐会、画展、博览会等也是中产阶级的主要消费项目。④休闲消费与享受型消费。中产阶级关注健康与生活质量，父辈们勤俭节约的生活方式已被他们逐步放弃。他们尊崇“花明天的钱，享今天的闲”、“能花才会挣”的理念，喜欢短途旅游、健身、美容，有更多的“丁克”家庭。

案例5-3 2005年7月10日，“和谐社会成都论坛”在成都召开，会上有专家指出，当代中国已经形成了由十大阶层组成的社会阶层结构。这十大阶层包括：

(1)国家与社会管理者阶层：指在党政机关事业单位和社会团体中行使行政职权的领导干部。

(2)经理人员阶层：指国有大中型企业、城乡各种股份所有制大中型企业、大中型三资企业和私营企业中的中高层管理人员。

(3)私营企业主阶层：指拥有私人资本，雇用8人以上的企业主。

(4)专业技术人员阶层：指在国家机关、事业单位、各种经济成分的企业中从事科学技术工作的专业人员。

(5)办事人员阶层:指协助党政机关、企事业单位的领导处理日常事务的专职业务人员。

(6)个体工商户阶层:指拥有少量资本,从事小规模生产、经营活动的小业主、工商户。

(7)商业服务人员阶层:指在第三产业中从事体力或非体力劳动的员工。

(8)产业工人阶层:指在第二产业(工业、建筑业)中从事直接或辅助性生产的体力、半体力劳动的员工,其中农民工占大多数。

(9)农业劳动者阶层:指从事农林牧渔业生产,并以此收入为主要生活来源的农民。

(10)城乡无业、失业、半失业人员阶层:包括失业、失地、待业的人员。

有关专家认为,就结构形态而言,目前中国社会阶层结构还只是一个中低层过大、中上层有所发育但还没壮大、最上层和底层都比较小的“洋葱头”型结构。

(二)社会因素

1.相关群体

相关群体是指能够直接或间接影响消费者购买态度、行为和价值观的群体。其可以按照不同的标准进行分类:

(1)按照对消费者的影响强度可分为基本群体、次要群体和其他群体。直接对消费者产生影响的群体称为基本群体或主要群体,即那些关系密切、经常发生相互作用的非正式群体,如家庭成员、亲朋好友、邻居和同事等,这类群体对消费者的影响最强。次要群体是指较为正式但日常接触较少的群体,如宗教、专业协会和同业组织等,这类群体对消费者的影响强度次于基本群体。其他群体也称为渴望群体,指有共同志趣的群体,如由各界名人(如文艺明星、体育明星、影视明星)和政府要员及其追随者构成的群体,这类群体影响面广,但对每个人的影响强度逊于基本群体和次要群体。

(2)按照对消费者影响的性质可分为准则群体、比较群体和否定群体。准则群体是指人们同意和赞赏其行为并乐意加以仿效的群体;比较群体是指人们以其行为作为判断自己身份和行为的依据而并不加以仿效的群体;否定群体是指其行为被人厌恶的群体。消费者通常不买那些与否定群体有关的商品。

相关群体对消费行为的影响表现在三个方面:一是示范性,即相关群体的消费行为和生活方式为消费者提供选择的模式;二是相关群体的消费行为引起人们仿效的欲望,影响人们的商品选择;三是一致性,即由于仿效而使消费行为趋于一致。相关群体对购买行为的影响程度视商品类别而定。据研究,相关群体对汽车、摩托车、服装、香烟、啤酒、食品和药品等商品的购买行为影响较大,对家具、冰箱、杂志等的影响较小,对洗衣粉、收音机等几乎没有影响。

2.家庭

消费者大多以家庭为单位购买商品,家庭成员和其他有关人员在购买活动中往往起着不同作用并且相互影响,构成了消费者的“购买组织”。分析这个问题、了解这个组织,对于企业抓住关键人物开展营销活动、提高营销效率十分重要。

(1)家庭经济收入。家庭经济收入是决定购买行为的首要因素,决定着能否发生购买行为以及发生何种规模的购买行为,决定着购买商品的种类和档次。

(2)家庭权威中心点。家庭不同成员对购买决策的影响往往由家庭特点决定,家庭特点可以从家庭权威中心点确定。社会学家根据家庭权威中心点的不同,把所有家庭分为四种类型:①各自做主型。指每个家庭成员对自己所需的商品可独立做出决策,其他人不加以干涉。②

丈夫支配型。指家庭购买决策权掌握在丈夫手中。③妻子支配型。指家庭购买决策权掌握在妻子手中。④共同支配型。指大部分购买决策由家庭成员共同协商做出。家庭权威中心点会随着社会政治经济状况的变化而变化。由于社会教育水平的提升和妇女就业人数的增多,妻子在购买决策中的作用越来越大,许多家庭由"丈夫支配型"转变为"妻子支配型"或"共同支配型"。此外,即使是相同的家庭权威中心点,但根据商品价值大小的不同及商品复杂程度的不同,其起决定作用的实际决策点也是在发生变化的。

(3)家庭成员的文化与社会阶层。家庭主要成员的职业、文化及家庭分工不同,在购买决策中的作用也不同。据国外学者调查,在教育程度较低的"蓝领"家庭,日用品的购买决策一般由妻子做出,耐用消费品的购买决策由丈夫做出;在科学家和教授的家庭里,贵重商品的购买决策由妻子做出,日用品的购买普通家庭成员就能决定。

(4)家庭生命周期。家庭也有其发展的生命周期,处于发展周期不同阶段的家庭,由于家庭性质的差异,其消费与购买行为也有很大的不同,如表5-1所示。对家庭生命周期的研究,主要涉及对一个地区或市场的家庭结构与性质的分析,其对于市场总体性质的研究具有十分重要的意义。

表5-1 家庭生命周期及其消费特点

不同阶段	消费特点
单身阶段	已参加工作,独立生活,处于恋爱、择偶时期。处于这一阶段的年轻人几乎没有经济负担,大量的收入主要花费在食品、书籍、时装、社交和娱乐等消费上
备婚阶段	确定未婚夫妻关系并积极筹备婚事,为构筑一个幸福的小家庭,购置成套家具、耐用消费品、高级时装和各种结婚用品,装修新房等成了这一阶段的人除了工作以外的基本生活内容,从而使此阶段成为家庭生命周期中消费相对集中的一个阶段
新婚阶段	已经结婚,但孩子尚未降临人间。这一阶段的家庭将继续添置一些应购但未购的生活用品。如果经济条件允许,娱乐方面的花费可能增多
育婴阶段(满巢1)	有6岁以下孩子的家庭。有孩子的家庭才是完整的家庭,故称"满巢"。孩子出生后将成为家庭消费的重点,因此,此阶段的家庭会在哺育婴儿的相关消费上作比较大的投资
育儿阶段(满巢2)	有6～18岁孩子的家庭。孩子在逐步长大成人,家庭的主要消费仍在孩子身上。所不同的是,此阶段孩子的教育费用将成为家庭消费的重要组成部分。除学费之外,各种课外的学习与娱乐的开支也会大大增加
未分阶段(满巢3)	有18岁以上尚未独立生活的子女的家庭。此时子女已经长大成人,但仍同父母住在一起。此阶段家庭消费的主要特点是家庭的消费中心发生了分化。父母不再将全部消费放在子女身上,开始注重本身的消费;而子女随着年龄的增大,在消费方面的自主权开始增加;有些子女参加了工作,有了一定的经济来源,消费的独立性会显得更为明显
空巢阶段	孩子相继成家,独立生活。这一时期的老年夫妇家庭由于经济负担减轻,他们的消费数量将减少,消费质量将提高。保健、旅游将成为消费的重点,社交活动也会有所增加。在中国,一些老人经常会毫不吝啬地将钱花在第三代身上
鳏寡阶段	夫妻一方先去世,家庭重新回到单人世界,此时最需要的消费是医疗保健、生活服务和老年社交活动

3. 身份和地位

每个人的一生会加入许多群体，如家庭、公司、俱乐部及各类组织。一个人在群体中的影响可用身份和地位来确定。身份是周围的人对一个人的要求或一个人在各种不同场合应起的作用。比如，某人在女儿面前是父亲，在妻子面前是丈夫，在公司是经理。每种身份都伴随着一种地位，反映了社会对他的总评价。虽然人们以何种商品或品牌来表明身份和地位，会因社会阶层和地理区域等多方面的不同而不同，但消费者做出购买选择时往往会考虑自己的身份和地位。如，随着地位的提高、官职的升迁，人们的住宅会更加宽敞，用具会更加考究，坐骑会更加高档，出入的场所会更加豪华气派。企业把自己的商品或品牌变成某种身份或地位的标志或象征，将会吸引特定目标市场的顾客。

二、影响消费者购买行为的内在因素

(一)个人因素

1. 生理因素

生理因素指年龄、性别、体征、健康状况和嗜好等生理特征的差别。生理因素决定着对商品款式、构造和细微功能的不同需求。如不同年龄层次的人们除有不同的世界观或价值观外，他们还会因本身年龄层次的不同而选择与其年龄相一致的商品。又如身材高大的人要穿特大号衣服；上海及江浙人嗜甜食，湖南、四川人嗜麻辣；病人需要药品和易于吸收的食物；儿童和老人的服装要宽松，方便穿脱等。

2. 个性因素

各人都有影响其购买行为的不同个性。个性会导致对自身所处环境相对一致和连续不断的反应。个性特征有若干类型，如外向与内向、创新与保守、自恃与谦逊、乐观与悲观、细腻与粗犷、谨慎与急躁、领导与追随、独立性与依赖性等。一个人的个性影响着消费需求和对市场营销因素的反应。比如，外向的人爱穿浅色和庄重的衣服；追随性或依赖性强的人对市场营销因素的敏感度高，易于相信广告宣传，易于建立对品牌的信赖和忠诚，而独立性强的人对市场营销因素的敏感度低，不轻信广告宣传；家用电器的早期购买者大都具有极强的自信心、控制欲和自主意识。

案例 5-4　菲利普·莫里斯公司的“万宝路”在 1924 年诞生时是专门针对妇女市场推出的，当时许多抽烟的妇女抱怨香烟的白色烟嘴部分常常沾染了她们的唇膏，变成不雅观的斑斑红点。菲利普·莫里斯公司听到这种抱怨，决定生产一种专门迎合妇女的口味并且保证不损坏爱美女士唇膏的香烟，这就是“万宝路”。其烟嘴被染成红色，广告口号是“像五月的天气一样温和”，以适应女性性格温和的特点。但是，期待中的销售热潮始终没有出现，直到 20 世纪 50 年代还是默默无闻。它所树立的温柔形象虽然突出了品牌形象，也有明确的目标市场，但消费者少，市场难以扩大，并且也未给女烟民们留下什么深刻印象，这种形象定位看来是失败的。

菲利普·莫里斯公司考虑重塑“万宝路”形象，请来了利奥-伯内特广告公司的形象策划人员，他说：“让我们忘记那个脂粉香艳的女子香烟，重新塑造一个具有男子汉气概的举世闻名的万宝路吧”。在产品品质不变的情况下，菲利普·莫里斯公司对万宝路的形象进行了彻底的改造。包装采用了当时首创的平开盒技术，将名称的标准字“Marlboro”尖角化，使之更富有男性的刚强，用红色作为外盒的主要色彩，广告主角不再以妇女为对象，而是选择硬铮铮的男子汉，先后采用过马车夫、潜水员、农夫等形象，最后集中到美国牛仔这个形象上：目光深沉，皮肤粗糙，袖管高高卷起，露出多毛的手臂，浑身散发着粗犷、豪迈的英雄男子汉气概，手指间夹着一支冉冉冒烟的万宝路香烟。这条涤尽脂粉味的广告于1954年一问世就给万宝路带来了巨大的财富，仅1954—1955年间，销售量就提高了3倍。发展至今，其市场占有率已占世界香烟市场的1/4，成为世界香烟第一品牌。

3.生活方式

生活方式是指人们的生活格局和格调，集中表现在他们的思想见解、兴趣爱好和活动方式上。不同生活方式的群体对商品和品牌有不同的需求。企业营销人员应设法从多种角度区分不同生活方式的群体，如节俭者、奢华者、守旧者、革新者、高成就者、自我主义者、社会意识者等，探明各种生活方式之间的相互关系，在设计商品或制订营销策略时，明确针对某一生活方式群体。比如，保龄球馆不会向节俭者群体推广保龄球运动，名贵手表制造商应研究高成就群体的特点以及如何开展有效的营销活动，环保商品的目标市场是社会意识强的消费者。

4.信念和态度

信念指一个人对某些事物所持有的描述性思想。例如，某顾客可能认为当地的百货公司信誉卓著，商品货真价实，服务热情周到。信念的形成可以基于知识，也可以基于信仰或情感等。顾客的信念决定了企业和商品在顾客心目中的形象，决定了顾客的购买行为。营销人员应当高度重视顾客对本企业或本品牌的信念，如果发现顾客的信念是错误的并阻碍其购买行为，就应该用有效的促销活动去予以纠正，以促进商品销售。

态度指一个人对某些事物或观念长期持有的好与坏的认识评价、情感感受和行动倾向。态度会导致人们对某一事物产生或好或坏、或亲近或疏远的感情。态度使人对相似的事物产生相当一致的行为，因为人们通常不会对每一事物都建立新的态度或做出新的解释和反应，按照已有态度对所接触到的事物做出反应和解释能够节省时间和精力。例如，生活严谨和有事业心的人都穿庄重的服装，不穿奇装异服。由于人们的态度呈现为稳定一致的模式，所以改变一种态度是十分困难的，需要在其他态度方面做出重大调整。企业最好使自己的商品、服务和营销策略符合消费者的既有态度，而不是试图去改变。如果改变一种态度带来的利润大于为此耗费的成本，则值得尝试。

(二)心理因素

1.动机因素

(1)需要层次论。美国行为科学家马斯洛(A. H. Maslow)提出了需要层次论，将人类的需要分为由低到高的5个层次，即生理需要、安全需要、社交需要、尊重需要和自我实现需要，见图5-2。

马斯洛的需要层次论可进一步概括为两大类：第一大类是生理的、物质的需要，包括生理需要、安全需要；第二大类是心理的、精神的需要，包括社交需要、尊重需要和自我实现需要。马斯洛认为，人们的五种需要是与生俱来的，不因富贵而多，也不因贫贱而少。例如，一个食不果腹、衣不蔽体的人可能会铤而走险而不考虑安全需要，可能会向人乞讨而不考虑社交需要和尊重需要。一个人同时存在多种需要，但在某一特定时期每种需要的重要性并不相同。人们首先追求满足最重要的需要，即需要结构中的主导需要，它作为一种动力推动着人们的行为。当主导需要被满足后就会失去对人的激励作用，人们就会转而注意另一个相对重要的需要。一般而言，人类的需要由低层次向高层次发展，低层次需要满足以后才追求高层次需要的

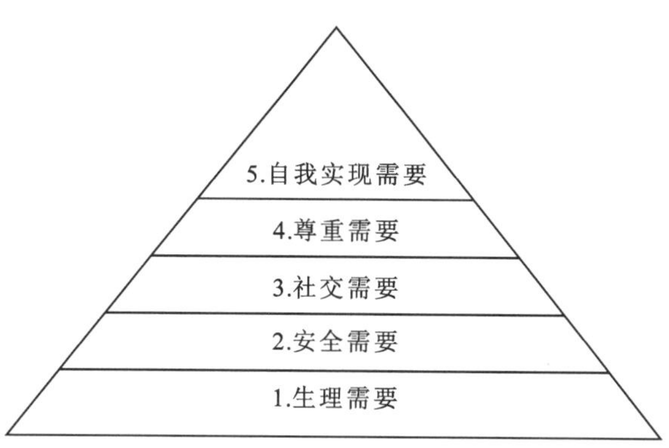

图 5-2　需要层次图

满足。

马斯洛的需要层次论最初应用于美国的企业管理中，用来分析如何满足企业员工的多层次需要以调动其工作积极性，以后被用于市场营销中分析多层次的消费者并提供相应的商品来予以满足。例如，对于满足低层次需要的购买者要提供经济实惠的商品，对于满足高层次需要的购买者应提供能显示其身份、地位的高档消费品，还要注意需要层次随着经济的发展而由低级向高级的发展变化。马斯洛的需要层次论在一定程度上分析了人类的需要结构及需要变化的一般规律，但是在探讨需要从一个范畴到另一个范畴的运动时有不足之处。

(2)精神分析论。弗洛伊德创立了精神分析论，他把人们的言行动机比作冰山，即露在水面上的小部分(10%)为意识领域，水下的大部分(90%)为无意识领域，造成人类行为的真正心理力量大部分是无意识的，这个无意识由冲动、热情、被压抑的愿望和情感构成。精神分析论建立在三个体系基础之上，即本我、自我和超我。本我是心理体系中最原始、与生俱来、无意识的结构部分，由遗传的本能、冲动、欲望等组成，是所有行为后面心理动力的来源。本我完全按照快乐原则运转，尽可能地把紧张降低到最低限度，寻求快乐，避免痛苦，一味地满足生来就有的本能需要。自我是从本我中分化出来并得到发展的那一部分，处于本我和外部世界之间，是与外界接触的体系，统管个人的行为。自我按照现实原则行事，现实原则是推迟能量的释放，直到真正满足需要的对象被发现和产生出来为止。超我是在人格诸领域中最后形成的，反映社会的各项准则，由理想、道德、良心等组成。超我追求至善至美，不考虑现实原则和快乐原则。本我是生长进化的产物，自我是理想与现实相互作用的产物，超我是社会化的产物。

弗洛伊德认为，人们为了自我原则，有意识地压制本我原则，压制冲动，用社会承认的做法去行动。但这些冲动并没有消除，也不可能消除，当条件合适、环境许可时就可能表现出来，或是在不经意时本能反映出来，或是在梦里出现等。因此，弗洛伊德用梦、自由联想法等方法探寻人们无意识的真正内心。

恩纳斯·狄希特(Ernest Dichter)是把精神分析论用于购买行为研究的主要代表人物。他认为研究消费者购买行为必须深入到无意识水平，他通过"影射"思路设计了语言联想法、语句完成法、图画故事法、角色扮演法等调查无意识动机与购买场景和商品选择的关系等。他还认为，消费者会把自己投射在各种商品上，购买商品实际上是购买自己人格的延伸部分。例如商品的大小、形态、材料、重量、颜色、做工和购物环境都能引发消费者的某种情绪，如绿色是青春、生命、环保的象征，貂皮大衣是金钱、财富、地位的象征等。

(3)双因素理论。双因素理论是由美国心理学家弗雷德里克·赫茨伯格(Frederick

Herzberg)于1959年创立的。20世纪50年代末,赫茨伯格和他的同事们对匹兹堡附近一些工商业机构的约200位专业人士作了一次调查。调查主要是想了解影响人们对工作满意和不满意的因素。结果发现,导致对工作满意的因素主要有五个,即成就、认可、工作本身的吸引力、责任和发展;导致对工作不满意的主要因素有企业政策与行政管理、监督、工资、人际关系及工作条件等。

将赫茨伯格的双因素理论运用于消费者动机分析具有多重价值与意义。商品的基本功能或为消费者提供的基本利益与价值,实际上可视为保健因素。这类基本的利益和价值如果不具备,就会使消费者不满。比如保温杯不能很好地保温,收音机杂音较大,都会使消费者产生强烈的不满情绪,甚至导致对企业的不利宣传,产生要求退货、赔偿损失,提起法律诉讼等对抗行动。然而,商品具备了某些基本利益和价值,也不一定能保证消费者对其产生满意感。要使消费者对企业商品、服务形成忠诚感,还需在基本利益或基本价值之外提供附加价值,比如使商品或商标具有独特的形象,商品的外观、包装具有与众不同的特点等。附加价值因素属于激励因素,对满足消费者的需要具有直接意义。

商品的哪些特征、利益具有保健因素的成分,哪些具有激励因素的成分,不是固定不变的。比如,在电视机刚发明面市的阶段,能够放出图像并伴有声音就足以促动一些消费者购买了,如果企业的商品还提供一些其他的功能与服务,消费者可能会非常满意。而现阶段,清晰的图像、优质的音响效果几乎成为一种必需。更多的功能、更漂亮的外观、品牌的声誉,以及企业不断创新的形象能更多地体现消费者较高层次的需要,因而带有较多的激励因素成分。另外,品牌所具有的保健因素与激励因素还会因目标市场的不同、目标消费者生活方式和价值取向的不同而存在差别。

(4)购买动机相关理论。在现实生活中,人们习惯将导致多种多样需求的购买动机按动机的自然属性归纳为生理购买动机和心理购买动机两大类。

生理购买动机即由消费者生理需要所引起的购买动机。如消费者在饥渴时产生购买食品和饮料的欲望,在患病时产生购买药品的动机等。它是由消费者的生理运动本能产生出来的,一般具有经常性、重复性和习惯性等特点。因生理动机所购买的商品需求弹性小。这类商品多数是消费者日常生活不可缺少的必需品。

心理购买动机是由消费者的认识、情感、意志等心理活动所引起的购买动机。心理动机一般又可分为三种类型:

一是感情动机(见表5-2):这是由消费者的情感需求引起的购买动机,一般包括求新动机、好胜动机、求名动机、求美动机等,每种动机都有其特定的表现。

表5-2　感情动机的类型

类型	目的	表现	核心	实　例
求新动机	时尚新颖	不太注重商品的价格	时髦奇特	如某消费者本来已经有了一双质量优良耐穿的皮鞋,现在厂商推出一种款式新颖别致的皮鞋,该消费者就又去购买了一双

续表 5-2

类型	目的	表现	核心	实　　例
好胜动机	争强好胜	不注重使用价值	争赢摆阔	如有些人看见邻居和亲戚买了电冰箱，为了不甘落后，不顾是否有实际需要，千方百计地买了回来，结果可能由于用处不大，而成为无用的装饰品
求名动机	显示自己的地位和威望	追求名牌产品，注重产品产的地及声誉，舍得花时间、精力选购	显名炫耀	如有的消费者购买小轿车是为了“炫耀自我”或将其看作“地位的象征”，购买特殊产品是为了显示与众不同，来达到表现自我的目的
求美动机	追求商品的欣赏价值或艺术价值	注重商品的造型、色彩、包装等外在美，讲究对人体的美化和对环境的装饰	美的感受	人们买化妆品、美容美发、买漂亮衣服都是为了追求美的感受

二是理智动机（见表 5-3）：指消费者从自己的经济地位出发，在对企业和商品有客观认识的基础上，经过分析、比较和深思熟虑后形成的购买动机。在理智动机的支配下，购买者往往不受环境气氛影响，注重商品的质量，讲求实效，保持高度的理智性。这种购买动机一般具有客观性、周密性和控制性等特点，它尤其作用于购买高档耐用消费品。

表 5-3　理智动机的类型

类型	目的	表现	核心
求实动机	追求商品的使用价值	注重商品的内在质量和效用，讲究实惠实用和使用方便，不过分强调外观、花色、款式等	实用有效
求廉动机	追求物美价廉	追求廉价，喜欢选购折价、优惠价、处理价商品，不太计较产品的外观质量，如花色、款式及包装等	求实求惠

三是惠顾动机（见表 5-4）：指消费者基于感情和理智的经验，逐步建立起对特定厂商或商品的特殊信任和爱好，因而长期、重复、连续地购买特定企业的特定商品的一种动机，也称偏爱动机，它具有明确的经常性、习惯性特点。对企业而言，进行市场营销活动的一个重要方面是树立以消费者为中心的营销观念和信誉第一的意识，千方百计为消费者提供优质的商品及良好的服务，在广大消费者心目中树立起良好的企业形象，激发消费者的惠顾动机，以扩大商品销售。

表 5-4　惠顾动机的类型

类型	目的	表现
偏爱动机	满足个人的特殊偏好	对某一类型的特殊商品经常和持续地进行购买
求信动机	追求某一商店或某种商品的信誉	购买行为由潜意识支配

购买动机导致购买行为的产生往往是多种因素综合作用的结果,仅仅出于一个动机而进行购买活动的情况是少见的。如消费者到商店选购衣物多数是用几个标准进行衡量:既要质地优良,又要款式新颖,还要价格便宜,求美、求好、求廉、求新、求实等几种动机集合在一起影响着消费者的购买决策,从而对企业的销售市场产生影响。因此,企业应从多方面研究消费者的购买动机,制订适宜的营销策略,以唤起消费者的需求欲望,促使其采取购买行为。

2.经验因素

(1)知觉。知觉是指个人选择、组织并解释信息的投入,以便创造一个有意义的外界事物图像的过程。两个处于相同环境或情景之中的人,对相同的环境或情景会有不同的感觉,也就是说,不同的人对同一刺激物会产生不同的知觉,相应的也会有不同的判断,采取不同的行为方式。不同的人对同一刺激物会产生不同的知觉,是因为知觉在人的大脑中会产生三种感觉加工处理程序,即选择性注意、选择性扭曲和选择性保留。

选择性注意是指众多信息中,人们易于接受对自己有意义的信息以及与其他信息相比有明显差别的信息。比如,一个打算购买摩托车的人会十分留意摩托车信息而对电视机信息并不在意,消费者会注意构思新奇的广告而忽视那些平淡的广告。

选择性扭曲是指人们将信息加以扭曲使之符合自己原有的认识,然后加以接受。由于存在选择性扭曲,消费者所接受的信息不一定与信息的本来面貌相一致。比如,某人偏爱长虹电视机,当别人向他介绍其他品牌电视机的优点时,他总是设法挑出毛病或加以贬低,以维持自己固有的“长虹电视机最好”这种认识。

选择性保留是指人们易于记住与自己的态度和信念一致的信息,忘记与自己的态度和信念不一致的信息。比如,某人对自己家中使用的海尔洗衣机的优点记得很清楚,而他不欣赏的其他品牌洗衣机的优点则容易忘记。

上述三种感觉加工处理程序使得同样数量和内容的信息,对不同的购买者会产生不同的反应,而且都会在一定程度上阻碍购买者对信息的接收。这就要求企业营销人员必须采取相应的市场营销策略,如大力加强广告宣传,不断提高和改善商品的质量和外观造型、包装装潢等,以打破各种感觉障碍,使企业的商品信息更易为消费者所注意、了解和接收。

(2)学习。改变人类行为的因素大多来源于学习。学习是指由于经验而引起的个人行为改变的过程。人们可以通过书籍学习前人的经验,通过交往学习父母、亲朋、同事、老师、同学等的经验,也可以通过自己的生活积累经验。这些经验都直接改变着人们的行为。内在需要引起人们购买某种商品的动机,这种动机可能在多次购买之后仍然重复产生,也可能在一次购买之后即行消失,对于重复或消失的原因,心理学家认为来自“后天经验”,可用“学习的模式”来表达,如图5-3所示。

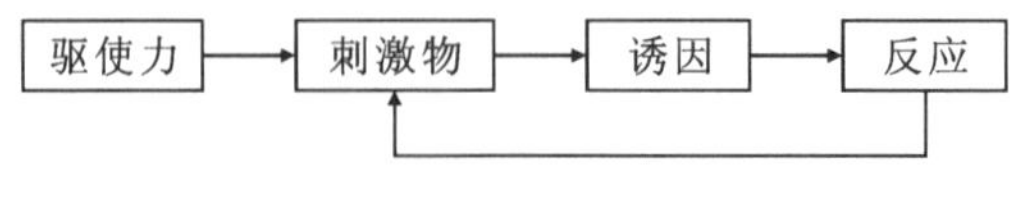

图5-3 学习的模式

驱使力指存在于人体内驱使人们产生行动的内在刺激力,即内在需要。心理学家把驱使力分为原始驱使力和学习驱使力两种。原始驱使力指先天形成的内在刺激力,如饥、渴、逃避痛苦等。学习驱使力指后天形成的内在刺激力,如恐惧、骄傲、贪婪等。

刺激物指可以满足内在驱使力的物品。比如,人们感到饥渴时,饮料和食物就是刺激物。

如果内在需要得不到满足，就会处于“紧张情绪”中，只有相应刺激物才可使之恢复平静。当驱使力发生作用并寻找相应刺激物时，就成为动机。

诱因指刺激物所具有的能吸引消费者购买的因素。所有营销因素均可成为诱因，如刺激物的品种、性能、质量、商标、包装、服务、价格、销售渠道、销售时间、人员推销、展销、广告等。

反应指驱使力对具有一定诱因的刺激物发生作用后的效果。若效果良好，则反应被增强，以后对具有相同诱因的刺激物就会发生相同的反应；若效果不佳，则反应被削弱，以后对具有相同诱因的刺激物不会发生反应。

第三节　消费者行为特征对企业开展营销活动的影响

前一节我们比较分散地分析了影响消费者购买行为的内部和外部因素，那么这些因素又是如何影响企业开展营销活动的呢？本节将从战略和策略两个方面讨论这个问题。

一、消费者行为特征对企业制定营销战略的影响

首先，影响消费者行为的内部及外部因素往往被企业作为细分消费者市场的标准，如影响消费者行为的年龄、性别、收入、社会阶层、生活方式、动机、地理、民族等。正是因为这些因素导致了不同群体消费者需求上的差异，才有了市场细分的基础。

其次，对于消费者行为的研究让企业明确了潜在消费群体的范围、规模，以及本企业能否满足所有群体的需求。如果不能全部满足，企业必须选择适合自身规模、能充分发挥自己优势的细分群体来提供自己的产品或服务，这便是选择目标市场的过程。

最后，消费者行为特征也是企业进行市场定位的基础。结合目标消费群体的特征，他们在购买产品或服务时表现出来的消费档次决定了企业对产品的档次定位。企业在明确自己独特的卖点时，要求该卖点必须能够与目标群体形成强烈共鸣，与竞争对手差别化，给目标群体留下深刻印象。

二、消费者行为特征对产品策略的影响

企业如何设计自己的产品实体、品牌策略和包装策略，取决于目标消费群体“最关心的方面”、年龄、社会阶层、民族等特征。比如，市场调查显示，消费者在购买感冒药时最关心的问题依次为“能否快速见效”、“有无毒副作用”、“能否抗病毒”、“是否中西医结合”、“药效持久性如何”，感冒药的生产企业在研发产品时就应紧紧抓住消费者最关心的问题，当然，也应结合产品定位。通常来讲，保守性的产品如家庭用品、食品、药品、电器，消费者最关心的是其实用性，若与人身安全有关，则更关心安全性。但如服装、手表、手机、汽车、饰品、手袋等社会性的、外显的产品，他们所关注的则主要与他们的个性和自我形象、社会阶层、身份和地位、职业密切相关，比较容易受相关群体、流行元素的影响，也会与他们的经验、对品牌的信念和态度有关。如七匹狼就通过塑造狼智慧的品牌个性——无止境的生命哲学，代表着团队挑战、个性、执著、忍耐、成熟、朋友、忠诚、锲而不舍、善于交流、正视失败，从而获得了成功；而才子男装则塑造了一种“风流与韵味，儒雅含蓄，凝练蕴藉”的品牌形象。

企业在设计品牌名称的时候除了要考虑产品本身的特征以外，还应考虑目标群体的特征，比如面向儿童的产品，品牌名称的发音要考虑儿童口碑传播容易，叠词式的品牌名称往往效果

更好,如“娃哈哈”、“奥利奥”。包装设计时也应考虑目标群体的特征,如面向高层的产品包装设计应更显典雅、高贵,面向女性的产品更倾向于使用鲜艳的颜色,而面向儿童的产品则要显得卡通一些。

三、消费者行为特征对定价策略的影响

企业在制定价格时同样要考虑目标群体的特征。从年龄上来讲,老年人通常比年轻人更关心价格,更倾向于选择廉价的产品,也更喜欢讨价还价;从性别上分析,男性更倾向于解决问题式购买,通常带着目的去商场,关注问题的解决而不会过于看重价格,而女性则更喜欢讨价还价、货比三家;从阶层上分析,高阶层的消费者更关注品牌和体验,而低阶层的消费者更关注价格、促销;中国人喜欢一些带吉祥数字的价格,这便是一种文化的影响;产品本身的特性也会影响消费者对价格的态度,对于与人身安全有关的产品,消费者更愿意相信一分钱一分货,而对于同质产品则会更看重价格;消费者基于自身的学习和经验,对某些产品会形成一个习惯心理价位,如普通的一瓶矿泉水、一包纸巾、一条口香糖、一支冰淇淋,消费者都有习惯心理价位,企业定价不能偏离太多,除非能提供非常独特的价值,如哈根达斯。

企业在调整价格时同样需要考虑消费者的心理因素。如对于具有保值和增值性质的产品,消费者通常买涨不买跌;对于日用品,若一次打折的幅度过大(超过50%),显然会引起消费者对产品质量的质疑;降价的频率过快会引发之前购买者的强烈不满,并会在企业下次推出新品时采取观望的态度。

四、消费者行为特征对渠道策略的影响

企业在设计渠道策略时应思考目标群体最易出现的地点,购买本企业所生产产品的渠道、方式。比如点读笔的目标群体主要为学龄儿童,他们最多聚集在书店,因而大多点读笔的专卖店都会选择设在书店内或附近的店面;啤酒爱好者会通过酒吧、餐饮企业、大排档、超市来购买和消费啤酒,因而可以在这些地点销售啤酒;白领女性更倾向于在百货专柜、屈臣氏等护理用品专卖店购买化妆品,则眼霜的生产企业显然需要考虑进入这类渠道铺货。

不同阶层的人对购物环境和购物方式的要求存在较大区别。上层消费者购物时比较自信,喜欢单独购物,他们虽然对服务有很高的要求,但对于销售人员过于热情的讲解、介绍反而感到不自在。通常,他们特别青睐那些购物环境优雅、品质和服务上乘的商店,而且乐于接受新的购物方式。中层消费者比较谨慎,对购物环境有较高的要求,但他们也经常在折扣店购物。对这一阶层的很多消费者,购物本身就是一种消遣。下层消费者由于受资源限制,对价格特别敏感,多在中、低档商店购物,他们喜欢热闹的购物环境,而且喜欢成群结队逛商店。

企业需要重视的是,越来越多的年轻群体倾向于从网络上直接购物,甚至连以前一直被认为不可能通过网络销售的单价比较低的一些日用品和零食如洗衣粉、薯片等,都被类似“1号店”这样的电商平台所颠覆。对于中小企业来讲,不得不借助一些电商平台网站建立自己的网上旗舰店,或者直供给一些B2C的网络销售商。

五、消费者行为特征对促销策略的影响

目标市场的年龄、生活方式、社会阶层和教育程度会对企业的促销组合策略产生影响。如高阶层的消费者对企业所采取的公共关系策略更容易产生良好印象,而低阶层的消费者则对

营业推广策略更敏感。企业在进行广告决策时，目标市场的特征会影响信息传播的内容和方式。如面向儿童的产品采用卡通式、歌曲型的广告片能取得更好的效果，而年轻人则对浪漫的、名人代言的广告片更容易产生好印象，老年人则关注广告中是否有解决他们问题的信息。“广告心理学”是营销者需要拓展学习的一门课程。

调查显示，低层消费者更多地是通过亲友提供信息，中高层消费者则更多地从媒体上获取信息。电视媒体对越高层的消费者影响越小，印刷媒体则正好相反。不同社会阶层的消费者所使用的语言也各具特色。一般而言，越是高层的消费者，使用的语言越抽象；越是低层的消费者，使用的语言越具体，而且更多地伴有俚语和街头用语。如面向高阶层的“全球通”品牌的广告语为“做人生的赢家，我能”，显得比较抽象；面向普通老百姓的神州行则用了非常通俗的广告语“神州行，我看行”；而面向年轻群体的动感地带则结合了这个群体追求个性、自主的特征，使用了“我的地盘我做主”的广告语。

第四节　消费者购买决策过程

消费者的购买决策是一个极为复杂的过程，存在着众多的可变因素和随机因素，只有进行全面分析才有可能把握其中的规律，主要涉及购买决策过程的参与者、购买行为的类型和购买决策过程的步骤。

一、消费者购买决策过程的参与者

购买决策在许多情况下并不是由一个人单独作出的，而是有其他成员的参与，是一种群体决策的过程。这不仅表现在一些共同使用的产品(如电冰箱、电视机、住房等)上，也表现在一些个人单独使用的产品(如服装、手表、化妆品等)的购买决策过程中，因为这类消费者在选择和决定购买某种个人消费品时，常常会同他人商量或者听取他人的意见。因此了解哪些人参与了购买决策，他们在购买决策过程中扮演怎样的角色，对于企业的营销活动是很重要的。

一般来说，参与购买决策的成员大体可形成五种主要角色：

1. 发起者

发起者即购买行为的建议人，其首先提出要购买某种产品。

2. 影响者

影响者即对发起者的建议表示支持或者反对的人，这些人不能对购买行为本身进行最终决策，但是他们的意见会对购买决策者产生影响。

3. 决策者

决策者即对是否购买、怎样购买有权进行最终决策的人。

4. 购买者

购买者即执行具体购买任务的人。其会对产品的价格、质量、购买地点进行比较选择，并同卖主进行谈判和成交。

5. 使用者

使用者即产品的实际使用人。其决定了对产品的满意程度，会影响买后的行为和再次购买的决策。

上述五种角色相辅相成，共同促成了购买行为，是企业营销的主要对象。必须指出的是，五种角色的存在并不意味着每一种购买决策都必须要五个人以上才能作出，在实际购买行为中，有些角色可在一个人身上兼而有之，如使用者可能也是发起者，决策者可能也是购买者。而且在非重要的购买决策活动中，决策参与的角色也会少一些。

认识购买决策的群体参与性，对于企业营销活动有十分重要的意义。一方面企业可根据各种不同角色在购买决策过程中的作用，有的放矢地按一定的程序分别进行营销宣传活动；另一方面也必须注意到某些商品购买决策中的角色错位，如男士的内衣、剃须刀等生活用品有时会由妻子决策和采购，儿童玩具的选购过程中家长的意愿占了主要的地位等。这样才能找到准确的营销对象，加强营销活动的效果。

二、消费者购买行为的类型

不同类型的消费者对于不同类型商品的购买行为是有很大差异的。如购买一台电脑和购买一把牙刷，购买行为就会存在很大的不同。前者可能需要广泛收集信息，反复比较选择；后者则可能不加思考，随时就可以购买。根据购买者的参与程度和产品品牌差异程度，可以将购买行为分成四种类型，见表5-5。购买者的参与程度反映为购买者在购前和购中对商品信息的了解、价格谈判所耗费的时间和精力，通常受制于产品的购买风险，购买风险越大的产品，购买者的参与程度会越高。

表5-5　购买行为的四种类型

购买者参与程度 / 品牌差异程度	高	低
大	复杂的购买行为	寻求多样化的购买行为
小	减少失调感的购买行为	习惯性的购买行为

(一)复杂的购买行为

如果消费者高度参与，并且了解现有各品牌、品种和规格之间的细微差异，则会产生复杂的购买行为。对于复杂的购买行为，需要经历大量的信息收集、全面的产品评估、慎重的购买决策和认真的购后评价等各个阶段。比如，笔记本电脑价格昂贵、不同品牌之间差异大，消费者需要广泛收集各品牌的硬盘、内存、外观等信息，逐步建立对某些品牌的信念和态度，最后才会做出谨慎的购买决定。

(二)寻求多样化的购买行为

如果消费者低度参与，并认为各品牌之间有显著差异，则会产生寻求多样化的购买行为。寻求多样化的消费者购买产品有很大的随意性，并不深入收集信息和评估比较就决定购买某一品牌，在消费时才加以评估，但是在下次购买时又转换其他品牌。转换的原因是厌倦旧产品或想尝试新产品，寻求产品多样性并不一定有不满意之处。

(三)减少失调感的购买行为

如果消费者高度参与，但是并不认为各品牌之间有显著差异，则会产生减少失调感的购买行为。产生这种购买行为的消费者并不广泛收集产品信息，也不会精心挑选品牌，购买过程迅速而简单，因而在购买以后会怀疑原先购买决策的正确性。地毯、装饰材料及冰箱、空调等家电产品的购买大多属于减少失调感的购买行为，消费者一般不必花很多时间收集不同品牌商品的信息进行评价，而主要关心价格是否优惠和购买时间与地点是否便利，因此，从引起需要和动机到决定购买所用的时间是比较短的。但同复杂的购买行为相比，消费者购买后容易因发现产品缺陷或其他品牌更优而产生失调感。为追求心理平衡，消费者这时才注意寻找有关已购品牌的有利信息。

（四）习惯性的购买行为

如果消费者低度参与并认为各品牌之间没有什么显著差异，就会产生习惯性的购买行为。对于那些消费者比较熟悉而价格比较低廉（通常产品的稳定性也比较好）的产品，消费者会采用习惯性的购买行为，即不加思考地购买自己习惯用的品种、品牌和型号。若无新的强有力的外部吸引力，消费者一般不会轻易地改变其固有的购买方式。

了解购买行为的不同类型，有助于企业根据不同的产品和消费者情况去设计和安排其营销计划，知道哪些是应当重点予以推广和宣传的，哪些只需作一般的介绍，以使企业的营销资源得到合理的分配和使用。

三、消费者购买决策过程的主要步骤

消费者的购买决策过程有其共同性或一般性，西方营销学者对消费者购买决策的一般过程作了深入研究，提出了若干模式，采用较多的是五阶段模式，如图 5-4 所示。

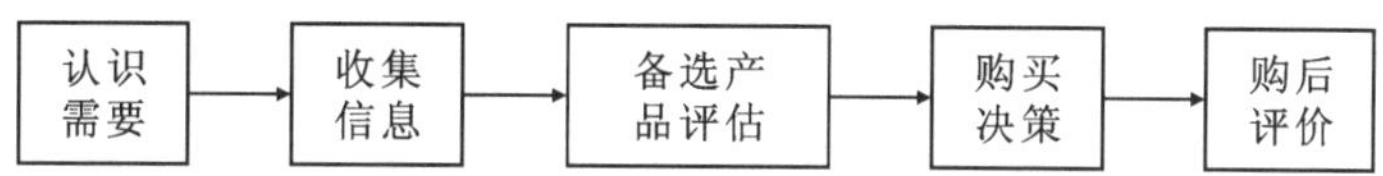

图 5-4　消费者购买决策过程

（一）认识需要

消费者只有首先认识到需要得到满足的需要，才能产生购买动机。唤起消费者认识需要的刺激可以来自三个方面：一是人体内部的刺激，如饥饿、寒冷等；二是人体外部的社会环境刺激，如流行时尚、相关群体影响；三是企业销售环境的刺激，如面包的芳香、茶座的优雅等。消费者对自身的各种需要加以正确认识，可以为购买决策限定范围，因而是有效决策的前提。

现代市场营销学认为，需要是人们与生俱来的，不能创造出来，但是可以通过自身活动唤起。因此，企业不仅可在交易行为上下工夫，还可从唤起需要阶段开始，调查研究那些与本企业商品实际和潜在有关联的驱动力，以及善于按照消费者的购买规律适当地安排诱因，促使消费者对本企业生产经营商品的需要变得很强烈，并转化为购买行动。

（二）收集信息

消费者认识到自身的需要后就会广泛收集有关信息，包括能满足需要的商品种类、规格、型号、价格、质量、维修服务、有无替代品、何处何时出售等。消费者寻求信息的积极性高低取决于需要的强弱。

收集信息的主要途径有：

（1）工商企业，包括企业广告、商品介绍、商品展示、营销人员讲解等。

（2）相关群体，包括家庭成员、亲朋好友、同事邻居的推荐介绍等。

（3）公众传播媒介，包括报纸、杂志、广播、电视的新闻报道等。

（4）个人经验，即通过对各种商品的触摸、查看、试验、使用等得来的信息。

这四种不同来源的信息对消费者的购买会产生不同的影响。一般的，商业信息只能起到参考作用，而相关群体和个人经验则会起主导作用。因此，企业应分析和了解消费者获得商品信息的渠道，以及对所获各种信息的信赖程度，设计有效的广告和有利于本企业的“口头信息”,从而影响消费者的购买决策,促使他们采取购买行动。

(三)备选产品评估

收集信息后,消费者要对得来的信息进行分析、整理,对可供选择的商品进行分析、对比和评估,最后确定选择。消费者通常是采取期望价值标准进行判断的。首先确定商品的主要属性。消费者将商品看成是一组属性的组合,如对照相机,消费者感兴趣的是照片的清晰度、摄影速度、方便、价格、具有的各种功能等。其次确定商品属性的重要性,如照片的清晰度比价格重要,价格又远比使用方便和摄影速度重要等。最后确定各比较商品的综合期望价值(加权平均值法),并以此综合期望价值的大小决定商品的好坏优劣。

评价的标准是多方面的、综合的,而不是单一的,消费者会应用不同的评估方法在多重属性目标之间做一选择。同时,各商品的主要属性和重要性大小又会因消费者价值观念的不同而存在差异。比如,有人以购买价格的高低作为评价尺度,有人则以是否符合时尚作为衡量标准;有人追求结实耐用,有人则侧重外观新颖;有人追求个性化表现,与众不同,有人则宁可从众,不标新立异。因此,对同一决策方案,不同的消费者会做出完全不同的评价。

(四)购买决策

当消费者对收集的信息进行综合评价,并根据一定选购模式进行判定后,就会形成明确的购买意图。但购买意图并不一定会导致购买行动,这一过程中还可能受到其他因素的干扰,这种干扰因素主要来自两个方面:

(1)他人态度。消费者的购买意向容易受到他人态度的影响,他人态度的影响力取决于三个因素:①他人否定态度的强度——反对态度越强烈,影响越大;②他人与消费者的关系——关系越密切,影响越大;③他人的权威性——他人对此项购买越有权威性,越有发言权,影响越大。

(2)意外情况。突然出现的某些意外也可能使消费者改变购买意向,如消费者购买时突然发现商品有明显瑕疵,或购买时偶然发现商品大量退货,或购买时买卖双方激烈争吵等。由此可见,消费者对某种商品的偏好和购买意图指出了消费者购买行为的方向,但并不包括许多意外情况,因而不能完全决定消费者的最后购买决策。

(五)购后评价

消费者完成购买后,购买过程并未结束,消费者将体会到某种程度的满意或不满意,由此形成购买后的感受,这将影响消费者以后的行动,并对相关群体产生影响,如图5-5所示。因此,现代市场营销非常重视消费者购买后的评价。许多西方企业信奉这样一句名言:“最好的广告是满意的顾客”。

关于购后的评价有两种理论:

一是“预期满意理论”,即认为消费者对商品的满意程度取决于预期希望得到实现的程度。若以 S 表示满意感或不满意感,以 E 代表预期希望,以 P 代表商品的实际效用,则三者之间存在函数关系:$S=f(E,P)$。如某商品的实际效用与购买该商品的期望相符,则称消费者满意;实际效用越低于预期希望,则消费者的不满意度就越高,这不仅影响消费者以后的重复购买行为,而且影响周围人的购买选择。

二是“认识差距论”,即认为消费者购买商品后都会引起程度不同的不满意感。原因是任何商品总有它的优点和缺点,别的同类商品越是有吸引力,对购买商品的不满意感就越强。企业的任务是要使买主的不满意感尽可能降到最低。

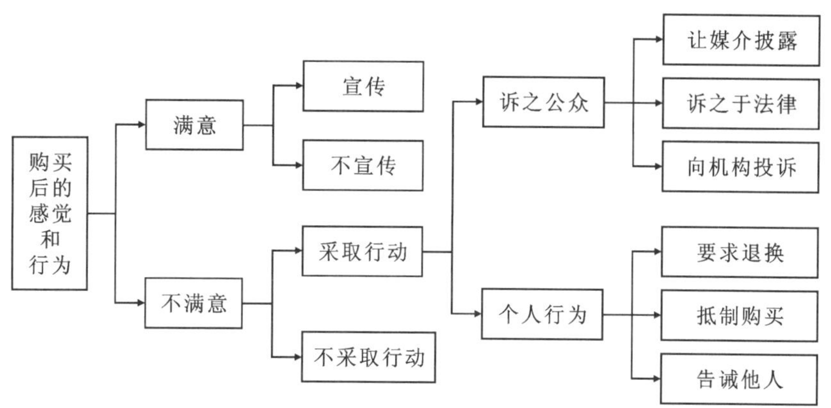

图 5-5 购买后的感觉和行为

购后评价是购买过程中重要的信息反馈，反映了企业所经营的商品对消费者需求的满足程度，这是企业最原始的信息。因此，企业应重视搜集消费者购买后的评价，加强售后服务，以影响消费者的购后感受，增强满意感。

本章小结

按照顾客购买目的或用途的不同，市场可分为组织市场和消费者市场两大类。消费者市场是个人或家庭为了生活消费而购买商品或服务的市场。

消费者购买行为不仅受经济因素的影响，还受到其他多种因素的影响。影响消费者购买行为的非经济因素主要有消费者所处的文化环境，消费者所在的社会阶层，消费者所接触的各种社会团体(包括家庭)，以及消费者在这些社会团体中的角色和地位等，还包括消费者的个人因素和心理因素。个人因素是指消费者的性别、年龄、职业、教育、个性、经历与生活方式等，心理因素则是指购买动机、对外界刺激的反应、学习方式以及态度与信念等。这些因素从不同的角度影响着消费者购买行为模式的形成。

消费者购买行为通常是一种群体决策行为，决策群体中一般包含发起者、影响者、决策者、购买者和使用者等不同的角色。这五种角色相辅相成，共同促成了购买行为，是企业营销的主要对象。

根据购买者的参与程度和产品品牌差异程度，可以将购买行为分为复杂的购买行为、寻求多样化的购买行为、减少失调感的购买行为和习惯性的购买行为四种类型。消费者典型的购买决策过程可分为五个阶段，即认识需要、收集信息、备选产品评估、购买决策、购后评价。

关键概念

消费者市场 Consumers Market　　文化 Culture

亚文化 Subculture　　相关群体 Reference Group

生活方式 Life Style　　个性 Personality

动机 Motive

复习思考题

1. 消费者市场有哪些特点?

2. 影响消费者购买行为的因素有哪些?

3. 举例说明消费者的购买决策过程。为什么说"银货两讫"后购买行为过程并没有结束?

4. 消费者一般会通过哪些途径去获取所需要的信息?消费者所要收集的信息主要有哪几方面的内容?

5. 为什么说消费者行为模式从根本上讲是一种"认识—刺激—反应"模式?

6. 中国消费者的消费行为有哪些明显的特征?

【案例分析】

日清智取美国市场

我国方便面产销领域品牌繁多,可是令消费者真正动心的却寥寥无几,于是许多方便面企业感叹"人们的口味越来越挑剔了,真是众口难调"。可是日本一家食品产销企业集团——日清食品公司(简称日清)却不信这个邪,始终坚持"只要口味好,众口也能调"的独特经营宗旨,从人们的口感差异性出发,不惜人力、物力、财力在食品的口味上下工夫,终于改变了美国人"不吃热汤面"的饮食习惯,使日清的方便面成为美国人的首选快餐食品。

日清在准备将营销触角伸向美国食品市场的计划制订之前,为了能够确定海外扩张的最佳"切入点",曾不惜高薪聘请美国食品行业的市场调查权威机构,对方便面的市场前景和发展趋势进行了全面细致的调查和评估。可是,美国食品行业的市场调查权威机构所得出的调查评估结论却令日清大失所望——"由于美国人没有吃热汤面的饮食习惯,而是喜好吃面条时干吃面,喝热汤时只喝汤,决不会把面条和热汤混在一起食用,由此可以断定,汤面合一的方便面是很难进入美国食品市场的,更不会成为美国人一日三餐必不可少的快餐食品。"

日清并没有盲目迷信这种结论,而是本着"求人不如求己"、自强自立的信念,派出自己的专家考查组前往美国进行实地调研。经过全面深入的问卷调查和入户访问,专家考查组最后得出了与美国食品行业的市场调查权威机构完全相反的调查评估结论——美国人的饮食习惯虽呈现出"汤面分食,决不混用"的特点,但是随着世界各地不同种族移民的大量增加,这种饮食习惯在悄悄地发生着变化。再者,美国人在饮食中越来越注重口感和营养,只要在口味上和营养上投其所好,方便面有可能迅速占领美国食品市场,成为美国人的饮食"新宠"。

日清基于亲自调查的结论,从美国食品市场动态和消费者饮食需求出发,确定了"四脚灵蛇舞翩跹"的营销策略,全力以赴地向美国食品市场大举挺进。

"第一脚"——他们针对美国人热衷于减肥运动的生理需求和心理需求,巧妙地把自己生产的方便面定位于"最佳减肥食品",在声势浩大的公关广告宣传中刻意渲染方便面"高蛋白,低热量,去脂肪,剔肥胖,价格廉,宜食用"等种种食疗功效;针对美国人好面子、重仪表的特点,精心制作出"每天一包方便面,轻轻松松把肥减"、"瘦身最佳绿色天然食品,非方便面莫属"等具煽情色彩的广告语,挑起美国人的购买欲望,获得了"四两拨千斤"的营销奇效。

"第二脚"——日清为了适应美国人以叉子用餐的习惯,果敢地将适合筷子夹食的长面条加工成短面条,为美国人提供饮食之便,并从美国人爱吃硬面条的饮食习惯出发,一改方便面适合东方人口味的柔软特性,精心加工出稍硬又有劲道的美式方便面,以便吃起来更有嚼头。

"第三脚"——由于美国人"爱用杯不爱用碗",日清别出心裁地把方便面命名为"杯面",并给它起了一个地地道道的美国式副名——"装在杯子里的热牛奶",期望"方便面"能像"牛奶"一样成为美国人难以割舍的快餐食品;他们根据美国人"爱喝口味很重的浓汤"的独特口感,不仅在面条制作上精益求精,而且在汤味作料上力调众口,使方便面成为"既能吃又能喝"的二合一方便食品。

"第四脚"——日清从美国人食用方便面时总是"把汤喝光而将面条剩下"的偏好中灵敏地捕捉到了方便面制作工艺求变求新的着力点,一改方便面"面多汤少"的传统制作工艺,研制生产了"汤多面少"的美式方便面,并将其副名更改为"远胜于汤",从而使"杯面"迅速成为美国消费者人见人爱的"快餐汤"。

挟此"四脚灵蛇舞翩跹"的营销策略,日清果敢挑战美国人的饮食习惯和就餐需求。它以"投其所好"为一切业务工作的出发点,不仅出奇制胜地突破了"众口难调"的产销瓶颈,而且轻而易举地打入了美国快餐食品市场,开创了一片新天地。

思考题

1. 影响美国消费者购买方便面的因素主要有哪些?
2. 日清的营销过程对我们的营销实践有哪些可借鉴之处?

【实训题】

消费者购买行为分析

实训目的:深入了解影响消费者购买行为的主要因素和消费者购买决策的过程。

实训任务:选择一种产品,然后选择一些在过去6个月内购买了该商品的消费者,对其中10个左右的消费者进行深度访谈。描述影响消费者购买行为的主要因素及决策过程,总结以上访谈结果对营销策略的启示。

实训实施:以小组为单位展开,形成书面报告。

第六章　组织市场及其购买行为分析

本章学习提示

通过本章的学习，你应该能够：了解组织市场的概念、类型、特点；掌握对生产者市场购买行为的分析；了解中间商市场购买行为的分析；了解政府市场的购买特点。

导引案例

三洋科龙的采购供应商管理

广东三洋科龙冷柜有限公司(简称三洋科龙)是由日本三洋电机株式会社和广东科龙电器股份有限公司于1996年合资兴建的企业，是全国第一家生产全无氟环保型商用家用冷冻柜、冷藏柜的专业厂家。公司位于经济发达、交通便利的广东省顺德市桂洲利丰工业区内，总投资2.37亿元人民币，占地面积5万平方米，年产能力80万台。该公司是亚洲两大制冷巨人合作的结晶——广东科龙电器股份有限公司是中国最大和最具现代规模的制冷企业，被国际权威机构O. W公司评审为中国唯一一家国际MRPIIA级企业，与世界著名企业并驾齐驱；同时世界闻名的日本三洋电机株式会社拥有40多年的冷柜制造经验，是日本最大的冷柜制造商，在冷冻保鲜技术上处于国际领先地位。

三洋科龙引进日本的先进管理理念，通过有效的实施指导，在国内成功地进行了采购供应商管理，具有较高的借鉴价值。在实际生产中，供应商在交货、材料品质、供货提前期、库存水平等方面直接决定采购企业的生产稳定性和产能的保障，对采购企业的生存发展起着至关重要的作用。因此，三洋科龙采购体系的核心就是围绕供应商的开发管理建立的。不仅如此，三洋科龙采购员的角色已经从普遍意义上的“订货人”发展成协调供应商的“咨询人员”。他们的工作重点集中在如何同供应商建立和发展恰当的关系以及降低总成本等活动上，而不是放在订货以及补货的日常程序上。

三洋科龙在综合日本三洋电机株式会社和广东科龙电器股份有限公司双方的历史经验后，针对我国市场的情况确定了选择供应商的具体策略，有效地指导并保证了全部供应商选择过程的合理性，其中的一些策略硬性地在其采购系统中予以设置并不可改变，有效地避免了国内许多企业由经理拍脑袋决定的随意性现象。

三洋科龙的供应商选择策略是：

1. 风险分散策略

一种物料必须由2～3家供应商同时供货，不再增多，也不能减少；供应商的供货额度有区别，一家供应商承担的供应额最高不超过80%，而且也不能超过该供应商产能的50%。这样既可保持较低的管理成本，又可保证供应的稳定性，并且在出现意外需求或是其中一家供应商停止供货时，能迅速从其他供应商处得到补充供应。如果仅由一家供应商负责供应100%的货物，则风险较大，一旦该供应商出现问题，势必影响整个企业的生产。

2. 门当户对策略

并非行业老大就是首选供应商。门当户对策略是指选择的供应商应足够大，其能力要能满足本公司近远期的需求；同时又要足够小，使得本公司的订货在对方的销售中占相当大的比重。这样，供应商才会在生产安排、售后服务、价格谈判等方面给予足够的重视和相当的优惠。

3. 供应链策略

与重要供应商发展战略合作关系，例如参股冷柜最重要的元件——压缩机的制造厂商，并在其董事会取得席位。与各种供应商积极沟通联络，制订明确的制度，确保供应链的稳定可靠和利益共赢。

4. 评价策略

遵循“质量、成本、交货与服务”并重的原则。其中，质量因素最重要，要确认供应商是否有有效的质量保证体系，是否具有生产所需产品的设备和检验能力；在交货方面，要确定供应商是否有足够的生产能力，人力资源是否充足(技术人员、管理人员)，是否能保证做到按时按需供货，以及是否具有满足意外需求的潜力；同时要考察供应商的售前售后服务记录；最后关注的才是成本，即在保证供应商一定商业利润的前提下实现采购费用的降低。

资料来源：何彤，梁海琼. 三洋科龙的采购供应商管理[J]. 中国物流与采购，2005(6)：44～47

与消费者市场相对应的是生产者市场。生产者市场亦称产业市场或工业市场，原指除商业以外的一切生产性行业。近年来，以菲利普·科特勒为代表的市场营销学者认为一切中间商市场及其购买行为和生产者市场及其购买行为具有相同的特点，所以在分析时，应该把它们视为同一种类型。另外还包括一些非营利性组织市场和政府市场。我们把这些市场的集合统称为组织市场。组织市场由于其主体的性质和购买的目的与消费者市场有很大的不同，所以有必要对其购买行为进行特定的分析和研究。

第一节　组织市场的概念与类型

一、组织市场的概念

组织市场指工商企业为从事生产、销售等业务活动以及政府部门和其他非营利性组织为履行职责而购买产品和服务所构成的市场。简言之，组织市场是以某种组织为购买单位的购买者所构成的市场。组织市场和消费者市场的主要区别在于：购买者主要是企业或社会团体而不是个人或家庭消费者；目的是为了用于生产或转卖以获取利润，以及其他非生活性消费，而不是为了满足个人或家庭的生活需要。组织市场的规模很大，往往是消费者市场规模的几倍，所以组织市场一直是企业十分关注的市场。

二、组织市场的类型

组织市场包括生产者市场、中间商市场、政府市场和其他非营利性组织市场，如图 6-1 所示。

(一)生产者市场

在某些场合，生产者市场亦称作产业市场或工业市场。构成生产者市场的个体和组织采购商品和劳务的目的是为了加工生产出其他产品以供出售、出租，以从中谋利，而不是为了个人消费。生产者市场是本教材中所称的“组织市场”的主要组成部分，主要由以下产业构成：①农、林、牧、渔业；②采矿业；③制造业；④建筑业；⑤运输业；⑥通信业；⑦公用事业；⑧银行、金融、保险业；⑨服务业。以生产者市场为服务目标的企业，必须深入研究这个市场的特点，并分

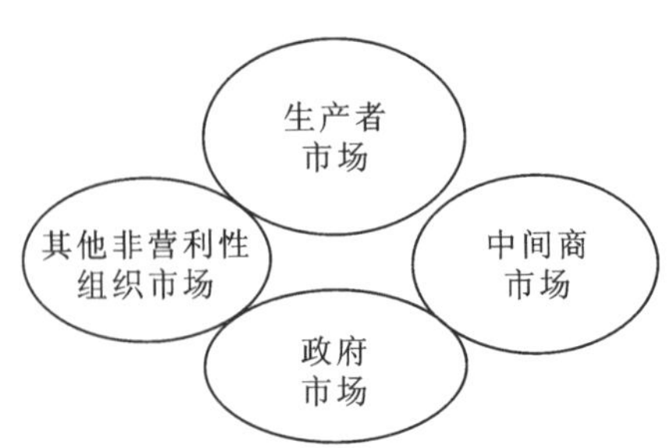

图6-1 组织市场的主要构成

析其购买行为,从而取得营销成功。

(二)中间商市场

中间商市场亦称转卖者市场。它是由所有以盈利为目的而从事转卖或租赁业务的个体和组织构成的,包括批发和零售两大部分。在许多场合中,批发和零售往往作为营销渠道的组成部分被提出来,而不作为组织市场的一部分被讲述。其实,中间商市场和生产者市场有许多相似之处,包括在双方的购买行为上也有许多雷同的地方。因此,我们认为有必要把它作为组织市场的第二主要部分提出来,而在具体分析的时候,并不涉及其作为渠道组成部门的特点。

(三)政府市场

在大多数国家,政府也是产品和劳务的主要购买者。由于政府的采购决策要受到公众的监督,因此它们经常会要求供应商准备大量的书面材料。此外政府市场还有一些如以竞价投标为主、喜欢向国内供应商采购等特点。但这些特点不会影响到把它纳入组织市场这个大概念里来分析,事实上,把它纳入之后将会使我们的分析研究更有意义。

(四)其他非营利性组织市场

其他非营利性组织市场亦称机构市场,主要是指一些由学校、医院、疗养院、监狱和其他为公众提供商品和服务的部门所组成的市场,它们往往是以低预算和受到一定的控制为特征的,而且一般都是非营利性的。所以,这部分市场也有其独特的特点,但为了全面起见,我们把它们也放入组织市场这个大概念中去,一起来讨论它们的共性问题。

以上就是我们在平常可能会接触到的一些构成组织市场的不同类型的成员,在大多数场合里,它们被分开阐述,各自说明特点或进行购买行为分析。但实际上我们不难看出,在各自不同类型的市场特征背后,却有着很多的共性特征。

第二节 生产者市场购买行为分析

一、生产者市场的概念及特点

(一)生产者市场的概念

生产者市场,是由购买产品及服务供进一步制造产品及服务以销售或租借给其他单位的组织组成的。如前所述,组成生产者市场的主要产业有农业、林业、畜牧业及渔业;采矿业;制造业;建筑业;运输业;通信业;公用事业;银行、金融及保险业;服务业等。

(二)生产者市场的特点

1.购买者少,购买规模大

生产者市场上的购买者比消费者市场上的购买者在数量上要少得多。例如美国固特异轮胎公司的订单主要来自通用、福特、克莱斯勒三大汽车制造商。生产者市场不仅买主人数少而且其购买次数也少。一家生产企业的主要设备要若干年才购买一次，原材料与零配件也大都只签订长期合同，文具纸张等日用品也常常是隔数月集中购买一次。购买次数少决定了每次采购量的巨大。特别在生产比较集中的行业里更为明显，通常少数几家大企业的采购量就占该产品总销售量的大部分。生产者市场的这个特点给作为供方的工业品生产企业采取人员推销的促销方式提供了条件。

2.购买者在地域上相对集中

由于受资源和区位条件等的限制，各种产业在地理位置的分布上都有相对的集聚性，所以生产者市场的购买者往往在地域上也是相对集中的。例如中国的重工产业大多集中在东北地区，石油化工企业云集在东北、华北以及西北的一些油田附近，金融保险业在上海相对集中，而广东、江苏、浙江等沿海地区集聚着大量轻纺和电子产品的加工业。这种地理区域集中有助于降低产品的销售成本，也使得生产者市场在地域上形成了相对的集中。

3.多实行直接采购

一般消费者都是通过中间商购买生产者所生产的消费品的，而生产者市场的购买者由于采购规模大且往往会持续、重复采购，因而喜欢绕过中间商，向生产者直接购买所需的工业用品。特别是那些单价高、有高度技术性的机器设备，购买者更希望直接向生产厂家购买或订制。这些商品大多需要繁杂的售前售后服务，也往往是中间商难以胜任的。

4.理性化购买居多

消费品市场的购买者一般都是直接消费者，大多消费者并不具备他所购买商品的专业知识，而且在购买过程中又极易受到感情因素的影响。生产者市场的购买者则不同，他们多数是懂技术的，对所需产品的质量、性能、规格等都心中有数，很少受到广告宣传的影响，即属于通常所说的专家购买。这就要求生产经营者必须配备懂技术的人员从事产品的销售工作，实行专家推销。

5.需求在短期内受价格影响较小，属于派生需求，受终端需求影响大

在生产者市场上，生产资料购买者对价格不敏感，一般不受市场价格波动的影响。生产者市场的需求在短期内尤其缺乏弹性。这首先是因为生产者不能在短期内明显改变其生产工艺。例如，建筑业不能因水泥涨价而减少用量，也不能因钢材涨价而用塑料代替钢材。其次是因为生产者市场需求的派生性，只要最终消费品的需求量不变（或基本不变），引申的生产资料价格变动不会对其销量产生大的影响。最后是因为一种产品通常是由若干零件组成的，如果某种零件的价值很低，这种零件的成本在整个产品的成本中所占的比重很小，即使其价格变动，对产品的价格也不会有太大影响，因此这些零件的需求也缺乏弹性。

生产者市场的需求是派生需求，生产者市场上的购买需求最终来源于对消费品的需求，企业之所以需要购买生产资料，归根到底是为了用来作为劳动对象和劳动资料以生产出消费资料。例如，由于消费者购买皮包、皮鞋，才导致生产企业购买皮革、钉子、切割刀具、缝纫机等生产资料。因此消费者市场需求的变化将直接影响组织市场的需求。有时消费品需求仅上升10%，就可导致生产这些消费品的企业对有关生产资料的需求增长200%；而若需求下降10%，则可导致有关生产资料需求的全面暴跌，这主要是由于产业链条上的各生产企业对下游需求过于“乐观”或“悲观”而形成的叠加效应，产业链条上每个节点的企业如果都这么预判，反

映到产业链的末端，就会产生巨大的波动。这种现象在经济学上被称为“加速原理”，这导致许多企业促使其产品线和市场多样化，以便在商业波动周期中实现某种平衡。

6.存在互惠购买或租赁行为

工业用品的交换关系不是单纯的商品买卖关系，往往还伴随着互惠的附加条件。工业用品的购买者往往这样选择供应商：“你买我的产品，我就买你的产品。”互惠的附加条件除互购外，保证原料和配件供应、技术咨询、安装调试和维修等也都可作为互惠的附加条件。重视和满足必要的附加条件，是生产经营者实现市场营销的重要保证。

案例 6-1 某造纸厂决定向某化工公司大量购买所需的化工原料，因为这家化工公司也向这家造纸厂大量购买纸张，用作包装材料。互购有时是双方的，有时也可以是多方的。假设有A、B、C三家公司，A提出这种附加条件：如果B公司购买C公司的产品(因C公司是A公司的客户)，A公司就购买B公司的产品。

另外，为了节约成本，对于像厂房、写字楼、机器设备、车辆等价值高的项目，许多企业不再自己购置，而是选择租赁。

7.倾向于与供方建立长期稳定的合作关系

生产者市场上的买卖双方倾向于建立长期的业务联系，相互依存。由于需要保证生产的连续性，生产者往往会长期重复向同一个卖方购买工业用品，卖方在顾客购买决策的各个阶段往往要参与决策，帮助顾客解决一些购买过程的问题，提供完善的售前咨询、答疑及售中、售后服务，有时还要帮助顾客寻找能满足其需要的商品，甚至按顾客要求的品种、性能、规格和时间定期向顾客供货。生产者市场的供方一定要通过有效的服务与顾客建立长期的业务联系，以保持自己产品的市场占有率和企业的稳定客户。

二、影响生产者市场购买的因素

生产者购买商品或服务的动机与消费者购买自用商品或服务的动机有很大差别。消费品的购买动机比较复杂，而工业用品的购买动机比较单纯。由于生产者市场的购买动机不同，所以影响其购买的因素也与消费者市场不同。

(一)客观环境因素

客观环境因素是制约生产者购买行为的不可控因素。生产者采购工业用品，首先要考虑当时的客观环境及将来的变动趋势，如企业未来产品的供需状况及需要采购的工业品当前及今后的供需状况、宏观和微观经济发展前景、利率高低变化、科学技术发展的速度和趋势、政府规定、竞争形势等。这些客观环境因素是购买者必须了解和分析研究的。如一家电冰箱厂要增加冰箱生产线，单就这家企业来看，可能是有利可图的，但从社会经济因素考虑，冰箱的需求量已经饱和，从宏观看，增加流水线是不可行的；或者从社会经济因素考虑可行，但国家已限制生产使用氟利昂的电冰箱，再购买此类产品线显然是不行的。

(二)企业的组织机构因素

企业的组织机构因素是指企业的营销目标、营销策略、采购制度等，它们会对购买行为产生影响。有的企业以发展为目标，有的企业则只求保持现状，有的企业甚至还在困境中挣扎，因而它们的目标会有很大的差别；采购企业的营销策略，有的立足于长远利益，特别重视先进技术和质量(尤其是大企业)，有的重视眼前利益，追求廉价(主要是一些小企业)；另外，不同企业的采购制度也不相同，有的购买目标比较分散，购买决策不太集中，对有利的采购给予奖励，而有的采购目标比较集中，购买决策也高度集中。所有这些，都必然会对企业的购买行为产生不同的影响。

(三)企业的人事关系因素

所谓企业的人事关系因素对购买行为的影响，是指采购者与上级主管之间、与相关部门之间以及与其他有关人员的实际相互关系对购买行为的影响。如企业中采购部门职权范围的大小不同，参与采购决策的程度和影响力不同，上层主管人员对采购决策过问的程度不同，都会对购买行为产生很大的影响。

(四)采购人员个人的因素

采购人员个人的因素是指采购人员的个人感情、偏好等，它们也会对购买行为产生影响。一般说来，对工业用品的采购是一种理性化采购，采购人员的个人感情和偏好对购买行为影响较小。但是，采购人员的个人年龄、文化修养、性格、收入状况、职位高低以及对他所办业务的负责态度等方面是各不相同的，当供应品的质量、价格、服务等相类似时，采购人员个人的好恶能起到决定作用。

研究影响生产者市场购买的因素，是为了分别不同情况区别对待，创造条件，促成购买行为的实现，更好地满足生产者对工业用品的需要。

三、影响生产者市场采购行为的五种常见角色

生产者市场的购买决策都不是由一个人作出的，而是由一个采购组织按照一定的采购流程和遵循相关的采购制度完成。影响生产者市场采购行为的通常有五种角色，如图 6-2 所示。

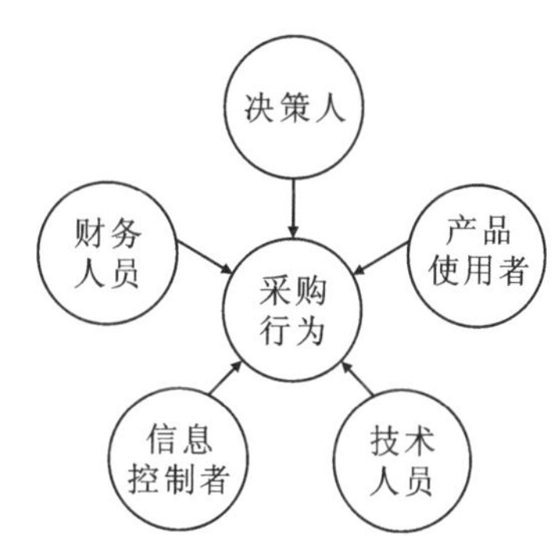

图 6-2　影响生产者市场采购行为的五种角色

(一)决策人

决策人通常是高职位者，需承担责任，故特别关心产品的安全度和可靠性，以及投入产出比。对这一角色的对策是销售人员在与其面谈之前要做好非常充分的准备，表现得非常专业，向其提供大量看得到、摸得着的数据，让他产生安全感。

(二)财务人员

财务人员要求采购金额在公司的预算范围之内，并且采购流程符合公司的各种财务流程。因此，销售人员在事先要了解所销售的这类产品是否在客户预算之内，以及客户的财务流程是什么样的。

(三)技术人员

技术人员的意见对采购部门的采购决策影响很大，所销售的产品能否在技术参数上达到客户的要求往往是进入供应商名单的前提条件。技术人员偏好大量可供分析的技术资料，并通过这些资料来判断产品技术是否可靠。对这种角色，销售人员不必喋喋不休，这只会引起反感，重要的是给技术人员提供大量相关的技术资料，让他从中发现支持购买行为的理由。

(四)产品使用者

产品使用者最关心的是新的设备、工具能否让他工作起来更方便、轻松、高效。因此，工业品销售人员需要做的就是了解产品使用者怎样进行工作，然后介绍新产品怎样使他们的工作

变得更加轻松,并现场演示新产品,鼓励他们进行尝试,从中体验新产品给工作带来的方便。

(五)信息控制者

信息控制者即客户内部支持采购行动的人员,如公司的秘书或相关的助理,他们对信息的控制和过滤职能使得工业品销售人员打通这一环节具有重要的积极意义。信息控制者需要得到销售人员的尊敬,可能有一些小恩惠的需求,如一件小礼品。销售人员对这些支持者一定要非常有礼貌、友好,尽量满足他们受尊重的需要,可以通过赠送各种小礼品获得他们的好感。

四、生产者购买的类型

从形式上说,生产者的购买由于采购单位的任务和需要不同,大致可分为以下三种类型:

(一)直接重购

直接重购即企业的采购部门对已采购过的产品,根据过去和供应商打交道的经验,从列在名单上的供应商中选择供货企业,按常规的品种、渠道连续再订购同类产品。也就是说,购买者的购买行为是惯例化的。这种类型的购买情况最简单。

(二)修正重购

企业在新的条件下,由于实施新的营销策略,或者由于生产的改进,需要适当改变所采购的产品规格、型号,提出新的价格及其他供货条件,以致必须选择新的供应商。这种类型的购买情况比较复杂,因而参与购买决策过程的人数较多。这种情况往往会给新的供应商带来市场机会,而对原有的供应商造成了威胁。

(三)新购

生产者制造新的产品或进入新的目标市场,往往需要采购新的设备与原材料。这种第一次采购,成本费用越高、风险越大,需要参与购买决策过程的人数和需要掌握的市场信息就越多。这种类型的购买情况最复杂。因此,供应者应派出专门的推销人员,向潜在客户提供市场信息,帮助客户解决疑难问题,使其尽快作出产品规格、价格幅度、交货条件和时间、服务条件、支付条件、订购数量等方面的决策。

五、生产者购买的程序

生产者购买的类型不同,从决定购买到实施购买的整个过程也不一样。一般说来,购买程序的多少取决于购买情况的复杂程度,如表6-1所示。

表6-1 生产者购买程序

购买类型 购买程序	直接重购	修正重购	新购
认识需求	不必	可能需要	需要
确定需求	不必	可能需要	需要
说明需求	不必	需要	需要
物色供应商	不必	可能需要	需要
征求建议	不必	可能需要	需要
选定供应商	不必	可能需要	需要
规定订货程序	不必	可能需要	需要
检查履约情况	需要	需要	需要

从表6-1可以看出,直接重购最为简单,修正重购则视其需要可将其中的某些程序简化,

新购最为复杂、完整。生产者购买的程序一般有八个阶段。

1. 认识需求

在新购和修正重购的情况下，购买过程首先是从使用者或其他倡议者认识到需采购的某种产品，以满足企业的生产经营需要开始的。

2. 确定需求

在认识需求的基础上，确定所需品种的特征和数量。

3. 说明需求

确定需求后，再由专家小组对所需产品进行价值分析，做出详细的技术说明。

4. 物色供应商

写出技术说明书以后，第四步是物色最合适的供应商。特别是在新任务购买的情况下，采购复杂的、价值较高的品种，需要花较多时间慎重选择供应商。

5. 征求建议

企业可邀请合格的供应商提出建议，如果采购复杂的、价值高的品种，应要求每个潜在的供应商都提交详细的书面建议，通过分析、比较，从中挑选最合适的供应商，并要求他们提出正式的建议书。

6. 选定供应商

企业的“采购中心”根据供应商的产品产量、质量、报价、资信、及时交货能力和技术服务等，对供应商的建议书进行评价，选定最有利的供应商。所谓“采购中心”，是指由产品使用者、财务人员、技术人员、决策者、信息控制者等所有参与购买决策过程的人员所构成的采购组织。他们在作出最后的决定之前，也许还会和较中意的供应商谈判，以争取较便宜的价格和更好的条件。最后，“采购中心”选定一个或几个供应商。选定几个供应商不仅因为采购量较大，更主要的是可使自己拥有多条供应来源，以免受制于人，而且能够比较各供应商的价格和工作情况，促使供应商开展竞争。

7. 规定订货程序

企业最后选定供应商后，可开出订货单。订货单上需列举产品品种、数量、技术说明、期望交货时间等。现在西方企业较少使用“定期采购交货”，而趋于采取“一揽子合同”，与供应商建立长期供货关系，当企业需要合同中规定的品种时，通知供应商，供应商即按约定的价格和交货条件随时供货。这样，采购单位的库存量可大大减少。

8. 检查履约情况

采购者要检查到货情况，还要向使用者征求意见，检查和评价各供应商履行合同的情况，然后决定以后的购买决策。

案例 6-2　推销员李宾销售一种安装在发电设备上的仪表，他工作非常努力，不辞劳苦地四处奔波，但是收效甚微。您能从他的推销过程中找出原因吗？

(1)李宾得悉某发电厂需要仪表，就找到该厂的采购部人员详细介绍产品，经常请他们共同进餐和娱乐，双方关系相当融洽，采购人员也答应购买，却总是一拖再拖，始终不见付诸行动。李宾很灰心，却不知原因何在。

(2)在一次推销中，李宾向发电厂的技术人员介绍说，这是一种新发明的先进仪表。技术人员请他提供详细的技术资料并与现有的同类产品作一个对比，可是他所带的资料不全，只是根据记忆大致作了介绍，对现有同类产品和竞争者的情况也不太清楚。

(3)李宾向发电厂的采购部经理介绍现有的各种仪表,采购部经理认为都不太适合本厂使用,说如果能在性能方面作一些小的改进就有可能购买。但是李宾反复强调本厂的仪表性能优异,认为对方提出的问题无关紧要,劝说对方立刻购买。

(4)某发电厂是李宾所在公司的长期客户,需购仪表时就直接发传真通知送货。该电厂原先由别的推销员负责销售业务,后来转由李宾负责。李宾接手后采用许多办法与该公司的采购人员和技术人员建立了密切关系。一次,该发电厂的技术人员反映有一台新购的仪表有质量问题,要求给予调换。李宾当时正忙于同另一个重要的客户洽谈业务,拖了几天才处理这件事情,认为凭着双方的密切关系,发电厂的技术人员不会介意。可是那家发电厂以后购买仪表时转向了其他供应商。

(5)李宾去一家小型发电厂推销一种受到较多用户欢迎的优质高价仪表,可是说破了嘴皮,对方依然不为所动。

(6)某发电厂同时购买了李宾所在公司的仪表和另一品牌的仪表,技术人员、采购人员和使用人员在使用两年以后对两种品牌进行绩效评价,列举事实说明李宾公司仪表的耐用性不如另一个竞争性品牌。李宾听后认为事实如此,无话可说,听凭该电厂终止了同本公司的生意关系而转向竞争者购买。

原因分析:

(1)许多产业用品的购买决策者是工厂的工程师、总工程师等技术人员,采购部门的职责只是根据技术人员的购买决策购买产品,只是购买者而非决策者。

(2)生产者市场的采购人员大都具有丰富的专业知识,供应方应当提供详细的技术资料,说明本企业产品优于同类产品之处。

(3)推销员应当经常与客户沟通,重视客户对产品的品种规格、性能、质量等方面的要求,及时向公司反馈,在可能的情况下按照客户的要求予以改进。

(4)被列入直接重购名单的供应商应当保持产品的质量和服务质量,提高买方的满意程度,否则,买方将重新选择供应商。

(5)该厂资金有限,经营目标是总成本降低,只购买低价实用的仪表。李宾因为没有事先了解该厂的经营目标而碰了壁。

(6)推销人员必须关注该产品的使用者和购买者在绩效评价中是否使用同一标准。李宾公司的仪表功能多,结构复杂,易于损坏;而竞争性品牌的仪表功能少,结构简单,不易损坏。该电厂在绩效评价中未注意到这个差别,得出的结论有片面性。李宾未认识到该电厂在绩效评价中使用了不同的标准,使本公司产品蒙受"委屈"并丧失了销售机会。

第三节 中间商市场购买行为分析

一、中间商市场的概念及特点

如前所述,中间商市场又称转卖者市场,是由那些以获取利润为目的来购买商品进行转卖或出租的个人和机构组成的。因此,它包括批发商与零售商。中间商市场的特点是转手买卖,贱买贵卖,据此可以把它与其他各类市场区别开来。

中间商具有生产者和最终消费者所不能代替的特殊作用。在现代市场中,生产者生产的产品有一部分是自产自销，直接卖给最终消费者和用户，如一些笨重复杂的机器、用户订购及预约加工的产品、邮购商品、上门推销商品等，但绝大部分产品还得通过或多或少的批发商或零售商转卖给最终消费者和用户，转卖者由此在市场中发挥了沟通产销的媒介作用。

中间商在整体市场中的分布状态居中，较生产者分散，但比最终消费者集中。中间商市场也是一个相当大的不容忽视的市场。

二、中间商的购买行为决策

一般来说，中间商在做出购买行为决策时会主要考虑以下因素：

(一)选择购买的时间和数量

中间商本身的"转手买卖"特点决定了他们对选择购买时间的苛刻程度，这与最终消费者是无法比较的，他们常常把提出订货单的时间延迟到最后一刻，这样就可以较有把握地知道最终消费者和其他买主的需要，使商品适销对路，从而避免承担库存过多的风险。

但他们一旦提出订货单，又要求能尽快提到货，转手卖给买主，以免占用资金。由于中间商赚取的单位产品利润极其微小，因此他们的购买数量都比较大，通过多购和薄利多销来谋取较大的利润。但多购的程度还要依据中间商现有的存货水平和预期的需求水平来加以选择。这种选择往往会受两种不同的影响：或者偶然地大量订购，这样可以降低订购成本，并且从供应商手中获得可观的折扣；或者经常性地较少量订购，这样可以减少商品库存成本。中间商会据此进行成本比较，然后做出有利于自己的购买决策。供应商必须确知中间商的订购意图，以便采取相应的推销策略。

(二)选择供应商

中间商的市场购买活动都是以盈利为目的的，且购买的数量比较多。因此，他们与最终消费者有很大的区别。最终消费者多属即兴购买、冲动性购买，对供应者的选择比较随意。而中间商的购买行为却相反，他们多属理性购买，对供应商及其产品的选择比较慎重。面对众多上门推销产品的供应商，他们总是要根据交易的优惠条件、合作的诚意以及当时所处的市场营销环境、产品的销路、经营的能力、本身的经营风格等各方面来加以甄选。谁能投中间商之所好，谁能够满足中间商不断变化的特殊需求，谁就能幸运地成为中间商的卖主。通常，中间商在选择供应商时至少会考虑以下因素：

(1)产品的畅销程度及单位产品利润；

(2)品质是否有保证；

(3)价格；

(4)货物配送的效率；

(5)付款的条件和付款周期；

(6)配套的售后服务；

(7)信用状况；

(8)内部管理规范程度。

(三)选择购买的货色

从既能体现本身的经营特色又能吸引众多买主的角度出发，中间商可以从以下四种货色形式中加以选择：

(1)独家货色：即中间商只代理一家制造厂的产品。这类产品多属于专利商品、具有技术诀窍的商品、特殊商品、工商联营(合作)企业的产品以及中间商所处地区市场从未有过的新产品等。

(2)专深货色:即中间商经销多家制造商生产的一个种类、同一质量的产品。

(3)广泛货色:即中间商经销多家制造商多种种类的产品,但这些种类的产品并没有超出中间商的经销范围,也不影响其原有的企业经营方向和经营特色。

(4)杂乱货色:即中间商不加选择、不受限制地经销不同的制造商生产的许多互不相干的产品。

案例 6-3 某一零售商只是经营万宝牌电冰箱,属于"独家货色";若同时经营万宝牌、雪花牌、容声牌电冰箱,则属于"专深货色";如再经营各种牌子的电视机、洗衣机、照相机、录音机(均属家用电器)等,便属于"广泛货色";若在此基础上还经营服装、鞋帽、玩具等,就谓之"杂乱货色"。这些货色形式的不同,必然会对中间商的供应商、买主及其本身的营销策略产生不同的影响。

(四)选择购买条件

购买条件的优劣直接影响中间商的经营效益,因为中间商和制造商一样都是致力于盈利的事业者,巨大的经营风险迫使他们力争从制造商处得到尽量多的优厚购买条件。他们会向制造商寻求价格协商、价格折扣和广告津贴;要求交货及时迅速;要求卖方有充分的信用保证,以应付商品不受欢迎、有缺陷破损而需要进行处理的情况;在顾客购买了商品后又提出抗议、投诉或需要修理时,要求制造商能无条件地承担责任等。其中,价格是一个极其重要的条件。这是因为,中间商的需求与工业用品购买者的需求一样,都属于派生需求,都会受最后消费者需求的影响,而且中间商在价格问题上更为敏感,中间商与最后消费者的关系更为直接,最终消费者对商品价格的要求能迅速地为中间商所觉察,中间商就会据此向制造商提出合理的价格条件。

三、中间商市场的"采购中心"

在中间商市场中,沟通制造商与中间商的桥梁是批零企业中决定购买和实际购买的人和组织,即"采购中心"。这些人和组织在很大程度上直接左右了制造商。

为了简便起见,下面仅以美国连锁超级市场为例来了解中间商采购业务的基本状况。美国连锁超级市场参与购买决策的人和组织主要有:

(一)商品经理

他们是超级市场总部的专职采购人员,分别负责各类商品的采购工作。他们的责任是听取供应商推销员对新品牌、新产品的介绍,并从中选择适合的品牌和产品。某些连锁店的商品经理在采购工作中具有很大的权力,可以自由决定接受或拒绝某一新产品。但在多数连锁店里,商品经理无权马上作出决定,只是负责审查和甄别哪些产品应该拒绝或接受,然后向公司采购委员会提出建议。

(二)采购委员会

它由公司总部的部门正、副经理以及商品经理等人组成。采购委员会每周召开一次会议,逐一审查各商品经理提出的关于采购新产品的建议。商品经理向采购委员会介绍货源情况,提供市场信息,然后由采购委员会最后决定采购哪些新产品。

但是,这种做法与其说采购委员会具有决策的功能,倒不如说它只是在发挥平衡各方面意见的作用，真正起决策和控制作用的还是商品经理。因为商品情报是由商品经理提供的，商品经理的偏好和推荐都带有很大的倾向性，对采购委员会的决策具有显著的影响。由此可见，采购委员会实际上只是在评估新产品和购买决策方面产生一些重要的间接影响，并代替商品经理向制造商的推销人员提出拒绝购买的理由，充当商品经理与推销人员之间的调解员。了解连锁商店实际采购业务的某些“内幕”，对制造商的推销员来说是必不可少的。

(三)分店经理

他们是连锁店属下各零售店的负责人，分店实际采购什么商品是由他们决定的。据调查，在全美国的连锁超级市场和独立的超级市场中，各个分店的货源有 2/3 是由分店经理自行决定采购的，只有 1/3 是由公司从上而下强行分配下来的。这样，即使某种新产品被连锁店的采购委员会接受了，这种商品也不一定能被大多数分店所接受，最终的采购权还是掌握在分店经理的手上。因此，在美国市场推销新产品的难度很大，尽管制造商每周能推出 150～250 种新产品交由超级市场推销，但商店的店容只允许将其中 10％的新产品送上货架。那么，分店经理是根据什么来采纳这 10％的新产品的呢？据美国尼尔逊公司的研究，主要取决于以下三个因素：

(1)消费者是否愿意购买这种新产品，即这种新产品是否适销对路；

(2)供应商的广告宣传和促销手段能否足以打动分店经理的心；

(3)供应商将给各分店怎样的折扣等优惠交易条件。

供应商的销售人员可以根据上述特点寻求自己最好的推销机会。

四、影响中间商购买决策的因素

中间商购买行为的不同类型，往往会对其作出购买决策产生不同的影响。中间商的购买行为可分成下列七种类型，如表 6-2 所示。

表 6-2　中间商购买行为的类型

类型	定　　义
忠诚购买者	对某一个或某一群供应商年复一年地长期惠顾，除了为获得最佳的交易条件之外，还有其他感情方面的原因
随机购买者	从已经选定的几个能满足其长期利益的供应商中，随机选择最合适的供应商，而不固定于其中某一个供应商
最佳条件购买者	寻求并选择在一定时间及场所里能给予最佳交易条件的供应商，而不是限定在事先选定的候选名单内
创造性购买者	不接受供应商的任何推销条件，而以企业自己的条件与人交易，要供应商来迁就自己
广告购买者	想尽办法要求供应商给予广告补贴，这种广告补贴必须作为每一交易协议的首要目标及每一交易的一部分
小气购买者	在买卖谈判时，总要求供应商在价格上特别让步，并只接受在价格上给予最大折扣的供应商
琐碎购买者	在各供应商所提供的可接受商品中，首先注意产品的多样化，再挑选构造最佳的产品，并特别重视零星杂物而并非购买数量

五、中间商购买的类型

中间商购买有以下三种类型:

(一)新产品类型

新产品类型即中间商面临是否接受新产品的决策问题。这一决策过程与工业用品购买者大体相同,其主要步骤也是认识需求、确定需求、说明需求、物色供应商、征求建议、选定供应商、规定订货程序和检查履约情况共八个阶段。在此顺便提及,假设中间商采购的是正常情况下的商品,那么其购买过程就简单得多,只要这种商品的存量降到一定水平,中间商就会向原有的供应商发出订货单,而遇到经营费用提高、毛利偏低的情况时,中间商则会要求与供应商一起重新议定进货价格。

(二)最佳卖主类型

最佳卖主类型即中间商已明确自己需要购买的是什么商品,但仍需选择最合适的供应商。这种购买情况的发生大致有以下两个原因:

(1)各种品牌的货源充裕,然而转卖者的仓容、资金有限,只能选购其中一部分品牌的商品,这时中间商自然会选择对他们最有利的供应商。

(2)中间商打算挂自己的牌子(即销售者品牌)来销售商品,以扩大影响,为此而寻求愿意给予配合的制造厂商,如西尔斯、家乐福等较大的中间商就有许多商品是用自己的品牌来销售的,他们的采购业务必然要考虑这个因素对供应商加以选择。

(三)较佳交易条件类型

较佳交易条件类型即中间商希望从现有的供应商身上得到较好的交易条件,也就是说,中间商的原意并不是更换供应商,只是想“得寸进尺”,要求原有的供应商给予更多的服务、更宽的信用条件和更多的价格折扣。

案例 6-4 某推销员王军销售一种家庭用的食品加工机,努力工作却收效甚微。以下是他的一些推销经历,试分析失败的原因。

(1)王军连续数次去一家百货商场推销,采购经理每次都详细了解产品的性能、质量、价格、维修和各项保证,但是拖了月余不表态是否购买,总是要求等待。王军认为采购经理无购买诚意,就放弃了努力。

(2)王军经过事先调查,了解到某超级市场的购买决策者是该店的采购经理和商品经理。他先找到采购经理做工作,采购经理详细了解了产品的性能、质量、价格和服务后同意购买。轻松地过了这一关,王军很高兴,又找到商品经理介绍产品。商品经理听后沉吟未决,王军为了尽快促成交易,就告诉他,采购经理已经同意购买。不料商品经理一听这话就说:“既然采购经理已经同意,就不用再找我了。”这笔眼看就要成功的生意又泡了汤。

(3)某大型商场采购部经理张先生从事采购工作多年,业务精通,擅长计算,头脑清楚,反应敏锐,总是从公司利益出发去考虑问题,多次受到商场领导的表扬,有望升为商场副总经理。王军通过耐心地介绍产品和谈判交易条件,终于使张先生所在的商场成为客户,并保持了数年的关系。在这数年间,王军在征得公司同意的情况下满足了张先生提出的许多要求,如保证交货时间、次品退换、延长保修期、指导营业员掌握产品使用方法和销售技巧、开展合作广告等;还注意加强感情投资,经常与张先生交流沟通,并在张先生和妻子、孩子生日时送上鲜花和纪念品,双方的关系日益密切。可是,有一天张先生突然通知王军停止购进他的产品,因为另一家企业提供了性能更加优异的改进型的同类产品。王军听了十分生气，认为张先生一点也不讲感情，办事不留余地，是个不可交的人，从此断绝了与张先生的联系，也断绝了与该商场的生意关系。

原因分析：

(1)该商场以前未经营过这种产品，要对该产品的价格、服务、市场需求和市场风险等因素作全面分析和预测后才能作出决定。王军不了解中间商对新产品的采购过程较为复杂，操之过急而丧失了机会。

(2)推销员应当了解中间商内部参与购买过程的各种角色的职务、地位和相互关系对购买行为的影响。该店的采购经理与商品经理之间存在关系不协调现象，王军虽然通过调查探悉了该店的购买决策者，但是未能进一步了解他们相互之间的关系，未能在推销过程中利用有利关系和回避不利关系，从而引起了商品经理的抵触情绪。

(3)推销员应当注意分析采购人员的购买风格以制订有针对性的推销策略。加强感情投资最适用于“忠实的采购者”或“情感型的采购者”，而对其他类型采购者的效用则有局限性。张先生是个“最佳交易采购者”，一旦发现产品或交易条件更佳的供应商就立刻转换购买，购买行为理智性强，不太受感情因素支配。对这类采购者，供应商仅仅依靠感情投资难以奏效，必须密切关注竞争者的动向和市场需求变化，随时调整营销策略和交易条件，提供比竞争者更多的利益。王军片面地以为感情投资可以解决一切问题，忽视分析不同购买者的购买风格，忽视提高产品、服务和交易条件的竞争力，采取了意气用事的错误做法。正确的做法是继续与张先生保持良好的关系并及时向本公司反映竞争者的动向，改进产品后再重新进入该商场。

第四节　政府市场购买行为分析

政府市场又称政府机构市场，它由为执行政府主要职能而采购或租用货物的各级政府机构组成。也就是说，在一个国家的政府机构市场上的购买者是这个国家各级政府机构的采购部门。政府单位和事业单位的购买包括几乎所有的物品，如武器、电脑、家具、电器、被服、办公用品、卫生设施、通信设备、交通工具、能源、冰淇淋等。

一、政府市场购买行为的特点

1.采购业务比较复杂

政府市场需求品种繁多，并在公众的监督下，其采购往往比生产者或中间商更为慎重，因而购买程序复杂。政府为了物色供应商，除经常印发一些书面材料详细说明采购要求之外，对于采购手续也有比较细致的限制和规定。所以，供应商应根据政府采购机构的商品需求和购买程序的规定来开展活动。

2.既受到国家预算的控制，又受社会经济发展的影响

政府的某些采购涉及国家的方针政策和预算开支计划，因而具有较大的风险。政府市场的购买一般是先根据计划决策采购项目，然后寻求供应商，这同通过推销努力吸引和培养需求的消费者市场大不一样。

事实上，只要了解和掌握政府市场的购买特点，增强预见性，使自己的产品或劳务符合政府市场的采购需要，并且在履约中建立起信誉，生产企业或供应商完全可以获得满意的效果。

二、政府的购买行为决策

我们可以从政府机构购买的目的、对象、时间、地点、条件等几方面来了解其决策过程。

政府机构购买的目的不同于生产者、中间商及最后消费者。生产者和中间商的购买目的都是为了赚取利润，最后消费者的购买目的是为了家庭及个人的享用，而政府机构的购买目的则是为了维护社会安全及其健康运转。

政府收税及购物是为了实现其三项职能：国防、维持正义、建立及维护公共设施。为了实现这三项职能，政府机构购买的商品相当繁杂，从军需品到民用品，从工业用品到消费品，从有形商品到无形商品(服务)，几乎无所不包。

由于政府机构购买的商品无所不包，因此购买时间决策与生产者、中间商和最后消费者基本相同，只是采购过程所需的时间较长，并且视其采购物而定。政府机构采购大量商品多在各级政府所在地，其采购的交易条件注重价格，在正常情况下，他们总是向那些能提供符合规格而标价又最低的供应者购买商品。

三、政府的采购方式

(一)公开招标选购

所谓公开招标选购，就是政府的采购机构在报刊上登广告或发出函件，说明要采购商品的品种、规格、数量等具体要求，邀请供应商在规定的期限内投标。供应商(投标人)在规定的期限内填写政府的采购机构(招标人)规定的招标书，并密封送达，然后由政府的采购机构在规定的日期开标，选择报价最低、最有利的供应商成交。采取这种采购方式，政府的采购机构无需与供应商反复磋商，而且处于比较主动的地位，而供应商则竞争激烈，在同等信誉和供货条件下，价格往往是能否中标的关键。这种采购方式一般适用于大型的采购和大型工程。

在竞争中，供应商为了中标必须注意以下几个问题：

(1)必须仔细考虑自己的产品是否达到政府采购机构的要求，合约的条件对自己是否有利。特别是一些非标准化的产品、规格将成为中标的障碍。

(2)标价是否最低。一般情况下，政府的采购机构将会把订单交给标价最低的供应商，只是在供应商的产品属于优质名牌产品的情况下才会加以折让。因此，既要有利可图，又要保证中标，报价的高低是一个关键。

(3)要符合政府采购机构的特殊需求。特别是一些机械设备，维护费用也要由供应商负担，免费维修期长的供应商将可能中标。

(二)议价合约选购

所谓议价合约选购，是指政府采购机构和一个或几个供应商接触，最后只和其中一个符合条件的供应商签订合同，进行交易。政府的采购部门往往是在某些采购业务涉及复杂的计划、有较大的风险、竞争性较小的情况下才采用这种选购方式。这类合同的定价常有几种变化方法，如“成本加成定价法”、“固定定价法”、“固定价格加奖赏法(即供应商若降低其成本则可多赚)”等。如果供应商的利润过多，可以重新议价，使之合理，又无损双方。大供应商取得合同后，常把相当大的一部分转包给一些小公司。因此，政府的采购活动往往会产生连锁反应，在工业用品市场上产生“引申需求”。而接受转包的小公司则必须在大供应商的控制之下按要求交纳保证金，以分摊一些风险。

(三)日常采购

日常采购是政府采购机构为了维持日常办公、运转而进行的采购,例如添置办公桌椅、采购纸张和文具等。与公开招标和议价合约选购不同的是,日常采购既不公开招标,多数情况下也不签订书面合同,采购金额少,交款和交货方式通常为即期交付。其特点是大多数情况下类似于生产者市场的"直接重购"类型;有的时候,像中间商市场的"最佳卖主"类型或"较佳交易条件"类型。

本章小结

组织市场又称组织机构市场,主要包括生产者市场、中间商市场和政府市场。由于它们不是为了个人用途而购买,而是为组织单位的用途而购买,所以把它们统称为组织市场。

生产者市场的特点是:购买者少,购买规模大;购买者在地域上相对集中;多实行直接采购;理性化购买居多;需求在短期内受价格影响较小,属于派生需求,受终端需求影响大;存在互惠购买或租赁行为,倾向于与供方建立长期稳定的合作关系。

生产者市场的购买类型有直接重购、修正重购和新购三种。生产者购买属于群体购买决策。生产者市场购买行为的影响因素主要有环境因素、组织因素、人际因素和个人因素。

中间商市场又称转卖者市场,是由那些以获取利润为目的来购买商品进行转卖或出租的个人和机构组成的。中间商在做出购买行为决策时会考虑选择购买的时间和数量、选择供应商、选择购买的货色、选择购买条件等因素。

中间商购买行为的类型不同,往往会对其作出购买决策产生不同的影响。中间商的购买行为可分为忠诚购买者、随机购买者、最佳条件购买者、创造性购买者、广告购买者、小气购买者、琐碎购买者七种类型。

政府采购是一种特殊的组织采购行为,必须按照法定的范围和程序进行。

关键概念

组织市场　Organizational Market　　生产者市场　Producers' Market

采购中心　Purchasing Center　　政府市场　Government Market

中间商市场　Intermediary Market　　直接重购　Straight Rebuy

修正重购　Modified Rebuy　　新购　New Task Buy

复习思考题

1. 组织市场同消费者市场相比有哪些主要特征?
2. 生产商、中间商以及政府市场购买之间存在哪些相同点?
3. 组织采购决策一般会有哪些主要角色参与?对于组织购买行为各产生怎样的作用?
4. 从生产者的购买程序上阐述直接重购、修正重购和新购之间的差异。
5. 中间商市场购买行为有何特点?
6. 针对政府市场采购的公开竞标这种方法,供应商应该采取哪种应对措施?

【案例分析】

北京现代:挺进政府用车及出租车市场

2002年10月16日,由北京汽车投资有限公司和韩国现代自动车株式会社共同出资设立的北京现代汽车有限公司(简称北京现代)正式成立,它是一个国务院批准的"不限投资额度、不限生产车型"的合资汽车生产企业。时至2004年,中国汽车市场在不断的降价声中前行,上海通用、广州本田等各大公司各显神通,抢占市场,但整体销量仍不尽人意。据相关数据显示,2004年前10个月我国轿车销量同比增长为15%,与前两年中国车市超过100%的年增长幅度相比,已是不可同日而语。然而以北京现代为首的市场强者却给我们展现了亮丽的色彩。2004年前10个月,北京现代的销量达到11.09万辆,同比增长162%,轿车销售排名已经超过上海通用和广州本田,排在一汽大众和上海大众之后,位列第三名,进入了中国汽车企业的第一梯队。

在市场大环境不尽如人意的情况下,是什么让北京现代有如此的业绩呢?除了充分利用其新产品优势外,清晰的市场定位同样功不可没。清晰、灵活的市场策略使北京现代可以在灵活应对纷繁多变的中国车市的同时,集中兵力,在每一目标市场占据领先。

作为一种流行的汽车消费模式,汽车批量采购多年来被政府机关、出租车采购企业、大型企业等所采用,以前批量采购的品牌仅局限于红旗、奥迪、桑塔纳等,但现在北京现代的索纳塔等中高档型轿车不但在家庭购车领域风光无限,在批量采购领域也受到政府部门和出租车行业的热捧,在国内市场中的竞争地位日益提升,市场份额逐步扩大。

我们知道,政府公务车虽不局限于某个品牌,但也有着一些严格的限制和具体的规定。相关部门统计表明,价格在25万元以内、排量在2.0升左右的中档轿车占政府采购车辆总数的95%以上。不仅如此,政府用车在性能、外观、内饰、安全等方面的要求也十分严格。一直以来,在公务车市场中,奥迪、红旗等中高档、2.0升轿车都有良好的表现,要从政府采购这一市场分一杯羹也不容易。

北京现代自其成立之初,就根据中国的市场情况,结合韩国现代"产品技术全球同步"的产品策略,推出了全球畅销的成功车型——索纳塔。这种车型在韩国现代索纳塔第六代的基础上改造而来,是目前世界流行的车型之一,相对于一些欧美品牌把本土将淘汰的车型引入中国市场的做法,北京现代可谓把韩国车的精髓奉献给了中国消费者。同时,北京现代更从消费者的实际需求出发,结合中国实际路况等具体情况,对引进产品进行改进、完善工艺、提高品质、强化服务,努力创造精品和用户满意的品牌价值,而绝不是照抄照搬,或者追大求全,投放多种品牌的车型。在外观上,其独特超前的边缘设计,巧妙地融合了多种鲜明的设计元素,赋予索纳塔一种稳重、大气的感觉,体现公务用车身份者的尊贵,同时也代表了充满创新精神、与时俱进的新时代的政府和企业形象;在内饰上,索纳塔精雕细刻每一个细节,满足显赫和华贵的渴望;在空间上,依据唯美主义和人体工程学原理,给驾乘者提供一个舒适的空间,后备箱398升的超大容量足以傲视同侪;在要求苛刻的制动技术和安全方面,索纳塔更是非同凡响,如前后部内置防撞区,加固了顶、底、门、内外侧的防撞杠等,更侧重对驾乘者全方位的安全保护。这些极具人性化的设计完全满足了政府公务用车的需求。

与此同时,北京现代利用在北京的优势,采用关系营销、体育营销等方式,积极同政府等单位联系公关,并积极参与中国的各项公益事业,投巨资赞助了北京国安足球俱乐部,成立了北京现代足球队,赞助"女足世界杯"、中超联赛、"迷你"足球世界杯、亚洲杯足球锦标赛,与相关部门联合主办了"携手北京现代,共创绿色未来——2004北京现代-大学生绿色环保夏令营"活动等,进一步提升了北京现代的品牌知名度与美誉度。这些活动也得到了回报:早在2002年12月新车投产之际,政府采购就开始看好北京现代索纳塔。当时共接受订单5000多份,其中首批交付的政府采购约700辆,此后有部分政府机关的采购计划因为索纳塔的缺货而一度搁浅;2003年1月,河北省公安交通管理局采购索纳塔手动挡轿车16辆;2003年7月,索纳塔仅在四川绵阳市政府的采购中就一举中标20辆……此外,在要求严格的公安领域,索纳塔也表现出色。北京现代索纳塔中标了2003年北京市公安局等单位的警用车采购项目。2004年5月,在北京一新疆红云杯中国(首都)警察越野追击技术演练赛中，北京现代的 5 部索纳塔轿车为参赛车辆担当开道和新闻采访车，与参赛的近 80 部越野车辆共同经历了 13000 多公里的考验，再次印证了这款车型作为首都警用车主力的优秀品质，也因此引起了全国公安系统多家单位的广泛关注。据有关资料显示，北京市政府用车中索纳塔的数量已达 2000 多辆。后又有河北、安徽等一些地方政府把汽车采购目标锁定在索纳塔轿车身上，汽车采购招标邀请书不断投向北京现代。经过近两年时间的考验，索纳塔轿车凭借强劲的动力、良好的加速性能以及舒适的驾乘感受，受到了公务人员和公安干警的广泛赞誉，大大塑造了北京现代品牌在政府采购领域的良好形象。

在出租车行业市场上，目前运营的主力军一直是奥拓、普桑、捷达、夏利等普通车型，出于城市发展、树立良好城市形象的需要，各地出租汽车的更新换代步伐已逐步加快。一般来说，出租车车型至少要符合以下要求：形象好、性能好、舒适、时尚，同时必须经济、环保、安全可靠。北京现代在发展公务车和私家车的基础上，也一直对出租车市场保持高度的关注和研究。

为了打入出租车市场，他们不断改良索塔纳车型，为出租汽车行业量身定做的以液化石油气(LPG)作燃料的专用索纳塔车型，不仅维持了其外观时尚、内部空间大的特点，还突出了人文环保意识，尾气排放指标大大低于普通出租车，达到了我国地方环保要求，也降低了燃料使用成本。与此同时，在使用与维护成本方面，索纳塔也有明显的优势。索纳塔的配件价格较之同级产品低 20%以上。据调查，索纳塔出租车一般百公里耗油与其他品牌相比要节约 5 元，按每班 300 公里计算，每班可节省油费 15 元，一天可省 30 元，全年可省 1 万多元。同时，配件及维修也相对比较便宜。

北京现代还推出了“零距离”售后服务，免费为索纳塔车提供多达 5 大项 20 小项的汽车检查和工时等方面的优惠。同时，北京现代还推出了一年 4 次的免费检测活动，于每季交替的时候进行，并且长年执行。这些优惠活动为车主们节省了一大笔费用。据有关媒体对市场上的帕萨特、新雅阁、君威、索纳塔、蒙迪欧以及马自达 6 等 6 款同级别的中高档轿车使用成本的调查报告显示，对比 5 万公里内的保养、燃油、易损件和事故件成本，按从低到高顺序索纳塔排在第二。报告认为索纳塔的确是一款性价比非常高的车。

按照行业要求和技术标准，索纳塔迅速进入了出租车市场。2003 年年初，北京现代索纳塔刚下线 2 个月，北汽集团就购置了 300 辆新车，首都出租汽车公司也购进 150 辆，并在全国“两会”期间作代表专用车和警务车使用。两会结束后，这些索纳塔被全部投放北京出租车市场。在杭州、义乌、宁波、南京等地的出租车市场上，北京现代索纳塔受到空前热烈的欢迎：杭州已经有超过 1500 辆索纳塔出租车投入运营，而义乌在出租车更新换代的工作中选定索纳塔作为其换代车型。

据了解，北京市政府出租车换型初步方案中，索纳塔车型将成为第一批幸运儿。北京现有的 6.6 万辆出租车中接近 50%将被替换，索塔纳车型将占1/3以上，低调奢华的索纳塔已经成为出租车领域的旗舰车型。

北京现代通过认真地分析市场需求，清晰的市场定位赢得了市场，赢得了广大消费者的信任，因此在 2004 年有如此的成绩是必然的。

资料来源：http://www.beijing-hyundai.com.cn

思考题

1. 对北京现代的“集中兵力，在每一目标市场占据领先”这个目标，他们是怎样做的？
2. 面对政府采购的大好商机，企业应采取何种策略？

【实训题】

组织市场购买行为分析

实训目的：深入了解影响组织市场购买行为的主要因素和组织市场的购买决策过程。

实训任务：倘若你是一个橡胶软管工业销售商的销售工作小组的负责人，下一周你将被安排同上海大众汽车公司的采购人员会面，你已了解到该采购部门的成员表现出来的以下买方行为：

1. 吹毛求疵、严肃、守秩序、百折不挠；

2. 有进取精神、顽固、威严、有能力、果断、实际；

3. 支持、尊敬、可信赖、亲切、可协商；

4. 热情、自负、野心勃勃、易激动、引人注目、不受约束。

设计一个谈判策略以对付采购部门的每个成员。

实训实施：以小组为单位展开，形成书面报告。

第七章　企业战略规划与市场营销管理过程

本章学习提示

通过本章的学习，你应该能够：掌握企业战略的概念与特征；掌握总体战略、经营战略规划的内容；掌握市场营销管理过程的内容。

导引案例

海尔集团战略

一、名牌战略发展阶段(1984—1990 年)：要么不干，要干就干第一

20 世纪 80 年代，正值改革开放初期，很多企业引进国外先进的电冰箱技术和设备，包括海尔。那时，家电供不应求，很多企业努力上规模，只注重产量而不注重质量。海尔没有盲目上产量，而是严抓质量，实施全面质量管理，提出“要么不干，要干就干第一”。当家电市场供大于求时，海尔凭借差异化的质量赢得竞争优势。这一阶段，海尔专心致志做冰箱，在管理、技术、人才、资金、企业文化方面有了可以移植的模式。

二、多元化战略发展阶段(1991—1997 年)：海尔文化激活“休克鱼”

20 世纪 90 年代，国家政策鼓励企业兼并重组，一些企业兼并重组后无法持续下去，或认为应做专业化而不应进行多元化。海尔的创新是以“海尔文化激活‘休克鱼’”思路先后兼并了国内 18 家企业，使企业在多元化经营与规模扩张方面进入了一个更广阔的发展空间。当时，家电市场竞争激烈，质量已经成为用户的基本需求。海尔在国内率先推出星级服务体系，当家电企业纷纷打价格战时，海尔凭借差异化的服务赢得竞争优势。这一阶段，海尔开始实行 OEC(Overall Every Control and Clear)管理法，即每人每天对每件事进行全方位的控制和清理，目的是“日事日毕，日清日高”。这一管理法成为海尔创新的基石。

三、国际化战略发展阶段(1998—2004 年)：走出国门，出口创牌

20 世纪 90 年代末，中国加入 WTO，很多企业响应中央号召走出去，但出去之后非常困难，又退了回来。海尔认为走出去不只为创汇，更重要的是创中国自己的品牌。因此海尔提出“走出去、走进去、走上去”的“三步走”战略，以“先难后易”的思路首先进入发达国家创名牌，再以高屋建瓴之势进入发展中国家，逐渐在海外建立起设计、制造、营销“三位一体”的本土化模式。这一阶段，海尔推行“市场链”管理，以计算机信息系统为基础，以订单信息流为中心，带动物流和资金流的运行，实现业务流程再造。这一管理创新加速了企业内部的信息流通，激励员工，使其价值取向与用户需求相一致。

四、全球化品牌战略发展阶段(2005 年至今)：整合全球资源创全球化品牌

互联网时代带来营销的碎片化，传统企业的“生产—库存—销售”模式已不能满足用户个性化的需求，企业必须从“以企业为中心卖产品”转变为“以用户为中心卖服务”，即用户驱动的“即需即供”模式。互联网也带

来了全球经济的一体化,国际化和全球化之间是逻辑递进关系。“国际化”是以企业自身的资源去创造国际品牌,而“全球化”是将全球的资源为我所用,创造本土化主流品牌,是质的不同。因此,海尔整合全球的研发、制造、营销资源,创全球化品牌。这一阶段,海尔探索的互联网时代创造顾客的商业模式就是“人单合一双赢模式”。

以上所述各战略发展阶段的战略如图7-1所示。

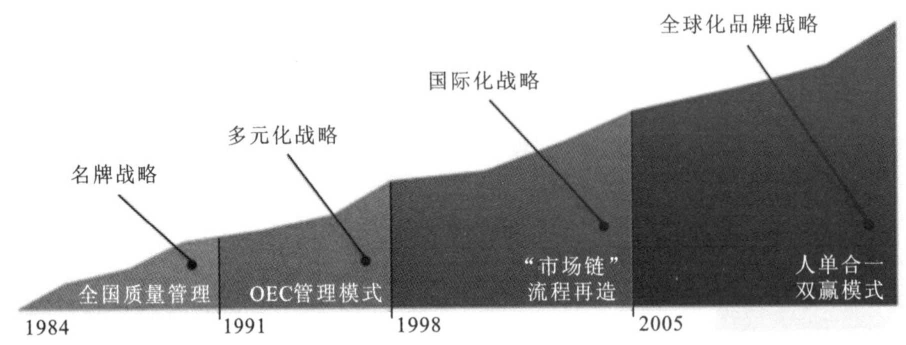

图7-1 海尔集团战略图

企业要实现营销目标,就必须在充分掌握市场信息的基础上规划好营销战略,把企业的资源和条件与企业的外部经营环境有机地结合起来,不断地适应市场的变化。战略规划是决定企业营销结果好坏的关键,是企业市场营销管理的重要指导方针。有了好的战略,营销策略和企业的各种资源才能有效地发挥作用,才能高效地实现营销目标。

第一节 企业战略

一、企业战略的概念及特征

(一)企业战略的概念

“战略”原本是军事学上的术语,是指挥战略全局的计划与谋略。在现代社会和经济生活中,企业战略主要用来表述一个组织或企业为实现既定的目标或任务而设计的有关全局或决定性的行动方案。

(二)企业战略的主要特征

1. 长远性

战略着眼于未来,是指导和影响未来相当长时期的宏观决策,它追求的是长远的利益而不是当前的短期利益。战略的制定要以外部环境和内部条件的当前情况为出发点,并对企业当前运行有指导和限制作用,但是这都是为了更长远的发展,是长远发展的起步。可以说,凡是为适应环境、条件的变化所确定的长期基本不变的目标和实现目标的方案,都属于战略的范畴。针对当前形势,灵活地适应短期变化、解决局部问题的方法,是战术的概念。

2. 全局性

战略是以企业大局为对象,根据企业整体发展的需要而制定的。它是指导企业活动的全局性纲领,体现着企业的全局性发展需要和利益。它规定的是企业整体的行动,所追求的是企业的整体效果。虽然它也包括企业的局部活动,但这是作为整体行动的有机组成部分在战略中出现的。

3. 纲领性

战略所规定的是企业整体的长远目标发展方向和重点，应当采取的基本方针、重大措施和基本步骤。这些都是原则性、概括性的规定，具有行动纲领的意义，必须通过展开、分解和落实等过程才能变为具体的行动计划。

4. 竞争性

企业制定战略是市场竞争的需要。市场竞争的主要表现是争夺顾客和经营资源。企业在制定和实施战略时要充分了解竞争对手的动向和顾客的特点，寻求有效的战略措施。当然，在特定条件下，还可以与竞争对手结成联盟，进行合作，以谋求双方最大的利益。

5. 风险性

企业战略以未来为导向，依据不可控的环境和机会，面临各种威胁和竞争，具有一定的风险性。战略决策是对未来所作的预计性决策，影响决策的各种环境和条件因素都在不断地变化，使战略决策的结果具有不确定性。

6. 系统性

企业是一个系统，同样，企业战略也是一个系统。它必须把企业的各项活动都考虑进去，使战略的不同方面和层次形成一个有机的整体，才能取得企业的整体最大效益。

案例 7-1 2006 年 8 月，《中国数字电视地面传输标准》发布，将在 2007 年 8 月 1 日起正式实施。康佳在数字电视地面传输标准发布不到一周时间里，抢先发布了 6 款符合标准的电视新品，试图先声夺人地在业界树立起数字电视领域的权威形象。事实上，作为彩电厂商，在标准出台之前，对于数字电视地面传输带来的商机，仅仅是能看到远景而看不到路径的状态。因此，在初期，康佳并未对标准开发机构进行资金投入，而是主要在系统技术方面对研发加以支持。随着研究的逐渐深入和技术的逐渐成熟，康佳开始从最初本能的战术反应中提炼出对于该市场的理解，进一步设计了针对该市场的长期战略。不管怎样，由于早先对于新技术的投入，使得康佳有比较成熟的实验室产品，并能在最快的时间里推出可以市场化的产品，为康佳赢得了一定的市场先机。

二、企业战略的层次

(一)总体战略

总体战略又称公司战略。在大规模的、有多种经营的企业，总体战略是企业最高层次的战略。它需要根据企业使命选择企业参与竞争的业务领域，合理配置企业资源，使各项经营业务相互支持、相互协调。总体战略的任务，主要是回答企业应在哪些领域进行活动。经营范围选择和资源合理配置是其中的重要内容。通常，总体战略是企业高层负责制定、落实的基本战略。

(二)经营战略

经营战略又称经营单位战略、竞争战略。在大企业，特别是企业集团，往往从组织形态上把一些具有共同战略因素的二级单位(如事业部、子公司等)，或其中的某些部分组合成一个战略经营单位(Strategic Business Unit，SBU)；在一般的企业，如果各个二级单位的产品和市场具有特殊性，也可以视作独立的战略经营单位。因此，经营战略是各个战略经营单位或者有关的事业部、子公司的战略。

(三)职能战略

职能战略即职能部门战略,是企业各个职能部门的短期性战略。职能战略可以使职能部门及其管理人员更加清楚地认识本部门在实施总体战略、经营战略过程中的任务、责任和要求,有效地运用有关的管理职能,保证企业目标实现。通常需要的职能战略包括研究与开发管理、生产管理、市场营销管理、财务管理和人力资源管理等。每一种职能战略都要服从于所在战略经营单位的经营战略,以及为整个企业制定的总体战略。

第二节　总体战略规划

总体战略的形成一般分为四个基本步骤:明确企业使命,确定企业的成长战略,区分战略经营单位,制定投资组合战略规划。

一、明确企业使命

(一)明确企业使命

企业使命(Mission)反映企业的目的、特征和性质。明确企业使命,就是明确本企业要干什么、本企业应该怎样干两个问题。在进行使命规划时,可以向所有者如股东、上级主管部门,向顾客、经销商以及员工广泛征求意见。关键在于如何深入分析构成企业外部环境和内部条件的各种因素,详尽了解它们对企业的要求、期望和约束,从中找出企业目前以及理想的特征。

明确企业使命应参考以下五个方面的因素:

1. 历史和文化

每个企业,除非它刚刚创建,否则都会有自己的历史——自己的过去,过去的目的、政策、成就和公众形象,以及作为这种历史沉淀的企业文化。明确企业使命,必须注意自己的历史和文化的延续问题。

2. 所有者、管理者的意图和想法

企业的上级主管单位或董事会对企业的发展和未来会有一定的考虑和打算,企业的高层管理人员也会有自己的见解和追求,这些都会影响企业目的、性质和特征的明确。

3. 市场、环境的发展、变化

市场、环境不是一成不变的,其变动会给企业的发展提供机会或带来威胁。考虑企业使命,自然是为了顺应时代和潮流。

4. 资源条件

不同的企业,资源条件必然不一样。资源条件的约束,决定了一个企业能够进入哪些领域,不能开展哪些业务。

5. 核心能力和优势

每个企业都能从事很多业务,但是只有它最擅长、最拿手和肯定优于竞争者的特长才能成为它的优势所在。明确企业使命必须结合企业的核心能力,使之能够扬长避短,倾注全力发展优势,才有可能比竞争对手干得更加出色。

(二)企业使命说明书

规划企业使命的结果是要形成企业使命说明书。企业使命说明书多种多样,必须包括以下基本要素:

1. 活动领域

说明企业拟在哪些方面发挥作用、参与竞争，一般可从产业范围、市场范围（即企业拟为哪些市场或类型的顾客服务）、纵向范围（指企业内部自给自足生产的程度）以及地理范围等方面加以说明。

2. 主要政策

用以指导员工如何对待顾客、供应商、经销商、竞争者和一般公众，使整个企业在重大问题或原则上步调一致，在行动上有共同的标准参照、遵循。规定的政策要尽量缩小个人任意发挥和随意解释的空间。

3. 远景和发展方向

揭示、指明今后若干年，比如未来 10 年、20 年的远景和发展方向。企业使命既是全局性的，又是长远性的，要有一定的弹性和预见性。要使企业使命说明书收到实效，内容必须具体化，特点应当明晰化。好的企业使命说明书在表达和陈述上应当富有激励性，能够鼓舞人心。

案例 7-2　以下是中国通用技术（集团）控股有限责任公司的企业使命说明书：通用技术集团将一如既往地秉承“股东权益最大化、客户满意度最大化、员工个人发展空间最大化”的最高经营理念，立足于服务领域，以重大技术装备和机电产品贸易为主业，通过全面提升专业化经营水平和为客户提供全方位管理增值服务，实现主业的经营内涵向项目管理及商品供应链管理转型的战略调整；同时，通过战略投资和业务延伸，培育和发展医药、金融等新的核心业务，最终成为国际化经营的具有综合实力和竞争优势的大型企业集团。

二、确定企业的成长战略

企业在成立之初就要确定自己的成长战略。企业成长战略有密集性成长战略、一体化成长战略和多角化发展战略三种类型。

（一）密集性成长战略

密集性成长战略即企业利用自己的产品或市场优势在竞争中不断地扩张和发展。它有以下三种战略：

1. 市场渗透战略

市场渗透战略即企业利用现有产品和市场扩大产品的市场份额。如通过促销宣传促使现有顾客购买；提高产品质量，降低价格，吸引竞争对手的顾客；提高企业声誉和形象，发掘潜在顾客。这种战略适应处于成长期或刚进入成熟期的产品。

案例 7-3　六丁目方便面为占领河南市场，采用市场渗透战略与对手进行竞争。在价格上采用低价策略，在广告上用六丁目“不跪（贵）”风趣地告知消费者六丁目价格便宜。最终，六丁目成功地占领了河南市场，并迫使竞争对手甚至一些名牌方便面退出了河南市场。

2. 市场开发战略

市场开发战略即企业利用现有产品进入新的市场，扩大产品的销售。企业可在现有销售区域内寻找新的细分市场，比如，原以企事业单位为主要客户的电脑企业开始向家庭、个人销售电脑，也可以发展新的销售区域，或者发现产品的新用途，开拓新需求，提高销售量。此战略适应处于成熟期的产品。

案例 7-4　黄麻以前的用途是制造麻袋，但后来有人发现可以用它来纺织地毯，成为别具一格的地毯产品，于是黄麻有了新的市场。某种洗涤剂原来用于洗涤衣服，后来发现可以用来清洗收录机器件,从此这种洗涤剂销量大增。

3.产品开发战略

产品开发战略即企业向现有市场提供新产品或改进的产品,满足现有市场的新需求,增加产品销售量。企业可以通过改进产品的质量、性能,以及包装和款式来满足老用户的需求,也可以通过更换品牌和品种来满足顾客的新需求。此战略适应处于成熟后期和衰退期的产品。

案例7-5 联合利华是全球第三大食品公司,是最早进入中国市场的全球500强之一,食品和饮料业务是其主营的战略经营单位。1993年,通过与广东茶叶进出口公司合资,联合利华开始进入中国的食品和饮料市场,主要生产袋装红茶。此后5年内未有进一步的业务扩张。1998年,独立的联合利华(中国)食品有限公司成立,开始进行一系列的收购和合资活动,逐渐在中国建立起饮料和调味品两大业务。通过20年的经营,联合利华在中国的饮料和食品市场上却未能建立领先优势,调味品也只有3%~5%的市场占有率,茶叶只有2%~5%的市场占有率,其收购的公司业务也未能得到进一步的扩张。而它的主要竞争对手雀巢和达能却在中国的食品和饮料市场上取得了成功。雀巢对自身具有竞争力的业务采用内部增长的方式,如奶粉、饼干和饮料主要通过在中国建立生产基地来进入中国市场,而对自身没有优势的业务则通过收购中国市场上领先的公司来快速建立自己的优势,如通过收购豪吉和太太乐,使其成为中国调味品市场上最大的公司之一。达能也是通过收购中国领先的公司快速建立领先优势,而对于自己不具有优势的业务则果断地放弃。

(二)一体化成长战略

企业在某一业务领域取得竞争优势后,为了进一步扩大企业规模和提高竞争力,以寻找新的增长点,往往会向前或向后进入下游或上游产业链条,也可能通过并购、参股同行业的竞争对手来扩大企业规模,这是一种一体化成长的战略(图7-2)。具体表现为以下三种:

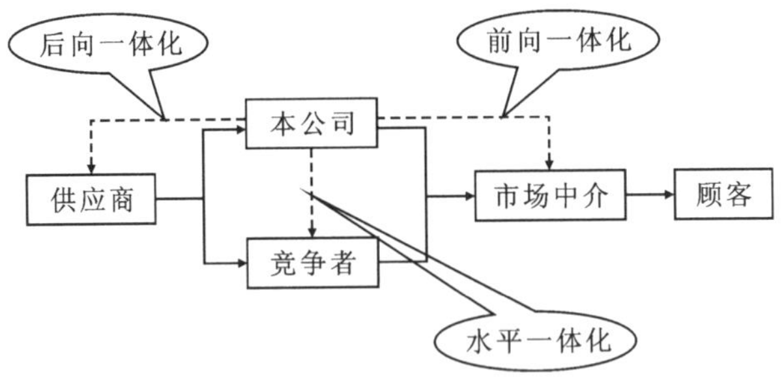

图7-2 一体化成长战略

1.后向一体化战略

后向一体化战略即企业收购、兼并原材料供应商,拥有或控制其市场供应系统。如果供应商方面盈利高,或发展机会好,一体化可以争取更多的收益;同时,还可避免原材料短缺、成本受制于供应商的危险,也能保证对供应品品质的控制。如牛奶生产企业并购奶牛养殖场,直接控制奶源供应。

2.前向一体化战略

前向一体化战略即企业通过拥有或控制分销系统来实现更大的发展。例如收购、兼并批发商、零售商,自办商业贸易公司,通过增强销售力量来求得发展;或将自己的产品向前延伸,从事原由用户经营的业务。例如木材公司生产家具,造纸厂经营印刷业务,家电生产企业建立连锁专卖店等。

3.横向一体化战略

横向一体化战略也叫水平一体化战略，是指为了扩大生产规模、降低成本、巩固企业的市场地位、提高企业竞争优势、增强企业实力而与同行业企业进行联合的一种战略。实质是资本在同一产业和部门内的集中，目的是扩大规模、降低产品成本、巩固市场地位。如燕京啤酒收购“漓泉”、“惠泉”、“仙都”等啤酒企业。

案例 7-6　雅戈尔集团创建于1979年，经过30多年的发展，逐步确立了以品牌服装为主业，涉足地产开发、金融投资领域，多元并进、专业化发展的经营格局，成为拥有员工5万余人的大型跨国集团公司，旗下的雅戈尔集团股份有限公司为上市公司。

品牌服装是雅戈尔集团的基础产业，经过30多年的发展，已形成了以品牌服装为龙头的纺织、服装和零售三大板块布局的垂直产业链。2011年，雅戈尔加速品牌提升的步伐，向品牌运营型、内销型企业转型，加大投入拓建、整合渠道，密切与商家的关系，同时整合优化产业链，培育供应链企业，凭借在产品研发设计以及着眼未来的品牌战略，在品牌服装板块取得突破性发展。

(三)多角化发展战略

多角化发展战略即企业发展多种产品以满足不同市场的需要。它有三种形式：

1.同心多角化战略

同心多角化战略即企业以一种主要产品为圆心，充分利用该产品在技术、市场上的优势和特长，不断向外扩散，生产多种产品，充实产品系列结构，是企业利用原有的生产技术条件，制造与原产品用途不同的新产品的过程。这种发展战略有利于企业利用原有的技术、资源、渠道。同心多角化战略的特点是，原产品与新产品的基本用途不同，但它们之间有较强的技术关联性。如冰箱和空调就是用途不同但生产技术联系密切的两种产品(关键技术都是制冷技术)，生产冰箱的科龙电器进入空调市场就属于同心多角化。

2.水平多角化战略

水平多角化战略即企业利用市场优势，针对现有市场和现有顾客，采用不同技术生产不同的产品，增加新业务。水平多角化战略的特点是新业务能与老业务共享顾客资源和销售渠道，因而在市场拓展上节省了成本。如生产婴儿爽身粉的强生公司后来针对婴幼儿市场推出了洗发沐浴露、湿纸巾等产品。

3.综合多角化战略

综合多角化战略即企业生产和经营与原有产品、技术和市场都不相关的产品，满足不同市场的需要。比如，汽车厂同时从事金融、房地产、旅馆等业务。由于企业以新业务进入新市场，新业务与企业现有的技术、市场及业务没有联系，所以这种做法的风险较大。但是它可以提高企业对环境的适应性，使企业获得更多、更好的发展机会，充分利用企业的资源和条件增加企业的效益。这种战略适合于实力雄厚的大企业。

当然，多角化成长并不是说企业要利用一切可乘之机大力发展新业务，相反，企业在规划新的发展方向时必须十分慎重，结合已有的特长和优势加以考虑。

一个企业从创业到成长为大型企业集团常见的发展模式是密集性成长到一体化成长，最后可能会实行多角化发展战略。在20世纪90年代，我国企业掀起了一股综合多角化经营的浪潮，但很多企业由于扩张过快失去了控制，最后轰然倒塌。因此，进入新世纪，有很多企业集团重新收缩战略，将资源投入到自己最擅长的领域，就算进行多角化经营也是采取同心多角化或者水平多角化的战略。当然,这并不是说综合多角化战略是一种错误的战略,只要内部管理制度和激励机制设置合理,很多企业也能经营得很成功,只是综合多角化经营对公司的治理机制、管理制度、管理者的管理技能有着更高的要求。

案例7-7 华润(集团)有限公司是一家在香港注册和运营的多角化控股企业集团。华润集团下设7大战略业务单元、21家一级利润中心,有实体企业1200多家,在职员工35万人。华润集团在香港拥有5家上市公司。其中,华润创业、华润电力、华润置地位列香港恒生指数成分股,成为华润旗下的"蓝筹三杰"。华润集团是全球500强企业之一,2011年在《财富》全球500强排名中位列第346位。2011年华润集团营业额3365亿港元,利润总额358亿港元,总资产7644亿港元。集团的核心业务包括消费品(含啤酒、食品、饮料)、电力、地产、医药、水泥、燃气、金融等。华润集团的多角化业务具有良好的产业基础和市场竞争优势,其中的啤酒、电力、地产、燃气、医药已建立行业领先地位。

三、区分战略经营单位

企业实施多角化经营以后会形成多个战略经营单位。战略经营单位是企业值得为其专门制定一种经营战略的最小经营单位。有的时候,一个战略经营单位会是企业的一个部门,或是一个部门中的某类产品,甚至某种产品;有的时候,一个战略经营单位又包括几个部门、几类产品。大多数的企业都有可能同时或准备经营若干项业务。每项业务都会有自己的特点,面对的市场、环境也存在差异。界定企业的经营活动领域,有必要将组成企业活动领域的各项业务从性质上区别开来,划分为若干个战略经营单位。

战略经营单位通常具有以下特征:

(1)有自己的业务。可能是一项独立的业务,也可能是一组互相联系,但在性质上可与企业其他业务分开的业务。因为它们有着共同的任务,所以有必要作为一个单位进行管理。

(2)有共同的性质和要求。不论是一项业务还是一组业务,都有它们共同的经营性质和要求,否则无法为其专门制定经营战略。

(3)掌握一定的资源,能够相对独立或有区别地开展业务活动。

(4)有自己的竞争对手。这样的战略单位才有其存在的意义。

(5)有相应的管理班子从事经营战略的管理工作。否则,这样的战略经营单位便形同虚设,没有实际作用。

区分战略经营单位的主要依据是各项业务之间是否存在共同的经营主线。所谓共同的经营主线,是指目前的产品、市场与未来的产品、市场之间的一种内在联系。由于区分战略经营单位的目的是为了将企业使命具体化,并分解为各项业务或某一组业务的战略任务,因此在实际工作中还需要注意以下方面:

(1)市场导向而不是产品导向。因为依据产品特性或技术区分的经营单位难有持久的生命力。产品和技术会过时、陈旧,只有需求、顾客才是永恒的。比如一家企业区分了一个"计算尺度"经营单位,计算器问世以后,难免陷于被动状态。要是依据市场导向,将其区分为"满足人们对小型、快速、精确的计算工具的需要"这样一个经营单位,就可以顺理成章地向计算器方向发展了。

(2)切实可行而不要包罗太广,否则会失去共同的经营主线。比如,依据"满足交通运输的需要"区分,就会定义过宽。首先,这个单位可供选择的经营范围相当广泛,如市内交通、城市间交通等;其次,顾客范围相当广泛,如个人、家庭、企业、机关等;最后,产品范畴也相当广泛,有各种汽车,还有火车、轮船和飞机。这些变量可以形成无数组合,产生出无数条经营主线。企业要为每个组合、每条经营主线分别确定其经营单位,只有一个经营单位就会无所适从,也难以制订经营战略。

四、制定投资组合战略规划

一个公司的资源总是有限的,因此在区分了战略经营单位后,企业高层必须对各个经营单位及其业务进行评估和分类,确认它们的发展潜力,决定投资结构,把有限的人力、物力,尤其是财力资源,合理分配给现状、前景不同的各个战略经营单位。在规划投资组合时,经常采用的有波士顿公司的增长—份额矩阵(BCG Matrix)和通用电气公司法(GE Matrix)。

(一)波士顿公司的增长—份额矩阵

波士顿公司的增长—份额矩阵,通常简称为波士顿矩阵、BCG 矩阵,是美国管理咨询服务企业波士顿咨询公司提供的一种分析规划模式(如图 7-3 所示)。

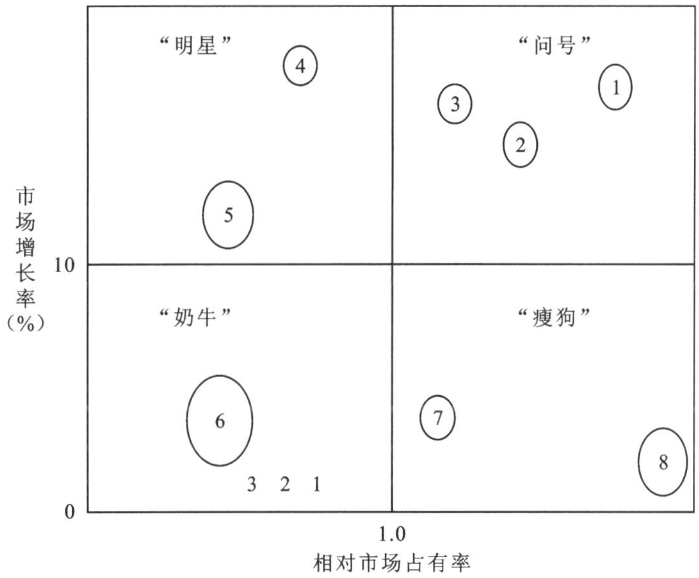

图 7-3　市场增长率/相对市场占有率矩阵

在矩阵中,纵坐标代表市场增长率,反映的是公司业务所处的行业的发展速度,增长率高低的标准可依具体情况确定。假设以 10%为分界线,则高于 10%为高增长率,低于 10%为低增长率。横坐标为相对市场占有率,表示各经营单位与其最大的竞争者之间在市场占有率方面的相对差异。某个经营单位的相对市场占有率为0.4,说明它的市场占有率为最大竞争者的40%;相对市场占有率为 2.0,说明企业自己就是市场上的"老大",比最大竞争者(行业中的第二名)的市场占有率多一倍。相对市场占有率比绝对市场占有率更能说明竞争情况。假定以 1.0 为分界线,可分为高、低两类市场占有率,并依对数尺度绘于图上。矩阵中的圆圈代表企业所有的战略经营单位;圆圈的位置表示各单位在市场增长率及相对市场占有率方面的现状;圆圈的面积表示各单位销售额的大小。

该矩阵有四个象限,经营单位因而可划分为不同的类型:

1. 问号类

问号类是有较高市场增长率、较低相对市场占有率的经营单位或业务。大多数经营单位最初都处于这一象限。这一类经营单位需要较多的资源投入以赶上最大竞争者和适应迅速增长的市场。但是它们又都前程未卜,难以确定远景。企业必须考虑是继续增加投入还是维持现状,或减少投入,精简、淘汰。图7-3中有三个问号单位。

2.明星类

明星类经营单位或业务的市场增长率和相对市场占有率都很高,需要大量投入资源,以保证跟上市场的扩大,并击退竞争者,因此短时期内未必会给企业带来可观的收益,但是它们是企业未来的“财源”。

3.奶牛类

明星类经营单位或业务的市场增长率降到10%以下,但有较高的相对市场占有率时,则为奶牛类单位。由于市场增长率降低,不再需要大量资源投入,又由于相对市场占有率较高,这些经营单位可以产生较高的收益,支援问号类、明星类及瘦狗类单位。如果企业只有一个奶牛类单位,说明它的财务状况比较脆弱。如果该单位的相对市场占有率突然下降,企业就不得不从其他单位抽回资源,以帮助其巩固市场领先地位;要是把它的收益全部用于支持其他单位,这个强壮的“奶牛”就会日趋瘦弱。

4.瘦狗类

瘦狗类经营单位或业务的市场增长率和相对市场占有率都较低。它们也许还能提供一些收益,但盈利甚少或有亏损,一般难以再度成为“财源”。

战略经营单位分类以后,企业要评价其业务组合是否恰当。一般来说,相对市场占有率越高,这个单位的盈利能力越强,利润水平似乎与市场占有率同向增长;另外,市场增长率越高,经营单位的资源需要量也越大,因为它要继续发展和巩固市场地位。同时,各单位所处的情况也会变化,最初的“问号”可能就是未来的“明星”;“瘦狗”经营得法也未必不能转变为“问号”或“奶牛”。企业既要看到现状,又要分析前景,将目前的矩阵与未来期望的矩阵进行比较,并依据资源有效分配的原则决定各单位将来应该扮演的角色,从整体角度规划投入资源的适当比例和数量。主要的战略行动类型有:

1.发展

这种战略以提高经营单位的相对市场占有率为目标,甚至不惜放弃短期收益。比如对问号类单位,欲使其尽快成为“明星”,就要增加投入。对于明星类的业务,由于所处行业尚处于高速发展中,因此也需要维持高投入以扩大经营规模,保持相对市场占有率。

2.保持

这种战略以维持经营单位的相对市场占有率为目标。比如对奶牛类单位,尤其是比较大的“奶牛”,以此为目标,可使它们提供更多的收益。

3.收割

这种战略以获取短期效益为目标,不顾长期效益。比如较弱小的奶牛类单位,因其很快要由成熟期进入衰退期,前景黯淡,企业又需要较多的收益,故可采取以获取短期效益为目标的收割战略。此外,收割战略也可用于问号类及瘦狗类单位。

4.放弃

这种战略的目标是清理、撤销某些经营单位,减轻负担,以便把有限的资源用于效益较高的业务。这种战略尤其适合于没有前途或妨碍企业盈利的单位。

BCG 矩阵的优点是简单易操作，缺点是只用市场增长率和相对市场占有率来评估行业的吸引力和本企业在行业中的优势，这显然不够全面，而且只是对当前情况的静态评价，并没有考虑到未来的动态变化。为此，通用电气公司提出了一种新的方法。

(二)通用电气公司法

通用电气公司法也叫 GE 矩阵，此法于 20 世纪 60 年代首先由美国通用电公司采用，然后推广到日本等其他国家。这种方法以市场吸引力作为纵坐标、企业业务优势作为横坐标对各项业务进行评价。这两个指标又可进一步细分为若干二级指标，并分别赋予不同的权重，专家小组对各项二级指标进行评分后加权求和得到一级指标得分，以两项一级指标的得分为圆心，代表市场总体容量大小的尺寸为半径画一个圆，就是该项业务所处的位置。

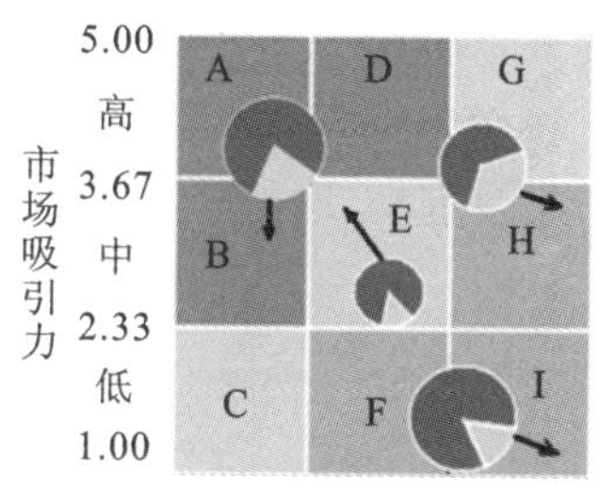

图 7-4　GE 矩阵

图 7-4 中，圆圈大小表示市场规模；阴影部分面积表示本公司业务市场份额的大小；箭头的方向和长短表示该项业务在未来三五年的发展方向及速度。对市场吸引力和业务优势进行评价的二级指标可参考表 7-1。

表 7-1　GE 矩阵评价指标体系

一级指标	二级指标	权重	一级指标	二级指标	权重
市场吸引力	总体市场大小	0.20	业务优势	市场份额	0.10
	年市场成长率	0.20		份额成长	0.15
	历史毛利率	0.15		产品质量	0.10
	竞争密集程度	0.15		品牌知名度	0.10
	技术要求	0.15		分销网	0.05
	通货膨胀	0.05		促销效率	0.05
	能源要求	0.05		生产能力	0.05
	环境影响	0.05		生产效率	0.05
	社会/政治/法律	可接受		单位成本	0.15
				物资供应	0.05
				开发研究绩效	0.10
				管理人员	0.05

各指标的评分满分设置为 5 分，和矩阵的坐标尺保持一致。经过评价以后，各项业务会落在不同的象限中，如图 7-4 所示。位于不同象限的业务应采取不同的战略：

A 象限，这一象限中的产品，其市场吸引力和业务优势都最强大，应采取大力发展的方针，加强竞争能力，扩大销售，提高市场占有率。

B 象限，这类产品的业务优势强大，而市场吸引力属中等，应努力改进产品，以发展新用途、新用户，充分利用业务优势。有的产品可采取维持现状决策，以适应市场饱和的状态。

C 象限，业务优势大而市场吸引力小，一般应考虑减产或退出市场。

D象限,这是属于市场吸引力大而业务优势中等的产品,应采取增加投资、提高生产能力与技术能力、改进产品质量、降低成本措施。

E象限,这是两种指标均处于中等水平的产品,应采取维持现状的对策。

F象限,这是业务优势中等而市场引力小的产品,一般应予停产撤退。

G象限,这是市场吸引力大而业务优势小的产品。由于这类产品有较好的市场前景,应积极投资以增强实力。

H象限,这是市场吸引力中等而业务优势小的产品,应在维持现状的基础上尽可能地提高市场占有率,取得一定的盈利。

I象限,这是两种指标都处于很低水平的产品,应积极采取措施进行撤退,并作好生产设备的调整和销售队伍的转移工作。

总的来说,处于A、B、D三个象限的业务以投资促进业务成长为总体战略思想,处于C、E、G三个象限的业务应有选择地发展,而F、H、I三个象限的业务则应采取收获或放弃战略。

GE矩阵相比BCG矩阵建立了更完备的评价指标体系,既能静态反映当前各项业务的状态,也能动态反映每项业务未来一段时间的发展趋势,这是GE矩阵的优势。但正是由于其指标体系的细致,使得评价工作操作起来往往较为困难。BCG矩阵虽然有其缺陷,但仍然是目前最为流行的战略评价工具之一。

第三节 经营战略规划

一、经营任务分析

经营战略的规划过程始于明确任务。经营任务规定战略经营单位的业务和发展方向。总体战略要靠各个战略经营单位的共同努力实现,因此,明确经营任务前,首先要考虑总体战略的要求。比如,本单位是企业的“明星”,经营任务可能就是利用有限的资源发展和壮大。

在此基础上,经营单位还要确定业务活动的范围。与界定企业整体的战略使命相似,业务活动范围可从行业范围、市场范围、纵向范围和地理范围中引申,但是必须重点说明三个问题:①需求,即本单位准备满足哪些需求;②顾客,即本单位重点面向哪些顾客;③产品或技术,即本单位打算提供什么产品、依靠哪些技术,即从事什么业务达到目的。比如,一个汽车制造单位,可将其业务活动范围定为提供省油、节能(技术)的家用轿车(产品)给中、低收入的顾客,以满足他们对低成本交通的需要;一个为电视台生产白炽灯照明系统的经营单位,其顾客就是各电视台,需求是照明,产品和技术就是白炽灯照明系统。

二、战略环境分析

企业及其经营单位的生存和发展与环境以及环境的变化有着密切关系。把握环境的现状和趋势,利用机会,避开威胁,是企业及其经营单位完成经营任务的基本前提。

构成战略环境的因素很多,可分为主体环境因素、一般环境因素和地域环境因素。构成主体环境因素的是与企业的业务运转有直接利益关系的个人、集团,如股东、顾客、金融机构、交易关系单位、竞争者以及其他有关机构、团体。一般环境因素指社会经济、政治法律、文化和科学技术等因素。地域环境因素是就上述环境因素产生的地理范围而言的,包括国内环境因素和国际环境因素。

对一个具体的企业及其经营单位，从时间、费用和必要性看，它不可能、也没有必要对所有的环境因素进行分析。可以根据其任务的性质和要求确定特定的环境内容，然后集中人力和费用对影响较大的因素进行调查和分析。要注意的是，必须重视预测有关因素将来发生突变的时间和方向，这是战略环境分析需要提供的结论。

战略环境有关因素变化的结果或者对企业及其活动形成有利的条件，或者产生某些不利的影响，前者是环境机会，后者为环境威胁。因此，战略环境分析最终必须回答：有关环境因素将在何时发生变化，发生的可能性有多大，这种变化将成为企业或该项任务的机会还是威胁，会带来多大影响，以及应当采取何种对策。如果是向新的产品、市场发展业务，还要重点分析有潜在竞争关系的其他企业的反应，作为发展战略思想的依据。

三、战略条件分析

分析外部环境，可以从中辨识出有吸引力的商业机会。企业和经营单位要分析自己的优势和劣势，预测现有经营能力与将来环境的适应程度。

能力分析的重点，是将现有能力与利用机会所要求的能力进行比较，找出差距，并制订提高相应能力的措施。

(1)分析现有能力的实际情况。测定影响现有能力各个因素的绩效，汇总以后，企业或经营单位的最大优势及最大劣势便可一目了然。

(2)进行评价和制定措施。依据现有能力与所需能力提供的数据发现不足，并根据所需能力的要求分别采取措施改善现状。

四、战略目标选择

要在战略环境和战略条件分析的基础上把任务转化为特定目标，以特定目标为依据来制订和实施经营战略计划。

大多数企业、经营单位的业务可能同时追求几个目标。若干目标项目组成了一个目标体系，从不同角度多侧面地反映战略追求及业务活动所要达到的目标。同时，一个较大的目标通常又可分解为若干个较小的、次一级的目标。此时，要注意两个问题：一是目标体系的层次化。分析各个目标之间的因果关系或主次关系，明确各个目标项目的相对重要性，并分成若干层次顺序排列。二是目标之间的一致性。多个目标之间，有时会不尽协调，甚至存在相互消长的关系。比如“以最低的成本获得最大的销量”、“实现最大的利润，达到最高的销量”，这些目标在实践中往往不可兼得。

目标不能只是定性的，还要以数量来表述。比如提高投资收益率，若加上数量、时间，就会非常明确：“年底以前提高10%”。将目标定为指标更有利于战略规划和管理、控制。目标值的确定，要依据外部环境和内部条件，并参照其他标准。国外经常结合社会平均值、同行业优秀企业和国际上相似类型的优秀企业的标准考虑。一般来说，要先进合理，比如高于社会平均值，并尽可能向优秀企业的基准挑战。这既有利于保持自己的竞争力，又有利于激发员工的积极性。

五、竞争战略选择

目标明确了企业的发展方向、目标和任务以后,企业应如何培育每一战略经营单位的竞争优势呢?美国学者迈克尔·波特提出,有三种一般性竞争战略可供参考(图7-5)。

(一)成本领先战略

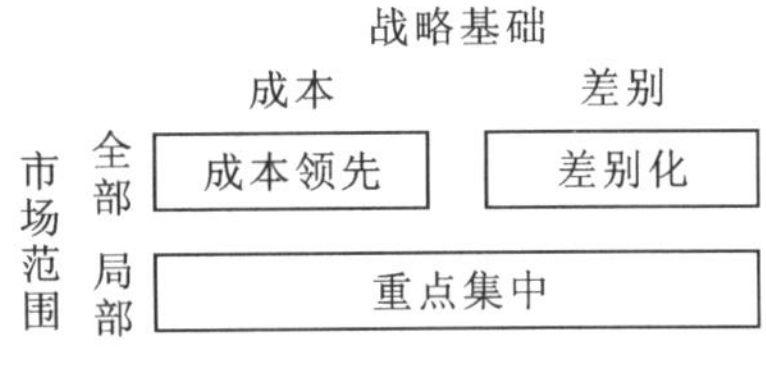

图7-5 一般性竞争战略

此战略即一个企业力争使其总成本降到行业最低水平,作为战胜竞争者的基本前提。采用这种战略,核心是争取最大的市场份额,扩大产销量或利用价值工程以达到单位产品成本最低,从而以较低售价赢得竞争优势。实现成本领先的战略目标,要求企业具有良好、通畅的融资渠道,能够保证资本持续不断地投入;产品设计便于制造,工艺过程精简;拥有低成本的分销渠道;实施紧张的劳动管理;拥有更加先进的技术、设备,更加熟练的员工,更高的生产效率,更加严格的成本控制体系、结构严密的组织体系和责任管理制度,以及以满足严格的数量目标为基础的激励制度。这样,企业依靠成本低廉的差别形成战略特色,并在此基础上争取有利的价格地位,在与对手的抗争中也就能够占据优势了。

(二)差别化战略

实施这种战略,竞争优势主要体现在产品设计、工艺、品牌、特征、款式和顾客服务等各个方面或几个方面,与竞争者相比能有显著的独到之处。由于不同的企业各有特色,顾客难以直接比较它们之间产品的"优劣",故而可以有效抑制市场对价格的敏感性,企业同样有可能获得不亚于成本领先企业的经济效益。一旦消费者对企业或者品牌建立了较高的信任度,还能为竞争者的进入设置较高的障碍。有效地实施这一战略的前提是企业在市场营销、研究与开发、产品技术和工艺设计等方面具有强大的实力;在质量、技术和工艺等方面享有优异、领先的良好声誉;进入行业的历史久远,或者从事其他行业时积累的许多独特的能力依然有用;可以得到来自销售渠道各个环节的大力支持和合作。因此,一个企业必须能够对它的基础研究、新产品开发和市场营销等职能进行有效的协调和控制,可以吸引高技能的员工、专家和其他创造性人才,以及拥有有助于创新的激励机制。

(三)重点集中战略

一般的成本领先和差别化战略多着眼于整个市场、整个行业,从大范围谋求竞争优势。重点集中战略则是把目标放在某个特定的、相对狭小的领域内,争取成本领先或者争取差别化,从而建立相对的竞争优势。一般来说,它是中小企业常用的一种战略。采用这种战略,虽然在整个市场上没有低成本和差别化的绝对优势,但在一个较狭小的领域中却能取得这些方面的相对优势。只是一旦需求发生变化,或强大的竞争者执意一决雌雄,采用这种战略的企业就可能面临较大的风险。

在同一市场上,采用同一战略的企业之间事实上形成了一个"战略群落"。由于使用相同的"武器",运用最佳的企业一般来说将获得最高的收益。那些采用模糊战略的企业则往往经营业绩最差。它们想集中所有战略的优势于一身,结果在哪一方面都毫无突破。

六、形成经营战略计划

规划经营战略的最后一步是依据实现目标的战略思想形成执行战略的具体计划,保证和支持经营战略的贯彻、落实。比如，一个经营单位拟用差别化战略指导经营，就要根据这一战略的特殊要求考虑和采取相应措施。

第四节　市场营销战略与组合策略

一、市场营销战略的概念及意义

市场营销战略是指企业依据复杂的市场信息，在现代营销观念的指导下，为实现企业的营销目标，对企业在一定时期内的营销活动所做的总体设想和规划。市场营销战略主要回答"公司决定为哪些顾客服务(市场细分和目标市场选择)"和"如何为他们服务(差异化和定位)"这两个问题。营销战略是职能战略中的一种，必须要和公司的总体战略与战略经营单位的竞争战略保持一致。关于市场营销战略的内容将在第八章详细介绍。

市场营销战略是企业谋求生存和发展的根本保证。企业能否在激烈的市场竞争中求得生存和发展，很大程度上取决于企业的营销活动能否适应外部环境的变化以及能否做出积极、正确的决策。市场营销战略决定着企业营销活动的方向、资源配置，如果没有正确的战略决策，企业的资源就不可能合理有效地利用，就不可能实现企业的经营目标。

市场营销战略是提高企业管理水平的指导思想和手段。市场营销战略可以协调企业内部的各种资源和活动，规范企业的营销管理，充分发挥各种资源的效用，推动企业管理水平的提高。

市场营销战略是企业营销活动的灵魂。营销活动是要快速有效地满足市场需要而获得最佳经济效益的，而市场营销战略能从企业总体目标的基础上确定营销活动的重点和方向，所以是指导企业一切营销活动的灵魂和核心。

二、市场营销组合策略

(一)市场营销组合的概念

在市场营销战略的指导下，公司设计市场营销组合策略。市场营销组合是指企业对可以控制的各种营销手段和策略的综合运用，是企业为了进入目标市场、满足顾客需求，对产品、定价、分销和促销等手段和策略加以整合、协调使用的营销战略。美国的尼尔·鲍敦在20世纪50年代提出了市场营销组合的概念，将营销组合包含的因素确定为12个。理查德·克莱维特进一步把这些因素归纳为4大类型，即产品、价格、促销和渠道；1964年，杰罗姆·麦卡锡又在文字上将它们表述为产品(Product)、价格(Price)、地点(Place)和促销(Promotion)，即著名的"4P"组合(见图7-6)。

在市场营销组合中，产品通常是指企业提供给目标市场的货物、服务的集合。它不仅包括产品的效用、质量、外观、式样、品牌、包装和规格，还包括服务和保证等因素。价格指企业出售产品所追求的经济回报，内容有价目表价格、折扣、折让、支付方式、支付期限和信用条件等，所以又称为定价。地点通常称为分销或渠道，代表企业为使其产品进入和达到目标市场所组织、实施的各种活动，包括途径、环节、场所、仓储和运输等。促销则是指企业利用各种信息载体与目标市场进行沟通的传播活动，包括广告、人员推销、营业推广与公共关系等。

产品、价格、地点和促销是市场营销过程中可以控制的因素，也是企业进行市场营销活动的主要手段。对它们的具体运用则形成了企业的市场营销组合策略。它们之间不是彼此分离

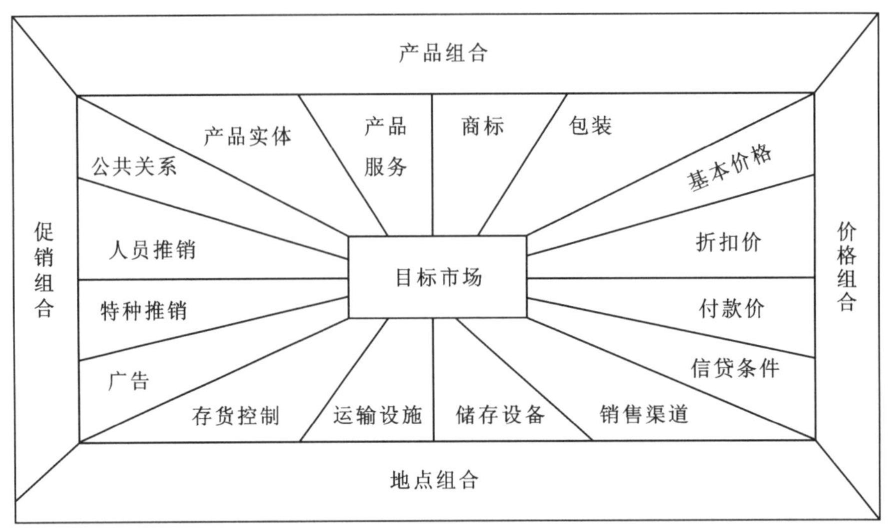

图 7-6　市场营销组合

的关系，而是相互依存、相互影响和相互制约的。在市场营销过程中，企业要满足顾客需求，实现经营目标，不能只是孤立地考虑某种因素或手段，必须从目标市场的需求和市场营销环境的特点出发，根据企业资源条件和优势，综合运用各种市场营销手段，形成统一的、配套的市场营销战略，使之发挥整体效应，争取最佳的效果。

案例 7-8　英国一家小油漆厂访问了许多潜在消费者，调查他们的需要，并对市场作了以下细分：本地市场的 60％是一个较大的普及市场，对各种油漆产品都有潜在需求，但是本厂无力参与竞争。另有四个分市场，各占 10％的份额。一是家庭主妇群体，特点是不懂室内装饰需要什么油漆，但是要求质量好，希望油漆商提供设计方案，油漆效果美观；二是油漆工助手群体，需要购买质量较好的油漆，替住户进行室内装饰，他们过去一向从老式金属器具店或木材厂购买油漆；三是老油漆技工群体，他们的特点是一向不买调好的油漆，只买颜料和油料，自己调配；四是对价格敏感的青年夫妇群体，收入低，租公寓居住，按照英国的习惯，公寓住户在一定时间内必须为住房刷漆，以保护房屋，因此，他们购买油漆不求质量，只要比白粉刷浆稍好就行，但价格要便宜。

经过研究，该厂决定选择青年夫妇作为目标市场，并制定了相应的市场营销组合：①产品。经营少数不同颜色、包装大小不同的油漆，并根据目标顾客的喜好随时增加、改变或取消颜色品种和装罐大小。②地点。产品送抵目标顾客住处附近的每一家零售商店。目标市场范围内一旦出现新的商店，立即招徕经销本厂产品。③价格。保持单一低廉价格，不提供任何特价优惠，也不跟随其他厂家调整价格。④促销。以“低价”、“满意的质量”为口号，以适应目标顾客的需求特点。定期变换商店布置和广告版本，创造新颖形象并变换使用广告媒体。由于市场选择恰当，市场营销战略较好地适应了目标顾客，虽然经营的是低档产品，该企业仍然获得了很大的成功。

有些市场营销专家认为，4P 理论是站在卖方而非买方的角度看待市场，在市场竞争已经非常激烈的今天，企业必须时刻站在买方的角度来审视营销策略。因此，在 1990 年，美国营销专家、整合营销传播理论的奠基人之一罗伯特·劳特朋(Robert F. Lauterborn)教授提出了以消费者需求为导向的 4C 市场营销组合策略理论，4C 和 4P 是相对应的，如表 7-2 所示。

4C 组合策略首先认为顾客购买的不是形式上的产品，而是一种价值或为自己的问题寻求解决之道；顾客不仅仅对价格感兴趣，他们关心的是获得、使用和处理产品所需要的全部成本；企业不应从自己的角度来决定销售渠道策略，而应把追求顾客满意放在第一位，其次是努力降低顾客的购买成本，然后要充分注意到顾客购买过程中的便利性，最后还应以消费者为中心实施有效的营销沟通。

表 7-2　4P 与 4C 组合策略

4P	4C
产品(product)	顾客问题解决之道(customer solution)
价格(price)	顾客成本(customer cost)
地点(place)	便利(convenience)
促销(promotion)	沟通(communication)

2001 年，美国的唐·E. 舒尔茨(Don E. Schultz)又提出了关联(Relevancy)、关系(Relationship)、反应(Reaction)和报酬(Rewards)的 4R 新说，“侧重于用更有效的方式在企业和客户之间建立起有别于传统的新型关系”。其具体内涵如下：

1. 关联(Relevancy)——重视与顾客的互动关系

4R 营销理论认为，如今抢占市场的关键已转变为与顾客建立长期而稳固的关系，把交易转变成一种责任，建立起和顾客的互动关系，而沟通是建立这种互动关系的重要手段。

2. 关系(Relationship)——紧密联系顾客

企业必须通过某些有效的方式在业务、需求等方面与顾客建立关联，形成一种互助、互求、互需的关系，把顾客与企业联系在一起，减少顾客的流失，以此来提高顾客的忠诚度，赢得长期而稳定的市场。

3. 反应(Reaction)——提高对市场的反应速度

多数公司倾向于说给顾客听，却往往忽略了倾听的重要性。在相互渗透、相互影响的市场中，对企业来说最现实的问题不在于如何制订、实施计划和控制，而在于如何及时地倾听顾客的希望、渴望和需求，并及时做出反应来满足顾客的需求，这样才有利于市场的发展。

4. 报酬(Rewards)——回报是营销的源泉

由于营销目标必须注重产出，注重企业在营销活动中的回报，所以企业要满足客户需求，为客户提供价值，不能做无用的事情。一方面，回报是维持市场关系的必要条件；另一方面，追求回报是营销发展的动力，营销的最终价值在于其是否能给企业带来短期或长期的收入。4R 理论注重为顾客创造价值的同时自己也获得合理回报，强调的是一种双赢。

对于 4P、4C 和 4R 理论谁优谁劣一直争议不断，笔者认为，4P 营销组合的框架更适合于消费品制造企业的营销组合策略规划；4C 组合策略应用较为广泛，制造型企业和服务型企业均可应用；而 4R 理论更适于面向组织购买者的企业的营销组合策略规划。尽管存在争议，4P 理论仍然是应用最广泛的一种框架，本教材也是采用这一结构来展开讨论的。

(二)市场营销组合的特点

市场营销组合具有如下特点：

1. 可控性

构成市场营销组合的各种手段是企业可以调节、控制和运用的因素。比如，企业根据目标市场的情况能够自主决定生产什么产品,制定什么价格,选择什么销售渠道,采用什么促销方式。市场营销手段的这一特性决定了市场营销组合的可能性。倘若这些因素不可控制,它们便是市场营销环境的内容,企业也就谈不上对它们的组合运用。市场营销管理过程的核心,正是企业通过艺术地运用其可控制因素,在动态适应市场营销中的不可控制因素的过程中,实现预期的目标。

2.动态性

市场营销组合不是固定不变的静态组合,而是变幻无穷的动态组合。组成特定市场营销组合的手段和因素受到内部条件、外部环境变化的影响,必须能动地做出相应的反应。比如,同样的产品、同样的价格和同样的销售渠道,企业根据需要改变了促销方式,或其他因素不变,企业提高或降低了产品价格等,都会形成新的、效果不同的市场营销组合。

3.复合性

构成市场营销组合的四大因素或手段各自又包括了多个次一级或更次一级的因素。以产品为例,它由产品质量、外观、品牌、包装、服务等因素构成,每种因素又由若干更次一级的因素构成,如品牌便有多种。又如促销,包括人员促销、广告、公共关系促销和营业推广,其中,广告又有报纸广告、杂志广告、广播广告及电视广告等多种,每一种手段或因素还可继续往下细分。每个组成因素的更次一级组成单位之间都必须协调配合。

4.整体性

市场营销组合的各种手段及组成因素不是简单地相加或拼凑集合,而是一个有机的整体。在统一目标的指导下彼此配合,相互补充,能够求得大于局部功能之和的整体效应。

(三)市场营销组合的作用

市场营销组合的作用表现为:

1. 市场营销组合是制定营销战略的基础,是其他营销战略的综合体现

市场营销组合覆盖了企业的主要营销活动,是对企业营销资源和活动的整合。企业的其他营销战略最终都要在营销组合上体现出来,所以,市场营销组合是企业制定其他战略的基础。

2.市场营销组合是企业竞争的有效手段

企业的竞争,其实质和结果是争夺消费者,影响消费者购买的因素很多,所以,企业用以竞争的手段就不可能是单一的,必须多管齐下,多策并用,才能有效地战胜竞争对手,争取到消费者。

3.市场营销组合是联结企业营销活动的纽带

市场营销组合要求企业的各部门密切配合,协调工作,共同努力,以满足目标市场的需求,实现企业的营销目标。企业的研究与开发、生产、技术、财务、销售、服务等部门只有协调起来,才能服务好市场和顾客。企业各部门协调起来的依据就是市场营销组合。所以,市场营销组合是联结企业营销活动的纽带。

第五节 市场营销管理过程

市场营销管理过程是企业围绕顾客需求的满足,对其整个营销活动进行管理的过程。根据经营战略的要求,各个战略经营单位和市场营销部门的市场营销管理一般按以下过程进行:

一、分析市场机会

对企业面临的机会进行全面分析，找出市场营销可能利用的有利条件，分析无法避免的有关威胁，提出进入市场的合理设想。

二、决定市场战略

在市场机会分析的基础上进行市场战略的制定。

1. 市场细分

把机会所显示出来的市场，依据顾客需求的不同特性区分为若干部分，即细分市场，并对各个细分市场进行评价。

2. 目标市场选择

在市场细分的基础上确定企业的服务对象，即选择目标市场。

3. 市场定位

在拟定的目标市场上为企业、产品或品牌树立一定的特色，塑造预定的形象，以突出和显示与竞争者之间的区别。

三、市场进入决策

市场进入决策即企业确定以什么方式进入和占领目标市场。市场进入决策主要有以下三种选择：

1. 内部发展

依靠自身力量发展产品，进入市场。这要有相应的技术、资源、知识和声誉作保证。它可以壮大企业实力。

2. 联合经营

通过与其他企业的合作、合资等共同开发市场。这样可以分散一家单干的经营风险，合营各方在技术、资源、知识和声誉等方面取长补短，优势互补。

3. 企业并购

通过掌握相关企业的控制权，比如兼并、控股等进入市场。它可以避免发展缓慢及内部发展中的一些问题。如果有合适的并购对象，又有必须尽快进入市场的要求，这是一个行之有效的好办法。

四、发展市场营销组合策略

发展市场营销组合策略主要包括以下内容：

1. 制定市场营销组合策略

企业或经营单位准备依靠哪些市场营销手段和如何运用这些市场营销手段赢得目标市场上的顾客。

2. 市场营销预算

确定有多少预算可用于各个经营单位、各项业务以及产品的市场营销，如何在各种市场营销手段、各个市场营销环节之间进行营销费用分配。

五、实施市场营销活动

在发展市场营销战略的基础上，为各个经营单位以及不同的产品分别制订市场营销计划，并通过市场营销执行系统和控制系统等管理活动将计划变为行动，顺利实现战略目标。

本章小结

企业要想取得理想的营销效果，必须在了解和掌握市场信息的基础上制订出科学而又可行的营销战略。

战略是指一个组织或企业为实现既定的目标或任务而设计的有关全局或决定性的行动方案。它具有长远性、全局性、纲领性、竞争性、风险性和系统性等特征。市场营销战略是指企业依据复杂的市场信息，在现代营销观念的指导下，为实现企业的营销目标，对企业在一定时期内的营销活动所做的总体设想和规划。它是企业谋求生存和发展的根本保证，是提高企业管理水平的指导思想和手段，是企业营销活动的灵魂。

根据经营战略的要求，各个战略经营单位和市场营销部门的市场营销管理一般进行以下过程：分析市场机会；决定市场战略；市场进入决策；发展市场营销组合战略；实施市场营销活动。通过营销管理活动过程的组织和实施，才能有效地实现企业的各种战略规划。

关键概念

战略 Strategy

经营战略 Business Strategy

战略规划 Strategy Programming

市场营销组合 Marketing Mix

市场营销战略 Marketing Strategy

市场营销管理过程 Marketing Management Process

复习思考题

1. 简述企业战略规划的必要性。
2. 如何区分企业的“战略业务单位”？
3. 如何规划企业的成长战略？
4. 简述企业经营战略规划的过程。
5. 简述三种一般性竞争战略。
6. 简述三种市场营销组合策略理论的核心思想。
7. 简述企业市场营销管理的一般过程。

【案例分析】

脑白金：简单而成功的营销模式

在保健品行业这个新模式、新手段层出不穷的行业内，脑白金的成功显得异常出类拔萃。脑白金并不是销量最大的保健品——它远比不上三株口服液，也比不上红桃K、太阳神，但脑白金营销过程中所发掘出的促销创新手段、对渠道和销售分支管理的改革、管理的简化等，其价值远远超过保健品行业内的其他成功案例。

一、案例背景

近 20 年来，保健品行业一直在创造着财富传奇。太阳神、娃哈哈、昂立、三株、飞龙、养生堂、太太药业、红桃 K、长甲集团、正大青春宝、绿谷集团等众多我们耳熟能详的大企业，其步入辉煌的第一桶金都是依靠保健品挖掘来的。它们创下诸多可圈可点的营销模式，并借此创下营销奇迹，譬如太阳神在中国企业中第一个引入 CIS(企业形象识别系统)、三株的农村包围城市、养生堂的概念公关营销、绿谷的新闻案例营销、巨能钙的诊断式营销、夕阳美的工作站整合直接营销等。在保健品行业丰厚利润的吸引下，保健品企业创下的创新营销手段、创新营销模式层出不穷，远非其他任何行业能够比拟。

史玉柱与他的巨人集团也概莫能免。时间回溯到 1997 年，巨人飓风般的倒闭之后，史玉柱痛定思痛，决心要从保健品业重新爬起来。1998 年，经过一年的摸索，一种新的保健品——“脑白金”凸显于人们面前。至 2000 年，脑白金的年销售额达到 12 亿元！

如此少的启动资金有如此业绩，这令人瞠目结舌的神话背后有什么内在逻辑？

其实在脑白金令人瞠目结舌的成功背后，更有借鉴意义的不是其战术，而是指引脑白金成功的战略思想。如果我们了解了营销的实质，了解了当时的市场状况，就会知道在脑白金“怪异”、“罕见”的背后，其实是在有形无形中指引中国众多企业成功的共同法则。

二、原则一：通过创新实现差异化

这是促成脑白金神话的各种因素中最重要的因素。脑白金的创新是深入的、全方位的、非常彻底的。从产品配方、促销手段、广告投放、渠道控制、分支机构管理等众多方面，脑白金全部进行了大胆的创新。而创新带来的差异化，则成了脑白金成功的最主要因素。

1. 产品创新：复合配方巧造壁垒

脑白金申报的功能是“改善睡眠、润肠通便”。但认真考证一下就会发现，支撑脑白金的产品概念是“脑白金体”。那什么是“脑白金体”？其实这是为了制造壁垒、拦截竞争对手跟进而创造的概念。道理非常清楚，如果巨人在宣传中强调其促进睡眠的主要原料，那么巨人开拓出来的市场很快就会被跟进的竞争对手通过市场细分、价格战抢走。作为市场开拓者，肯定不希望看到这种局面。

巨人采取的对策是不宣传其主要原料，而是为其主要原料起了一个有意义、有吸引力的中国名字——“脑白金”，并把“脑白金”注册为商标。所有的宣传都围绕商标进行，一旦竞争对手在宣传中提到脑白金，就会遭遇法律诉讼。于是商标成了第一道保护壁垒。

即使不强调其主要原料，宣传注册商标“脑白金”，那么竞争对手也同样能够跟进。如果都是简单的胶囊，因为产品形态雷同，在竞争对手的宣传攻势下，消费者很快就会意识到产品是一样的。这样，价格战、市场细分同样能夺取脑白金的市场份额。

怎么办呢？巨人的策划人员决定采用复合包装，在产品形态上做到了和竞争对手的差异化。加上口服液后，消费者就会明显感觉到和单纯胶囊的产品存在差异；当竞争对手试图说服消费者两者成分一样的时候，因为感受到的产品形态截然不同，很难获得购买者的认同。

就这样，脑白金通过商标保护、产品形态创新等形成了脑白金的两重保护壁垒，始终将自己开拓出来的市场牢牢掌握。

2. 促销创新：登峰造极的“新闻广告”

脑白金面世的时候，保健品行业刚刚遭遇“三株垮台”、“巨人倒闭”的连环事件。整个舆论界、消费者对保健品行业的信心自“鳖精”之后，第二次陷入低谷。

因为消费者对保健品信心不足，这时候传统的营销手段——报纸广告、电视广告促销的效果非常差。传统的广告轰炸已经难以奏效，应该怎样去说服消费者呢？

经过认真的分析研究，巨人决定选择在报纸上做“软广告”，也就是新闻广告。在报纸上刊登新闻广告，早在20世纪80年代“101毛发再生精”就成功运用过,家电企业海尔等也一直在用,这并不是脑白金的创新。脑白金的创新之处是它将新闻广告发展到了登峰造极的程度。

脑白金早期的《1998年全球最关注的人》、《人类可以长生不老》、《两颗生物原子弹》等新闻炒作软文,信息量丰富、数字确切具体、文笔轻松夸张、可读性极强——在1998年的时候,读者还习惯看报纸上僵硬模式化的新闻报道,他们看不出那些软文是脑白金的广告,而错以为是科学普及性的新闻报道,甚至一些媒体编辑都上当了。

脑白金的新闻广告在南京刊登时,因无资在大报上刊登,就先登在一家小报上,结果南京某大报竟然将脑白金的软文全文转载。脑白金软文的质量由此可见一斑。也正是这种登峰造极的新闻手法,让消费者在毫无戒备的情况下接受了脑白金的“高科技”、“革命性产品”等概念。

脑白金在促销方面的创新无疑是非常引人注目的,以至于很多企业都以为脑白金就是依靠单纯的广告炒作起来的。而实际上,即使在渠道管理、财务控制上,脑白金也有颇多建树。

3.渠道管理:让经销商成为配货中心

脑白金启动的时候采用了一种非常独特的渠道策略。脑白金在省级区域内不设总经销商,在一个城市只设一家经销商,并只对终端覆盖率提出要求。因为不设总经销商,就让渠道实现了“扁平化”,尽管公司内部办事处分为省级、地级,但各地方经销商相互间却没有等级之分。一方面,将一个经销商的控制范围限制在一个地区、一个城市,防止了经销商势力过大对企业的掣肘;另一方面,一个城市只设一家经销商,保证了流通环节的利润,厂家与经销商的合作关系因此变得更加紧密。

在功能分配上,经销商只负责铺货、配货,其他的终端包装、终端促销、广告投放等均由脑白金设在各地的办事处负责。在这种模式下,经销商的作用已经非常有限,实际上仅起到一个配货中心的作用。

脑白金在进入某一市场之初还采用倒做渠道策略,即先在报纸上投放广告,让消费者到终端点名要货,这样就大大降低了渠道开拓、铺货的难度。脑白金的现款现货政策也和倒做渠道策略有关。

4.管理创新:财务扁平化控制

在巨人脑黄金时代,巨人采用的是分公司制度。各地的销售分支机构均有财务权,现金流需要经过分公司。脑白金启动后,为了杜绝分公司财务独立可能带来的财务风险,不再设分公司,而只设置办事处。

在分公司制度下,分公司的费用控制管理难度很大。脑白金则采用了纯粹提成制来控制费用——根据办事处的销量、完成任务情况等,提取一定比例作为其行政费用,办事处独立核算,自负盈亏。

在广告费用的控制上,总公司统一为各办事处规定当地媒体折扣率(比较低),要求办事处经理必须按照总部规定的折扣率和媒体达成协议,不足部分要用办事处的提成来支付。

脑白金的管理创新,其本质是财务控制方面的创新,即通过总部直接和经销商、媒体对接现金来往,砍去了销售分支作为现金流转中间站的作用,从根本上避免了销售分支可能带来的“携款潜逃”、“挪用公款”等财务问题。

在对经销商的政策上,脑白金采用现款现货,加快了现金流转率(这种极端的策略是中国企业缺乏信用的明证,虽然非常安全,但却是以牺牲经销商利益、降低销售额为代价的)。这种以财务控制为核心的管理方法和联销体是不能分离的,两者相辅相成,现在已经成了很多消费品企业的主流模式。

三、原则二:集中优势兵力

众所周知,史玉柱是毛泽东思想的狂热崇拜者,在营销战中他一贯采用毛泽东的作战思想,其中最关键的一条就是“集中优势兵力,各个突破”。在脑白金的营销上,这条原则更是被运用得淋漓尽致。

1.“滚雪球式”的扩张方式

脑白金在启动市场期间不是大面积启动,而是以点带面。在试销中找到成功营销模式以后,市场进入快速扩张阶段。但这时候,史玉柱仍然强调“集中优势兵力,各个突破”。以福建省为例,当时总部只派了一个销售经理到福建,总部提供的启动资金数目不详,但不超过20万元,因为全国还有很多省要启动市场。用这么少的资金怎么启动全国市场呢?只有遵循“集中优势兵力,各个突破”原则。

该省的办事处经理接到任命后，先到漳州开拓市场，漳州市场开拓成功后，利用从漳州赚来的钱启动厦门市场，然后逐渐启动福建其他各个城市的市场。这种启动市场的方法，先集中全部资金于一个城市，然后再逐步扩张，虽然启动速度比较慢，却最大限度地保证了营销目标的实现。

2. 简化管理，专注策划

1999年脑白金在南京办公的时候，公司一度只有10个人左右，却要管理大半个中国的脑白金销售，这看似不可能的事情却是事实。

能够做到这一点，原因之一是当时脑白金的市场在快速膨胀，每个月的销售额都在上涨，士气很高。但最重要的还是脑白金独特的管理方法。前面已经说到，脑白金采用的是区域市场分封制度，在这种制度下，总部除了考核销量、价格、终端等外，对于办事处的人事、财务等管理基本上全部不加干涉。这样，总部的职能就变得非常简单，它不是一个管理中心，而只是一个单纯的结算中心和策划中心。脑白金把大部分的管理职能都"打包"给了省级经理，总部有限的人手只需要做好结算和策划。所以10个人也能顶起半个中国的市场。

3. 巨额广告炸出礼品概念

脑白金转变成礼品是在一次偶然的机会中提出来的。当时资金不足，花了5万元请老头、老太太拍成了第一个送礼广告。播放后，销量立即急速上涨。发现保健品作为礼品的市场机会后，脑白金立即调整宣传方向，从功效宣传为主转入礼品宣传为主。

2000年脑白金的销售额超过12亿元，其中礼品的贡献在50%左右。到了2001年，脑白金礼品的销售额则超过了预计的市场销售额。这么高的礼品比例靠的是什么呢？广告轰炸。

为了能够成为第一，脑白金在送礼广告上投入了巨额广告费。所以每到过年、过节，脑白金的"收礼只收脑白金"就会看得电视观众直反胃。因为广告播放次数太多，又总是简单重复，连史玉柱自己都说老头、老太太的送礼广告"对不起全国人民"。这种策略虽然为脑白金引来满天非议，但实施的效果非常好。因为广告投放集中、诉求单一、强度非常大，脑白金占据的送礼市场份额远远超过了其他保健品的份额。

四、原则三：低成本快速扩张

脑白金的启动资金不多，但在两年的时间内，竟然基本上启动了全国市场，实现了12亿元的年销售额，不能不说是一个营销奇迹。脑白金的成功集中体现了"低成本快速扩张"的原则。

为了能够低成本快速扩张，史玉柱可谓想尽了一切办法，在脑白金启动时期的种种行为上不难发现其踪迹。

1. 试销用了一年时间

脑白金的成功，很大程度上得益于健特公司长时间的试销工作。为了找到一个成功的营销模式，史玉柱率领部下探索的时间超过一年。试销工作先后在武汉、江阴、常州等地进行，其间尝试过种种办法，网上有种说法是脑白金甚至尝试过学习安利的直销模式。

试销的过程中，连产品的剂型也做了重大调整。脑白金的剂型最初只是简单的胶囊，后来在试销中发现，中国的消费者更喜欢"放在手上沉甸甸"的口服液，因而脑白金增加了口服液，变成了胶囊和口服液的复合包装。结果不但适应了消费者的偏爱，独特的复合包装产品形态还对跟进的产品形成了竞争壁垒。

为什么脑白金这样重视试销呢？道理很简单，成功的试销能够大幅度减低营销成本、加快市场开发进程，试销是实现"低成本快速扩张"的必由之路。

2. 采用新闻广告

脑白金启动市场期间，最重要的促销手段就是在报纸上刊发新闻广告。为什么要采用新闻广告呢？首先是为了增加广告的可信度，但归根到底却是为了降低促销成本。

为了降低促销成本，就必须增加广告可信度，增加广告的杀伤力，提升促销效果。为了做到这些，在当时的市场状况下，也许新闻广告是最好的选择，也许也是唯一的选择。

实际上，广告投放后，市场反应也确实非常理想。脑白金在很多地方启动时，往往在广告投放的头一个月就能达到1∶1的投入产出比例,第二个月就能盈利。这种促销手段成本之低、效果之好,令人叹为观止。

3.承包制控制成本

有销售分支的公司都存在着控制分支费用的任务。“将在外,君令有所不受”,很多时候销售分支的费用很难加以有效控制。但如果不加控制,那么公司的利润就会被种种“跑冒滴漏”现象侵蚀掉,一个运行健康的公司也许能够经受得住这种侵蚀,但在启动之初,脑白金是没有实力为这种行为买单的。

如果无法控制销售分支的费用,不能低成本运作销售分支,脑白金就无法快速启动全国市场。如前所述,为了控制销售分支的费用,史玉柱的对策是采用完全的销售大区“分封制”——销售分支机构的费用除了部分终端费用外,其他的费用全部来自固定比例的销售提成。这种措施彻底解决了销售分支费用无法有效控制的难题,从而使脑白金能够以比较低的成本快速扩张市场。

思考题

1.案例中提到“中国众多企业成功的共同法则”,你认为是什么?

2.脑白金在运用这些共同法则时有哪些创新?

【实训题】

某企业的发展战略规划分析

实训目的:了解战略对企业的重要性;掌握企业战略规划的步骤与内容。

实训任务:选择一家熟悉的企业,为其制定未来的发展战略。

实训实施:以小组为单位展开,形成书面报告。

第八章　目标市场选择与战略定位

本章学习提示

通过本章的学习，你应该能够：掌握制定营销战略的三个步骤，即市场细分、目标市场的选择和市场定位的含义；了解市场细分的主要标准和步骤；理解企业目标市场战略三种模式及其运用条件；掌握通过市场定位获得最大化竞争优势的方法。

导引案例

中国移动的目标市场战略分析

中国移动通信公司(简称中国移动)作为中国最大的移动运营商，自2000年成立至今，在规模和业绩方面都取得了快速的发展，拥有较好的品牌形象和客户占有率，笔者认为其成功的关键在于移动的营销，其目标客户市场细分、品牌和产品定位、整合营销传播等营销策略值得广大企业学习。

中国移动在品牌策略上主要是根据目标顾客群体的不同定位实施个别品牌策略，它做了较好的品牌规划，目前已形成了“全球通”、“神州行”、“动感地带”三大全国统一的主导产品品牌，分别涵盖高端用户、流动性较强的用户和收益潜力大的潜在中高端用户；此外还有大量针对区域市场推出的临时性品牌。目标群体定位不同，因而各自品牌的口号亦不同，定位高端成功人士的“全球通”品牌的典型口号有“未来尽在我手中”、“尽享成功，信赖全球通”、“我能”；定位普通老百姓的“神州行”则用一个非常口语化、通俗易懂的口号“神州行，我看行”；“动感地带”则面向年轻一族，其品牌口号“我的地盘我做主”喊出了当代年轻人希望独立自主、追求个性的内心世界。

在服务项目上，“全球通”突出了国际漫游、网络优越、服务到位、业务齐全并有丰厚的积分回报等诸多特点，在其麾下聚集了相对稳定、忠诚度较高的社会精英群体；“神州行”则实行免入网费、免入网手续费、免月租费的“三免”政策，达到了让客户省钱、省事、省心的“三省”效果，根据客户需要，“神州行”还可以提供多个亲情号码的通话优惠，在中低端市场上迅速打开了局面；“动感地带”则突出新奇和个性，以向手机客户提供个性化的信息为主，这些信息涵盖了衣食住行及娱乐等方方面面的内容，为崇尚个性、追求时尚、紧贴潮流的消费者设计了超值优惠的“学生套餐”、“娱乐套餐”和“时尚套餐”，还有丰富的数据业务，超值短信、个性铃声图片下载、走着玩的移动QQ、手机游戏等时尚、新奇好玩的各色服务应有尽有。

在价格策略上，中国移动针对不同的品牌定位采取鲜明的价格策略，即针对不同话费支出的客户制定差异性的资费调整政策。如针对“全球通”用户，主要运用“套餐”的方式进行优惠，并且在“全球通”用户内根据贡献度大小制定不同的费率；针对“神州行”用户，主要运用亲情号码的方式局部降价；针对“动感地带”用户，实行新业务捆绑策略来提高客户的使用价值；针对区域用户，实行限制业务功能来限制中高端用户的转网。对同一类型的客户，又根据特征和需求量大小的不同进一步细分，如多种包月方式、轻松听、叠加套餐等。

在广告策略上，中国移动实施整合营销传播，强调“沟通从心开始”，强化自身“移动通信专家”的定位。针对各个子品牌的不同定位聘请了不同的形象代言人，比如“全球通”会更多地请企业成功人士代言，如万科地产老总王石；“神州行”则请了平民明星葛优代言；而“动感地带”则会选择当下年轻人心目中的偶像明星如周杰伦、SHE等代言。针对不同目标顾客对媒体和宣传方式的偏好,中国移动也采取了不同的策略。比如"全球通"品牌曾实施过VIP卡计划,针对商务人士的活动特点,与一些高尔夫俱乐部、机场、高档休闲场所等联合促销;"神州行"更倾向于传统媒体的广告宣传,并通过集群网、预存话费赠送等方式限制客户转网;"动感地带"则特别注重校园营销计划,主要是举行一些校园内的相关活动或举办相应的全国大型赛事,如街舞大赛、彩信暗语大赛等。

人的需求是多种多样的,不同的需求集合就构成了一个个不同种类的市场。而对于一个企业来说,其所拥有的资源是有限的,不可能占有所有的市场,满足人的所有需求。因此,就需要对市场进行细分,以明确哪些市场是"适合"自己的目标市场。"知人者智,自知者明",企业在对自身有一个客观认识的同时,也要在市场中找到自己的位置,即所谓的定位。正确的定位可以使企业在市场营销中处在有利于自己发展的位置,明确企业特定的服务对象和服务内容,是制订企业营销战略的首要内容和基本出发点。目标市场营销是市场营销理论和实践的极有意义的进步,已成为现代营销的核心战略。目标市场营销主要包含三个步骤:市场细分(Segmenting)、目标市场选择(Targeting)、市场定位(Positioning),所以又被称为STP战略。STP战略在企业开展市场营销工作过程中具有至关重要的作用,是制订后期市场营销组合策略的基础。在企业确定了自己主攻的目标市场之后,就要契合该目标群体的需求特点来设计产品、制订与产品定位相符合的价格、选择目标群体最容易接触到的渠道进行销售、采用目标群体最容易接收到信息的广告方式和最愿意接受的促销方式。

第一节　市场细分

一、市场细分及其作用

(一)市场细分的概念

市场是一个复杂的概念,因为人的各种需求基本上都可以涵盖其中。但对于一个企业来说,市场的概念就要明确得多,原因是企业不可能满足人们所有的需求,它所面对的并非整个市场,而只是其中的一部分,是适合企业经营的那部分市场。我们通常把将市场按照顾客的某种需求而划分为若干个部分的过程称为市场细分。具体讲,市场细分就是指营销者通过市场调研,依据消费者的需求特点、购买行为等方面的差异性,将消费者的总体市场划分为若干种类分片市场的过程。

市场细分的观点是美国学者温德尔·史密斯总结了一些企业的市场营销经验,在20世纪50年代提出的。它一问世,立即被企业家所认可,并被誉为创造性的新概念。它的理论依据是消费需求的绝对差异性和相对同质性。

(1)消费需求客观存在绝对差异性。由于人们所处的地理条件、社会环境以及自身的个性心理不同,市场上的顾客千差万别,他们追求不同的利益,拥有不同的需求特点和购买习惯,以至于对商品的品种、数量、价格、式样、规格、色彩乃至购买时间和地点的要求都会有所不同。而且,这些差异是绝对的,就像世界上没有完全相同的两片树叶一样,市场上也绝没有完全相同的顾客。如果说卖方市场限制了消费者表现和实现其差异需求的条件,买方市场则使消费者步入了个性消费的时代,使客观存在的需求差异得到了真正的尊重和鼓励。以消费需求为中心的营销活动自然地建立在了对这些客观差异的辨识和区分即市场细分上。

(2)消费需求客观存在相对同质性。只承认需求的绝对差异,而否认其相对同质,是片面的,必然陷入不可知论的窘境。应该看到,在同一地理条件、社会环境和文化背景下的人们会形成相似的人生观、价值观的亚文化群,他们的需求特点和消费习惯大致相同。正是因为消费需求在某些方面的相对同质,市场上绝对差异的消费者才能按一定标准聚合成不同的群体。每一个群体都是一个有相似欲望和需求的市场部分或子市场。

所以,消费需求的绝对差异性造成了市场细分的必要性,消费需求的相对同质性则使市场细分有了实现的可能性。

(二)市场细分的作用

近 50 年的营销实践已经证明,市场细分是现代企业从事市场营销活动的重要手段,它是企业通向成功的阶梯。企业对市场进行细分的主要作用在于:

1. 实行市场细分有助于企业发现有利的市场机会

通过市场细分,可使企业充分地认识到每个细分市场需求的差异性、需求被满足的程度及各细分市场的竞争情况。通过进一步的比较与研究,企业可以从中发现没有被满足的需求或未被完全满足的需求。如果在细分后的市场中竞争不充分并且本企业也有能力满足这个细分市场的需求,这就出现了对企业有利的市场机会。

如果企业的规模不大,市场细分的意义则更大。小规模企业的资源是非常有限的,其竞争能力差,缺乏强有力的主营产品,在整个市场或是较大的细分市场中很难与大型企业竞争。因此,小企业可以通过市场细分发现机会,也就是发现那些自己有能力去满足且需求尚未被满足的细分市场。这可以使小企业避免与大企业正面展开直接竞争,从而获得一定的生存空间。

2. 实行市场细分有利于企业调整营销组合

企业在进行市场细分后,易于集中力量深入了解和掌握所选目标市场的需求情况。企业可以针对细分市场对产品或服务的需求特点,改进现有的产品与服务的规格、种类、质量特性等,甚至去开发新的产品或服务。在此基础上,根据细分市场的特点在价格、分销渠道和促销策略上做相应的调整与组合。

3. 实行市场细分有利于提高产品的销售效率

通过市场细分,企业尤其是小的企业可将资源与力量集中于细分市场之中,争取在局部细分市场形成竞争优势,从而获得较高的销售效率。

总之,市场细分对企业的市场营销活动大有益处,并会对企业的经营活动产生重要的影响。

案例 8-1 苹果公司推出的 iPad 平板电脑是一个具有革命性的产品,而且在 iPad 1 推出之时,苹果公司就定了一个让竞争对手非常难受的价格,在 iPad 2 上市之时,苹果公司进一步降低了 iPad 1 的售价,以阻止竞争对手进入。中国的平板电脑市场尚处在导入期向快速成长期转变的阶段,在巨大的市场机会面前,作为本土企业的联想电脑当然不想失去这个机会,于 2011 年 3 月 15 日推出第一款平板电脑乐 Pad,提出“乐 Pad 最懂中国人,打造最适合中国人使用的平板电脑”的承诺。此后,联想电脑针对不同细分市场的需求相继又推出了 A 系列和 K 系列产品,与原来的 S 系列产品形成“三剑客”。S 系列为“轻松派”,是适合普通家庭用户使用的平板电脑,预装了海量中文生活娱乐应用,并实现了双模 3G 格式全兼容,带来即得即乐的移动互联生活,让玩家可以随时随地轻松玩乐;A 系列为“随身派”,是女生们的最爱,多彩、轻巧的潮流设计,功能全面的应用体验,为美女们开启别具一格的便携生活;而K系列“彪悍派”则融合了领先科技、强悍操作处理,让用户感受彪悍性能,打造畅爽的生活体验,非常适合数码玩家达人一族。联想甚至还推出了面向老年人的Pad。老人有健康的需求,该产品所有内置的内容都是有声读物,而且字级很大。

二、市场细分的原则

市场细分遵循以下原则:

(一)可进入性原则

衡量细分后的市场有效性的一个主要标准就是企业必须有能力进入该市场,并在该市场中具备相当的竞争能力。企业在市场细分中会避开一些竞争对手,但市场竞争是不可能回避的。这种竞争可能来自宏观环境,如地区保护、贸易壁垒等;也可能来自行业间;还可能来自行业内部的同行间,如某些同行设置市场进入障碍等。企业必须充分利用自己所具有的人力、物力、财力等各方面资源优势,扫清进入某个细分市场的所有障碍,才可能实现真正的市场进入,并继而形成较强的竞争力。

案例8-2 钟某是一位大三的学生,他在一次坐长途车回家的旅途中看到高速公路服务区所提供的餐饮服务价高质差,遂萌生了一个想法:为什么不能模仿麦当劳在美国高速公路的运作模式在中国的高速公路服务区开办连锁餐厅呢?可以在距离服务区15分钟左右车程的路边设立点餐触摸屏,与设在服务区的餐厅连接,这样在到达服务区后马上就可以取餐或就餐,为乘客提供价位合理、高品质的餐饮服务。但是当他拿着精美细致的方案去找相关部门时才知道当时的高速公路服务区的经营具有一定的垄断性,根本拿不到经营权,只好放弃了这个想法。

(二)可盈利性原则

企业进行市场细分的根本目标在于通过市场细分使企业在市场活动中获得优势,并实现企业在经营中的盈利。企业作为营利性经济组织,是否能够盈利是其经济活动效果的主要衡量标准之一。所以,企业选择的目标市场必须能够满足企业的盈利目标,即保持一定的利润率水平,这是对企业现实需求的满足。若市场细分不经济,如营销成本太高、细分市场太小等,都会使企业划分的细分市场失去有效性,这样的细分市场一般都要选择暂时或永久地放弃。

(三)可衡量性原则

企业划分的市场应具有自己的特性,即与其他细分市场有不同之处,而且这种区别是可以具体地进行衡量的。在每一个细分市场内,消费者或者顾客的需求是具有共性的,如表现为类似的购买动机、需求特点、购买行为等。企业可以利用市场细分来形成自己的市场营销特点。一般来说,市场细分的特征越明显,越有利于企业形成自己与众不同的特色。

(四)发展潜力性原则

细分市场应具有未来发展的潜力,通过企业的市场营销活动可将其发掘成为一个未来的现实市场,从而给企业带来长期的收益。有两种基本情况企业必须审慎考虑:一种情况是某个细分后的市场现实需求较大,但该市场已经进入成熟期或衰退期,未来几乎没有发展潜力;另一种情况是某个细分后的市场现实需求还没有或极小,但将来可能会有较大的市场需求。这两种情况可能使企业失去持续发展的市场空间,也可能使企业不具备实现近期市场目标的能力,从而失去长期发展的资本。这类市场对企业未必有效,所以,市场发展的潜力性是以现实需求为条件的。

三、市场细分的标准

市场细分标准也可称为市场细分变量。如前所述，市场细分以消费者需求的差异性为依据，而差异性又是在多种因素影响下形成的。所以，细分市场时，不仅可以根据消费者明显的爱好或不同的需要作为细分的标准进行分类，也可以根据形成这些不同需求的因素进行分类。企业会根据购买者的不同需求加以划分，使之成为具有不同特点的若干个顾客群体。需求差异产生的原因有多种，而且对于消费者市场和组织市场的购买者是不相同的。在一定条件下，营销者往往是以一系列形成不同需求的因素将市场进行细分，从中选择目标市场。

（一）消费者市场细分的主要标准

1. 自然地理因素

企业可以根据消费者所处的自然地理位置进行市场细分，例如，北方和南方、城市和农村、山区和平原、沿海和内地、国内和国外等。通常处在不同自然地理环境中的人们会有不同的生活方式和需求特点，从而形成不同的细分市场。

案例 8-3　从 2009 年 2 月开始实施的家电下乡政策将农村变成了太阳能产品的主市场。2010 年前，随着农村市场购买力水平的提升，太阳能热水器的销售已经开始向县以下地区转移。家电下乡政策的实施，与市场动向的顺势结合，充分激发了农村市场的消费潜力，太阳能热水器销量迅速提升。2011 年全国共销售太阳能热水器 5700 万平方米，其中农村的销量占 50%～60%，业内几家领军企业的农村业务已占到总业务量的 70%～80%。市场需求的爆发也成就了太阳雨、桑乐等多家以农村市场为主的太阳能热水器企业的迅速崛起。

皇明则推广 MePad 引领变革。2012 年 1 月 6 日至 8 日，皇明太阳能组织召开了以“蓝海破冰起航 2012”为主题的经销商大会，旨在以“MePad 微排智慧集成解决方案”为核心，引领城市建筑形态转型和生活方式大变革。

力诺瑞特则极力推进其产品在工程及中高温工业中的应用。作为国内率先提出太阳能与建筑一体化概念的企业，力诺瑞特掌握了太阳能与建筑结合的核心技术，并成立了国内第一个太阳能与建筑一体化实验室。

2. 人口因素

根据人口的性质来对消费者需求进行市场划分是常用的一种市场细分手段。所谓人口因素，包括人口的性别、年龄、收入、教育程度、职业，家庭人口数，宗教，民族，国籍，社会阶层，家庭生命周期等。例如，旅游企业可以按家庭结构和家庭生命周期对市场进行细分。人的一生一般要经历两个家庭，一个是以父母为核心的家庭，另一个是以自己为核心的家庭。在第一个家庭中做消费决策的主要是父母，自己参与决策较少，但在第二个家庭中自己则是主要的消费决策者。新婚蜜月旅游是比较常见的，有了孩子后一般旅游的可能性较小，即使外出旅游通常也是短途的，但随着孩子的成长，旅游的可能性会变大，同时旅游过程中对孩子的活动安排会更重视。另外，在按人口因素细分市场时，可采用其中一个人口因素性质，也可以组合多个人口因素性质，即所谓的多因素市场细分法，例如服装市场就可以按年龄、收入、职业、性别等因素进行市场细分。

案例 8-4　据波士顿咨询集团 2010 年年底发布的报告称，中国已有 67 万个家庭拥有百万美元以上的资产，位列全球第三位，仅次于美国和日本。太美集团是百度前副总裁梁冬创办的定位于“品质生活管理专家”的一家公司(www.triptm.com),为富人们定制旅游服务,管理富人们的休闲时间。其Travel 2.0模式意欲成为旅行社交的先驱,以这样的方式为每个人选择合适的旅伴,从中发现拥有共同爱好的朋友或商机,使旅行更加完美。这一结合Web 2.0概念的全球主题旅行俱乐部的建立,源于包括梁冬在内的三位创始人旅行史中不愉快的回忆。这一尚处于试用期的产品在半年的时间内吸纳了接近千人成为会员。在几位创始人的理想中,太美集团要成为可以在一个人人生中的任何时刻提供全程服务的机构,比如提供旅行中的饮食指导、健康监督、投资顾问甚至子女的教育、留学咨询服务,就好像是全方位的私人顾问。

3.心理因素

市场是由消费者需求构成的,而人的需求是多样化的。要识别人的需求差异,还要从人的心理层面进行分析。所谓心理细分,就是按照消费者的生活方式、个性特点等心理因素的差异进行市场细分。

(1)生活方式细分因素。人的生活方式多种多样,一个人或群体对于消费、工作、娱乐的不同态度或倾向形成了不同的生活方式。不同生活方式的人会有不同的消费行为,例如时尚与保守、新潮与传统、朴素与豪华等。例如对于时装制造商来说,女性套装就可分为传统套装、时尚套装、中性套装等不同的市场类型,来满足不同女性的生活和工作需要。

按生活方式细分市场,是由于生活方式是人们在相应的社会环境中逐渐形成的,它一旦形成就会具有一定的稳定性,生活方式不同的人的消费观念和消费行为必然有所不同。所以,将市场中具有相同或相似生活方式的一类消费者划为一个细分市场,对企业进行产品开发与市场营销工作是相当重要的。

VALS(价值观及生活方式系统,英文全称为Values and Lifestyles),是由美国加利福尼亚的SRI国际公司(原斯坦福国际研究中心)于1978年开发出来的。随着人们行为差异性的巨大变化、媒体选择的多样化、人们生活方式和价值观念的变化,SRI国际公司于1989年开发了VALS 2理论。VALS 2较VALS有着更为广泛的心理学基础,而且更侧重于活动与兴趣,试图更多地选择那些相对具有持久性的态度和价值观,用以反映个人的生活方式。VALS 2要测量的内容有两个层面:一是自我取向。SRI识别了以下3种主要的自我取向,分别是原则取向、地位取向和行动取向。这3种取向决定了个人所追求的目标和行为的种类。二是资源,反映了个人追求他们占支配地位的自我取向的能力。根据这个理论,美国人按生活方式被细分为自我实现者、履行者、信仰者、成就者、奋斗者、体验者、制造者、挣扎者等8种(表8-1)。

由于文化背景、价值观及经济水平的不同,VALS模式在中国不便于直接应用。鉴于此,新生代市场监测机构基于这一分类模型,从1997年开始连续5年调查了涵盖全国30个重点城市的15～64岁的消费者,调查的样本量达70684个,运用多维统计方法,对中国的消费者进行了心理层面上的分析,建立了中国消费者生活形态模型——CHINA-VALS。该模型把中国消费者按消费心理因素划分为三大派别(积极形态派、求进务实派和平稳现实派)14个族群。其中,积极形态派占整体的40.41%,包括6个族群:理智事业族、经济头脑族、工作成就族、经济时尚族、求实稳健族、消费节省族;求进务实派占40.54%,包括5个族群:个性表现族、平稳求进族、随社会流族、传统生活族、勤俭生活族;平稳现实派占19.05%,包括3个族群:工作坚实族、平稳小康族、现实生活族。关于具体每个族群的特点及其应用方法,读者可以拓展阅读吴垠在《南开管理评论》2005年第02期发表的《关于中国消费者分群范式(China-Vals)的研究》。

表 8-1　VALS 2 系统划分的美国大众的八种生活方式

导向	类别	释　　义
任何导向	自我实现者（actualixers）	指收入最高的人，其资源足可让他执著于任何一种自我导向。形象对他们来说非常重要，然而形象并非指地位和权势，而是品味、独立性和人格。由于兴趣范围广泛和个性开放，他们偏好购买“生命中美好的事物”
原则导向	履行者（fulfilleds）	指成熟、负责、有学识的专业人员。他们熟知天下事，易于接受新观念或社会变迁。虽有高收入，但仍属于踏实、价值导向的消费群
	信仰者（believees）	指具中等收入的原则导向者。他们相当保守内向，偏好本土产品并具品牌忠诚，属于以家庭、教堂、社区和国家为生活重心的消费者
地位导向	成就者（achievers）	属于以工作为导向的成功人士。他们的满足来自于工作和家庭，其政治观念保守并尊敬权威和地位。他们偏好能夸耀其成就的产品及服务
	奋斗者（strivers）	指具有与成就者相似的价值观，但经济、社会及心理资源方面较差的人
行动导向	体验者（experiencers）	是最年轻的消费群，偏好以具体行动影响环境。他们喜欢新奇事物，充满消费欲望
	制造者（makers）	属于以实际方法影响环境的人。他们重视自给自足，认同熟悉的环境
导向不明	挣扎者（strugglers）	其收入和资源太少，无法归类于任何一种消费导向。由于财力有限，倾向于对品牌忠诚

案例 8-5　长沙面向不同生活方式人群的三种休闲娱乐方式：

歌厅面向的是“喜欢在生活中找乐子”的一帮人，节目表演注重大众化，以歌舞为主，穿插相声小品、魔术杂技、互动节目等，新奇独特、鲜活时尚，适合大众口味，在主持风格上突出本土性，家常味十足，经常用长沙话插科打诨，主持风格幽默自然；演艺形式讲究互动，演出过程中台上台下融为一体，主持人常邀观众登台参与，许多滑稽、风趣的场面让人捧腹，田汉大剧院、琴岛大歌厅、欧阳胖胖歌厅、大中华歌厅、华天大剧场、港岛娱乐城等在业内都有一定名气。

酒吧面向的是追求时尚、现代、前卫生活方式的年轻人。长沙的解放西路号称“酒吧一条街”，金色年华、魅力四射、水木年华、可可清吧、苏荷、挪威森林、本色、玛格丽特等几十家大小不等的酒吧在这条街上扎堆迎接着都市的红男绿女。

足浴店则是面向追求健康、保健生活方式的人群。在足浴店遍地开花的长沙，湖南颐而康保健有限责任公司独领风骚。“颐而康”名气很大，它的分店不仅遍布大江南北，还走出国门，开到了英国、荷兰。

(2)消费者个性细分因素。消费者的个性特征是指消费者的性格特点，不同的个性会有不同的消费行为习惯，因而也就形成了不同的细分市场。如喜爱探险旅游的游客与喜欢文化旅游的游客相比，更具有冒险精神，精力充沛，易情绪化。

4. 行为因素

人的行为多是由动机驱动的，而动机来自于人的需求。分析消费者的各种行为活动，对深入掌握消费者的行为特点和指导企业进行市场营销活动都有重要的意义。因此，根据消费者对商品的态度、反应、使用程度、使用经验等行为因素对市场进行细分，是企业划分市场的重要方法之一。

(1)购买动机因素。购买动机是消费者购买商品的缘由，它直接反映了消费者购买商品追求的利益。消费者购买某些商品的目的是不尽相同的，有的消费者是追求经济利益，有的消费者是追求社会效益，有的消费者是追求产品的质量，有的消费者是追求购买的便捷性。企业要根据消费者不同的购买动机提供不同的产品及服务。例如，美国市场营销学者扬克洛维奇(Yankelovich)采用“利益细分法”对美国钟表市场进行细分，结果是大约31%的购买者追求钟表的象征性价值；46%的购买者追求钟表的一般性质量要求，如质量、耐用性、走时准确等；23%的购买者追求钟表的低价格。钟表企业可根据以上细分结果选择不同的细分市场实施自己的营销活动。

案例8-6 1989年，宝洁进入中国市场推出的第一个产品是“海飞丝”。当时，宝洁经过对中国市场的详细调查，发现了许多中国人都有头屑，而中国国内生产洗发水的厂家又没有这方面的技术。于是宝洁决定将去头屑的“海飞丝”洗发水作为在中国打响的第一炮。经过一年多的时间，“海飞丝”成为了国内去头屑洗发水的代表。随后，宝洁根据不同的消费需求划分出了不同的市场，并逐渐推出了一系列产品，如“飘柔”、“潘婷”和“沙宣”等。宝洁公司在把它们定位于高品位的同时，又分别宣传“去头屑”、“柔顺”、“营养与保健”等功能。“海飞丝”的特点在于去头屑，“潘婷”的特点在于对头发的营养保健，而“飘柔”的特点则是使头发光滑柔顺，“沙宣”的特点在于美发定型。而且每个品牌下又有不同的产品，如“飘柔”有去头屑的、营养护发的、洗护二合一的等几种产品；“海飞丝”有怡神舒爽型(天然薄荷)、滋养护理型(草本精华)、丝质柔滑型(二合一)、洁净呵护型等系列产品；“潘婷”则包括丝质顺滑、弹性丰盈、特效修复及清爽洁净去屑四大系列。这些产品的细分满足了不同消费者的需求，同时也占领了绝对的市场份额。

(2)购买者状况因素。购买者状况主要包括购买者的无知状态、认知状态、产生兴趣状态、尝试状态、试用状态、经常购买状态等。购买者处在不同的购买状态会有不同的购买行为，这也就为企业进行市场细分提供了基础。例如，市场占有率高、市场竞争能力强的企业常会注重处在无知状态、认知状态、产生兴趣状态等状态的潜在消费者；而市场占有率较低、市场竞争能力较差的企业则会注重处在经常购买状态等重复使用者。

(3)购买者使用因素。某种产品的购买者对于产品的使用程度和状况通常是不一样的。按购买者使用产品的程度不同，可将其分为非使用者、轻使用者、中等程度使用者和重度使用者；按购买者使用的状况不同，可将其分为潜在使用状况、初次使用状况、使用过状况、再使用状况和经常使用状况等。企业可根据以上购买者的不同使用状况进行市场细分。一般情况下，市场占有率高的企业重视使用者、经常使用者和潜在使用者；而市场占有率低的企业则会重视经常使用者。

(4)购买者使用率因素。购买者使用率是指购买者对于某种产品处在不使用、少量使用、中量使用还是大量使用的状态。这种市场细分的方法也称为数量市场细分法。通常，大量使用者占购买者总体的少数，但其消费的产品却占有较大比例。

(5)购买者品牌忠诚度因素。所谓品牌忠诚度是指消费者重复购买某种品牌产品的程度。根据购买者对品牌的忠诚程度可将其分为高度忠诚消费者，即在任何时候都只购买同一种品牌商品的消费者；一般忠诚消费者，即同时忠于两个或多个品牌商品的消费者；游离忠诚消费者，即不忠诚于某个或某几个品牌，而是根据需要随机购买的消费者。企业可以据此进行市场细分活动，并指导企业的市场营销活动。

(6)营销策略因素。不同的消费者会对企业不同的营销策略产生不同的反应，营销人员可采用不同的营销要素组合(如产品、价格、服务、渠道、宣传、营业推广等)进行营销活动，这些要素在一定程度上代表着消费者的利益，企业可就此进行市场细分。如果企业在营销活动中强化某一个营销要素，则会吸引对该营销要素敏感的消费者。企业根据消费者对营销要素的敏感程度来细分市场，有利于企业合理地进行营销组合并作出合理的营销预算，提高企业的营销效率。

市场细分的各种因素的变量及典型分类如表 8-2 所示。

表 8-2　市场细分的各种变量及典型分类表

变量		典型分类
地理变量	地区	亚洲东北部、东南亚、西亚等
	城市规模	2 万人以下、2 万～5 万人、5 万～10 万人、10 万～25 万人、25 万～50 万人、50 万～100 万人、100 万～400 万人、400 万人以上
	气候	热带、亚热带、温带等
	密度	城市、郊区、农村
人口变量	性别	男、女
	年龄	6 岁以下、6～11 岁、12～20 岁、21～30 岁、31～40 岁、41～50 岁、51～60 岁、61 岁以上
	家庭规模	1～2 人、3～4 人、5～7 人、8 人或更多
	家庭生命周期	青年，单身；青年，已婚，无子女；青年，已婚，有 6 岁以下的子女；青年，已婚，子女在 6 岁以上；老年，单身；老年，已婚，无子女；老年，已婚，子女均在 18 岁以上等
	家庭月收入	1000 元以下、1000～2500 元、2500～4000 元、4000～5500 元、5500～7000 元、7000～10000 元、10000 元以上
	职业	专业技术人员，经理、官员和业主，职员，售货员，农业人员，学生，家庭主妇，服务人员，退休者，失业者等
	教育	小学以下、初中、高中、专科学校、大学本科、硕士、博士
	民族	汉族、回族、蒙古族、维吾尔族等
	宗教	佛教、天主教、印度教、伊斯兰教、道教、其他教、不信教等
	国籍	中国、印度、印度尼西亚、日本、新加坡、美国等
心理变量	社会阶层	下层、中层、上层
	生活方式	变化型、参与型、自由型、稳定型等
	个性	冲动型、进攻型、交际型、权力主义型、自负型等
行为变量	时机	一般时机、特殊时机
	追求的利益	便利、经济、易于购买等
	使用的程度	非使用者、轻使用者、中等程度使用者、重度使用者
	使用率	不使用者、少量使用者、中量使用者、大量使用者
	忠诚度	无、一般、强烈、绝对
	准备阶段	不了解、模糊、了解、熟知、感兴趣、想买、打算购买等
	对产品的态度	热情、肯定、不关心、否定、敌视等

需要注意的是,在对消费者市场进行市场细分的时候,既可以用一个变量标准,也可以用两个甚至更多标准。因为,在一两个变量条件下得到的细分市场,往往并不能发现足够的市场机会,或者对顾客群的特点难以认识得很全面、很清楚。而采用多个变量进行细分,可以对顾客群的特点有更全面清晰的认识,如表8-3所示为某公司对牙膏市场的利益细分表。

表8-3 某公司对牙膏市场的利益细分表

利益细分市场	人口统计特征	行为特征	心理特征	符合该利益的品牌
经济利益市场	男性	大量使用	自主性强	减价品牌
防治牙病市场	大家庭	大量使用	忧虑保守	品牌A、B
洁齿美容市场	青年	吸烟	爱好社交	品牌C
口味清爽市场	儿童	爱好薄荷、香味	喜欢享乐	品牌D、F

(二)组织市场细分的依据

许多用于细分消费者市场的变量同样适用于细分组织市场,如追求的利益、使用者情况、使用数量、品牌忠诚度和态度等。当然,组织市场和消费者市场虽然密切相关,但毕竟购买目的和购买模式不同,细分组织市场的依据即使可以与细分消费者市场的一些依据共用,但在运用上还是有区别的。组织市场细分的依据主要有:

1.购买者的组织规模

购买者的组织规模是指企业规模的大小,具体包括企业资金能力与购买力大小。一般的,大企业的数量少,但资金量大,购买力强,购买相对集中且购买频率低;小企业的数量较多,但资金量小,购买力弱,购买相对分散且购买频率较高。因此,有些企业针对客户规模的不同而采取不同的营销方式来提高企业经营效率。

案例8-7 用友软件是国内最大的管理软件供应商之一,它面向不同行业、不同应用领域、不同规模的企业提供不同的解决方案。比如,按照客户企业规模划分有面向大型企业、集团企业的用友NC;面向中型企业的用友U 9、用友ERP-U 8;面向小型企业的畅捷通;面向个人/个体工商户的老板旺铺助手解决方案。其中面向小型企业的畅捷通又进一步按照应用的层级分为单项级应用的T 1、部门级应用的T 3和企业级应用的T 6,各自应用的目标不同。

2.最终客户

不同的最终客户对同样的产品会有不同的要求。在生产资料市场上,企业对不同的最终客户会采取不同的营销策略。

3.顾客的地理分布

产业用户的地理分布往往受一个国家的资源分布、地形气候和经济布局的影响制约。例如,我国钢铁业主要集中在东北钢铁工业区、上海钢铁工业区等;轻工业主要分布在东部和东南沿海地区,如长江三角洲、珠江三角洲等。这些不同的产业地区对不同的生产资料具有相对集中的需求。

需要注意的是,企业在对组织市场进行细分的过程中,通常都不会只采用单一因素进行市场细分,而是采用多种因素组合进行市场细分。

采用以上标准进行市场细分时要注意以下事项:首先,用于市场细分的标准必须是可以衡量的。这在市场细分的原则中已经提到,在此不再赘述。其次,市场细分的标准是可变的。例如，消费者的年龄、收入、产品品牌的知名度等，会随着时间的变化而不断变化；消费者的习惯与爱好也是会随着年龄的增长和社会环境的变化而变化的；城镇的规模、人口密度等也会随着社会经济的发展而有所增减。所以，对市场细分必须树立动态观念，定期适时地调查预测和研究调整。最后，企业在进行市场细分时，要根据本身的实际情况采用不同的细分标准。通常，从社会经济和地理环境状况进行细分比较方便。但为了深入地寻找到消费者之间的差别，还必须研究消费习惯、爱好和购买动机，这样更利于选择企业的目标市场。

四、市场细分的步骤

(一)两步市场细分法

两步市场细分法是美国营销学者温德和卡杜斯提出的一种市场细分方法。两步市场细分法把市场划分为宏观和微观两部分，它先对市场进行宏观细分，然后对细分后的宏观市场再予以微观细分。其基本步骤及细分标准如图 8-1 所示。

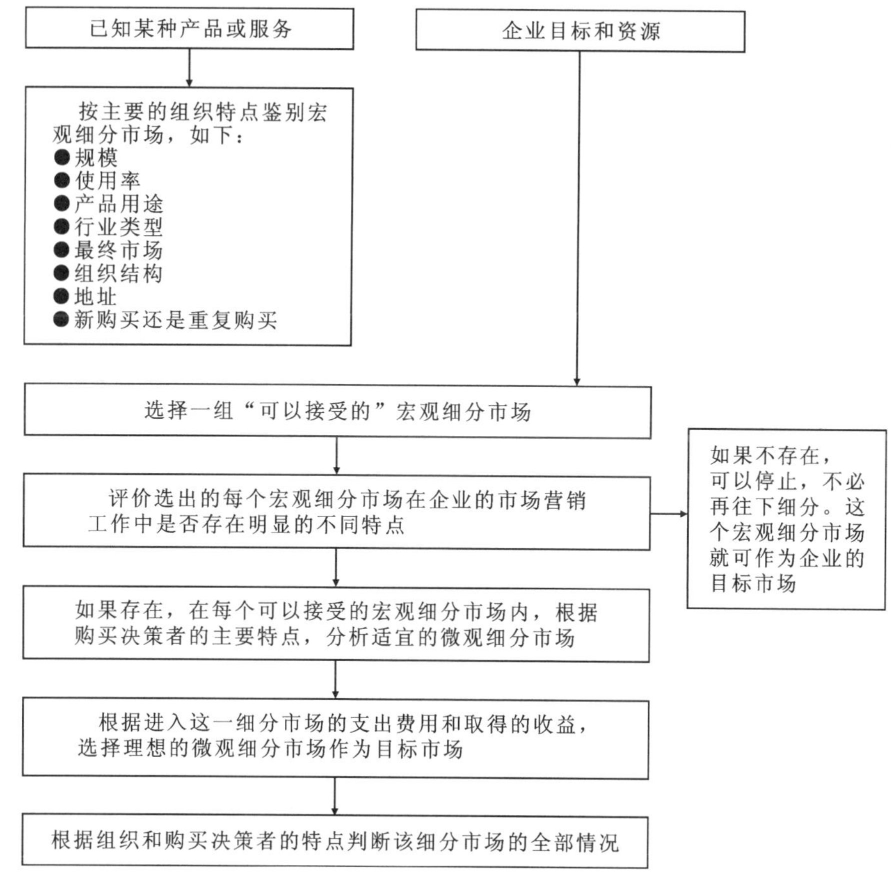

图 8-1　两步市场细分法的具体步骤

(二)五步市场细分法

对市场进行细分的常用方法还包括乔弗莱和利林模仿温德和卡杜斯的方法提出的五步市场细分法。具体步骤如下：

(1)确定宏观细分市场的组织单位。由于行业不同，地理位置不同，或其他可确定的特点不同，所以对产品的要求也不相同。

(2)在潜在市场中选择一个企业作为样本，确定每一宏观细分市场制订购买决策的结构，拟定一个“决策矩阵”。矩阵的各列代表决策程序的阶段，各行代表参与决策过程的有关人员，输入矩阵的数值是购买者决策程序每一阶段各有关人员所负责的程度。

(3)确定组织与组织间的相似性指数，用相关系数分析这些企业，删除不相关或低相关的企业，即与样本企业的购买决策程序有重大差别的企业。

(4)进行综合分析以确定微观细分市场，即购买核心的组成基本一致的一类组织。

(5)对因此产生的分组即微观细分市场还需定性地进行评定，不仅要评定每个微观细分市场内的各个成员间是否存在差别，而且要评定各个细分市场的组织特点有无明显差别。

(三)七步市场细分法

七步市场细分法是根据市场营销管理的基本方法形成的一种市场细分法，具有典型的示范性。具体步骤如下：

(1)选择并确定目标。即确定企业要生产或经营什么样的产品或提供什么样的服务。这是市场细分的基础。企业先要进行全面的市场调研，分析市场需求的趋势并做出相应的决策。

(2)根据市场细分的标准列出消费群体的需求情况。这是确定市场细分的依据。决定实行市场细分的变数组合，尽可能详细地列出消费需求的情况。

(3)初步市场细分。找出各种消费者类型，分析消费需求的具体内容，根据前面的细分标准进行细分。

(4)筛选。确定各个细分市场的特点，选定符合细分具体变数的特点，剔除一般性的消费需求因素。

(5)初步为细分市场命名。这一般可采用形象化方法来表示，便于记忆和分析。

(6)复查各个细分市场符合细分具体变数的情况，对各个细分市场进行必要的合并或分解，形成更有效益的目标市场。

(7)确定每个细分的市场，选定目标市场。

以上提出的步骤和方法是一般性的七步市场细分法，在实际操作中可根据具体情况进行合并或简化。

第二节　目标市场策略

一、目标市场的含义

目标市场是指企业在对市场进行细分后，经过选择决定进入的一个或一些分市场，企业要把它们作为经营对象和服务对象。市场细分的目的在于正确地选择目标市场，如果说市场细分显示了企业所面临的市场机会，目标市场选择则是企业通过评价各种市场机会、决定为多少个细分市场服务的重要营销策略。企业只有选择了适合自己经营、市场潜力较大的目标市场，才能围绕目标市场有针对性地开展营销活动，保证企业的生存和发展。没有目标市场，企业的经营活动就是盲目的、无明确对象的，必然事倍功半，甚至竹篮打水一场空。所以，目标市场是企业制订市场营销战略的基础，是企业经营活动的基本出发点之一。

在企业的市场营销活动中，市场细分和目标市场的选择是两个基本环节，它们之间存在着紧密的联系。首先,市场细分是目标市场形成的基础和前提。企业进行市场细分的根本目的,就是为了更有效地选择目标市场。市场细分显示了企业所面临的市场机会,为企业将进入哪些市场领域奠定了基础,也就是说决定了企业将来的生存与发展空间。其次,目标市场是企业进行市场细分的结果体现。在某种程度上,市场细分是对市场机会的分析过程,而企业将自身实际与市场机会结合后,就会在市场中锁定自己的目标市场,这是企业市场细分的必然结果。最后,企业在完成市场细分与目标市场选择后,就要面临一个重要的营销决策,即如何给企业及其产品进行市场定位,这是对以上营销活动的延伸。

目标市场与市场细分、细分市场的区别如表 8-4 所示。

表 8-4　目标市场与市场细分、细分市场的区别

概念	区　　别
市场细分	是按一定的标准划分不同消费群的过程
细分市场	指市场细分后所形成的一个个独立顾客群体
目标市场	指根据市场细分标准选择一个或一个以上的细分市场,并作为企业营销对象的抉择

二、企业涵盖市场的模式

在市场细分的基础上,企业根据自己的资源条件选择一个或几个细分市场作为自己的服务目标进行营销活动。在现实的市场经济条件下,企业可采取的目标市场选择战略(以某一电冰箱生产企业为例)有以下五种:

(一)产品/市场集中战略

该战略即企业决定只生产某一种产品,只为某一顾客群服务。例如,某电冰箱厂决定只生产 170 升的家用电冰箱(如图 8-2 所示)。

(二)产品专业化战略

该战略即企业决定只生产某种产品,向不同的顾客群供应同种产品。如这个电冰箱厂决定只生产 500 升的电冰箱,同时准备把这种电冰箱供应给家庭、学校和饭店(如图 8-3 所示)。

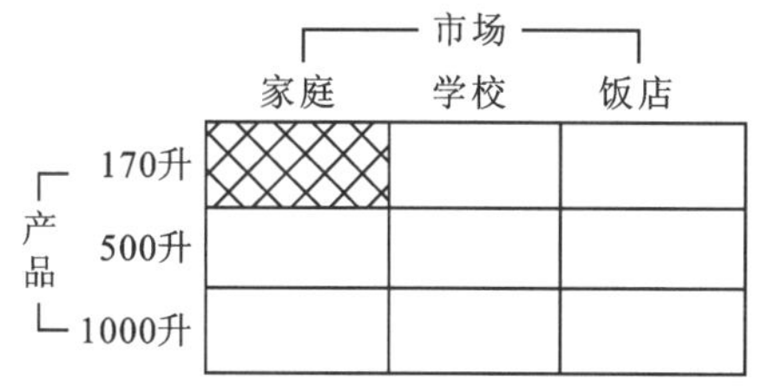

图 8-2　产品/市场集中战略

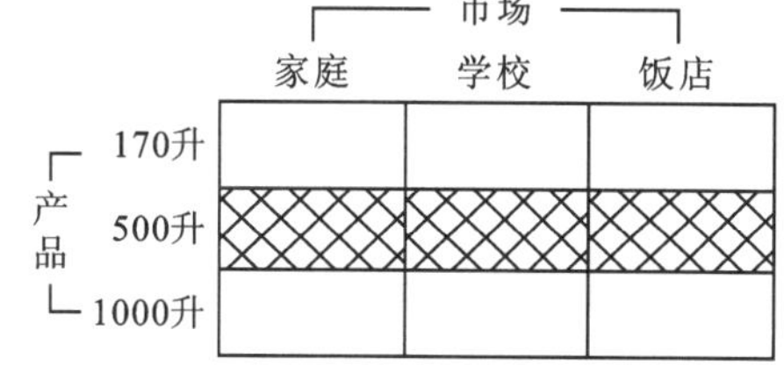

图 8-3　产品专业化战略

(三)市场专业化战略

该战略即企业决定生产各种产品,向某一顾客群供应各种产品,满足其各种不同需要。如这个电冰箱厂决定生产 170 升、500 升、1000 升电冰箱,把这些型号的电冰箱供应给饭店(如图 8-4 所示)。

(四)选择性专业化战略

该战略即企业决定同时进入若干不同的子市场,因为它们提供的市场营销机会都有吸引力。

例如这个电冰箱厂经过分析，决定为家庭消费者生产170升的电冰箱，为学校生产500升的电冰箱，为饭店生产1000升的电冰箱(如图8-5所示)。

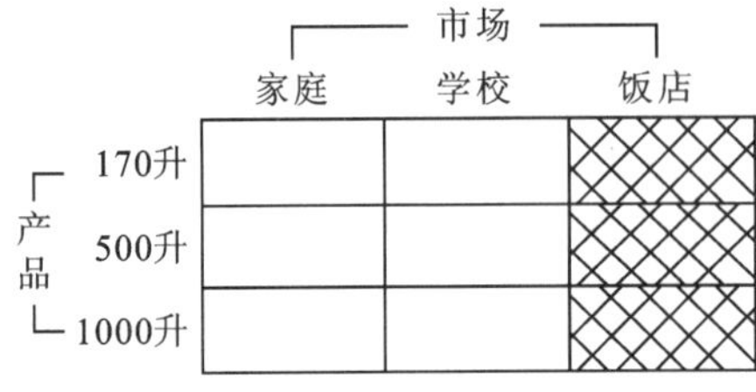

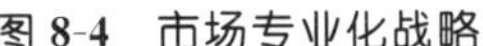

图8-4　市场专业化战略

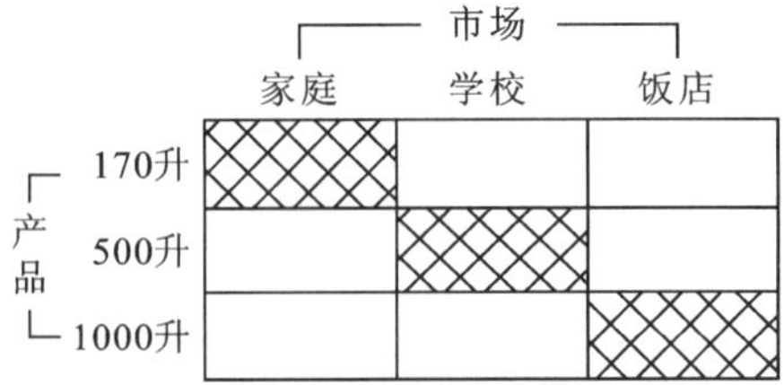

图8-5　选择性专业化战略

(五)整体市场战略

该战略即企业决定为所有的消费者生产各种产品。此战略是大公司为垄断市场常采用的“目标市场范围战略”。例如这个电冰箱厂决定为家庭消费者、学校、饭店生产各种型号的电冰箱，即面对整个市场进行生产(如图8-6所示)。

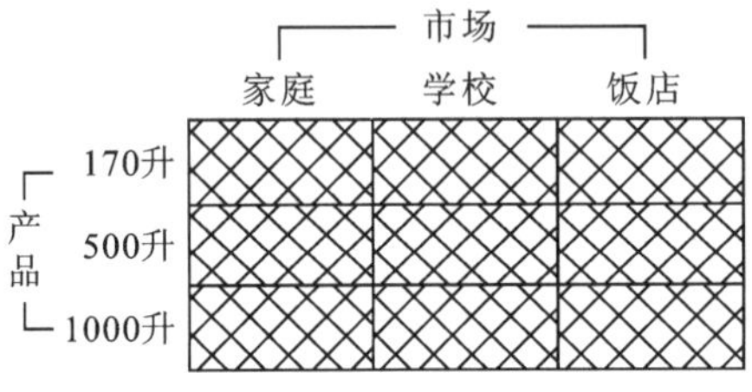

图8-6　整体市场战略

三、目标市场的选择方法

对目标市场的选择可以从不同的角度进行。下面介绍几种常见的目标市场选择方法。

(一)矩阵法

矩阵法是采用二维矩阵的模式对市场中的两组要素进行分析从而获得目标市场的方法。例如，某旅行社对部分旅游市场进行细分，结果如图8-7所示。

旅游者收入 / 客源地	高收入	中收入	低收入
美国	1	2	3
日本	4	5	6
中国港澳地区	7	8	9

图8-7　旅游目标市场选择矩阵

由图8-7可知，以旅游者收入与客源地两个要素可将其旅游市场分为9个细分市场。该旅行社根据自身情况选择图8-7中的8号单元为目标市场，即以中国港澳地区收入中等的旅游者为目标市场。这是旅游企业选择目标市场的一般方法，但在实际中要根据企业的经营目标和营销目标的不同而有所区别。

(二)市场机会指数法

市场机会指数是某种产品在某一细分市场的销售额占该产品全部市场销售额的比例，与某企业该种产品在该细分市场的销售额占该企业该种产品全部销售额百分比的比值。它可反映企业开发这个细分市场的可能性。一般的，当市场机会指数大于1时，企业产品会有较大的市场发展可能性；当该指数小于1时，则企业产品发展的可能性较小。

例如，某个企业有六个大区备选细分市场，根据某年某产品在各细分市场的总销售额及企业的销售额计算各细分市场的市场机会指数，如表8-5所示。

表8-5　市场机会指数计算

细分市场	销售总额(万元)及占比(%)		企业销售额(万元)及占比(%)		市场机会指数
A市场	569	16.5	27	16.1	1.02
B市场	577	16.7	21	12.5	1.34
C市场	653	18.9	10	6.0	3.15
D市场	382	11.0	14	8.3	1.33
E市场	225	6.5	13	7.7	0.84
F市场	1050	30.4	83	49.4	0.62
合计	3456	100	168	100	

在其他条件相同的情况下可得出以下结论：

(1)F市场的市场机会指数不大，但由于市场总量大，该市场优势要继续保持。

(2)A、B、C、D市场销售量大，市场机会指数也较大，企业要努力扩大市场占有率。

(3)E市场销售量小，市场机会指数也小，企业可逐步退出该市场。

(三)市场选择指数法

市场选择指数法是指对影响目标市场选择的各项主要因素进行分析打分，处理后得出综合分值，根据各部分市场的选择指数大小进行目标市场的决策。

市场选择指数的计算公式为：

$$V_i = \sum_{j=1}^{n} W_j \cdot F_{ij}$$

式中　n——考核因素项数；

W_j——j因素的加权值，并设$\sum_{j=1}^{n} W_j = 1$；

F_{ij}——i细分市场中j因素的实际得分；

V_i——i细分市场的市场选择指数，即n项考核因素的加权总和。

(四)市场占有率增长指数法

市场占有率增长指数法是按照市场占有率或销售量的发展趋势来选择企业目标市场的一类方法。其基本运用步骤如下：

(1)将市场按市场细分要素，如按购买者收入、购买者年龄等进行分类。

(2)调查各细分市场的销售现状。

(3)预测各细分市场上本企业销售额和市场占有率的增长幅度。

(4)比较各细分市场的销售额和市场占有率增长发展趋势(潜力)，选择目标市场。

案例8-8　2004年，"真知棒"被箭牌公司收购，开始在产品口味方面不断推陈出新；2005年3月，"真知棒"酷冰系列测试上市，全新冰凉口感令炎炎夏日变冰爽夏日；2005年10月，"真知棒"夹心系列在全国上市，引领棒棒糖全新口味风潮；2006年3月，"真知棒"酷冰系列在全国隆重推出；2007年10月，全新"真知棒"挂条装在全国隆重面市；2008年8月，真知棒水果牛奶味挂条装在全国上市，清爽果汁和浓滑牛奶的爽滑香浓口感受到消费者的热烈追捧；2010年，"双果恋"系列推出，由棒棒堂王子(邱胜翊)代言"真知棒"，上演浪漫白日梦，将棒棒糖的目标消费者从以儿童为主成功地拓展至年轻人群体。

四、目标市场战略模式

企业如果选择了多个细分市场甚至整体市场作为提供产品和服务的对象，则有可能忽略各细分市场需求的差异而采取无差异营销战略；也可能针对各个细分市场的不同需求提供差异化的产品或服务，即实行差异化营销战略；如果企业由于资源有限而只选择了其中一个细分市场来提供产品或服务，即选择了集中营销战略。

(一)无差异营销战略

无差异营销战略是一种忽略各细分市场间需求的差异性，而以寻求市场需求共性为主的目标市场战略。企业在市场中注重顾客需求相同的那一部分，这类企业一般只经营单一的产品和采用一种营销组合方式来吸引更多的顾客。

采用无差异营销战略的优点是，企业节约了大量的研发费用，大规模生产单一产品使企业的生产成本很低，统一的市场营销策略和广告宣传也降低了企业的销售费用。企业的成本优势大，价格有竞争力。

采用无差异营销战略的缺点是，企业的产品非常单一，缺乏特点；企业所面临的市场必须是同质性市场；市场的需求必须长期处于稳定状态；一旦市场需求发生变化，企业将会面对巨大的市场风险而没有足够回避风险的手段。

(二)差异化营销战略

差异化营销战略是企业根据细分市场的不同需求特点，有针对性地提供不同品种、性能、质量、规格的产品，采用不同的市场营销策略进行市场营销活动。

案例8-9 中山的中顺洁柔股份有限公司(www.zhongshungroup.com)(简称中顺洁柔)根据纸巾的不同用途向市场提供不同的产品：面向外带市场提供迷你钱包式纸巾，面向家庭洗手间用纸市场推出C&S卷纸，面向餐巾用纸推出抽取式纸面巾，面向车载市场推出盒式纸巾，针对女性卸妆后清洁脸部的需求推出面纸系列产品；此外，中顺洁柔还推出针对男性市场的蓝棕面纸/蓝紫精品，女性市场的C&S系列，追求环保的消费者的清怡系列，学生群体的青春校园系列，低端市场的特惠系列，高端市场的黑色系列。

差异化营销战略的优点是，企业的产品种类多，销售总量大，能够满足各种市场需求，回避市场风险的能力强，即使部分细分市场的情况不佳，也可以通过其他市场的收益弥补损失。

差异化营销战略的缺点是，企业产品种类多会使其研发费用大幅增加，由于企业多种产品面对不同的市场，就要求采用不同的营销组合，而使企业的生产成本、管理费用、销售费用等有所增加。另外，由于各个市场间的差异较大，对企业营销人员的管理水平要求较高，增加了营销活动中的不确定性因素。

(三)集中营销战略

无差异营销战略和差异化营销战略都是企业面对多个细分市场来实施市场营销战略的，而集中营销战略是企业集中力量于一个或少数几个小的细分市场，提供能够满足其需求的产品。集中营销战略是实力较弱的中小企业的良好选择。在企业资源不足或很有限的情况下，集中资源于具体的几个小的目标市场，比面对整个市场效果会更好。这种战略体现了企业集中力量于小市场，占据竞争优势，而不是到大市场中占小份额的指导思想。

案例 8-10 在大型乳制品企业如蒙牛、伊利推出各式各样的纯牛奶、早餐奶、晚上好奶、儿童奶、高钙奶时，宁夏新华百货夏进乳业集团股份有限公司却结合宁夏特产——枸杞，独辟蹊径地瞄准女性养生市场推出枸杞养生奶，利用优质的原生枸杞和塞上草原的纯鲜牛奶，通过独创的“闪融”技术完美结合，将拥有免疫功效的枸杞蛋白与牛奶蛋白融为一体，其整体营养含量更是高于普通牛奶。

集中营销战略的优点是，有利于企业集中少量资源在小市场中形成竞争优势，有利于企业发挥自己在生产、营销渠道、特种资源方面的专业化优势，也有利于企业降低销售费用。

集中营销战略的缺点是，企业所选的小市场如果太小，就会使企业的经营空间过于窄小，难以盈利。企业在小市场中经营，一旦市场需求有一定的变化，企业就会面临较大的风险。如果小市场中出现了强大的竞争者，企业的市场机会可能会很快地失去。

五、目标市场战略选择的影响因素

不同的企业在选择目标市场战略过程中会有不同的标准和条件，各有其优缺点，因而各有其适用的范围。一个企业究竟采用哪种战略，应根据企业、产品、市场的具体情况来决定。

(一)企业的综合实力

所谓企业的综合实力，是指企业所拥有的生产能力、营销能力、资金能力、技术能力、管理能力及人力资源能力等的总和。企业在进行目标市场战略选择的过程中，是以企业的综合实力为出发点的。如果企业的综合实力不足以覆盖全部的细分市场，无力顾及该行业的整体市场，那么只能选择采用集中营销战略。

(二)产品的同质性

产品的同质性是指企业所经营的产品，在产地、功能、品质、形态等多个特性方面都是相同的或类似的，抑或市场需求并不重视以上特性差别，如自来水、煤气、电力等。对同质性产品企业适宜采用无差异营销战略。如果市场需求产品的特性要素因市场需求的不同存在很大差别，购买者在选购产品时就会主要以产品特性的差异作为购买的依据，如汽车、家用电器、手机等，这类异质化产品则适宜采用差异化营销战略或集中营销战略。

(三)市场的同质性

市场的同质性是指市场需求不存在差异性，所有购买者都有相同的购买倾向，在一定时期内购买的数量波动很小，对企业市场营销策略的反应也基本相同，这种市场就称为同质性市场，如食盐市场等。企业对同质性市场适宜采用无差异营销战略；反之，则宜于实行差异化营销战略或集中营销战略。

(四)产品的生命周期阶段

产品在市场中存在着类似于人的生命周期，大致可分为四个阶段，即投入期、成长期、成熟期和衰退期。当企业向市场推出一种新产品时，通常只有一种或少数几种型号，所以在投入期企业可以实行无差异营销战略，或者集中所有资源于某一个细分市场，实行集中营销战略；当产品生命周期进入成熟期时，企业可实行差异化营销战略来开拓新市场，增加销售量。

(五)竞争对手的战略

企业在考虑采取的目标市场营销战略时，还应该根据竞争对手的情况而定。当竞争者与本企业采用相同或相似的目标市场战略时，企业营销战略的效果就可能会降低，如竞争者已采用差异化营销战略或集中营销战略,企业再继续采取无差异营销战略,就难以与之抗衡;当竞争者采取无差异营销战略时,如果存在对本企业有利的条件,企业应该对市场进行有效的细分,实行差异化营销战略或集中营销战略,以获取市场细分化的好处。

以上几个因素只是对企业目标市场选择产生影响的主要方面,它们不能完全反映目标市场选择的所有影响因素。对以上主要因素的考虑也要综合、全面,不能偏废。

第三节 市场定位

通过市场细分,选定目标市场后,企业及其产品要想在市场上占据竞争优势,必须在企业经营和产品营销中形成自己的特色,以此来争取目标顾客的认同。向目标市场勾画企业的形象和提供价值,使市场全面理解、认识本企业有别于竞争者的特征的行为,就是市场定位。

一、市场定位的概念及类型

(一)市场定位的概念

市场定位是指对企业的产品(服务)和形象进行设计,使其在目标顾客心目中占有一个独特的位置的行动。也就是说,这里所指的"位",是产品在消费者感觉中所处的地位,是一个抽象的心理位置的概念。目标市场定位的实质在于对已经确定的目标市场,从产品特征出发进行更深层次的剖析,进而确定企业营销战略,最终要落实到具体产品的生产和推销。企业的任务就是创造产品的特色,使之在消费者心目中占据突出的地位,留下鲜明的印象。

"定位"这个词是由艾尔·里斯(Al Ries)和杰克·屈劳特(Jack Trout)于1972年提出来的,他们说"定位并非对产品本身采取什么行动,而是针对潜在顾客的心理进行的创造性活动。也就是说,将产品在潜在顾客的心目中确定一个适当的位置"。通常,消费者对市场上的产品有着自己的认识和价值判断,提到一类产品,他们会在内心按自己认为重要的产品属性将市场上他们所知的产品进行描述和排序。例如,提到汽车,卡迪拉克(Cadillac)以其豪华、宝马(BMW)以其功能、沃尔沃(Volvo)以其安全性而著称。随着市场上的商品越来越丰富,与竞争者雷同、毫无个性的产品,很可能"泯然众人矣",无法吸引消费者注意。

为使自己的产品获得竞争优势,企业必须在消费者心目中确立自己产品相对于竞争者产品而言的独特的品牌利益和鲜明的差异性。简单地说,就是要使消费者感到自己的产品与众不同,即与竞争者有差异,并且偏爱这种差异。从这个意义上来说,目标市场定位又是一种竞争性定位。

案例8-11 市场定位是企业进行市场营销活动的基础,它是企业根据自身特点与市场需求特征来组合营销策略的根本。日本的AIWA公司将青年人确定为目标市场,以低价格产品来争取消费能力处于中低水平的消费者。AIWA公司根据市场定位考虑市场营销组合,围绕如何降低成本、降低价格而展开。该公司削减了产品开发成本,大力降低人工成本,并把大量制造厂建在劳动力成本低廉的东南亚国家。

(二)市场定位的类型

1.初次定位

初次定位是指新成立的企业初入市场、企业新产品投入市场,或产品进入新市场时,企业必须从零开始,运用所有的市场营销组合,使产品特色符合所选择的目标市场。

2. 重新定位

在下述情况下往往需要对企业的产品进行重新定位：

(1)原有产品在市场上遇到新产品的强大竞争，已无力抵抗；

(2)因多种原因，产品市场萎缩；

(3)原有市场饱和，需要开拓新市场。

重新定位意味着产品形象和带给消费者的利益在消费者心目中发生了转移，恰当的重新定位可以使原产品摇身一变，适应市场的需要重获新生。

案例 8-12　加多宝集团生产的红罐“王老吉”在 2003 年之前定位于“凉茶始祖”，具有降火功能，但这一定位显然难以得到广东以外的市场消费者的认可，他们甚至以为“凉茶”就是凉白开，就算是广东的消费者也觉得“它好像是凉茶，又好像是饮料”，定位模糊，销量也一直不愠不火。这种认知混乱是阻碍消费者进一步接受的心理屏障。也就是说，“王老吉”的功效有很多，但没有形成一个有说服力的“卖点”。该集团通过细致的市场调查后发现，中国几千年的中药概念“清热解毒”在全国广为普及，“上火”、“去火”的概念也在各地深入人心。面对如此巨大的市场机遇，在对消费者、竞争者及品牌优势进行综合分析的基础上，该集团最终把“王老吉”精确定位为预防上火的饮料，并打出了“怕上火，喝王老吉”的响亮口号。经过广告宣传及推广，到 2004 年，“王老吉”罐装饮料的销售额从 2002 年的 1 亿多元猛增至 10 亿元，增长五倍以上。从海南岛到青藏高原，到处都能看到“王老吉”的产品。仅仅一年多时间，“王老吉”凉茶就实现了进军全国市场的梦想。

当然，有时候重新定位也可能是反映企业在经营目标上的一种转变，未必一定是由于销量不理想或出现了下降。比如格力空调的口号就从“好空调，格力造”变为“格力，掌握核心科技”，其试图从一个质量品牌的践行者向技术创新品牌的领导者转变。

3. 竞争定位(迎头定位)

竞争定位也就是与市场上最强的竞争对手对着干。采用该种定位的企业要有一定的实力，能够在长期对抗中持续作战，同时应深入研究市场，在市场中确有很大市场潜力的情况下才值得一争。

案例 8-13　杯装奶茶是一个硬生生横切而出的全新市场。2005 年，苦于自己的液体饮料生意淡旺季过于明显，蒋建琪突发奇想搞起杯装奶茶，定名“香飘飘”。殊不知，这个看似不起眼的杯装产品竟然在 6 年内真的飘了起来，伴随那句“杯装奶茶开创者”，“香飘飘”的销售额在 2010 财年突破 20 亿元。喜之郎旗下的“优乐美”显然不甘“千年老二”的座次，这个果冻品类的翘楚往往不是一个新品类的开创者，却有着冲天干劲要将开创者变成“为他人作嫁衣”的先驱。只是多年过去，除了步步紧逼的捉对厮杀，“优乐美”却并未如愿拿到老大权杖。而“香飘飘”与“优乐美”之间的攻守鏖战却早已硝烟弥漫：一边号称“奶茶就要香飘飘”，另一边则称“奶茶我要优乐美”；一边请陈好代言，另一边就请周杰伦助阵；价格战、产品战、口水战……此起彼伏。

同样的例子在家纺行业、实木门行业、餐饮行业、家电行业都很常见。

4. 补缺定位(避强定位)

补缺定位(避强定位)即避开强有力的竞争对手，不“硬碰硬”，和平相处、共谋利益的市场定位策略。补缺定位对于初创的微小型企业来讲尤其重要。在企业的初创时期，创业者总想什么都做，期望能把企业迅速做大，以致公司的资源、创始人的精力极其分散。正确的做法应该是找到竞争对手最为薄弱的点或者尚未被发现的点,以最专注的力量集中一个点进攻。“香飘飘”奶茶在初创时期就尝试过做速食年糕和休闲花生,后来专注做奶茶,终于成为国内杯装奶茶第一品牌。

案例 8-14 面对“茅五剑”三大巨头,白酒行业中的其他企业纷纷通过避强定位寻找自己生存的空间,水井坊充分发挥自身“中国白酒第一坊”的优势,大打奢侈文化牌,强调自己是中国高尚生活元素的代表;来自湘西的酒鬼酒则在“鬼才”黄永玉的支持下定位于怪异文化;金六福酒则瞄准福文化,号称自己是“中国人的福酒”;而近年来高速成长的江苏洋河蓝色经典,则定位为“绵柔型白酒的领袖品牌”;山西汾酒则强调自己是“清香型白酒的领袖品牌”;而五粮液开创的黄金酒则瞄准了老年人保健市场。

二、市场定位的程序

(一)明确优势

企业在市场定位时必须明确自身资源的优势,满足市场需求方面的优势,以及与竞争者比较的优势。只有分析清楚企业所具有的以上优势,才能充分发挥优势的作用,使企业形成与其他企业不同的特点。这一环节主要包括以下内容:

首先是分析顾客对企业产品的评价,也就是要研究顾客究竟需要什么样的产品,最关心产品的什么特点,哪些产品要素是顾客购买决策的主要影响因素等。分析顾客最重视的产品特色对企业定位十分关键。如果企业能很准确地找到顾客最关心的问题,那么企业就会比竞争者更有效地创造能引起顾客注意的特色。

其次,企业要分析自身的资源特点。一方面,企业资源是有限的,只能重点集中于某些方面,在明确顾客需求的前提下发挥资源的优势;另一方面,要注意企业资源与其他竞争者资源的比较优势。资源是企业创造自己特点的基础。

最后,企业要分析竞争者的定位特点。企业在定位时通常都会有意无意地避开竞争者的定位,避免直接竞争。这就要求企业了解竞争者的产品特点、市场营销策略、市场定位,即使企业定位在竞争者附近,也要明确自己的定位特点与竞争者的差别及优势和劣势。

(二)选择优势

在市场竞争中,相对优势足以战胜对手。企业除充分研究竞争对手和自身的基本特点外,还要进一步明确自己的比较优势,以指导市场定位。

企业的相对优势一般来自两个方面:一是产品的差别化优势;二是成本优势。产品的差别化优势就是在产品的功能、质量、服务等产品属性的某一个或几个方面不同于竞争者的产品,能够更好地满足消费者的需要,吸引消费者实施购买。成本优势来自于多个方面,它是企业形成产品价格优势的基础。成本优势可以通过几种方式获得:一种主要的方式是通过规模化生产实现。另外,企业还可以通过低成本的融资渠道和多种融资方式组合降低成本,或者获取低廉的生产资源,如原材料、劳动力等,或者拥有先进的生产设施、管理体制,或者拥有高效经济的分销渠道等,都会使企业形成成本上的竞争优势,继而使企业的产品价格比竞争者更具竞争力。当然,企业利用自己的其他优势,如企业的创新能力、市场营销策略来显示其不同之处也是可行的。

需要注意的是,企业在强化差别化的同时也要重视成本优势的形成,因为在一个目标市场中各企业产品之间可能存在一定的差别,但如果差别不明显或顾客无法有效地认知各企业产品间的差别，则企业实施差别化策略就达不到预期的效果，这时成本优势仍可成为企业定位的要素。此外，企业进行优势定位不仅要注重现有资源的利用，还要利用企业潜在的某些资源，经过开发形成竞争优势。

(三)显示优势

企业努力形成的优势不但自己要清楚，更重要的是要让目标市场内的顾客也明知，这样才能形成真正所谓的特色优势。把企业的竞争优势变为企业及其产品的特点，就必须使顾客也知道企业的优势所在，而让顾客了解企业竞争优势的最佳途径就是把竞争优势体现在产品上，由产品体现出优势的所在。如企业有成本优势，其产品的价格就要比其他企业产品的价格更能被顾客接受；如企业产品有差别化优势，其产品就要比其他企业的产品更能满足顾客的需求。

如何显示企业的优势是企业进行市场定位的重要内容。企业的优势只有通过有效的途径才能显示出来。有时候价格优势更便于表达，但产品差别化的优势就不易表现了，尤其是市场不熟悉的新产品的功能优势，在使用前很难体现出来。因此，企业要充分利用各种市场营销策略如广告宣传、公共关系、销售促进等对新产品的功能进行全面的介绍和演示，以便让顾客更快地了解企业产品功能的特殊性并增加顾客对产品的认同感。

三、市场定位战略

目标市场定位战略的关键在于寻求差异化。差异化(Differentiation)指为使企业的产品与竞争者的产品相区分，而设计一系列有意义的差异的行动。根据迈克尔·波特的理论，企业的竞争优势来源于两个主要方面：成本领先和差异化。实际上，为了向消费者提供更多的价值，企业产品定位就是从差异化开始的。差异化有利于找到并突出企业产品独特的卖点，这是企业获得竞争优势的根本战略。而与顾客接触的全过程都可以进行差异化，通常表现在以下五个方面：

(一)产品差异化

实体产品的差异化可以体现在产品的诸多方面：

(1)形式差异，即产品在外观设计、尺寸、形状、结构等方面的新颖别致。例如，对闹钟的外形进行不同的卡通形象设计。

(2)特色，即对产品基本功能的某些增补。率先推出某些有价值的新特色无疑是最有效的竞争手段之一。例如为汽车增加“电动驾驶”功能，为某种食品增加防潮包装，为牙刷增加更换提示功能，为台灯增加护眼功能等。企业往往要在用高成本为顾客定制特色组合，还是使产品更加标准化而降低成本之间进行决策。

(3)一致性，即产品的设计和使用与预定标准的吻合程度。一致性越高，则意味着买主越可以实现预定的性能指标。

(4)耐用性，即产品在自然或苛刻的条件下预期的使用寿命。对于技术更新不快的产品，耐用性高，无疑增加了产品的价值。

(5)可靠性，即在一段时间内产品保持良好状态的可能性。许多企业通过减少产品缺陷来提高可靠性。

(6)可维修性，即产品出现故障后修复的可能性。标准化的零部件、一定的维修支持等都会使产品更受欢迎。

(7)风格,即产品给予消费者的视觉和感觉效果。独特的风格往往会使产品引人注目,有别于乏味、平淡的产品。

综合以上各个要素,企业应从顾客的要求出发,确定影响产品外观和性能的全部特征的组合,提供一种最强有力的设计使产品(服务)差异化和准确定位。

案例 8-15 2003 年,在果汁市场,统一主打女性消费市场,喊出“多喝多漂亮”的口号,康师傅、健力宝、汇源等也纷纷采用美女路线,康师傅签约梁咏琪为“每日C果汁”摇旗呐喊,健力宝聘请亚洲流行天后滨崎步作为“第五季”的形象代言人,汇源则邀请当时最红的韩国影星全智贤出任“真鲜橙”的代言人。在这时,农夫果园却独辟蹊径,打出“喝前摇一摇”的口号,强调自己的天然真果粒。

(二)服务差异化

随着竞争的激烈和技术的进步,在实体产品上建立和维持差异化越来越困难,于是,竞争的关键点逐渐向增值服务转移。服务差异化日益重要,主要体现在订货方便、交货及时和安全、安装、客户培训与咨询、维修养护等方面。例如,通用电气公司不仅仅向医院出售昂贵的X光设备并负责安装,还对设备的使用者进行认真培训,并提供长期服务支持。

案例 8-16 零售巨头沃尔玛相信:服务态度、服务质量直接影响着顾客的满意度,决定着回头客的多少。在规定之外把工作做得更细致一点,顾客的麻烦就少一点,从而满意度和信任度也会高一点。一点一滴的累积,微笑为手段,真诚为行动,软硬件的完美结合为工具,这便是沃尔玛的服务之道。微笑原则是沃尔玛服务顾客的重要原则之一,也是沃尔玛这么多年转战世界各地战无不胜的法宝之一。沃尔玛服务顾客的秘诀之一就是“三米微笑原则”。山姆有句名言:“请对顾客露出你的八颗牙”。在零售业中,服务人员对顾客的每一次微笑都能让人感到善意、理解和支持。用真诚的态度、用微笑去与顾客沟通,才能形成有效的顾客服务方式。

(三)渠道差异化

通过设计分销渠道的覆盖面、建立分销专长和提高效率,企业可以取得渠道差异化优势。例如戴尔电脑、雅芳化妆品,就是通过开发和管理高质量的直接营销渠道而获得差异化优异的。

案例 8-17 2011 年 11 月 23 日,百胜与中石化在深圳联合举行发布会,宣布双方正式签署全国合作框架协议。根据协议,百胜将通过中石化在全国范围内拥有的加油站、高速公路服务区及其他中石化所拥有的物业开设肯德基餐厅、肯德基汽车穿梭餐厅以及必胜客、宅急送和东方既白等品牌餐厅。

(四)人员差异化

培养训练有素的人员,是一些企业,尤其是服务性行业中的企业取得强大竞争优势的关键。例如,迪斯尼乐园的雇员都精神饱满,麦当劳的人员都彬彬有礼,IBM 的员工给人以专家的形象等。

(五)形象差异化

形象是公众对企业及其产品的认识与看法。企业或品牌形象可以对目标顾客产生强大的吸引力和感染力,促其形成独特的感受。有效的形象差异化需要做到:建立一种产品的特点和价值方案;并通过一种与众不同的途径传递这一特点;借助可以利用的一切传播手段和品牌接触(如标志、文字、媒体、气氛、事件和员工行为等),传达触动顾客内心感受的信息。例如,耐克因其卓越的形象,在变幻莫测的青年市场始终保持了吸引力。

四、市场定位的误区

需要注意的是，虽然任何产品都可以进行各种程度的差异化，但并非所有商品的差异化都是有意义或有价值的。有效的差异化应该能够为产品创造一个独特的“卖点”，即给消费者一个鲜明的购买理由。企业在进行市场定位时应该尽量避免以下常犯错误：

(1)定位不足。指企业差异化设计与沟通不足，消费者对企业产品难以形成清晰的印象和独特的感受，认为它与其他产品相比没有什么独到之处，甚至不容易被消费者识别和记住。

(2)定位过分。指企业对自己产品的定位过于狭窄，不能使消费者全面地认识自己的产品。例如，一家同时生产高、低价位产品的企业使消费者误以为只能提供高档产品。定位过分限制了消费者对企业及其产品的了解，同样不利于企业实现营销目标。

(3)定位模糊。指由于企业设计和宣传的差异化主题太多或定位变换太频繁，致使消费者对产品的印象模糊不清。混乱的定位无法在消费者心目中确立产品鲜明、稳定的位置，必定失败。

本章小结

所谓市场细分是指企业根据需求者的需求差异，将整个市场划分为若干个细分子市场的过程。市场细分对市场营销活动有着非常重要的作用。实行市场细分有助于企业发现有利的市场机会并使自己处于更有利的竞争地位。同时，企业在进行市场细分过程中要坚持可进入性、可盈利性、可衡量性及发展潜力性原则。

企业将最佳的细分市场挑选为其目标市场，为此要对细分市场从潜量、盈利能力到竞争状况等方面进行评价。之后，企业可不理会细分市场的差异性，采用无差异市场营销战略；也可以为几个细分市场开发不同的产品，采用差异化市场营销战略；或者可以只追求某部分细分市场，采用集中市场营销战略。究竟用何种目标市场的覆盖策略，受到诸如企业的综合实力、产品和市场的同质性、产品的生命周期阶段和竞争对手的战略等因素的影响。

对于已确定的目标市场，企业要为自己的产品进行市场定位，其实质即是在消费者心目中标明本企业产品的特色和形象。差异化是企业获得竞争优势的根本战略，企业可从产品、服务、渠道、人员和形象等方面建立差异化。企业在定位时要尽量避免定位不足、定位过分和定位模糊等错误。

关键概念

市场细分　Market Segmenting　　目标市场　Target Market

市场定位　Market Positioning

无差异营销战略　Undifferentiated Marketing Tactics

差异化营销战略　Differentiated Marketing Tactics

集中营销战略　Concentrated Marketing Tactics

复习思考题

1. 什么是市场细分？其包括哪些基本程序？
2. 如何选择目标市场？
3. 目标市场的营销策略有哪些？
4. 市场定位的内容及类型包括哪些？
5. 如何进行市场定位？
6. 试分析市场细分、目标市场与细分市场之间的关系。
7. 消费品市场细分和组织市场细分的依据标准略有不同，产生这种差异的原因何在？
8. 你认为"中国制造"在全球市场中的定位应该是什么？前景如何？
9. 寻找某种自己熟知的商品，综合利用本章知识，分析它的目标市场营销策略。

【案例分析】

从芭比娃娃退隐看中国玩具的品牌定位

一、芭比娃娃退隐中国市场

2011年3月7日，号称平均每两秒钟就卖出一个、娃娃们头脚相连可绕地球八圈的芭比(Barbie)娃娃，毫无征兆地突然关闭了其位于上海淮海路的全球首家旗舰店。

2009年3月6日，在芭比娃娃50岁生日前夕，芭比娃娃上海旗舰店选择在上海最繁华的商业街淮海路盛大开业。这家旗舰店建筑面积3500平方米，共6层，其中陈列并销售全系列的芭比娃娃产品，包括音乐、电子、生活用品等。当时，美泰公司高层对媒体宣布，在上海开设全球第一家芭比旗舰店，是美泰公司对中国市场的长远规划的第一步。而芭比娃娃上海旗舰店是"独一无二的女孩购物体验中心"，拥有1600余种芭比产品，包括芭比娃娃、芭比服饰、芭比珠宝、芭比电子产品、芭比餐厅、芭比美容中心……

两年之后，2011年3月7日，持有"粉红护照"的芭比娃娃VIP会员都收到了一则短信："芭比娃娃上海旗舰店已完成芭比娃娃品牌在中国市场发展的使命，于2011年3月7日停止营业。"而就在前不久，店里还刚刚打出"在3月3日到3月13日之间，消费满399元就可获赠价值149元生日芭比娃娃一个和88元的芭比娃娃时尚礼盒一套"的促销广告。

二、芭比娃娃简介

1959年3月9日，露丝·汉德勒(Ruth Handler)把芭比娃娃带到世人面前，半个世纪以来，这个大眼长发的美女玩偶不仅是世界上最赚钱的玩具，也是美利坚的造梦代表作之一。据统计，在世界150个国家，芭比娃娃已经卖出了超过10亿个。

从外貌上来看，芭比娃娃金发、碧眼、身材高挑，是典型的美国美女形象。她不仅本人是"千面女郎"，而且还拥有一个"大家族"。

芭比娃娃的产品是多元化的，美泰公司运用"线式策划"的原理与方法，不但延伸出首饰、手表、家具等众多芭比用品，同时还开发出芭比爸爸乔治、芭比妈妈格丽特、芭比宠物等家族产品。后续产品和附加产品也不断推出，试图把消费者由一次性顾客变为重复消费的忠诚崇拜者。

根据美泰公司的统计，一个11岁的美国小女孩可能拥有过10个芭比娃娃，同龄的法国小女孩则拥有5个。除了小孩，更有数百万的成年女性购买芭比娃娃，是其忠实粉丝。

芭比娃娃可以说是一个典型的美国文化标志性玩偶，她充分发挥人们的想象力，有不同肤色、各种各样形象的芭比娃娃，同时还从事各种事业：从摇滚歌星、考古学家到总统候选人，几乎无所不及。这种成功的营销模式也是芭比娃娃能风靡世界50年不衰的重要原因之一。

在国外，芭比娃娃的最大消费群体是成年女性。创始人露丝·汉德勒曾经自豪地说："我是一个市场推广天才。"的确，从20世纪60年代的好莱坞明星到70年代的嬉皮一代，从80年代的白领到如今的先锋女性，芭比娃娃始终站在潮流前端，担当着"品牌教主"的角色。芭比娃娃的定位是"完美的玩偶"，它始终站在潮流前端，因而大多数芭比娃娃都设计得非常时尚、性感，许多女性购买芭比娃娃是因为她们无法变成芭比娃娃，她们经由打扮完美的芭比娃娃，实现她们渴望自身变得苗条、美丽并且受欢迎等一切梦想。

事实上，美泰公司为了芭比娃娃在华的销售可谓煞费苦心，还特别推出了中国版芭比娃娃"玲"(Ling)充当东西方文化融合的角色。尽管身着粉红色裙子、黑头发的"玲"出自一个团队的精心设计，但很多中国消费者并不买账，她们认为"玲"还是"美国人心中的上海女孩样子"。

芭比娃娃显然希望占领中国高端玩具市场，一个芭比娃娃最便宜也要69元，绝大部分价格在200元及以上。

三、中国玩具市场，精彩纷呈

相比于芭比娃娃的黯然隐退，中国玩具市场上很多玩具品牌都赚得盆满钵满，如国外品牌迪斯尼、Kitty、叮当猫以及国内品牌喜羊羊等。虽然它们在营销模式方面各有千秋，但它们的卡通动画片无疑都是中国儿童消费者所喜爱的节目。该类卡通形象在中国消费者心里获得了强有力的、偏好的和特殊的品牌联想，品牌忠诚度非常高，有利于品牌产品延伸及其营销，显示了强劲的市场力和竞争力。

迪斯尼通过体验式营销(景点营销、快乐营销)使目标市场的消费者能够亲身参与品牌文化、内涵的传递和互动过程，对品牌形成生动的、立体的、直接的、全方位的感知和体验，符合消费者尤其是儿童的感官需求和心理诉求；通过整合营销使品牌传播及时、准确和高质量，有利于不断强化目标消费群的品牌感知和联想；通过特许经营保护了品牌资产，减少了品牌滥用造成的形象损失。

具有Kitty所有权的三丽鸥公司向日本500多家公司以及海外的数百家企业进行了授权。Kitty独特的形象已经出现在约2.2万种不同的产品上，畅销40多个国家。它的多元化营销是建立在独特的产品设计之上的：一只没有嘴巴的小猫之所以能够畅销是因为它本身卖的不是小猫而是"可爱"，任何人都能够从小猫的形象中加入自己的想象，并且感受到自己纯真的一面，这种可爱文化营销适合所有人的心理，弥补了缺少动漫作品支持的缺陷。

叮当猫通过连锁专卖建立了广泛的销售渠道，加强了终端的控制能力，使品牌整体形象得到了保护和加强。更重要的是通过为消费者提供性价比高的儿童服饰、倡导绿色环保、关注青少年的健康成长等关系营销和绿色营销等方式提高了品牌知名度，赢得了市场。

喜羊羊通过借鉴迪斯尼的体验营销("喜羊羊"主题开心乐园，利用寒假电影档期等)、整合营销模式在较短的时间内提高了品牌知名度。同时，利用深度营销(针对珠三角市场的需求请TVB明星给动画片进行粤语配音)以及口碑营销(借助央视新闻联播的报道，推动北方市场的营销活动)等方式成为后起之秀，短时期内成为国内第一动漫品牌。

思考题

1. 请利用营销战略理论分析芭比娃娃在中国失败的原因。
2. 请你根据案例中其他几个玩具企业的成功运作经验，给芭比娃娃提出一些营销建议。

【实训题】

目标市场营销战略策划

实训目的:掌握目标市场营销的三个步骤,即市场细分、目标市场的选择和市场定位。

实训任务:在市场调研的基础上,正确运用市场细分依据为某产品(某企业某现有产品或开发一个新产品都可)或创业项目进行市场细分。对各细分市场进行深入研究,分析其进入利弊,选择最佳目标市场,为其制订合理的目标市场战略,并说明理由。最后,为该产品拟订市场定位策略,并加以分析说明。

实训实施:以小组为单位展开,形成书面报告。

第九章　市场竞争战略

本章学习提示

通过本章的学习，你应该能够：明确对竞争者分析的重要性；了解市场竞争者的分析方法；掌握市场领导者、市场挑战者、市场追随者和市场利基者等各类竞争者的竞争战略；学会应用相关原理分析中国特定行业的竞争者分类及其竞争战略。

导引案例

"红高粱"梦断中原

麦当劳 1937 年从经营小餐厅开始，经过将近二十年的发展，成为一个颇具规模的快餐厅，并发展为连锁经营的快餐厅。到如今，麦当劳已发展成为世界性的大型跨国公司。从 1993 年，这个洋快餐登陆北京王府井开始，它以惊人的速度席卷中国。中国几千年来的各种小吃都难以与之抗衡。看到如此景况，国人甚感不服气。这时，乔赢站了出来，扛起民族快餐"红高粱"的大旗，要与洋快餐一决高下。1995 年 4 月 15 日，在大洋彼岸的麦当劳建店 40 周年之时，"红高粱"快餐在郑州二七广场初次亮相，主打产品是羊肉烩面。"红高粱"的店址就在麦当劳的正对面，其店面装饰、员工着装等都酷似麦当劳。乔赢的用意很明显，就是要与麦当劳叫板。

"红高粱"亮相后取得了很大的成功，其日营业额迅速从 2000 元突破万元大关。随后，以 44 万元资金起家的 7 家分店仅用了 8 个月的时间就滚动到了 500 万元。到 1996 年，乔赢已在北京、上海、广州等城市都开了连锁店。乔赢在他北京的办公室指着地球仪说：5 年内"红高粱"将遍布全球。他打算于 2000 年在世界各地开 20000 家连锁店。"红高粱"这个中式快餐准备在全球与麦当劳一决高下。有人慨叹，"红高粱"造势的效率要比央视标王高出几万倍。1997 年，"红高粱"在全国 20 多个城市全面铺开，然而这些分店很快就相继夭折。乔赢去广州准备处理"红高粱"不景气的业务，没想到一下飞机，就看到报纸头版头条登着广州"红高粱"破产的消息，以至他住宾馆都不敢用自己的名字。截至 1998 年年底，"红高粱"投资兴建的各地分店相继倒闭，负债总额已高达 3600 万元。对于"红高粱"的骤起骤落，业内人士分析，不论是叫板麦当劳的新闻炒作，还是从形式上对麦当劳的模仿，都不能支撑"红高粱"走得更远一些。麦当劳背后的坚实软件基础——管理、技术、资本，都不是模仿能得来的。

在市场经济日趋激烈的竞争条件下，任何企业都必须为谋取自身的发展空间制订有效对付竞争的竞争战略，这要求企业对竞争者进行身份识别、实力及战略评估、反应模式分析，并根据自身所处的市场竞争地位及企业的具体情况选择、制订相应的营销战略。

第一节　竞争者分析

"知己知彼，百战不殆"。企业要想在激烈的市场竞争中站稳脚跟，必须了解自己的竞争对手，包括竞争者的经营战略、竞争者的优势和劣势、竞争者的反应模式等，以便制订有针对性的营销战略，从而取得竞争主动权。

一、识别竞争者

对一家公司来说，识别竞争对手似乎是一项容易而简单的任务，如百事可乐知道可口可乐是其主要的竞争对手，诺基亚知道苹果是自己最强的竞争对手。但是，事实上一家公司的竞争对手的范围是十分广泛的，公司更可能被新出现的竞争对手或掌握新技术的对手击败，而不是被现有的竞争对手打败，所以，识别竞争对手是一项非常重要的企业任务。

站在购买者的角度看，企业面对四种类型的竞争者：

(一)欲望竞争者

欲望竞争者指的是提供不同产品以满足不同需求的竞争者。例如消费者最基本的需求有衣、食、住、行，服装厂、餐馆、地产商、汽车厂就成为欲望竞争者。欲望竞争者并不直接竞争，但由于消费者的总体可支配收入是确定的，在某一方面开支过大就会影响其他方面的开支，比如一个人买了房以后可能会减少下馆子的次数，因此欲望竞争者之间存在间接竞争。

(二)类别竞争者

类别竞争者又称为一般竞争者，指以不同的方法满足消费者同一需求的竞争者。比如以满足消费者位移的需求为例，他可以乘坐飞机，也可以选择火车或者汽车，航空公司、铁路部门、公路运输公司就成为类别竞争者。

(三) 产品形式竞争者

产品形式竞争者也称行业竞争者，是指生产同种产品，但提供不同规格、型号、款式的竞争者。由于这些类别相同但形式不同的产品在同一种需要的具体满足上存在着差异，购买者有所偏好和选择，因此这些产品的生产经营者之间便形成了竞争关系，互为产品形式竞争者。如汽车行业的皮卡、面包车、轿车生产企业就属于产品形式竞争者。

(四)品牌竞争者

品牌竞争是指满足相同需求、规格和型号等相同的同类产品的不同品牌之间在质量、特色、服务、外观等方面所展开的竞争。品牌竞争者指生产相同规格、型号、款式的产品，但品牌不同的竞争者。品牌竞争者之间产品的相互替代性较高，因而竞争非常激烈，各企业均以培养顾客品牌忠诚度作为争夺顾客的重要手段。以轿车为例，大众、别克、丰田、本田等企业就是品牌竞争者。

通常企业最关注的是品牌竞争者，但是也不能忽视其他形式的竞争者，尤其是市场上出现的新产品，特别需要引起警惕。

二、判定竞争者的战略和目标

(一)辨别竞争者的战略

企业最直接的竞争者是那些为相同的目标市场推行相同战略的人。一个战略群体就是在一个特定行业中推行相同战略的一组企业。一个企业需要辨别与它竞争的那个战略群体，这是其最具威胁的对手所在地。同时，企业也必须关注其他群体，因为群体与群体之间也存在着对抗。原因在于，第一，某些战略群体所吸引的顾客群相互之间可能有所交叉。第二，顾客看不出它们的供应品有多少差异。第三，各个组别可能都想扩大自己的市场细分范围，特别是在规模和实力相当以及各组之间流动障碍较小的情况下，更为如此。

一个企业必须不断地关注竞争者的战略。竞争者的战略不可能是一成不变的，会随着经济、社会、市场环境、政策等因素的改变而改变。富有活力的竞争者将随着时间及外部条件的变化而修订其战略。

(二)判定竞争者的目标

在辨别了主要竞争者及他们的战略后，我们必须继续追问：每个竞争者在市场上追求什么？每个竞争者的行为推动力是什么？

有的企业追求长期利润，有的企业追求短期利润。有些竞争者有以下方面的组合目标，如目前的获利性、市场份额增长情况、现金流量状况、技术和服务水平等。了解了竞争者的组合目标，我们便可了解竞争者是否对其目前的财务状况感到满意，其对各种类型的竞争性攻击会做出何种反应等。例如，一个追求低成本的公司对于竞争者的技术突破所做出的反应远比增加广告预算要强烈得多。

三、评估竞争者的实力

(一)营销战略目标分析

了解竞争对手的营销战略目标是分析竞争对手其他方面情况的基础。任何一个企业在营销活动中所采取的营销组合、资源的配置都受其营销战略目标的制约。分析竞争对手的营销战略目标，可以预见竞争对手的营销发展方向和未来的变化情况，并可帮助企业更好地理解竞争对手当前所采取的竞争策略和发展意图，以便本企业采取恰当的应对措施。

(二)竞争实力分析

对竞争对手实力的分析也就是对其竞争优点与弱点进行分析，然而需要注意的是任何企业的优点和弱点都是相比较而言的，应将优点和缺点放在竞争企业所实行的营销战略下进行考虑才能得出正确的结论。

对竞争对手的实力进行分析，具体应从以下一些方面着手：

1.产品组合

竞争对手的产品组合广度说明其经营范围的大小和经营的多样化情况，同时也表明竞争对手抵御市场风险的能力；竞争对手的产品组合深度表明其产品线的完善程度和其对市场需求的覆盖程度。

2.营销地位

一个企业的营销地位是指该企业在市场中的营销效率和市场号召力。理论上可用每单位的营销费用和取得的营销收益的比值来对不同企业进行比较分析。但这种比较方法的实用性不太强，因为绝大多数企业的营销收益和营销费用都是“商业秘密”，取得有关数据有极大的难度。较实用的方法是评价不同竞争对手的品牌地位或品牌知名度。品牌地位高的企业，其营销地位一般就高，因为这样的企业可以利用品牌的市场认可性和号召力，很容易推出新产品或是向某个竞争对手发动进攻。除了品牌地位外，还需要考察企业本身的市场声誉，与可使用的渠道机构(批发、零售与实体分配等企业)的关系，与供应商的关系，一般公众印象以及竞争对手与政府部门的关系。

在分析竞争对手的营销地位时，很多企业都比较看重市场份额的对比。在比较市场份额时，需要与主要竞争对手进行比较，即与同一细分市场上同一市场定位的竞争对手进行比较，而不同的市场定位和处于不同细分市场的竞争者相互之间的市场份额没有可比性。比较市场份额的做法，往往会误导经理人员背离营销战略目标要求而追求市场份额，有一定的负面作用。

因此，企业在分析市场份额的时候需要分析三种市场份额：

(1)一般市场份额：竞争者在市场中拥有的销售份额。

(2)心理份额：当提及能够想到的企业和产品时，首先回答某企业和产品的顾客人数占被调查顾客总人数的比例。

(3)情感份额：顾客在表达最喜欢的企业和产品的时候，所提到的企业和产品的频率。

经过研究，只有当企业的心理份额和情感份额占有率高时，其一般市场份额才有望保持和提升；相反，如果企业的心理份额和情感份额在下降，或迟或早，其一般市场份额也一定会下降。

3. 生产经营规模

一个竞争对手的生产经营规模表明该竞争对手向市场提供产品数量的扩大能力，也反映该竞争对手在一个行业的投资量。通过分析竞争对手的生产经营规模，能在一定程度上摸清竞争对手的资金实力。当出现新的市场机会时，生产经营规模越大的企业，越能捕捉到新机会。生产经营规模包括现实经营规模与潜在经营规模。在对竞争对手的分析中，潜在经营规模比较容易忽视。潜在经营规模大的竞争对手，一般拥有大量的富余资金或强大的筹资能力，它们一旦发现市场机会，可迅速地动员自己的资金与资源来扩大生产能力，给其他竞争企业带来巨大的威胁。如果对竞争对手的潜在经营规模不予以足够的重视，将得到错误的结论并作出不可靠甚至是错误的战略计划。

4. 技术

由于行业的不同，技术的分析内容有极大的不同，归纳起来主要有三类：

(1)常规技术：包括生产成本情况、设备新旧度、专利技术运用情况、生产作业单位所在地具有的要素优势(如劳动力、运输、供应物品的价格)、纵向整合能力(指对供、产、销环节的统筹、控制能力)等。

(2)研究开发能力：主要包括专利技术的拥有量、研究开发新产品的能力、吸收与消化新工艺技术和其他产品技术的能力、基础研究的能力、联合社会研究开发机构的能力或支撑度(指社会研究机构是否愿意同其合作及合作的关系)。

(3)成本情况：包括总成本、成本优势、降低成本的潜力以及经验曲线的状况。

5. 资金实力

分析竞争对手的资金实力，可全面了解竞争对手的营销实力和竞争实力。分析资金实力主要应从资金存量和资金流量来进行。若有可能，应了解竞争对手的财务状况。如果竞争对手是上市公司，则其资金实力还包括其股票现值、股票的增长潜力。竞争对手如果有很好的股市声誉，就能够很快通过公共筹资渠道筹集发展新业务所需的资金。体现竞争对手资金实力的另外一个方面是现有资产的变现能力。如果拥有的实物资产变现容易，则竞争对手就能通过调整现有资产构成来增强某项业务上的竞争实力。

6. 管理能力

管理能力包括竞争对手决策人员的素质、职工素质、管理水平、管理效力等。

四、评估竞争者的反应

单凭竞争者的目标和优、劣势还不足以解释其可能采取的行动和对诸如削价、加强促销或推出新产品等举动的反应。此外，各个竞争者都有一定的经营哲学、某些内在的文化和某些起主导作用的信念。我们需要深入了解某一竞争者的心理状态以求预见竞争者可能做出的反应。不同反应类型的竞争者包括：

(一)从容型竞争者

一个竞争者若对某一特定竞争者的行动没有迅速反应或反应不强烈，则可称其为从容型竞争者。

案例 9-1　当米勒公司在 20 世纪 70 年代后期引进立达啤酒时，安休斯·布希公司还戴着啤酒行业领袖的桂冠，米勒公司并未引起它的注意。直到米勒在市场上变得日益凶猛，并且声称立达啤酒占领了 60% 的市场份额后，安休斯·布希才被唤醒并开始开发淡啤酒。

对竞争者缺少反应的原因是多方面的：感到顾客是忠于他们的；某业务需要缩小规模；对竞争者主动行动的反应迟钝；没有做出反应所需要的资金。

(二)选择型竞争者

若某竞争者只对某些类型的攻击做出反应，而对其他类型的攻击无动于衷，则可称其为选择型竞争者。

(三)凶狠型竞争者

凶狠型竞争者对向其所拥有的领域发起的任何进攻都会做出迅速而强烈的反应。

案例 9-2　万家乐与神州之间曾有过旷日持久的广告战。最初，神州燃气热水器的广告词是：神州热水器，安全又省气。万家乐则设计了“万家乐岂止是安全又省气”的广告语。后来，广告宣传战不断升级，打到了中央电视台。万家乐请香港明星汪明荃作为其形象代言人，大肆宣传其产品，而神州也不甘示弱，借调整产品线之机从意大利引进新产品生产线，同时打出沈殿霞的招徕广告，吸引更多的家庭。再到后来，神州又出新招，设计了“款款神州，万家追求”的富有竞争性的广告词，万家乐则制作了很有寓意的广告语反唇相讥：“万家乐崛起神州，挑战海外。”

(四)随机型竞争者

有些竞争者并不表露可预知的反应模式，这些竞争者被称为随机型竞争者。许多小企业属于随机型竞争者。

第二节　市场竞争战略选择

一、竞争者地位分析

了解了竞争者的情况后，还要了解自己的情况才能更好地与竞争者竞争。根据企业在目标市场上所处的位置和起的作用可将企业划分为市场领导者、市场挑战者、市场追随者和市场利基者四种类型，各种类型企业所占的比例如图 9-1 所示。不同类型的企业应采用不同的竞争战略。

市场领导者	市场挑战者	市场追随者	市场利基者
40%	30%	20%	10%

图 9-1　竞争者地位划分

(一)市场领导者

市场领导者是指占有最大的市场份额,在价格变化、新产品开发、分销渠道建设和促销战略等方面对本行业其他企业起着领导作用的企业。

(二)市场挑战者

市场挑战者指市场占有率比市场领导者小,在市场上的竞争地位次于市场领导者而又不满足于现状,在竞争战略上对市场领导者或其他企业采取进攻性态势的企业。

(三)市场追随者

市场追随者是指在相关产品市场上处于中间状态,并力图保持其市场占有率不至于下降的企业。这种类型的竞争者安于现状,愿意与市场领导者、挑战者在"共处"的状态下求生存。他们之所以愿意共处,是由它们的资源条件、竞争力决定的。它们向市场领导者、挑战者发动进攻只会遭到惨败,使自己的市场占有率下降。

(四)市场利基者

市场利基者是指专心关注相关产品市场上大企业不感兴趣的某些细小部分的小企业。这种类型的竞争者通过专业化的生产经营那些大企业不屑一顾的细分市场来求得生存,对满足顾客需求起到拾遗补缺的作用,通常是在大企业的"缝隙"中求生存。

二、竞争者竞争战略选择

(一)市场领导者战略

1.扩大总需求量

(1)开发新用户。企业可进行市场渗透,说服不了解本企业产品特点的顾客购买并使用本企业的产品,把潜在的顾客变为现实顾客;开辟全新的市场,争取更多的目标顾客群体。

案例9-3 虽然美国20世纪60年代以后的出生率下降,婴儿用品市场逐步萎缩,但庄臣公司针对成年人做广告,宣传、推销婴儿洗发精,却取得了良好效果。不久以后,该品牌的婴儿洗发精就成为整个洗发精市场的领导者。后庄臣又进行地理扩张,向尚未使用本产品的其他国家或地区推广产品。

(2)拓展产品新用途。企业自身可通过寻找或开发产品新的用途来吸引更多的消费者,扩大市场规模,增加销售总量。

案例9-4 杜邦公司在第二次世界大战结束以前,预测到随着战争的结束,降落伞的需求会减少,于是采取措施延长产品的生命周期,发明并研制成功尼龙丝袜,继而将尼龙用于制造汽车轮胎、轴承、工业零件、人造纤维等产品。杜邦公司每一项新用途的拓展均使产品生命周期进入再循环。

顾客是产品新用途的重要发现者,例如凡士林刚问世时是作机器润滑油的,但在使用过程中,顾客发现凡士林还有许多新用途,如用来制作润肤脂、药膏和发蜡等。因此,企业必须留心注意顾客对本企业产品的使用情况。

(3)增加使用量。企业还可通过提高使用频率,增加每次使用量和增加使用场所等手段来增加产品的总使用量,从而扩大市场需求量。例如牙膏生产厂家劝说人们每天最好刷三次牙,这样就增加了牙膏的使用量。再如宝洁公司劝告用户,在使用海飞丝洗发水洗发时,每次将使用量增加一倍,效果更佳。

2.维持市场占有率

市场领导者最好的防御方法是发动进攻，不断创新，永不满足，掌握主动，在开发新产品、降低成本、建设分销渠道和提升顾客服务水平方面成为本行业的先驱，持续增加竞争效益和顾客让渡价值。

市场领导者即使不发动进攻，至少也应保护其所有战线，努力使自己的竞争地位稳固，确保市场份额不被竞争对手侵蚀。市场领导者可以选择以下六种策略：

(1)阵地防御。阵地防御是指企业围绕目前主要产品和业务建立牢固的防线，判断竞争者在产品、价格、渠道和促销方面可能采取的进攻战略，从而制订自己的预防性战略，并在竞争者发起进攻时坚守原有的产品和业务阵地。这是一种单纯的、静态的、消极的、被动的防御策略。企业固守原有的产品和市场阵地易患"营销近视症"。

(2)侧翼防御。侧翼防御是指企业在自己主阵地的侧翼建立辅助阵地以保卫自己的周边和前沿，并在必要时作为反攻基地。

案例 9-5　上海通用自成立以来，重点是以中高档的别克开拓中国市场。而对于这一块有较高利润的蛋糕，窥视之人不止夏利，还有奥迪、帕萨特和本田雅阁等。天津夏利一直谋求在中档车市场的发展。"夏利 2000"在车型设计以及定价上都是在向这个方向发展。通过多年在低档市场的开拓努力，夏利公司已积累了相当的实力，包括人力、资金、销售网络和在中国市场上的运作经验。2001 年上半年，夏利系列轿车位居国内经济型轿车产量的第三位。上海通用为维系其市场领导者地位，保护其侧翼，不失时机地推出了赛欧轿车，它的推出成功遏制了以夏利为首的经济型轿车生产厂商侧翼进攻的企图，极大地影响了国内轿车市场，维护了上海通用在中高档轿车市场的竞争地位。

(3)以攻为守。以攻为守是指在竞争对手尚未向本企业发起进攻或并未对本企业造成严重威胁时就主动出击，抢先发起攻击以削弱或挫败竞争对手。有时，这种以攻为守的方法着重心理作用，并不一定付诸行动。如市场领导者发出市场信号，迫使竞争者取消攻击。

案例 9-6　美国一家大型制药厂是某种药品的领导者，每当它听说一个竞争对手要建立新厂生产这种药时，就放风说自己正在考虑将这种药降价，并且要考虑扩建新厂，以此吓退竞争者。

(4)反击防御。反击防御是指市场领导者受到竞争者攻击后采取反击措施。领导者可选择迎击对方的正面进攻、迂回攻击对方的侧翼，或发动钳式进攻切断从其根据地出发的攻击力量等政策。

案例 9-7　当美国西北航空公司最有利的航线之一——明尼阿波利斯至亚特兰大航线受到另一家航空公司降价和促销的进攻时，西北航空公司采取的报复手段是将明尼阿波利斯至芝加哥航线的票价降低。由于这条航线是对方主要的收入来源，结果迫使进攻者不得不停止进攻。

案例 9-8　日本松下公司每当发现竞争对手意欲采取新促销措施或是降价销售时，总是采取增强广告力度或更大幅度降价的做法，以保持该公司在电视、录像机、洗衣机等主要家电产品的市场领先地位。

(5)机动防御。市场领导者不仅要固守现有的产品和业务，还要扩展到一些有潜力的新领域，以作为将来防御和进攻的中心。机动防御可通过两种方式实现：市场扩大化(Market Broadening)和市场多角化(Market Diversification)。市场扩大化是企业将其注意力从目前的产品转移到有关该产品的基本需要上，并全面研究与开发有关该项需要的科学技术。例如，把"石油"公司转变为"能源"公司，就意味着市场范围扩展到石油、煤炭、核能、水利和化学等工业。但是市场扩大化必须有一个适当的限度，否则就违背了两条基本的军事原则，即目标原则

(确定明确可行的目标)和优势集中原则(集中优势兵力打击敌军薄弱环节)。市场多角化是向彼此不相关联的其他行业扩展,实行多角化经营。

案例 9-9 美国雷诺和菲利浦·摩尔斯等烟草公司认识到社会对吸烟的限制正在加强,因而纷纷转入酒类、软饮料和冷冻食品这样的新行业,实行市场多角化经营。

(6)收缩防御。收缩防御是指当市场领导者的市场地位已经受到来自多个方面的竞争对手的攻击时,企业自己可能受到短期资源不足与竞争能力的限制,只好放弃较弱的业务领域或业务范围,收缩到企业应该主要保持的市场范围或业务领域内。收缩防御并不放弃企业现有的细分市场,只是在特定时期集中企业优势,应付来自各方面的竞争威胁和压力。

案例 9-10 可口可乐公司在20世纪80年代放弃了公司曾经进入的房地产业和电影娱乐业,以收缩公司力量对付饮料业越来越激烈的竞争。

3.提高市场占有率

市场领导者设法提高市场占有率也是增加收益、保持领导地位的一个重要途径。

美国的一项称为"企业经营战略对利润的影响"(PIMS)的研究表明,市场占有率是影响投资收益率最重要的变数之一,市场占有率越高,投资收益率也越大,市场占有率高于40%的企业,其平均投资收益率相当于市场占有率低于10%者的3倍。因此,许多企业以提高市场占有率为目标。

案例 9-11 美国通用电气公司要求它的产品在各自的市场上都要占据第一或第二位,否则就要撤退。该公司曾将电脑和空调机两项业务的投资撤回,因为它们在其中无法取得独占鳌头的地位。

并不是任何情况下市场占有率的提高都意味着收益率的增长,有时为提高市场占有率所付出的代价会高于它所获得的收益,因此,企业在提高市场占有率时应考虑以下三个因素:

第一,引起反垄断诉讼的可能性。许多国家为维护市场竞争制定了反垄断法,当企业的市场占有率超过一定限度时,就有可能受到反垄断诉讼和制裁。

第二,经济成本。当市场份额已达到一定水平时,再提高一步的边际成本非常大,甚至得不偿失。

第三,企业在争夺市场占有率时所采用的营销组合策略。有些营销手段对提高市场占有率很有效,但却未必能提高利润。只有在下列两种情况下,市场占有率才同收益率成正比:

(1)单位成本随着市场占有率的提高而下降。福特汽车公司在20世纪20年代销售T型车便是采取了这种策略。

(2)公司在提供优质产品时,销售价格的提高大大超过为提高质量所投入的成本。美国学者克罗斯比(Crosby)认为:质量是免费的,因为质量好的产品可减少废品损失和售后服务的开支等,这就节约了成本。但是,其产品应投消费者之所好,这样消费者就愿意支付超出成本的高价。

案例 9-12 宝洁公司的战略是这样的:

了解顾客。宝洁公司通过连续不断的市场营销研究和信息收集,研究自己的顾客——最终消费者和有关贸易的情况。它在自己所有的产品上印上了800受话方付费的电话号码。

长期展望。宝洁公司对每个机会都下工夫进行分析,从而研制出最佳产品,然后经过长期努力,使产品获得成功。

产品创新。宝洁公司是一个积极的产品创新者,它的研究与开发费达12亿美元(占销售额的3.4%),这在包装消费品公司中是最高的。它拥有2500个实用专利保护,250种产权技术，它的部分创新工作是开发为消费者提供新效用的品牌。宝洁公司花了10年时间研究和开发了第一个有效防蛀牙膏（佳洁士）。它最近创新了减肥品，在市场上称为奥林（Olean），自从它被美国食品与药品管理局批准后，在咸味零食市场上成为10年来最成功的新食品。

质量战略。宝洁公司设计的产品质量高于一般标准的产品质量。产品一旦推向市场后，公司就随时准备改进该产品的质量。

产品线扩展战略。宝洁公司生产的品牌有多种规格和形式。这就给予了它的品牌以更多的货架陈列空间，从而防止竞争者认为市场上还有未被满足的需求而挤进来的局面出现。

品牌扩展战略。宝洁公司经常利用它强有力的品牌名称来推出新产品。例如，象牙牌已从肥皂扩展到液体肥皂和一种清洁剂。

多品牌战略。宝洁公司在相同产品类型中推出了几个品牌。例如，它生产8个品牌的洗手皂和6个品牌的洗发露。

大量广告和媒体先锋。宝洁公司是美国最大的消费包装商品的广告主。它每年的广告开销超过30亿美元。它借助电视的力量创造强有力的消费者知名度和偏好。宝洁公司现在还在网上建设它的品牌并成为领导者。

积极进取的销售队伍。1998年，宝洁公司的销售队伍被《销售与营销管理》杂志评为25个最佳的销售队伍之一。宝洁公司成功的关键是它的销售队伍与零售商的紧密合作，如它与沃尔玛公司的合作。它有150名人员与这个零售巨人一起工作，帮助沃尔玛改进工作，包括它所送到商店的产品和管理过程。

有效的销售促进。宝洁公司有一个销售促进部，它为品牌经理提供关于如何进行最有效的促销以达到特定目标的咨询，教授不同情况下提高工作效益的专业知识。

顽强的竞争。宝洁公司在限制入侵者时，常给对方当头棒。公司愿意花费巨额资金对抗新的竞争品牌，并阻止它们在市场上立足。

制造效率和成本削减。宝洁公司以作为一个大营销公司而闻名，同时，也与它是一个大制造公司相匹配。宝洁公司花费大量的资金发展和改进生产作业，以便在这个行业中保持最低的成本。

品牌管理系统。宝洁公司是品牌管理的首创者。在这一系统中，一个经理负责一个品牌。该系统已被许多竞争者所仿效，但它们常常不如宝洁公司那样成功。在最近的发展中，宝洁公司改变了它的总的管理结构，使每个品牌类目都由一位负有生产数量和利润之责的类目经理负责。

（二）市场挑战者战略

1.明确战略目标和挑战对象

市场挑战者必须弄清挑战对象，明确战略目标。挑战者可以选择以下三种企业作为攻击对象：

（1）市场领导者。此战略高风险伴着高收益，为取得进攻的成功，挑战者要认真调研市场领导者在满足顾客需要方面的疏忽、不足或失误之处，对产品加以改进，以争夺更大的市场份额。如美国米勒啤酒之所以获得成功，就是因为该公司瞄准了那些想喝“低度”啤酒的消费者，而这一市场在以前却被忽视了。

（2）与己规模相当者。挑战者可以攻击与自己势均力敌但经营不善而发生危机的企业，以占领它们的市场。

（3）区域性小型企业。一些经营不善而发生财务困难的地方性小企业，可作为市场挑战者的攻击对象。

2.选择进攻战略

(1)正面进攻(Frontal Attack)。正面进攻就是集中兵力向对手的主要市场发动攻击,打击的目标是敌人的强项而不是弱项。这样,胜负便取决于谁的实力更强,谁的耐力更持久。进攻者必须在产品、广告、价格等主要方面大大领先对手,方有可能成功。进攻者如果不采取完全正面的进攻策略,也可采取一种变通形式,最常用的方法是针对竞争对手实行削价。通过在研究开发方面大量投资,降低生产成本,从而在低价格上向竞争对手发动进攻,这是持续实行正面进攻策略最可靠的基础之一。日本企业是实践这一策略的典范。

(2)侧翼进攻(Flanking Attack)。侧翼进攻就是集中优势力量攻击对手的弱点,有时也可正面佯攻,牵制其防守兵力,再向其侧翼或背面发动猛攻,采取“声东击西”的策略。侧翼进攻可以分为两种:一种是地理性的侧翼进攻,即在全国或全世界寻找对手相对薄弱的地区发动攻击。例如,IBM公司的挑战者就是选择一些被IBM公司忽视的中小城市建立强大的分支机构,获得了顺利的发展。另一种是细分性侧翼进攻,即寻找市场领导企业尚未很好满足的细分市场。例如,德国和日本的汽车生产厂商就是通过发掘一个尚未被美国汽车生产厂商重视的细分市场,即对节油的小型汽车的需要,而获得极大发展。侧翼进攻不是指在两个或更多的公司之间浴血奋战来争夺同一市场,而是要在整个市场上更广泛地满足不同的需求。因此,它最能体现现代市场营销观念,即“发现需求并且满足它们”。同时,侧翼进攻也是一种最有效和最经济的策略,较正面进攻有更多的成功机会。

(3)围堵进攻(Encirclement Attack)。围堵进攻是一种全方位、大规模的进攻策略,它在几个战线发动全面攻击,迫使对手在正面、侧翼和后方同时全面防御。进攻者可向市场提供竞争者能供应的一切,甚至比对方还多,使自己提供的产品无法被拒绝。当挑战者拥有优于对手的资源,并确信围堵计划的完成足以打垮对手时,这种策略才能奏效。

案例9-13 日本精工表在国际市场上就是采取这种策略:在美国,它提供了约400个流行款式、2300种手表,占据了几乎每个重要钟表商店,通过种类繁多、不断更新的产品和各种吸引消费者的促销手段,日本精工表取得了很大成功。

(4)迂回进攻(Bypass Attack)。这是一种最间接的进攻策略,它避开了对手的现有阵地而迂回进攻。具体办法有三种:一是发展无关的产品,实行产品多元化经营;二是以现有产品进入新市场,实现市场多角化;三是通过技术创新和产品开发,替换现有产品。

案例9-14 美国高露洁公司在宝洁公司的强大竞争压力下就采取了这种策略:加强高露洁公司在海外的领先地位,在国内实行多元化经营,向宝洁公司没有占领的市场发展,迂回包抄宝洁公司。高露洁公司不断收购了纺织品、医药产品、化妆品及运动器材和食品公司,结果获得了极大的成功。

案例9-15 娃哈哈非常可乐采取迂回战,以现有产品进军城镇及农村市场。正是寻找到了可口可乐与百事可乐都有些鞭长莫及、力不从心的市场空当,取得了很大成功。

(5)游击进攻(Guerrilla Attack)。游击进攻主要适用于规模较小、力量较弱的企业,目的在于通过在不同地区发动小规模的、间断性的攻击来骚扰对方,使之疲于奔命,最终巩固永久性据点。游击进攻可采取多种方法,包括有选择的降价、强烈的突袭式的促销行动等。应予指出的是,尽管游击进攻可能比正面进攻或侧翼进攻节省开支,但如果要想打倒对手,光靠游击战不可能达到目的,还需要发动更强大的攻势。

从以上可以看出，市场挑战者的进攻战略是多样的。一个挑战者不可能同时运用所有战略，但也很难单靠某一种战略取得成功，通常是设计出一套战略组合，通过整体战略来改善自己的市场地位。

案例 9-16 20 世纪 70 年代，美国啤酒业为少数大公司所把持，市场领导者是安休斯·布希公司的"百威"啤酒和"麦可龙"啤酒，市场份额约 25%，佩斯特"蓝带"啤酒的市场份额约 15%。虽然竞争激烈，但是各啤酒公司的营销手段仍然很低级，把消费者笼统地看成没有什么差别的整体，用一种产品和一种广告向所有的消费者推销。市场份额仅占 6%、排名第八的美国米勒啤酒公司（简称米勒公司）通过市场调查发现，按照使用率可将啤酒饮用者分为轻度使用者和重度使用者两类，虽然轻度使用者人数众多，但总的饮用量只有重度使用者的 1/8。米勒公司的首要产品"海雷夫"啤酒虽然在消费者中有"精品啤酒"的美誉，但是仅限于妇女和高收入者等轻度使用者购买。为了扩大市场份额，米勒公司决定把销售重点转向重度使用者。它们研究了重度使用者的特征：多属蓝领阶层，年龄在 30 岁左右，每天看电视 3.5 小时以上，爱好体育运动。根据这些特征，米勒公司设计了一些年轻人喜爱的紧张激动的广告画面，并请来著名篮球明星做广告。几年之后，这种啤酒在美国的市场份额已经升至第二位。米勒公司还开发了一个被整个啤酒行业忽视然而有巨大潜力的品种——淡啤酒，这种适应了保护健康、减少热量、追求清淡的世界性潮流的啤酒一经问世就取得极大的成功，成为米勒公司的主要产品。

（三）市场追随者战略

美国市场学学者李维特教授认为，有时产品模仿（Product Imitation）像产品创新（Product Innovation）一样有利。因为一种新产品的开发要投入大量经费，而其他厂商仿制或改良这种产品，不必承担研究开发的费用，也有利可图。

在行业中处于第二位的公司并非都会向市场领导者挑战。因为这种挑战会遭到领导者的激烈报复，最后可能无功而返，甚至一败涂地。因此，除非挑战者能够在某些方面赢得优势——如实现产品重大革新或是配销有重大突破，否则，它们往往宁愿追随领导者，而不愿对领导者贸然发动攻击。这种"自觉并存"（Conscious Parallelism）状态在资本密集且产品同质性高的行业如钢铁、化工等中是很普遍的现象。在这些行业中，产品差异化的机会很小，而价格敏感度却很高，很容易爆发价格竞争，最终导致两败俱伤。因此，这些行业中的企业通常形成一种默契，彼此自觉地不互相争夺客户，不以短期市场占有率为目标，以免引起对手的报复。这种效仿领导者为市场提供类似产品的市场跟随战略，使得行业市场占有率相对稳定。

市场跟随者必须懂得如何维持现有顾客，并争取一定数量的新顾客；必须设法给自己的目标市场带来某些特有的利益，如地点、服务、融资等；还必须尽力降低成本并保持较高的产品质量和服务质量。跟随并不等于被动挨打，或是单纯模仿领导者，追随者必须要找到一条不会招致竞争者报复的成长途径。具体来说，跟随战略可分为以下三类：

1. 紧密跟随（Following Closely）

紧密跟随是指跟随者尽可能地在各个细分市场和营销组合领域仿效领导者。这种跟随者有时好像是挑战者，但只要它不从根本上危及领导者的地位，就不会发生直接冲突。有些跟随者表现有较强的寄生性，因为它们很少刺激市场，总是依赖市场领导者的市场努力而生存。

2. 距离跟随（Following Distance）

距离跟随是指跟随者在目标市场、产品创新、价格水平和分销渠道等方面都追随领导者，但仍与领导者保持若干差异。这种跟随者易被领导者接受，同时它也可以通过兼并同行业中的弱小企业而使自己发展壮大。

3. 选择跟随(Following Selectively)

选择跟随是指跟随者在某些方面紧随领导者,而在另一些方面又自行其是。也就是说,它不是盲目追随,而是择优跟随,在跟随的同时还要发展自己的独创性,但同时避免直接竞争。这类跟随者之中有些可能发展成为挑战者。

此外,还有一种特殊的跟随者在国际市场上十分猖獗,即“冒牌货”。这些产品具有很大的寄生性,它们的存在对许多国际驰名的大公司是一个巨大的威胁,已成为新的国际公害,因此必须制定对策以清除和击退这些“跟随者”。

(四)市场利基者战略

几乎每个行业都有一些小企业,它们专心致力于市场中被大企业忽略的某些细分市场,在这些小市场上通过专业化经营来获取最大限度的收益。这种有利的市场位置就称为“利基”,而所谓的市场利基者,就是指占据这种位置的企业。

有利的市场位置(利基)不仅对于小企业有意义,而且对某些大企业中的较小业务部门也有意义,它们也常设法寻找一个或多个既安全又有利的利基。一般来说,一个理想的利基具有以下几个特征:有足够的市场潜量和购买力;市场有发展潜力;对主要竞争者不具有吸引力;企业具备有效地为这一市场服务所必需的资源和能力;企业已在顾客中建立起良好的信誉,足以对抗竞争者。

那么,一个企业如何取得利基呢?其主要战略是专业化。公司必须在市场、顾客、产品或渠道等方面实行专业化:

(1)按最终用户专业化,即专门致力于为某类最终用户服务。例如书店可以专门为爱好或研究文学、经济、法律等的读者服务。

(2)按垂直层次专业化,即专门致力于为生产—分销循环周期的某些垂直的层次经营业务。如制铝厂可专门生产铝锭、铝制品或铝质零部件。

(3)按顾客规模专业化,即专门为某一种规模(大、中、小)的客户服务。许多利基者专门为大公司忽略的小规模顾客服务。

(4)按特定顾客专业化,即只对一个或几个主要客户服务。如美国一些企业专门为西尔斯百货公司或通用汽车公司供货。

(5)按地理区域专业化,即专为国内外某一地区或地点服务。

(6)按产品或产品线专业化,即只生产一大类产品。如日本的YKK公司只生产拉链类产品。

案例9-17 罗技是一家关注于创新和质量的瑞士公司,它设计出了各种个人外围产品,帮助人们享受到更好的数字世界体验。罗技1981年从发明鼠标开始,提供了一种与个人电脑进行交互的更直观的方式,成为了电脑鼠标领域内的全球领导厂商,并且通过多种多样的方式又重新改进了鼠标,以满足个人电脑用户和膝上电脑用户不断发展的需要。从早期年代开始,罗技就将产品设计方面的专业知识扩展到电脑鼠标以外的领域,通过丰富多样的界面设备来衔接用户与电脑或电视游戏、数码音乐、家庭娱乐系统之间那“最后一英寸”的距离。随着产品被销售到世界上几乎所有的国家,罗技在创新领域的领导力现在已经涵盖了多种多样的个人外围设备(包括无线和有线),同时将重点设立在电脑导航产品、游戏产品、互联网通信产品、数码音乐产品和家庭娱乐控制产品方面。

(7)按客户订单专业化,即专门按客户订单生产预订的产品。

(8)按质量与价格专业化,即选择在市场的底部(低质低价)或顶部(高质高价)开展业务。

(9)按服务项目专业化,即专门提供一种或几种其他企业没有的服务项目。如美国一家银行专门承办电话贷款业务,并为客户送款上门。

(10)按分销渠道专业化,即专门服务于某一类分销渠道。如生产适用超级市场销售的产品。

市场利基者要承担较大风险,因为利基本身可能会枯竭或受到攻击,因此,在选择市场利基时,营销者通常选择两个或两个以上的利基,以确保企业的生存和发展。不管怎样,只要营销者善于经营,小企业也有机会为顾客服务并赢得利润。

本章小结

当今世界市场竞争异常激烈,每个企业面临着众多竞争者,企业要想获得生存和发展,就必须对竞争对手进行分析。可以从产品替代、行业竞争、业务范围导向及市场观念的角度来识别企业的竞争者。在知道了竞争者是谁以后,还要分析竞争者的战略及目标,同时要具体调查了解竞争者的实力大小:竞争者的优势和劣势。由于竞争者有内在的理念和价值观起主导作用,分析了解竞争者还需要了解竞争者的心理反应,以便于有效地采取竞争战略。由于企业在市场上竞争的结果不同,形成了四种类型:市场领导者、市场挑战者、市场追随者和市场利基者。不同类型的企业应在对竞争者进行分析的基础上结合自身的资源、优势来采取不同的竞争战略,从而保证企业在市场上或维持或提高自己的竞争地位,获得良性发展。

关键概念

欲望竞争者　Desired Competitor　　类别竞争者　Generic Competitor

产品形式竞争者　Product Form Competitor

品牌竞争者　Brand Competitor　　市场领导者　Market Leader

市场挑战者　Market Challenger　　市场追随者　Market Follower

市场利基者　Market Nicher

复习思考题

1. 怎样从产品替代角度识别竞争者?
2. 应从哪几个方面判定竞争者目标?
3. 怎样对竞争者实力进行分析?
4. 市场领导者维持市场占有率的策略是什么?
5. 市场挑战者的战略有哪些?
6. 市场利基者应采取什么样的战略?

【案例分析】

蒙牛的竞争战略

实力相对较弱的企业为了尽快赶上领先的企业,经常采取“跟随战略”,选择一个跟随对象,然后在产品、定价,甚至包装等方面模仿领先企业。这是弱势企业避免被领先企业甩开的好战略。蒙牛在起步初期就是以跟随战略迅速缩短了与伊利的差距,在2004年以后又逐步开始超越。

1999年年初,蒙牛刚成立,但是蒙牛的力量非常弱小,资金只有一千多万元,这在乳品行业实在是微不足道;同时,蒙牛的生存环境非常恶劣,根源就在于牛根生。

一、放低姿态:避免和伊利直接冲突

牛根生实质上是从伊利被驱赶出来的,伊利当然不希望自己的叛将过得太好,这会让伊利很没有面子。蒙牛的管理团队几乎都是从伊利叛逃的,这更是“大逆不道”的行为,伊利打压蒙牛,既是为了出气,也是一种震慑,稳定住自己的人马,防止更大规模的叛逃。所以,蒙牛从诞生起就遭遇到很多莫名的挫折。例如,蒙牛的一些运奶车半路被人截住,牛奶被当场倒掉;蒙牛做的户外广告牌,刚树立起来就被砸坏好几块。明眼人都知道这些事情是谁干的。

这时,牛根生的江湖智慧发挥了作用。他明白一个道理:这种事情即使是犯法,蒙牛也很难拿到证据,即使拿到一些证据,以当时蒙牛微弱的地位也没处说理;如果对着干,就会把矛盾更加激化,甚至断送了蒙牛。所以唯一聪明的做法就是“忍耐”。

为了减少冲突和避免不必要的麻烦,为了不抢夺伊利的奶源,同时也是为了保护自己,牛根生很快制定了三个“凡是”政策:第一,凡是伊利等大企业有奶站的地方蒙牛不建奶站;第二,凡是非奶站的牛奶,蒙牛不收;第三,凡是跟伊利收购标准、价格不一致的事,蒙牛不干。这些措施把蒙牛和伊利的利益区隔开,从而避免了直接冲突。

二、暗度陈仓:宣称要做“内蒙古第二品牌”

《道德经》第36章载:“将欲去之,必固举之;将欲夺之,必固予之。”忍耐只是防守性的行为,更聪明的是化被动为主动。聪明人善于把坏事变为好事,把危机转化为机遇。在2000年前后,蒙牛提出了“创内蒙古乳业第二品牌”的创意。当时内蒙古乳品市场的第一品牌当然是伊利,蒙牛还名不见经传,连前五名也进不去。但是蒙牛的聪明也就表现在这里,蒙牛通过把标杆定为伊利,使消费者通过伊利知道了蒙牛,而且留下的印象是:蒙牛似乎也很大。

蒙牛首先把这个创意用在户外广告上,地点就选在呼和浩特。2000年,蒙牛用300万元的低价买下了当时在呼和浩特还很少有人重视的户外广告牌。一夜之间,呼和浩特市区道路两旁冒出一排排红色路牌广告,上面写着:“蒙牛乳业,创内蒙古乳业第二品牌”,“向伊利学习,为民族工业争气,争创内蒙古乳业第二品牌!”这让很多人记住了蒙牛,记住了蒙牛是内蒙古乳业的第二品牌。

蒙牛还在冰淇淋的包装上打出“为民族工业争气,向伊利学习”的字样;有的广告牌上写着“千里草原腾起伊利、兴发、蒙牛乳业”。蒙牛表面上似乎为伊利和兴发免费做了广告,实际上为自己做了广告,默默无闻的蒙牛正好借这两个内蒙古无人不知的大企业的“势”,出了自己的“名”。这种策略还有一个额外的好处,就是在一定程度上降低了伊利的“敌意”,这对初生的蒙牛来说非常重要。

三、“并驾齐驱”——创造“乳都”的概念

蒙牛“内蒙古第二品牌”的创意使用的时间很短,在蒙牛业绩突飞猛进,蒙牛真的成为内蒙古的第二品牌之后就很少使用了。这个时候再使用这个创意就不仅不能借伊利的“势”,还会平白地灭了自己的“名”。

成长到一定程度后，蒙牛及时修正了跟随战略，开始以平等地位和伊利并驾齐驱，并开始放眼全国，提出了“中国乳都”的宣传口号，而且在很长时间内使用。

从 2000 年 9 月至 2001 年 12 月，蒙牛推出了公益广告——《为内蒙古喝彩·中国乳都》，在所投放的 300 多幅灯箱广告中，首次推出“我们共同的品牌——中国乳都·呼和浩特”。

“乳都”的概念是一个创新，这不仅有利于蒙牛和伊利，而且对内蒙古的区域经济战略也是一个很好的提升和宣传，蒙牛把自己的命运同整个内蒙古经济的腾飞牢牢维系在一起。同时，在国内其他区域市场，“乳都”的定位也能提升蒙牛奶源的正宗性——虽然蒙牛后来的多数奶源不在内蒙古，从而把自己和光明、三元等品牌隔离开来，给了消费者一个很好的想象空间。“乳都”概念的提出突出了内蒙古乳品品牌在全国的地位，而蒙牛作为内蒙古最好的乳品企业之一，同时又是“乳都”概念的创造者、宣传者，自然而然就给人留下印象：蒙牛是“乳都”企业群中的第一品牌，虽然此时的蒙牛与伊利还有一些差距。

四、挑战第一

很多跟随战略实施者的最终目的是为了实现反超。在实现反超之前要耐心，但是一旦机会成熟就要主动出击。与伊利相比，蒙牛的发展思路与战略操作也有许多惊人之举。

在提出“乳都”概念的同一时期，蒙牛从摩根斯坦利等知名投资机构得到了巨额投资，为其超常规发展奠定了基础。2003 年以后，蒙牛再也没有在宣传中把自己和伊利相提并论，而是开始主动出击，此时的蒙牛已经羽翼丰满。2004 年，蒙牛成功在香港上市，解决了资金问题，更是采取了一系列大手笔，力争成为中国乳品行业的第一。

2005 年年初，蒙牛斥资 3 亿元，日产量为 100 吨的通州工厂落成，它是亚洲最大规模的酸奶研发生产基地。酸奶是一个发展潜力巨大的产品，蒙牛之所以要斥资建设这个基地，而不是采取虚拟经营的方式，就是因为蒙牛要依托这个基地为自己的赶超战略奠定基础。2005 年，蒙牛成功赞助“超级女声”，在乳品行业独领风骚。2005 年 1—6 月，蒙牛酸酸乳在全国的销售额比上年同期增长了 2.7 倍，很多销售终端出现了供不应求的现象。

从回避与伊利的冲突、到亦步亦趋地跟随伊利，蒙牛在创业之后的几年内，很好地采取了跟随战略，从而快速塑造了自己的品牌，同时避免了强大竞争对手的打压。当具备一定的实力之后，又及时改变了跟随战略，在产品结构方面开始有所侧重，与伊利有所区隔，从而在某些方面超过了伊利。例如，冰淇淋市场，伊利第一，蒙牛第二，但是在液态奶市场，蒙牛高居第一。到 2004 年，蒙牛成为全国第二，此时的蒙牛已经不仅是内蒙古的第二品牌，而是全国的第二品牌，而且发展势头很猛，后来居上、超越伊利已经为时不远。

思考题

1. 在各个发展阶段，蒙牛在行业竞争中分别扮演着什么样的角色？
2. 在各个发展阶段，蒙牛分别制定了什么样的战略来适应这些角色？
3. 蒙牛的发展历程对我国其他一些中小企业的发展有何启示？

【实训题】

啤酒企业竞争战略分析

实训目的：了解竞争战略的重要性，熟悉不同的竞争战略。了解竞争者的分析方法。

实训任务：掌握啤酒行业竞争环境的资料，选择几家啤酒企业，如青岛啤酒、燕京啤酒、珠江啤酒、哈尔滨啤酒、雪花啤酒、金威啤酒、海珠啤酒等，分析其不同的竞争战略。

实训实施：以小组为单位展开，形成书面报告。

第十章 产品策略

本章学习提示

通过本章的学习,你应该能够:理解产品的概念与层次结构;掌握产品市场生命周期策略;掌握产品分类和产品组合策略;了解品牌的内涵和品牌策略;掌握产品包装策略。

导引案例

丰田的“嫁衣”——谈丰田汽车打进美国市场的产品战略

提起日本丰田汽车,人们很容易联想起“皇冠”牌小汽车和“车到山前必有路,有路就有丰田车”的广告用语,这些都是因为丰田如今已享有很高的知名度。然而,谁能想到30年前,当丰田首次向美国出口小汽车时,仅销售出了228辆。

丰田首次向美国推出的产品名为“丰田宝贝”,它的外形像一个方盒子,整个产品存在着严重缺陷——发动机开起来像卡车一样响,内部装修既粗糙又不舒服,灯光也非常暗,因此,“丰田宝贝”在美国市场的销售一败涂地。“丰田宝贝”惨败后,丰田对美国市场进行了大量的调查和研究,主要研究了美国经销商和消费者需要什么、不需要什么等问题。

丰田发现美国人把汽车作为地位和性别象征的传统倾向在减弱,其态度正变得实用化,汽车在很大程度上被看做是一种交通工具。美国人喜欢腿部活动空间大、容易驾驶且行驶平稳的美国车,但又希望能大幅度地减少拥有汽车的花费,例如,最初的购置费少、耗油少、耐用和维修方便等。丰田还发现消费者也认识到了交通状况的日益恶化,因此希望能有停靠方便和转变灵活的小型车。丰田还发现,大众的成功在很大程度上是由于该公司建立了一套卓越的服务系统,如提供维修服务,就成功地打消了顾客担心外国车买得起、用不起、需要时很难弄到零部件等顾虑。

通过研究分析,丰田制订了一整套打入美国市场的营销战略。其产品策略是生产小型的、经过改装的“底特律式”小汽车。这种美国化的做法在于增加产品的可接受性。新推出的“皇冠”牌小汽车满足了各方面的要求,比其他主要竞争对手,如大众公司的甲壳虫车,在发动机功率和性能上都提高了一倍,并且容易操纵、省油,且具备了小型车的各种便利。此种车外部造型优美,而且具有所有美国人都渴望的内饰,如柔软舒适的座椅、柔色的玻璃、侧壁有白圈的轮胎等,从这个意义说,它几乎完美无缺,车扶手的长度和腿部活动空间的大小都是按美国人的身材设计的。丰田甚至对一些不太引人注目的细节也给予了充分的重视,如质量、可靠性和可维护性等。无论是在打入美国市场之前还是之后,丰田都在不断进行市场调查和研究,力图使各种问题在没有变得十分严重之前就妥善解决。这样,丰田的“皇冠”牌小汽车很快就建立了质量信誉,每销售100辆,顾客不满意的车数从1969年的4.5辆,下降到1973年的1.3辆。

丰田车在美国市场站稳脚以后,就转而采取市场扩张战略并采用不断改进产品以满足顾客需要作为其产品策略。1970年和1974年,丰田对皇冠产品系列分别做了两次大的修改,扩大车身,加宽踏板,同时稳定性能也提高了,所有这些都是为了满足美国消费者的偏好。

丰田将质量理解为“适合顾客需要”,产品改革从顾客的角度出发,而不是将其看做产品自身的要求。在广泛的调查研究和收集顾客反馈意见的基础上，丰田综合顾客的要求，尽可能提供与之相适应的产品。丰田将提高产品质量的努力集中在对生产过程质量的控制上，采取了各种质量控制方法。如通过"无缺陷"概念来寻找不合格产品的原因，通过"QC"小组鼓励雇员为改进产品和生产过程献计献策，等等。此外，丰田还在高度相互信任和尊敬的基础上培养了与其零部件供应商之间强有力的协作关系，从而把住了协作公司零部件质量关。

由产品策略牵头，再配合其他定价、分销、促销策略，丰田占领美国市场的策略取得巨大成功，时至今日，丰田在美国的年销量已愈 50 万辆，超过了它的竞争对手大众汽车公司，在美国进口商中居领先地位，成为当今世界第二大汽车制造商。

企业的基本功能是将一定的资源通过生产与加工转化为能符合市场消费需求的产品。因此，产品策略是企业市场营销组合中的一个支柱，它直接影响并决定着其他市场营销策略的应用，与企业市场经营的成败关系重大。在现代市场经济条件下，每一个企业在制订市场营销组合策略时，首先必须决定经营什么样的产品来满足目标市场的需求，并随着产品市场生命周期的发展变化灵活调整市场营销方案，以更好地满足市场需要，提高企业产品的竞争力，取得更好的经济效益。从这个意义上讲，产品是市场营销组合中最重要也是最基本的因素，产品策略是整个市场营销组合策略的基石。

第一节　产品的整体概念

一、产品整体概念的含义

产品是指能提供给市场，用于满足人们某种欲望和需要的任何事物，包括实物、服务、场所、组织、思想、创意等。产品的整体概念包含 5 个基本层次，如图 10-1 所示。

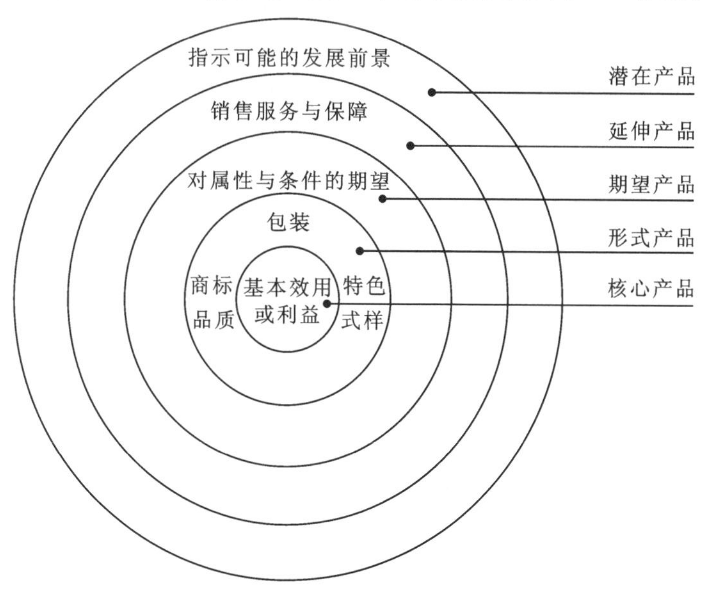

图 10-1　整体产品层次

(1)核心产品，即消费者利用该产品所满足的基本需要。

(2)形式产品,即满足消费者核心利益的实质性产品。

(3)期望产品,即消费者对于其需要满足程度的某些特定要求。企业如果能在这些要求上满足得比较好,其产品就会有较强的竞争力。

(4)延伸产品,即消费者在核心利益需要得到满足的前提下所产生的关联性需要的满足。其表现为对需求满足程度的进一步提高。

(5)潜在产品,主要是指对于消费者可能产生的对某些产品新的需求的满足。这会促使企业对现有产品不断地进行更新与改造,并努力开发出新的产品。

案例 10-1 酒店的产品可以视为酒店为顾客提供的住宿和餐饮服务及相关的产品。酒店产品的五个层次可以作如下划分:

核心产品:住酒店的核心是为了得到身体的休息和心理上的满足。

形式产品:酒店的房间里需要有床、浴室、桌子、毛巾等设施和用品用具。

期望产品:住酒店的顾客希望有舒适的环境、干净整洁的床铺及其他较好的条件。

延伸产品:酒店提供的独特服务(如在酒店的房间里配置电脑等)或酒店所处的地理位置很特别。

潜在产品:酒店根据市场需求的变化而推出的服务内容、经营方式的改变。如根据不同消费者的需要,开发出专供学者著书、立说用的书斋式旅馆,供全家度假用的家庭式旅馆,或供人们扩大社会接触面而用的社交式旅馆等。

产品整体概念典型地反映了以消费需求为核心的市场营销观念,其说明了企业和产品的竞争力主要取决于对于需求的满足程度。因此,企业要在市场竞争中保持自己的领先优势,就应当通过以上五个层次去认识消费者对于产品的不同需求。

二、产品的分类

产品依据销售的目标对象(购买者的身份)及其用途大致被分成两大类:消费品和工业品。

(一)消费品

根据消费者的购物习惯,消费品可分为便利品、选购品、特殊品和非渴求品,如图 10-2 所示。

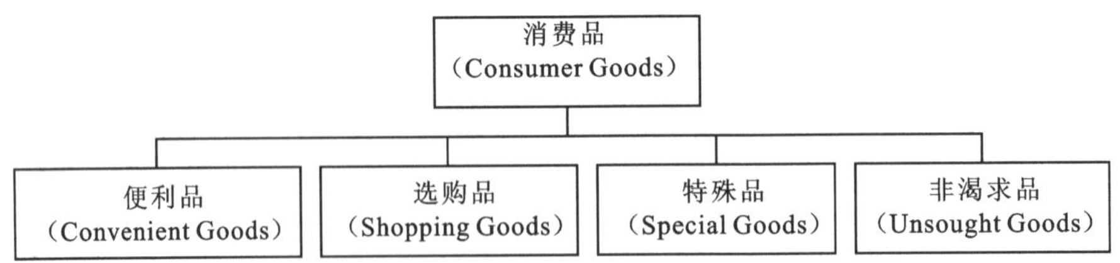

图 10-2 消费品的分类

1. 便利品

便利品又称"日用品",是指价格低廉、消费者要经常购买的产品。消费者在购买此类产品时的购买特征是:花费的时间越少越好,消费者对这些产品几乎不作任何比较,希望就近即刻买到。肥皂、洗衣粉、手纸、牙膏、毛巾、饮料等就属于此类产品。对于生产经营此类产品的企业来说,尽量增加销售此类商品的网点,把网点延伸到居民住宅区的附近就显得特别重要。

2. 选购品

选购品是指消费者愿意花费比较多的时间去购买的商品。在购买之前，消费者要进行反复比较，比较注重产品的品牌与产品的特色。选购品占到产品的大多数，价格一般也要高于便利品，消费者往往对选购品缺乏专门的知识，所以在购买时间上的花费也就比较多。服装、皮鞋、家具、家电产品等是典型的选购品。

根据消费者的购买行为，经营选购品的企业要赋予自己的产品以特色，并且不断地向消费者传达有关产品的信息，帮助消费者了解有关产品的专门知识。对选购品来说，并不要求销售网点越多越好，也并不一定要在居民住宅区附近开设网点。在一些有名的商业中心或者声誉卓著的商店内设立销售点销售选购品能获得比较理想的销售效果，因为消费者愿意花时间去寻找这些商品。

3. 特殊品

特殊品是指那些具有独特的品质特色或拥有著名商标的产品。消费者对这类产品注重它的商标与信誉，而不注重它的价格，在购买时，愿意努力去搜寻。像皮尔·卡丹西服、金利来领带、本田摩托车、莱克斯手表等即属此类产品。因为消费者会不顾远道去购买，所以特殊品的销售并不要求有很多的网点，只要使消费者知道在什么地方能买到就行。

4. 非渴求品

非渴求品是消费者了解或即便了解也不想购买的产品。传统的非渴求品有人寿保险、墓地、墓碑以及百科全书等。对非渴求品，企业应作大量营销努力。

(二)工业品

工业品的分类是依据产品在进入生产过程后的重要程度来划分的。国际上通常运用麦卡锡的分类法来进行分类(图 10-3)。

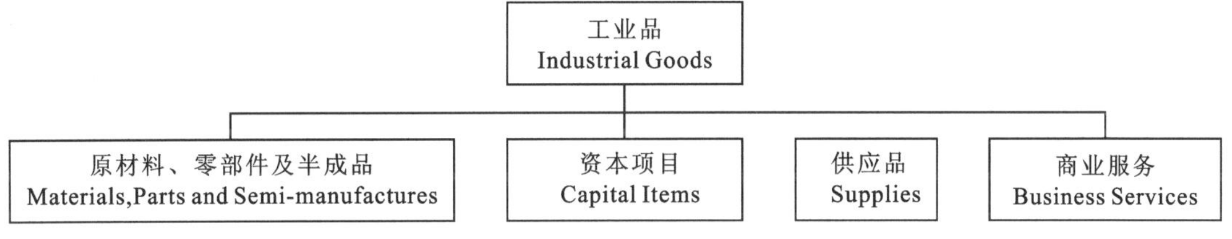

图 10-3　工业品的分类

1. 原材料、零部件及半成品

原材料和零部件是指最终要完全转化到生产者所生产的成品中去的产品。

(1)原材料。这是农、林、渔、畜、矿产等部门提供的产品，构成了产品的物质实体，如粮食、羊毛、牛奶、石油、铜、铁矿石等。这些产品的销售一般都有专门的销售渠道，按照标准价来成交，并且往往要订立长期的销售合同。

(2)零部件和半成品。零部件是被用来进行整件组装的制成品，如汽车的电瓶、轮胎，服装上的纽扣，自行车的坐垫等。这些产品在不改变其原来形态的情况下可以直接成为最终产品的一部分。半成品是经过加工处理的原材料，被用来再次进行加工，如钢板、电线、水泥、白坯布、面粉等。

零部件和半成品一般经供需双方订立合同，由供方直接交给需方。产品的价格、品质、数量等由供需双方共同确定。

2. 资本项目

这是指直接参与生产过程的生产资料，可以分成两大类：

(1)装备。由建筑物、地权和固定设备所组成。建筑物主要指厂房、办公楼、仓库等。地权是指矿山开采权、森林采伐权、土地耕种权等。固定设备指发动机、锅炉、机床、电子计算机、牵引车等主要的生产设备。

(2)附属设备。这种设备比装备的金额要小,耐用期也相对要短,是非主要生产设备,如各种工具、夹具、模具、办公打字机等。购买者对此类产品的通用化、标准化要求比较高,一般通过中间商来购买。

3.供应品

供应品并不直接参与生产过程,而是为生产过程的顺利实现提供帮助,这相当于生产者市场中的方便品,可以分成两类:

(1)作业用品。此类产品消耗大,企业要经常购买,如打字纸、铅笔、墨水、机器润滑油等。

(2)维修用品。主要有扫除用具、油漆、铁钉、螺栓、螺帽等。

供应品主要是标准品,并且消费量大,购买者分布比较分散,所以往往要通过中间商来销售。购买者对此类产品无特别的品牌偏好,价格与服务是购买时考虑的主要因素。

4.商业服务

商业服务有助于生产过程的顺利进行,使作业简易化,主要包括维修服务和咨询服务,前者如清扫、刷油漆、修理办公用具等,后者主要指业务咨询、法律咨询、委托广告等。

此外,产品还可以根据其是否有形分为以下两类:

(1)有形产品。有形产品又可以根据耐用性分为非耐用品和耐用品。非耐用品一般是指有一种或多种用途的低值易耗品,如香皂、啤酒、食盐等;耐用品一般是指使用年限较长、价值较高的有形产品,如电冰箱、计算机、机械设备等。

(2)服务。服务指为出售而提供的活动、利益或满意,如美容美发、电器维修等。服务的特点是不可分、易变、不可储存。一般来说,服务需要更多的质量控制、供应商信用以及适用性。

第二节　产品市场生命周期策略

一、产品市场生命周期的含义

(一)产品市场生命周期的概念

产品市场生命周期(Product Life Cycle)指产品从试制成功后投放市场开始,直到最后被淘汰退出市场为止所经历的全部时间。产品的市场生命周期不是指产品的使用生命,而是指产品的市场生命。产品市场生命周期理论认为,产品在从投入市场到最后退出市场的过程中,一般要经历四个阶段,即导入期、成长期、成熟期和衰退期(图10-4)。

(二)对产品市场生命周期的理解

产品市场生命周期指的是某一类产品的市场生命,不能将其与产品的使用生命混同起来。

产品市场生命周期典型模式所揭示的是产品生命的一般趋势,而不是每一种产品都必然经过这四个阶段,比如以下四种情况:一是产品进入市场后立即进入成长期,而销售量达到顶点时又陡然下降,甚至趋于零点,典型的例子是重大节日期间发行的纪念品;二是产品进入市场后销量迅速增长,其他各阶段与正常生命曲线相同,我国某些企业的彩电在进入市场时即呈现这种情况;三是产品几乎是在投入市场的初期即获得高额的销售额,直接进入成长阶段;四

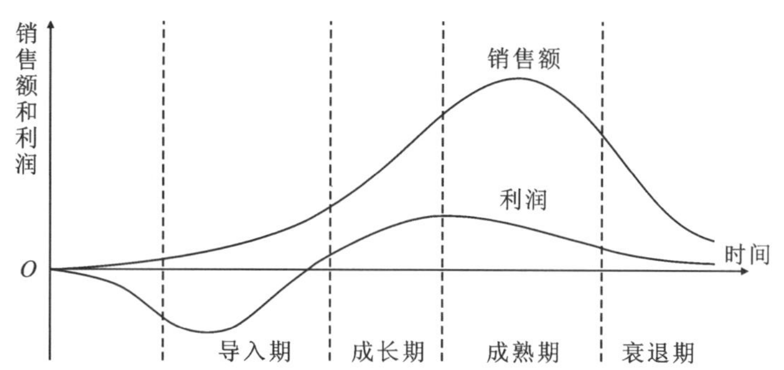

图 10-4　产品市场生命周期的过程

是产品经过成熟阶段后，由于企业采取诸如营销创新、推展产品新用途等措施使产品销量回升，又进入新的再生周期。

应将企业的产品市场生命周期与行业产品市场生命周期的概念加以区别。企业产品市场生命周期是指个别企业某种产品的生命周期。行业产品市场生命周期是指某产品在某个行业或整个市场范围内的生命周期，它反映了同一产品在许多企业进入市场时的综合趋势，而不是指该产品在某一特定企业的发展过程。

严格说，我们所研究的产品市场生命周期，主要是指产品品种(形式)的生命周期。一般来说，产品种类、品种(形式)、品牌中，产品种类具有最长的生命周期，或者说无法预见其周期变化，几乎是无限延长的；对品牌来说，其变化则无规则，变幻莫测；只有品种(形式)的发展过程比较适合产品市场生命周期变化的规律。

二、产品导入期的策略

(一)导入期的特征

(1)本阶段只有少数企业出售此种产品，这种产品较市场上的其他产品有一定的特色或优点，但又有进一步改进的可能。

(2)主要销售对象是早期使用型的顾客，他们对产品的性能、效用、价值等并不熟悉，是试用性质的购买。

(3)产品处于初期发展阶段，销售量小，销售增长率缓慢或不稳定，风险大。

(4)由于批量小、废品率高、推销费用大等原因，一般来说，刚投入市场的产品产生利润的机会很小，亏损现象比较普遍，所以价格较高，边际利润较大。

(5)产品技术不够成熟，性能不稳定，分销渠道也不顺畅。

(二)导入期的营销策略

在推出一种新产品时，营销管理层要为各个营销变量(价格、促销、分销和产品质量)分别设立高或低两种水平。当只考虑价格和促销时，管理层能在图 10-5 显示的四个策略中择一而行。

		促销	
		高	低
价格	高	快速掠取策略	缓慢掠取策略
	低	快速渗透策略	缓慢渗透策略

图 10-5　导入期的市场营销策略

1. 快速掠取策略(Rapid-skimming Strategy)

快速掠取策略也称双高策略,即以高价和高促销水平的方式推出新产品。企业采用高价格是为了在每单位销售中尽可能获取更多的毛利;同时,企业花费巨额促销费用向市场说明虽然该产品的定价水平是高的,但有其优点。高水平的促销活动加快了市场渗透。采用这一策略的假设条件是:潜在市场的大部分人还没有意识到该产品;知道它的人渴望得到该产品并有能力照价付款;企业面临着潜在的竞争,需要及早建立品牌偏好。

2. 缓慢掠取策略(Slow-skimming Strategy)

缓慢掠取策略即以高价和低促销方式推出新产品。推行高价格是为了尽可能多地回收每单位销售中的毛利;而推行低水平促销是为了降低营销费用。两者结合可望从市场上撇取大量利润。采用这一策略的假设条件是:市场的规模有限;大多数的市场已知晓这种产品;购买者愿出高价;潜在竞争并不迫在眼前。

3. 快速渗透策略(Rapid-penetration Strategy)

快速渗透策略即以低价格和高促销水平的方式推出新产品。这一战略期望能给企业带来最快速的渗透和最高的市场份额。采用这一策略的假设条件是:市场是大的;市场对该产品不知晓;大多数购买者对价格敏感;潜在竞争很激烈;随着生产规模的扩大和制造经验的积累,企业的单位制造成本会下降。

4. 缓慢渗透策略(Slow-penetration Strategy)

缓慢渗透策略即以低价格和低促销水平推出新产品。低价格将促进市场迅速接受该产品;同时,企业降低其促销成本以实现较多的利润。企业确信市场需求弹性很高,而促销弹性很小。采用这一策略的假设条件是:市场是大的;市场上该产品的知名度较高;市场对价格相当敏感;有一些潜在的竞争。

案例 10-2 柯达企业生产的彩色胶片在20世纪70年代初突然宣布降价,立刻吸引了众多的消费者,挤垮了其他国家的同行企业,柯达企业甚至垄断了彩色胶片市场的90%。到了20世纪80年代中期,"富士"胶片压倒了"柯达"胶片,日本胶片市场被"富士"所垄断。对此,柯达企业进行了细心的研究,发现日本人对商品普遍存在重质而不重价的倾向,于是制订高价政策打响牌子,保护名誉,进而实施与"富士"竞争的策略。它们在日本发展了贸易合资企业,专门以高出"富士"1/2的价格推销"柯达"胶片。经过5年的努力和竞争,"柯达"终于被日本人接受,走进了日本市场,并成为与"富士"平起平坐的企业,销售额也直线上升。

三、产品成长期的策略

(一)成长期的特征

(1)新产品经受了严峻的市场考验已进入发展阶段,对消费者具有较大的吸引力,需求上升。同时,分销渠道已经疏通,产品已经稳定地占据市场,销售量迅速增加,增长比较迅猛。

(2)产品已基本定型,上了专机专线,能大批量进行生产,成本和推销费用相应下降,给企业带来了较大的利润。

(3)竞争者相继加入,模仿抄袭现象极为普遍。

(二)成长期的营销策略

在成长阶段,企业为了尽可能地维持市场成长,可以采取下列策略:

(1)努力提高产品质量。对产品的性能、包装、式样、色彩都应有相应的改进,以利于市场竞争,满足消费需要。

(2)增加新式样和侧翼产品。

(3)加强调查研究,积极寻找新的市场,进入新的细分市场,开辟新的分销渠道,扩大商业网点。

(4)宣传广告的重点应放在使广大购买者深信购买本企业的产品能得到更多的利益,具体做法是宣传本企业名牌产品商标,并不断推出新产品。

(5)在适当条件下降低价格,为增强竞争力提供条件。

企业在成长阶段面临着选择高市场占有份额,还是当前高利润的问题。如果把大量的资金用在产品改进、促销和分销上,它能获得一个优势地位,但要放弃获得最大的当前利润,而这一利润,企业有希望在下一阶段得到补偿。

案例 10-3　1993 年,香港的月饼市场已不如从前那么具有吸引力,由于业内的生产企业越来越多,而生产成本由于某些原因还在上升,同时产品的差异性越来越小,故整个市场竞争非常激烈。众多厂商纷纷以品牌或价格作为竞争的主要手段,有的甚至兼打两张牌并行促销。但大班决定采取不同的策略,推出全新的冰皮月饼,以差异化对抗同质化。

大班制作冰皮月饼的依据为:人们已经厌倦了月饼甜、腻的传统口味,转而渴望清爽、清淡的口感。大班冰皮月饼采用进口原料制作,不经烘制,故而毫不油腻,它的颜色也一反传统的金黄而呈清冷的白色。细看一个个月饼冰清玉洁、晶莹剔透,微微显出里面绿豆沙的馅——连这馅也是与众不同的!大班的冰皮月饼从里到外都与众不同,如新月般悄然出场。

对冰皮月饼这一概念的测试表明,人们愿意接受这一新产品,对月饼的独特颜色也不排斥,白色令人们联想更多的是“纯洁”而不是“不吉利”,无疑是对大班产品创新的巨大肯定。在 1991 年和 1992 年两届香港食品博览会上,大班连续对其冰皮月饼进行市场测试,结果显示,该产品对 25～40 岁年龄阶段的人们更具吸引力,而他们正是中秋月饼的购买主力,这就大大鼓舞了大班。于是,大规模的市场推广活动在 1993 年全面展开。

大班冰皮月饼市场推广活动的营销目标是:在品牌方面期望形成联想,让消费者想到冰皮月饼时就联想到大班,从而提升大班富于创新精神的品牌形象。此次活动主要针对“潮流领先者”这一细分市场,鼓励他们尝试购买。只要这部分人接受、认可了冰皮月饼,他们的舆论领袖影响将会带来更多人的购买,礼品市场也会迅速跟进,从而实现打开市场的目的。基于上述营销目标及目标市场的特点,大班制定并实施了如下营销策略:

(1)产品:以与众不同的清爽口味为其定位,以精美包装衬其独特、高贵的形象。

(2)价格:大班对其冰皮月饼采取了高出一般水平的定价,以与其高质量、高档次的形象相衬。冰皮月饼高价、高质量的形象在高档月饼中显得非常突出。

(3)渠道:大班冰皮月饼只在大班专卖店中销售,不经过任何中间商。这种专卖的形式一方面有助于大班严格控制其服务水平,对产品销售进行有效管理,另一方面也再次体现了大班冰皮月饼的“高贵矜持”。除零售之外,大班特别指定了 30 家机构,专门服务于集团购买。

(4)促销:配合高价策略,大班冰皮月饼采取了高水平促销。高价、高促销有利于建立品牌偏好,同时亦向消费者说明该产品定价虽高,但物有所值。月饼是时令性产品,在竞争激烈的市场上推出高价位的新品种就必须尽快实现市场渗透,高水平促销则有助于加快这种渗透进程。大班在该年的食品博览会以及大班的专卖店中提供免费品尝服务,对先期购买的顾客则给以折扣。

(5)广告:大班冰皮月饼的电视广告颇具新意,整体风格显得轻松有朝气,充满活力。电台的广告也秉承这一特色,强化这种风格。此外,广泛散发的产品宣传册和传单也不断传达着冰皮月饼独具特色的信息。

四、产品成熟期的策略

(一)成熟期的特征

(1)“一大一长”。“大”是指生产量和销售量都很大;“长”是说这一周期阶段较之于其他阶段的时间要长,因此,市场出售的产品大多是处于成熟期的产品。

(2)竞争激烈。一方面同类产品企业较多,另一方面出现了新产品,这就不可避免地导致了激烈的竞争。

(3)由于竞争及市场容量所限,产品销售量增长速度趋于下降。

(二)成熟期的营销策略

一个产品的销售成长率在到达某一点后将放慢步伐,并进入相对的成熟阶段。这个阶段的持续期一般长于前两个阶段,并给营销管理层带来最难对付的挑战。大多数产品都处于生命周期的成熟阶段,因此,大部分营销管理层处理的正是这些成熟产品。

案例 10-4 联合利华相信20世纪末的亚洲经济危机能增加它的品牌在印度尼西亚和马来西亚的品牌忠诚度。随着紧缩,工厂、工人转移到农村开工,他们把联合利华的品牌转向以前对它并不知晓的农村市场。联合利华计划通过折扣价格和大规模广告预算占领这些市场。联合利华相信,这将给较小的、资金紧张的竞争者造成压力,因为他们在营销和财务上没有优势可以与联合利华抗衡。

在成熟阶段,许多企业会放弃它们的弱势产品。它们认为最好的办法是把资金投入更有获利能力的产品和新产品。这是一种忽视新产品的低成功率和老产品仍有高潜力的做法。很多行业广泛地认为进入成熟期,产品的市场前景将会很黯淡,而日本人的成功说明情况并非如此,他们发现了向顾客提供新价值的新方法。表面上看垂死的品牌,可以通过营销策略的运用获得大的销售复兴。营销人员应该系统地考虑市场、产品和营销组合,改进企业营销策略。

1.市场改进

企业应该用使用者数量和每个使用者的使用率两个因素为它的成熟品牌扩大市场寻找机会。

(1)努力扩大品牌使用者的数量:①转变非使用人。企业应通过努力把非使用人转变为该类产品的使用人。②进入新的细分市场。企业可以进入新的细分市场。该新的细分市场使用产品而不使用品牌。例如,强生曾经把它的婴儿洗发液成功地推销给了成年人使用。③争取竞争对手的顾客。企业可以通过努力吸引竞争对手的顾客试用或采用该品牌。

(2)增加使用者的使用率:①增加使用次数。企业可以努力使顾客更频繁地使用该产品。例如,牛奶的营销人员应努力劝说饮用者除了在早餐时间饮用外,还可在一般场合下饮用。②增加每个场合的使用量。企业可以努力使用户在每次使用时增加该产品的使用量。例如,洗头膏制造商可以给用户暗示,每次洗头时冲洗两次比一次更有效。③发现新的和更多种类的用途。企业应努力发现该产品的各种新用途,并且要使人们相信它有更多用途。

2.产品改进

企业还应努力改进该产品的特性以刺激销售,这包括对质量、特点和式样的改进。

(1)质量改进注重增加产品的功能特性——耐用性、可靠性、速度、口味等。一个制造商通过推出"新颖和改进的"产品，通常能压倒它的竞争对手。这种战略有效的范围是：质量确能改进，买方相信质量被改进的说法和要求较高质量的用户有一个足够的数量。例如，虎牌啤酒的生产商亚太酿酒企业在它的灌装产品线上引入了生啤酒。生啤酒与其他啤酒相比，具有味鲜和不含防腐剂的特点。

(2)特点改进注重增加产品的新特点，如尺寸、重量、材料、添加物、附件等，增加产品的功能性、安全性或便利性。

特点改进战略具有以下优点：新特点为企业建立了良好的形象；新特点能够赢得重视它们特点的某些细分市场的忠诚；新特点能被迅速采用，为购买者提供了更多的选择；新特点能够给企业带来免费的公众化宣传，并激发销售人员和分销商的热情。

(3)式样改进注重增加对产品的美学诉求。定期引进新的汽车车型是式样改进，而并非是质量或特点改进。

3.营销组合改进

(1)价格：削价会吸引新试用者和新用户吗？如果会，要不要降低目录标价？或者通过特价、数量上或先购者的折扣、免费运输、较易的信贷条件等方法降低价格？或用提高价格来显示质量较好的方法更为有利？

(2)分销：企业在现有的分销网点上能够获得比较多的产品支持和陈列吗？企业能够渗透入比较多的销售网点吗？企业的产品能够进入某些新类型的分销渠道吗？

(3)广告：广告费用应该增加吗？广告词句或文稿应该修改吗？宣传媒体组合应该更换吗？宣传的时间、频率或规模应该变动吗？

(4)销售促进：企业应该采用何种方法来加快销售促进——廉价销售、舍去零头、打折、质量保证、赠品和竞争？

(5)人员销售：销售人员的数量或质量应该增加或提高吗？销售队伍专业化的基础应该变更吗？销售区域应该重新划分吗？对销售队伍的奖励方法应该变更吗？销售访问计划需要改进吗？

(6)服务：企业能够加快交货吗？企业能扩大对顾客的技术援助吗？企业能提供更多的信贷吗？

营销组合改进的主要问题是它们很容易被竞争者模仿，尤其是减价和附加服务的方法，因此企业不太可能获得预期的利润。事实上，在互相的逐步加紧的营销进攻中，所有的企业都经历过利润受侵蚀的过程。

五、产品衰退期的策略

(一)衰退期的特征

衰退期的主要市场特征是：随着经济的发展和技术的进步，一个产品或迟或早会被新的产品所替代，这时老产品的市场需求减少，销售量大幅度下降，处于被淘汰的趋势之中。

(二)衰退期的营销策略

(1)连续策略，即企业不仓促丢掉老产品，尽可能保持原有的目标市场，但不能希望竞争者从市场上撤退后这种产品的利益被本企业独占；应该有计划地减产、转产，以减少本企业的经济损失。

(2)放弃策略,即不要盲目"恋旧",若此产品已无改进和重振的希望,只好采取"关、停、并、转"的放弃策略,以不丧失发展新产品的时机。

(3)收割策略,即采取能赚一点是一点的方法,使促销费用不断降低直至为零。目标对象是"忠诚者"和"搜集者",同时还有使用"老"字牌习惯的部分顾客。这样可使产品在被淘汰过程中仍能获取一定的利润。

第三节 产品组合策略

一、产品组合及其相关概念

(一)产品组合、产品线及产品项目

产品组合是企业的产品花色品种的配备,包括所有的产品线和产品项目。

产品线是指企业经营的产品核心内容相同的一组密切相关的产品。密切相关是指产品都是针对具有同质需求的顾客,通过同一种渠道被销售出去。如一个家用电器公司,既生产电视机、录音机,又生产洗衣机、吸尘器,还生产电冰箱、空调等。电视机、录音机、洗衣机、吸尘器、电冰箱及空调组成了这家企业的6条产品线。每一条产品线中产品的核心内容是相同的。

产品项目是产品线中的一个明确的产品单位,它可以依尺寸、价格、外形等属性来区分,也可以依品牌来区分,有的时候一个产品项目就是一个品牌。

(二)产品组合的广度、深度、长度和关联度

1.产品组合的广度

产品组合的广度又可称为产品组合的宽度,是指产品线的总量。产品线越多,意味着企业产品组合的广度就越宽。上述某家用电器公司的产品组合广度就是6条产品线。如果另一家企业的产品线是8条,那么,具有8条产品线的企业的产品组合广度就要宽于拥有6条产品线的该家用电器公司。产品组合的广度表明了一个企业经营产品种类的多少及经营范围的大小。

2.产品组合的深度

产品组合的深度是指在某一产品线中产品项目的多少,其表示在某类产品中产品开发的深度。如上述家用电器公司所生产的电视机有6个品种,其电视机产品线的深度就是6。若其录音机有8个品种,则录音机产品线的深度比电视机产品线要深。产品组合的深度往往反映了一个企业产品开发能力的强弱。

产品组合的广度和深度如图10-6所示。

3.产品组合的长度

产品组合的长度是指企业产品项目的总和,即所有产品线中的产品项目数量相加之和。再以上述家用电器公司为例,此公司的电视机产品线有6个产品项目,录音机产品线有8个产品项目,洗衣机产品线有3个产品项目,吸尘器产品线有4个产品项目,电冰箱产品线有6个产品项目,空调机产品线有4个产品项目。这家公司的产品组合长度就是:6+8+3+4+6+4=31(个)。

一般情况下,产品组合的长度越长,说明企业的产品品种、规格越多。由于有时候一个产品项目就是一个品牌,因此,产品组合的长度越长,企业所拥有的产品品牌也可能越多。

产品项目（深度）

产品线A	A_1　A_2　A_3　A_4
产品线B	B_1　B_2　B_3
产品线C	C_1　C_2　C_3　C_4　C_5

图 10-6　产品组合的广度和深度

4.产品组合的关联度

所谓产品组合的关联度是指各个产品线在最终用途、生产技术、销售方式以及其他方面的相互关联程度。最终用途相关度大即为消费关联性(或称市场关联性)组合。如企业同时经营电脑、打印纸、电脑桌就属于消费关联性组合。生产技术的相关度是指所经营的各种产品在生产设备、原材料或工艺流程等方面具有较强的关联性,其产品组合可称为生产关联性组合。如企业同时生产电视机、电冰箱、洗衣机等就属生产关联性组合。销售方式的相关度一般是指各种产品在销售渠道、仓储运输、广告促销等方面相互关联,其产品组合即称为销售关联性组合。产品组合的关联度与企业开展多角化经营有密切关系。关联度大的产品组合有利于企业的经营管理,容易取得好的经济效益;而产品组合的关联度较小,说明企业主要是投资型企业,风险比较分散,管理上的难度较大。

(三)产品组合的类型

1.水平式

水平式是指企业在自身的生产设备、技术力量和市场范围内发展新的品种,增加不同系列的产品,扩大产品组合的广度。例如,仪表厂综合性发展计量仪表、分析仪表和自动化仪表。这种策略,使企业具有较大的适应性和灵活性,在市场竞争中有回旋余地,但要求企业有比较大的规模、较强的生产技术能力和经营管理能力。

2.垂直式

这是指企业在专业主导产品范围内,向型号规格齐全化方向发展。例如,电机厂系列发展大、中、小型电机。这种策略既能充分发挥企业专业化的特长,又能为市场填补空缺。

3.综合式

这是指企业以主导产品为基础,为了充分利用产品中的边角余料或其他副产品,发展新的产品。例如电机厂利用边角余料生产小型电动工具。这种策略既充分利用了资源,又可以向市场提供廉价产品,具有较高的经济效益。

此外,产品组合的类型还可以有另外一种分类方法,即分为一体化与多样化。

二、调整产品组合的原则与方法

(一)调整产品组合的意义

1.扩大产品组合的广度,可以充分利用企业的各种资源

扩大产品组合的广度,可增强企业的竞争能力,确保经营的安全。由于市场的变化,每一种产品的销售都存在着一定的风险,扩大产品组合的广度,就能分散失败的风险,抵消和降低损失程度;同时使企业的生产经营有广阔的回旋余地,提高其适应能力和竞争能力;也有利于

综合利用资源,提高经济效益。例如,充分利用边角余料,综合利用“三废”资源等。总之,在科学技术迅速发展和社会消费水平不断提高的条件下,扩大产品组合的广度是一种必然趋势,是企业广开生产门路的重要手段。

2.增加产品组合的深度,有利于提高劳动生产率

增加产品组合的深度,品种少,批量大,可以采用专机专线,有利于提高自动化程度、操作技术的熟练程度、工时利用率及产品质量。产品品种单纯,工艺技术上易于精益求精,生产中的关键问题也比较集中,能及时得到解决,有效地保证产品质量的稳定和提高,降低成本。同时,原材料消耗可以大幅度降低,设备利用率高,零配件标准化比例大,调整设备和其他工时损失少,管理费用少,这都有利于降低产品成本。还能保证交货迅速,减少缺货现象,及时满足市场需要。

(二)产品组合的原则

1.产品组合原则

为了实现较好的经济效益,应按照下列原则将产品组合的深度和广度有机地结合起来。

(1)坚持国家的产业政策指导,既符合行业规划,又与工业结构调整相结合,适应市场需要。

(2)坚持企业产品的主导方向,遵循专业化协作的原则,不搞“万能厂”,重蹈“大而全”的老路,也不应“饥不择食”地盲目乱上,影响主导产品的发展方向。

(3)根据“工艺相近、结构相似、原理相通”的要求,组织多种品种生产,充分挖掘潜力,提高经济效益。

2.产品组合应注意的问题

在遵循上述原则的前提下,企业决定产品组合时还必须根据具体的情况综合考虑。

(1)服务方向。确定服务方向是决定企业产品组合的前提。

(2)社会需要。社会需要是企业建立和调整产品组合的依据。

(3)企业优势。扬长避短、发挥优势是决定产品组合的出发点。

(4)资源条件。资源供应是决定产品组合的可靠基础。

(5)收益目标。提高经济效益是产品组合的重要要求。

(三)调整产品组合的方法

调整优化产品组合的方法有ABC分类法、BCG矩阵法和通用电气矩阵法,后两种在第七章已向读者详细阐述,以下只对ABC分类法做简要介绍。

ABC分类法的主要用途在于发现重点。例如,可以以同一类型产品在不同市场的销售量或以企业各种产品的销售额为基础,按其数量或金额的多少为顺序,依次排列并累积其数值,就可发现少数市场或几种产品占有很大的比率,从而发现重点市场或重点产品。

案例10-5 某一企业产品的花色品种共有180种,按销售额依次排列之后,前45种的销售额之和占总销售额的80%,另55种占15%,其余80种仅占5%,利用帕累托曲线得图10-7。

这样就发现:前45种产品占总品种数的25%,而其销售额占总销售额的80%,应列为重点产品,即A类产品;另55种产品占总品种数的30.6%,占总销售额的15%,应列为一般产品,即B类产品;其余80种产品占总品种数的44.4%,只占总销售额的5%,则应列为C类产品。

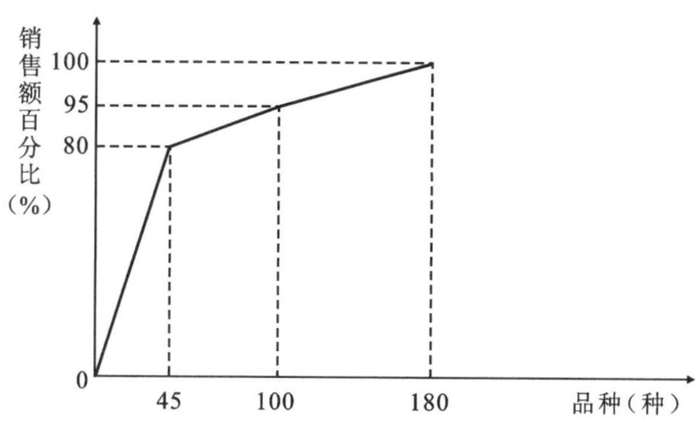

图 10-7　品种与销售额关系图

三、优化产品组合的策略

优化产品组合,可依据不同情况采取以下策略:

(一)产品线延伸策略

总体来看,每一个企业的产品线只占所属行业整体范围的一部分,每一产品都有特定的市场定位。例如,宝马汽车公司(BMW)所生产的汽车在整个汽车市场上属于中高档价格范围。当一个企业把自己的产品线长度延伸至超过现有范围时,我们称之为产品线延伸。具体有向下延伸、向上延伸和双向延伸三种实现方式。

(1)向下延伸。是在高档产品线中增加低档产品项目。实行这一决策需要具备以下市场条件之一:利用高档名牌产品的声誉吸引购买力水平较低的顾客慕名购买此产品线中的廉价产品;高档产品销售增长缓慢,企业的资源设备没有得到充分利用,为赢得更多的顾客,将产品线向下伸展;企业最初进入高档产品市场的目的是建立品牌信誉,然后再进入中、低档市场,以扩大市场占有率和提高销售增长率;补充企业的产品线空白。实行这种策略有一定的风险,如处理不慎,会影响企业原有产品特别是名牌产品的市场形象,而且有可能激发更激烈的竞争对抗。虽然新的低档产品项目可能会蚕食掉较高档的产品项目,但某些公司的重大失误之一就是始终不愿意填补市场上低档产品的空隙。哈利·戴维森公司的失败就在于忽视了轻型摩托车的市场。

(2)向上延伸。是在原有的产品线内增加高档产品项目。实行这一策略的主要原因是:高档产品市场具有较大的潜在成长率和较高利润率的吸引;企业的技术设备和营销能力已具备加入高档产品市场的条件;企业要重新进行产品线定位。采用这一策略也要承担一定的风险。要改变产品在顾客心目中的地位是相当困难的,处理不慎还会影响原有产品的市场声誉。

(3)双向延伸。即原定位于中档产品市场的企业掌握了市场优势以后,向产品线的上、下两个方向延伸。

案例 10-6　丰田公司对其产品线采取了双向延伸的策略。在其中档产品卡罗纳牌的基础上,为高档市场增加了佳美牌,为低档市场增加了小明星牌。该公司还为豪华汽车市场推出了凌志牌。凌志的目标是吸引高层管理者;佳美的目标是吸引中层经理;卡罗纳的目标是吸引基层经理;而小明星的目标是闲钱不多的首次购买者。此种策略的主要风险是有些买主认为两种型号之间(如佳美和凌志之间)的差别不大,因而会选择较低档的品种。但对于丰田公司来说,顾客选择了低档品种总比走向竞争者好。另外,为了减少与丰田的联系,减低自相残杀的风险，凌志并没有在丰田的名下推出，它有与其他型号不同的分销方式。

(二)扩大产品组合策略

扩大产品组合策略包括拓展产品组合的宽度和加强产品组合的深度，前者指在原产品组合中增加产品线，扩大经营范围；后者指在原有产品线内增加新的产品项目。当企业预测现有产品线的销售额和盈利率在未来可能下降时，就须考虑在现有产品组合中增加新的产品线，或加强其中有发展潜力的产品线。

(三)缩减产品组合策略

市场繁荣时期，较长、较宽的产品组合会为企业带来更多的盈利机会。但是在市场不景气或原料、能源供应紧张时期，缩减产品组合反而能使总利润上升，因为剔除那些获利小甚至亏损的产品线或产品项目，企业可集中力量发展获利多的产品线或产品项目。

第四节　产品品牌策略

一、产品的属性

开发新产品或服务需要规定其所能提供的利益。这些利益主要是通过三大产品属性，即质量、特色和设计来提供给消费者。

(一)产品质量

质量是营销人员的主要产品定位工具之一。产品质量有两个尺度——级别和一致性。在开发产品时，营销人员必须选择一个质量级别。这里，产品质量指性能质量，即产品发挥作用的能力。它包括产品的耐用性、可靠性、精密度、使用与修理的简便程度以及其他有价值的属性。例如，劳斯莱斯汽车比雪佛兰汽车的性能好、质量高，表现在“行驶更平稳，操纵更简便，更经久耐用”等方面。因此劳斯莱斯汽车比较昂贵，适合于有较高收入并有较严格要求的市场。但是企业很少去追求最高的性能质量标准，因为想要或支付得起高质量级别产品的顾客甚少。相反，企业选择的质量级别往往和目标市场的需要以及竞争产品的质量级别相一致。

除了质量级别以外，高质量还指高水平的质量一致性。这里的产品质量是指符合标准质量，即没有产品缺陷，以及目标性能质量标准的前后一致性。所有企业都应努力追求高层次地符合标准质量。在这种情况下，雪佛兰汽车的质量可以和劳斯莱斯汽车的质量媲美。尽管雪佛兰汽车的性能不如劳斯莱斯汽车，但它的质量同样能够与顾客的希望相吻合，实现物尽其值。

案例 10-7 建立于1928年的摩托罗拉企业生产了第一台在商业上获得成功的汽车收音机。20世纪80年代早期，摩托罗拉发动了一场大胆的革新运动，先以10倍后以100倍的速度不断地改进质量，它设立了闻所未闻的“6—$\sum$”质量目标。“6—$\sum$”是一个统计术语，意思是“偏离统计性能标准平均值的6个标准差”。用通俗一些的话来说，“6—$\sum$”标准指摩托罗拉把每一道程序中的产品缺陷率减少到低于百万分之3.4，即达到99.9997%的无缺陷率。“6—$\sum$”成为摩托罗拉团结的口号。1988年，摩托罗拉荣获第一届马尔科姆·鲍特里奇国家质量年度奖，该奖承认摩托罗拉为“杰出质量的领导者”。到2001年，摩托罗拉产品的缺陷率达到了一个令人瞠目结舌的数字：十亿分之一！

许多企业已把质量转变为一种强有力的战略武器。它们在与对手的竞争中，通过不断努力地满足顾客的需要和对质量的偏好，取得竞争优势。事实上，质量现在已成为竞争的必要内容。在21世纪的今天，只有追求高质量的企业才能生存。

(二)产品特色

特色是使企业产品区别于竞争对手产品的竞争性工具。抢先推出一种有用并有价值的新特色给顾客，是最有效的竞争方法之一。

企业怎样才能发现新特色，并将哪些新特色增添到原有产品上去呢？企业应定期调查产品使用者并向他们提出如下问题：您对产品的喜爱程度如何？该产品的哪一点是您最喜欢的？我们可以增加哪些特色来改进产品？您愿意为每种特色支付多少钱？这些调查问卷可为企业带来丰富的有关特色的主意。然后，企业就能够估计每一种特色对顾客的价值与它对企业的成本之比。如果顾客价值与成本的比值很小，也就是顾客得利小而成本高，则这种特色不足取；反之，如果比值很高，则应该将这种特色添加到产品上去。

(三)产品设计

产品式样反映产品的外观。式样新颖别致，往往能夺人耳目；式样陈旧呆板，只能让人索然乏味。

一种轰动的式样能引起人们的注意，但是却未必能够改进产品的性能，在有些情况下甚至会适得其反。例如，一把椅子看上去很漂亮，但坐起来却并不舒服。良好的设计能够吸引顾客的注意力，提高产品的性能，降低生产成本，并为该产品在目标市场上创造一个强有力的竞争优势。例如，第一辆福特金牛座车，以其流线型的车身、舒适的内座、先进的工艺，以及高效率的制造，成为当时美国最畅销的小汽车。显然，设计不同于式样，它的内涵更深一层，它还涉及产品的核心。一项好的设计应该不仅能够改善产品的外观，而且能够提高产品的实用性能。设计是对产品和服务进行市场定位及差异化的最重要工具之一，也是增加顾客价值的方法之一，更是企业营销宝库中最根本的竞争武器之一。

二、产品的品牌

品牌是整体产品的一项重要内容，当代营销的艺术大致上也是建立品牌的艺术。在产品没有品牌的情况下，它可能仅被视为商品，此时的价格便是消费者考虑的因素。当价格是唯一的考虑点时，低价商品的制造商是唯一的赢家。但光有品牌的名称还不够，重要的是此品牌名称所代表的意义是什么，唤起的联想是什么，表现的期望是什么，会创造出何种程度的偏好，等等。

(一)品牌的内涵

1. 品牌的概念

品牌(Brand)是一种名称、术语、标记、符号或设计，或是它们的组合运用，其目的是借以辨认某个销售者或某群销售者的产品或服务，并使之同竞争对手的产品或服务区别开来。品牌包括品牌名称(Brand Name)和品牌标志(Brand Mark)。

品牌名称是指品牌中可以用语言称呼的部分。例如，海尔、双汇、青岛、莲花等都是著名的品牌名称。

品牌标志是指品牌中可以被认出但不能用言语称呼的部分，如符号(记号)、设计、与众不同的颜色或印字。

与品牌密切相关的一个概念是商标。商标是一个法律概念，是受法律保护的一个品牌或一个品牌的一部分，具有专有性、时间性和地域性等特征。企业把某一品牌或某一品牌的一部分在政府有关部门登记注册后，即有了使用该品牌的专有权，受到法律保护。不经其允许，任何单位或个人都不得使用。

2. 品牌的要素

(1)能显示有关产品的优点，包括用途、特性与品质；

(2)须简短且易于拼读、发音、辨认与记忆；

(3)读时无不和谐音调，令人有欣悦之感，只有一种发音方法；

(4)出口产品品牌名称更应力求选择可用多种语言发音的字；

(5)须有特色，与其他品牌有显著的差别；

(6)应有充分的伸缩性，可适用于其他新产品；

(7)易于申请、注册登记，以便得到法律的保护。

(二)品牌策略

品牌策略的制定需要考虑如图 10-8 所示的问题。

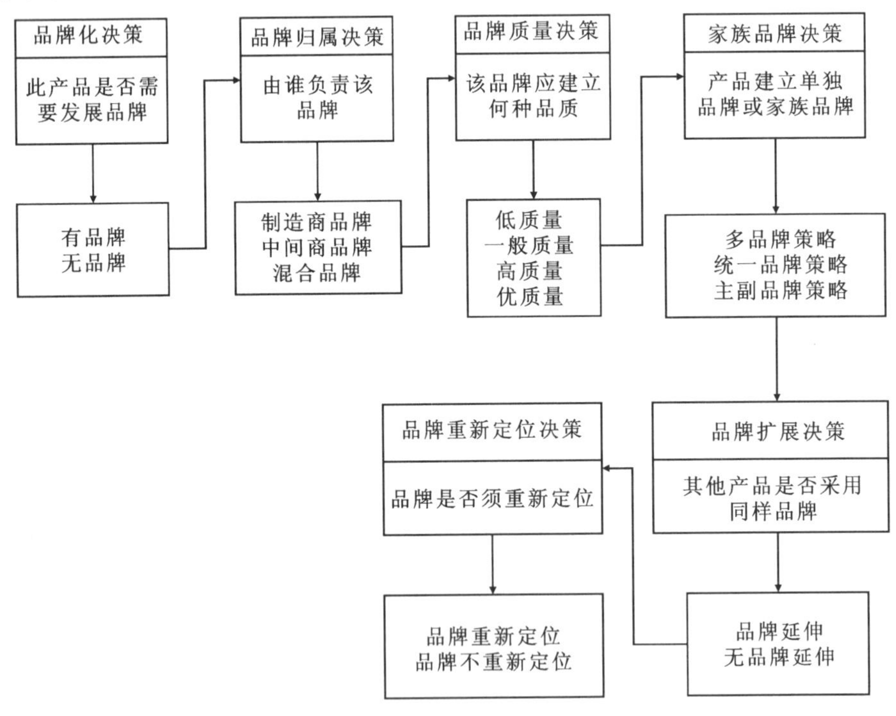

图 10-8　品牌策略

1. 品牌化决策

企业决定是否给产品起名字、设计标志的活动就是企业的品牌化决策。无品牌产品是指在市场上出售的无品牌、包装简易且价格便宜的普通产品。企业推出无品牌产品的主要目的是节省包装、广告等费用，降低价格，扩大销售。一般来讲，未注册品牌使用质量较低的原料，而且其包装、广告、标贴的费用都较低。使用品牌对企业和消费者有诸多意义，因而品牌化成为商品市场发展的大趋势，像水果、蔬菜、肉制品，甚至饮用水等过去从不使用品牌的商品，现在也冠以品牌出售。

2.品牌归属决策

品牌归属决策包括两个方面，一是企业产品是否使用品牌，二是使用谁的品牌。企业的产品一经投入市场，便要决定是否给其产品规定品牌名称。

(1)制造商品牌。因为产品的质量特性由制造商确定，所以绝大多数制造商都使用自己的品牌，这样既能扩大销售，又能建立制造商自己的品牌形象。

(2)中间商品牌。随着现代商业的发展，一些有实力、有信誉的大型零售商和批发商也纷纷建立自己的品牌，以获得更多的利润。制造商根据市场情况可以将产品大批量地卖给中间商，让中间商使用自己的品牌去销售。

案例 10-8　沃尔玛一直在中国市场积极开发和推广沃尔玛“自有品牌”，推出“质优价更优”的自有品牌商品，如惠宜、明庭、简适、宜洁等，覆盖了食品、家居用品、服装、鞋类等主打品类。自有品牌商品的生产厂家都经过严格的审核和产品检测，确保每件商品都拥有领先于同类品牌的优良品质；同时，自有品牌商品均由生产厂家直接提供，节省了中间环节，使售价比同类商品更具竞争力。

(3)混合品牌。即企业可以决定有些产品用自己的品牌，有些产品用中间商品牌；也可以先使用经销商的品牌，等取得一定市场地位以后，再改用制造商的品牌，这样有利于将产品打入新市场；还可以同时使用制造商品牌和经销商品牌，这样可以兼收两种品牌单独使用的优点。

3.品牌质量决策

企业首先要决定其品牌的最初质量水平——低质量、一般质量、高质量、优质量。一般来讲，企业的盈利能力、投资收益率会随着品牌质量的提高而提高，但是不会直线上升。低质量品牌会使企业投资收益率大大降低，优质产品却会使投资收益率少量增加。因此，企业应当提供高质量品牌。但是，如果所有的竞争者都提供高质量品牌，这种战略就难以奏效。

企业决定其品牌的最初质量水平(假设是高质量)以后，还要决定如何管理其品牌质量。在这个方面，企业有三种可供选择的决策：提高品牌质量，以提高收益率和市场占有率；保持产品质量；逐步降低产品质量。

4.家族品牌决策

(1)多品牌策略。多品牌策略有两种情况，一种是企业各种不同的产品分别使用不同的品牌名称，其优点是企业的整个声誉不致受其某种商品声誉的影响。例如，如果某企业的某种产品失败了，不至于影响到这家企业的其他产品。另一种情况是在同一产品中采用两种或两种以上互相竞争的品牌。

案例 10-9　宝洁大都是一种产品多个牌子。其洗衣粉就有汰渍、洗好、欧喜朵、波特、世纪等 9 种品牌。在中国市场上，宝洁仅洗发水就有飘柔、潘婷、海飞丝、沙宣四种品牌。其多品牌策略追求每个品牌的鲜明个性，使每个品牌都有自己的发展空间。如“海飞丝”的特性在于去头屑，“潘婷”的特性在于对头发的营养保健，而“飘柔”的特性则是使头发光滑柔顺。

(2)统一品牌策略。统一品牌策略即企业将其所有的产品都统一使用一个品牌名称。企业采取统一品牌策略是因为宣传介绍新产品的费用开支较低，有助于新产品打开销路。但企业采用统一品牌标志也是有条件的，必须是企业的品牌在市场上享有较高的声誉，或者企业的各种产品具有大致相同的质量水平。例如，美国通用电气企业的所有产品都统一使用“GE”这个品牌名称；我国广州乒乓球厂生产的乒乓球、球拍、球桌等，都统一使用“双鱼”牌。

(3)主副品牌策略。主副品牌策略也称企业名称与个别品牌名称并用,即企业各种不同的产品分别使用不同的品牌名称,而且各种产品的品牌名称前面还冠以企业名称。企业采这种策略是因为在各种不同新产品的品牌名称前冠以企业名称,可使新产品合法化,能够享受企业的信誉,而各种不同的新产品分别使用不同的品牌名称,又可以使各种不同的新产品各有不同的特色。例如,金星啤酒就采取这种策略,推出了金星小麦啤、金星新小麦、金星雪啤等多种啤酒。

5.品牌扩展决策

品牌扩展决策是指企业利用其成功品牌名称的声誉来推出改良产品或新产品,包括推出新的包装规格、香味和式样等。企业利用已经被认可的品牌进行扩展,可使新产品迅速为消费者所熟识、接受,还能使企业更早地进入新产品生产状态。例如,索尼对其大部分新电子产品使用索尼品牌,由于这一点,人们相信它的每一件新产品都是高质量的。品牌扩展能节约宣传成本,使人们尽快熟悉一个新产品。当然,品牌扩展也存在一定的风险。

案例 10-10 我国的三九集团以"999"胃泰起家,企业的品牌经营如此成功,以至于消费者把"999"视为胃泰这种药物的代名词,这正是品牌定位所追求的最高境界。然而,三九集团随后进行的品牌扩展却并不成功。如果说企业把"999"延伸到感冒灵,消费者尚可以接受的话,那么把"999"延伸到啤酒可就让消费者不知所措了。虽然广告上说的是"'999'冰啤酒,四季伴君好享受",但是消费者一拿起"999"啤酒,第一个潜意识的反应恐怕是联想起"999"胃泰这种药,喝带有"心理药味"的酒自然不是一种享受。如果进一步联想到饮酒过量会伤胃,"999"冰啤酒还会有好的销路吗?换另一个角度考虑,"999"分明在劝人喝酒,还算是"胃泰"吗?完全是自损形象。

6.品牌重新定位决策

对品牌重新定位主要因为,一是企业原有目标消费者的偏好发生了变化;二是竞争者推出的品牌构成企业经营无法释放的压力,侵占了本企业品牌的较大部分市场,使本企业品牌的市场占有率明显下降。

案例 10-11 "维他奶"原来定位为健康饮料,"饮维他奶,更高、更强、更健美"的广告语用了10年,这种定位曾创造了辉煌的纪录。然而,随着时间的推移,各种新的、不同品牌的饮料相继粉墨登场。它们纷纷抓住年轻人的心理,突出其产品的时代感,相形之下,"维他奶"形象显得落伍了,市场占有率不断萎缩。后来其进行了重新的定位,塑造了品牌时髦、健康、受欢迎的新形象。新的定位通过富有时代气息的广告表现,既突出了产品优势,又深切地把握了年轻人的心理,很快成为社会流行的口头语。维他奶因此成为受年轻人欢迎的饮品,在激烈的市场竞争中得以稳固,并扩大了市场。

三、产品的商标

商标是一个法律术语。一个品牌或品牌的一部分,经过必要的法律注册程序后,就成为了"商标"。商标具有专用权并受法律保护,商标保护其所有者使用品牌名称或品牌标记的专用权。

产品的商标必须在消费者心目中占有位置。在现代社会,商品都是有其名称和标识的,商标是商品生产和销售者用来区别其创造或经营的某种商品的质量、规格和特点的标志。商标与人们的消费生活、消费心理有着密切的联系。消费者出于对某种商品的爱好或某家企业的信任,乐意购买某种商品,这种现象就是商品"牌子"的效应。商标的设计应从消费者的心理需要出发，具体做到简单醒目。这是因为商标的主要作用是识别商品，用简洁明了、独特新颖的文字或图案作商标，就能给消费者留下较深的印象，从而更好地起到识别商品的作用。商品的名称要注意其文字的艺术性。一般来说，商品的名称是概括各种商品的性能特点而命名的。各种商品有了特定的名称以后，消费者即使没有看见商品，但只要听到商品的名称就可以了解商品的某种特征，以便于消费者理解、接受和购买。

第五节　产品的包装

一、包装的设计要求

(一)包装的概念

包装指为产品设计和生产容器或包裹物的行为。包装物可包括产品的基本容器(如盛“黑妹”牙膏的软管)，使用产品时会被抛弃的第二层包装(如装“黑妹”牙膏管的硬纸盒)，以及存储、识别和运输产品所需的装运包装(如装有 6 打“黑妹”牙膏的瓦楞纸箱)。标签也是包装的一部分，指打印在包装上或随包装一起出现的信息。

(二)包装的设计要求

(1)包装应与商品的价值或质量相适应。“一等产品，三等包装”，“三等产品，一等包装”，都不利于企业销售。

(2)包装应能显示商品的特点和独特风格。对于以外形和色彩表现其特点的商品，如服装、装饰品、食品等，包装应向购买者直接显示商品本身，以便于选购。

(3)包装应方便消费者购买、携带和使用。这就要求包装需有不同的规格和分量，适应不同消费者的需要。包装既要保证密封性，又要便于开启、使用。

(4)包装上的文字说明应实事求是。如产品成分、性能、使用方法、数量、有效期限等要符合实际，以增强顾客对商品的信任。

(5)包装装潢应给人以美感。设计时要考虑消费者的审美习惯，使消费者能从包装中获得美的享受，并产生购买欲望。

(6)包装装潢应尊重民族习惯。包装装潢上的文字、图案、色彩等不能和目标市场的风俗习惯、宗教信仰发生抵触。

案例 10-12　1921 年 5 月，当香水创作师恩尼斯·鲍将他发明的多款香水呈现在香奈尔夫人面前让她选择时，香奈尔夫人毫不犹豫地选择了第五款，即现在誉满全球的香奈尔 5 号香水。然而，除了独特的香味以外，真正让香奈尔 5 号香水成为“香水贵族中的贵族”的却是那个看起来不像香水瓶，反而像药瓶的创意包装。

“我的美学观点跟别人不同：别人唯恐不足地往上加，而我一项项地减除。”这一设计理念，让香奈尔 5 号香水瓶简单的包装设计在众多繁复华美的香水瓶中脱颖而出，成为最怪异、最另类，也是最为成功的一款造型。

香奈尔 5 号香水以其宝石切割般形态的瓶盖、透明水晶的方形瓶身造型、简单明了的线条，成为一种新的美学观念，并迅速俘获了消费者。从此，香奈尔 5 号香水在全世界畅销 80 多年，至今仍然长盛不衰。

二、产品包装策略

产品包装策略是产品整体营销策略的一个重要组成部分。企业采用的包装策略主要有(图 10-9)。

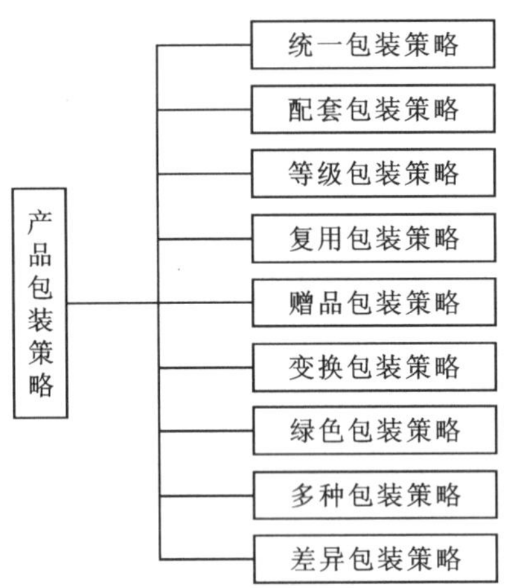

图 10-9　产品包装策略

1. 统一包装策略

它是指企业生产的各种产品在包装外形上采用类似的图案、近似的色彩、共同的特征,使顾客容易联想到是同一企业生产的,有利于新产品的推出。

2. 配套包装策略

它是指企业把多种有关联的产品,或不同规格和花色的同品种产品配套放置在同一容器中,如化妆品、护肤用品、茶具饮具、玩具等的成套包装。

3. 等级包装策略

它是指企业对不同档次和不同质量的产品采用不同的包装,便于消费者选择。

4. 复用包装策略

复用包装策略即原包装的商品使用以后,包装可移作他用。

5. 赠品包装策略

它是指在产品包装物外面或包装内通过附加一定的赠送物品,来引起消费者的购买欲望和动机。

6. 变换包装策略

变换包装策略就是在不改善产品质量的前提下,通过改变包装、装潢来促进产品销售。这种策略有时会起到与改进产品质量相同的效果,给企业带来良好的效益。

7. 绿色包装策略

绿色包装策略又叫生态包装策略,指包装材料可重复使用或可再生、再循环,包装废物容易处理或对环境影响无害化。

8. 多种包装策略

它是指企业根据购买者的兴趣、爱好、使用习惯等的不同,对同一产品实行多种包装。如可口可乐有瓶装和罐装、大瓶和小瓶等。

9.差异包装策略

它是指企业对其不同产品分别采用不同的风格、不同的色调、不同的材料进行包装。这一包装策略的优点是不至于因某一商品营销的失败而影响到其他商品的声誉，但相应的会增加包装设计费用。

本章小结

产品是指能提供给市场，用于满足人们某种欲望和需要的任何事物，包括实物、服务、场所、组织、思想、主意等。产品的整体概念一般包含核心产品、形式产品、期望产品、延伸产品和潜在产品5个基本层次。

在研究产品和服务营销战略时，营销人员建立了几种产品分类标准。产品根据购买销售的目标对象及其用途可以分成两大类，即消费品和工业品。

产品市场生命周期指产品从试制成功后投入市场开始，直到最后被淘汰退出市场为止所经历的全部时间。产品市场生命周期理论认为，产品在从投入市场到最后退出市场的过程中，一般要经历四个阶段，即导入期、成长期、成熟期和衰退期。

产品组合是产品的多种花色品种的配合，它是指一个企业所生产和投放于市场上的全部产品的组合方式。

品牌是一种名称、术语、标记、符号或设计，或是它们的组合运用，其目的是借以辨认某个销售者或某群销售者的产品或服务，并使之同竞争对手的产品或服务区别开来。品牌策略包括品牌化决策、品牌归属决策、品牌质量决策、家族品牌决策、品牌扩展决策以及品牌重新定位决策等。

包装指为产品设计和生产容器或包裹物的行为。包装物可包括产品的基本容器，使用产品时会被抛弃的第二层包装，以及存储、识别和运输产品所需的装运包装。标签也是包装的一部分，指打印在包装上或随包装一起出现的信息。包装的基本作用是装载和保护产品。

关键概念

产品 Product　　品牌 Brand

商标 Trademark　　品牌名称 Brand Naming

包装 Package　　产品线 Product Line

产品组合 Product Mix or Product Assortment

产品组合宽度 Width of Product Mix　　产品组合长度 Length of Product Mix

产品组合深度 Depth of Product Mix

产品市场生命周期 Product Life Cycle

产品组合关联度 Consistency of Product Mix

复习思考题

1.如何理解产品整体概念？

2.采用双向延伸的产品延伸策略会给企业本身带来什么样的机会与威胁？

3. 产品市场生命周期各阶段有什么特点？企业在产品市场生命周期各个阶段的主要任务有哪些？

4. 包装有什么作用？企业采用的包装策略主要有哪些？

5. 外国人对中国的产品有“一流的品质、二流的服务、三流的价格与四流的包装”的印象，我们对此应该如何改变以提高产品在国际市场中的竞争力？

【案例分析】

可口可乐的中国化

1886年5月8日，药剂师彭伯顿(Pemberton)在美国佐治亚州亚特兰大市家中后院调制出新口味糖浆，并拿到当时规模最大的雅各(Jacob)药房出售，每杯五角。百忙之中，助手误把苏打水与糖浆混合，其口味却令顾客赞不绝口。至此，彭伯顿的新产品终于诞生了！彭伯顿的合伙人之一——弗兰克·鲁滨逊为该产品想出了“可口可乐”这个名字，产品也在1887年6月16日的广告中第一次使用了今天大众熟悉的斜体字形。1892年，艾萨·坎德勒(Mr. Asa G. Candler)用2300美元取得可口可乐的配方和所有权，并成立了可口可乐公司。1919年，可口可乐公司被亚特兰大的一个财团收购。1923年，亚特兰大的伍德瑞夫(Woodruff)担任总裁，开创了可口可乐公司另一个重要的新纪元。

至今，可口可乐公司已有百多年的历史，是全球最大的饮料生产及销售商，拥有全世界最畅销的五种饮料中的四种：可口可乐、健怡可口可乐、雪碧和芬达，公司旗下的产品超过100种。有数据显示，目前全世界近200个国家的消费者每日享用超过10亿杯可口可乐公司的产品，可口可乐的品牌已深入人心。正如可口可乐公司创始人艾萨·坎德勒所言，“假如可口可乐所有公司的所有财产在今天突然化为灰烬，只要我还拥有‘可口可乐’这块商标，我就可以肯定地向大家宣布：半年后，市场上将拥有一个与现在的规模完全一样的新的可口可乐公司。”

可口可乐品牌成功的秘诀何在？重要原因之一就是其国际化经营中的本土化战略。如今的可口可乐已经成为一种全球性的文化标志，但是在风靡全球的同时，可口可乐仍然保持着清醒的头脑，没有固执己见地一味传播、销售美国观念，而是在不同的地区、文化背景、宗教团体和种族中实施分而治之的策略。比如可口可乐公司“Can't beat that feeling”的广告口号，在日本改为“我感受可乐”(I feel cola)，在意大利改为“独一无二的感受”(Unique sensation)，在智利又改成了“生活的感觉”(The feeling of life)，广告信息始终反映着当地的文化，在不同时期有不同的依托对象和显示途径、生成方式，无一不是随着具体的时空情境来及时调整自身在文化形态中的位置。换言之，可口可乐的本土化随处可见。

剖析可口可乐公司在中国的迅速发展，也能再一次印证本土化经营为跨国公司的发展“插上翅膀”的作用。作为可口可乐在中国成立的第一家合资企业——北京可口可乐饮料有限公司，其发展历程就是可口可乐在中国本土化的一个缩影。

对可口可乐而言，1979年1月24日是一个应载入史册的日子，这一年中美建交，也正是在这一年，3万箱可口可乐从香港辗转运往北京、上海及广州的大商场和宾馆，可口可乐在中国的战役开始打响。1981年，由可口可乐公司提供设备的第一个灌装车间在北京丰台建成。此后12年间，可口可乐一直在特许灌装和直接投资等领域寻求业务合作机会。1993年，可口可乐公司与原轻工业部签署合作备忘录，提出了一个基于“真诚合作，共同发展”原则的长期发展规划。20世纪90年代初，曾风靡全国的天津“津美乐”和上海“雪菲力”汽水就是最早打下可口可乐系列饮料本地化烙印的品牌。1996年，面对非碳酸饮料年销售额增长将近20%的诱人前景，可口可乐首次推出为中国市场研制的“天与地”果汁和矿物质水品牌。1997年8月，果碳酸饮料品牌“醒目”问世。

在可口可乐全球的产品中，有1/4只在亚洲销售，而“天与地”系列产品和“醒目”等饮料则专为中国市场研制。可口可乐的中国化包括各个方面，从工厂、原料、人员到产品、包装、营销，99%都是中国的：无论是玻璃瓶还是易拉罐，从浓缩液到二氧化碳、糖，甚至含量极小的柠檬酸，都打下了中国造的烙印；在老对手百事可乐大行国际化路线时，可口可乐却将自己的产品打扮得越来越"国粹"，从1999年开始，可口可乐利用中国传统节日——春节大做文章，从喜气洋洋的"大阿福"、12生肖卡通罐到奥运金罐到茶系列饮料的面世，该公司努力地拉近与中国人的距离。同时，其广告设计采取红底白字，书写流畅的白色字母在红色的衬托下有一种悠然的跳动之感，既充分体现了液体的特性，又流露出中国传统红色的喜庆气氛。此外，可口可乐还让本土明星作广告宣传，聘请港台当红明星林心如等，不但贯彻了本土化的思想，而且还从明星的年轻活力中抓住了主要消费群——年轻人。总体而言，可口可乐在中国展开了一系列的公关活动，从体育、教育、文娱、环保到树立自己良好积极的纳税人形象，通过为北京申奥制作"申奥金罐"以及签约"中国队"、押宝"冲击世界杯"等与中国人融在一起，通过捐款捐书、兴建希望小学、资助大学特困生、创立大学生奖学金、援手教育项目等活动争取社会好评……

在国内诸多企业轰轰烈烈地开展"洋务运动"时，众多国际品牌却在中国市场放下身价，使用各种方法拉近自己与中国消费者之间的距离，塑造自己富有亲和力的品牌形象。零点远景投资授权零点指标数据网在2003年年底发布的一项国际品牌亲和力的主题调查结果显示：虽然企业中高层管理人员认为对中国最友好的国际品牌数目众多且分布广泛，但在中国土壤上耕耘时间长且本土化程度高的国际品牌最能够获得国人的好感，其中可口可乐位居第三名。可口可乐公司将自己打扮得越来越"国粹"，为了符合中国消费者的审美观，甚至对已经用了20年的商标进行更改，采用了全新设计的中文商标。

一位美国的经济专家指出：美国公司海外业务的成败取决于是否认识和理解不同文化存在着的根本区别，取决于负责国际业务的高层经理们是否愿意摆脱美国文化过强的影响。事实证明，任何成功的营销经验都是地域性的，营销越是国际化，就越是本土化。本土化思维，本土化营销，促使可口可乐越来越成为中国的可口可乐。

思考题

1. 通过本案例，请你归纳总结可口可乐中国化战略的内容。

2. 你如何理解可口可乐公司创始人艾萨·坎德勒所言："假如可口可乐所有公司的所有财产在今天突然化为灰烬，只要我还拥有'可口可乐'这块商标，我就可以肯定地向大家宣布：半年后，市场上将拥有一个与现在的规模完全一样的新的可口可乐公司。"？

3. 与可口可乐相比，我们的企业在品牌营销过程中有何不足？

【实训题】

品牌策划

实训目的：通过实训，使学生深刻认识到品牌策划在现代营销中的重要作用，掌握品牌策划的程序、方法和技巧。

实训任务：品牌名称和品牌标志设计；品牌定位；撰写品牌方案策划书。

实训实施：以小组为单位展开，形成书面报告。

第十一章 新产品开发策略

本章学习提示

通过本章的学习,你应该能够:了解新产品的含义及类型;掌握新产品构思的来源与方法;了解新产品开发的程序;学会新产品的测试。

导引案例

三星的创新营销

大企业大而不强的现象之所以比较普遍,关键在于不善变革,不能创新,故步自封,难以转型,这和大企业机构过多、部门重叠、程序烦冗、领导力不足有关。三星的成功变革,得益于一个大企业全局性的体系创新。与三星相比,中国企业更多地选择局部创新而非体系创新。三星的变革值得我们借鉴。

在10年前,三星还是一个低端品牌,如今它的品牌价值过百亿美元,真是一个令人惊叹的现代商业神话。

在20世纪70年代,三星是为日本公司做贴牌的加工厂。但为什么三星会成为当今品牌泰斗?奇迹后面是三星的创新。

三星的创新是一个企业在体系上的创新:目标、品牌、理念、产品……

三星公司有一个梦,那就是超越日本的索尼。在这个梦的强烈驱动下,三星在品牌、产品、制造、创意等各个领域全面学习索尼,以索尼为标杆,全面培养学习能力,迅速缩短经验成长曲线。企业一切努力的目标就是赶超索尼。

经过市场分析,三星的决策者敏锐地意识到数字产品将成为世界消费电子产品的主流产品,便开始向数码产品创新转型。

三星不断派出大批优秀技术人员到日本参观、访问,学习日本企业的先进技术和设计理念,又专门从美国IBM公司请来著名的设计专家,帮助三星的设计人员提高创意设计的能力。三星还持续在世界各地不断地招募有能力的设计人员,使公司设计人员的数量在短短几年内增加了一倍。三星在美国、日本等发达国家设立了各种研发中心,雇佣了近700名高级研发人员。如今,三星在全球范围内已经拥有了17000多名优秀的研发人员,占到所有员工人数的30%还要多。

为支持产品创意设计,三星把每年销售额的8%投入到研发过程中:2002年是25亿美元,2003年增长到29亿美元,2004年达到33亿美元,年均增长近15%。

在这种比例的研发资金的支持下,三星还建立了强大的研发队伍,并且不断突破一些关键的技术门槛,拥有了许多世界竞争力相当强的领导产品,如手机、笔记本电脑、DVD、显示器、MP3、数字录音笔、手表手机、数码摄像机、数字电视机、数码超人、光盘刻录机等无一不是三星电子体系创新的价值体现。

为了满足顾客需要,保持或提高市场占有率,获得利润,保持或塑造自身形象,就必须不断地研发新产品。企业在研发新产品时,必须了解新产品的类型,新产品的研发程序,构思的来源、方法、筛选,以及新产品的评价方法,以便能研发出更加符合市场需要、社会利益的新产品。

第一节　新产品概述

一、新产品的含义与类型

(一)新产品的含义

从市场营销的角度来看,新产品并不一定都是新发明的产品,它与科技发展所生产出来的“全新产品”概念并不完全相同,其内容要广泛得多,是指能够在性能、结构、材料和技术特性等某一方面或多个方面比老产品有显著改进或提高的,具有实用性、先进性、经济性、新颖性、风险性等特点的,能带来明显经济效益的一切新开创的产品,既包括产品线的取得、现有产品的改良,又包括竞争产品的仿制等而生产的产品。

(二)新产品的类型

1. 全新新产品

全新新产品是指企业采用新原理、新结构、新技术、新材料制成,开创全新功能的新产品。这类产品对企业或是市场来讲都属新产品,如电视、空调的问世。

2. 换代新产品

换代新产品是指企业在原有原理的基础上开发出产品的新功能、新结构,或者是企业在原有产品的基础上部分采用新技术、新材料、新工艺,使其性能获得改进或增加其功能,并对现有产品有一定的替代作用的产品,如电视的黑白换成彩色、空调的窗机换成柜机。

3. 改进新产品

改进新产品是指企业在利用原有原理、结构、技术、材料的基础上,对产品的某个方面进行改进,如彩电、空调推出新款式、增加新尺寸等。

4. 品牌新产品

品牌新产品是指企业对原有产品没做什么改变,而是在营销上进行了创新,如采用新包装、新名称,或是找到新市场、新用途等。

(三)新产品开发的原因

开发新产品,既是发展国民经济、繁荣市场、改善人们生活的需要,同时也是竞争取胜的重要途径和必要手段。开发新产品的原因可用图 11-1 表示。

1. 市场的需要

消费者的需求一直没有获得满足,或顾客对现有产品不满意,或顾客的需求已经发生改变,或定期替换旧产品等,都需要企业开发新产品来满足消费需求。

2. 技术进步的需要

新品质、新制程、新材料的出现使新产品开发成为可能和必然。

3. 竞争的需要

有时为了增加市场占有率或维持市场占有率,企业需要开发新产品。

4. 企业营销策略的需要

基于市场区隔、利用空闲产能设备、以产品多角化分散风险、占据零售货架空间等的需要,企业要开发新产品。

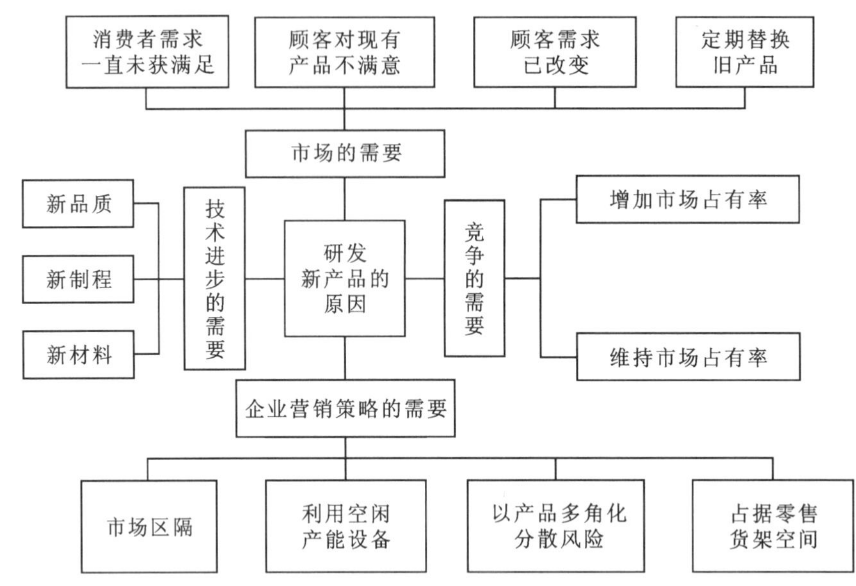

图 11-1　研发新产品的原因

二、新产品开发战略

新产品开发战略的类型是根据新产品战略的维度组合而成的，产品的竞争领域、新产品研发的目标及实现目标的措施三维构成了新产品战略。对各维度及维度诸要素的组合便形成了各种新产品开发战略。

(一)冒险或创业战略

冒险战略是具有高风险性的新产品开发战略，通常在企业面临巨大的市场压力时采用，企业常常会孤注一掷地调动其所有资源投入新产品开发，期望风险越大，回报越大。该战略的产品竞争领域是产品最终用途和技术的结合，企业希望在技术上有较大的发展甚至实现一种突破；新产品开发的目标是迅速提高市场占有率，成为该新产品市场的领先者；创新度希望是首创，甚至是首创中的艺术性突破；以率先进入市场为投放契机；创新的技术来源采用自主研发、联合研发或技术引进的方式。实施该新产品开发战略的企业须具备领先的技术、巨大的资金实力、强有力的营销运作能力。中小企业显然不适合运用此新产品开发战略。

(二)进取战略

进取战略由以下要素组合而成：竞争领域在于产品的最终用途和技术方面；新产品开发的目标是通过新产品市场占有率的提高使企业获得较快的发展；创新程度较高，频率较快；大多数新产品选择率先进入市场；开发方式通常是自主开发，以一定的企业资源进行新产品开发，不会因此影响企业现有的生产状况；新产品创意可来源于对现有产品用途、功能、工艺、营销策略等的改进。改进型新产品、降低成本型新产品、形成系列型新产品、重新定位型新产品都可成为其选择。也不排除具有较大技术创新的新产品研发。该新产品开发战略的风险相对要小一些。

(三)紧跟战略

紧跟战略是指企业紧跟本行业实力强大的竞争者，迅速仿制竞争者已成功上市的新产品，来维持企业的生存和发展。许多中小企业在发展之初常采用该新产品开发战略。该战略的特点是:产品的战略竞争领域是由竞争对手所选定的产品或产品的最终用途,本企业无法也无须选定;企业新产品开发的目标是维持或提高市场占有率;仿制新产品的创新程度不高;产品进入市场的时机选择具有灵活性;开发方式多为自主开发或委托开发;开发费用小,但市场营销风险相对较大。实施该新产品开发战略的关键是跟进要及时,全面、快速和准确地获得竞争者有关新产品开发的信息是仿制新产品开发战略成功的前提;另外,对竞争者的新产品进行模仿式改进会使其新产品更具竞争力;强有力的市场营销运作是该战略的保障。

(四)保持地位或防御战略

有保持或维持企业现有市场地位这种战略目标的企业会选择新产品开发的防御战略。该战略的产品竞争领域是市场上的新产品;新产品开发的目标是维持或适当扩大市场占有率,以维持企业的生存;多采用模仿型新产品开发模式;以自主研发为主,也可采用技术引进方式;产品进入市场的时机通常较滞后;新产品开发的频率不高。成熟产业或夕阳产业中的中小企业常采用此战略。

三、新产品开发的方向和方式

(一)新产品开发的方向

新产品开发必须适应国民经济发展和人们生活水平提高的需要,这是其开发的总方向。对于不同的企业和产品来讲,这个总方向还应当具体化。

1. 多能化

多能化即由单功能产品发展成为多功能产品,以提高产品性能和增加产品的用途,从而满足不同消费者的不同需要。如普通电视机改为收、录、看三用组合机,农用机耕船具备耕、耙、抽水等多种功能。

2. 微型化

微型化是尽可能将产品设计生产成短小轻薄型。它表现为缩小产品的体积,减轻产品的重量,其功能不变,以符合节约、环保、便利的要求。如电子产品的微型化等。

3. 多样化

多样化即增加产品种类、形式和类型。包括:

(1)水平多样化。除生产主要产品外,还生产其他产品;或者在基型产品的基础上发展变型产品,发展多品种、多规格、多型号的系列产品。

(2)垂直多样化。通过对产品进行深度加工来生产多种产品。

4. 节能化

节能化即使产品省电、省煤、省油、省水等。这是新产品开发的一个重点方向。还应量力开发利用新的能源和更经济、更丰富能源的产品,如太阳能、风能、地热等。

5. 艺术化

对于某些轻工产品或与消费者的生活密切相关的产品,努力实现其工艺美术化,既能够美化消费者的生活,陶冶情操,又能促进精神文明建设。

(二)新产品开发的方式

新产品的开发有四种方式可供选择,应根据不同情况予以把握。

1. 独立研制方式

这是一种独创型的开发新产品的方式,其目的是为了发展有本企业特色的新产品,从而在市场上占据有利地位。产品更新换代或发展全新的新产品,一般皆应采取此方式。采取这一方式可以针对现有产品存在的问题和用户要求,从基础上重新研发,独立性地探讨和研究产品的原理与结构,采用新技术和新材料,创造出具有自身特色的新产品,取得技术上的领先地位,从而一举使企业在市场上居于有利地位。但是独立研制要有雄厚的技术力量,而且风险较大,需要强有力的盈利产品作为财力支持的后盾。只有资金和技术力量都比较雄厚的企业,才适宜采用这种方式。

2.技术引进方式

实行技术引进方式即利用国内外已有的成熟技术来从事新产品的研发。这是一种被经常采用的新产品开发方式。采用这种方式能够利用有限的资金和技术力量,较快地掌握先进的企业技术,缩短与国内外产品的技术差距,并且节约研制费用,争取时间,填补空白,经济效果明显,能够有效地提高企业的竞争能力,有利于进入国际市场。但是由于这种产品的市场已被别人率先占领,技术引进的代价也较高,只能有选择地重点引进。

3.独立研制与技术引进相结合方式

这种方式既重视引进先进成果技术,有利于最快地吸收国际上新的科学成果,又不放弃独立研制,有利于发挥企业的独创精神,以技术引进为起点,把引进技术与本企业的技术改造结合起来,创造出独具特色的技术先进的新产品,花钱少,见效快,产品有竞争力,能够较好地发挥引进技术的作用,提高企业发展新产品的能力。这是一种开发新产品的常用方式。

4.仿制方式

仿制方式即按照样品仿制竞争者的新产品。它的优点是仿制费用低,成功率高。其缺点是落后一步,市场占有率较领先发展新产品的企业要低得多。采用此方式,要在仿制的同时有所创新,以收到"后发制人"的新产品开发效果。

四、新产品开发的难度和要求

(一)新产品开发的难度

新产品开发既是企业的一项关键性工作,又是一项非常复杂、艰巨的任务。

1.创意的缺乏

市场经济的发展,要求企业必须有较大的创新,避免生产与消费的停滞不前。但科学技术的重大突破,绝非轻而易举之事。据统计,在1867—1960年的近百年间,全世界公认的最重要的新产品,诸如打字机、真空管、尼龙、圆珠笔等,仅有46项,平均每两年才有一项。因此,市场上的新产品,绝大多数都属于对原有产品的改良或仿制,具有独特创意的全新产品极为贫乏。

2.需求的变化

由于社会生活与市场经济的发展以及人类精神文明的进步,迫切需要开发新产品。但人们的消费需要既是多变的,又是复杂的,新产品的开发过程中,往往面临"众口难调"的局面,致使一种新产品的问世很难适合多方面的复杂多变的消费者需求,不容易在市场上占有较大的份额,有的甚至难以打开销路。

3.环境的制约

随着经济的发展,政府对产品在审批上更加严格,在生产上更加严控,在使用上更重视消费者权益的保护,在弃置处理时更在乎可持续发展;消费者对自身的根本利益日益清楚,更在乎自身权益的保护,对商品的方方面面更加挑剔,对商品的经济性和安全性提出了更高的要求，致使新产品研发的难度愈来愈大。

4.费用的昂贵

在现代市场经济下的营销活动中，不仅研制新产品需要花费很多费用，而且由于开发新产品的失败率高，市场生命周期短，也增加了产品的成本。据有关资料介绍，在新产品的开发中，其失败率高达80%～90%，从而使付出的巨额开发与研制费用付之东流，故“绝大多数新产品均遭受着失败的命运”。

5.竞争的激烈

激烈的市场竞争使很多开发新产品的成效不符理想，即使一件新产品上市成功，迅速涌现的竞争者也会使好景不长，企业为保持其产品在市场上的地位，不得不付出高昂的费用，使盈利减少，以致不得不将新产品撤退下来。正如美国奇异电机企业的鲍奇于1964年在纽约营销经理协会上所说，惨烈的竞争使新产品的蜜月期越来越短。

(二)新产品开发的要求

由于新产品的开发是一项难度很大的工作，因此，要使新产品开发尽可能成功和迅速发展，必须符合相关要求：

1.要有市场

新产品在市场上要有一定的销量，为市场所需要，这就必须了解市场，预测市场的需求。

2.要有特色

新产品体现一个“新”字，应具有独创性，采用新的材料，具有新的性能、新的用途，符合市场的新要求。

3.要有能力

开发新产品涉及人力、技术、原料、设备、资金等，必须量力而行。

4.要有效益

开发新产品必须考虑能给企业带来的经济效益，因此要充分利用企业现有的生产能力，综合利用原材料，特别是边角废料，以降低成本，同时还要为产品进入市场规定合适的价格，使其易为消费者接受，这样才能扩大销路，取得较好的经济效益。

五、开发新产品的程序

一个完整的新产品开发过程要经历八个阶段：构思产生、构思筛选、概念测试、营销规划、商业分析、实体开发、产品试销、产品上市。

(一)构思产生

进行新产品构思是新产品开发的首要阶段。构思是创造性思维，即对新产品进行设想或创意的过程。缺乏好的新产品构思已成为许多行业新产品开发的“瓶颈”。一个好的新产品构思是新产品开发成功的关键。企业通常可从企业内部和企业外部寻找新产品构思的来源。企业内部人员包括研发人员、市场营销人员、高层管理者及其他部门人员。这些人员与产品的直接接触程度各不相同，但他们的共同点是都熟悉企业业务的某一或某几方面，对企业提供的产品较外人有更多的了解与关注，因而往往能针对产品的优缺点提出改进或创新产品的构思。企业可寻找的外部构思来源有顾客、中间商、竞争对手、企业外的研究和发明人员、咨询企业、营销调研企业等。

(二)构思筛选

新产品构思筛选是采用适当的评价系统及科学的评价方法对各种构思进行分析比较,从中把最有希望的设想挑选出来的一个过滤过程。在这个过程中,应力争做到除去亏损最大和必定亏损的新产品构思,选出潜在盈利大的新产品构思。构思筛选的主要方法是建立一系列评价模型。评价模型一般包括评价因素、评价等级、权重和评价人员。其中,确定合理的评价因素和给每个因素确定适当的权重是评价模型成功与否的关键。

(三)概念测试

消费者不是购买新产品构思,而是购买新产品概念。新产品概念形成的过程就是把粗略的产品构思转化为详细的产品概念。新产品概念是企业从消费者的角度对产品构思进行的详尽描述,即将新产品构思具体化,描述出产品的性能、用途、形状、优点、外形、价格、名称,以及提供给消费者的利益等,让消费者能一目了然地识别出新产品的特征。新产品概念的形成来源于针对新产品构思提出问题的回答。一般通过对以下三个问题的回答,可形成不同的新产品概念:谁使用该产品?该产品提供的主要利益是什么?该产品适用于什么场合?任何一种产品构思都可转化为几种产品概念。

(四)营销规划

为已经形成的新产品概念制订营销战略计划是新产品研发过程的一个重要阶段。该计划将在以后的研发阶段中不断完善。营销战略计划包括三个部分:第一部分是描述目标市场的规模、结构和消费者行为,新产品在目标市场上的定位、市场占有率及前几年的销售额和利润目标等;第二部分是对新产品的价格策略、分销策略和第一年的营销预算进行规划;第三部分则描述预期的长期销售量和利润目标以及不同时期的营销组合。

(五)商业分析

商业分析的主要内容是对新产品概念进行财务方面的分析,即估计销售量、成本和利润,判断它是否满足企业开发新产品的目标。

(六)实体开发

新产品实体开发主要解决产品构思能否转化为在技术上和商业上可行的产品这一问题。它是通过对新产品实体的设计、试制、测试和鉴定来完成的。根据美国科学基金会的调查,新产品开发过程中的产品实体开发阶段所需的投资和时间分别占开发总费用的30%、总时间的40%,且技术要求很高,是最具挑战性的一个阶段。

(七)产品试销

新产品市场试销的是在新产品正式上市前所做的最后一次测试,且该次测试的评价者是消费者的货币选票。将新产品投放到有代表性地区的小范围的目标市场进行测试,企业才能真正了解该新产品的市场前景。产品试销是对新产品的全面检验,可为新产品是否全面上市提供全面、系统的决策依据,也为新产品的改进和市场营销策略的完善提供启示,有许多新产品是通过试销改进后才取得成功的。

新产品市场试销的第一步是决定是否试销。并非所有的新产品都要经过试销,可根据新产品的特点及试销对新产品的利弊分析来决定。如果决定试销,第二步是对试销市场的选择。所选择的试销市场在广告、分销、竞争和产品使用等方面要尽可能地接近新产品最终要进入的目标市场。第三步是对试销技术的选择。常用的消费品试销技术有销售波测试、模拟测试、控制性试销及试验市场试销。工业品常用的试销方法是产品使用测试,或通过商业展览会介绍新产品。对新产品试销过程进行控制是第四步。对促销宣传效果、试销成本、试销计划的目标和试销时间的控制是试销人员必须把握的重点。第五步是对试销信息资料的收集和分析。如，消费者的试用率与重购率，竞争者对新产品的反应，消费者对新产品性能、包装、价格、分销渠道、促销等的反应。

(八)产品上市

对于新产品商业化阶段的营销运作，企业应在以下几方面慎重决策：一是何时推出新产品。针对竞争者的产品而言，有三种时机可供选择，即首先进入、平行进入和后期进入。二是何地推出新产品。三是如何推出新产品。企业必须制订详细的新产品上市的营销计划，包括营销组合策略、营销预算、营销活动的组织和控制等。

第二节　新产品的构思

一、新产品构思的来源

新产品构思亦称新产品创意，就是开发新产品的设想。新产品的创新、构想，应以市场需要为目标。企业要制订开发新产品的计划，首先要考虑市场这个外部因素。许多成功的例子告诉我们，用户和顾客的爱好、要求以及信息都有可能促进新产品的开发，并能取得成功。

(一)顾客的需求

大量产品的新创意起源于顾客，顾客需求和欲望是寻找新产品创意的合乎逻辑的起点。技术产品企业可以通过一组特定的顾客——领先用户获得许多信息。领先用户即首先使用企业的产品和比其他顾客先认识到需求改进的用户。企业可以通过对顾客的直接调查法、投影测试法、焦点小组访问法以及顾客建议和诉说信件，来确定顾客的需求和欲望。许多优秀的创意正是通过向顾客询问现行产品的问题而获得的。

(二)专家的创意

企业既要充分依靠它的专家(科学家、工程师、设计师)获得新产品创意，又要充分运用企业文化以鼓励每一个员工寻找关于改进企业生产、产品和服务的新创意。

(三)竞争者的借鉴

企业通过倾听分销商、供应商和销售代表对竞争者产品好坏优劣的评价，也能发现新产品创意；还可通过对竞争者产品的监视，甚至是买进竞争者的产品，把它们拆开，然后制造更好的产品。日本人就是采用这一战略的好手，他们通过购买来生产和仿制许多西方产品，并且又用许多方法来改进这些产品。

(四)企业的销售代表和经销商

企业的销售代表和经销商是新产品创意特别好的来源，他们掌握着顾客需求和抱怨的第一手资料。他们通常也是第一个知道竞争发展情况的人。为了产生新的创意，越来越多的企业正在培训和奖励它们的销售代表和经销商。

(五)其他来源

开发一项新产品的创意也可以有其他来源，包括发明家、专利代理人、大学、商业实验室、行业顾问、广告代理商、营销研究企业以及工业出版物。日本一位著名的发明家 Yoshiro Naka Mats 已有 3000 多个名誉专利，包括松软光盘和数字手表方面的专利。这个总数已超过了托马斯·爱迪生1093个专利的数目。

二、新产品构思的方法

真正好的构思来源于灵感、勤奋和技术。许多创造性的技术正在被用于帮助个人和集体产生更好的构思。

(一)属性分析

1.多方面分析

所有能够影响产品的销售状况、增加市场需求的产品属性及其附加属性,都可能成为产品创新的构思来源点。例如,新的产品材料、新的产品功能、新的产品用途、新的产品质量、新的制造技术、新的产品外观、新的产品商标、新的产品包装、新的产品形象等,都可能引起产品特征及其市场发生变化,这种属性的简单罗列往往是激发新产品开发人员创造性思想的火花来源,它对于企业进行年终产品系列审查尤为有效。

2.功能分析

不同的产品具有不同的产品功能或用途,一种产品的功能或用途就是这种产品的使用价值,它是决定产品市场需求量的关键因素之一。因此,在进行新产品构思时,只要能够使一种产品具有新的功能或用途,或使一种产品功能的完好度不同(如电视机有黑白与彩色、普通与高清晰度之分),或使同一种产品用途范围的宽窄不同(如载货吨位不同的货车及载客人数不同的客车等),就意味着实现了产品创新。

实现产品功能创新的方式有三种:增加现有产品功能;减少现有产品功能;改变现有产品功能的市场定位(如将视为交通工具的自行车的功能定义为竞赛、娱乐)。

3.功效分析

功效与功能是相区别的,如骑行、降速、拐弯等是自行车的功能,而运输、娱乐、锻炼、刺激性等则为自行车的功效。在进行功效分析时,消费者或用户把被研究产品的所有功效罗列出来,希望能从中发现尚未意识到的功效和未预计的功效缺损。功效分析的方法常具有较强的建设性,特别有利于新产品开发人员更多更深地认识到产品在日常生活中的作用。

4.差异分析

差异分析研究的是各种产品的属性带给消费者的不同感受,进行这种分析能确定各种产品间的差异。

(1)描述性差异。对螺丝刀的属性描述可以为“小头、长而细的螺丝刀”,也可以为“大头、粗而短的螺丝刀”,这就是不同螺丝刀属性上的差异。研究者会注意到没有“长而粗且是小头的螺丝刀”,对此的解释很简单,因为小头的螺丝刀不需要一个粗柄来施加大的力,在这里,我们很容易就确定了一个差异,但这种结果却没什么价值。

(2)决定性差异。产品属性可分为产品不同的属性和产品相同的属性,或对用户重要的属性和对用户不重要的属性。差异分析研究的是各种产品的属性带给消费者的不同感受,进行这种分析能确定各种产品间的差异。例如汽车和发动机产品的决定性差异可通过表11-1反映出来。

表11-1产品属性中“不同的”和“对用户很重要”这两栏的属性即构成产品的决定性属性。决定性属性是新产品构思的重要参数。

表11-1　决定性属性分析

产品＼产品属性	不同的	相同的	对用户很重要	对用户不重要
汽车	式样	轮子数	经济性	颜色
	经济性	污染程度	舒适	最大速度
发动机	可靠性	功率(马力)	购买成本	加油次数

(3)感受性差异。这种分析方法要求用户来决定产品属性,包括他们认为产品有哪些属性以及每个产品的级别,通常采用集中小组和个别交谈的形式进行:第一步要求罗列出各类产品的属性;第二步通过研究者的判断和因素分析中的一些统计技术将属性清单减少到可以处理的程度;第三步为将这些减少了的属性清单发给消费者代表,让他们对目前的产品进行评分。感受性差异分析方法能带来高度的创造性,并且,将消费者代表的评分平均化以后所得到的绘图数据有利于绘制在新产品构思形成过程中很有作用的感受图。

(4)偏好性差异。偏好性数据一般从消费者那里获得。请消费者对现有产品进行排序或请他们对产品的不同属性进行排序,可以了解到消费者对产品或产品属性的偏好程度。例如,我们可能发现消费者很喜欢一种耐久且便宜的蓄电池,这种蓄电池无污染、易维修。针对这些偏好,一个新产品概念就形成了。

除以上这些基于属性的新产品构思方法外,还有检查表、属性扩展、系统分析独特性能、分级设计、缺点分析方法等构思技巧。

(二)需求分析

1.特定需求

特定需求指容易描绘,能被大多数人理解并且适用于大多数人的需求。如针对远距离交流的需求,人类发明了电话;针对钻孔的需要发明了钻头等。针对特定需求的产品特征是质量和设计要被原样出售,因而这两点也十分重要。特定需求很可能预先或在开发过程中调查得出,也可能很容易地从外部找到满足需求的办法。

2.模糊需求

这是一种含而不露的需求,是一种知道确有其事却因其变化不定而无法定义或定位的需求。模糊需求极难定义,也很难研究。模糊需求常发生在环境出现难以接受的变化时,决策者已经知道应该避免什么却还不知道想要什么的时候。针对模糊需求的产品的质量和设计要被原样出售,但这两点却难以事先调查得知。因此发明满足模糊需求的产品在很大程度上依赖灵感和直觉,并且要让顾客在上市阶段积极试用产品。

3.订制需求

订制需求是一种很直接的需求,其主体为个别的组织或个人,订制需求的满足要求是按顾客的愿望增加或删除某些产品性能从而改进整体产品的概念。针对订制需求而开发的新产品在诞生伊始就要由专业售货员为每个用户或每个用户群提供个别服务。订制需求的特点是一般只需增减产品的某些性能而不必对核心产品作很大改动。

4.变动需求

消费者的需求随时会因某种或某些主、客观因素的改变而发生变动,这就是变动需求。要满足不断发展变化的需求的确困难重重。针对变动需求开发的产品作为概念必须有价值,有无形资产收益,并要求敬业的专业人员为每个用户或每个用户群提供个别服务。

(三)关联法(强制关系法)

这种方法将几个不同的物体排列出来,然后考虑每一物体与其他物体之间的关系。如有一个办公设备制造商考虑传真机、电话、应答器和复印机相互之间的关联关系,决定将它们组合成一个设备单位。

(四)结构分析法

这种方法就是辨认一个问题的各个方面并审查它们之间的关系。假如一个问题被描述为:这是一种"通过带有动力的运输工具,把物体从一地运往另一地"。这个问题的重要构成要素有:运输工具的种类(车、椅子、底座);操作运输工具的媒体(空气、水、雪、坚硬地面、圆筒、围栏);动力来源(压缩空气、内燃机、电动机)。然后,无拘束地自由联想各种组合。可以想象一种以内燃机为动力、在雪地上跑动的车辆工具就是雪地车。

(五)头脑风暴法

通过头脑风暴法会激发参加该座谈小组会成员的极大的创造想象力。其是由阿兰克斯·奥斯博开发的。头脑风暴法会议可以帮助人们产生许多创意。一般来说,参加小组讨论的人数限于6~10人。议题必须明确,会议持续时间为一小时左右。会议召集人的开场白为:"请记住,我们将尽可能地想象创意——越多越好,越广越好,不作任何评价。"于是,创意联想开始,一个创意激起另一个创意,在一小时之内,100多个甚至更多的创意会被记录下来。为了使会议得到最大的效率,奥斯博提出了下面的四个准则:

(1)不准批评:对任何创意的不同意见必须在以后提出。

(2)欢迎自由发挥:思路越宽越好;创造一种自由的气氛,激发参加者提出各种想法。

(3)鼓励数量:联想的数目越多,所包含的有用创意就可能越多。

(4)鼓励对创意进行合并和改进:会议参加者应该建议如何把其他人的创意进行合并。

(六)提喻法

威廉·高登觉得奥斯博的头脑风暴法座谈会下结论太快,使相当多的观点得不到足够的展开。高登主张把问题规定得广泛一些,以便讨论小组得不到关于某个特定问题的暗示。例如,一个公司需要设计一套适合处理高能燃料的工作人员穿的密封防气衣服的防气方法。高登将这个特定问题秘而不宣,只讲讨论一个普通的"密封"问题,这就导致产生了关于不同的密封结构的联想,诸如鸟窝、嘴巴或针线。当小组的联想深入不下去时,高登才透露一些有关这个问题的进一步规定。当小组讨论已接近一个满意的解答时,高登便详细说明该问题的本质。然后,小组开始修改这个解决方法。这些会议至少持续三个小时,因为高登相信疲劳在自由构思中起着重要的作用。这种方法被称为提喻法。

高登描述了提喻法的五个原则:

(1)迟延:首先寻找观点,而不是解决问题的答案,解决方案放在后面。

(2)目标自主:让问题自生自灭,自然形成目标。

(3)利用普通事物:利用熟悉的事物作为迈向陌生事物的"跳板"。

(4)深入研究/超脱思考:对问题的具体特点,交替采用深入研究和超脱思考两种方法,以洞察其全貌。

(5)利用隐喻:利用表面上不相关的偶然的事件提供类比,以成为新观点的来源。

三、新产品构思的筛选

大量创意形成后,其后各阶段的任务是削减创意的数目,以得到有吸引力的可行的创意。

削减创意的第一步是筛选程序。

(一)误舍与误用

筛选的目的是尽可能早地发现和放弃错误的创意。其理由是产品研发的每一后继发展阶段,研发费用将增大。但在筛选阶段,企业必须避免两种错误:误舍错误和误用错误。当一个企业对某一有缺点但能改正的好创意轻易地放弃时,它就犯了误舍错误。为创意“挑刺”是很容易的事,但如果一个企业犯了太多的误舍错误,那么,它的标准一定是定得太保守了。误用错误发生于企业容许将一个错误的创意投入研发和商品化阶段。我们应该区分这种结局下产品失败的三种类型:第一种称为产品的绝对失败,它损失了金钱,它的销售额连变动成本都收不回来;第二种称为产品的部分失败,即它的销售额可以收回全部的变动成本和部分固定成本;第三种称为产品的相对失败,它能产生一定的利润,但是低于企业正常的投资报酬率。

(二)筛选方法

大多数的企业要求主管人员把新产品创意填入一张标准的表格内,以便于新产品委员会审核。一般来说,审核时应该考虑以下因素:

(1)新产品是否同本企业的经营范围一致?

(2)新产品的市场规模有多大?

(3)新产品达到的技术水平具有何种优越性?

(4)对于新产品,目前市场上有无强大的竞争对手?

(5)新产品使用生命周期的长短如何?

(6)本企业的技术、管理水平以及原材料供应状况如何?

(7)新产品的研发能为本企业带来多大的经济效益?

然后新产品委员会根据一套标准来检查每一个新产品创意。

经筛选后剩下的创意,用指数加权法进行分等,见表 11-2。表 11-2 中的第一列是产品成功地推入市场所必需的因素,第二列是管理层根据这些因素的相对重要性而给予的权数。下一步测验是,对每一个因素上的企业能力进行由 0～1 的分等处理。最后将每一成功因素的权数和本企业的能力水平相乘,得到企业成功地把这种产品引入市场的能力总评分。

表 11-2　创新构思评价表

产品成功因素	权数(A)	企业实力(B)											评分($A\times B$)
		0	0.1	0.2	0.3	0.4	0.5	0.6	0.7	0.8	0.9	1	
企业声誉	0.2							√					0.12
营销	0.2										√		0.18
技术	0.2								√				0.14
人力	0.15							√					0.09
财力	0.1										√		0.09
设备	0.05									√			0.04
生产量	0.05				√								0.015
原材料供应	0.05										√		0.045
合计	1												0.72

根据表 11-2 所示,评分的范围应该是:

0～0.4 为劣;0.41～0.75 为良;0.76～1 为优。

若根据某企业的实际情况，总分为0.78，则可考虑该产品的研发。

第三节　新产品的测试

一、新产品的原型测试

原型测试也称为概念测试，就是与部分目标消费者在一起测试这些产品概念，然后收集消费者的反应。这些概念可以用符号或实体形式来展示，也可以用文字或图形描述。过去，创造一个实体模型的成本和时间花费很大，今天的计算机辅助设计和制造程序已改变了传统的做法，企业能够比较简单地在计算机上制成实体模型，给目标消费者观察，并征求他们的评论和态度。例如，一个橱柜设计商使用虚拟现实程序，帮助顾客"看到"计算机产品是怎样组成他或她的厨房的。

案例11-1　一种粉状混合物，将它加入热水成为能增加营养和味道的一种粥，供成年人早餐用，操作简便。它有3种：鸡肉、鸡蛋、猪肉，装成小包，每盒6包，每盒售价2.99美元。

消费者在收到这些信息后，我们要求他们回答下列问题：

1.是否清楚该产品概念并相信其利益？这用来衡量可传播性和可信度。如果得分低，这个概念就必须重新界定或修订。

2.是否认为该产品解决了你的某个问题或满足了某一需要？这用来衡量需求程度。需求越强烈，预期的消费者兴趣就越高。

3.目前是否有其他产品满足这一需求并使你满意？这用来衡量新产品和现有产品的差距。正向差距越大，预期的消费者兴趣就越高，需求程度可与差距程度相乘，乘积为需求-差距分数。需求-差距分数越高，预期的消费者兴趣就越高。需求-差距的高分意味着消费者对可供选择的产品还未满足。

4.相对于价值而言价格是否合理？这用来衡量认知价值。认知价值越高，预期的消费者兴趣就越高。

5.你是否(肯定、可能、可能不、肯定不)会买该产品？这用来衡量购买意图。我们会认为，购买意图对确切地回答了括号内前3个问题的消费者来讲是非常重要的。

6.谁可能会使用这一产品？在什么时间购买？使用频率怎样？这用来衡量用户目标、购买时间和购买频率。

现在，营销者可以开始总结被调查的消费者的回答，从而判断该概念对消费者是否具有足够充分和有力的吸引力。这些回答信息还告诉企业新产品与其他产品的比较以及消费者的最理想的目标产品。需求差距程度和购买意图程度可用产品的标准来校核，以便看出该概念是否可能成功，是否是大胆地尝试，还是可能要失败。

消费者对不同产品概念的偏好可用一种日益广泛使用的技术即组合分析法进行衡量。组合分析可区分消费者对一个物体的各种属性水平的效用价值的态度。它向被测试者显示这些属性在不同组合水平中的各种假设供应体，要求他们根据偏好对各种供应体进行排序，其结果能被用于确定有最佳吸引力的供应物、估计市场份额和企业可以获得的利润等一系列管理工作中。

二、新产品的市场测试

(一)消费品市场测试

1. 销售波研究

采用销售波技术试销的基本过程是：首先免费将新产品提供给消费者使用，然后再以低价提供新产品或竞争者的产品给消费者，如此重复3～5次，在该过程中还可加入一些有关新产品的广告宣传，企业对此过程进行严密监控，观察消费者在有竞争者产品和广告影响的前提下重复使用本企业新产品的情况，并分析不重复使用新产品的消费者是基于什么原因。

2. 模拟测试

模拟测试也称实验室试销(Laboratory Test Market，LTM)。它是在类似的实验室环境中模拟全面的试销活动。实验室环境通常是选择某一商场或购物中心，随机选取在商场中购物或逛商场的30～40名消费者。首先征得他们对新产品的意见，即面向他们展示系列简短的各种产品广告，既有知名的广告，也有一些新广告，本企业新产品的广告也在其中，但不向消费者提示。然后，把他们引入一个简易的商店，在商店中陈列着本企业正在测试的新产品，并给每位被试者少量的钱，让他们去自由购买。企业可观察到消费者购买本企业新产品和竞争者产品的情况。之后把消费者召集起来，询问他们对新产品的反应(填表或访谈)。受试者离开前，送给那些没有购买测试新产品的受试者一个样品。几个星期后，再登门或电话询问受试者对新产品的使用情况、满意程度和重复购买的可能性。模拟测试可测量新产品的使用率、重复购买率、广告效果及竞争的把握，利用测试的数据可进行新产品的销售预测。美国的YS&W企业采用实验室试销对其200多种新产品进行了预测，成功的概率为92%。

3. 控制测试

控制测试是企业雇请市场研究企业帮助其选择一定的零售商店，对新产品进行试销。具体做法是：市场研究企业按企业的试销计划，对新产品在商店的试销全面进行控制，如货架的位置、新产品的陈列、广告及促销等活动都在控制之列，并根据货架的动态变化和消费者购买记录来观察新产品的销售状况。还可随机抽取一些消费者以进一步了解他们对新产品的印象。

控制测试技术中运用了真正的消费者购买行为，消费者在这类“市场”中可按正常的价格购买他们所要的真实产品，在这种情形下，收集购买和重复购买及消费者对产品的态度方面的数据的可靠性较高。据此能较客观地估计新产品的销售量，测试各种促销活动及广告对消费者购买行为的影响，而且这一切都不需要企业动用自己的销售队伍，也无须给零售商折扣，但这种技术把新产品暴露在了竞争者面前。

4. 市场测试

新产品的市场测试即是一次小范围的销售。企业的市场测试计划包括以下方面：选择有代表性的市场；确定测试的期限；收集信息；对试销结果进行决策。

市场测试是从“市场”中得到信息，对销售量预测的准确度相对较高；可测试不同的营销计划对新产品商业化的可行性；可从消费者的角度感受到新产品缺陷等。但市场测试时间长、测试费用大，给竞争者以可乘之机；有时富于进攻性的竞争者会采取措施扰乱测试市场，使测试结果不可靠。

(二)工业品市场测试

1.产品使用测试

工业品用户对产品的选择更注重产品的性能、可靠性。要让客户相信新产品的实际功效,最好的办法是让客户使用产品。如,中国一家机床企业欲将某种新机床出口到加拿大,首先请用户试用,之后,企业根据用户的建议和要求,对新机床进行改进,使用户很快接受了该新产品。企业可选择一定的客户,让他们在限定的时间内使用新产品,通过客户对新产品的使用来观察客户对新产品的满意或不满意之处、愿意或不愿意购买的理由。

2.贸易展销会

在工业品的贸易展销会上介绍新产品,可观察到大量的客户对新产品的兴趣度,还可进一步了解客户对新产品特点、价格等的反应。遗憾的是,竞争者也获得了新产品的信息。当企业有充分把握快速推出新产品时,竞争者的威胁会减弱。

三、新产品的财务测试

(一)测试总销售量

测试总销售量的目的主要是看其规模是否大到能令企业获得满意的利润水平。因有一次性购买产品、非经常性购买产品和经常性购买产品的分类,所以需要测试首次销售量、更新销售量和重复销售量。

一次性购买产品如婴儿床,开始时销售量上升到高峰,当潜在的购买者逐渐减少时销售量下降并可能趋于零。但如果新的购买者在不断地进入市场,销售量就不会下降。

非经常性购买产品如汽车,显示出更新周期。它们既受实体磨损的支配,又受款式、特点和偏好变化的影响。这类产品的销售要求分别作出首次销售量预测和更新销售量预测。

经常性购买产品如牙膏,开始时,首次购买人数较少,但如果该产品使某些顾客感到满意,他们就会成为忠诚客户,就形成了重复购买。

在分析新产品销售时,首先是要测算新产品的首次销售量。通过对每个细分市场的潜在销量和现有市场的渗透率分析测算。其计算公式如下:

$$\text{首次销售量}=\text{潜在销量}\times\text{市场渗透率}$$

其次是测试更新销售量。主要通过产品的使用期限测算,实际的使用期限会受到顾客对经济前景的展望、收入状况、替代品的竞争及产品价格、促销等因素的影响。由于更新销售量在产品实际使用前很难估计,有些企业以首次销售量作为测试基础。

最后是测试重复销售量。对于经常性购买的新产品,卖方不但要测试首次销售量,而且还要测试重复销售量。这是因为经常性购买的产品单元价值非常低,产品一旦投入市场便会产生再购买。高重复购买率意味着顾客对该产品的满意,甚至在首次购买行为全部发生后,销售量可能仍处在高水平。卖方应注意在每个重复购买阶层中发生的再购买百分比:谁买一次、两次、三次,等等。大量的重复购买者才是新产品盈利的保证。新产品重复购买模式如下:

$$\begin{matrix}\text{某一时刻的}\\\text{销售累计量}\end{matrix}=\begin{matrix}\text{该时刻首购}\\\text{者累计数量}\end{matrix}\times\begin{matrix}\text{平均}\\\text{购买量}\end{matrix}+\begin{matrix}\text{该时刻重购}\\\text{者累计数量}\end{matrix}\times\begin{matrix}\text{平均}\\\text{购买量}\end{matrix}$$

(二)测试成本和利润

总销售量测试出来后,研发部门、制造部门、营销部门和财务部门就要按照预期销售量测算成本和利润。

企业可以使用保本分析法、风险分析法等来测算成本和利润。保本分析法是估算出企业应该销售多少产品才能在所定的价格和成本结构上保本。风险分析法是在一个假设的营销环境下，对影响盈利率的不确定变量进行三种估计（乐观、悲观和最可能）。通过计算机模拟各种可能结果，并计算出显示可能报酬率的范围和其报酬率的概率分布。

需要说明的是，这些预测方法由于缺乏历史性数据，其准确度大打折扣。与此相比，意向评估则占有优势。

由个人或专门委员会做出的判断是广为采用的。据保守估计，大约有90%的新产品销售预测主要是由行政人员判断产生的。经理们可以根据需要运用推理手段，同时广泛收集来自各方面的信息，尽量弥补分析过程中的薄弱环节，听取别人的意见，努力减少风险性；但不管如何实施，判断总是来自于关键点，包括运用产品市场份额这种限定性因素及销售量本身。

销售人员判断法也有其用武之地，这种方法要求销售人员、销售经理、经销商对他们各自主管的市场领域作出预测，这些预测将被汇总。尽管销售人员和经销商有时无法获得进行全新产品预测所需的足够信息，但这种方法对于预测那些与现有产品极为相似的产品以及即将投放到现有市场中的新产品的销售情况仍有其独特的妙处。

征求用户意见，听取他们的想法，也可以得到对销售情况的预测，有时通过全面的考察来进行，有时通过对个别购买行为的考察来进行。这种方法对于工业用品企业是一个行之有效的最佳工具。将这种预测应用于对顾客至关重要的新产品时，一般是非常有效的。这需要消费者通过数月的亲自使用和产品测试，以便获得足够的预测能力。

四、产品商业化

（一）新产品的销售时间

在新产品正式上市时，进入市场时机的选择一是个关键问题。

1. 首先进入

一方面，首先进入市场的企业通常可得到“先行者好处”，包括掌握了主要的分销商和顾客以及得到了有声望的领先地位。另一方面，如果产品未经过彻底的审查而匆匆上市，则该企业可能获得有缺陷的形象。

2. 平行进入

企业可决定与竞争对手同时进入市场。如果竞争对手是急速进入，企业也同样如此。如果竞争对手慢慢进入市场，企业也可以慢慢进入市场，利用时间来改进产品。

3. 后期进入

企业可有意推迟进入市场，而等竞争对手进入后再进入。这有以下几大潜在好处：竞争对手已为开拓市场付出了代价；竞争对手的产品可能暴露出缺陷，而后期进入者却能避免，并且企业可了解到市场规模。

案例11-2　1993年9月，留美学者姜万勐、孙燕生将MPEG图像解压缩技术应用到音像新产品上，制造出世界上第一台VCD，并斥资在安徽建立万燕电子系统有限公司，为中国人开启了家庭影视的时代。万燕的第一代产品在1993年9月面世并通过了国家鉴定。万燕生产的第一批1000台VCD几乎都被国内外各家电公司买去做了样机，成为解剖对象。

1994年，万燕批量生产VCD，初期由于片源不配套，使VCD在市场发展上停滞了很长的一段时间。万燕所面临的难题是软硬件要一齐开发。万燕前期研究开发的投入是1600万美元,广告投入是2000万元人民币,中国百姓到了1994年年底才逐渐认识VCD,而在这一年,万燕生产了几万台VCD,结果只卖出了2万台。由于前期投入太多,导致早期产品成本高达每台360美元,再加广告费用,在市场上每台VCD卖四五千元,却基本无利可赚。

不仅如此,万燕还要开发碟片,万燕为此又向11家音像出版社购买版权,推出了97种卡拉OK碟片。1995年,盗版CD和VCD在中国沿海城镇大量出现。中国消费者开始接受并熟悉VCD这一新生事物。1995—1997年,中国的VCD市场每年以数倍的速度增长,从1995年的60万台猛增至1997年的1000万台,催生了爱多、步步高、新科等内地新名牌,并占据了VCD大市场。

到1996年,最悲惨的事情发生了,这一年全国VCD销量600万台,而万燕已萎缩到无货可销。也就在这一年,万燕被同省的美菱集团重组,成为美菱万燕公司。

一个市场从无到有的开发,万燕的研发和广告投入将近2000万美元,作为民营企业,无从融资,面对开发出来的市场却只有拱手让给后来者。万燕VCD从"先驱"变成"先烈",市场份额从100%跌到了2%。

(二)新产品投放的地区范围

企业必须决定新产品是推向单一的地区、一个区域、几个区域、全国市场还是国际市场。具有信心、资本和能力把新产品推向全国或全球市场的企业是很少的。宝洁企业在亚洲采用了这种战略,它首先进入发达国家(如日本和新加坡),然后进入发展中国家(如马来西亚和印度尼西亚)。

在扩展市场时,企业必须对不同市场的吸引力作出评价。以候选的市场排成横行,以初次展示时的吸引力条件排成纵列。这些主要的评价条件是市场潜量、企业的当地信誉、通道铺设成本、该地区研究数据的质量、该地区对其他地区的影响和竞争渗透。用这种方法,企业可排列出它的主要市场和制订一个地区发展计划。

本章小结

企业一旦进入市场,识别出目标市场的需要,就应该准备和推出合适的新产品。营销与其他部门应积极参与新产品研发的每一步骤。

新产品研发是依靠科技进步促进经济发展,也是企业生存与发展的重要条件。企业必须根据社会需要和本身条件,按照严格的科学程序进行研发工作,才能提高成功率,减少挫折和损失。

新产品研发过程包括8个阶段:构思产生、构思筛选、概念测试、营销规划、商业分析、实体研发、产品试销、产品上市。每一个阶段的目的是确定该创意是否应该进一步发展还是放弃。

新产品　New Products　　构思筛选　Screening Ideas

技术新产品　New Products of Technology

复习思考题

1. 什么是新产品?新产品有哪几种类型?

2. 新产品研发时可以采用哪些战略？

3. 新产品构思有哪些来源？

4. 新产品的市场测试包括哪些内容？

5. 新产品失败的原因有哪些？

6. 一个木器制造商想为小学教室研发一套轻便座椅产品线。请你提出关于研究、研发和试验这套座椅的步骤的建议。

7. 企业的总经理问新产品经理："当这种所建议的新产品推出时，可能赚多少钱？""在 5 年内的利润是 300 万元。"总经理又问："该产品会失败吗？""有可能。""如果它失败，我们的损失是多少？""100 万元。""那就算了吧！"总经理作了结论。你同意总经理的决定吗？

【案例分析】

润妍退市，宝洁无奈

宝洁始创于 1837 年，是世界最大的日用消费品公司之一。2002—2003 财政年度，宝洁全年销售额为 434 亿美元，在《财富》杂志当时评选出的全球 500 家最大工业/服务业企业中排名第 86 位，并位列最受尊敬企业第七。宝洁全球雇员近 10 万，在全球 80 多个国家设有工厂及分公司，所经营的 300 多个品牌的产品畅销 160 多个国家和地区，其中包括洗发用品、护发用品、护肤用品、化妆品、婴儿护理产品、妇女卫生用品、医药、食品、饮料、织物、家居护理及个人清洁用品。

自从 1987 年宝洁登陆中国市场以来，其在中国日用消费品市场可谓所向披靡，一往无前，仅用了十余年时间，就成为中国日化市场的第一品牌。虽然后来者联合利华、高露洁等世界日化巨头抢滩中国市场后曾经一度在某些产品线有超过宝洁的表现，但却丝毫不减其颜色。时至今日，宝洁的系列产品，特别是号称"三剑客"的飘柔、潘婷、海飞丝洗发水系列更是一枝独秀，出尽风头。

宝洁的营销能力早被营销界所传颂，但 2002 年宝洁在中国市场却打了败仗。其推出的润妍洗发水一败涂地，短期内就黯然退市。

润妍是宝洁在中国本土推出的第一个，也是唯一一个原创品牌。因此，无论宝洁总部还是宝洁(中国)高层都对润妍寄予了厚望，满心希望这个原汁原味倡导"黑发美"的洗发水品牌，能够不负众望在中国市场一炮而红，继而成为宝洁向全亚洲和世界推广的新锐品牌。宝洁为这个新品牌的推广倾注了极大的心力和大量的推广经费。为了扩展润妍的产品线，增加不同消费者选购的空间，宝洁为润妍先后衍生出 6 个品种，以更大程度地覆盖市场，可是市场的反应却大大出乎宝洁的意料。

据业内的资料显示，润妍在 2001—2002 两年间的销售额大约为 1 亿元人民币，品牌的投入大约占到其中的 10%。两年中，润妍虽获得不少消费者认可，但据有关资料显示，其最高市场占有率不超过 3%——这个数字，不过是飘柔市场份额的 1/10。

一份对北京、上海、广州和成都女性居民的调查显示，在女性最喜爱的品牌和女性常用的品牌中，同样是定位黑头发的夏士莲排在第 6 位，而润妍榜上无名，同样是宝洁麾下的飘柔等四大品牌分列 1、2、4、5 位——时间是 2001 年 3 月，润妍上市的半年之后。另一份来自白马广告的调查则表明，看过夏士莲黑亮去屑洗发水广告的消费者中有接近 24%的人愿意去买或者尝试；而看过润妍广告的消费者中，愿意尝试或购买的人还不到 2%。

2001 年 5 月，宝洁收购伊卡璐，表明宝洁在植物领域已经对润妍失去了信心，也由此宣告了润妍的消亡。2002 年 4 月，在中国市场耕耘两年后，润妍全面停产，逐渐退出市场。润妍的退市是宝洁在中国洗发水市场的第一次整体失败，面对染发潮流的兴起，在"黑头发"这块细分市场中，润妍没能笑到最后。

润妍的失利真的意味着宝洁引以为豪的品牌管理能力开始不适应新经济时代的需要了吗？我们可以回过头去看当时的市场背景。

1997年,重庆奥妮洗发水公司根据中国人对中药的传统信赖,率先在全国大张旗鼓地推出了植物洗发全新概念,并且在市场上的表现极为优秀,迅速取得了极为显著的市场份额。其后,夏士莲着力打造黑芝麻黑发洗发露,利用强势广告迅速对宝洁的品牌形成新一轮的冲击。一些地方品牌也乘机而起,就连河南的鹤壁天元也推出了黛丝黑发概念产品,欲争夺奥妮百年润发留下的市场空白。

在"植物"、"黑发"等概念的进攻下,宝洁旗下的产品被竞争对手贴上了"化学制品"、"非黑头发专用产品"的标签。为了改变这种被动的局面,宝洁从1997年开始调整了其产品战略,决定在旗下产品中引入"黑发"和"植物"概念品牌,提出了研制中草药洗发水的要求,并且邀请了许多知名的中医,由他们向来自研发总部的技术专家们介绍了传统的中医理论。

在新策略的指引下,宝洁按照其一贯流程开始研发新产品。先做产品概念测试,找准目标消费者的真正需求,研究全球的流行趋势。为此,宝洁先后请了300名消费者进行产品概念测试。

——"理想中的黑发是什么?"

——"具有生命力的黑发"。绝大多数消费者如是说。

——"进一步的心理感受?"

——"我就像一颗钻石,只是蒙上了尘埃,只要将她擦亮,就可以让钻石发出光芒。"

在调查中,宝洁又进一步了解到,东方人向来以皮肤白皙为美,而头发越黑,越可以反衬皮肤的白皙美。

经过反复3次的概念测试,宝洁基本上把握住了消费者心目中的美发特征——滋润而又具有生命力的黑发最美。

经过了长达3年的市场调查和概念测试,宝洁终于在中国酝酿出了一个新的产品:一种全新的展示现代东方女性黑发美的润发产品,取名为"润妍",意指"滋润"与"美丽"。在产品定位上,宝洁舍弃了已经存在的消费群体市场而独辟蹊径,将目标人群定位于18~35岁的城市高阶女性。宝洁认为,这类女性不盲目跟风,她们知道自己的美在哪里。融传统与现代为一体、最具表现力的黑发美,也许就是她们的选择。但是,重庆奥妮最早提出了黑头发的利基,其经调研得出的购买原因却是因为明星影响和植物概念,而夏士莲黑头发的概念更是建立在"健康、美丽夏士莲"和"黑芝麻"之上,似乎都没有着力强调"黑发"。并且,润妍采用的是和主流产品不同的剂型,采取洗发和润发两个步骤,将洗头时间延长了一倍。然而,绝大多数中国人已习惯使用二合一洗发水,专门的护发产品能被广泛接受吗?宝洁认为,专门用润发露护发的方法已经是全球的趋势,发达国家约有80%的消费者长期使用润发露,在日本这一数字则达85%,而在中国专门使用润发露的消费者还不到6%。因此,宝洁认为润发露在中国有巨大的潜在市场。针对细分市场的需求,宝洁的日本技术中心又研制开发出了冲洗型和免洗型两款"润妍"润发产品。其中,免洗型润发露是专门为忙碌的职业女性创新研制的。

产品研制出来后,宝洁并没有马上将其投放市场,而是继续请消费者做使用测试,并根据消费者的要求再进行产品改进。最终推向市场的"润妍"倍黑中草药润发露强调专门为东方人设计,在润发露中加入了独创的水润中草药精华(含首乌),融合了国际先进技术和中国传统中草药成分,能从不同层面上滋润秀发,特别适合东方人的发质和发色。

宝洁还通过设立模拟货架让消费者检验其包装的美观程度,即将自己的产品与不同品牌特别是竞争品牌的洗发水和润发露放在一起,反复请消费者观看,然后调查消费者究竟记住了什么,忘记了什么,并据此进行进一步的调整与改进。

在广告测试方面,宝洁让消费者选择她们最喜欢的广告。公司先请专业的广告公司拍摄了一组长达6分钟的系列广告,组织消费者来观看;然后请消费者选择她们认为最好的3组画面;最后,根据绝大多数消费者的意见,将神秘的女性、头发、芭蕾等画面进行再组合。广告片的音乐组合也颇具匠心,现代的旋律配以中国传统的乐器古筝、琵琶等,进一步呼应润妍产品的现代东方美的定位。

在润妍广告的最终诉求上体现的是:让秀发更黑、更漂亮,内在美丽尽释放。即润妍信奉自然纯真的美,并认为女性的美就像钻石一样熠熠生辉。"我们希望能拂去钻石上的灰尘和沙砾,帮助现代女性释放出她们内在的动人光彩。"具体的介绍是:润妍蕴涵了中国人使用了数千年的护发中草药——首乌,是宝洁专为东方人设计的，也是首个具有天然草本配方的润发产品。

在推广策略上，宝洁润妍品牌经理黄长清认为，杭州是著名的国际旅游风景城市，既有浑厚的历史文化底蕴，富含传统的韵味，又具有鲜明的现代气息，受此熏陶兼具两种气息的杭州女性，与润妍要着力塑造的既现代又传统的东方美一拍即合。于是，宝洁选择从中国杭州起步再向全球推广，并在润妍产品正式上市之前，委托专业的公关公司在浙江进行了一系列的品牌宣传，例如举办书法、平面设计和水墨画等比赛及竞猜活动等，创新地用黑白之美作为桥梁，表现了现代人对东方传统和文化中所蕴涵的美的理解，同时也呼应着润妍品牌通过乌黑美丽的秀发对东方女性美的实现。

从宝洁的产品研究与市场推广来看，宝洁体现了它一贯的谨慎。但在三年漫长的准备时间里，宝洁似乎在为对手创造蓄势待发的机会。奥妮败阵之后，联合利华便不失时机地将夏士莲“黑芝麻”草本洗发露系列推向市场，借用了奥妮遗留的市场空间，针对大众人群，以低价格快速占领了市场。对于黑发概念，夏士莲通过强调自己的黑芝麻成分，让消费者由产品原料对产品功能产生天然联想，从而事半功倍，大大降低了概念传播难度。而宝洁在信息传播中似乎没有大力强调它的首乌成分。

宝洁因为四大品牌的缘由，已经成为主导渠道的代表，每年固定6%左右的利润率成为渠道商家最大的痛。一方面，润妍沿袭了飘柔等旧有强势品牌的价格体系，另一方面，经销商觉得没有利润空间而消极抵抗，也不愿意积极配合宝洁的工作，致使产品没有快速地铺向市场，甚至出现了有广告却见不到产品的现象。润妍与消费者接触的环节被无声地掐断了。

思考题

1. 宝洁作为一个大公司，其新产品的开发过程体现了严格的规范性和程序性，这样做有什么利弊？请结合案例分析。

2. 润妍从产品研究到推广上市的过程中有什么值得称道的地方？润妍的退市说明新产品要成功还应考虑哪些因素？

【实训题】

新产品开发体验

实训目的：通过实训，要求学生能够在掌握新产品构思方法及新产品开发基本流程的基础上，为背景企业进行新产品开发创意。

实训任务：将项目小组变换为新产品开发组织；根据背景企业情况，确定建立何种产品开发组织；开发人员进行新产品构思；小组成员对新产品构思进行筛选与评判；用文字、图像、模型等将构思转化为新产品概念；选择最有潜力的产品概念。

实训实施：以小组为单位展开，形成书面报告。

第十二章 价格策略

本章学习提示

通过本章的学习,你应该能够:认识价格策略在营销组合中的作用;了解不同类型的定价目标;明确影响产品定价的主要因素;掌握成本导向、需求导向及竞争导向定价的主要方法;熟悉定价的基本程序,学会灵活运用定价策略;掌握价格适应和调整的方法。

导引案例

是什么让高档白酒的价格飞上云霄?

2012年3月,在全国各地的商场超市中,茅台、五粮液的价格均有不同程度的下调,其中,茅台的跌幅巨大,部分地区的降价幅度超过400元/瓶,而节前还在上演缺货大戏且价格在2300元/瓶左右的飞天茅台,如今都回到了1800~1900元/瓶,有的地方还降到了1600元/瓶,同时五粮液的价格也有100元左右的下降。一直扮演"涨价"领头羊的茅台如今与"降价"牵手,这在白酒市场上无疑是一则重磅消息。对此,接受《证券日报(微博)》记者采访的白酒专家铁犁表示,茅台、五粮液等高端酒的价格不是降价而是一种市场自然回落,2012年上半年高端白酒的价格将在回落中调整并寻找价格支点。

对于茅台、五粮液等一线白酒的降价行为,接受《证券日报》记者采访的相关人士表示,是淡季正常的促销行为。对此,也有人不赞同上述说法,他们认为茅台等白酒的价格回调是经济增速放缓下的一种自然回落,以及茅台之前的涨幅过快导致的。仔细盘点茅台价格的走势可以看出,近10年来,茅台的涨幅超过10倍,而近6年来,茅台的涨幅有5倍之多。历史资料显示,2003年10月,茅台将高度茅台酒从每瓶218元提高到268元,涨幅达23%,而低度茅台酒的提价幅度则高达34%。第二轮提价是在2006年,53°茅台酒出厂价从每瓶268元涨至308元,低度茅台酒均价也从每瓶198元涨至228元,年份酒的涨幅更是在30%以上。2007年1月上旬,市场上茅台酒的零售价从每瓶328元涨到450元以上。2011,贵州茅台53°飞天茅台的价格已经到了每瓶2300元。而从近几年来看,茅台的产能和销量都在增加,到了2012年,在经济增速放缓的背景下,消费者的购买能力下降,而经销商还是按照以前的订单进货,于是库存积压,给经销商带来了不小的压力。白酒价格的起起落落到底受到哪些方面因素的影响呢?

在市场营销活动中,企业定价是一项既重要又困难,而且有一定风险的工作。价格策略在市场营销活动中具有重要地位:价格是调节市场需求、诱导市场需求的重要手段;价格是参与市场营销竞争的有效手段;价格是实现企业营销目标的核心手段;价格受企业营销环境条件的制约。

第一节 影响定价的因素

价格作为营销因素组合中最活跃的因素,它应对整个市场变化做出灵活的反应,当然,这种变化必须受价值规律的制约。它主要受产品定价目标、产品产销成本、产品特性与市场需求、竞争产品价格、国家政策法令等因素的影响。

一、产品定价目标

每一个生产者或企业在具体定价时都要明确其目标。企业的定价目的有很多,比如:追求长期利润的最大化、短期利润的最大化、销售量的成长、市场的稳定性、价格领袖的维持;排除潜在竞争者进入市场;加速边际厂商退出市场;避免政府或社会团体的干涉;保持经销商的忠诚度与进货支持;提升企业的形象与地位;让最终消费者认为合理;激发顾客的兴趣;提升其他产品项目的促销效果;加速产品的周转等。但归纳起来,企业定价的目标主要有四个:获取利润、占领市场、树立高端形象或领先形象和维持生存。

(一)获取利润目标

利润是考核和分析企业营销工作好坏的一项综合性指标,是企业最主要的资金来源。以利润为定价目标有三种具体形式:预期收益、最大利润和合理利润。

1. 获取预期收益目标

预期收益目标是指企业以预期利润(包括预交税金)为定价基点,并以利润加上商品的完全成本构成价格出售商品,从而获取预期收益的一种定价目标。预期收益目标有长期和短期之分,大多数企业都采用长期目标。预期收益高低的确定,应当考虑商品的质量与功能、同期的银行利率、消费者对价格的反应以及企业在同类企业中的地位和在市场竞争中的实力等因素。预期收益定得过高,企业会处于市场竞争的不利地位;定得过低,又会影响企业投资的回收。一般情况下,预期收益适中,可能获得长期稳定的收益。

预期收益主要是通过预期收益率计算出来的。预期收益率,又叫投资收益率或销售收益率,是衡量预期收益的一项指标,能准确地反映企业经营的好坏。预期收益率的计算公式为:

$$\text{预期收益率}=\frac{\text{总投资额}\div\text{投资回收年限}}{\text{总投资额}}\times 100\%$$

2. 当期利润最大化目标

当期利润最大化目标是指企业在一定时期内综合考虑各种因素后,以总收入减去总成本的最大差额为基点,确定单位商品的价格,以取得最大利润的一种定价目标。最大利润是企业在一定时期内可能并准备实现的最大利润总额,而不是单位商品的最高价格,最高价格不一定能获取最大利润。当企业的产品在市场上处于绝对有利地位时,往往采取这种定价目标,它能够使企业在短期内获得高额利润。

单位商品的最高价格是企业获取最大利润的一种方式。但在竞争激烈的市场上,想长期维持不合理的高价几乎是不可能的。因为不合理的高价势必会遇到各方面的对抗行动,诸如需求的减少、代替品的盛行、政府的干预等。因此,最大利润一般应以长期的总利润为目标,在个别时期,甚至允许以低于成本的价格出售,以便招徕顾客。

3. 获取合理利润目标

合理利润目标是指企业在补偿正常情况下的社会平均成本基础上,适当地加上一定量的利润作为商品价格,以获取正常情况下的合理利润的一种定价目标。企业在自身力量不足、不能实行最大利润目标或预期收益目标时,往往采取这一定价目标。这种定价目标以稳定市场价格、避免不必要的竞争、获取长期利润为前提,因而商品价格适中,顾客乐于接受,政府积极鼓励。

(二)占领市场目标

一个企业的利润高低并不必然反映这个企业的市场地位,更不能反映它同其他竞争企业的关系,而市场占有率则能准确反映企业在行业中的地位和竞争实力。因此,许多企业以市场占有率作为自己的价格目标。企业占领市场通常是以低价让利为代价的,在保持产品质量、降低产品成本的前提下,使商品的价格低于主要竞争者的价格,以低价迅速打开销路,挤占市场,从而提高企业商品的市场占有率。待占领市场后,再通过增加和提高某些功能的方式逐步提高商品价格。

(三)树立高端形象或领先形象目标

有些企业具备了做高品质产品的能力和条件,或者由于其行业领先的地位,其产品具有颠覆性的创新,企业会将产品定位为一种身份和地位的象征,利用消费者的求新、求名心理,制定一个远高于成本的价格,以符合其高端形象或领先形象。待竞争激烈时,以先期获得的超额利润为后盾,调低价格,从而扩大销售,占领市场,击败竞争对手。

(四)维持生存目标

企业在面临经营困境时,为了尽快地将存货变现,收回资金以维持工厂的日常开支如工资、厂租等的必需支出,可能会将价格定得接近甚至低于总成本,只要不低于变动成本,都有可能愿意出售。当然,若低于成本定价,可能会面临反倾销的诉讼。

二、产品产销成本

成本是商品价格构成中最基本、最重要的因素,也是商品价格的最低经济界限。在一般情况下,商品的成本高,其价格也高,反之亦然。商品的成本因素主要包括生产成本、销售成本和储运成本,但是在经营中也会考虑到管理费用的分摊与研发费用。

1.生产成本

生产成本是企业在生产过程中所支出的全部生产费用,是从已经消耗的生产资料的价值和生产者所耗费的劳动价值中转化而来的。当企业具有适当的规模时,产品的成本最低。但不同的商品,在不同的条件下,各有自己理想的批量限度,其生产超过了这个规模和限度,成本反而会增加。

2.销售成本

销售成本是商品流通领域中的广告、推销费用。在计划经济体制下,销售成本在商品成本中所占的比重很小,因而对商品价格的影响也微乎其微。但在市场经济体制下,广告、推销等是商品实现其价值的重要手段,用于广告、推销的费用在商品成本中所占的比重也日益增加。因此,在确定商品的营销价格时必须考虑销售成本这一因素。

3.储运成本

储运成本是商品的运输和储存费用。商品畅销时,储运成本较少;商品滞销时,储运成本增加。

4.管理费用的分摊

管理费用的分摊具体包括公司管理人员的工资福利、厂房租金、财务费用、办公费用等。

5.研发费用

对于一个高新技术企业来讲,产品研发的投入往往是巨大的,若企业不能进行有效的市场开拓,不足以支撑较大规模的生产,则研发费用分摊到单一的产品上后成本会很高。

三、产品特性与市场需求

在市场经济条件下，市场供求决定市场价格，因此，为商品定价时必须考虑市场的供求状况。而商品价格的高低，除了成本和价值、市场供求等因素外，在很大程度上还受商品本身特性的影响与制约。

(一)供求与价格的双向影响

商品价格是在一定的市场供求状况下形成的，在一定时期内，某种商品的供求状况反映其供给总量与需求总量之间的关系。这种关系包括供求平衡、供小于求和供大于求三种情况。

供求平衡是指某种商品的供给与需求在一定时期内相等。在供求平衡状态时某种商品的市场价格称为均衡价格。

图 12-1 中，点 E 为某种商品的供求均衡点。在该点，供给曲线 S 与需求曲线 D 相交，表明供求相等。此时，P_1 为均衡价格，Q_1 为均衡数量。

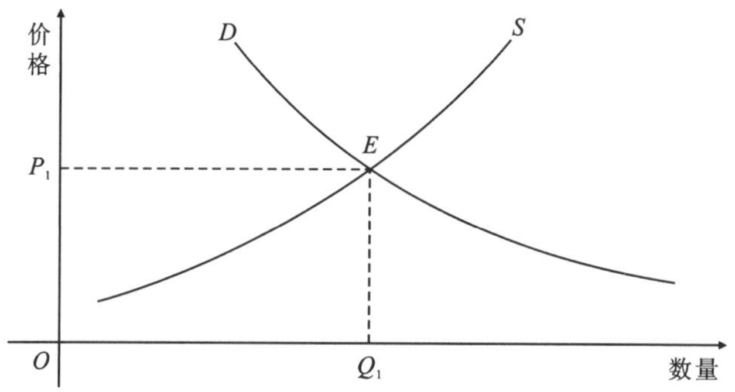

图 12-1　需求与价格弹性关系

假定供求和价格以外的其他因素不变，当某种商品的价格高于均衡价格时，该商品的需求量就下降，供给量则上升，形成供过于求。显然，价格影响并决定了供求。当某种商品的需求减少且供给增多时，价格便会落至均衡价格或其以下，又表明供求影响并决定着价格。

当某种商品供小于求时，说明该商品的供给总量满足不了人们的需求，商品价格便会上涨，形成卖方市场。随着价格的上涨，企业的资金会转向该商品的生产与销售，导致该商品的市场供给量剧增，从而卖方市场转化为买方市场，形成供大于求的局面，价格自动回落。

(二)需求价格弹性

在通常情况下，某种商品的价格升高，其需求量就会减少，反之亦然。因此，定价时必须考察商品的需求价格弹性因素。

需求价格弹性，简称需求弹性，是指在一定时期内，某种商品需求变动的百分比与其价格变动的百分比的比值。由于是两个相对数的比值，故又称为需求价格弹性系数，用 E_d 表示。

其公式为：

$$E_d = \frac{\frac{\Delta Q}{Q_0}}{\frac{\Delta P}{P_0}} \text{ 或 } E_d = \frac{\frac{|Q_1 - Q_0|}{Q_0}}{\frac{|P_1 - P_0|}{P_0}}$$

公式中，Q_0 为价格改变前的需求量，Q_1 为价格改变后的需求量，ΔQ 为价格变动前后的需求量变动差的绝对值，即 $|Q_1 - Q_0|$，P_0 为改变前的价格，P_1 为改变后的价格，ΔP 为价格改变前

后的差的绝对值,即 $|P_1-P_0|$。

E_d 值的变动有三种情况:

当 $E_d>1$ 时,称弹性充足,即某种商品的需求量变化幅度大于其价格变化幅度,表明该商品的需求对其价格变化较为敏感。发展性商品,尤其是享受性商品,多属于这种情况。当某种商品的替代品充足或直接连带品价格降低时,也会出现这种情况。

当 $E_d<1$ 时,称弹性不足,即某种商品的需求量变化幅度小于其价格变化幅度,表明该商品的需求对其价格变化的反应较为迟钝。生活必需品多属于这种情况。当某种商品的替代品不足,或者直接连带品价格上升时,也会出现此种情况。

当 $E_d=1$ 时,称弹性不变或不变弹性,即某种商品的需求量变化幅度与其价格变化幅度相等。这种情况比较复杂。

一般情况下,当需求弹性充足时,由于需求对价格反应灵敏,企业在降低成本、保证质量的前提下,采用低价策略可以扩大销售,争得较多利润。当需求弹性不足时,由于需求对价格变化反应迟钝,可以适当提高价格以增加利润,降低价格则效果不佳。当需求弹性不变时,由于情况复杂,应认真研究市场状况,找出影响需求变化的关键因素,并据此选择相应的价格策略。

四、竞争产品价格

企业在为产品定价时一定会考虑当前竞争对手的定价,也会考虑竞争对手对本企业定价的反应及可能采取的措施。一般说来,竞争越激烈,对价格的影响也越大;竞争产品价格的高低是定价和调整价格时的一个关键影响因素。按照竞争的程度,市场竞争可以分为完全竞争、完全垄断和不完全竞争三种状况,这三种状况会对价格产生不同的影响。

(一)完全竞争对价格的影响

在完全竞争状态下,企业几乎没有定价的主动权。各个卖主都是价格的接受者而不是决定者。在实际生活中,完全竞争在多数情况下只是一种理论现象,因为任何一种产品都存在一定的差异,加之国家政策的干预以及企业的不同营销措施,完全竞争的现象几乎不可能出现。但是,如果出现了完全竞争,企业可以采取随行就市的营销价格策略。

(二)完全垄断对价格的影响

完全垄断是指一种商品完全由一家或几家企业所控制的市场状态。在完全垄断状态下,企业没有竞争对手,可以独家或几家协商制订并控制市场价格。在现实生活中,完全垄断只有在特定的条件下才能形成,然而,由于政府的干预(如许多国家的反垄断立法)、消费者的抵制以及商品间的替代关系,一个或几个企业完全垄断价格的局面一般不易出现。但是,如果出现了完全垄断,则非垄断企业在制订营销价格时一定要十分谨慎,以防垄断者的价格报复。

(三)不完全竞争对价格的影响

不完全竞争是在市场经济体制下普遍存在的典型竞争状态。在这种状态下,多数企业都能够积极主动地影响市场价格,而不是完全被动地适应市场价格。同时,企业在制订营销价格时,应认真分析竞争者的有关情况,采取相应的营销价格策略。

五、国家政策法令

多数国家对企业定价都有不同程度的约束。定价时,企业应主要考虑国家政策法令和市场调节等因素。

(一)企业定价的范畴

1. 国家指导性定价

它是指国家物价部门和业务主管部门对有关国计民生的少数重要商品规定定价权限与范围,指导价格制订和调整的企业定价方式。随着我国社会主义市场经济制度的不断完善,国家指导定价的商品种类越来越少。

2. 市场调节定价

它是指在遵守政策和法规的前提下,根据市场供求状况、市场竞争程度、消费者行为及企业自身条件等因素的变化趋势,由营销者自行确定商品价格。

(二)商品差价与商品比价因素

商品差价与商品比价是价格体系的重要组成内容,也是国家价格政策的组成部分。

1. 商品差价因素

商品差价是指同一商品由于销售地区、流转环节、销售季节、质量高低、用途等不同而形成的价格差额。商品差价形成的主要理论依据是上述各种情况下耗用的劳动量不同。其形式有地区差价、季节差价、质量差价、平议差价、用途差价等。

2. 商品比价因素

商品比价是指在同一条件下不同商品价格的比例。它由不同商品之间价格量的比值和不同商品的供求状况所决定。比价形式主要有制成品与投入要素比价、替代品比价、连带品比价等。

在日常生活中,有的主产品必须和附属产品配合使用,因而在定价上,不能把主附产品分离考虑,而应组合考虑。通常,主附产品的定价策略是,将主产品的价格定得很低,利用附属产品的高额加成或大量消费来增加利润。在服务行业中,这种策略叫两部分定价,即将服务费用分成固定费用和可变使用费。其定价策略是使固定费用低到足以吸引人使用其服务,从可变使用费中获取利润。如游乐园通常收取较低的入场费,期望通过场内的各种可选消费获利。

第二节　产品定价的方法

成本、需求、竞争是影响企业定价的最基本因素,因此,与之相对应,就形成了以成本、需求、竞争为导向的三大类基本定价方法。

一、成本导向定价法

成本导向定价法,又叫成本加成定价法,是指企业以产品的成本为基础,再加上一定的利润和税金而形成价格的一种定价方法。成本导向定价法简便易行,是我国现阶段最基本、最普遍的定价方法。实际工作中,作为定价基础的成本,其分类繁多,因此,以成本为基础的定价方法也多种多样。主要包括以下几种:

(一)完全成本导向定价法

完全成本导向定价法是将产品的完全成本(固定成本+变动成本+销售费用),加上一定的利润和税金,然后除以产品产量,从而得出单位产品的价格。其计算公式如下:

$$单位产品价格=\frac{完全成本+净利润+税金}{产品产量}$$

完全成本导向定价法计算简单,可以预先了解利润的数量,有利于核算、补偿劳动消耗,在正常的情况下能够获得预期收益。但这种定价方法以企业个别成本为基础,忽视产品市场供求状况,缺乏灵活性,通常不太适应复杂多变的市场供求。当利润不变时,如果企业个别成本高于社会平均成本,商品价格就会高于市场平均价格,势必影响其销售;如果企业个别成本低于社会平均成本,则商品价格低于市场平均价格,又无形中抛弃了部分可以实现的利润。

案例 12-1 珠宝饰品价格是消费者与商家能否达成交易的关键所在,针对这一敏感的问题,在价格策略上,周大福创出了一套有别于其他同行的新路子。周大福创新性地推出了"珠宝首饰一口价"的销售政策,并郑重声明:产品成本加上合理的利润就是产品的售价,通过"薄利多销"的经营模式,节省了消费者讨价还价的时间,让顾客真正体验到了货真价实的感受。为了降低经营成本,从而更好地参与市场竞争,周大福还自己创立了首饰加工厂,生产自己所售卖的各类首饰,减少中间环节,使生产成本降至最低,并获得了全球最大钻石生产商——国际珠宝商贸公司 DTC 配发钻石原石坯加工琢磨和钻石坯配售权,保证了它最低的原料成本和较强的竞争实力。

(二)边际成本导向定价法

边际成本导向定价法,又叫边际贡献导向定价法,是抛开固定成本,仅计算变动成本,并以预期的边际贡献补偿固定成本以获得收益的定价方式。边际贡献是指企业增加一个产品的销售所获得的收入减去边际成本后的数值。如果边际贡献不足以补偿固定成本,则会出现亏损。其基本公式是:

$$价格=变动成本\times(1+x\%)$$

$$边际贡献=价格-变动成本=变动成本\times x\%$$

$$盈亏平衡点销量=固定成本/边际贡献$$

如某企业单位产品的变动成本为 10 元,年固定总成本为 30000 元,表 12-1 是不同加成比例的定价及销量预测。据此,您认为该产品制定哪个价格最合理?

表 12-1 不同定价的盈亏平衡点与预计销量比较

加成比例	定价(元)	盈亏平衡点销量(件)	预计销量(件)
20%	12	15 000	20 000
30%	13	10 000	15 000
40%	14	7 500	10 000
50%	15	6 000	7 000

通过表 12-1 可知,在变动成本的基础上加成 30%更合理,可以赚取 15000 元的利润,而定 12 元和 14 元都只能获得 10000 元的利润,定 15 元则只能获得 5000 元的利润,因此制定 13 元的价格最合理。

这种方法显然更具有操作性,因为产品变动成本的获得相比总成本的核算是较为容易的一件事。

(三)目标成本导向定价法

目标成本是指企业依据自身条件,在考察市场营销环境、分析并测算有关因素对成本的影响程度的基础上,为实现目标利润而规划的未来某一时间的成本。目标成本加上目标净利润和税金,然后除以产品产量便是产品单价。其计算公式为:

$$单位产品价格=\frac{目标成本+目标净利润+税金}{产品产量}$$

目标成本是企业在一定时期内需经过努力才能实现的成本。以此为导向的定价方法有助于企业以积极的综合措施控制并降低成本，比较符合企业的长远利益。但目标成本是预测的，在具体实施过程中，若对影响成本的目标因素预测不准，极易导致定价工作失败。

二、需求导向定价法

需求导向定价法又称顾客导向定价法，是指企业根据市场需求状况和消费者的不同反应分别确定产品价格的一种定价方式。其特点是：平均成本相同的同一产品的价格随需求的变化而变化。

(一)理解价值定价法

所谓理解价值定价法，就是企业以消费者对商品价值的理解为定价依据，运用各种营销策略和手段，影响消费者对商品价值的认知，形成对企业有利的价值观念，再根据商品在消费者心目中的价值来制定价格。理解价值定价与现代市场定位观念相一致。理解价值定价的关键，在于准确地计算产品所提供的全部市场认知价值。企业如果过高地估计认知价值，便会定出偏高的价格；如果过低地估计认知价值，则会定出偏低的价格。为准确把握市场认知价值，必须进行市场营销研究。

(二)需求差异定价法

需求差异定价法以不同时间、地点、商品及不同消费者的消费需求强度差异为定价的基本依据，针对每种差异决定在其基础价格上是加价还是减价。实行需求差异定价要具备以下条件：市场能够根据需求强度的不同进行细分；细分后的市场在一定时期内相对独立，互不干扰；高价市场中不能有低价竞争者；价格差异适度，不会引起消费者的反感。

(三)逆向定价法

逆向定价法是指企业依据消费者能够接受的最终销售价格，计算自己从事经营的成本和利润后，逆向推算出产品的批发价和零售价。这种定价方法不以实际成本为主要依据，而是以市场需求为定价出发点，力求使价格为消费者所接受。分销渠道中的批发商和零售商多采取这种定价方法。

三、竞争导向定价法

竞争导向定价法是企业根据市场竞争状况确定商品价格的一种定价方式。其特点是：价格与成本和需求不发生直接关系。

竞争导向定价法的具体做法是：企业在制定价格时，主要以竞争对手的价格为基础，与竞争品价格保持一定的比例，即竞争品价格未变，即使产品成本或市场需求变动了，也维持原价；竞争品价格变动，即使产品成本和市场需求未变，也相应调整价格。

一般来说，按订单设计制造的工业品一般按成本加成定价法定价；凡是供需存在不平衡，企业往往就会按需求定价，当需求受时间、地点、产品部位、消费者特征影响较大时，也可能按需求定价；在完全竞争的市场中，如果产品本身同质化比较严重，而企业又无法通过某些途径实现差异化，则只能随行就市。

第三节 产品定价的策略

一、企业定价的程序

企业确定了营销价格目标以后,还必须按照商品价格制订的一般程序,估算销售潜量,预测竞争反应,选择定价方式,唯有如此,才能制订出适合自身发展的价格。商品营销价格的制订程序一般包括如下几个步骤:

1.确定营销价格目标

首先根据企业经营目标,确定相应的定价目标。

2.估算市场销售潜量

市场销售量大小的估算关系到新产品投放市场和老商品拓宽市场的成败,其方法如下:

(1)了解市场预期价格。预期价格是影响商品定价的一个重要因素。商品价格高于或低于预期价格,都会影响商品的销售。因此,企业在进行市场销售潜量估算时,首先要了解市场上是否已存在预期价格。

(2)估算不同价格下的销售量。计算各种销售价格的均衡点以及何种价格最为有利。

3.分析竞争对手的反应

现实的和潜在的竞争对手对于商品价格的影响极大,特别是那些容易经营、利润可观的产品,潜在的竞争威胁最大。

4.预计市场占有率

市场占有率反映企业在市场上所处的地位,市场占有率不同,则营销价格策略和方法也不同。因此,企业在定价之前,应准确测定现有市场占有率,预计、推测产品上市后的市场占有程度。

5.考虑企业经营活动的有关计划

企业在定价之前要综合、全面地考察企业整个的市场营销计划,如产品开发计划、商品推销计划以及分配渠道的选择。

6.选择定价方法

经过以上诸程序的分析、研究,企业最后选择具体的定价方法来确定商品的价格。

二、产品定价策略

定价策略是指企业根据市场中不同变化因素对商品价格的影响程度采用不同的定价方法,制订出适合市场变化的商品价格,进而实现定价目标的企业营销战术。

(一)新产品定价策略

新产品的定价是营销策略中一个十分重要的问题。它关系到新产品能否顺利地进入目标市场,能否站稳脚跟,能否获得较大的经济效益。关于新产品的定价策略主要有三种,即取脂定价策略、渗透定价策略和满意定价策略。表12-2为新产品常用定价策略及其应用时机。

表 12-2　新产品常用定价策略及其应用时机

价格	市场需求量	产品特点突出程度	产品价格弹性	产品的可替代性	投资回收速度
取脂价格	高	大	小	低	快
满意价格	↓	↓	↑	↑	↓
渗透价格	低	小	大	高	慢

1. 取脂定价策略

取脂定价策略，又称撇油定价策略，是指企业在产品生命周期的投入期或成长期，利用消费者的求新、求奇心理，抓住激烈竞争尚未出现的有利时机，有目的地将价格定得很高，以便在短期内获取尽可能多的利润，尽快地收回投资的一种定价策略。其名称来自从鲜奶中撇取乳脂，含有提取精华之意。

案例 12-2　苹果公司的 iPod 产品是近年最成功的消费类数码产品，一推出就获得了成功，第一款 iPod 的零售价高达 399 美元，即使对于美国人来说也属于高价位产品，但是这并不影响"果粉"的购买。苹果的取脂定价取得了成功。半年后其又推出了一款容量更大的 iPod，定价更高。

2. 渗透定价策略

渗透定价策略，又称薄利多销策略，是指企业在产品上市初期，利用消费者求廉的消费心理，有意将价格定得很低，使新产品以物美价廉的形象吸引顾客、占领市场，以谋取远期的稳定利润。

3. 满意定价策略

满意定价策略，又称平价销售策略，是介于取脂定价和渗透定价之间的一种定价策略。由于取脂定价法定价过高，对消费者不利，既容易引起竞争，又可能遇到消费者拒绝，具有一定的风险；渗透定价法定价过低，对消费者有利，对企业不利，资金的回收期也较长，若企业实力不强，将很难承受；而满意定价策略采取适中价格，基本上能够做到供求双方都比较满意。

(二)地区定价策略

一般来说，一个企业的产品，不仅卖给当地顾客，而且同时卖给外地顾客，这就涉及地区定价问题。所谓地区定价策略，就是企业要决定：对于卖给不同地区（包括当地和外地不同地区）顾客的某种产品，是分别制订不同的价格，还是制订相同的价格。也就是说，企业要决定是否制订地区差价。地区性定价的形式有：

1. FOB 原产地定价

FOB 原产地定价，就是顾客（买方）按照厂价购买某种产品，企业（卖方）只负责将这种产品运到产地的某种运输工具（如卡车、火车、船舶、飞机等）上，就算交货了。交货后，从产地到目的地的一切风险和费用一概由顾客承担。如果按 FOB 原产地定价，那么每一个顾客都各自负担从产地到目的地的运费，这是很合理的。但是，这样定价对企业有不利之处，即距离远地的顾客可能不愿购买这个企业的产品，而购买其附近企业的产品。

2. 统一交货定价

这种形式的定价策略和前者正好相反。所谓统一交货定价，就是企业对于卖给不同地区顾客的某种产品，都按照相同的厂价加相同的运费（按平均运费计算）定价，也就是说，对全国不同地区的顾客,不论远近,都实行统一定价。这种定价又叫邮资定价(目前我国邮资也采取统一交货定价,如平信邮资都是1.2元,而不论收发信人距离的远近)。

案例12-3 20世纪初,日本人盛行穿布袜子,石桥便专门生产经销布袜子。当时由于大小、布料和颜色的不同,袜子的品种多达100多种,价格也是一式一价,买卖很不方便。有一次,石桥乘电车时,发现无论远近,车费一律都是0.05日元。由此他产生灵感,如果袜子都以同样的价格出售,必定能大开销路。然而,当他试行这种方法时,同行全都嘲笑他,认为如果价格一样,大家便都会去买大号袜子,小号袜子则会滞销,那么石桥必赔本无疑。但石桥胸有成竹,力排众议,仍然坚持统一定价。由于统一定价方便了买卖双方,深受顾客欢迎,布袜子的销量达到空前的数额。

3.分区定价

这种形式介于前两者之间。所谓分区定价,就是企业把全国(或某些地区)分为若干价格区,对于卖给不同价格区顾客的某种产品,分别制订不同的地区价格。距离企业远的价格区,价格定得较高;距离企业近的价格区,价格定得较低。在各个价格区范围内实行统一定价。

企业采用分区定价有如下问题:

(1)在同一价格区内,有些顾客距离企业较近,有些顾客距离企业较远,前者就不合算。

(2)处在两个相邻价格区界两边的顾客,他们相距不远,但是要按高低不同的价格购买同一种产品。随着物流网络与电子商务的发展,分区定价会造成窜货而影响不同区域经营者的利益。

4.基点定价

基点定价即企业选定某些城市作为重点,然后按一定的厂价加上从基点城市到顾客所在地的运费来定价(不管产品实际上是从哪个城市起运的)。有些公司为了提高灵活性,选定许多个基点城市,按照顾客最近的基点计算运费。

(三)折扣定价策略

折扣定价策略是通过减少一部分价格以争取顾客的策略,在现实生活中应用得十分广泛。

案例12-4 沃尔玛能够迅速发展,除了正确的战略定位以外,还得益于其首创的"折价销售"策略。每家沃尔玛商店都贴有"天天廉价"的大标语。同一种商品在沃尔玛比其他商店要便宜。沃尔玛提倡的是低成本、低费用结构、低价格的经营思想,主张把更多的利益让给消费者,"为顾客节省每一美元"是它们的目标。沃尔玛的利润率通常在30%左右,而其他零售商如凯马特的利润率都在45%左右。公司每星期六早上举行经理人员会议,如果有分店报告某商品的价格在其他商店比沃尔玛低,可立即决定降价。低廉的价格、可靠的质量是沃尔玛的一大竞争优势,吸引了一批又一批的顾客。

能够采用低价的方法销售,需要企业有一套完整的成本控制方法作为后盾。

1.数量折扣策略

数量折扣策略就是根据代理商、中间商或顾客购买货物数量的不同,分别给予不同折扣的一种定价方法。数量越大,折扣越多。其实质是将销售费用节约额的一部分,以价格折扣方式分配给买方,目的是鼓励和吸引顾客长期、大量或集中向本企业购买商品。数量折扣可以分为累计数量折扣和非累计数量折扣两种形式。

(1)累计数量折扣。累计数量折扣是指代理商、中间商或顾客在规定的时间内,购买总量累计达到折扣标准时给予的折扣。累计数量折扣定价法可以鼓励购买者经常购买本企业的产品，成为企业可信赖的长期客户；企业可据此掌握产品的销售规律，预测市场需求，合理安排生产；经销商也可保证货源。

运用累计数量折扣定价法时，应注意购买者为争取较高折扣率在短期内大批进货对企业生产的影响。

(2)非累计数量折扣。非累计数量折扣是一种只按每次购买产品的数量而不按累计的数量给予的折扣。其目的是鼓励客户大量购买，节约销售中的劳动耗费。

累计数量折扣和非累计数量折扣两种方式可单独使用，也可结合使用。

2. 现金折扣策略

现金折扣策略，又称付款期限折扣策略，是在"信用购货"的特定条件下发展起来的一种优惠策略，即对按约定日期付款的顾客给予不同的折扣优待。现金折扣实质上是一种变相降价赊销，鼓励提早付款的办法。如付款期限一个月，立即付现折扣5%；10天内付现折扣3%；20天内付现折扣2%；最后10天内付款无折扣。有些零售企业往往利用这种折扣节约开支，扩大经营。卖方可据此及时回收资金，扩大商品经营。

3. 交易折扣策略

交易折扣策略是企业根据各类中间商在市场营销中担负的不同功能给予不同折扣的策略，又称商业折扣策略或功能折扣策略。企业采取此策略的目的是为了扩大生产，争取更多的利润，或为了占领更广泛的市场，利用中间商努力推销产品。交易折扣的多少，随行业与产品的不同而不同；相同的行业与产品，又要依中间商所承担的商业责任的多少而定。如果中间商提供运输、促销、资金融通等功能，对其折扣就较多；否则，折扣将随功能的减少而减少。一般而言，给予批发商的折扣较多，给予零售商的折扣较少。

4. 季节性折扣策略

季节性折扣策略是指生产季节性商品的企业，对在销售淡季来采购的买主所给予的一种折扣优待。季节性折扣的目的是鼓励购买者提早进货或淡季采购，以减轻企业的仓储压力，合理安排生产，做到"淡季不淡"，充分发挥生产能力。季节性折扣实质上是季节差价的一种具体应用。

5. 推广让价策略

推广让价是生产企业对中间商积极开展促销活动所给予的一种补助或降价优惠，又称推广津贴。中间商分布广，影响面大，熟悉当地的市场状况，因此企业常常借助它们开展各种促销活动，如刊登地方性广告、布置专门橱窗等。对中间商的促销费用，生产企业一般以发放津贴或降价供货作为补偿。

6. 运费让价策略

运费让价是生产企业为了扩大产品的销售范围，对远方市场的顾客进行让价，以弥补其部分或全部运费。商品定价时，运费是值得重视的一部分，尤其是距离生产企业较远的市场，运费在产品成本中所占的比例很大。如果不采取运费让价策略，产品在远方市场将处于十分不利的竞争地位。因此，企业对远方市场一般都采用运费让价策略。

(四)心理定价策略

心理定价策略是针对消费者的不同消费心理，制订相应的商品价格，以满足不同类型消费者的需求的策略。心理定价策略一般包括尾数定价、整数定价、习惯定价、声望定价、招徕定价和最小单位定价等具体形式。

1. 尾数定价策略

尾数定价又称零头定价，是指企业针对消费者的求廉心理，在进行商品定价时有意定一个与整数有一定差额的价格。这是一种具有强烈刺激作用的心理定价策略。

心理学家的研究表明，价格尾数的微小差别能够明显影响消费者的购买行为。一般认为，5元以下的商品，末位数为9最受欢迎；5元以上的商品，末位数为95效果最佳；百元以上的商品，末位数为98.99最为畅销。尾数定价法会给消费者一种经过精确计算、最低价格的心理感觉；有时也可以给消费者一种原价打了折扣、商品便宜的感觉；同时，顾客在等候找零期间，也可能会发现和选购其他商品。

如某品牌的54厘米彩电标价998元，给人以便宜的感觉，认为只要几百元就能买一台彩电。其实它比1000元只少了2元。尾数定价策略还给人一种定价精确、值得信赖的感觉。

在欧美及我国常以奇数为价格尾数，如0.99、9.95等，这主要是因为消费者对奇数有好感，容易产生一种价格低廉、价格向下的概念。在我国，由于“8”与“发”谐音，在定价中“8”的采用率也较高。

2. 整数定价策略

整数定价与尾数定价相反，针对的是消费者的求名、求方便心理，将商品价格有意定为整数。对于同类型产品，由于生产者众多，花色品种各异，在许多交易中，消费者往往只能将价格作为判别产品质量、性能的“指示器”。在众多尾数定价的商品中，整数能给人一种方便、简洁的印象。

3. 习惯定价策略

某些商品需要经常、重复地购买，因此这类商品的价格在消费者心理上已经“定格”，成为一种习惯性的价格。

许多商品尤其是家庭生活日常用品，在市场上已经形成了一个习惯价格。消费者已经习惯于消费这种商品时，只愿付出比较固定的代价。对这些商品的定价，一般应依照习惯确定，不宜随便改变价格，以免引起顾客的反感。遵循这一习惯确定产品价格者往往获益匪浅。

4. 声望定价策略

这是整数定价策略的进一步发展。消费者一般都有求名望的心理，根据这种心理，企业为有声望的商品制订比市场同类商品价高的价格，即为声望定价策略。它能有效地消除购买心理障碍，使顾客对商品或零售商形成信任感和安全感，顾客也能从中得到荣誉感。

微软公司的Windows 98(中文版)进入中国市场时，一开始就定价1998元人民币，便是一种典型的声望定价。另外，用于正式场合的西装、礼服、领带等商品，且服务对象为企业总裁、著名律师、外交官等职业的消费者，则都应该采用声望定价，否则，这些消费者就不会去购买。

声望定价往往采用整数定价方式，其高昂的价格能使顾客产生“一分价格一分货”的感觉，从而在购买过程中得到精神的享受。

如金利来领带一上市就以优质、高价定位，它们决不上市销售有质量问题的金利来领带，更不会降价处理，以给消费者这样的信息，即金利来领带绝不会有质量问题，低价销售的金利来领带绝非真正的金利来产品，从而极好地维护了金利来的形象和地位。

当然，采用这种定价策略必须慎重，一般商店、一般商品若滥用此法，便会失去市场。

5. 招徕定价策略

招徕定价又称特价商品定价，是一种有意将少数商品进行降价以招徕吸引顾客的定价方式。如商品的价格定得低于市价，一般都能引起消费者的注意，这是适合消费者“求廉”心理的。

案例 12-5 北京地铁有家每日商场，每逢节假日都要举办"一元拍卖"活动，所有拍卖商品均以 1 元起价，报价每次增加 5 元，直至最后定夺。由每日商场举办的这种拍卖活动由于基价定得过低，最后的成交价就比市场价低得多，因此会给人们产生一种"卖得越多，赔得越多"的感觉。岂不知，该商场用的是招徕定价术，它以低廉的拍卖品活跃商场气氛，增大客流量，带动了整个商场销售额的上升。

采用招徕定价策略时必须注意以下几点：

(1)降价的商品应是消费者常用的，最好是适合于每一个家庭的必需品，否则没有吸引力。

(2)实行招徕定价的商品，经营的品种要多，以使顾客有较多的选购机会。

(3)降价商品的降低幅度要大，一般应接近成本或者低于成本。只有这样，才能引起消费者的注意和兴趣，才能激起消费者的购买动机。

(4)降价商品的数量要适当，太多商店亏损太大，太少容易引起消费者的反感。

(5)降价商品应与因伤残而削价的商品明显区别开来。

6. 最小单位定价策略

最小单位定价策略是指企业把同种商品按不同的数量包装，以最小包装单位量制订基数价格，销售时，参考最小包装单位的基数价格与所购数量收取款项。一般情况下，包装越小，实际的单位数量商品的价格越高，包装越大，实际的单位数量商品的价格越低。

案例 12-6 对于质量较高的茶叶就可以采用这种定价方法，如果某种茶叶定价为每 500 克 150 元，消费者就会觉得价格太高而放弃购买。如果缩小定价单位，采用每 50 克为 15 元的定价方法，消费者就会觉得可以买来试一试。如果再将这种茶叶以 125 克来进行包装与定价，则消费者也许就会嫌麻烦而不愿意去换算每 500 克的价钱，从而也就无从比较这种茶叶的定价究竟是偏高还是偏低了。

最小单位定价策略的优点比较明显：

一是能满足消费者在不同场合下的不同需要，如便于携带的小包装食品、小包装饮料等；

二是利用了消费者的心理错觉，因为小包装的价格容易使消费者误以为廉，而实际生活中消费者不易也不愿意换算出实际重量单位或数量单位商品的价格。

(五)差别定价策略

所谓差别定价，就是企业按照两种或两种以上不反映成本费用的比例差异的价格销售某种产品或劳务。差别定价有四种形式：

1. 顾客差别定价

顾客差别定价即企业按照不同的价格把同一种产品或劳务卖给不同的顾客。例如，某汽车经销商按照目标价格把某种型号的汽车卖给了顾客 A，同时按照较低价格把同一种型号的汽车卖给了顾客 B。这种差别定价表明顾客的需求强度和商品知识有所不同。

2. 产品形式差别定价

产品形式差别定价即企业对不同型号或形式的产品分别制订不同的价格，但是，不同型号或形式产品的价格之间的差额和成本费用之间的差额并不成比例。

3. 产品部位差别定价

产品部位差别定价即企业对于处在不同位置的产品或服务分别制订不同的价格，即使这些产品或服务的成本费用没有任何差异。

例如虽然剧院不同座位的成本费用都一样,但是不同座位的票价有所不同,这是因为人们对剧院的不同座位的偏好有所不同。

4.销售时间差别定价

销售时间差别定价即企业对于不同季节、不同时期甚至不同钟点的产品或服务分别制订不同的价格。

案例12-7 蒙玛公司在意大利以“无积压商品”而闻名,其秘诀之一就是对时装分多段定价。它规定新时装上市,以3天为一轮,每隔一轮按原价削10%,以此类推,那么到10轮(1个月)之后,蒙玛公司的时装价就削到了只剩35%左右的成本价了。这时的时装,蒙玛公司就以成本价售出。因为时装上市仅1个月,价格已跌到原价的1/3,谁还不来买?所以一卖即空。蒙玛公司最后结算,赚的钱比其他时装公司多,又没有积货的损失。

(六)组合定价策略

1.产品线定价

产品线定价是将同一产品线上的产品,依据相互间的竞争或互补关系确定一个恰当的价差,目的是求取整个产品线的最大收益,而不是个别产品的单一利润。在对这类商品进行定价时,首先要确定最低价格的产品,它在产品线中充当价格“领袖”,以吸引消费者购买该产品线中的其他产品;其次是确定最高价格的产品,它在产品线中充当品牌质量、收回投资、确保盈利水平的角色;最后,对产品线中的其他产品也分别依据其在产品线中的不同角色制订不同的价格。需要注意的是,在制订产品价格差距时还必须分析各种产品成本之间的差额、顾客对商品不同特征的评价以及竞争者的价格。

2.任选品定价

任选品是指那些与主要产品密切关联的可任意选择的产品。例如,顾客去饭店吃饭,除了饭菜之外,可能还会点酒、饮料、烟等。在这里,饭菜是主要商品,烟、酒、饮料等就是任选品。企业为任选品定价有两种策略可供选择:一种策略是为任选品定高价,靠它来盈利;另一种策略是定低价,把它作为招徕顾客的项目之一。例如,有的饭店的饭菜定价较低,而烟、酒、饮料等任选品定价很高;而有些饭店的烟、酒、饮料等任选品定低价,但饭菜定高价。

3.连带产品定价

连带产品,又称补充产品,是指必须与主要产品一同使用的产品,例如,剃须刀架是剃须刀的连带品。大多数企业为这类产品定价时,主要产品定价较低,而连带产品定价较高,以连带产品获取高利,补偿主要产品因低价造成的损失。

4.副产品定价

在生产加工肉类、石油产品和其他产品时,常常有副产品。如果副产品没有价值而且事实上在处理它们时花费也很大,这将会影响主产品的定价。制造厂商将为这些副产品寻找市场,并接受高于储存和利用这些副产品的费用的任何价格。这样,企业就可以降低主要产品价格,提高其竞争能力了。

第四节　产品价格调整

企业处在一个不断变化的环境中,为了生存和发展,有时候需主动降价或提价,有时候又需对竞争者的变价作出适当的反应。

一、产品价格的主动调整

(一)降价与提价

1. 企业降价的原因

在现代市场经济条件下,企业降价的主要原因有:

(1)企业的生产能力过剩,因而需要扩大销售,但是企业又不能通过产品改进和加强销售工作等来扩大销售。

(2)在强大竞争者的压力之下,企业的市场占有率下降。

(3)企业的成本费用比竞争者低,企图通过降价来掌握市场或提高市场占有率,从而扩大生产和销售量,降低成本费用。

案例 12-8 英特尔曾推出一款新的电脑芯片,刚上市时定价为每片 1000 美元,这个价格被某些细分市场看做是质价相当、物有所值的,因为用这些芯片装配的都是顶尖个人电脑,不少顾客都迫不及待地等着购买。但当这批价格意识不强、追求高质消费的时尚消费者已购买后,以及出现竞争者将推出相类似芯片的威胁时,销量开始下降,英特尔便将价格降低,以吸引下一个具有价格意识的消费者层,最后价格降到最低谷的每片 200 美元,使得这种芯片成为市场上最畅销的信息处理装置。

2. 企业提价的原因

虽然提价会引起消费者、经销商和企业推销人员的不满,但是成功的提价可以使企业的利润大大增加。引起企业提价的主要原因如下:

(1)由于通货膨胀,物价上涨,企业的成本费用提高,因此许多企业不得不提高产品价格。

(2)企业的产品供不应求,不能满足其所有顾客的需要。在这种情况下,企业可以提价。提价方式包括:取消价格折扣,在产品大类中增加价格较高的项目或者开始提价。为了减少顾客不满,企业提价时应当向顾客说明提价的原因,并帮助顾客寻找节约的途径。

案例 12-9 2001 年 3 月,在彩电市场大打价格战、空调降价的风声也越来越紧时,科龙却一反常态,宣布全面上调其冰箱的价格,在业界引起普遍的关注。科龙提价的冰箱涉及 20 余款,尽管最高升幅达到 8%,平均升幅为 4.5%,但市场销售却并未因此降温,经销商打款提货的销势更旺。

对于提价,科龙方面称有三点原因:

1. 品牌拉力。据权威评估机构公布的数据显示,科龙的品牌价值达 96.18 亿元。科龙加强传播攻势,在中央电视台黄金广告时段投标成功,并投入 5000 万元强化品牌传播,给其冰箱产品足够的拉力。

2. 好卖的产品当然提价。科龙、容声冰箱发起技术战,投下巨额资金开发新品,两大品牌冰箱的销售业绩大幅增长,部分市场出现脱销、供不应求的状况,因此,科龙冰箱营销本部"顺应经济规律"对 20 余款新品进行提价。

3. 冰箱提价后,市场反应良好,提价自然要坚持。

细究下去,科龙对提价其实早有准备。由于几大巨头之间的默契,国内冰箱市场多年来波澜不惊,少有价格战的身影。有关资料显示,全国有 30 余家国家定点冰箱生产企业,年生产能力达到 2000 万台以上,而市场对冰箱的年需求量为 1200 万台,年需求增长 10%左右。在如此供大于求的状态下,国产、合资品牌一直较着暗劲,抢夺市场。科龙旗下的容声冰箱在全国冰箱行业销量第一的位置已经连续保持了9年,早有海尔、新飞、美菱虎视眈眈,更有伊莱克斯、西门子两大合资品牌在一、二级零售市场上蚕食国产品牌的零售份额。对此,科龙进行了一系列改革,为冰箱价格大战做足了准备。

首先是技术上的贮备。科龙投资1亿元与中国科学院和美国亚利桑那大学三方共同创建成立了“中美科龙智能控制联合开发中心”,在顺德成立了家电研究所和集团冰箱技术开发部,专门进行新品的开发。科龙掌握了超级节能技术、电脑智能控制技术等10项重大冰箱创新技术,其中5项技术处于世界领先水平。

其次是巩固终端零售市场。容声冰箱过去重批发轻零售,零售做得很不理想。为改变这个局面,科龙花巨资进行了系统的零售市场建设。科龙冰箱本部推出“500工程”和“5000工程”——与全国500家冰箱销量最大、商誉最好的大型商场和5000家遍布全国的中小型零售商场签订协议,由科龙提供强有力的营销支持和配套服务给商家,让其主推容声、科龙冰箱。由此容声冰箱40%的销量、科龙冰箱95%的销量都由零售商完成。科龙认为,零售渠道的畅通,直接产生了冰箱的热销。

(二)消费者对价格变动的反应

消费者对于企业某种产品的降价可能会这样理解:

(1)这种产品的式样老了,将被新型产品所代替;

(2)这种产品有某些缺点,销售不畅;

(3)企业财务困难,难以继续经营下去;

(4)价格还要进一步下跌;

(5)这种产品的质量下降了。

购买者对企业某种产品的提价可能会这样理解:

(1)这种产品很畅销,不赶快买就买不到了;

(2)这种产品很有价值;

(3)卖主想尽量取得更多的利润。

一般来说,购买者对于价格高低不同的产品价格变动的反应有所不同。购买者对于那些价值高、经常购买的产品的价格变动较敏感,而对于那些价值低、不经常购买的小商品,即使价格变动幅度大,购买者也不太注意。此外,购买者虽然关心产品价格变动,但是通常更为关心取得、使用和维修产品的总费用。因此,如果卖主能使顾客相信某种产品取得、使用和维修的总费用较低,那么,他就可以把这种产品的价格定得比竞争者高,取得较多的利润。

(三)竞争者对价格变动的反应

企业在考虑改变价格时,不仅要考虑到购买者的反应,还必须考虑竞争对手对企业的产品价格变动的反应。若某一行业中企业数目很少,且提供同质的产品,购买者颇具辨别力与知识,竞争者的反应就愈显重要。

企业如何估计竞争者的可能反应呢?竞争者的可能反应可从两个不同的出发点加以理解。其一是假设竞争者有一组适应价格变化的政策,其二是假设竞争者把每一次价格变动都当做单一挑战。每一假设在研究上均有不同的含义。

了解竞争者对价格变动的反应的方法有:通过内部资料和借助统计分析。内部资料的取得方法有多种,包括从竞争者那里挖来经理,以获得竞争者的考虑程序及反应形式等重要情报。此外,还可以雇用竞争者以前的职员并专门建立一个单位,其工作任务就是模仿竞争者的立场、观点、方法思考问题。关于竞争者想法的情报也可以从其他渠道如顾客、金融机构、供应商、代理商等处获得。

二、产品价格的竞争性调整

(一)不同市场环境下的企业反应

在同质产品市场上，如果竞争者降价，企业也必须随之降价，否则顾客就会购买竞争者的产品而不购买本企业的产品。如果某些企业提价，其他企业也可能会随之提价(如果提价使整个行业有利)，但是如果一个企业不随之提价，那么最先发动提价的企业和其他企业也不得不取消提价。

在异质产品市场上，企业对竞争者价格变动的反应有更多的选择。在这种市场上，购买者选择卖主时不仅考虑产品价格的高低，而且考虑产品质量、服务、可靠性等因素，因而在这种产品市场上，购买者对于较小的价格差额无反应或不敏感。

企业在对竞争者的价格变动做出适当反应之前，须调查研究和考虑以下问题：

(1)竞争者为什么要变价？

(2)竞争者打算暂时变价还是永久变价？

(3)如果对竞争者的变价置之不理，将对企业的市场占有率和利润有何影响？其他企业是否会做出反应？

(4)竞争者和其他企业对于本企业的每一个可能的反应又会有什么反应？

企业应对竞争对手降价的一般方法如图 12-2 所示。

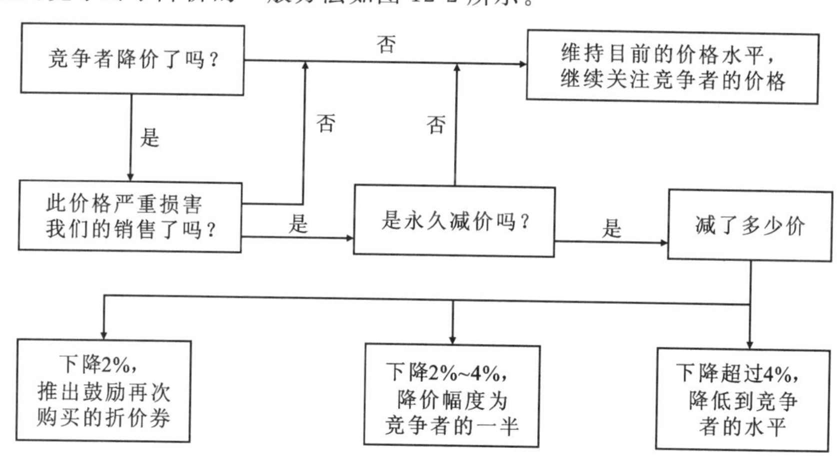

图 12-2　企业应对竞争对手降价的一般方法

(二)市场领导者的反应

在现代市场经济条件下，市场领导者往往会遇到一些较小企业的进攻。这些较小企业往往通过“侵略性的降价”与市场领先者争夺市场阵地，提高市场占有率。在这种情况下，市场领导者有以下几种选择：

(1)维持价格。因为市场领先者认为：如果降价就会使利润减少过多；保持价格不变，市场占有率不会下降太多；以后能恢复市场阵地。

(2)保持价格不变，同时改进产品、服务、沟通等，运用非价格手段来反攻。采取这种战略比降价和低价经营更合算。

(3)降价。市场领先者之所以采取这种战略,是因为它认为:第一,降价可以使销售量和产量增加,从而使成本费用下降;第二,市场对价格很敏感,不降价就会使市场占有率下降;第三,市场占有率下降,以后就难以恢复。企业降价后,应当尽力保持产品质量和服务水平,而不应降低产品质量和服务水平。

(4)提价,同时推出某些新品牌,以围攻竞争对手的品牌。

(三)企业变动价格须考虑的因素

企业变动价格时须考虑以下因素:

(1)产品生命周期所处的阶段及其在企业产品投资组合中的重要程度。

(2)竞争者的意图和资源。

(3)市场对价格和价值的敏感性。

(4)成本费用随着销量和产量的变化而变化的情况。

本章小结

在市场营销活动中,企业定价是一项既重要又困难,而且有一定风险的工作。价格策略在市场营销活动中具有重要地位:价格是调节市场需求、诱导市场需求的重要手段;价格是参与市场营销竞争的有效手段;价格是实现企业营销目标的核心手段;价格受企业营销环境条件的制约。

企业在定价之前首先必须确定定价目标。定价目标为企业营销目标服务,是企业选择定价方法和制定价格策略的依据。企业的定价目标有多种,包括获取利润、占领市场、树立高端形象或领先形象和维持生存。

在现实的市场营销活动中,除了产品成本、市场供求、竞争状况以外,市场营销组合中的其他变数,如产品策略、渠道策略、促销策略,以及政府的经济政策,企业本身的生产能力、财务能力等都会对企业的定价策略产生不同程度的影响。因此,必须在产品价值的基础上,认真研究影响价格的各方面因素,定出保证营销目标实现的合理价格。

企业定价一般有成本导向型、需求导向型和竞争导向型等几种方式。

企业定价面对的是复杂多变的环境。有鉴于此,企业必须要在采用某种方法确定出基本价格的基础上,根据目标市场状况和定价环境的变化采用适当的策略,保持价格与环境的适应性。差别定价、组合定价、折扣定价和某些新产品定价就是一些适应性定价策略。除此之外,在必要的时候还要对价格进行适当的调整。

关键概念

成本导向定价　Cost-driven Pricing　需求导向定价　Demand-driven Pricing
满意定价　Neutral Pricing　折扣定价　Discount Pricing
差别定价　Discrimination Pricing　地区定价　Region Pricing
心理定价　Psychological Pricing　组合定价　Mixed Pricing
取脂定价　Skim Pricing　渗透定价　Penetration Pricing
竞争导向定价　Competition-driven Pricing

复习思考题

1. 简述影响企业定价的因素。

2. 心理定价策略有哪些?

3. 定价策略如何与其他营销组合策略相配合?

4. 如何看待我国手机产品市场目前的价格战?

5. 简述竞争者对企业调价的反应。

6. 一家时装经营企业经常有少量服装以低于成本的价格出售,你认为这样经营正常吗?为什么?

【案例分析】

长虹——风风雨雨价格战

四川长虹电子集团的前身,是1958年创建的军工企业“国营四川无线电厂”,位于四川省绵阳市。1965年,“国营四川无线电厂”更名为“国营长虹机器厂”(简称“长虹”)。1973年,长虹率先在军工系统成功研制出第一台电视机,注册商标“长虹”,长虹品牌由此创立。1992年,长虹跻身中国电视五大品牌行列。1993—1998年,“长虹”牌彩电从国内同等竞争对手中杀出重围,成功地登上“中国彩电大王”的宝座。长虹股票于1994年3月在上海证券交易所挂牌上市,并很快成为“龙头股”。1998年,长虹提出“世界品牌,百年长虹”的战略目标,长虹彩电以正式走向全球市场为新起点,长虹产品由彩电向空调器、数字视听、电子产品、电池等相关产业拓展。2004年,长虹的品牌价值达330.73亿元,成为中国最有价值的知名品牌。

在发展过程中,长虹通过多次降价活动,成长为我国的“彩电大王”,同时也成为我国家电行业的一面旗帜,将家电行业带动成为我国最具市场经济特征的行业之一。长虹今天的表现归功于其几次主动降价行动:

第一次,开启自主调价之路。1988年,彩电严重紧缺,抢购倒卖之风盛行,普通老百姓以高于国家牌价1倍的价格还很难买到彩电。在国家牌价的制约下,出现了“百姓多花钱,厂家挣不到钱”的局面。长虹以略高于国家牌价而低于黑市的价格卖给省工商银行一批彩电开始自己的自行价格调整旅程。1989年,国内彩电生产厂引进了大量彩电生产线,同时国家开征彩电消费税,彩电市场顿时供过于求,厂家彩电积压严重,光上半年长虹就积压近20万台彩电,占用资金3.2亿元,资金严重紧张。请示省物价局后,1989年8月9日,长虹进行了自行降价活动,每台彩电降价350元,由此积压彩电一销而空,同时也提升了长虹在彩电行业的地位。为此,长虹受到“不让涨价你涨价,不让降价你降价”的责难,引发了一场“长虹现象”大讨论。1989年9月,围绕1988年和1989年长虹的两次价格调整,由《中国体改研究会通讯》发起、《中国电子报》积极响应的“长虹现象”大讨论在全国范围内轰轰烈烈地展开。1991年3月,国家统计局公布:长虹1990年首次成为彩电行业销售冠军。

第二次,也是一场具有决定意义的降价行动,国产彩电开始“当家做主”。1996年,进口品牌在25英寸以上大屏幕彩电市场占有绝对优势,在北京、上海、广州的市场份额更是高达80%以上,但众多合资厂尚未投入规模生产。1996年3月26日,长虹彩电凭借“同样的技术、同样的质量”举起降价大旗,首次向洋彩电宣战。面对铺天盖地的洋彩电,长虹宣布在全国范围内降价18%,带动国产彩电夺取市场份额,由此,国产彩电在国内中低端彩电市场占据了绝对主导地位。而长虹的市场占有率也由1995年的22%提高到1996年的27%左右。长虹在1996年发起的价格战对于国产彩电的翻身功不可没。

第三次(1999—2001年),长虹针对传统彩电的洗牌行动,逐步向高端市场挺进。对于长虹来说,1998年是一个转折点。为了遏制对手,长虹从当年8月起大批量购进彩管,最多时控制了国内70%以上的彩管,使应付款项、票据从35.51亿元直线上升到61.9亿元，当年长虹计划生产彩电800万台，但实际销量只有600多万台，到1998年年末，长虹库存达到77亿元，比上年增加一倍。同在1998年，郑百文问题爆发，在暴露的时候，这条渠道的销售收入占长虹总营业额的30%。由于“郑百文事件”，1998年上半年长虹的销售费用由1997年同期的1.98亿元上升至3.46亿元，增加了74.75%，而销售收入却下降了14.2%。到1999年，长虹销售业绩同比下滑14.5%，销售成本反而上升25.5%。“囤积彩管”事件不仅使长虹不得不承担起70多亿元库存的压力，也使TCL、创维、康佳这三剑客对抗长虹的联盟更加坚固。其结果是，长虹从习惯先声夺人沦为在频繁的价格战中疲于应招。在这一年，长虹主业收入锐减4亿元。经过1997年和1998年的价格战，长虹的彩电霸主地位岌岌可危。为了挽回颓势，1999年4月，长虹彩电又开始降价行动。但康佳对长虹的降价早有应对，降价幅度超过长虹80～300元。长虹的主营利润由1998年的31.6亿元下降到1999年的15.7亿元，净资产收益率仅4.06%，1999年下半年长虹的利润仅1亿多元。

国内彩电市场2000年的销量为2000万台，而生产能力却超过了4000万台，重复建设导致的过度竞争，逼使产品同质化的企业为了生存，只有不断举起价格利刃展开肉搏。2000年伊始，国内彩电业便笼罩在全行业亏损147亿元的浓重阴影中。为了避免惨烈价格战的再度发生，2000年6月9日，9大彩电企业在深圳召开的“中国彩电企业峰会”上，签下了彩电销售最低价协约，随即被国家计委宣布违法。在不到一个月后，各地彩电掀起了规模空前的降价狂潮，29寸彩电最低跌至1680元，而此时彩电峰会上的一纸协定墨迹未干。这之后，同盟军内纷纷“背叛”，同盟者厦华、熊猫率先降价，到了8月，盟主康佳和根本没参加同盟的长虹也分别宣布大幅度调低彩电售价，其中康佳的最大降幅为20%，而长虹的降幅更高，达35%。此次彩电降价是1996年长虹挑起价格战以来规模和降价幅度最大的一次。在这次降价中，29英寸纯平彩电的售价不到2000元。截至2000年12月中旬，长虹的销售收入突破800亿元。长虹彩电2000年度再次成为销量冠军，在行业大滑坡的情况下，市场占有率重新回升到25%。

2000年，在国产品牌全线降价的同时，进口品牌发起大规模反扑，率先在中国市场推出最先进的产品，并靠越来越接近的价格和已有的品牌优势，将29英寸以上大屏幕彩电的市场份额从15%提升到30%，在市场占有率十强中占得三席。虽然经过几次价格战淘汰了许多彩电企业，但到2001年全国彩电行业还有七八十家生产企业、100多条生产线、5000万台的年生产能力，而国内销量仅有2000万台，经过努力出口达到1000万台，还有2000万台的闲置生产能力。为了夺取被跨国公司占据的市场和进一步清理国产品牌，2001年4月中旬，由长虹发起的自称为“五一战役”的价格战将这次意料中的价格战提前了半年。4月13日，长虹将其十多个品种的高档彩电在全国范围内大幅度降价，而这些彩电大都是以前被人们认为高不可攀的大屏幕超屏彩电。在市场畅销的29英寸大屏幕“国礼精品”彩电从4000元左右直接降到了2000元左右，价格仅为进口品牌同档次机器的40%～50%。

第四次(2002年至今)，开创国产彩电主导高端之路。1998年，我国背投电视销量为4795台，2000年超过10万台，2001年则达到了35万台，连续四年超过300%的增幅。2001年1月1日，中国首台精密显像电视——长虹精显彩电诞生，从而一举打破了彩电高端核心技术一直由跨国彩电巨头垄断的局面。同年7月，领先世界水平的第三代60赫兹数字变频逐行扫描背投彩电在长虹诞生，至此，中国彩电业在高端核心技术上全面受制于人已经成为历史。2002年年初，长虹研制出领先世界水平的第三代75赫兹数字变频逐行扫描背投彩电。在长虹将产品投放于市场以前，彩电高端产品一直是日韩企业的天下。出于技术、利润周期的考虑，日韩企业在背投市场上采用区别对待策略:在发达国家市场投放第三、四代背投，而在中国市场则主要投放第一、二代背投，从而延长自己在中国市场的利润赚取时间。2002年4月29日，长虹投影公司宣布全面停止内销一、二代(即50赫兹及100赫兹)普通背投彩电的生产，将全部精力转移到第三代及第四代60/75赫兹数字变频逐行扫描背投彩电的生产和销售。此时，离2001年1月1日中国首台精密显像电视在长虹成功下线仅16个月。2002年5月，长虹率先强力推出精显背投，打响了国内彩电业全面进军高端市场的第一枪;之后，跨国公司才开始向国内企业转让高端背投技术，于是，TCL、创维、海信等国内彩电品牌相继推出了等离子、液晶彩电等高端产品，7月，TCL、创维先后以29800元的超低价启动了等离子彩电市场。至此，国内彩电企业成功地完成了由低端市场向高端市场的转型。在2002年中报中，低迷长达5年之久的长虹终于拥有了回到从前的感觉。8 月 10 日公布的中报显示，长虹彩电等主营业务收入同比增长 65.38%，净利润同比增长 435.67%，彩电出口额达 27.96 亿元，同比增长 1789%，在中国彩电行业中排名第一。另外，长虹精显背投彩电仅用了一年时间，就直逼东芝和索尼，无可争议地成为中国背投彩电的代言人。2001 年 10 月，长虹背投市场占有率不足 1.5%，而 2002 年同期市场占有率则高达 18.5%。

2003 年 4 月 8 日，中国彩电大王长虹在捧回 2002 年全国彩电销量冠军后不到半个月时间内，又出重拳，推出"长虹背投普及风暴"活动，在高端市场全面反击跨国背投品牌。长虹精显王背投彩电价格全线下调，平均降价幅度为 25%，最高降幅达 40%，进一步巩固和增加了自己背投的市场份额。2004 年 10 月，长虹开始"虹色十月"行动，"虹色十月打造新一代数字阶级"活动在全国如火如荼地进行。

思考题

1. 在本案例中，长虹每次价格战的目标是什么？
2. 请分析长虹每次价格战的背景环境。

【实训题】

定价策划

实训目的：通过实训，要求学生能够分别以成本导向、需求导向、竞争导向的方式为背景企业的产品确定合理的价格，并设计具有吸引力的价格策略。

实训任务：收集背景企业现有产品价目表；分析背景企业定价的影响因素；制订背景企业产品定价策略；为背景企业的产品定价。

实训实施：以小组为单位，形成书面报告。

第十三章　分销渠道策略

本章学习提示

通过本章的学习,你应该能够:了解分销渠道的概念与职能;了解分销渠道的模式、流程与类型;掌握分销渠道的设计与管理;了解分销渠道的竞争优势;明确实体分配的含义与目标;了解实体分配方案的设计与规划。

导引案例

ZARA 的神话

ZARA 是西班牙 Inditex 集团旗下的一个子公司,它既是服装品牌,也是专营 ZARA 品牌服装的连锁零售品牌。1975 年设立于西班牙的 ZARA,隶属于 Inditex 集团,为全球排名第三、西班牙排名第一的服装商,在世界各地 56 个国家内设立了两千多家服装连锁店。

ZARA 经营的成功可归纳为四个因素:拥有庞大的设计师群;拥有 9 家成衣厂,从新款策划到生产出厂,最快可在一周内完成;送货速度快;采取多样少量的经营方式,每隔 3 周其服装店内的所有商品全部被更新。

ZARA 的零售只设专卖店,那是 ZARA 的"窗口"与"眼睛",不搞特许经营。ZARA 的每一位门店经理都拥有一部特别定制的 PDA,通过这台联网的 PDA,他们可以直接向总部下订单,而总部可以直接掌握每一间门店的销售情况,同时门店店长还可以和总部的产品经理及时沟通。这样,ZARA 可以做到设计、生产、交付在 15 天内完成。《哈佛商业评论》称:ZARA 建立了一个不同于传统行业的通信供应链,正是这个供应链使 ZARA 完成了它的 15 天神话。ZARA 对法国、德国、意大利、西班牙等欧盟国家的货物以卡车运送为主,平均 48 小时即可运达连锁店,在这些地区的销售量占总销售量的 70%。剩下 30%的销售量,则以空运的方式送到日本、美国、东欧等较远的国家和地区。

"品种少,批量大"是传统制造业的天条,而在"长尾市场"中,"款多量小"却成为当红的商业模式。ZARA 以其灵敏的供应链创造了"长尾市场"的新样板。实际上至关重要的环节是 ZARA 的灵敏供应链系统,大大提高了 ZARA 的前导时间(前导时间是从设计到把成衣摆在柜台上出售的时间)。中国服装业的前导时间一般为 6～9 个月,国际名牌的一般为 120 天,而 ZARA 最短只有 7 天,平均为 12 天。这是具有决定意义的 12 天。ZARA 之灵敏供应链所展现出来的韵律,使得有"世界工厂"之称的中国相形见绌。

在市场经济条件下,大多数产品都不是由生产者直接供应给最终顾客或用户的,在生产者和最终用户之间有大量执行不同功能和具有不同名称的营销中介机构存在。一个企业的产品,要经过一定的方式、方法和路线,才能在适当的时间、地点,以适当的价格和方式提供给消费者或最终用户,满足市场需要,这就是分销渠道问题。分销渠道执行的工作是把商品从生产者那里转移到消费者手中,它弥合了产品、服务的生产者(提供者)和其使用者之间的缺口。企业所选择的分销渠道不仅会直接影响到产品销路的通畅,而且还会对其他营销决策产生影响,因此，分销渠道是企业管理者面临的最重要的决策之一。

改革开放30多年，中国的营销格局发生了翻天覆地的变化，而分销渠道或营销通路则是中国营销30多年发展进程中变化最大也最为复杂的领域。实际上，中国营销实战中最棘手、变数最多、最直接影响业绩的就是营销通路。美国波士顿顾问公司在2000年就发表研究报告，认为“不少跨国公司在中国市场遇到的问题，都是营销通路问题”。

第一节　分销渠道及其结构

一、分销渠道的含义及特征

(一)分销渠道的含义

分销渠道是指某种货物或劳务从生产者向消费者移动时取得这种货物或劳务的所有权或帮助转移其所有权的所有企业和个人。这些营销中间机构中，有的买进商品(如批发商或零售商等)，取得商品的所有权，然后再将商品出售出去，它们被称为买卖中间商；有的则帮助生产者寻找顾客(如经纪人、代理商等)，有时也代表生产厂商同顾客进行谈判，但它们没有取得商品的所有权，这些被称为代理商；还有一些则支持分销活动(如运输公司、独立仓储、银行和广告代理商等)，它们既不取得商品的所有权，也不参与买或卖的谈判，被叫做辅助机构。

(二)分销渠道的特征

分销渠道具有以下特征：

(1)分销渠道主要是由参与商品流通过程的各种类型的机构组成的。通过这些机构，产品才能从生产者流向最终消费者或用户，实现其价值。

(2)分销渠道的起点是生产者，终点是通过生产消费和个人生活消费能实质上改变商品形态、使用价值和价值的最后消费者和用户。

(3)在商品从生产者流向最终消费者或用户的流通过程中，最少要经过一次商品所有权的转移。

案例13-1　小麦营销渠道是由农民、粮食收购商等机构组成的，其起点是农民(生产者)，终点之一是粮食加工企业。在小麦从农民流向粮食加工企业的过程中，商品的所有权转移两次。面粉是由粮食加工企业直接销售给面包房，这条分销渠道的起点是粮食加工企业，终点是面包房，在面粉流通过程中，只转移商品所有权一次。面包分销渠道是由面包房、零售商等机构组成的，其起点是面包房，终点是最后消费者，在面包流通过程中商品所有权至少转移一次。

(4)分销渠道并不是生产者和中间商之间相互联系的简单结合，而是企业之间为达到各自或共同的目标而进行交易的复杂行为体系和过程。

(三)分销渠道的职能

对生产企业来说，分销渠道的主要职能有如下几种：

第一，市场调研，即收集制订营销计划和进行交换所必需的信息。

第二，联系业务，洽谈生意，即为了实现商品所有权的转移，寻找可能的购买者并与之沟通。

第三，促进销售，即通过沟通，帮助企业促进产品的销售。

第四，编配分装，即想办法使生产者所供应的货物符合购买者的需要，包括制造、装配、包装等活动。

第五,实体储运,即从事商品的运输和储存等。

第六,融通资金,即为补偿渠道工作的成本费用而对资金的取得与使用。

第七,转移风险,即通过分销渠道来转移企业在经营过程中的部分风险。

生产者将这些职能交给中间商来执行比自己承担可节省很多费用,亦能提高效率和效益,更好地满足目标市场的需要。但生产者同时也要保持一部分自销,以利于直接掌握市场动态。

(四)分销渠道流程的类型

分销渠道实质上是指实体原料及成品从制造商转移到最终顾客的过程。渠道成员的活动主要包括所有权转移、实体转移、促销、谈判、融通资金、转移风险、订货和付款等。成员的上述活动在运行中形成各种不同种类的流程,这些流程将组成渠道的各类组织机构贯穿起来。分销渠道主要由五种流程构成,即所有权流程、实体流程、付款流程、信息流程及促销流程。

1.所有权流程

所有权流程是指货物所有权从一个市场营销机构到另一个市场营销机构的转移过程(图13-1)。

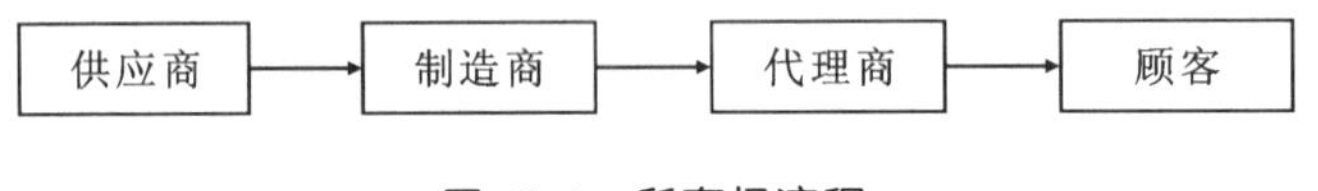

图13-1 所有权流程

2.实体流程

实体流程指实体产品及劳务从制造商转移到最终消费者和用户的过程(图13-2)。例如,汽车厂在汽车成品出厂后,根据代理商的订单将产品交付代理商,再运交至顾客。若遇到大笔订单的情况,也可由仓库或工厂直接供应。在这一过程中,至少须用到一种以上的运输方式,如铁路、公路、水路运输等。

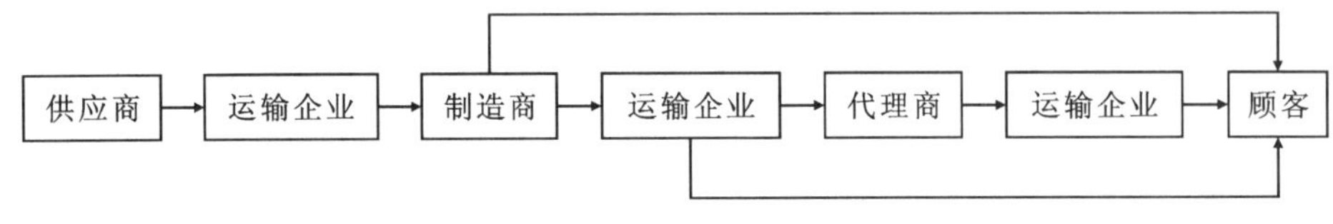

图13-2 实体流程

3.付款流程

付款流程指在分销渠道各成员间伴随所有权转移所形成的资金交付流程(图13-3)。即顾客通过银行和其他金融机构将货款付给经销商,再由经销商转交给制造商(扣除佣金),而制造商把货款支付给不同的供应商。

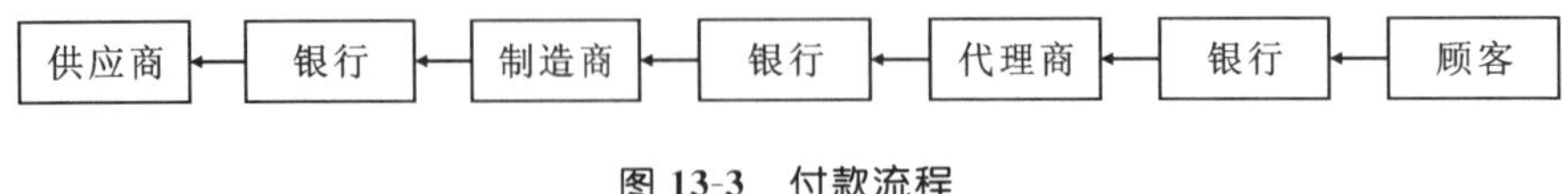

图13-3 付款流程

4.信息流程

信息流程指在分销渠道中,各营销中间机构相互传递信息的过程(图13-4)。通常渠道中每一相邻的机构间会进行双向的信息交流,而互不相邻的机构间也会有各自的信息流程。

5.促销流程

促销流程指广告、人员推销、宣传报道、公共关系等活动由一个渠道成员对另一个渠道成

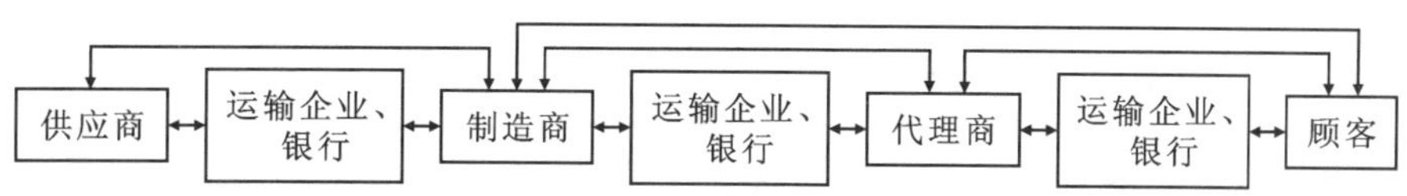

图 13-4　信息流程

员施加影响的过程(图 13-5)。促销流程从制造商流向代理商称为贸易促销,从制造商直接流向最终顾客则称为最终使用者促销。所有的渠道成员都有对顾客进行促销的职责,既可以采用广告、公共关系和销售促进等针对大量顾客的促销方法,也可以采用人员推销这一针对个人的促销方法。

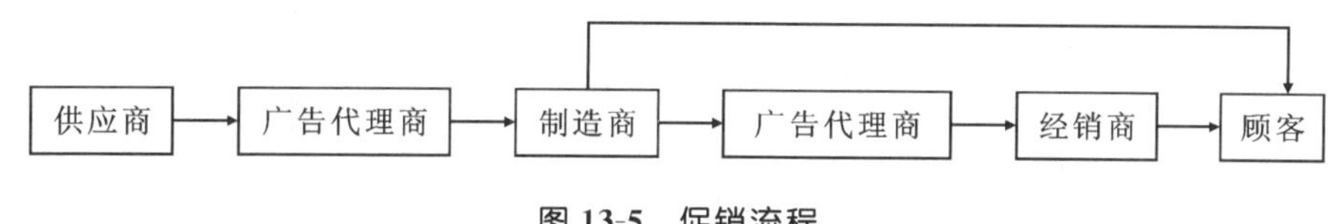

图 13-5　促销流程

不同流程的流向也有很大区别,像实体流、所有权流、促销流在渠道中的流向是从生产者指向最终消费者或用户;付款流则是从消费者或用户指向制造商;而信息流则是双向的。

(五)分销渠道的经济效果

通过中间商来销售商品意味着生产者放弃对于推销产品等方面的某些控制,那么,生产者为何愿意把部分销售工作委托给中间机构呢?原因有:

(1)许多生产者缺乏进行直接营销的财力资源。例如,通用汽车公司在北美通过 8100 多个独立经销商出售它的汽车。要买下这些经销商的全部产权,即使是通用汽车公司本身也很难筹集到这批资金。

(2)在某些情况下,直接营销并不可行。例如生产口香糖的企业不可能在全国各地建立口香糖小零售店或挨家挨户推销口香糖,这是不现实的。

(3)有能力建立自己的销售渠道的生产者常能通过增加其主要业务的投资而获得更大的利益。如果一个公司在制造业上的投资报酬率是 20%,而零售业务的投资报酬率只有 10%,那么它就不会自己经营零售业务。

生产者利用中间商的原因在于它们能够更加有效地推动商品进入目标市场。营销中间机构凭借自己的各种联系、经验、专业知识以及活动规模,将比生产企业自己干得更加出色。

二、分销渠道的模式

(一)生活资料的分销渠道

生活资料分销渠道的模式主要有五种形式,如图 13-6 所示。

(二)生产资料的分销渠道

生产资料分销渠道的模式一般包括四种形式,如图 13-7 所示。

三、分销渠道的类型

(一)直接渠道与间接渠道

直接渠道也称为零级渠道,指生产企业不通过中间商环节,直接将产品销售给消费者(图 13-8)。直接营销的主要方式有上门推销、展示会、邮购、电子通信营销、电视直销和制造商自设商店等。直接渠道是工业品分销的主要类型。例如,大型设备、专用工具及技术复杂需要提

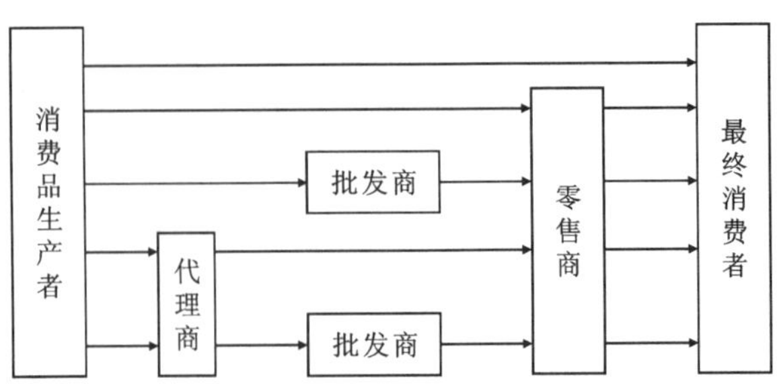

图13-6 生活资料分销渠道的模式

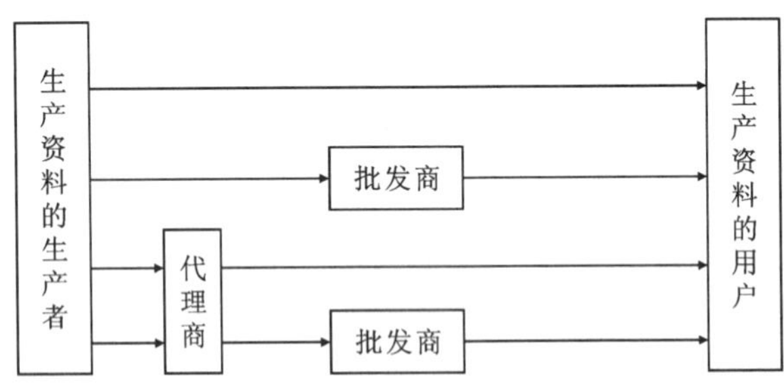

图13-7 生产资料分销渠道的模式

供专门服务的产品,都采用直接分销方式。有些消费品也采用直接分销类型,如鲜活商品等。

案例13-2 尽管迈克·戴尔被誉为华尔街的赚钱机器,但他从来不被认为是一名技术先锋,其成功大半归结为给计算机业带来翻天覆地变化的"直销飓风":越过零售商,将产品直接销售给终端用户。戴尔最爱说的一句话就是:"两点之间,直线最短。"他认为:远离顾客无异于自取灭亡。

戴尔公司为何能独领风骚?其经验可归纳为五点:

1. 为客户提供"量体裁衣"式的服务;
2. 采用零库存运行模式;
3. 速度最快,应用最新的零件技术,快速组装;
4. 销售渠道最短,消费者通过免费直拨电话定制;
5. 网络销售,80%的新客户都通过这一渠道。

依靠直销模式,戴尔公司取得了巨大的成功,创造了网络时代一个让人热血沸腾的神话。

间接渠道,指生产企业通过中间商环节把产品传送到消费者手中(图13-9)。间接渠道是两个层次(环节)以上的渠道。间接渠道是消费品营销途径的主要类型,大多数消费品从生产

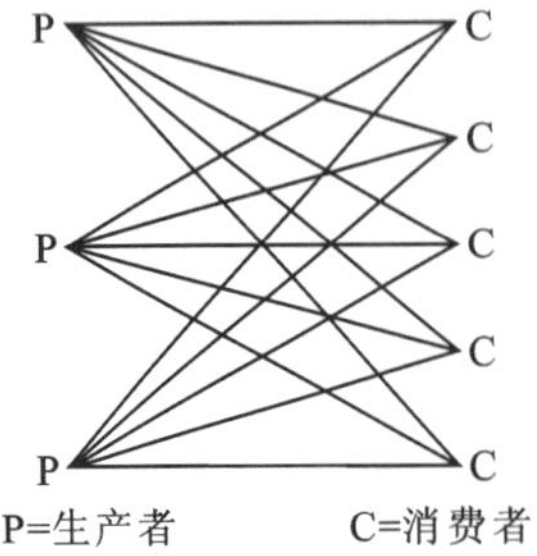

图13-8 直接渠道——没有中间商的市场

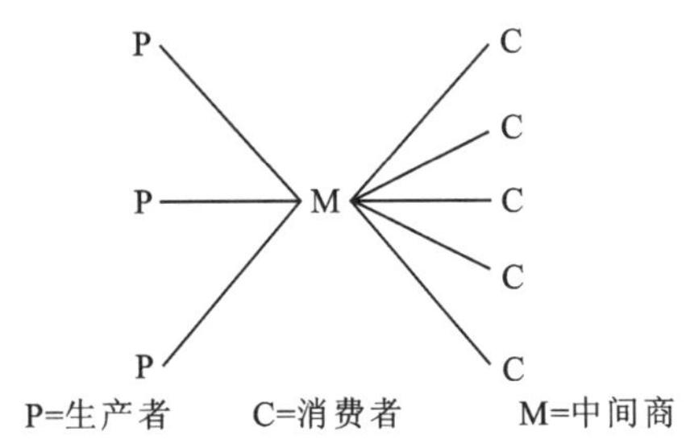

图13-9 间接渠道——存在中间商的市场

者流向最后消费者的过程中都是经过若干中间商转手的。有些生产资料(如单价较低的次要设备、零件、原材料等)也采用间接分销类型。

(二)长渠道和短渠道

分销渠道的长短一般是按产品在销售过程中流经环节的多少来划分的,具体包括以下四层:

(1)零级渠道(图 13-10(a)),即由制造商→消费者。

(2)一级渠道(图 13-10(b)),即由制造商→零售商→消费者。

(3)二级渠道(图 13-10(c)),即由制造商→批发商→零售商→消费者,或者是制造商→代理商→零售商→消费者,多见于消费品的分销。

(4)三级渠道(图 13-10(d)),即由制造商→批发商→中转商→零售商→消费者。

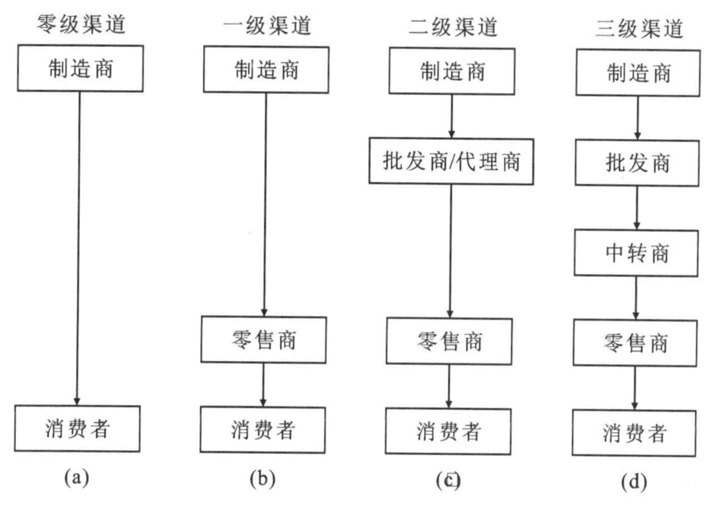

图 13-10　消费者市场营销渠道

一级渠道包括一个销售中间机构,如零售商。二级渠道包括两个中间机构,在消费者市场,一般是一个批发商和一个零售商。三级渠道包括三个中间机构。例如,在肉类包装行业中,批发商出售给中转商,中转商再售给零售商。级数更长的营销渠道也存在。从生产者的观点看,渠道级数越多,获得最终用户信息和控制营销渠道也越困难。

图 13-11 是常见的工业品市场营销渠道。工业市场生产者可通过生产商的代表或自属的销售分支机构直接将产品销售给工业品顾客;或者先销售给工业品分销商,由它们销售给工业品顾客;若是出口到海外,可以在进口国找一个总代理商,再通过总代理商寻找工业分销商卖给最终客户。

案例 13-3 联想是渠道扁平化发展的成功案例。作为中国 IT 行业的领先者,联想的渠道再造经历了三个具有标志性的阶段。20 世纪 90 年代中期,联想实行代理渠道制。在全国范围内,联想拥有几千家分销商,从分销商再铺到零售商。由于渠道过长,导致管理混乱甚至失控,尤其是随着联想产品线的增长,通路已达不到共享的效率。1998 年,联想开始第二阶段渠道模式的重构,引入专卖店的特许经营模式,加速构建直营店,2000 年年底,联想专卖店的销售增长超过分销和代理渠道。2004 年,受戴尔电脑直销模式在中国市场迅速发展的挑战,联想再次进行通路改造,建立了第三阶段的新渠道模式——“通路短链+客户营销”,以更短的渠道和强化客户为中心的营销模式赢得竞争优势。

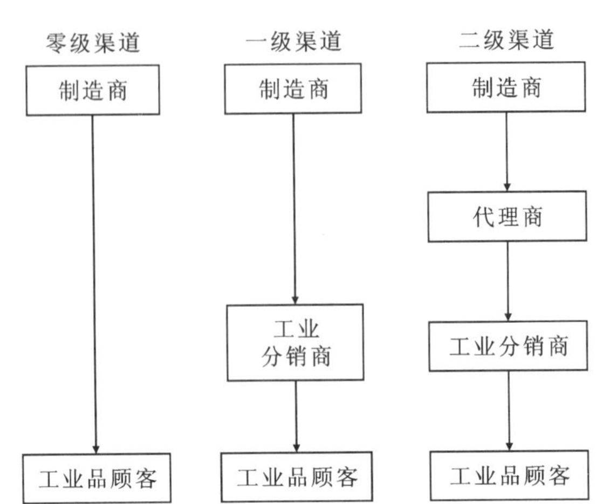

图 13-11　工业品市场营销渠道

从联想渠道演进的路径可以看出,联想早期以层级较长的分销为主,虽然最大限度地利用了社会资源,但企业对渠道的控制力被削弱,并且增加了产品成本。而第二、三阶段渠道模式以终端为突破口,贴近最终用户,并通过加盟专卖店塑造了品牌形象。

渠道扁平化的好处显而易见,但由于扁平化的路径和方式不同,渠道扁平化也存在一定的风险。中国本土企业渠道扁平化的典型路径有:调整渠道结构使渠道重心下沉、自建渠道和基于互联网技术建立e渠道等。其中自建渠道的风险最大,其在增强企业控制力的同时,带来成本的巨大风险,耗费企业大量的资金、人力、精力。因此,自建渠道的扁平化策略,需要企业在收益与成本之间进行权衡。自建渠道的初衷在于实现通路扁平化,以增加对通路的控制,使公司应对市场竞争的响应加快,利于公司多品牌和多品种的市场推进。然而,当自建渠道大幅增加企业成本时,企业只能进行通路再造,通过基于信息技术的渠道"瘦身"举措,降低通路成本,以提高渠道整体效率。渠道扁平化目标从"通路控制第一"转向"通路效率第一",才能适应市场环境的变化。

(三)宽渠道与窄渠道

渠道宽窄取决于渠道的每个环节中使用同类中间商数目的多少。企业使用的同类中间商越多,产品的分销渠道越宽。如一般的日用消费品(毛巾、牙刷、开水瓶等),由多家批发商经销,又转卖给更多的零售商,能大面积接触消费者,大量地销售产品。企业使用的同类中间商越少,分销渠道越窄,它一般适用于专业性强的产品或贵重耐用消费品,由一家中间商统包、几家经销。它使生产企业容易控制分销渠道,但市场分销面受到限制。

1. 宽渠道

宽渠道是指在渠道的每一个层次中使用同种类型中间商的数目较多的渠道(图13-12)。如卷烟厂通过许多批发商、零售商将其生产的香烟推销到广大地区和广大消费者手中。

宽营销渠道由于中间商的数目较多,广大消费者可以随时、随地买到企业的产品,而且可以造成中间商之间的竞争。但由于同类型的中间商数目多,使中间商推销企业的产品不专一,不愿为企业付出更多的费用;而且,由于生产企业和中间商之间的关系松散,在交易中中间商会不断变化。

2. 窄渠道

窄渠道是指每一个层次中使用同种类型中间商的数目较少的渠道(图13-13)。如摩托车生产企业只通过少数批发商或零售商推销其产品，或在某一地区只授权某一批发企业或零售企业经销其产品，这种营销渠道就比较窄。

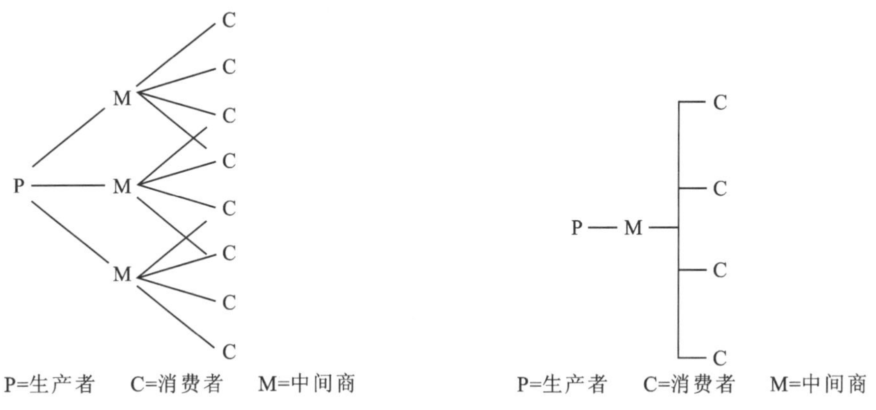

图 13-12　宽渠道系统　　　图 13-13　窄渠道系统

窄营销渠道由于中间商的数目较少，适用于销售技术性强、生产批量小的商品，生产企业只选择那些熟悉本企业产品技术性能的中间商经销自己的产品。其优点是生产企业和中间商之间的关系密切，相互间有较强的依附关系，销售和生产相互促进。其不足是风险较大，一旦双方关系出现变化，便会影响生产或销售。

四、分销渠道的发展趋势

(一)垂直渠道系统

历史上，分销渠道是指对总渠道功能并不关心的独立企业的松散集合。这些传统分销渠道缺乏较强的领导作用，因此常陷于冲突和低效的困境。最近渠道发展的一大进步便是垂直渠道系统的出现，该系统的出现是对传统营销渠道的一大挑战(图 13-14)。

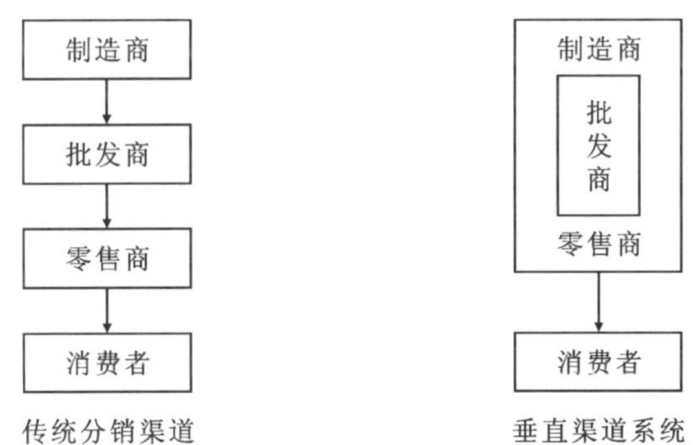

图 13-14　传统分销渠道和垂直渠道系统的比较

传统分销渠道中包含一个或多个独立的制造商、批发商和零售商。它们都是寻求自身利润最大化的独立企业。为了实现自身利润的最大化，它们甚至会不惜牺牲掉整个分销系统的利润。没有哪个渠道成员能够控制其他成员，也没有正规的方法来分配职责和解决渠道冲突。与此相反，垂直渠道系统是由制造商、批发商和零售商所组成的一种统一的联合体。一个渠道成员作为渠道领袖拥有其他成员的产权，或者是一种特许经营关系，或者这个渠道成员拥有相当实力，其他成员愿意合作。垂直渠道销系统有利于控制渠道行动，消除渠道成员为追求各自的利益而造成的冲突。它们能够通过其规模、实力和减少重复服务而获得效益。垂直渠道系统的特点是专业化管理、集中计划,渠道系统中的各成员为共同的利益目标采用不同程度的一体化经营或联合经营。当前,垂直渠道系统已经成为一种占主导地位的分销形式,在市场中占有较大的比重。

垂直渠道系统的三种类型是公司式、管理式和合同式(图13-15)。

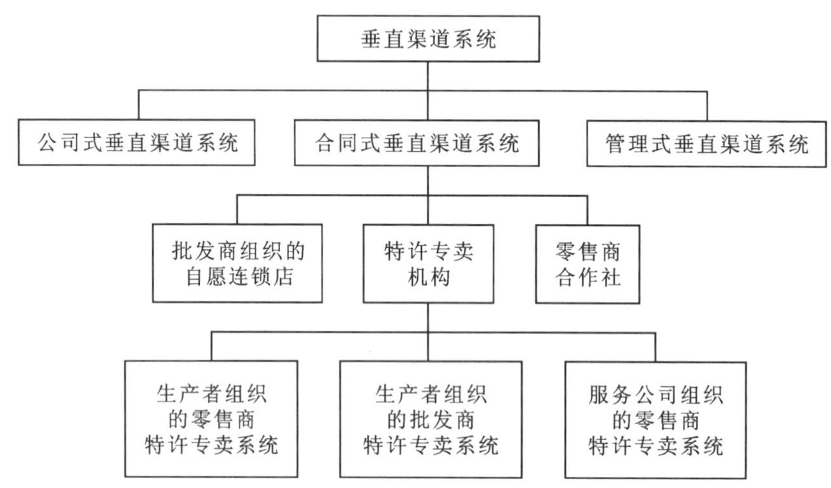

图13-15 垂直渠道系统的类型

1.公司式(统一)垂直渠道系统

公司式垂直渠道系统是指一家公司拥有和统一管理若干工厂、批发机构和零售机构,控制分销渠道的若干层次,甚至整个分销渠道,综合经营生产、批发、零售业务,即由同一个所有者名下的相关的生产部门和分销部门组合而成。这种渠道系统包括工商一体化经营和商工一体化经营两类。

案例13-4 盖罗是世界上最大的葡萄酒制造商,但它的工作远不止将葡萄变为葡萄酒那么简单。它拥有费尔班克斯货运公司,该公司是加利福尼亚州最大的货运公司之一。费尔班克斯货运公司的卡车不断地从盖罗酿酒厂里运出葡萄酒,运进原材料。原材料中的石灰来自萨克拉门托市附近的盖罗石矿。盖罗还自己制造酒瓶,每天的产量达200多万只。盖罗的米德克铝制品公司生产酒瓶盖的速度毫不亚于往这些瓶子里装葡萄酒的速度。绝大多数葡萄酒厂在集中精力生产的同时忘记了市场营销,但是盖罗却不放弃“在每个饮酒者耳朵里说悄悄话的机会”,即参与葡萄酒销售的每一个方面。盖罗在好几个市场中拥有它自己的销售商,并且只要大多数州的法律不禁止,盖罗便有可能购买更多的零售店。

2.管理式垂直渠道系统

管理式垂直渠道系统的生产和分销是由一家规模大、实力强的企业出面组织的。名牌制造商有能力从再售者那里得到强有力的贸易合作和支持。例如,可口可乐、宝洁公司等,能够在有关商品展销、货柜位置、促销活动和定价政策等方面取得其再售者非同寻常的合作。

3.合同式(契约式)垂直渠道系统

合同式垂直渠道系统是由各自独立的公司在不同的生产和分配水平上组成的,它们以合同为基础来统一行动,以求获得比其独立行动时更明显的经济和销售效果。合同式垂直渠道系统近年来获得了很大的发展,成为经济生活中最引人注目的发展之一。合同式垂直渠道系统包括以批发商为核心的自愿连锁销售网络、零售商自愿合作销售网络及特许经营销售网络三种形式。

(二)水平渠道系统

水平渠道系统指由同一层次的两家以上的公司联合起来开拓新出现的营销机会的渠道系统。通过共同合作,企业可以联合资金、生产力或营销资源来实现一个企业不能单独完成的工作。企业可以和竞争对手或非竞争对手联合,也可实行暂时或永久的合作,或者单独建立一个公司。这种系统可发挥群体作用,共担风险,获取最佳效益。

案例 13-5 尽管皮尔斯伯里公司和许多杂货零售商有良好的关系,但是它新近开发的产品线——一种为生产饼干、甜饼所需要的冷冻面团,还是缺乏进入市场的途径,因为这些产品需要一种特殊的冷冻陈列箱。而克拉夫特食品公司正好是这方面的专家,因为它销售乳酪就是采用这种方法。于是这两个公司就采取联合行动,由皮尔斯伯里公司生产面团产品并负责广告,而克拉夫特食品公司则负责销售和分配。

(三)多渠道系统

多渠道系统指对同一或不同的细分市场采用多条营销渠道系统分销其产品的渠道系统(图 13-16)。

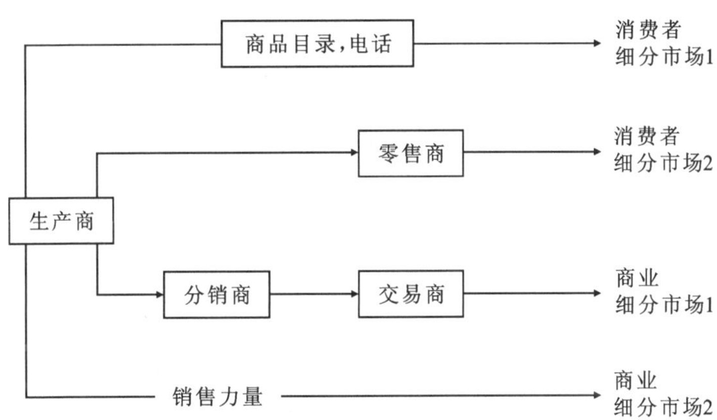

图 13-16　多渠道系统

第二节　批发商与零售商

一、批发商

(一)批发商的含义

批发是指供转售,进一步加工或变化商业用途而销售商品的各种交易活动。批发商处于商品流通的中间阶段,交易对象是生产企业和零售商,一方面它向生产企业收购商品,另一方面它又向零售商批销商品,并且是按批发价格经营大宗商品。其业务活动结束后,商品仍处于流通领域中,并不直接服务于最终消费者。

批发商处于流通过程的中间阶段,是连接生产企业和商业零售企业的枢纽,是商品流通的大动脉,是调节商品供求的“蓄水池”。在分销渠道结构中,它扮演着重要角色,对企业改善经营管理及提高经济效益、满足市场需求、稳定市场具有重要作用。

(二)批发商的类型

依据批发商是否拥有商品所有权及其功能发挥程度,可将其分为商业批发商、居间经纪商和厂家的分销机构及销售办事处。

1.商业批发商

商业批发商亦称独立批发商。它们对经营的商品有所有权,即买下所经销的商品,然后转售出去。商业批发商是最主要的批发商类型。依其发挥功能及专业化程度,商业批发商又可分为全套服务批发商和有限服务批发商。

(1)全套服务批发商。提供几乎所有的批发服务功能:持有存货,有固定销售人员,提供信贷、送货、协助管理等服务。

①综合批发商。其经销的产品范围非常广泛,涉及不同行业互不关联的产品。通常面向人口分散的边远地区的零售商,提供日用百货、五金交电、文化用品、医疗保健用品、农业生产资料等商品的购销服务。

②专业批发商。其经销的产品是行业专业化的,完全属于某一行业大类。如五金批发商经销的商品包括五金零售商需要的所有商品;杂货批发商经销各类罐头食品、谷类、茶叶、咖啡、香料、面粉、糖、清洁剂等,有些还供应冷冻食品、肉类、水果等,只要是一般杂货店所出售的商品,它们都组织供应。

③专用品批发商。其以很大深度专门经销某条产品线上的产品(或部分产品),如杂货业中的冷冻食品批发商、服装业中的纽扣批发商等。它们为客户提供选择更充分的花色品种、更快速的交货服务和更专门的产品信息。

(2)有限服务批发商。它们向其零售商和顾客提供较少服务。

①现金交易批发商。该批发商经销有限的周转快的产品,主要为小型零售商服务。一般不提供送货服务,顾客必须登门购货;无赊销功能,交易时银货两讫;很少使用推销员去与客户接触,亦不大做广告,因而销售费用较低。

②承销批发商。此类批发商通常经营木材、建材、煤炭、重型设备等体粗量重商品。它们并不持有存货,亦不实际负责产品运输,仅负责接单,联系制造商,商定交货条件,取得这批货物的所有权,然后将订货单交给制造商,由制造商负责将货物直接发运给用户,而由承销批发商承担全部风险。由于承销批发商不持存货,仅组织厂家将产品直接运送到零售商或用户,所以可以减少产品的储运、编配和损耗成本。

③货运批发商。这是将销售与货运功能结合在一起的中间商类型。它们通常经营易腐易耗商品(如牛奶、面包和点心等一般批发商不愿经营的产品),将这些商品装载于货车之上,送到超级市场、小杂货店、医院、餐馆、工厂自助餐厅等巡回销售,收取现金,有时也会采取赊销方式。

④邮购批发商。其一般的经营方式是将产品目录寄给零售店、企业及机关团体客户,在接到邮寄或电话订单后,再通过邮寄、卡车或其他高效运输工具按订单要求交送订货。其主要经营的品种有汽车用品、化妆品、专用食品和其他小品种商品。

⑤生产者合作社。这主要是农民(农场)组建的负责组织农产品到当地市场销售的批发商类型。

⑥寄售批发商。这是一种专为杂货和药品零售商服务的中间商类型,主要经营零售商不愿订购的玩具、简装书、小五金、保健美容用品等物品。寄售批发商将这些商品运送到零售商

店，并负责上架陈列，自行定价，不断更新陈列商品，待商品销售出去后才向零售商收款。

案例 13-6　1999 年 2 月，燕京啤酒宣布，从直管一级批发商发展到直管二级批发商；与北京二级批发商签订协议：不卖竞争对手的产品。如此，渠道管理中心逐渐下移，燕京啤酒对渠道的控制力将进一步加强。燕京啤酒也加强了对直销渠道的控制，部署了销售人员在超市、餐饮这些终端细心耕耘。

2. 居间经纪商

与商业批发商不同，居间经纪商对经营的商品没有所有权，而是为买卖双方提供交易服务，收取一定的佣金。

(1)制造商的代理。这种代理商为互不竞争的制造商销售类似产品，并从中获取佣金。它们扮演的角色类似企业销售人员，但却是独立的经销商，而且在销售之前就拥有一些顾客群，并可以在相对低廉的成本下增加经营的产品线。那些无力聘用外勤销售人员的小公司，以及希望开拓特定新市场的公司，或某些难以雇用专职销售人员的地区，常常可以通过制造商的代理进行销售工作，以节约费用，提高效率。

(2)经纪人。其主要作用是为买卖双方牵线搭桥，协助谈判。它们向雇主一方收取费用，不参与融资，不承担风险。它们较多活跃在食品、不动产、保险和证券市场。

(3)委托商。其功能是在收到寄售品后，提供储存设备、为制造商(货主)寻找买主、议价、送货、提供信用和收款，并在扣除佣金之后将货款余额汇给寄售商。委托商在农产品销售市场最为普遍。随着大规模零售商店和连锁商店的发展，委托商的地位在逐渐下降。

(4)拍卖公司。其功能在于提供一个买卖双方可聚集并完成交易的场所。拍卖公司可拍卖的商品种类很多，如古董、名画、房屋等，成交价格由买卖双方自行决定，拍卖公司并不参与定价。

(5)销售代理商。销售代理商依据合同代理制造商的整个销售业务，并有权决定货物价格及销售方式，其扮演的角色俨然是制造商的销售经理。一般而言，制造商选择销售代理商，主要依据代理商的实力、商业信誉和其拥有的销售渠道网络。

(6)采购代理商。这是一种与购买方有长期关系，代其采购的代理商类型。它们消息灵通，可向客户提供有用的市场信息，并受托负责为客户收货、验货、储运，将货物运交买主。

3. 厂家的分销机构及销售办事处

它的两种形式分别为：销售分部和营业所、采购办事处。销售分部和营业所是制造商开设的。销售分部备有存货，常见于木材、汽车设备和配件等行业；营业所不存货，主要见于织物和小商品等行业。采购办事处的作用与采购经纪人和代理商的作用相似，但前者是卖方组织的组成部分。

二、零售商

(一)零售商的含义

零售是指直接为最终消费者服务的交易行为。零售商是指将商品直接销售给最终消费者的中间商，处于商品流通的最终阶段。零售商的基本任务是直接为最终消费者服务，它的职能包括购、销、调、存、加工、分包、传递信息、提供销售服务等；在地点、时间与服务方面，方便消费者购买。它是联系生产企业、批发商与消费者的桥梁，在分销途径中具有重要作用。

(二)零售商的类型

零售商的种类极为复杂,变化也快。从总的趋势上看,我国的零售商类型正在向国际靠拢。随着零售经营的对外开放,许多国外行之有效的零售方式和机构,正与我国传统的零售类型融合起来,引起了从沿海到内地商业类型的急速变化。

1.超级市场

这是一种经营规模大、成本低、毛利低、销售量大的自助式服务机构,它是为更便利地满足消费者对食品和家庭日常用品的种种需求而创建的一种新的零售形式。超级市场一般以经销食品和日用品为主,有的大型超级市场还兼营化妆品、文具、五金、服装等商品。目前不少超级市场通过开设大型商场、扩大经营的品种、建造大型停车场、周密设计商场建筑和装潢、延长营业时间、广泛提供各种顾客服务来进一步扩大其销售量和提高它们的方便性。

2.专业商店

专门商店即专门经营一类商品或某一类商品中的某种商品的商店,大体有服饰商店、钟表店、家具店、花店等。有的只经营本行业商品,有的则兼营其他行业但在消费上带有关联性的商品(如礼品商店既有工艺品又有文具等)。这类商店的特点在于经营的商品大类比较单一、专业性较强(系列少、项目多、深度大),具体的商品品种、花色、规格比较齐全。它有利于消费者广泛挑选,同时也能及时研究消费者的需求变化。

3.专卖店

专卖店是由厂家直接投资经营或通过特许加盟的方式建立的只销售一个品牌的产品的店铺,通常也称为品牌专卖店,多见于珠宝、手表、服装等行业。

4.百货商店

它经营的商品类别多样,每一类别的商品品种齐全,经营部门按商品的大类进行设立,多个专业商店集中在一个屋檐下。其特点在于经营的商品类别多,同时每类商品(每条商品线)的花色、品种、规格比较齐全。实际上,它是许多专业商店的综合体。通常每一大类商品作为一个独立的部门,有各自的管理人员负责商品的进货业务、控制库存、安排销售计划等工作。近年来,许多专业百货商店也应运而生,它只经营服装、鞋类以及箱包之类的商品。在某些发达国家,百货商店已进入零售生命周期的衰退阶段。它们面临激烈的竞争,特别是折扣商店、专业连锁商店和仓库商店对它的挑战,此外还有交通拥挤、停车场不足以及城市空心化现象的出现等,致使商业区的购物吸引力日益减弱。针对这些因素,百货商店采取了在郊区购物中心设立分店、增设地下廉价品商场、电话订货和对商店形式进行改变等方法来延长自己的寿命。

5.便利店

便利店是一种以经营最基本的日常消费用品为主、规模相对较小、位于住宅区附近的商店。便利店的营业时间较长,不少是24小时营业,一般经营周转较快的方便商品,如日用百货、药品、应急商品、即食食品等。由于便利店能随时满足消费者的即时需要,所以商品的价格相对较高。目前,便利店的经营者认为根据居民的生活特点和需求,大概每1万人口应当配备1家便利店。根据这种推断,在中国的一些大城市中便利店的发展前景是很广阔的。

6.仓储式商店

仓储式商店是指以经营生活资料为主的,储销一体、批量销售、实行会员制的商店。这种商店规模大、投入少、价格低,大多利用闲置的仓库、厂房运行。场内极少豪华装饰,一切以简洁自然为特色。商品采取开架式陈列,由顾客自选购物,商品品种多,场内工作人员少,应用现代电脑技术进行管理，即通过商品上的条形码实行快捷收款结算和对商品进、销、存采取科学合理的控制，既方便了人们购物，又极大地提高了商场的销售管理水平。世界上最有名的仓储式商店是麦德龙和万客隆。

7. 无店铺零售渠道

无店铺零售渠道是一种不设店堂的零售商类型。无店铺零售渠道近年来得到迅速发展。到 20 世纪末，一些发达国家的社会商品零售额中，有 1/3 通过无店铺零售渠道实现。

(1)直复市场营销。直复市场营销是经营者使用一种或多种广告媒体，以求在一定地区范围内产生积极反应，达到交易目的的市场营销体系。顾客可用函电或电话订货，经营者组织送货或邮寄交货。目前，直复市场营销的形式主要有网络购物、电视直销、电话直销、商品目录直销、邮寄直销、电子购货机等。

(2)直接销售。它是指直销公司的销售人员上门直接向顾客推销产品。其方法有挨家挨户推销、逐个办公室推销、家庭聚会及销售俱乐部推销等。

(3)自动售货。它是指使用硬币或纸币控制的机器自动销售商品。自动售货已被应用于许多商品，包括嗜好性商品(如香烟)、冲动型购买品(如软饮料、糖果、报纸等)和其他产品(化妆品、点心、唱片、胶卷等)。自动售货机向顾客提供 24 小时售货、自动服务和无需搬运商品的便利条件，但其销售商品的价格稍高。

(4)购物服务公司。它是指一种为特定委托人服务的无店零售渠道，这些委托人通常是一些大型组织(如学校、医院、工会和政府机关)的雇员。这些组织的雇员是购物服务公司的成员，其可向购物服务公司指定的零售商购买商品，这些零售商会给予购物服务公司的成员一定的折扣。如一个顾客要一台录像机，可以到购物服务公司处拿一张表格，然后把表格带至一家购物服务公司指定的零售商那里，就能买到一台给予折扣的录像机。零售商付给购物服务公司一些小额费用，酬谢其提供的购物导向服务。

(三)零售业的连锁经营趋势

连锁商店是指由一家大型商店控制的，许多家经营相同或相似业务的分店共同形成的商业销售网。其主要特征是：总店集中采购，分店联购分销。其优点主要表现在：①由于规模较大(连锁店数量超过 10 家)，可以大量进货而获得最大数量折扣及较低的运输成本；②有条件雇用优秀管理人员，在销售预测、存货控制、定价和促销等方面制订、实施科学的管理程序；③可以综合批发与零售功能，无须像独立商店那样应付许多不同的批发商；④能以同一广告使全部连锁店受益，使各店分摊的促销费用降低；⑤各分店享有某种程度的自由，可以适应消费者的不同偏好和当地市场的竞争特点，提高适应环境变化的能力。它出现在 19 世纪末到 20 世纪初的美国，到 1930 年，连锁商店的销售额已占全美销售总额的 30%；20 世纪 50 年代末 60 年代初以来，欧洲、日本也逐渐出现了连锁商店，并得到迅速发展；20 世纪 70 年代后全面普及，逐步演化为商业零售企业的一种主要组织形式。

1. 正规连锁店

正规连锁店同属于某一个总部或总公司，统一经营，所有权、经营权、监督权三权集中，也称联号商店、公司连锁、直营连锁、总体式连锁店。分店的数目各国规定不一：美国定为 12 个或更多；日本定义为 2 个以上；英国是 10 个以上。其共同特点是：所有成员归一个公司、一个联合组织或单一个人所有；由总公司或总部集中统一领导，包括集中统一人事、采购、计划、广告、会计等；成员店铺不具企业资格，其经理是总部或总店委派的雇员而非所有者；各连锁店经营的产品种类由总部控制;成员店标准经营,商店规模、外观、经营品种、商品档次、陈列位置、促销及其他主要销售政策都采用统一的标准。

案例 13-7 国美电器成立于1987年,目前在京、津、沪、冀、川、渝等地拥有数十家连锁商城、几千名员工,全面经销国内外知名家电企业的产品,年销售额逾30亿元。2000年5月,国家信息中心发布的北京市亿元级专营商场销售情况统计排名中,国美电器经销的空调、彩电、影碟机、摄像机中有71个品项的零售量、销售额、销售量的占有率按商场排名均居第一。

2. 自由连锁和零售店合作社

自由连锁多见于中小企业,各店铺保留单个资本所有权的联合经营形式。正规连锁是大企业扩张的结果,目的是形成垄断;自由连锁是小企业的联合,抵制大企业的垄断。自由连锁的最大特点是成员店铺是独立的,成员店经理是该店的所有者。零售店合作社是由一群独立的零售商店组成的一种集中采购与联合促销组织。

自由连锁总部的职能一般为:确定组织大规模销售计划;共同进货;联合开展广告等促销活动;业务指导、店堂装修、商品陈列;组织物流;教育培训;信息利用;资金融通;开发店铺;财务管理;劳保福利;劳务管理等。

3. 特许连锁

特许连锁也称合同连锁、契约连锁。它是由拥有特许权的特许人(制造商、批发商或服务机构)与接受特许权者(购买某种特许权而营业的独立商人)之间订立契约后所形成的组织。它由特许人把自己开发的商品、服务和营业系统(包括商标、商号等的使用,经营技术等)以营业合同的形式给规定区域的加盟店授予统销权和营业权。加盟店则须交纳一定的营业权使用费、承担规定的义务。其特点是:经营商品时,受许人必须购买特许经营权;经营管理高度统一化、标准化。麦当劳一般要求特许经营店在开业后,每月按销售总额的3%支付特许经营使用费。肯德基连锁店的这一比例一般在5%左右。

案例 13-8 网络直销是基于B2C模式的新型渠道,渠道长度为零。诞生于21世纪的诸多新型企业直接定位于B2C网络营销渠道模式,并构筑为企业独特的核心竞争力,受到投资者热捧,如当当网、卓越网以及近期引人注目的B2C新秀Vancl、京东商城和红孩子等。这些企业的快速发展得益于电子商务市场的迅速增长。据2008年7月31日《21世纪经济报道》的数据显示,国内电子商务市场每年以50%以上的速度增长,而2008年B2C模式将增长100%以上,2009年甚至将达到400%的增长。中国互联网用户规模庞大,电子商务环境日趋成熟,结算方式和物流体系日益完善,越来越多的消费者开始接受和体验网络购物这种新型渠道模式,一些消费者甚至产生了依赖性。网络直销模式的特殊性对其出售的产品有一定的特性要求。由于B2C渠道模式无法解决消费者的体验问题,因此网上产品通常对顾客的感官体验要求较低。目前本土企业中较为出众的B2C模式企业,都是定位于某一特定行业,品类以图书、音像制品、数码产品等标准化程度较高的产品为主,这在一定程度上符合顾客对消费体验要求不高的特点,因此快速获得了成功。

由于没有物理店面成本,加之渠道中间环节成本的节约,网络直销的成本优势非常显著。然而,从供应链的角度来看,网络直销渠道对于网站后台的产品供应、配送中心的建设、网站的吸引力、顾客下单及配送的准确性和时效性均有较高要求,也就是说,电子商务最终是后台物流管理系统之间的竞争。此外,多元渠道战略下传统分销与网络直销可能存在的双重渠道冲突问题,也是需要努力解决的。

第三节　分销渠道的管理

一、分销渠道的设计与选择

(一)影响分销渠道选择的因素

1.市场因素

市场因素主要包括：

(1)目标市场的大小。如果目标市场范围大，渠道则较长；反之，渠道则短一些。

(2)目标顾客的集中程度。如果顾客分散，宜采用长而宽的渠道；反之，宜用短而窄的渠道。

2.产品因素

产品不同，适应的渠道特性就不同。每种产品都有自己的自然属性和社会属性，这些都会影响分销渠道的长短与宽窄。具体来说主要有：

(1)产品的易毁性或易腐性。如果产品易毁或易腐，则宜采用直接或较短的分销渠道。

(2)产品单价。如果产品单价高，宜采用短渠道或直接渠道；反之，则应采用间接促销渠道。

(3)产品的体积与重量。体积大而重的产品应选择短渠道；体积小而轻的产品可采用间接销售渠道。

(4)产品的技术性。技术复杂，需要安装及维修服务的产品，宜采用直接销售；反之，则宜选择间接销售。

3.企业因素

生产企业是转移产品所有权和实体的发起者，通常处于分销的起点。由于企业本身负责营销渠道的设计，同时又负责分销活动，其特征与状况必然影响营销渠道。

(1)企业实力强弱。实力主要包括人力、物力、财力。如果企业实力强，可建立自己的分销网络，实行直接销售；反之，应选用中间商推销产品。

(2)企业的管理能力强弱。如果企业管理能力强，又有丰富的营销经验，可选择直接销售渠道；反之，应采用中间商。

(3)企业控制渠道的能力。企业为了有效地控制分销渠道，多半选择短渠道；反之，如果企业不希望控制渠道，则可选择长渠道。

(4)企业营销目标。企业营销目标不同，要求不同的分销渠道与之配合。例如，追求市场占有率的提高则要求选择更为密集的网络化战略。

4.政策规定

专卖制度、反垄断法、进出口规定、税法等政策规定都会影响企业对分销渠道的选择。诸如烟酒实行专卖制度时，这些企业就应当依法选择分销渠道。

5.中间商特性

各类各家中间商的实力、特点均不同，其在广告、运输、储存、信用、训练人员、送货频率等方面具有不同的特点，从而影响生产企业对分销渠道的选择。

(1)中间商的不同对生产企业分销渠道的影响。企业在挑选中间商时，应该评估每个渠道成员的从业年限、经营的其他产品、发展和利润记录、协作性和声誉等;如果中间商是代理商,要评估其经营的其他产品的数量和性质以及销售人员的规模和素质;如果中间商是一家要求独家或精选销售的零售商,企业应该评估其拥有的顾客、所在的区位和将来的发展潜力等。

(2)中间商数目不同的影响。按中间商数目多少的不同情况,可选择密集式分销、选择性分销和独家分销。

①密集式分销,指生产企业同时选择较多的经销代理商销售产品。一般来说,日用品多采用这种分销形式。工业品中的一般原材料、小工具、标准件等也可用此分销形式。

②选择性分销,指在同一目标市场上选择一个以上的中间商销售企业的产品,而不是选择愿意经销本企业产品的所有中间商。这有利于提高企业的经营效益。一般来说,消费品中的选购品和特殊品、工业品中的零配件宜采用此分销形式。

③独家分销,指企业在某一目标市场、一定时间内,只选择一个中间商销售本企业的产品,双方签订合同,规定中间商不得经营竞争者的产品,制造商则只对选定的经销商供货。一般来说,此分销形式适用于消费品中的家用电器、工业品中的专用机械设备等。这种形式有利于双方协作,能更好地控制市场。

(3)消费者的购买数量。如果消费者购买数量小、次数多,可采用长渠道;反之,如果消费者购买数量大、次数少,则可采用短渠道。

(4)竞争者状况。当市场竞争不激烈时,可采用同竞争者类似的分销渠道;反之,则采用与竞争者不同的分销渠道。

6. 其他环境因素

其他环境因素包括渠道的经济成本、收益等。

(二)分销渠道设计的步骤

分销渠道的设计包括在公司创立之时设计全新的渠道以及改变或再设计已存在的渠道。斯科恩等学者总结出“用户导向分销系统”设计模型,将渠道战略设计过程划分为当前环境分析、制订短期的渠道对策、渠道系统优化设计、限制条件与鸿沟分析和渠道战略方案决策五个阶段,共十四个步骤。

第一步:审视公司渠道现状;

第二步:了解目前的渠道系统;

第三步:收集渠道信息;

第四步:分析竞争者渠道;

第五步:评估渠道的近期机会;

第六步:制订近期进攻计划;

第七步:终端用户需求定性分析;

第八步:终端用户需求定量分析;

第九步:行业模拟分析;

第十步:设计“理想”的渠道系统;

第十一步:设计管理限制;

第十二步:鸿沟分析;

第十三步:制订战略性选择方案;

第十四步:最佳渠道系统决策。

(三)评估选择分销方案

分销渠道方案确定后，生产厂家就要根据各种备选方案进行评价，找出最优的渠道路线。通常渠道评估的标准有三个，即经济性、可控性和适应性，其中最重要的是经济性。

1. 经济性

经济性主要是比较每个方案可能达到的销售额及费用水平。

(1)比较由本企业推销人员直接推销与使用销售代理商分销哪种方式的销售额更高。

(2)比较由本企业设立销售网点直接销售所花费用与使用销售代理商所花费用，看哪种方式支出的费用大。

企业对上述情况进行权衡，从中选择最佳分销方式。

2. 可控性

一般说，采用中间商的可控性小，企业直接销售的可控性大；分销渠道长，可控性难度大，渠道越短越容易控制。企业必须进行全面的比较、权衡，选择最优方案。

3. 灵活性

如果生产企业同所选择的中间商签订的合约时间过长，而在此期间，其他销售方法如直接邮购更有效，但生产企业不能随便解除合同，这样，企业选择的分销渠道便缺乏灵活性。因此，生产企业必须考虑选择渠道的灵活性，不签订时间过长的合约，除非在经济或控制方面具有十分优越的条件。

二、分销渠道的管理与控制

对分销渠道的管理与控制主要包括激励渠道成员以获得渠道成员更多的支持、控制渠道成员行为以保护公司及其他渠道成员的利益、防控渠道冲突。

(一)激励渠道成员

激励渠道成员是为了让其出色地完成销售任务。要激励渠道成员，必须先了解中间商的需要与愿望，同时要处理好与渠道成员的关系。

1. 合作

生产企业应当得到中间商的合作，为此，可采用积极的激励手段，如给较高利润、交易中给予特殊照顾、给予促销津贴等。偶尔可采用消极的制裁办法，诸如扬言要减少利润、推迟交货、终止关系等，但这种方法的负面影响要加以重视。

2. 合伙

生产者与中间商可以在销售区域、产品供应、市场开发、财务要求、市场信息、技术指导、售后服务等方面彼此合作，按中间商遵守合同的程度给予激励。

3. 经销规划

这是最先进的方法。这需要由有计划地实行专业化管理的垂直市场营销系统将生产者与中间商的需要结合起来，在企业营销部门内设一个分销规划部，同分销商共同规划营销目标、存货水平、场地及形象化管理计划，人员推销、广告及促销计划等。

激励经销商的最重要目的是希望经销商能够尽最大的努力销售本企业的产品，投入更多的财力、人力，给予最佳的货架陈列位置，这也是很多生产企业直接向经销商店铺派驻现场导购的原因。

案例 13-9　春兰实行的“受控代理制”是一种全新的厂商合作方法。代理商要进货，必须提前将货款以入股方式先交给春兰,然后提走物品。这一高明的营销战术有效地稳定了销售网络,加快了资金周转,大大提高了工作效率。当一些同行被"互相拖欠"拖得精疲力竭的时候,春兰却没有一分钱拖欠,几十亿流动资金运转自如。目前,春兰已在全国建立了13个销售分公司,同时还有2000多家经销商与春兰建立了直接代理关系,二级批发、三级批发,加上零售商,销售大军已达10万之众。

春兰用于维系经销商的手段并非单纯的"金钱"(预付货款),更重要的是质量、价格和服务。首先,春兰空调的质量不仅在全国同行首屈一指,而且可以同国际上最先进的同类产品媲美。其次,无论是代理商还是零售商,都希望从销售中获得理想的利益,赔本交易谁也不愿意干。而质量一流的春兰没有忘记给经销商更多的实惠。公司给代理商大幅度让利,有时甚至高达售价的30%,年末还给予奖励。这一点,许多企业都难以做到。有的产品稍有点"名气"就轮番提价,想把几年的利润在一个早晨就统统挣回来,根本不考虑代理商和经销商的实际利益。最后,春兰为了免除10万经销商的后顾之忧,专门建立了一个庞大的售后服务中心:近万人的安装、调试、维修队伍。他们实行24小时全天候服务。顾客在任何地方购买了春兰空调,都能就近得到一流的售后服务。春兰正是靠这些良好的信誉维系经销商的。10万经销商也给了春兰优厚的回报:它们使春兰空调在国内市场上的占有率达到了40%,在同行各企业中遥遥领先。

(二)控制渠道成员行为

渠道商作为独立的经营实体,其经营自主权不受生产者控制,因此受利益的驱使,往往可能会做出一些损害生产企业利益的行为,最常见的就是为获取年终返利而对生产企业的产品进行大幅降价促销,打乱了市场秩序;或者干脆直接进行跨区窜货,将产品销售到其他经销商的领地;有的经销商随意拖欠货款甚至"跑路"不见踪影。这些行为都需要生产企业进行控制。有了合同的约束,则可以将风险控制在一定的范围内。

当然,对于渠道的控制程度,主要还是受生产企业与经销商力量对比的影响。小企业面向强势的经销商时在渠道控制方面往往显得力不从心,实力强大的制造企业对渠道的控制能力也更强,可见,品牌影响力的塑造在渠道管理方面也显示出其重要性。

(三)防控渠道冲突

1.渠道冲突的类型

渠道冲突的常见类型有横向冲突(图13-17)、纵向冲突(图13-18)和多渠道冲突(图13-19)。

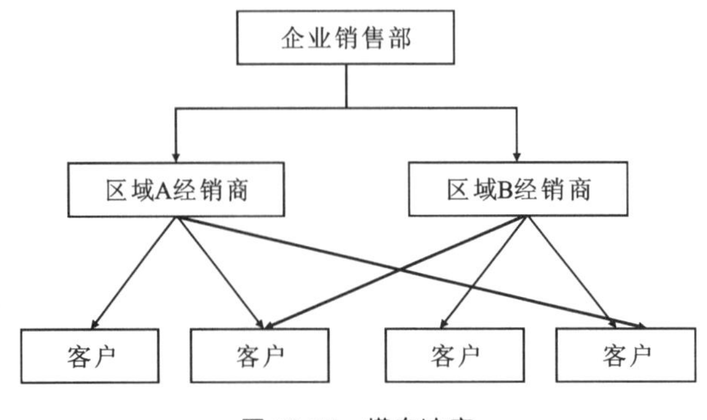

图13-17 横向冲突

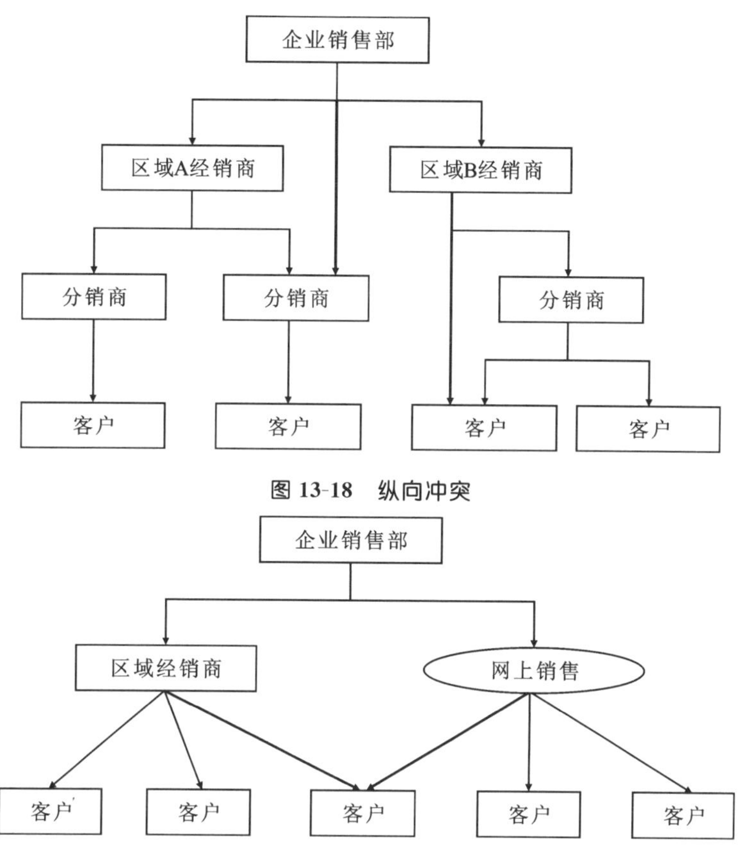

图 13-18　纵向冲突

图 13-19　多渠道冲突

2.渠道冲突的原因

窜货是常见的渠道冲突表现。产生窜货的原因主要有：

(1)企业给予各个经销商或不同类型渠道的优惠政策存在较大差异；

(2)各区域市场发展不平衡；

(3)企业给予经销商的促销补贴被用来折价窜货；

(4)经销商为获得年终返利而进行年终冲量；

(5)淡旺季转换时折扣太大，导致经销商淡季囤货。

3.渠道冲突的防控

(1)甄选好经销商。企业除从经销商的规模、销售体系、发展历史进行考察外，还要考察经销商的品德和财务状况，防止有窜货记录的经销商混入销售渠道。

(2)合理划分销售区域。企业应保持每一个经销区域的经销商密度合理，防止整体竞争激烈，避免经销区域重合，按不同实力规模划分经销区域、下派销售任务。

(3)科学估算各区域的需求量并制订销售计划。一旦发现某个区域的进货量突然超出估算需求量很多，则马上进行针对性的检查。

(4)制定完善的价格政策。企业的价格政策不仅要考虑出厂价，而且要考虑一批出手价、二批出手价、终端出手价。

(5)建立监督管理体系。成立专门的机构，由专门人员明察暗访经销商是否窜货。

(6)建立奖惩机制。签订不窜货乱价协议，对窜货行为的惩罚进行量化。企业可选择下列模式:警告、扣除保证金、取消相应业务的优惠政策、罚款、货源减量、停止供货、取消当年返利和取消经销权。同时奖励举报窜货的经销商,调动大家防窜货的积极性。

(7)减少渠道拓展人员参与窜货。对企业派驻的销售人员进行考核时,不能只用销售额一个指标,而应结合任务完成率、市场占有率、回款率、客户开发、社会资源开发、市场控制、同区业务员的协作等进行综合考核。

(8)外包装区域差异化。通过文字标示"专供××地区销售"、包装颜色差异化、不同地区采用不同的特殊编码等方式防止窜货。

4.传统渠道与网络渠道冲突的解决策略

随着网络购物的飞速发展,越来越多的企业不得不面对这样一个问题,单纯依靠传统的实体店销售已经不能满足需求,在成本上失去了竞争优势,如果在网络上进行销售,又面临与原有实体渠道冲突的问题,面对这个棘手的问题该如何解决呢?以下建议可能有帮助:

(1)做好产品细分区隔。将企业所经营的所有产品型号划分为利润性产品和战斗性产品。利润性产品主要是一些新品或畅销型号;战斗性产品主要是一些旧款或尾货、停产的型号。网络和传统渠道可以销售同样的战斗性产品,因为价格都会定得比较低;而两种渠道所销售的利润性产品应该有所不同。正是这样一种策略的考虑,我们可以观察到现在制造商的产品型号变得越来越复杂,因为它们不单要考虑实体与网络的冲突,还要平衡不同的实体渠道之间、不同网站B2C销售商之间的利益。

(2)对网络客户进行个性化定制服务。对实体店的客户可以提供标准化的产品,而对网络上的客户提供个性化定制的服务。

(3)采取线上线下不同品牌的策略。比如罗莱家纺推出的针对网购的LOVO品牌;华润家纺推出的网购品牌luxlulu;女鞋品牌哈森专门为网络渠道自创了梅森之邦。这种做法的缺点是新品牌起步较慢,培养需要时间。

(4)严格限定最低价格。企业可以严格限定线上线下的最低价格,借助公开严厉的市场稽查和奖罚手段进行管理。

(5)价格接近但采取"关联返券促销"策略 。比如银泰百货就采取了"关联返券促销"策略:对购买了LV产品的顾客,奖励高额折扣优惠券购买GUCCI或PRADA等的产品。

(6)线上下单,线下门店服务,协调好利益分配。这样可以实现传统门店与电子商务的协同和互补。网站主要进行产品、品牌的宣传和获取订单,如有订单,根据消费者所在区域自动分配给对应的线下门店,为门店带来收益。如肯德基就采用此种模式:KFC的官方网店主要负责下订单,方便"宅男宅女型"消费者。一旦成功获取订单,通过系统根据用户的配送地址自动分配给对应的实体门店,由实体门店配送和完成订单,实现网店和门店利益共享的协同。

三、实体分配的管理

(一)实体分配的范围与目标

实体分配指将原料和最终产品从原点向使用点转移,以满足顾客需要,并从中获利的实物流通的计划、实施和控制。实体分配也称为物流,即产品通过从生产者手中运到消费者手中的空间移动,在需要的地点、需要的时间,到达消费者手中。

实体分配的范围很广,第一任务是销售预测,公司在预测的基础上制订生产计划和存货水平。生产计划明确采购部门必须订购的原料。这些原料通过内部运输运到工厂,进入接受部门，并被作为原料存入仓库。原料被转变为制成品，制成品存货是顾客订购和公司制造活动之间的桥梁。顾客的订货减少了制成品的库存，而制造活动则充实了库存商品。制成品离开装配线，经过包装、厂内储存、运输事务的处理、厂外运输、地区储存，最后送达顾客。实体分配的主要活动如图 13-20 所示。

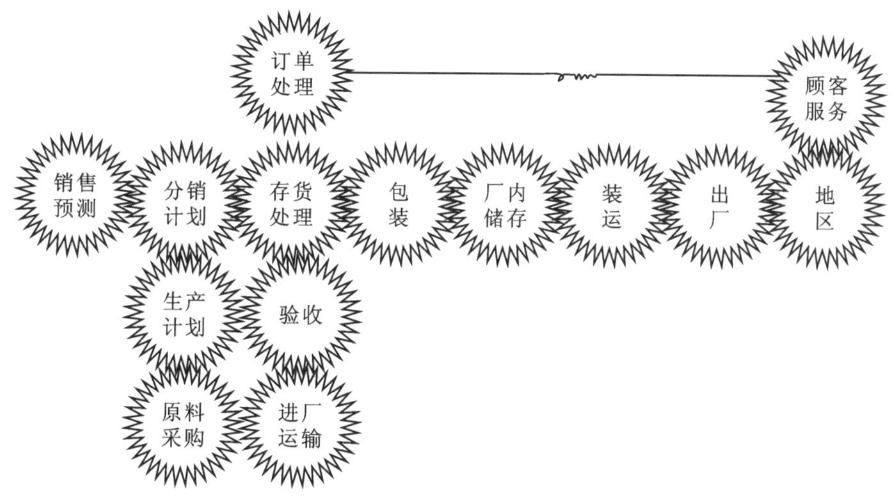

图 13-20　实体分配的主要活动

根据经验统计，实体分配总成本的主要构成部分分别是运输(46%)、仓储(26%)、存货管理(10%)、接受和运送(6%)、包装(5%)、管理费(4%)以及订单处理(3%)。

实体分配必须解决如下问题：如何处理订单？商品储存地点应该设在何处？手头应该有多少储备商品？如何运送商品？实体分配的目标就是妥善处理这四个问题。

1. 订单处理

实体分配开始于顾客的订货。企业一旦接到订单，就必须快速准确地加以处理。订单处理系统准备好发票，并将订货信息传递给需要这些信息的部门。相关仓库收到指令后装货并发运订购的商品。库存无货的产品应向生产部门下订单。已装运的产品应附有货运单据和账单，并将其副本分送各个部门。

2. 仓储

每个企业在货物出售以前必须储存货物。储存功能是必不可少的，因为生产和消费环节很少协调。储存功能克服了需求数量和时间的差异性。

企业必须确定需要多少仓库、什么类型的仓库以及它们应设置在什么地方。仓库数目多，就意味着能够较快地将货物送达顾客，但是仓储成本也将增加，因此仓库数目必须在顾客服务水平和分销成本之间取得平衡。可选择的仓库包括：私人仓库、公共仓库、储备仓库、中转仓库、旧式的多层建筑仓库及新式的单层自动化仓库。

3. 存货

存货水平代表了另一个影响顾客满意程度的实体分配决策。存货决策的制订包括何时进货和进多少货，其主要指标是最佳订货量。

最佳订货量可以通过观察在不同的可能订货水平上订货处理成本与存货维持成本之和的情况来决定。如图 13-21 所示，单位订货处理成本随着订货量的增加而下降，这是因为订货成本被分摊到了更多的单位上去的缘故。单位存货维持成本则随订货量的增加而上升，这是因为每单位的储存时间相对地长了。这两条成本曲线垂直相加,即为单位总成本曲线。单位总成本曲线上弯向横轴的最低点所对应的横坐标就是最佳订货量 Q。

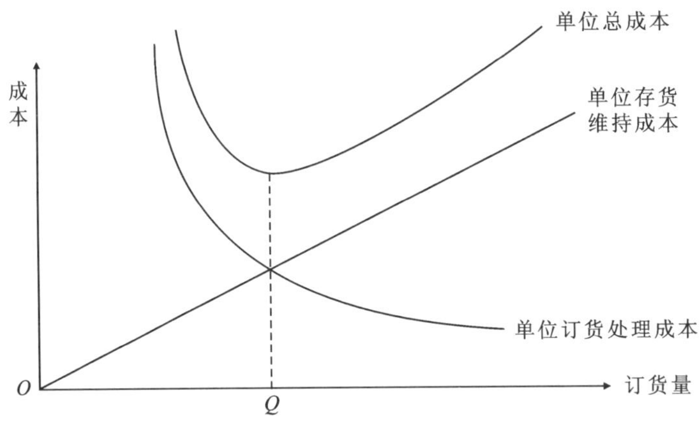

图 13-21　最佳订货量的决定

最佳订货量的数学公式如下:

$$Q=\sqrt{\frac{2DS}{IT}}$$

式中　D——进货总量;

S——每次进货费用;

I——单位存储费用;

T——存储时间。

该公式一般被称为经济订货量公式。其假设为:进货成本不变,单位存货维持成本不变,需求已知,无数量折扣。

4. 运输

公司可以选择的运输方式包括铁路、公路、水路、管道、航空运输及集装箱联运等。

在为某一项特定产品选择运输方式时,托运人应该考虑这样一些标准,如速度、次数、安全性、容量、有效性和费用等。如果托运人追求速度,空运和汽运就是主要的运输方式;如果以费用低为目标,那么水路运输和管道运输就成为最主要的选择对象。

运输决策还必须考虑运输方式和其他分销要素的权衡和选择,如仓库、存货等要素。当不同的运输方式所伴随的成本随时间的推移而发生变化时,公司应该重新分析,以便找到最佳实体分配安排。

(二)实体分配的战略方案

1. 单一工厂,单一市场

这些单一工厂通常设在所服务的市场的中央,这样可以节省运费,但是,设在离市场较远的地方,也可能获得低廉的工地、劳动力、能源和原料成本。企业在两个设厂地点间进行选择时,不仅应审慎地估计目前各战略的成本,更须考虑到未来各战略的成本。

2. 单一工厂,多个市场

(1)直接运送产品至顾客。这种情况必须考虑:该产品的特性(如易腐性和季节性);所需运费与成本;顾客订货的数量与质量;地理位置与方向。

(2)大批整车运送到靠近市场的仓库。先将成品大批运送到靠近市场的仓库,再从那里根据每一订单运送给顾客方式的费用要比直接运送少。一般来说，增加新地区仓储所节约的运费与所能增加的顾客惠顾利益若大于建立仓储所增加的成本，那么就应在这一地区增设仓储。如果考虑用仓库，应作出租赁或自建的决策。租赁的弹性较大，风险较小，在多数情况下比较有利，只有在市场规模很大而且市场需求稳定时，自建仓库才有意义。

(3)将零件运到靠近市场的装配厂。建立装配分厂的最大好处是运费较低，有利于增加销售额；不利之处是要增加资本成本和固定的维持费用。建厂必须考虑该地区未来的销售量是否稳定，以及数量是否会多到足以保证投下这些固定成本后仍有利可图。

3. 多个工厂，多个市场

企业有两种选择目标：一是短期最佳化，即在既定的工厂和仓库位置上制订一系列由工厂到仓库的运输方案，使运输成本最低；二是长期最佳化，即决定设备的数量与区位，使总分配成本最低。短期最佳化的有效工具是线性规划技术，而长期最佳化的有效工具是系统模拟技术。

本章小结

分销渠道是指某种货物或劳务从生产者向消费者移动时取得这种货物或和劳务的所有权或帮助转移其所有权的所有企业和个人。

分销渠道有直接渠道、间接渠道，长渠道、短渠道，宽渠道、窄渠道之分。

批发是指供转售，进一步加工或变化商业用途而销售商品的各种交易活动；批发商处于商品流通的中间阶段，交易对象是生产企业和零售商。零售是直接为最终消费者服务的交易行为；零售商是指将商品直接销售给最终消费者的中间商，处于商品流通的最终阶段。

企业需要综合考虑各种影响因素和限制条件来选择合适的分销渠道，并运用经济性、控制性、灵活性等标准对分销渠道进行评价。企业在选择分销渠道后，要对中间商进行有效的控制和激励。

实体分配指对原料和最终产品从原点向使用点转移，以满足顾客需要，并从中获利的实物流通的计划、实施和控制，也称为物流，即产品通过从生产者手中运到消费者手中的空间移动，在需要的地点、需要的时间，到达消费者手中。

关键概念

分销渠道　Distribution Channel　　直接渠道　Direct Channel

间接渠道　Indirect Channel　　长渠道　Long Channel

宽渠道　Wide Channel　　垂直渠道　Vertical Channel

水平渠道　Horizontal Channel　　批发商　Wholesale Merchant

零售商　Retailer　　物流　Logistics

复习思考题

1. 分销渠道的含义和作用是什么？分销渠道具有哪些特点？

2. 简析分销渠道的基本模式。

3. 直接销售渠道与间接销售渠道的概念、方式、优缺点各是什么？

4. 分析影响分销渠道选择的因素。
5. 如何有效地激励渠道成员?
6. 简述主要的零售业态。

【案例分析】

格力空调——离开国美,走自己的路

珠海格力集团公司(简称格力集团)是珠海市目前规模最大、实力最强的企业之一。该集团拥有的“格力”、“罗西尼”两大品牌于1999年1月和2004年2月被国家工商总局认定为中国驰名商标。2003年,格力集团共实现营业收入198.42亿元,位列中国企业500强第88名。格力集团下属的珠海格力电器股份有限公司(简称格力)是中国目前生产规模最大的空调生产基地,现有固定资产7.6亿元,拥有年产空调器250万台(套)的能力。经过多年的发展,格力空调已奠定了国内空调市场的领导者地位,格力品牌在消费者中享有较高的声誉。据国家轻工业局、央视调查中心的统计数据,从1996年起,格力空调连续数年产销量、市场占有率均居行业第一。现在,格力空调产品覆盖全国并远销世界100多个国家和地区。

多年以来,格力空调一直采取的是厂家一经销商/代理商一零售商的渠道策略,并在这种渠道模式下取得了较高的市场占有率。然而近年来,一批优秀的渠道商经过多年的发展历程,已经成长为市场上的一支非常重要的力量。其中尤以北京国美、山东三联、南京苏宁为代表的大型专业家电连锁企业的表现最为抢眼。这些超级终端浮出水面,甚至公开和制造企业“叫板”。自2000年以来,这些大型专业连锁企业开始在全国各大中城市攻城略地,在整个家电市场中的销量份额大幅度提高,其地位也直线上升。

2004年2月,成都国美为启动淡季空调市场,在相关媒体上刊发广告,把格力两款畅销空调的价格大幅度下调,零售价原为1680元的1P挂机被降为1000元,零售价原为3650元的2P柜机被降为2650元。格力认为国美在未经自己同意的情况下擅自降低了格力空调的价格,破坏了格力空调在市场中长期稳定、统一的价格体系,导致其他众多经销商的强烈不满,并有损其一线品牌的良好形象,因此要求国美立即终止低价销售行为。格力在交涉未果后,决定正式停止向国美供货,并要求国美给个说法。“格力拒供国美”事件传出,不由让人联想起2003年7月份发生在南京家乐福的春兰空调大幅降价事件,二者如出一辙,都是商家擅自将厂家的产品进行“低价倾销”,引起厂家的抗议。

2004年3月10日,格力开始将产品全线撤出成都国美6大卖场。格力表示,这是一次全国统一行动,格力在全国有20多家销售分公司,其中有5家公司与国美有合作,产品直接在国美销售,导致这次撤柜的主要原因是与国美在2004年度的空调销售政策上未能达成共识。3月11日,国美北京总部向全国分公司下达通知,要求各门店清理格力空调库存。通知称,格力代理商模式、价格等已经不能满足国美的市场经营需求,要求国美各地分公司做好将格力空调撤场的准备。

面对国美的“封杀令”,格力的态度并没有退让。格力空调北京销售公司副总经理金杰表示:“国美不是格力的关键渠道,格力在北京有400多个专卖性质的分销点,它们才是核心。谁抛弃谁,消费者说了算。”格力空调珠海总部新闻发言人黄芳华表示,在渠道策略上,格力不会随大流。格力空调连续数年全国销量第一,渠道模式好与坏,市场是最好的检验。格力电器公司总经理董明珠接受《广州日报》记者采访时表示,格力只与国美的少数分店有合作,此事对格力空调的销售几乎没有什么影响,自己的销售方式也不会为此做出改变。对一个企业来说,对任何经销商都应该是一个态度,不能以大欺小,格力对不同的经销商价格都是一样的。格力在各地设立自己的销售公司主要是为了在各个区域进行市场规范管理,保持自己的品牌形象,而销售公司靠服务取得合理利润,价格一直贴近市场,格力空调年销量500万台就证明了这一点,因此格力不会改变这种销售方式。对于今后能否与国美继续合作,格力坚持厂商之间的合作必须建立在平等公正的基础上,违背这种合作原则只能一拍两散。

事实上,在国美、苏宁等全国性专业连锁企业的势力逐渐强盛的今天,格力依然坚持以自身经销网点为主要销售渠道。格力是从2001年下半年才开始进入国美、苏宁等大型家电卖场的。与一些家电企业完全或很大程度地依赖家电卖场渠道不同的是，格力只是把这些卖场当做自己的普通经销网点，与其他众多经销商一视同仁，因此在对国美的供货价格上也与其他经销商一样，这是格力在全国的推广模式，也是保障各级经销商利益的方式。以北京地区为例，格力拥有1200多家经销商。2003年度格力在北京的总销售额为3亿元，而在国美等大卖场的销售额不过10%。由于零售业市场格局的变化，格力意识到单纯依靠自己的经销网络已经不能适应市场的发展，因此从2001年开始进入大卖场，但格力以自有营销网络作为主体的战略并没有改变。

而在国美方面，国美电器销售中心副总经理何阳青认为，格力目前奉行的股份制区域性销售公司的"渠道模式"在经营思路以及实际操作上与国美的渠道理念是相抵触的。国美表示，格力的营销模式是通过中间商的代理，国美再从中间商那里购货。这种模式中间增加了一道代理商，它必定是要增加销售成本的，因为代理商也要有它的利润。格力的这种营销模式直接导致了空调销售价格的抬高，同品质的空调，格力要比其他品牌贵150元左右，这与国美一直推行的厂家直接供货、薄利多销的大卖场模式相去甚远。国美与制造商一般是签订全国性的销售合同，而由于格力采取的是股份制区域性销售公司的经营模式，与格力合作时就不得不采取区域合作的方式，这与国美的经营模式是不相符合的。

思考题

1. 格力和国美之间的渠道冲突反映了新时期厂商和渠道商之间新型的博弈关系。你认为现在厂商和渠道商之间的力量对比如何？二者之间的关系应当如何处理？

2. 格力现在所采取的渠道策略正确吗？你认为可以从什么方面加以改进？

【实训题】

格力空调营销渠道分析

实训目的：帮助学生认清不同渠道策略对企业的影响。

实训任务：搜集相关资料，了解格力空调现有销售渠道模式的优势与隐患，并分析每种渠道的优势和劣势。

实训实施：以小组为单位，形成书面报告。

第十四章　促销组合策略

本章学习提示

通过本章的学习，你应该能够：了解促销的基本含义和作用；了解营业推广策略的含义及特点；掌握人员推销策略的含义并学会应用；了解广告的含义及其选择；掌握公共关系的特点并学会应用。

导引案例

不简单的牙膏

云南白药与纳爱斯作为各自行业的佼佼者，在营销推广上都有值得称道的地方。云南白药牙膏是含着金钥匙出生的，在知名度、功效方面远胜纳爱斯；而纳爱斯牙膏是在雕牌牙膏失败后才选择了纳爱斯作为牙膏的品牌，没有了洗衣粉的味道，也缺少了任何牙膏的韵味。

三句话不离本行，云南白药上市之初，广告上采用脑白金等保健品惯用的说理方式，强调云南白药牙膏区别于传统牙膏的功效之处，这个出发点是完全正确的。而且，从最初的非牙膏，到非传统牙膏，再到最后濮存昕代言的好牙膏，云南白药不断纠错，逐渐回归到牙膏的本质，树立起了高端功效牙膏的形象。终端表现方面，从最初的一两个单品增加到十几款产品，适合超市陈列的特点。上市初期，在一些形象终端，不计成本地进行促销，促进单店销售，起到了榜样带动的作用。先天的优势，前瞻性的营销思维，使云南白药牙膏在未来的时间里，依然具有无穷的发展潜力。

纳爱斯牙膏在营销上也是下了很多工夫的。广告方面，纳爱斯一直在努力寻找差异化的卖点，最初将宣传点放在营养牙齿上，"牙膏有营养，牙齿好喜欢"广告语打了好几年；后来又有"纳爱斯 Vc 清新口气"的广告，一直到现在的他她牙膏。纳爱斯没有先天的牙膏因素，想通过一系列广告宣传确立一个新的、有特点的新牙膏形象，但是营养也好，清新口气也好，他她也罢，在满足消费者使用牙膏的实际利益方面始终不够给力，消费者难以为这几个方面而慷慨买单。再说，这几个卖点还没有与"纳爱斯"这几个字建立必然的联想关系。纳爱斯最出彩的地方，应该就是伢牙乐儿童牙膏了。在伢牙乐儿童牙膏之前，还没有哪个品牌大量投放儿童牙膏广告，纳爱斯第一个树立了专业儿童牙膏品牌的形象。请注意，伢牙乐儿童牙膏的广告，主推的是"伢牙乐"品牌，纳爱斯只是捎带出来的。假如，在一切条件不变的情况下，只把"云南白药"几个字和"纳爱斯"几个字做一个调换，到今天又会是怎样的结果?

由于现代市场营销活动是在广泛的地域范围和复杂的人际关系为背景的社会化大生产条件下进行的，所以仅有优质的产品、合理的价格和适当的渠道，并不一定就能立即招来大量的顾客，需要企业采取各种有效的方法，把企业的有关信息传递给自己的目标市场，以引起消费者的注意，激发他们的需求欲望，吸引他们购买企业的产品。这一系列做法及其策划，就是企业的促销组合。

第一节　促销与促销组合

一、促销的含义与作用

(一)促销的含义

1. 促销的概念

促销是企业市场营销活动的基本策略之一，它是指企业通过人员推销或非人员推销的方式，向目标顾客传递商品或劳务信息，帮助消费者认识商品或劳务给他们带来的利益或价值，从而引起消费者的兴趣，激发其购买欲望及购买行为的活动。简言之，促销就是指销售者向消费者或用户传播产品及信息的一系列宣传、报道和说服的活动，一般包括广告、人员推销、营业推广和公共关系等具体活动。

2. 促销的目的

威廉·斯坦顿研究认为：在不完全竞争的条件下，一个企业利用促销来将自身的产品与其他产品区别开来、说服其购买者，并把更多的信息引入购买决策过程。用经济学术语来说，促销的基本目的是改变一个企业的产品需求曲线的形状。通过促销，增加某种产品的销售量。也就是说，促销的目的在于通过信息沟通，帮助消费者认识产品的特点和性能，引起他们的注意和兴趣，以改变其态度，激发购买欲望和行为，扩大产品销售。

3. 促销的基本方式

促销的基本方式可分为人员推销和非人员推销两大类(图 14-1)。

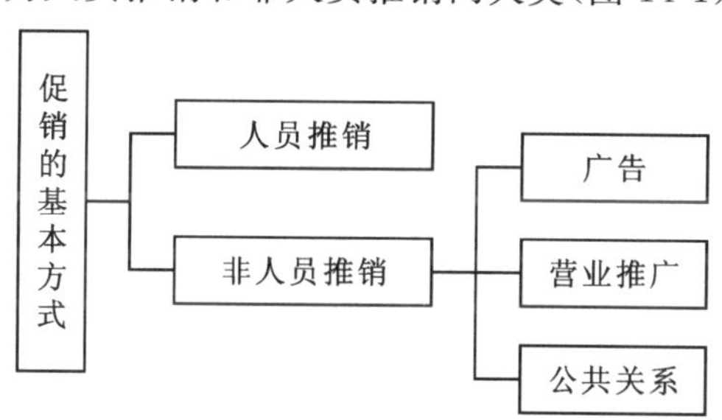

图 14-1　促销的基本方式

(二)促销的作用

1. 提供信息，沟通关系

现代市场营销贯穿着复杂的信息沟通系统。在产品进入市场之前，企业必须把有关产品的信息传递到目标市场那里。这样，一方面将产品的性能、特点与作用及企业可以提供的服务等信息传向消费者，引起其注意，刺激其购买；另一方面可以及时了解消费者对商品的看法和意见，从而密切生产者、中间商和消费者之间的关系，加强营销渠道各环节的协作，加速商品流通。

2. 激发需求，扩大销售

企业促销的根本目的在于激发顾客欲望，引起购买行为。有效的促销活动不仅可以诱导和激发需求，而且可以创造需求。如当某种商品滞销时，企业可以通过适当的促销活动改变需求，甚至可以创造出新的需求，吸引更多的用户，使滞销商品出现新的销售势头。

3.突出特点,树立形象

在激烈竞争的市场环境中,对于许多同类商品的细微差别,广大消费者是难以辨认和察觉的,这时,企业可以通过促销活动,宣传本企业产品与竞争者产品的不同特点及给消费者或用户带来的特殊利益,使消费者加深对本企业产品及企业本身的了解,从而使企业在市场上树立良好的产品形象和企业形象,促进产品销售。

4.形成定式,稳定销售

在激烈竞争的环境中,由于种种原因,一定时期内的企业销售额可能出现上下波动,这是产品市场地位不稳定的表现。这时,企业可以有针对性地开展各种促销活动,使更多的消费者或用户了解、熟悉和信任本企业产品,形成对本企业和某种产品"偏爱"的心理定式,从而稳定乃至扩大市场份额,稳定销售地位。

企业要达到上述目的,不仅要通过人员推销和非人员推销,而且要使促销策略与营销组合的其他因素协调配合,形成一个整体营销的战略。因此,企业营销经理的任务,并不在于从事具体的促销活动,更重要的在于确定促销目标、制订促销策略,并且使促销策略同产品策略、价格策略和渠道策略互相配合,形成整体营销战略。

二、促销组合

(一)促销组合的概念

促销组合指企业根据产品的特点和营销目标,综合各种影响因素,对各种促销方式的选择、搭配及运用,即企业在市场营销过程中有目的、有计划地把人员推销、广告、营业推广和公共关系等促销形式结合起来,综合运用,形成一个完整的优化促销组合策略(图14-2)。

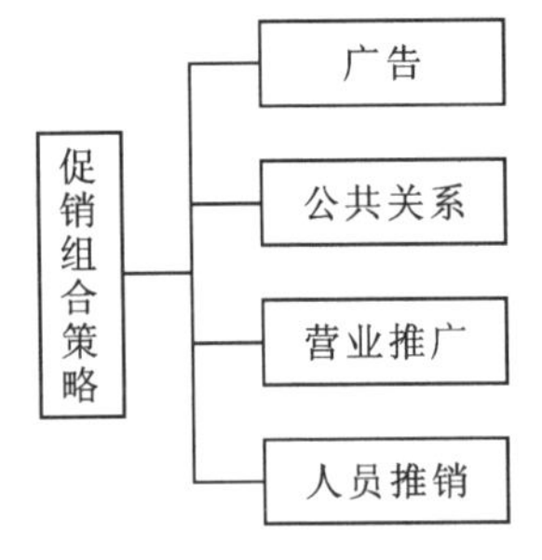

图 14-2　促销组合

(二)不同促销方式的优缺点

要正确地进行促销组合,首先必须了解各种方式的优缺点(详见表14-1)。只有这样,才能根据产品的特点和经营目标,结合各种促销方式的优点,适当地选择、组合和运用各种促销方式,使其发挥整体的功效。

表 14-1　各种促销方式的优缺点

促销方式	优　点	缺　点
人员推销	信息沟通直接、反馈及时、可当面促成交易	占用人员多、费用高
广告	传播面广、声情并茂、形象生动、节省人力	支付费用高,须通过一定的媒体,难以立即成交
营业推广	容易激发购买欲望,促成消费者当即采取购买行动	有时必须以降低商品价格为代价
公共关系	可信度高,社会效应好	见效慢

(三)影响促销组合的因素

1.促销目标

企业营销的不同时期及不同环境都有其特定的促销目标,无目标的促销活动是收不到理想效果的。在一定时期内，有的企业的促销目标是在某一市场迅速增加销售量，扩大企业的市场份额；而另一些企业的促销目标是在该市场上树立企业形象，为其产品今后占领市场赢得有利的地位。显然，前者的促销目标强调的是近期效益，属短期目标，因此其促销组合的选择、搭配将更多地使用广告和营业推广；而后者属长期目标，需制订一个较长远的促销方案方能实现，因此，宣传报道和公众关系就显得非常重要。

2. 产品因素

由于被推销的产品类型及性质不同，消费者或用户具有不同的购买行为和购买习惯，因而，企业所采取的促销组合也有所差异。一般来说，消费品更多地使用广告宣传作为主要促销手段；而生产资料则更多地采用人员推销。至于营业推广和公共关系，无论对消费品市场还是生产资料市场都处于较次要的地位。

3. 产品所处的市场生命周期阶段

由于产品所处的市场生命周期不同，促销目标也应有一定的差异，故而在促销组合的选择和编配上也要有相应的变化(见表 14-2)。在导入期，产品刚刚面市，鲜为人知，企业应加强广告宣传，提高潜在消费者对产品的知晓程度。同时，配合营业推广、人员推销等方法刺激购买。在成长期，产品畅销，但竞争者出现，广告依然是主要的促销形式，但内容应放在宣传产品的优势上，此时应辅以人员推销，有条件的企业还可配合营业推广和公共关系，使老主顾形成对产品和企业的偏爱，并使新顾客涌现。在成熟期，需求饱和，销售量开始下降，竞争日益激烈，一般仍以广告为主，配合适当的营业推广，利用公共关系突出企业声誉，提升企业形象，显示产品魅力，以稳定和扩大市场。产品进入衰退期，企业应以营业推广为主，辅之以提示性广告，此阶段的促销费用不宜过多，以免得不偿失。

表 14-2　产品市场生命周期各阶段的促销组合及策略

产品市场生命周期	促销目标重点	促销主要方式
导入期	认识了解产品	介绍性广告、人员推销
成长期	提高产品的知名度，增进消费者的兴趣与偏爱	改变广告形式
成熟期	提升产品美誉度	改变广告形式(如形象广告)
衰退期	促成信任购买	以营业推广为主，辅以提示性广告、减价等
市场生命周期各阶段	消除顾客的不满意感	改变广告内容，利用公共关系

4. 预算费用

企业在选择促销组合时还应考虑两个主要问题：一是促销预算费用；二是预算费用在各促销手段中如何分配。也就是说，综合分析各种促销方式的费用与效益，以尽可能低的促销费用取得尽可能高的促销效益。促销方式不同，费用会有很大的差异。在预算费用小的情况下，企业往往很难制订出满意的促销组合策略。然而，最佳促销组合并不一定费用最高。企业应全面衡量、综合比较，使促销费用发挥出最大效用。

5. 市场特点

目标市场的性质、规模和类型不同，也应采用不同的促销组合。对于规模小而相对集中的市场,应突出人员推销策略,对于范围广而分散的市场,则应多采用广告;对于文化水平高、经济状况宽裕的消费者,应多采用广告和公共关系,反之,则应多采用营业推广和人员推销。消费品市场主要用广告宣传,而工业品市场应以人员推销为主。另外,市场供求的变化也会影响到促销组合。

(四)促销的基本策略

美国市场营销学家菲利普·科特勒认为:企业促销的基本策略一般有两种,即"推"的策略和"拉"的策略(图 14-3)。

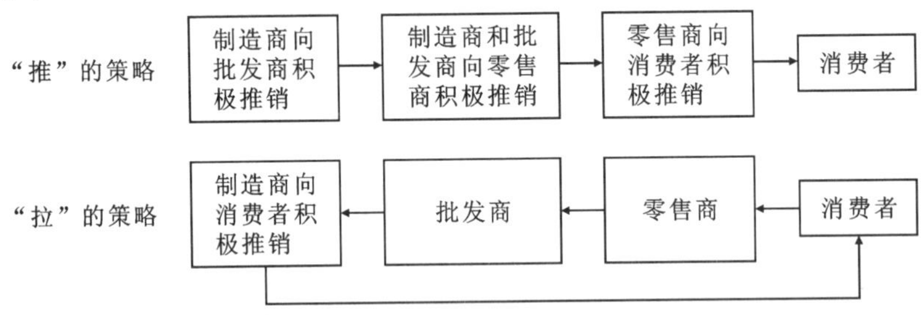

图 14-3 "推"、"拉"策略示意图

1."推"的策略

"推"的策略主要是运用人员推销和营业推广手段将产品推向市场,即从制造商推向批发商,从批发商推向零售商,直至最终推向消费者或用户。实行"推"的策略,要求推销人员针对不同商品、不同对象采用不同的推销方法。主要方式有:①产品推销员携带样品或者产品目录走访顾客,进行送货推销、巡回推销或访问销售;②建立、健全产品销售网点,扩大销售;③通过售前、售中和售后服务促进销售;④举办产品技术应用讲座,并进行实物推销。

显然,如果一个企业采取"推"的策略,则会在人员推销和营业推广这两种策略上投入更多。

2."拉"的策略

"拉"的策略主要指企业将大量的费用运用于广告、公共关系和营业推广上,激发消费者对商品的兴趣,产生购买欲望,同时吸引中间商主动进货并经销企业的产品。主要方式有:①通过广告宣传促进销售;②组织产品展销会、订货会促进销售;③通过代销、试销等方式促进销售;④通过创立名牌、树立信誉,增强消费者对产品和企业的信任,以促进产品的销售。

一个企业采取"拉"的策略,则会在广告上投入更多,并辅以公共关系策略。

案例 14-1 伊利在开发武汉市场时,首先对武汉的目标消费者进行了促销。一方面,由于内蒙古和湖北在历史上的渊源,即王昭君出塞,他们在报纸上以"昭君回故里,伊利送真情"和"古有昭君千里出塞,今有伊利集团千里大赠送"为主题大肆开展公关广告宣传活动。活动开展后,新闻媒体进行了铺天盖地的宣传,大家都知道了伊利集团的产品。另一方面,他们免费向武汉市民赠送冰淇淋,其覆盖率是每 10 个武汉人中就有 1 个人食用过伊利产品。通过这两种促销方式,消费者了解了伊利的产品。经销商在报纸上看到了伊利的广告宣传,也看到消费者在购买伊利的产品,意识到商机已到,经销伊利产品的积极性大大提高。

上述两种策略,在营销中具体实行哪种,应根据具体情况而定,但从营销实践看,一般二者兼用,各有侧重。

第二节　营业推广

一、营业推广的特点

营业推广又称销售促进，是指企业为了在短期内迅速刺激潜在顾客的需求、吸引消费者或其他顾客大量购买而采取的除人员推销、公共关系、广告和宣传以外的特殊促销活动。营业推广是一种不同于人员推销、广告和公共关系的促销活动，诸如陈列、展出、展览、表演和许多非常规的、非经常性的销售尝试，它是对广告、人员推销的一种补充，旨在激发消费者购买和提高经销商的积极性，是一种不经常的无规则的促销活动。

(一)直观的表现形式

许多营业推广工具具有吸引注意力的性质，可以打破顾客购买某一特殊产品的惯性。它们告诉顾客这是永不再来的一次机会，对于那些精打细算的人有很强的吸引力，但这类人一般不会永远购买某一个品牌的产品，他们是品牌转换者，而不是品牌忠诚者。

(二)灵活多样，适应性强

营销人员在采用营业推广时，可根据顾客心理和市场营销环境等因素，采取针对性很强的营业推广方法，向消费者提供特殊的购买机会，这些具有强烈的吸引力和诱惑力的促销方式，能唤起顾客的广泛关注，立即促成购买行为，在一定范围内收到立竿见影的功效。

(三)有一定的局限性和副作用

有些方式显现出卖者急于出售的意图，容易造成顾客的逆反心理。如果使用太多，或使用不当，顾客会怀疑此产品的品质或产品定价是否合理，给人以“推销的是水货”的不良感觉。

二、营业推广的工具选择

(一)营业宣传推广

1. 营业场所的装饰与布置

营业推广人员应根据顾客的购买心理与特点，设计出使顾客赏心悦目、心情舒畅的购物环境来吸引购买者。

2. 样品陈列及橱窗布置

样品陈列能诱导消费者的购买行为；橱窗布置是无声商品广告，能刺激顾客的购买欲望。

3. 商品试验

商品试验是检验商品质量、消除顾客疑虑、赢得顾客的重要手段。

4. 提供咨询服务

为顾客提供信息，传播商品知识，解决顾客的疑难问题，可以使顾客坚定购买信心。

(二)营业销售推广

营业销售推广是刺激和鼓励成交的重要手段，它包括直接对消费者、对中间商和对销售人员三种形式(图 14-4)。

1. 针对消费者的营业销售推广

这类促销活动的对象是最终购买者，因此是最直接的促销方式，使用频率也很高，可以留住老顾客、吸引新顾客以及动员顾客购买新产品或更新设备，引导顾客改变购买习惯，或培养

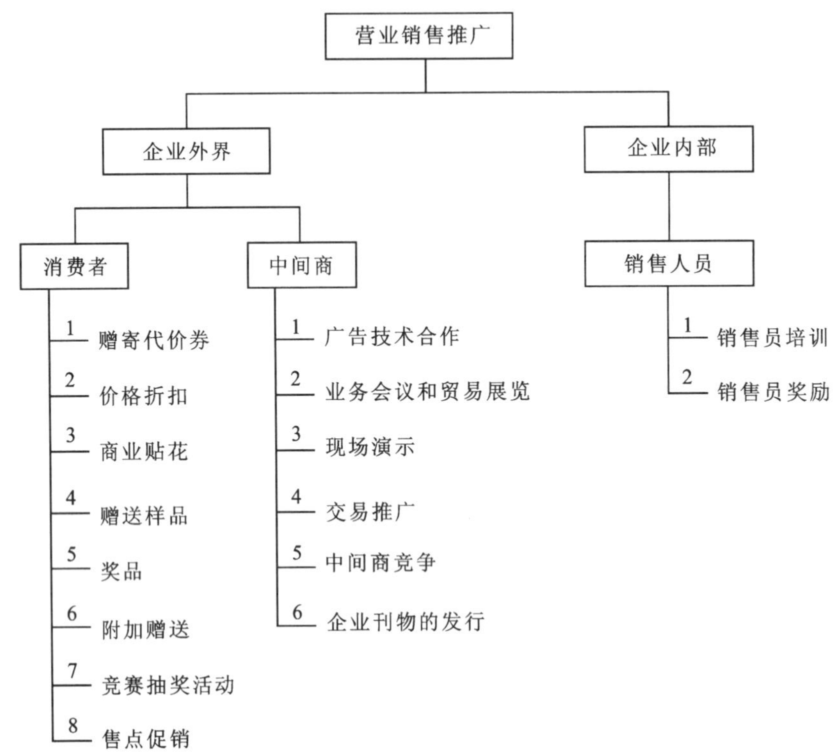

图 14-4 营业销售推广分类

顾客对本企业的偏爱等。

(1)赠寄代价券。指用邮寄或在商品包装中或广告等形式向顾客附赠小面额的代价券,持券人可凭券在购买某种商品时得到优惠。

(2)价格折扣。指直接采用降价或折扣的方式招徕顾客,包括廉价包装和降价招贴。

(3)商业贴花。指消费者每购买单位商品就可以获得一张贴花,筹集到一定数量的贴花就可以换取这种商品或奖品。

案例 14-2 意大利的菲尔·劳伦斯开办了一家七岁儿童商店,经营的商品全是七岁左右的儿童吃穿看玩的用品。商店规定,进店的顾客必须是七岁的儿童,大人进店必须有七岁儿童做伴,否则谢绝入内,即使是当地官员也不例外。商店的这一招不仅没有减少生意,反而有效地吸引了顾客。一些带着七岁儿童的家长进门,想看看里面到底"卖的什么药",而一些身带其他年龄孩子的家长也谎称孩子只有七岁,进店选购商品,致使菲尔·劳伦斯的生意越做越红火。后来,菲尔·劳伦斯又开设了20多家类似的商店,如新婚青年商店、老年人商店、孕妇商店、妇女商店等。妇女商店谢绝男顾客入内,因而使不少过路女性很感兴趣,少不得进店看一看。孕妇可以进妇女商店,但一般无孕妇女不得进孕妇商店。戴眼镜商店只接待戴眼镜的顾客,其他人只得望门兴叹。左撇子商店只提供各种左撇子专用商品,但绝不反对人们冒充左撇子进店。所有这些限制顾客的做法,反而都起到了促进销售的效果。

(4)赠送样品。即将实物赠送给消费者,使产品能为消费者了解并接受。

(5)奖品。奖品有两种类型:一种是顾客用购买凭证(如发票)去换取奖品;另一种是在消费者购物时,将奖品与产品一起包装,交到他们手中。

(6)附加赠送。指按消费者购买商品的金额比例附加赠送同类商品。

(7)竞赛抽奖活动。即通过竞赛或抽奖活动,将奖品发给优胜者,吸引消费者。

(8)售点促销,又叫 POP 广告。即在店面放置广告物,例如放在架子上的小卡片、小册子,或竖在门口的大型夸张物件,或悬挂在天花板上的标语等。

2.针对中间商的营业销售推广

把产品卖给消费者的是中间商,所以对于制造商而言,对中间商进行促销,提高他们的积极性,也是非常必要的。

(1)广告技术合作。指通过合作和协助方式,赢得中间商的好感,促使他们更好地推销企业的产品。如与中间商合作做广告,提供详细的产品技术宣传资料,帮助中间商培训销售技术人员,以及帮助中间商建立有效的管理制度,协助店面装潢设计等。

(2)业务会议和贸易展览。指邀请中间商参加定期举办的行业年会、技术交流会、产品展销会等,以此传递产品信息,加强双向沟通。

(3)现场演示。指安排中间商对企业产品进行特殊的现场表演或示范及提供咨询服务,表演者由制造商培训过的代表担任,代表制造商形象。

(4)交易推广。指通过折扣或赠品形式来促销和促进与中间商的合作。

(5)中间商竞赛。与对消费者促销中的竞赛活动不同,它是指制造商采用现金、实物或旅游等形式来刺激中间商以达到促销目的。

(6)企业刊物的发行。这是制造商定期对中间商传达信息、保持联系的一种有效做法。

3.针对销售人员的营业销售推广

上面两大类促销都是针对企业外界的,第三类是企业内部的促销,其目的是增强员工的意识,而不是指对企业内部的销售,包括对销售员的培训和奖励。

(1)销售员培训。其目的在于增加销售员的知识、技能,端正其态度等。以集体培训方式来说,典型的做法有以下几种:课堂讲授方式、集体讨论方式、个案研究方式、角色扮演方式等。

(2)销售员奖励。指以销售员的销售金额、新开拓客户数目、总利润额以及各种评估结果,促使销售员彼此竞赛,对于表现优良者给予表扬和发给奖品。

三、营业推广的方案实施

(一)确定营业推广目标

营业推广的目标按其作用对象可划分为三种类型:其一,针对消费者,目标是灌输某种观念,争取未使用者试用,刺激消费者购买,吸引竞争者品牌的使用者;其二,针对批发商或零售商,目标是吸引其购买并经销商品,使经销商产生对品牌或厂家的忠诚;其三,针对销售人员,目标是鼓励其推销产品,刺激其寻找更多的潜在顾客。

(二)选择营业推广工具

营业推广的方式很多,企业要根据市场类型、销售目标、竞争环境以及各种推广方式的成本和效益等选择适当的营业推广工具。可以在上述的各种方式中灵活有效地选择使用。

(三)制订营业推广方案

营业推广方案应该包括以下因素:

(1)费用。营销人员必须决定准备拿出多少费用进行营业推广。

(2)参加者的条件。参加者可以是任何人,或按照特定的条件选择出来的一部分人。

(3)营业推广措施。营销人员必须确定怎样去营业推广和分发营业推广方案。

(4)营业推广时间。调查显示:最佳的频率是每季有三周的营业推广活动,最佳持续时间是产品平均购买周期的长度。

(5)营业推广的总预算。

(四)方案试验

面向消费者市场的营业推广能轻易地进行预试,可邀请消费者对几种不同的、可能的优惠办法做出评价和分等级,也可以在有限的地区进行试用性测试。

(五)实施和控制营业推广方案

实施营业推广方案的期限包括前置时间和销售延续时间。前置时间是实施这种方案所必需的准备时间。它包括:最初的计划工作、设计工作、包装修改的批准、材料的邮寄或者分送到家;配合广告的准备工作和销售点材料;通知现场推销人员,为个别分店建立地区的配额,购买或印刷特别赠品或包装材料;预期存货的生产,存放到分配中心准备在特定的日期发放。销售延续时间是指从开始实施到采取此办法大约95%的商品已经在消费者手里所经历的时间。

四、营业推广的效果测定

为了总结方案实施的经验教训,为今后的营业推广决策提供依据,还需对推广效果进行评估。评估的方法有:

(一)阶段比较法

阶段比较法即对推广前、中、后的销售额和市场占有率进行比较,从中分析营业推广的效果,这是最常用的一种方法。

(二)跟踪调查法

跟踪调查法即推广结束后,由参与者回忆此次推广活动并进行评价,统计从中受益者的比例,以及此次推广对参与者今后购买的影响程度等。

第三节 人员推销

一、人员推销的含义及其特点

(一)人员推销的含义

根据美国市场营销协会定义委员会的解释,所谓人员推销,是指企业通过派出销售人员与一个或一个以上可能成为购买者的人交谈,作口头陈述,以推销商品,促进和扩大销售。

(二)人员推销的特点

人员推销既是一种古老的售货方式,也是一种现代产品销售的重要方式。人员推销与其他促销手段相比具有不可代替的作用。

1.针对性强,灵活多变

销售人员一般携带样品、说明书等直接登门与顾客联系。可以根据各类潜在用户的需求、动机及购买行为,有针对性地进行推销,介绍产品的性能、使用、安装和保管方法,也可立即获知顾客的反应,并据此适时地调整推销策略和方法,及时回复并排除顾客的疑问,使买主产生信任感,促成购买。

2. 选择性强，成功率高

在每次推销之前，可以选择具有较大购买可能性的顾客进行推销，并可事先对未来顾客作一番研究，拟定具体的推销方案、推销策略及方法，以提高成功率。这是广告所不及的。

3. 当面推销，增进友谊

面对面推销，容易使双方从单纯的买卖关系发展到建立深厚友谊，彼此信任，互相谅解，从而有利于长期合作。

4. 及时反馈，完善自我

销售人员在推销产品或劳务的同时，可及时听取和观察买方对产品和劳务的态度，收集市场情况，了解市场动态，并迅速予以反应，使企业经营更适合消费者的需要，完善自身管理。

但是，人员推销也有不足之处，如成本费用比较高。在市场范围广阔，而买主又较为分散的状态下，显然不宜采用此法。

二、销售人员的素养与销售队伍的结构

(一)销售人员的素养

销售人员经常直接与广大顾客接触，个人素养的高低对推销的成败关系极大，因而对销售人员的素养要求是相当高的。销售人员的素养主要包括：

1. 思想素质

销售人员在本职工作中要有强烈的事业心和责任感、艰苦踏实的作风、良好的职业道德和价值观。在与顾客接触时，应举止文雅、仪表端正、态度谦和、平易近人，能为顾客着想，在各种场合受到顾客欢迎。

2. 业务素养

销售人员应有丰富的业务知识，具体包括：

(1)企业知识。掌握本企业在同行业中的地位、经营规模和特点、管理水平和方针、生产和设备能力、产品结构及技术水平等，以便在推销过程中有理有据地说服顾客。

(2)产品知识。不但要掌握本企业产品的规格、型号、质量、性能、用途、价格、生产工艺、使用及维修办法，而且要熟悉竞争企业同类产品的优劣情况。

(3)专业知识。熟练掌握与推销活动有关的各种专业理论和知识，如市场营销学、消费心理学、市场行情分析、公共关系学、经济法、谈判等方面的知识。

3. 业务能力

它是销售人员思想和业务素养的反映，主要包括观察力、分析能力、综合判断能力、决策能力、应变能力、创新能力、公关能力、沟通能力、说服能力、交际能力等。

(二)销售队伍的结构

建立怎样的销售队伍要从企业的实际情况出发，按照营销活动的实际需要去加以组织。销售队伍的组织结构一般有以下几种情况：

1. 按地区结构组织的销售队伍

产品组合比较单一而市场分布面较广的企业通常按地区结构来组织销售队伍。其基本做法是将销售人员按所划定的市场区域进行分配。这种结构的好处是：

(1)比较容易评价个别销售人员的销售实绩；

(2)销售人员容易同顾客建立长期关系；

(3)差旅费用相对较少。

2.按产品结构组织的销售队伍

在企业的产品组合面广、各产品线关联性不大的情况下,通常采取按产品线组织销售队伍的做法,即每一组销售人员专门负责销售某一种特定的产品。这样做的好处是:销售人员在技术和业务上十分熟练,并能对该产品的目标市场有全面的了解。但在两种产品消费关联性比较密切的情况下,则有可能出现同一企业的两个销售员同时对同一顾客销售同类产品的情况。

3.按顾客结构组织的销售队伍

也有一些企业按顾客的不同类型来组织销售队伍,即由一组销售人员面对一种类型的顾客群体。如:有专门对批发商销售的人员,也有专门对零售商销售的人员,还有专门对老年顾客销售的人员,以及专门对家庭妇女销售的人员。这样做的好处是销售人员对顾客的特点很熟悉,能有的放矢地开展销售活动。问题是若顾客分布面很广,销售人员的差旅费用可能增加。

4.按复合结构组织的销售队伍

若将以上几种销售队伍的组织方式结合起来,就能形成一种按复合结构组织的销售队伍。如企业可按地区—产品、地区—顾客或产品—顾客的结构组织销售队伍,也可按地区—产品—顾客的结构组织销售队伍,将销售队伍的结构逐步分细,这样就有可能克服以上几种组织方法存在的缺点,使销售队伍的结构合理化。当然复合结构的销售队伍一般要由较多的销售人员组成,所以是一种比较适合于大型企业的销售队伍组织形式。

三、人员推销的程序

(一)掌握有关基础知识

销售人员不仅要掌握产品的基本知识及企业各方面的情况,还要了解竞争对手产品的性质和组织工作方面的优缺点,以便针对购买者的各种需要提供适宜的产品。要提供良好的服务,就必须了解有关推销的基本知识、公共关系基础知识、说服的方式及有关交际知识。好的产品及服务是成功的基础。

(二)寻找顾客

寻找顾客即寻找可能购买的顾客,包括有支付能力的现实购买者和未来可能成为企业产品购买者的消费者或用户。寻找顾客的方法很多,既可以先确定自己产品可以满足的购买者类型,然后去走访他们;也可以通过个人直接努力,诸如在社交活动中观察、访问或查阅工商名录、电话号码簿等发掘潜在顾客;还可以通过广告开拓,或利用朋友介绍、老客户推荐,或通过社会团体与销售人员之间的协作等间接寻找。因推销环境与商品不同,销售人员寻找顾客的方式不尽一致。成功的销售人员都有其独特的推销方法。

(三)计划准备

在确定顾客后,应进一步了解其需求、背景、爱好、兴趣,并做出相应的产品信息资料、说服方式、销售方案的计划准备,以使销售活动更积极、更主动,为提高推销效果做好准备。

(四)正式访谈

有了充分的准备,销售人员就要按计划进行访谈了。首先,要接近顾客,化解陌生感,增强信任,为洽谈铺平道路。销售人员在接触顾客时,既要自信、注重礼节,又要不卑不亢。常用的方法有通过朋友、自我介绍或利用产品拉近顾客;利用顾客的求荣心理,采取主动搭讪、赞美、求教、聊天等方式接近顾客；利用顾客的求利心理，采用馈赠或说明某种利益等方式接近顾客。但不管采用何种策略，一定要使使用人感到友好可信，既要迅速引起购买者的注意和兴趣，又要善于控制时间，不失时机地转入正式业务洽谈。

正式业务洽谈就是运用各种推销技巧说服顾客购买的过程。这里的关键是针对产品本身的特点及对用户的特殊有效性或疑虑进行耐心的说服与解释，以促成交易。说服的主要方法是针对顾客的心理，灵活地运用提示或演示等方法，促使顾客做出购买决定。

化解顾客异议是推销洽谈的重要组成部分。销售人员首先必须认真分析顾客异议的类型及主要原因，然后有针对性地使用处理策略。常采用的方法有询问处理法、补偿处理法、预防处理法、延期处理法等。但不管采取什么方法，都应记住"顾客永远是对的"这一信条。即使要表达不同见解，也应首先说"是的"，然后提出某些和顾客相同的看法，使顾客放松心理，然后抓住时机，巧妙地加入自己的观点，从而达到说服顾客之目的。

达成交易是访谈的直接目的。销售人员应抓住时机促成顾客的购买行为。常用的达成交易的方法有提出选择性决策、提出建设性决策、提供价格优惠、提供便利服务、提供某种保证、汇集优点及利益等。

(五)售后服务

"真正的销售始于售后"。产品售出后，并不意味着整个推销过程的终止。跟踪售后服务能加深顾客对企业和商品的依赖，促使其重复购买。同时也可获得各种反馈信息，为企业决策提供依据，也为销售人员积累经验，从而为开展新的推销提供广泛、有效的途径。

四、销售人员的管理

(一)销售人员的招聘

1. 初审

企业发出招聘销售人员的信息后，若有应聘者响应，企业对他的初审就开始了。初审可分为三个阶段进行：第一阶段，应聘者填写应聘书和履历表，企业销售部门通过应聘书和履历表获得对应聘者的第一印象；第二阶段，企业对应聘者进行资格审查，从中筛选出一部分被认为适合在本企业做销售人员的人，并邀请其来单独进行进一步考察的初始会面；第三阶段，应聘者填写职业申请表，职业申请表既可以是一份简短的、概要性的反映应聘者一般情况的表格，也可以是一份要求应聘者提供某些方面细节的涉及全面情况的表格。它与履历表不同，常常要求应聘者回答一些履历表中不可能反映出来的具体问题。

表 14-3 是美国约瑟夫・费斯企业的职业申请表样本，从中我们看到诸如"你认识在本企业工作的哪个人"、"是否愿意成为美国公民"、"曾否被宣告有罪"等问题。

2. 面试

面试通常由销售经理和部门主管负责，面对面地进行，但有时也会邀请其他主管或上层人员参加。面试可进行一次，也可进行多次。通过面试，可以直观而综合地考查应聘者，特别是考查其思维反应的敏捷性，以及应聘者的行为、举止、交际、礼仪、修养、知识和才干等。面试时，招聘人要公正，不带任何主观的偏见，否则会使面试流于形式而起不到真正挑选人才的作用。

3. 测试

许多企业在选销售人员的过程中，常常对应聘者进行智力、个性、能力、兴趣和知识面等方面的测试，测试结果可作为最终应聘者的一项评判，但测试绝不是选聘销售人员的唯一决定方式。

表 14-3　职业申请表

<table>
<tr><td colspan="4" rowspan="3">约瑟夫·费斯企业
职业申请表</td><td colspan="2">应聘部门：</td></tr>
<tr><td colspan="2">应聘职务：</td></tr>
<tr><td colspan="2">每小时工资：</td></tr>
<tr><td colspan="2" rowspan="3">个人资料</td><td colspan="2">姓名：</td><td colspan="2">社会保险号码：</td></tr>
<tr><td colspan="2">现住地址：</td><td colspan="2">电话号码：</td></tr>
<tr><td colspan="2">以前地址：</td><td colspan="2">外侨号码：</td></tr>
<tr><td colspan="2">你曾否受雇于本企业或在菲利普·范·豪森企业任职？是__否__</td><td colspan="2">如果是，何时在何地？</td><td colspan="2">如果不是，你何时对本企业产生兴趣？</td></tr>
<tr><td colspan="2">你是否是美国公民？
是__否__</td><td colspan="4">如果不是，你愿意成为美国公民吗？</td></tr>
<tr><td colspan="2">你懂何种外国语言？</td><td colspan="4">听：　写：　读：　讲：</td></tr>
<tr><td colspan="2">你希望求得何种工作？</td><td>有效期：</td><td colspan="3">期望开初工资：　(美元/月)</td></tr>
<tr><td colspan="3">你是找暂时性还是永久性工作？</td><td colspan="3">你认识在本企业工作的哪个人？</td></tr>
<tr><td colspan="3">你是否曾被宣告有罪？是__否__</td><td colspan="3">如果是，何时？何因？</td></tr>
<tr><td rowspan="5">受教育情况</td><td colspan="2">学校名称及地址</td><td>入学日期</td><td>毕业日期</td><td>加入何种学生组织</td></tr>
<tr><td>高中</td><td></td><td></td><td></td><td></td></tr>
<tr><td>大学</td><td></td><td></td><td></td><td></td></tr>
<tr><td>研究生</td><td></td><td></td><td></td><td></td></tr>
<tr><td>其他</td><td></td><td></td><td></td><td></td></tr>
<tr><td rowspan="2">技能情况</td><td colspan="3">办公室技能</td><td colspan="2">其他技能</td></tr>
<tr><td colspan="3">打字：　字/分钟
速记：　字/分钟
计算机：　其他：</td><td colspan="2"></td></tr>
<tr><td>服兵役情况</td><td colspan="3">在军队服务日期：</td><td colspan="2">最高军衔：</td></tr>
</table>

<table>
<tr><td rowspan="4">工作履历</td><td>雇用日期</td><td>企业名称</td><td>职务</td><td>工资</td><td>上级姓名及职务</td><td>离职原因</td></tr>
<tr><td></td><td></td><td></td><td></td><td></td><td></td></tr>
<tr><td></td><td></td><td></td><td></td><td></td><td></td></tr>
<tr><td></td><td></td><td></td><td></td><td></td><td></td></tr>
<tr><td colspan="7">申请人签名：</td></tr>
</table>

4. 体检

销售人员的工作是十分艰苦的，到处奔波劳碌，没有健康强壮的体格将难以胜任，因此，体检是招聘销售人员的必要步骤。体检通常由企业指定的医院进行，以避免和减少出现体检不合格、不准确或作弊的现象。体检合格者才能成为销售部门的销售人员。

(二)销售人员的培训

1. 培训的内容

(1)推销技术培训。包括:

①准顾客研究。认识购买者的类型和购买心理反映过程,掌握寻找准顾客的方法,以及进行客户管理的方法。

②推销洽谈技术。包括进行访问时如何约见,初次访问时如何自我介绍,处理异议时应对的技巧和方法,以及再度访问必须把握的原则和尺度。

③产品知识。了解产品的性能、品质、成本和价格,产品生产过程和技术特性,以及竞争产品的状况,并据此预测准顾客异议的内容。

④销售业务。包括如何签订合同、作出交货期的保证、提供销售服务的种类和执行商定的服务,也包括销售统计、财务管理的程序,以及业务往来的函电写作。

⑤推销计划。包括销售人员如何进行时间安排,提高效率,进行推销和分析推销过程。

(2)销售管理业务培训。销售管理业务培训是要让销售人员了解企业的推销政策、销售组织、销售计划和销售人员管理的制度及要求,并要求销售人员掌握一定的销售管理理论、预测技术和销售实绩分析方法。

(3)经营知识培训。经营知识培训是要求销售人员了解销售与其他部门的关系,了解产品研究、资金管理与分析、经营战略与决策等内容,并具备一定的市场学、经济学、社会学和经营管理等理论知识。

2. 培训的方法

企业培训销售人员的目的,是为了进行有效的推销,从而增加销售额和满足顾客的需要。因此,培训方法的选择是围绕能否达到这一目的而进行的。企业可以根据自身的经营规模、人财物力和市场发展状况采用不同的培训方法,如师徒法、集训法、代培法及模拟法等。

(三)销售人员的监督

对新的销售代表并不只是分配一个推销区域,给予报酬,进行训练就结束了,还要对他们进行监督。通过监督,使销售人员更好地工作。

(四)销售人员的评价与激励

1. 销售人员的评价

为了对销售人员进行有效的管理,企业营销部门必须为其工作业绩建立科学的评估、考核制度,以此作为分配报酬的依据。正式评价至少有这样几个好处:第一,它们能让企业管理层制订并明确公布衡量销售人员工作好坏的标准;第二,它们促使管理人员对每个销售人员收集足够的资料信息;第三,通过评价,可调动销售人员的积极性、主动性、创造性。对销售人员的评价主要包括三个方面:一是绩效评定,最重要的是推销计划的执行情况与新增加的客户数;二是绩效比较,包括横向比较——销售人员之间的比较和纵向比较——同一销售人员现在与过去推销业绩的比较两种;三是素养评估及顾客满意评价,包括对销售人员有关产品、企业、客户、竞争对手、职责资料等状况的考核,还包括对知识、人格、思想品质、仪表风度、言谈、气质等的评估。

2. 销售人员的激励

为了激发销售人员的潜能,获得销售的成功,需要对销售人员进行激励。其方式主要包括经济报酬和精神鼓励两种,具体包括提供晋升机会、给予奖励、授予荣誉称号等。

(五)销售人员的报酬

销售人员的计酬和奖励办法是调动销售人员积极性的重要方面。目前常用的计酬方法有以下几种:

1.固定工资

将报酬与销售业绩分开,采取按时给员工发放固定工资的做法能使销售人员的收入趋于稳定,但对刺激销售的作用并不大。

2.销售提成法

销售提成法即按照实际销售量的一定比例进行提成计酬的方法,这种方法简便易行,对销售刺激的力度大,但销售人员收入的稳定性很差,从而可能使销售人员的流动性比较大。

3.混合奖酬法

大多企业对销售人员的报酬是以一部分基本工资为底数(俗称“底薪”),然后再根据销售业绩提成。这种方法既能维持销售人员基本收入的稳定性,又能在一定程度上刺激销售人员提高销售额的积极性,所以被越来越多的企业所使用。

4.销售竞赛法

销售竞赛法即采用设立较高的销售奖项,鼓励销售人员开展销售竞赛,对优胜者除其原有报酬外再给予重奖的方法。这种奖酬方法常用于全年一次性奖励,或某项重大的突击性销售活动。销售竞赛法不宜滥用,否则有可能导致恶性倾销,影响产品声誉和企业形象。

第四节 广告策略

一、广告的概念与类型

(一)广告的含义

广告作为商品经济发展的产物,以私有制的形成和商品交换的产生为其前提。“广告”二字,从中文字面上理解是“广而告之”,在西方“广告”一词则源于拉丁语“Advertere”,作“诱导”、“注意”解,后演化成为英语口语中的Advertising(广告活动)和Advertisement(广告宣传品或广告物)。广告作为一种熟悉的事物,人人都可以对它指点评说,可是又很难把广告的本质定义把握准确,这是广告有趣又复杂之处。

广告的概念有广义和狭义之分。广义的广告,即广泛地告知公众某种事物的一种宣传活动。狭义的广告,是指法人、公民和其他经济组织,通过各种媒介和形式向公众发布有关信息,以推销商品、服务或观念的活动。美国市场营销协会将其定义为:“广告是由明确的发起者以公开支付费用的做法,以非人员的任何形式,对产品、服务或某些行动的意见和想法等的介绍。”

(二)广告的构成要素

广告由广告主、广告信息、广告媒体和广告费用构成。广告主是将广告信息传递给大众的当事人。广告信息主要是指商品信息、劳务信息和与销售相关的信息。广告媒体是传递广告信息的中介物,主要有广播、电视、报纸、杂志和网络。广告费用是传递广告信息所付出的代价。以上四个因素缺一不可,否则就构不成完整的广告。

(三)广告的特征

广告具有如下特征：

(1)广告是一种大众传播方式，传播面广，影响力大。

(2)广告是一种间接传播方式，需要借助特定的媒体进行。

(3)广告是一种商业性传播，其内容完全由广告主和广告人控制。

(4)广告是一种非人员传播的促销方式。

(5)广告需要支付费用。因广告需要设计制作，需要媒体的时间和空间。

(6)广告具有明确的针对性和目的性。它针对消费者的心理状态，刺激消费者的需求，巩固或改变人们的消费习惯或态度，其目的是通过改变和强化人们的观念和行为来促进销售。

(四)广告的类型

1. 根据广告的内容和目的划分

(1)商品广告。它是针对商品销售开展的大众传播活动。商品广告按其目的不同可分为开拓性广告、劝告性广告及提醒性广告三种类型。

(2)企业广告。这类广告着重宣传、介绍企业名称、企业精神、企业概况等有关企业的信息，其目的是提高企业的声望、名誉和形象。

(3)公益广告。它是用来形成公益事业或公共道德的广告。它的出现是广告观念的一次革命。公益广告能够实现企业自身目标与社会目标的融合，有利于树立并强化企业形象。公益广告有广阔的发展前景。

2. 根据广告传播的区域划分

(1)全国性广告。它是指采用信息传播能覆盖全国的媒体所做的广告，以此激发全国消费者对所做广告的产品产生需求。在全国发行的报纸、杂志以及广播、电视等媒体上所做的广告，均属于全国性广告。这种广告要求广告产品是适合全国通用的产品，并且因其费用较高，只适合生产规模较大、服务范围较广的大企业，而对实力较弱的小企业的实用性较差。

(2)地区性广告。它是指采用信息传播只能覆盖一定区域的媒体所做的广告，借以刺激某些特定地区的消费者对产品的需求。在省、市、县级报纸、杂志、广播、电视上所做的广告，均属此类；路牌、霓虹灯上的广告也属地区性广告。此类广告传播范围小，多适合生产规模小、通用性差的产品进行广告宣传。

此外，还有其他一些类型。例如，按照广告的形式，可分为文字广告和图画广告；按照广告的媒体，可分为报纸广告、杂志广告、广播广告、电视广告、因特网广告等。

二、广告媒体的选择

(一)不同媒体的广告类型

1. 印刷品广告

印刷品主要有报纸和杂志两种，还有电话簿、画册、火车时刻表、挂历、商品说明书、明信片等。

(1)报纸广告。报纸是四大媒体中最早发布广告的媒介。世界上最早的报纸是中国汉代的《邸报》，距今已有1800年的历史。报纸广告的优势是：覆盖面宽，读者稳定，传递灵活迅速，新闻性、可读性、知识性、指导性和纪录性“五性”显著，白纸黑字便于保存，可以多次传播信息，制作成本低廉等。报纸广告的局限是它以新闻为主，广告版面不可能居报纸的突出位置，广告有效时间短,日报只有一天甚至半天的生命力,多半过期作废。广告的设计、制作比较简单粗糙,广告照片、图画运用极少,大多只用不同的字体编排,不是"一长条",就是一块"豆腐干"(半通栏或三分之一通栏),千篇一律,单调呆板,广告用语也较为模式化。

(2)杂志广告。杂志广告是指利用杂志的封面、封底、内页、插页为媒体刊登的广告。世界上最早的杂志是德国的《观察周刊》,创于1590年。杂志广告的优势是:阅读有效时间长,便于长期保存,内容专业性较强,有独特的、固定的读者群。但杂志广告也有其局限性:周期较长,不利于快速传播,由于截稿日期比报纸早,杂志广告的时间性、季节性比较鲜明。

2. 电子媒体广告

电子媒体主要有电视、广播两种,还包括电影、电子显示大屏幕、幻灯机、扩音机等。

(1)电视广告。电视可以说是所有广告媒体中的"大哥大",它起源较晚,但发展迅速。电视广告的优势很明显:收视率高,插于精彩节目的中间,观众为了收看电视节目而收看广告,虽然带有强制性,但观众一般可以接受;集视觉、听觉于一体,声形色并茂,视听举并读,形象生动,感染力强,具有强烈的感官刺激和高度吸引力,能给观众留下深刻印象和长久记忆,而且看电视是我国大多数家庭夜生活的一项主要内容,寓广告于娱乐,收视效果佳,其广告效果是其他广告媒体无法相比的。它的局限性也很明显,主要是制作成本高,而且瞬间消失,使小型企业无力问津。

(2)广播广告。广播是利用无线电或有线广播为媒体播送传导的广告。由于广播广告传收同步,听众容易收听到最快、最新的商品信息,而且它每天重播频率高,收播对象层次广泛,速度快,空间大,广告制作费也低。广播广告的局限性是只有信息的听觉刺激,而没有视觉刺激,而据估计,人的信息来源60%以上来自于视觉,而且广播广告的频段、频道相对不太固定,妨碍了商品信息的传播。

3. 户外广告

它主要包括路牌(或称广告牌,它是户外广告的主要形式,除在铁皮、木板等耐用材料上绘制、张贴外,还包括广告柱、广告商亭、公路上的拱形广告牌等)广告、霓虹灯广告、灯箱广告、交通车厢广告、招贴广告(或称海报)、旗帜广告、气球广告等。

4. 邮寄广告

邮寄广告是广告主采用邮寄企业有关资料的方式,向消费者或用户邮寄来宣传企业或产品的一种广告形式。邮寄的资料包括商品目录、商品说明书、宣传小册子、明信片、挂历广告,以及样品、通知函、征订单、订货卡、定期或不定期的业务通讯等。邮寄广告是广告媒体中最灵活的一种,也是最不稳定的一种。

5. 焦点广告(Point of Purchasing Advertising,POP)

售点广告,即售货点和购物场所的广告。世界各国广告业都把POP视为一切购物场所(商场、百货企业、超级市场、零售店、专卖店、专业商店等)场内场外所做广告的总和。POP广告的种类就外在形式的不同可分为立式、悬挂式、墙壁式和柜台式四种;就内在性质的不同可分为室内POP广告和室外POP广告两种。室内POP广告指商店内部的各种广告,如柜台广告、货架陈列广告、模特广告、圆柱广告、空中悬挂的广告、室内电子广告和灯箱广告等。室外POP广告是售货场所门前和周围的POP广告,包括商店招牌、橱窗布置、商品陈列、传单、活人、招贴画、霓虹灯、灯箱和电子显示广告等。

6. 其他媒体广告

其他媒体广告指除以上五种广告以外的媒体广告，如馈赠广告、赞助广告、体育广告，以及包装纸广告、购物袋广告、火柴盒广告、手提包广告等。

(二)影响广告媒体选择的因素

1. 产品因素

不同性质的产品有不同的使用价值、使用范围和宣传要求。广告媒体只有适应产品的性质，才能取得较好的效果。生产资料、生活资料、高技术产品和一般生活用品，价值较低的产品和高档产品，一次性使用的产品和耐用品等都应采用不同的广告媒体。如果是技术性复杂的机械产品，宜用样本广告，它可以较详细地说明产品性能，或用实物表演，增加用户的实物感。一般消费品可用视听广告媒体。

2. 消费者接触媒体的习惯

选择广告媒体，还要考虑目标市场上消费者接触媒体的习惯。一般认为，能使广告信息传到目标市场的媒体是最有效的广告媒体。如针对工程技术人员的广告，应选择专业杂志为媒体，推销玩具和化妆品等最好的媒体是电视。

3. 广告媒体的费用

各种广告媒体的收费标准是不同的，即使是同一媒体，也因传播范围和影响力的大小而有价格上的差别。考虑媒体的费用，应该注意其相对费用，即考虑广告促销效果。如果使用电视做广告需要支付20000元，预计目标市场收视人数为2000万，则每千人的广告费是1元；若选择报纸作为广告媒体，费用为10000元，预计目标市场阅读人数为500万，则每千人的广告费为2元。相比较，还是应该选择电视作为广告媒体。

4. 产品的销售范围

有的广告媒体影响的地区很广，而有的广告媒体则影响很小，如国家性报纸、广播电台和电视台的传播地区很广；地方性报纸、杂志、电台则在一定地区传播；而路牌广告、霓虹灯广告只在所设立的地点才会有影响。所以企业在选择广告媒体时，一定要从产品的特点、目标市场和广告宣传的目的出发，做到广告宣传的范围与商品推销的范围相一致。一般说来，在城市销售的产品，就不宜选择在农村传播的广告媒体；以地区性销售为主的产品也没有必要选择那些在全国传播的广告媒体。

5. 广告媒体的知名度和影响力

企业选择广告媒体时总是期望选择那些最能引人注意、最有利于消费者接受、能最大限度地提升知名度、最具市场影响"能力"的媒体。广告媒体的知名度和影响力综合表现在它的发行量、信誉、频率和散布地区，以及对受众的吸引力和感染力等方面。一般来说，频率低的广告，如报纸、电视等，其对象和范围往往比较广泛，而频率高的广告，其对象和范围则比较狭窄；一些声誉卓著的广告媒体往往需要较高的广告费用，而新开辟的广告媒体则费用较低。

6. 广告主的经济承受能力

广告活动应当考虑费用与效果的关系，既要使广告达到理想的效果，又要考虑企业现有的负担能力。当二者发生矛盾时，企业应根据自己的财力选择相应的广告媒体。

总之，要根据广告目标的要求，结合各广告媒体的优缺点，综合考虑上述各因素，尽可能选择使用效果好、费用低的广告媒体。

三、广告的设计原则

(一)真实性原则

真实性是广告的生命,广告失实会给企业带来难以想象的不良后果。坚持这个原则要注意三点:①以事实为依据;②讲求信誉;③内容完整。

(二)思想性原则

思想性可以体现广告价值,使广告具有思想文化内涵,增强广告的吸引力。坚持这个原则要注意两点:①坚持四项基本原则;②符合社会主义精神文明建设的要求。

(三)艺术性原则

艺术性是增强广告吸引力的重要手段,可以使广告具有强烈的感染力。坚持这个原则要注意两点:①生动活泼;②富有感染力。

(四)效益性原则

效益性是广告的基本要求,企业的一切经济活动都应以效益为重。坚持这个原则要注意两点:①少投入;②多产出。

(五)群众性原则

坚持群众性原则,可以扩大受众范围,增强广告效果。坚持这个原则要注意三点:①通俗易懂;②节约时间;③普及商品知识。

(六)民族性原则

坚持民族性原则,可以使广告与区域文化紧密地结合起来,使广告具有较强的针对性。坚持这个原则要注意两点:①运用民族艺术;②反映民族特色。

案例 14-3 在美国,经常能收到一些印有"重要!""紧急,请马上回信!""紧急,×月× 日前答复!"字样的信件。这些看似重要的信件只是推销产品的广告和订单,被称为"垃圾信"。这些"垃圾信"五花八门,为了能引起消费者和读者的注意,发信者别出心裁。信的形式设计得很精致,印刷精美,有些信甚至冒充"官方通知",信封上标有老鹰标记,寄信地址是"联邦调查局",印有黑体大字"拘票通知",但仔细一看就会发现一行小字:"领取现金或奖品通知",打开信封里面竟是"××邀请函"。有的凭信件可买到优惠商品,有的录像带可试看 15 天,甚至连牛排都可以用干冰邮寄,让消费者难以推却。

四、广告的效果测定

(一)广告效果测定的含义

广告效果的测定是指运用科学的方法来鉴定所做广告的效益。广告效益包括三方面:一是广告的经济效益,即广告促进商品或服务销售的程度和企业的产值、利税等经济指标增长的程度;二是广告的心理效益,即消费者对所做广告的心理认同程度和购买意向、购买频率;三是广告的社会效益,即广告是否符合并有助于提高社会公德。

(二)广告效果测定的方法

1. 预审法

预审法是广告制作完成以后,在媒体发布以前所进行的广告效果测定和相应分析。具体可通过模拟销售检验、消费者试用、邮寄检验及仪器检验等手段进行。

2. 复审法

复审法是广告发布以后，为了分析广告效果、调整广告策略而进行的测量广告效果的方法。具体可通过售后检验、调查检验及回忆检验等手段进行。

第五节　公共关系

一、公共关系的概念与特征

(一)公共关系的概念

公共关系是指企业在营销活动中，通过一定的方法和手段，正确处理与社会公众的关系，获取公众的信任和支持，树立企业良好的形象，从而促进产品销售的一种传播活动。

(二)公共关系的特征

1. 公共关系注重长期效应

公共关系的主要目标是树立企业良好的形象，创造良好的社会关系环境。这个目标不是短时间就能达到的，要立足长远，坚持不懈地运用各种公共关系策略，强化消费者对企业的积极认识。

2. 公共关系注重双向沟通

公共关系工作的对象是各种社会关系，包括企业内部和外部的各种关系。要建立良好的内外部关系，必须与公众进行真情传播与沟通。

3. 公共关系注重间接促销

公共关系的传播手段不是直接宣传商品信息，而是通过积极参与各种社会活动，宣传企业的经营宗旨，扩大企业的知名度，加深社会各界对企业的了解和信任，从而达到促进销售的目的。

二、公共关系的工具选择

(一)新闻

公关人员可找出或创作一些对企业有利的新闻来宣传自己的企业或产品，以提高自身的知名度和美誉度。在利用新闻作为工具时，要求公关人员做到以下几个方面：

(1)善于发掘或编制有利于企业、产品或人员的新闻素材；

(2)应熟悉新闻界想要何种题材；

(3)题材和时机应恰当结合，创造并发挥最高效益；

(4)必须致力于开发与新闻界的关系，并掌握多种媒体渠道。

案例 14-4　美国联合碳化钙企业的 52 层办公大楼竣工之后，一直苦于找不到最有效的竣工消息发布方法。举行新闻发布会或者竣工典礼，都有些落入俗套。做广告，费用又太高。营销公关策划人员苦苦思索了很长一段时间，没有结果。

一天，营销公关部人员到新大楼去参观新的办公室。他们刚一走进新大楼，就发现里面有许多鸽子，弄得房间一团糟。受此启发，他们突然构思出了一个绝妙的竣工消息发布方案。几个在场的营销公关人员当即行动，有的关上门窗；有的打电话给企业领导，希望企业各级主管都来新大楼捉鸽子；有的打电话给动物保护委员会，说企业各级领导正在大楼里捉鸽子，准备将鸽子捉住以后交给动物保护委员会，希望动物保护委员会来“认领”；还有的营销公关人员立即同新闻媒介联系，给媒介提供重要的新闻线索。于是，该企业各级领导一起在大楼里捉鸽子,媒介闻讯纷纷赶到现场进行采访。电视新闻里出现了各种捕捉鸽子的特写镜头。就这样,新闻媒介免费为该企业宣传报道了一个多星期,52层新大楼竣工的消息自然也家喻户晓。该营销公关活动后来被人们形象地称为“鸽子事件”。

(二)演说

演说能起到提高产品和企业知名度的作用,是创造将产品或企业向公众报道的大好机会。企业领导人员必须圆满地答复新闻媒体提出的问题,或在行业协会上做演讲,或在交易会上讲话,以塑造企业形象。

(三)事件

公关人员在营销的过程中,可以利用特殊事件来引起公众注意,借以扩大企业的影响。

(四)公益活动

借助于公益活动,一个企业很容易树立企业的形象,赢得公众对企业的好感,达到名利双收的效果。如宝洁企业举办了一次为残奥会募捐的活动,给残奥会捐赠了购物折扣券。

案例14-5 自2006年起,上海通用汽车雪佛兰品牌开始全程支持“雪佛兰·红粉笔乡村教育”计划,通过组织都市白领到乡村学校开展教学活动,帮助偏远地区改善师资力量薄弱的状况。“雪佛兰·红粉笔乡村教育”计划共组织了百余名志愿者奔赴云南、贵州、安徽、内蒙古、四川、陕西、甘肃和青海8省的10所乡村小学。

2007年以来,该活动已成为都市年轻白领关怀乡村儿童的重要途径。通过推行“雪佛兰·红粉笔乡村教育”计划,上海通用汽车雪佛兰以值得信赖、充满活力的品牌精神感染了越来越多的都市青年。2006年4月起开通的“雪佛兰·红粉笔乡村教育”博客,至今已发表了志愿者们的支教博文200余篇,留言、评论过千条,博客点击率愈142万人次。

案例14-6 奔驰用“保护自然和环境的使命”将汽车与大熊猫联系在了一起。2007年10月底,奔驰中国向雅安大熊猫栖息地捐资100万元。这是奔驰2007年9月在北京启动的“自然之道奔驰之道”自然保护项目的第一站。这个为期3年的项目,由奔驰中国携手联合国教科文组织,向被列入世界自然遗产名录的中国世界自然遗产地捐资共计300万元。

奔驰中国是首家向中国世界自然遗产地捐资的汽车厂商。奔驰中国表示,作为汽车的发明者,奔驰中国始终坚信大自然是人类最“奢侈”的家园,保护自然和环境是其不可推卸的使命。

(五)出版刊物

它是代表企业形象及传递重要信息的文件,是企业与目标市场长期沟通的桥梁。现在很多单位利用内部刊物或外部刊物来宣传自身的形象。

(六)免费电话服务

企业可开设热线服务电话或800免费服务电话,免费向人们提供咨询或服务。

案例14-7 滁州卷烟厂自开通800免费服务电话以来,受到了广大消费者的热切关注,打电话进行咨询、反馈的客户和消费者络绎不绝,其加强厂家和客户之间的交流、提升企业信誉度的功用日益凸显。800服务人员倾情听取顾客意见,回收信息,适时向经销商、顾客表示感谢、问候;引导顾客发表意见,激励他们提出对企业产品、服务工作等方面的期望,取得了比较好的效果。

2003年3月18日,黄山一位经营户打电话咨询红三环贺卡中了三等奖如何兑奖的事。800服务人员迅速给予了答复,取得了顾客的好感。

2003年4月9日，合肥地区肥东县的经营户杨先生反映：滁州卷烟厂特制的红三环有漏气现象。800服务人员立即将此情况告知了该厂驻肥东县的业务员。业务员与杨先生取得了联系，证实确有漏气现象，并现场进行了赔付。事后，800服务人员对杨先生进行了电话回访，杨先生对滁州卷烟厂的服务很满意，他表示将会一如既往地支持红三环、支持滁州卷烟厂。

(七)特别活动

特别活动包括新闻发布会、大型开幕式、焰火展示、激光节目、热气球升空、多媒体展示、展览会等。

三、公共关系的方案实施

(一)公共关系实施的原则

1.公众利益原则

从社会公众的利益出发从事公共关系活动，是公共关系工作的基点，是赢得公众支持的基础。企业为社会提供优良的、适销对路的产品和服务是对社会公众利益的贡献，在处理与外部之间的关系时，能够放弃自己的眼前利益以维护公众的利益也是对社会的一种贡献。只要企业能够做到“不谋私利”，就一定会获取公众的同情、理解和支持，就一定会树立起良好的社会形象。

2.优良基础原则

公共关系是企业开展的“面子”上的工作，企业不能单靠公共关系活动赢得公众的理解和支持，必须以优良的产品和服务作为公共关系活动的坚实基础，因为顾客最终需要的是企业的产品和服务。

3.信誉至上原则

这个原则是企业从事任何一项活动都应遵从的原则。对于公共关系活动来说，也必须坚持信誉至上的原则。因为公共关系的目的是建立企业良好的形象，而企业形象也是建立在信誉这个基础上的。言而无信的企业不可能做到对顾客真诚服务，也不可能对顾客负责，更不可能对社会公众负责。

4.求真务实原则

求真务实是公共关系活动的一个基本特点，这是由公共关系活动的目标所决定的。公共关系若只从事一些虚浮的、华而不实的、哗众取宠的宣传活动，就不能使社会公众收益，只会引起公众的反感，是不可能树立起良好的企业形象的。

5.全员公关原则

企业的每一位员工都是企业的公共关系工作人员，每位员工的言行都代表着企业的形象。所以，企业的所有人员都要有公共关系意识、真诚合作的意识、塑造企业形象的意识。

6.互惠互利原则

企业在开展公共关系活动或者处理与其他单位的关系时，要坚持互惠互利的原则，不能只考虑自身的利益，否则就会背离公共关系的目标。

7.形象目标原则

无论开展什么样的公共关系活动，都要坚持塑造企业良好形象这样一个目标。

(二)开展公共关系活动应着重处理好的五个关系

1.正确处理企业与消费者的关系

公关人员要树立以消费者为中心的思想,积极主动地争取消费者,处理好与他们的关系。

(1)做好消费者的需求调查,加强与消费者的沟通。企业要积极主动地向消费者收集消费信息,准确把握消费者的需求动向,同时要向消费者及时地传播各种经营信息,与消费者保持经常性的沟通。

(2)在售后服务中推进公共关系。在售后服务中,应及时了解消费者的反馈信息,用实际行动向消费者传播企业"以消费者为中心"的经营理念。

(3)重视消费者投诉。企业要重视和认真对待消费者的各种投诉,增进相互之间的了解,建立持久的合作关系。

2.正确处理与相关企业的关系

企业在生产经营活动过程中,要同很多企业发生密切的联系,处理好这些关系有利于企业营销活动的开展。这些企业主要是竞争企业和协作企业。在处理与竞争企业的关系时,要树立公平竞争和合作竞争的概念,正确处理竞争过程中的各种经营关系和纠纷,不能用不合法和不道德的手段损坏竞争对手的形象和信誉。在处理与协作单位的关系时,应加强同它们的联系,互通信息,相互协商和体谅,互惠互利,共同发展。

3.正确处理企业与政府的关系

政府是企业的职能管理部门,又是国家权力的执行机关,企业要接受政府的监督与宏观管理。因此,企业一定要与政府搞好关系,在主动接受政府的指导和监督的同时,向政府通报企业的经营信息,展示企业的实力,配合好政府的经济管理工作,以取得政府的信赖和支持。

4.正确处理企业与社区、新闻媒介间的关系

社区关系是企业与所在地的政府、非政府组织和居民的关系。企业要满足社区正当合理的要求,搞好安全生产和环境保护,为社区提供必要的公益赞助,主动担负起社区的有关责任,造福于社区,取得社区的合作和支持。另外,企业应与新闻媒介保持经常的、广泛的联系,利用新闻媒介提高企业的知名度,建立企业良好的社会形象。

5.正确处理企业内部的公众关系

企业内部公众关系是指企业内部员工、部门之间的关系。这种关系常常会影响到企业经营目标的实现,因此,企业要加强企业内部的信息交流,增进相互之间的理解和沟通;协调好各种利益关系;培养协作精神和合作精神,增强企业员工之间的团结力和向心力;培养职工的民主管理意识,激发职工的积极性和创造性。

(三)化解公共关系危机的原则

由于管理的不善,企业有时难免会出现产品质量上的问题或管理上的漏洞,造成不良后果,影响企业品牌形象。一旦发生类似的事情,企业需要按照一定的原则和步骤处理类似的危机,若处理不当,会引发更大的公众信任危机,而且企业的名气越大,影响越大。企业在化解公关危机时应遵循怎样的步骤和原则呢?我们可以从以下案例中总结规律。

案例14-8 2004年12月27日,国家卫生部的网站公布了"近一成植物油不合格"的消息,并附"2004年度食用植物油监督抽检情况的通报"。嘉里粮油生产的900毫升金龙鱼大豆色拉油酸价被卫生部吉林省卫生监督所检测为0.5,认定为不合格产品。

12月28日,国内主流媒体在醒目位置大篇幅刊发"金龙鱼福临门进黑名单"等负面报道。一时间,舆论哗然,许多消费者惊呼名牌也不可信。全国上下大有"山雨欲来风满楼"的态势。

12月28日,嘉里粮油成立了以总经理为首的危机处理小组;第一时间召回该批次全部产

品，进行封存；设立了 24 小时咨询热线，答疑解惑。

12 月 28 日，嘉里粮油向媒体做出通报：本着对消费者负责的原则，在未查明事件真相之前，对该批次产品全部予以回收；并请第三方国家权威机构复检，向消费者说明酸价超标对健康无害。

12 月 30 日，嘉里粮油再次就进展情况与媒体及消费者积极进行沟通，并决定向国家卫生部提出对该批次产品进行复检的请求。

12 月 30 日，国家卫生部对抽检产品酸价超标的原因做出了进一步的说明，称可能由于经营过程管理不善所致，在一定程度上消除了消费者的恐慌。当天下午 16 点 30 分，嘉里粮油向 35 家媒体做了全面汇报。

2005 年 1 月 4 日，嘉里粮油在全国 35 个城市对金龙鱼产品进行检测，合格率为 100%；1 月 14 日，对全国 70 个城市的金龙鱼产品进行检测，并将检测结果在全国 100 家媒体上进行发布。

自 2004 年 12 月 31 日开始，金龙鱼产品的销售量逐步开始回升；至 2005 年 1 月 8 日，其销售量已经达到 2004 年同期的同等水平；到 2005 年 1 月底，其全国市场的销售量已经大大超过了 2004 年同期的销售量。

通过这个案例，我们可以总结企业危机公关的原则：迅速反应、尊重事实、承担责任、坦诚沟通。

四、公共关系的效果测定

(一)效果测定的程序

1. 设立评估目标

统一的评估目标是检验营销公关工作的参照物。有了参照物才能通过比较来检验营销公关工作实施的结果。即使这一评估目标更多的是定性的而非定量的，仍需订出一个统一的评估目标。这需要评估人员对有关问题比如评估重点、提问要点形成书面材料，以保证评估工作顺利进行。另外，还要详细规定调查结果如何运用。如果目标不统一，则会在调查中收集许多无用的材料，影响评估的效率与效果。

2. 编制评估计划

评估不是营销公关计划的附属品或计划实施后的事后思考和补救措施，而是整个营销公关计划的重要组成部分。因此，应充分重视对公关效果进行测定，对评估的方法、程序等予以充分的考虑和周密的筹划。

3. 统一评估意见

即使是营销公关人员本身，也很难将营销公关活动没有实物性结果的性质和它的可测量性联系起来。要给他们足够的时间认识效果评估的作用和现实性，并允许他们通过自己的亲身体验加深这一认识。

4. 细化项目目标

在项目评估过程中，首先应该将这些项目目标具体化。例如，谁是目标公众，哪些预期效果将会发生以及何时发生等。没有这样的目标分解，项目评估就无法进行。同时，目标分解还可以使营销公关计划的实施过程更加明确化与准确化。

5. 选择评估标准

公共关系目标说明了企业的期望效果,还要根据特定的标准,对公共关系计划、实施及效果进行衡量、检验、评价和估计,以判断其优劣。但由于企业公共关系的类型和目的多种多样,因此其评估标准也必须紧紧围绕营销公关的目的来确定。例如某企业将"让公众了解自己支持当地福利机构,以改善自己的企业形象"作为营销公关活动的目标,那么,评估这样的营销公关活动的标准就不应是了解公众是否知道当地报纸上哪一个专栏报道了这一消息,占用了多大篇幅,而应该了解公众对组织的认识情况以及观点、态度和行为的变化。

6.确定最佳途径

调查并非总是了解营销公关活动影响的最佳途径,有时组织活动记录也能提供这一方面的大量材料。在有些情况下,小范围的试验也是十分有效的。在收集有关评估资料方面,没有绝对的唯一最佳途径。在这一方面,方法选择取决于评估的目的、提问的方式以及前面已经确定的评估标准。

7.保持实施记录

实施记录能够充分反映营销公关人员的工作方式和工作效果,尤其重要的是可以反映计划的可行性程度,如哪些策略是有效的,哪些策略是无力的或者无效的,哪些环节衔接比较紧密,哪些环节还有疏漏或欠缺。

8.运用评估结果

营销公关活动的每一个周期都要比前一个周期表现出更大的影响力,这是运用前一个周期评估的结果对后一个周期进行了调整的缘故。由于对评估结果的运用,问题确定及形势分析将会更加准确,营销公关目标将会更加符合组织发展的要求。

9.报告评价结果

向组织管理者报告评价结果,这应该成为一项固定的制度,它一方面可以保证组织管理者及时掌握情况,有利于进行全面的协调;另一方面也可以说明营销公关活动在持续地保持与组织目标相一致及其在实现组织目标过程中的重要作用。

10.提高理性认识

营销公关活动的科学组织与效果评估导致人们对这一活动及其效果有更多的理解与认识,效果评估的成果又进一步丰富了营销公关专业知识的内容。通过具体项目效果评估所得到的资料,经过抽象化分析,可以得到对指导这一活动有普遍意义的思想、方法与原则。

(二)效果测定的方法

1.专家意见法

专家意见法又称"德尔菲"(Delphi)法,是一种综合专家意见,就专门问题进行定性预测的方法。对其稍作修改即可用于不易量化的营销公关效果的评估。

(1)由主持人拟好调查评估项目,并给出评价标准。如公众舆论的变化可分为呈好转、略好转、原状、略恶化、恶化五个标准。

(2)邀请专家若干名,请他们匿名、独立地就拟定项目发表意见。所请的专家一定是那些知识丰富、熟悉情况的人。

(3)对各位专家所发表的意见进行汇总后,将汇总结果反馈给每一位专家,请他们重新发表意见,如此经过几个回合,直至意见趋于一致为止。

(4)汇总出能代表大多数专家意见的结论,作为专家集体对营销公关活动的评判。

2.民意测验法

这种方法在营销公关评估中运用得较为普遍。这种方法的基本做法是:按抽查法的要求,在选定的公众群体中选择一定数量的测验对象,用问卷、表格等方式征求他们对指定问题的意见、态度、倾向,再做出统计、说明,分析营销公关活动的效果。

3.公众意见征询法

公众意见征询法即营销公关人员通过与公众代表对话,征询广大公众的意见和观点。这种方法又可分为"公众代表座谈会法"和"公众询问法"两种。前者可以制度化,并有效地控制与会者的代表;后者则是以口头、电话等方式,就固定问题随机地向被询问者提问,然后将公众意见汇总、整理,形成综合意见。

4.实验法

这种方法的实质是,利用事物、现象间客观存在的相互关系,通过调节某个变量(如营销公关活动前后某个企业的声誉),测定另一些变量(如产品销售量、订货量)的增减。实验法可以在经历和未经历营销公关活动的两组公众之间展开。例如,一家日用化工品企业,在报纸上连载宣传夏季正确使用化妆品的方法,旨在向公众传授在夏季正确选用适宜的化妆品的知识。采用实验法对该项活动的效果进行如下评估:先测验一组报纸订户(实验组)的有关知识,再对另一组未接触过该报纸的公众(控制组)进行有关知识测验,将两次测验结果作比较,就很容易得出评估结论。实验法的关键在于,在确保实验对象代表性的同时,尽可能缩小实验范围。

5.组织活动记录法

组织活动记录法是在组织实施营销公关活动前后,坚持在组织的日常活动中,记录有关标志和指标的变化。全面、准确的活动记录是重要的效果评估资料。例如学校的报考人数、企业的产品销售额、宾馆的投宿人数、机关的出勤率都属组织活动记录范围。进行评估时,要依据记录的资料选择一定的标准进行比较,然后得出评判结论。

6.传播审计法

这种方法是通过大众传播媒介发布的本组织的统计分析,评估组织营销公关信息的传播情况。

本章小结

促销是指企业通过人员推销或非人员推销的方式,向目标顾客传递商品或劳务的有关信息,帮助消费者认识商品或劳务给他们带来的利益或价值,从而引起消费者的兴趣,激发其购买欲望及购买行为的活动。

促销组合指企业根据产品的特点和营销目标,综合各种影响因素,对各种促销方式的选择、搭配及运用,即企业在市场营销过程中有目的、有计划地把人员推销、广告、营业推广和公共关系等促销形式结合起来,综合运用,形成一个完整的优化促销策略。要选择、搭配、有效地运用促销组合,必须综合考虑企业的促销目标、产品因素、市场特点、产品所处的市场生命周期阶段预算费用、市场特点等因素。

营业推广又称销售促进,是指企业为了在短期内迅速刺激潜在顾客的需求、吸引消费者或其他顾客大量购买而采取的除人员推销、公共关系、广告和宣传以外的特殊促销活动。营业推广的形式很多,大体上可分为营业宣传推广和营业销售推广两大类。

人员推销,是指企业通过派出推销人员与一个或一个以上可能成为购买者的人交谈,作口头陈述,以推销商品,促进和扩大销售。

广告是由明确的发起者以公开支付费用的做法,以非人员的任何形式,对产品、服务或某些行动的意见和想法等的介绍。

公共关系是指企业在营销活动中,通过一定的方法和手段,正确处理与社会公众的关系,获取公众的信任和支持,树立企业良好的形象,从而促进产品销售的一种传播活动。它往往不单独使用,是一种很重要的辅助促销方式。

关键概念

促销 Promotion	促销组合 Promotion Mix
营业推广 Sales Promotion	广告 Advertising
人员推销 Personal Selling	公共关系 Public Relation

复习思考题

1. 确定促销组合应考虑哪些因素?
2. 什么是广告?广告包含哪些要素?
3. 什么是营业推广?营业推广有哪些特点?
4. 什么是人员推销?人员推销有何特点?
5. 什么是公共关系?公共关系有哪些主要活动方式?
6. 一制造商为做广告,正试图在媒体A和媒体B之间进行选择。媒体A有1000万读者,整页广告要价2万元,媒体B有1500万读者,整页广告要价2.5万元,在决定哪个媒体更好前,该制造商还需要其他什么信息?
7. 一地区销售经理在销售会议上抱怨:"我们企业平均雇用一个销售员的成本约为40000元。我们为什么不减少在杂志上做40000元的整页广告而雇用更多的人?很明显,一个全年工作的销售员比杂志的一页广告能售出更多的产品。"请评价这一论点。

【案例分析】

"金六福":中国人的福酒

五粮液集团有限公司的前身是宜宾五粮液酒厂,1998年经过公司制改造成为集团有限公司。它是以五粮液系列酒生产为主业,涵盖塑胶加工、模具制造、印务、药业、果酒、电子器材、运输、外贸等多元化经营的特大型企业集团。1999年,五粮液集团和湖南新华联集团强强联合,推出了国内著名的白酒品牌——"金六福"。该品牌的主打产品为金六福系列和福星系列。几年来,"金六福"酒以整合营销传播为理念,在竞争激烈的白酒业界创造了优秀的销售业绩。

1. "金六福"的品牌命名

从品牌名称可以看出,金六福的品牌核心价值围绕着我国传统的民族特色——"福"。"金六福"三字中:"金"代表富贵和地位;"六"为六六大顺;"福"为福气多多。金六福酒质的香、醇、浓、甜、绵、净与人们向往的六福——寿、富、康、德、和、孝有机地融合在一起。这一命名既凸显出品牌的"福文化",又与中国人追求吉祥富贵的心理紧密地联系了起来。尤其是在喜欢讨个"口彩"的中国人心里,金六福成为喜庆时刻的首选品牌之一。

2.“金六福”的产品策略

金六福在我国首创了白酒产品的星级分级方式，明确了产品档次的区分标准。这是在白酒产品分级方式上的创举，并很快为市场上的其他白酒品牌所仿效。

2002年下半年，“金六福”“为城市干杯”系列产品推向市场。在“金六福”酒的根据地湖南，一种被称为“为湖南干杯”的“金六福”酒在市面上出现。“金六福”“为湖南干杯”系列产品一改白酒大品牌、大包装的传统做法，旗下的六个产品品种分别体现张家界、爱晚亭、南岳、岳阳楼、岳麓书院、曾国藩等文化主题，采取了针对性不同的包装设计，并利用文字和图案对上述代表湖南地方文化特征的要素进行了描述和表现。“金六福”“为湖南干杯”系列酒是根据当地口感酿制的，在包装上又体现了目标消费者所熟悉的风土人物历史，具有很强的亲和力和文化底蕴，所以上市以后很快就获得了消费者的认同。随后不久，“金六福”“为湖北干杯”、“为河南干杯”、“特供江苏”、“为山东干杯”等产品也相继上市。

3.“金六福”的宣传策略

“好日子离不开它，金六福酒”。提起“金六福”，恐怕很多人首先联想起的就是这个脆亮的童音广告口号。依靠“开门见福”的概念符号和具有冲击力的广告口号，“金六福”的名声迅速红遍大江南北。

以“中国人的福酒”为定位的“金六福”酒一直希望寻找到一个合适的宣传主题，最终它选择以“体育营销”为主打策略。“金六福”的对外宣传与一系列的体育事件联系在一起：2001—2004年中国奥委会合作伙伴、第28届奥运会中国代表团唯一庆功白酒、第21届世界大学生运动会中国代表团唯一庆功白酒、第14届亚运会中国代表团唯一庆功白酒、第19届冬季奥运会中国代表团唯一庆功白酒、中国足球队进入2002年世界杯出线唯一庆功酒、世界杯出线珍藏酒及第19届冬季奥运会珍藏酒等。申奥成功，国足出线，进入新世纪的中国好运连连，“金六福”相应的宣传策略也出台了。2001年7月13日，北京申奥成功。“金六福”作为“中国奥运唯一庆功酒”这一赞助的价值顿时放大。在庆祝申奥成功的广告片中，“金六福”采用了时钟这个表现时间最直接的元素，各种各样的时钟不停运动，最后都定格在7月13日这一天。创意非常地单纯和直接，表现了“永远铭记这一天”的祝贺含义。在庆祝国足世界杯出线的广告片中，“金六福”采用象征手法，表现了从1957年到2001年国足44年的努力。

“金六福”的副品牌叫“福星”，“福星”酒以“喝‘福星’酒，运气就是这么好！”为宣传主题，与主品牌“金六福”“中国人的福酒”这一概念可谓一脉相承。“福星”的广告“井盖篇”将“运气就是这么好”的创意发挥得淋漓尽致。广告以下列几个画面展开：都市中高楼林立的街道；由里向外的主观镜头：井盖被推开；俯视：井盖空着，就像一个黑黑的陷阱；一名西装革履的男性白领边打手机，边从一座五星级的宾馆里走出来；画外音：OK！（脚步声）；画面：男子一边走一边继续打手机；画外音：OK！（脚步声）；画面：前面就是没有井盖的下水口了，男子仍打着手机；画外音：OK！（脚步声）；画面：男子对即将到来的危险一无所知，就在他将一只脚踏向空洞洞的井口时，突然一个带着头盔的脑袋冒了上来，正好顶住了男子踏空的一只脚；画外音：OK！（脚步声）；画面：男子安然无恙地继续前行；之后男子和二三好友一起品尝福星酒；画外音：喝福星酒，运气就是这么好！品牌标版：“金六福”，中国人的福酒。

当中国足球队在2001年冲击世界杯的十强赛中胜利出线时，主教练米卢一时间成了拯救中国足球的英雄，更有很多人将米卢誉为“中国足球的大福星”，米卢的人物形象和福星品牌“运气就是这么好”的定位不谋而合。因此，“金六福”费尽心思请来米卢拍摄他在中国的第一个广告。在广告中，米卢说：“喝福星酒，运气就是这么好！”这个广告的效果可想而知。

从2004年6月开始，消费者发现，“金六福”在中央电视台以及黄金地段的户外广告已经换上了新装：“奥运福·金六福”。伴随着雅典奥运火炬来到北京，“金六福”借奥运东风推出了新一轮整合营销传播。“金六福”通过大量的电视、路牌广告，围绕“金六福”一贯的“福文化”理念，使“奥运福·金六福”这一口号深入人心；同时，其销售队伍的推广战术也以“奥运福·金六福”为核心，将“福文化”的理念与具体的促销手段、公关活动和消费者形成互动。

思考题

1.“金六福”采取了哪些举措,从哪些方面体现了“中国人的福酒”这一形象定位?

2.请你以“奥运福·金六福”为主题,为“金六福”酒设计一个广告构思,并阐述为什么提出这样的构思。

【实训题】

牙膏市场促销策略的分析

实训目的:帮助学生认清促销组合应该与品牌历史、公司资源等多方面的条件相配套。

实训任务:结合下面的案例资料,试分析:假设,在一切条件不变的情况下,把“圣峰”两个字和“牙博士”三个字做一个调换,今天两者会有怎样的市场情况?

2005年,“牙博士”正式拿到商标证,“圣峰”也进入牙膏市场。所不同的是,“牙博士”几乎是一切从零开始,而当时“圣峰”所在的拉芳集团实力雄厚,双方本不是一个数量级的选手,但如今,“圣峰”无论是在销量上,还是在市场地位上,都与“牙博士”有很大的差距。

平心而论,“牙博士”与“圣峰”在品质上伯仲难分;在价格上不相上下;且基本上都模仿一线品牌。在更多方面,“圣峰”拥有比“牙博士”更多的资源优势。“圣峰”以流通渠道为主,经销商实力和网络都是一流的;广告上,“圣峰”请郭冬临、高圆圆等明星代言,广告投放量远远超过“牙博士”。管理上,拉芳拥有成熟的销售队伍。在“圣峰”具有更多优势资源的情况下,是什么原因导致它与“牙博士”的销量有这么大的差距呢?

实训实施:以8人为一组,以小组为单位写成报告。

第十五章　营销策划

本章学习提示

通过本章的学习，你应该能够：掌握营销策划的基本内涵和主要内容；认识营销策划在企业营销活动中的重要作用和意义；了解营销策划的特征；掌握营销策划的流程；了解如何撰写和表述营销策划方案；明确如何组织和实施营销策划方案。

导引案例

苹果的中国梦

苹果 iPad 在全球的热销，使中国厂商也从中嗅到商机，包括中国联通在内的众多公司同苹果接触，但关于 iPad 入华却迟迟没有时间表。那时苹果已经开始同中国公司进行实质性内容的合作接触，其中包括能为 iPad 植入内容的电子书资源提供商。同之前的合作一样，苹果选择了中国内地一家极具实力的电子书提供商，该公司除了拥有大量的电子书资源外，还可以为 iPad 提供电子书阅读器软件。除了为 iPad 谋求内容合作伙伴外，苹果同时还为已经入华的 iPhone 植入内容做准备，谈判的对象为同一家公司。从苹果在新产品进军中国市场之前对产品功能的调整，到其在产品上市后运用饥饿营销的策略，都是费尽心思的，如此缜密的营销策划在我们国内的企业中还是比较欠缺的。

中国企业最需要营销策划。著名管理学家德鲁克说，现代企业管理的根本任务只有两条：营销和创新。营销策划可以说是营销和创新的高度结合，是现代企业营销的高层次智能活动。它是企业制订营销策略、实现营销战略和营销目标的重要工作。

第一节　营销策划概述

一、营销策划的含义与意义

(一)策划与营销策划的含义

1. 策划的含义

策划是为实现特定的目标，利用相关的信息，提出好的创意并据此制订计划加以实施的活动。策划的目标是策划的起点，基础是信息，核心是创意。

2. 营销策划的含义

营销策划(Marketing Planning)是按照一定的思路和创意对企业营销活动的设计和规划，是指导企业进行营销活动的纲领性文件。它具体规定了企业营销活动的每一个环节开展的方法、时间和程序,是企业进行高效营销活动的灵魂和核心。

企业的一切营销活动都需要进行策划。营销策划主要包括营销目标策划、定位策划、营销策略策划和短期营销战术策划,覆盖了营销活动的宏观和微观问题、战略和战术问题。

(二)营销策划的意义

1. 营销策划可以全面统筹企业的营销活动,集中力量树立商品品牌和企业形象

企业生产和经营的商品的质量、价格、服务等是消费者所关注的,是取得消费者信赖的基本因素,它体现着企业的经营实力,也是企业应该具备的最基本的市场条件。但是,企业内在的实力又需要通过一定的形式反映出来,让消费者感知与其他竞争企业的差别和优势。消费者对某种商品或企业的认识和评价,往往表现为消费者的一种观念和印象。通过策划活动,可以更好地让消费者了解和认识企业和其提供的商品,有利于消费者形成对企业有利的印象,从而提高品牌或企业忠诚度。

2. 营销策划可以节约营销费用,提高企业的营销效益

营销活动的开展要进行效益核算,要少投入,多产出。营销策划的一项内容就是进行合理、准确的预算,不能盲目地乱花钱。

3. 营销策划是提高营销成功率的保证

企业营销活动不仅要投入一定的费用,而且一旦失败,会给企业带来巨大的潜在损失。“先谋后事者昌,先事后谋者亡”。做好了营销策划,可以在知己知彼的基础上制订出正确的营销思路和策略,从而确保营销能够实现预定的目标。

二、营销策划的基本要素

完整的营销策划要具备以下三个基本要素:

(一)策划者

策划者是营销策划最基本的要素,是唯一能动的要素。策划的质量取决于策划者的素质。策划者在策划时要进行创造性思维,并拥有强烈的好奇心:

1. 进行创造性思维

思路决定出路,要多思善想,才会有好的思路。人类的思维活动包括记忆、观察、分析、理解、判断和创造力。前五种思维活动可以由电脑取代,只有创造力离不开人脑。策划者应具备基本的创造性思维能力,即运用已知的信息,通过科学的推理,产生新颖的、独特的、具有社会价值的思维性产品的能力。日本著名学者多胡辉说过:“企划力普遍存在于每个人的身上,只要努力锻炼,就可以把企划力开发至无限。”

创造性思维主要包括:①多路思维(发散思维)。在思考问题时,多方向、多角度地进行,多中有一,忙中有序,分中有合,合中有分,相互渗透,相互转化,相互反馈,相互校正。再加上高级的协调与决策,就能提高人的创造性思维能力。②善想。在多思的基础上知己知彼,随机制宜,灵活变换,不断创新。如,利用 SWOT 模型进行思考分析(Strength:优势;Weakness:劣势;Opportunity:机会;Threat:威胁)。

2. 拥有强烈的好奇心

好奇心是人类文明进步的根源,是人类的“特权”。策划者应有强烈的好奇心才能产生创造性思维。

定目标的各种营销策略。

三、创意与构想

这是营销策划最重要、最困难、最有价值和意义的部分。通过创意与构想，提出富有新意的、能引人入胜的营销策略和促销活动，使营销活动取得事半功倍的效果。

四、制订具体计划，进行日程安排

创意与构想只是宏观的、粗略的规划，要在此基础上制订出具体的行动计划，明确每项活动的具体细节和步骤，以及开展的进度和日程表，使营销活动计划具有较强的可操作性。

五、形成策划书

策划书是营销策划活动的成果，是指导企业进行具体营销活动的纲领性文件，是进行营销活动的依据。利用策划书，可以统一营销人员的行动，可以对营销策划的实施效果进行评价和监督。

六、组织实施

“一步行动胜似一打纲领”。营销策划的组织实施是企业营销策划的关键环节，如果实施人员不能准确地理解营销策划，或者领导不重视，或者各部门之间不能紧密地合作，或者不按营销策划要求的具体步骤开展活动，营销策划就达不到预期的效果。所以，必须加强对营销策划的组织实施。

七、效果评价与反馈

营销策划实施的效果如何，将会影响营销策划目标的实现和以后开展营销活动的效果。在营销策划实施的每一阶段，都必须把实施的具体情况如实地上报营销部门，对照策划书进行客观的评价，以便于分析原因，及时采取对策，纠正偏差，确保营销策划顺利实施并顺利实现预期的营销目标。

营销策划的流程如图 15-1 所示。

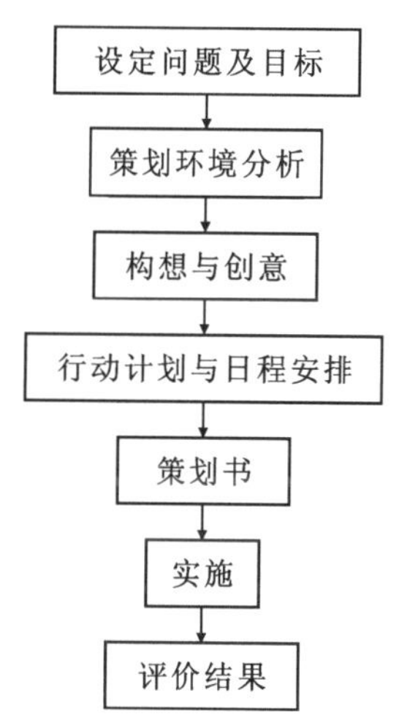

图 15-1　营销策划的流程图

第三节　营销策划方案的编制

一项营销策划，虽然有可能仅仅存在于策划人自己的脑中不为其他人所知，但是，就大多数营销策划而言，它们最终表现为营销策划方案的形式。这是因为，随着人类社会日益向高级化、复杂化发展，策划工作也不再像过去那样简单，而是要涉及多方面的人、事、机构，要收集各种各样的信息，从事许许多多、方方面面的工作。这就决定了一项营销策划方案从最初的构想，到逐步完善、付诸实施，常常不再是依靠个人的力量所能完成的，需要各方面的协调配合。营销策划方案作为营销策划的物质载体，是营销策划的文字化。它使策划人的营销策划方案为他人所知、所接受，使营销策划由思想逐步变成现实。举一个形象的例子,营销策划好比排演一场戏,那么,营销策划方案就相当于戏的剧本。它既是编剧对故事的构思,又是演员们赖以表演的蓝本,没有"剧本","戏"当然是演不成的。

关于营销策划方案,可以有很多的内容,因为制作营销策划方案的过程实际上就是营销策划的过程,两者是重叠的。营销策划方案不可能凭空而来,也不可能一挥而就。随着策划人对最初策划的不断修改、完善,营销策划方案也逐渐成形,逐渐接近它的最终形式。因此,可以说营销策划的全过程就是制作营销策划方案的全过程。这里仅从营销策划方案的内容、格式、写作程序几方面简要加以说明。

一、营销策划方案的基本内容

营销策划方案的内容可概括为"5W3H",即 What(策划什么)——策划的目标与内容;Who(由谁策划)——策划的有关人员;Where(何处策划)——策划的场所;When(何时策划)——策划的日程计划;Why(为什么策划)——策划的假设、原因;How(怎样策划)——策划的方法和整体系统运转;How(感觉怎样)——策划的表现形式;How(费用多少)——策划的预算。

与一般的"5W1H"不同,营销策划方案还强调其他两个"H",即"How about this feel!"(多好的感觉!)和"How much does this cost?"(预算多少?)这是因为,一个好的营销策划必须具备精彩的、扣人心弦的表达形式,才能更容易实施并达到最终目标。反之,如果一个营销策划虽然主题很好,思想积极,但形式乏味,那么在今天这样一个信息爆炸的社会里,它就很难得到令人满意的结果。同时,营销策划是一项复杂的系统工程,它需要一定的人力、物力和财力。同其他任何一项投资一样,营销策划的预算同其最终的收益也要有一个适当的比率,只有这样这项营销策划才具有实施的可行性和合理性。因此,在营销策划方案中,关于预算的内容是必不可少的。而且,策划预算进行得越周密,费用项目划分得越细,越具有科学性和说服力,从而使这项营销策划方案更易为决策者所接受并得以实施。

需要特别指出的是,我们所说的"5W3H"是营销策划方案的基本内容,缺一不可,但这并不意味着它们是营销策划方案的全部内容。不同专题的营销策划方案其目标、要求各异,因而内容也千差万别。例如,对于某些营销策划方案而言,专家意见也成为其重要内容之一。这类营销策划方案往往专业性较强,而阅读者又并不一定是专业人员,专家意见使营销策划方案更具说服力。

二、营销策划方案的一般格式

严格说来,营销策划方案没有固定的格式,依策划专题的不同,营销策划书有其各自不同的适宜的格式。因此,很难抽象出一种涵盖各种专题的营销策划方案的一般格式,而这种一般格式实际上也是不存在的。这里仅就工商企业类营销策划提供一整套营销策划方案的"一般格式",具体可包括以下各项:

1. 封面

营销策划方案的封面应列明以下各点:①策划的形式;②策划主体(策划人或策划机构)的名称;③策划完成的日期;④策划方案的编号;⑤对策划方案内容的简要文字说明。

2. 内容提要

营销策划方案的内容提要相当于一般书籍的序,对营销策划方案加以概要说明。内容提要应简明扼要，字数在三四百为宜。

3. 目录

营销策划方案的目录与一般书籍的目录起相同的作用，涵盖全书的主体内容，读过后能使人对营销策划的全貌、营销策划人的思路、营销策划方案的整体结构有一个大体的了解。目录实际上就是营销策划方案的简要提纲，策划者应认真编写。

4. 前言

这是营销策划方案的大纲，提领全书。它应说明策划的宗旨、策划的背景、策划的必要性和意义等。

5. 主体内容

这是营销策划方案最主要的内容，是全书的核心。这一部分应写明策划的目的、方式、原因、方法及相关人员等各项内容，其表达方式要随阅读对象而定，如果阅读者是非专业人员，则内容不宜过于专业化，而应简单易懂，以使人一目了然为原则。

6. 预算费用

预算应尽可能地详尽周密，项目费用要尽可能地细化、尽可能地准确，以真实反映该营销策划方案实施的投入大小。同时，还要尽可能地把费用控制在最小的规模，以求得最佳的经济效益。

7. 营销策划实施的日程计划表

这是营销策划实施过程的时间表，是实施营销策划的保证，它不是简单的日程安排，它还要明确指示何时要做什么、由何人做、需要何种协助等，以保证营销策划由单纯的思想变为现实。

8. 附加说明和相关资料

对营销策划方案中需说明的内容和有关的重要证据或有重要参考价值的资料，应附在营销策划方案之后。

三、营销策划方案的写作程序

（一）撰写之前的工作

在动笔写营销策划方案之前，应先做以下事项：彻底检查和讨论营销策划的内容及各细节部分；仔细研究构想，形成成熟的思路；把构想写在草稿上备用。

（二）写出营销策划方案的概要

在营销策划方案写作之前，应先写出全书的概要，其先后顺序如下：写出营销策略方案的目录；写出各章节的内容提纲；从整体上协调全书的结构；决定各章节的内容和字数；将各章节的内容索引附在对应的提纲上。

（三）统一全书的形式和语气

在写好概要之后，接着就必须统一全书的形式和语气，特别是由多数人完成同一营销策划方案时，这一工作就显得尤为重要。

（四）开始撰写

在上面几项工作完成之后，接下来就可以动笔写作了。其顺序如下：写出封面；写出目录；写出构想内容；完成剩余部分。

第四节　营销策划方案的实施

无论多么杰出的营销策划方案,如果最后没有付诸实施,那么它就只是一个营销策划方案而已,没有任何现实意义。因此,营销策划方案的组织实施是营销策划最后的,也是关键的一个必要的程序。

营销策划最终要成为现实,首要的前提条件当然是营销策划方案具有实施的现实可能性。其次是实施营销策划的组织和人员必须了解和掌握营销策划组织实施的科学方法、技巧和程序。营销策划实施的现实可能性是在策划之前和策划过程中已经考虑过的问题,在实施阶段,主要是考虑如何落实方案。

一、提出营销策划方案

营销策划的实施是由很多人共同进行的,因此,策划人首先必须能够充分地、完整地向其他组织和人员特别是决策人员展示营销策划的内容,使营销策划的内容为他们所了解和认同,从而使营销策划方案得到通过,并最终得以实现。策划人员若不能有效地向实施人员提出营销策划方案,不能引起实施人员的重视,则方案可能被束之高阁。因此,策划人员要掌握科学的提案方法和技巧。

(一)以策划对象的立场来核对营销策划方案

策划人员首先必须将自己的营销策划方案放在两种立场上来核对,对认为不够充分或不合理的地方加以修改。这两种立场分别是:接受提案的对象;接受提案的设计人员。

策划人员可按以下顺序核对营销策划方案:

(1)先看封面名称。这个名称会给人什么样的印象,再考虑一下是否符合策划主题,能不能有更好的名称,然后再查查其他的封面要素是否齐全。封面能给人以第一印象,所以要做到尽量完美。

(2)看目录的结构是否清楚易懂。目录的分类以细为宜,然后再检查正文的顺序是否与策划逻辑相配合,有没有遗漏的地方等。

(3)核对策划流程的明晰度。策划内容与流程不可相悖,否则,别人会很难看懂策划的安排。

(4)有无特殊用语。对专业用语或口头用语要加以明确说明,以使别人能够看得懂。

(5)有无令人不快的说法。应避免在无意中使用不礼貌的用语,注意有无应避讳的说法。

(6)核对策划方向有无与主题偏离。

(7)有无系统的计划安排。

(8)检查是否需要提高预算。

(二)掌握决策者的水准

营销策划实施决策者的文化和决策水准往往决定着营销策划能否被决策者所理解和采纳,因此,营销策划提案者要在事前下大工夫,尽量采用适合决策者的提案说明方式,便于决策者理解,引起其共鸣。

(三)选择适当的时机

营销策划方案制订出来以后,要选择一个合理的时机提出,以便于一次性被采纳。在提出营销策划方案的时机上要注意以下几点：一是当领导有时间专门研究提案时，再向领导提出。二是要保证支持方案的人在讨论方案时在场。三是策划方案在被审查的提案中的排序要居中，不要排在最前，也不要排在最后。

(四)削弱反对势力

任何策划方案在审议时都会有反对者。因此，提案者在审议前要加强同审议人员的沟通，或者加入他们的合理意见，使其成为自己的支持者；或者查清反对的原因，防止其在审议时提出异议。

(五)事先排练

提案者在正式提出策划方案前应事先进行排练：收集准备好各种信息、资料；说明策划方案的内容；准备好说明提案的工具和用品；事前安排好策划人员各自在说明会上的职责；进行说明排练。通过事先排练，可以提高说明水平，熟练地使用器材工具，发现提案存在的问题，使说明的时间与预定的时间保持一致。

(六)以自信的语气提案

策划人员要以充满自信的口气说明方案，自信、有礼、热情，熟记策划的内容，牢记重点并反复地说明，能随机应变。

(七)对否定和批判要一一具体说服

提案者对于否定和批判要有事先准备，知道如何解释和说服。对于故意的刁难，要针锋相对，予以批驳。

(八)事前的安排与事后的追踪

事前的安排主要有：搞好人际关系；打通关键人物；广泛进行信息交流。事前工作充分，在说明会中会增加成功的几率。事后工作主要有：说明会后方案评价资料的收集与分析；提出追加资料。

二、营销策划的组织实施

策划方案通过之后，要组织具体实施，这是营销策划取得成功的重要环节。

(一)实施前进行充分的沟通

在营销策划实施之前，应确保实施者已真正理解了营销策划的内容，特别是对策划意图、策划重点有了深刻的认识，这需要在实施前进行充分的沟通。

(二)现场沟通

策划人在现场沟通中，有必要向执行人员说明下列要点：①策划意图；②策划重点；③策划目标；④实施中应注意的重点。

(三)加强对实施过程的考核

营销策划实施是一个按既定方案一步一步实行的过程。因此，必须加强对实施过程的控制。进行过程控制的有效办法之一是实行中间考核。中间考核与评价的方法因策划内容的不同而千差万别。要制订明确的中间考核标准，并尽量让执行人员对此有清楚的了解。通过有效的中间考核，可对策划执行过程进行有效控制，使策划达成预期结果。

(四)运用组织力量达到目标

现代策划很少是以个人之力完成的，大多数情况下是依靠一定的组织的协助来完成的。组织的协助从方案的策划、实行到结束的全过程都是必不可少的。

(五)分析策划结果

在策划方案付诸实施并得到结果后,还必须对此结果和过程做充分的分析、思考,找出经验、问题和教训,以反映在下次的策划中。

对策划实施后的结果要分析以下重点问题:

(1)尽可能正确掌握预测与结果的差异。

(2)分析差异的原因。

(3)找出实施过程有关的问题点,以及哪些地方需要改善。

(4)整理出对下次策划立案及实施有益的教训、启示和创意等。

其中最重要的是预测与结果差异分析。

(六)总结经验教训

一项策划全过程的经验和教训,对策划人来说,是进一步学习和提高的宝贵资料。

召开会议、广泛交流、共同提高,是绝对必要而且有效的。

在分析总结时要注意不要抱有成见。策划人应避免一开始就形成某种思维定式,要以清醒的头脑去客观地分析研究策划的全过程。

一个优秀的策划人,总是能从这种总结中有所收获,不断提高自身素质和策划能力,从而使他的下一个策划更加趋于完美。

本章小结

营销策划是按照一定的思路和创意对企业营销活动的设计和规划,是指导企业进行营销活动的纲领性文件。完整的营销策划包括策划者、策划对象、策划活动与结果三个基本因素。营销策划的流程包括设定问题与目标;营销策划环境分析;创意与构想;制订具体计划,进行日程安排;形成策划书;组织实施;效果评价与反馈。营销策划方案的编制有一定的基本内容和一般的格式,其实施也有一定的要求,应符合一定的要求,才能取得较好的实施效果。

关键概念

营销策划 Marketing Planning　　策划流程 Plan Process

复习思考题

1. 策划与营销策划的含义是什么?
2. 营销策划的流程是怎样的?
3. 如何撰写营销策划方案?
4. 如何表述营销策划方案?
5. 如何提出营销策划方案?
6. 组织营销策划方案的实施应注意哪些问题?

【案例分析】

“野马”车奔驰40年

福特汽车公司是世界上最大的汽车企业之一，由亨利·福特先生创立于1903年，福特汽车公司始终坚持“以消费者作为工作的中心”的经营理念，提供比竞争对手更好的产品和服务，并致力于成为全球领先的以消费者为导向的公司。2000年，福特在世界各地拥有35万名员工，在30多个国家设有福特汽车制造装配企业，共同创造了1700亿美元的营业总收入，向6大洲、200多个国家共销售各种轿车、卡车和商用车740万辆。

福特汽车公司旗下拥有众多的汽车知名品牌：福特（Ford）、林肯（Lincoln）、水星（Mercury）、美洲豹（Jaguar）、马自达（Mazda）、沃尔沃（Volvo）和陆虎（Land Rover）。这些都是人们耳熟能详的品牌，这些汽车品牌自身也和公司的名称一样蕴涵着巨大的无形价值。以“福特”品牌为例，根据国际著名品牌咨询公司Interbrand的调查，品牌价值为364亿美元，位居汽车品牌价值榜首，名列全球所有品牌第七。1999年，《财富》杂志将亨利·福特评为“二十一世纪商业巨人”，以此表彰他和福特汽车公司对人类工业发展所作出的杰出贡献。福特汽车公司推出过很多经典的车型，而在营销上成功的以“野马”为最。

“野马”汽车是福特汽车公司在1964年推出的新产品，当时购买“野马”汽车的人打破了美国历史的纪录，在不到一年的时间里，“野马”汽车风靡整个美国，取得了轰动一时的成功，在投产后不到两年，便生产出第100万辆“野马”汽车，两年内为福特汽车公司创造了11亿美元的纯利润。“野马”汽车受到市场的如此青睐与当时加盟福特汽车公司的著名营销大师李·艾柯卡周密独到的营销策划密不可分。艾柯卡曾经说过：“天下没有倒闭的企业，只有经营不善的企业”。“野马”的巨大成功不仅验证了他的这句话，瞩目的销售业绩也为他赢得了“野马之父”的称号。

1962年，艾柯卡就任福特汽车公司的分部总经理，开始策划生产一种受欢迎的新型汽车。在前期的市场调查中，艾柯卡就做好了预备功课，调查范围遍及美国及欧洲，找出了现有车型上的不足并加以改进。当时的情况是，美国年龄比较大的买主已经不再满足于经济实惠的车型，而是追求式样新颖的豪华车。而第二次世界大战后的生育高峰时期出生的小孩已经长大，在20世纪60年代，美国20～24岁的人口增至总人口的50%以上，年轻人向来是汽车消费的主要力量，因此在新车型的设计上就要体现款式新颖、性能好，车不能太重，最重要的是价钱要吸引人。在“野马”问世前，艾柯卡邀请了底特律地区的54对夫妇到汽车厂做客，并请他们对新车发表意见。他们中既有收入颇高的，亦有中下水平收入的。当54对夫妇对新车发表感想后，负责策划的人员发现白领阶层的夫妇非常满意“野马”，而蓝领工人则认为“野马”虽好，但买不起。于是，艾柯卡请他们估计新车价格，大部分人均认为至少要1万美元。当艾柯卡告诉他们，“野马”的实际售价为2500美元左右时，大家都惊呆了，他们根本没有想到令人如此心仪的车，竟会如此便宜。在早期设计阶段，新车被命名为“猎鹰特号”，后来又有人想叫它“美洲豹”、“雷鸟Ⅱ型”等，艾柯卡认为均不理想，于是委托广告公司代理人去底特律公共图书馆查阅，从A到Z列出成千动物，最后筛选出一个——“野马”。由于美国人对二战中野马式战斗机的名字印象极为深刻，用“野马”作为新型车的名字，适合美国人放荡不羁的个性，既能使消费者立即联想到汽车的速度和性能，也有“海阔凭鱼跃，天高任鸟飞”的味道。正是因为艾柯卡对消费者需求的精准理解以及对“野马”车的准确定位，使得“野马”一上市就受到人们的追捧，成为市场的香饽饽，将竞争对手远远地抛在了身后。

对于“野马”车推出的整个过程，艾柯卡在每个环节上都下足了工夫，在分阶段营销上，艾柯卡更是全情投入，创意不断。为了使新车“野马”一上市便获得较高的市场认知度，他们细致周密地设计了一套宣传策划方案，六个步骤的营销活动使得“野马”车的知名度在短短的时间里迅速提升：

（1）邀请各大报纸的编辑到迪尔伯恩，并借给每人一辆“野马”车，组织他们参加从迪尔伯恩到纽约的“野马”车大赛，同时邀请100名新闻记者亲临现场采访。从表面看，这是一次赛车活动，实际上是一次告知性的广告宣传。此项活动一经展开，便引起了许多新闻媒体的广泛关注，并纷纷报道“野马”车大赛近况，从而大大提高了该车的知名度和透明度。

(2)“野马”车上市的第一天，全美2600家报纸用整版刊登了“野马”车奔驰的图片，并且在数家电台做广告，广告使用了所谓的“蒙娜丽莎”手法：一幅朴素的白色“野马”在奔驰的画面，注上一行简单的字：“真想不到”，副题是：售价2368美元。由于公关经理的努力，新车照片同时出现在《时代》和《新闻周刊》的封面上，关于这两大杂志的惊人宣传效果，艾柯卡后来回忆说：“《时代》和《新闻周刊》本身就使我们多卖出10万辆！”

(3)自“野马”车上市开始，各大电视台每天不断播放“野马”车广告。广告内容是：一个渴望成为赛车手或喷气式飞机驾驶员的年轻人，正驾驶着一辆华贵、时尚、动感十足的“野马”车在飞驰。选择电视做宣传，旨在扩大广告宣传的覆盖面，进一步提高产品的知名度。

(4)在最显眼的停车场，竖起巨幅路牌广告，上书“野马栏”，以引起消费者的注意，扩大“野马”车的曝光率。

(5)在美国各地最繁忙的15个机场和200家度假饭店展览“野马”车，以实物广告形式激发人们的购买欲。

(6)同时，福特汽车公司向全国的小汽车用户直接寄发几百万封推销信，既达到了促销的目的，又表示了公司对顾客的一片诚挚爱心及为顾客服务的态度和决心。此外，公司大量上市“野马”墨镜、钥匙链、帽子、玩具车，甚至在面包铺的橱窗里也贴上广告：“我们的烤饼卖得像‘野马’一样快。”

从产品目标市场的定位到产品自身的设计，从“野马”这个名称的选取到最后促销环节的别出心裁，“野马”车做得丝丝入扣，在铺天盖地、排山倒海的宣传攻势后，仅一周内，“野马”车便享誉全美，风行一时就不足为奇了。在“野马”车上市的第一天，就有大量的人拥到福特经销店购车，原计划销售指标为年销量达到7500辆，后剧增至20万辆。年终结算统计时发现，“野马”车竟销售了36万辆，创纯利11亿美元。1964年圣诞节期间，美国因“野马”而如痴如狂的家长们还给孩子们买了93000辆野马脚踏童车。最让福特激动不已的是那些急切地等待领取自己头一份驾照的人们，他们希望自己的车与众不同，而“野马”可以满足这一要求。“野马”车的营销规模和声势已经成为营销的经典案例，时至今日，仍有一大批“野马”迷们对此津津乐道，并且专门成立俱乐部，相互交流“野马”车的性能和各自与“野马”车相关的轶事。

第一辆“野马”车注册的车主名叫斯坦利·塔克(Stanley Tucker)，是一位19岁就开始在天上飞的客机飞行员。经销店老板帕森原本不想把这辆“野马”车卖给塔克，想把车多留在店里一段时间做广告用。但塔克在看到这辆“野马”车的第二天就带着支票来了，帕森只好将这第一辆“野马”卖给了塔克机长。对于塔克买下“野马”后最初几年的情况，“野马”月刊中曾引述过这样一段话：“很长时间在纽芬兰只有我这一辆‘野马’”，真是让人春风得意。人们好几次将我逼到路旁，问这问那，比如这辆车是什么牌子、哪儿生的、性能怎样、价钱多少等。拥有和驾驶这部汽车给我带来了无穷的乐趣。进入车里有进入驾驶舱的感觉，我觉得和开飞机差不多。”

思考题

1. 你怎样理解艾柯卡所说的“天下没有倒闭的企业，只有经营不善的企业”？
2. “野马”车为什么能够在短短的时间内创造如此好的销售业绩？
3. “野马”车奔驰40年经久不衰的“秘诀”在哪里？

【实训题】

广告策划

实训目的：使学生能够依据一定的广告表现形式及主题，为背景企业创作广告脚本，选择广告媒体，评价广告效果。

实训任务：(1)根据背景企业目标市场情况及市场定位设定广告目标；(2)确定广告要向消费者诉求什么，向哪些消费者诉求，产品的特性是什么；(3)确定广告的表现形式、决定广告信息的表达形式；(4)为背景企业创作广告脚本。

实训实施：以小组为单位，形成书面报告。

第十六章　市场营销组织、计划与控制

本章学习提示

通过本章的学习，你应该能够：了解市场营销组织的演变与形式；掌握市场营销组织的设计方法；知道市场营销计划的形式和内容；熟悉市场营销计划的实施；了解市场营销控制的主要类型；学会编制市场营销计划书；学会通过营销组织对营销活动进行全面控制。

导引案例

仲景香菇酱：真香真营养——小产品如何创造大市场

2009年3月，位于西峡的宛西集团谋划推出新产品——香菇酱。宛西集团所在的西峡，是全国最大的香菇生产和出口基地，出口量占全国出口量的1/3，是中国香菇之乡。产品已经研制出来了，经过测试，普遍认为口感绝佳，现在需要的是一个好的策划。为此，宛西集团找来了老伙伴北京福来品牌营销顾问，为其香菇酱做品牌推广。

一、品牌战略：是借名鸡生名蛋，还是另栽梧桐树?

首先要解决的便是品牌名称问题，经过多轮论证，项目组最终决定沿用老品牌“仲景”。沿用仲景品牌，利远大于弊。一方面，新产品背靠仲景这颗品牌大树，易记好联想，可迅速提高认知度，节约传播成本；另一方面，宛西制药有着被广大消费者深度认知的“药材好，药才好”的做药理念，新品类借助仲景的品牌价值，可大大提高消费者的信任度，使他们认为仲景做的酱用料地道，品质肯定差不了。品牌多元化成功的关键是，多元领域之间有共通的品牌核心价值，只要存在这个核心价值，那么就不会影响其产品在本行业的专业可信度。全球排名前列的医药巨头葛兰素史克、强生、惠氏、雅培等均推出了营养保健品、奶粉以及个人健康护理品等，丝毫没有影响它们在所跨行业的成功。

二、品类创新：扛起营养旗，将巨头反定位

仲景香菇酱相比市场上已经成为主流的调味酱类，最大的差异是以香菇为主要原料。香菇对于消费者来说并不陌生，是一种非常有营养的食品，这一点与传统的酱菜已然区隔。美味与健康是酱菜消费者的两大需求。除了以地道的西峡香菇做原料外，企业还从配方到技术进行了多次调试，独创香菇专利发酵技术，不仅完整锁住了香菇的营养，实现了低盐低脂，还保证消费者能吃出香菇自然的鲜香，完全可以大口吃，可以把香菇酱当佐餐菜卖！“营养佐餐酱”是福来为仲景香菇酱制定的全新定位。这一定位，无形中把酱菜市场分割成两大阵营：营养佐餐酱和非营养佐餐酱。以老干妈为代表的属于非营养佐餐酱；以仲景香菇酱为代表的是营养佐餐酱，不仅好吃开胃而且有营养。这为仲景香菇酱未来在中国调味酱菜市场与老干妈形成双子座格局埋下了伏笔。

三、产品策略:核心价值数字化,广告诉求流行化

营养佐餐酱如何与消费者对接,让他们喜欢并接受,香菇无疑是最核心的价值点。面对眼前粒粒香菇颗粒,项目组突发奇想,何不从菇粒入手,找到消费可感知的东西?小小一瓶仲景香菇酱,到底能装多少粒香菇?项目组几个人开始一个一个地数。出乎所有人意料,一瓶香菇酱竟然有300多粒香菇颗粒!香菇有营养地球人都知道,但是香菇有多少种营养很多人未必知道。福来项目组翻阅资料、请教专家,狂补了一堂香菇营养课。原来香菇含有氨基酸、微量元素、维生素及各种酶等将近30种营养,这让项目组非常兴奋。考虑记忆度和数据的可信度,最终低调选出21种营养。“300粒香菇,21种营养”,营养佐餐的核心价值浮出水面。顺口易记,可信又不夸张,提升了价值,支撑高质高价策略。将核心价值数字化,实现了对消费者心智的占位,也对后来者进行了有力的战略防御。如何更精准、更传神地传达仲景香菇酱的真材实料?随着“真”字在风暴会上被一次次提及,最终“仲景香菇酱,真香真营养”出炉。从“很”到“真”,一字之差,品牌形象却实现了180度大转弯。“真一真”句式很好地传达了产品的流行价值,还具有很强的鼓动消费价值。妙!

四、符号整合:抢占公共资源,做中国最高级别的影视创意

在信息过度的时代,符号最容易给消费者留下永久烙印。仲景香菇酱需要一个符号,并且这一符号最好老中青少耳熟能详,具有唯一性、高认知及良好的群众基础。从香菇酱、香菇到蘑菇,最终,“采蘑菇的小姑娘”被定为仲景香菇酱的品牌符号。这是最大的传播资源和符号资源,而且具有公共价值,福来认为必须抢占。最终虽然用不菲的代价购买了版权,但是大家一致认为非常值,这是最好的没有名人的名人广告,也是最高级别的影视创意。借势老中青少都熟知的名人——采蘑菇的小姑娘,虽然谁也没见过这位知名的小姑娘,但是一听到这首歌都会想起这样的画面:青山、绿水、大自然,快乐的小姑娘背着竹篓采蘑菇,享受劳动的快乐和果实。这能勾起消费者儿时的记忆,引起消费共鸣。最可贵的是歌曲中率真的小姑娘、大自然、采蘑菇等意境与西峡香菇传达的天然、单纯特性相符。“采蘑菇的小姑娘”背后蕴涵大能量,是比名人还名人的广告,广告看一遍就能让消费者牢牢记住。尤其令大家感到意外兴奋的是,一不小心,“采蘑菇的小姑娘”还成了最高级别的词曲组合,因为曲作者谷建芬是作曲界的“大姐大”,现任中国音乐协会副主席;词作者陈晓光如今已经贵为文化部副部长。所以这个创意也成了最高级别的创意。这样一支经典之作,注定不会随时光老去,一定历久弥新。影视广告和主视觉海报传承了“采蘑菇的小姑娘”清新自然的氛围和意境,并且将小姑娘的形象最大化。熟悉的旋律加上仲景品牌,一下子征服了消费者的芳心。

五、市场策略:面点线面,香遍全国

好的产品策略是基础,实战的市场推广策略才能保证快速走向全国。基于对调味酱产品行业本质的洞察,结合企业现阶段产能有限、资金有限、营销团队有限的局面,福来为仲景香菇酱制定了面—点—线—面的全国市场开拓路线图。

面:放眼全国。仲景香菇酱要想做大,走向全国是必然,但是基于现状还是要稳步推进,因此要充分利用郑州秋季糖酒会主场的机会,在行业内发出声音,抢占营养佐餐品类市场。

点:样板打造。在糖酒会华丽亮相的基础上,重点做好河南样板市场的招商工作。河南是宛西制药的大本营,这里的人们对仲景品牌、香菇酱品类有一定的认知,因此可通过启动河南市场探索模式、磨合队伍、积累经验,为启动全国市场打基础。

线:样板复制。待成功启动河南市场后,在陕西、山东、河北、北京、天津等华北市场摆兵布阵,进行样板快速复制。同时全国市场要强做招商,为启动全国市场打基础。

面:全国启动。待华北市场成功启动后,选择重点省市进行模式复制,战略上央视、重点卫视联动,启动全国市场,让仲景香菇酱香遍全国。

六、推广策略:“三到”模式,靶向出击

河南市场是仲景香菇酱营销战的第一战场。在这里必须树立营销团队和消费者信心。针对香菇酱的特

性,福来为仲景香菇酱量身打造了"三到"产品推广模式。"三到"为看得到、尝得到、买得到。

1. 看得到

做品牌传播,最好能花最少的钱实现最佳的传播效果。因此,要聚焦资源,靶向投放。在电视广告投放上采取巧做传播,与《梨园春》等河南卫视王牌栏目展开深度战略合作,通过赞助、贴片、植入等形式,用足用透这一河南收视制高点。

还有,围绕重点终端和户外投放广告,采取"大卖场+交通要道+主要商业街+批发市场"的投放策略。在南阳和西峡,更是将户外广告牌做到了政府门前,时刻提醒政府这可是咱家乡特产,这一做法代价不大却收效颇多。

网络推广主要通过置顶、加精把话题贴排到首页。"西安宝马女狂奔600里,只为小小一瓶酱""哥找的不是香菇,是胃口!""河南美食新三样,烩面、胡辣汤、香菇酱!""一天一瓶酱,谁来帮我养女友"等话题吸引了很多网民的关注。

终端建设则实行重点商超媒体化。通过与重点终端进行战略性合作,将其打造成仲景香菇酱的品牌宣传阵地。春节前,投放了10万只小气球,即刻在人流攒动的大商场及户外形成了一道香菇酱品牌风景线。这种聚焦资源、重点出击的方法很好地解决了"看得到"的问题。

2. 尝得到

用产品卖产品做体验营销是一种很好的方式。针对仲景香菇酱良好的口感和质感,福来提出把试吃营销作为一种战略手段。通过在KA卖场、社区、学校、写字楼(派发品尝装)的品尝活动,让更多的消费者尝得到,吃起来。试吃在快速消费品行业并不新鲜,但是仲景香菇酱却做得与众不同。

谁最容易接受试吃?当然是不谙世事的孩子。因此,仲景香菇酱促销员从孩子入手,开展品尝活动,一则成功率特别高,再则当问起孩子好不好吃时,孩子往往都会说好吃。孩子喜欢吃,家长哪有不买的道理。一旦实现首次购买,凭借良好的产品品质,不仅孩子,一家人都会成为忠实的消费者,并且通过口碑传播,很快就可流行起来。

让人意想不到的是,当时为了品尝方便,企业在品尝现场用干豆片包香菇酱并用牙签食用的方式,竟然成为很多家庭餐桌的一道菜,这道菜与仲景香菇酱紧紧联系在一起。香菇酱的促销实践说明,体验营销在食品行业是一种非常重要的实销手段。

3. 买得到

西峡香菇本身就是当地特产,香菇酱已经被当做礼品进行外送。因此在渠道选择上,一方面在常规渠道铺货,比如在KA卖场、连锁超市、批发市场、便利店等进行全面铺货;另一方面,重点选择在名烟名酒店、特产店(这个渠道在全国其他省份少,但在河南非常多)、旅游景点等特殊渠道进行铺货。同时,为满足外地消费者的需求,企业还专门建立了网络销售渠道。

仲景香菇酱这种全渠道整合策略保证了河南消费者,兼顾了全国消费者,同时又考虑到了礼品消费群。仲景香菇酱虽然市场没走向全国,但是全国各地的消费者都能吃上香菇酱。

仲景香菇酱上市第一年即在河南市场异常"吃香",周边的陕西、山东、河北市场也开始闻香而动,连新疆、浙江等地的经销商也都蜂拥而至。目前正在实施"中原深耕、全国辐射",一个小产品的大未来清晰可见。现在,一个年产值10亿元的香菇酱工业园正在加快建设中。我们坚信,不久的将来,在中国调味酱市场上,一个与老干妈比肩的品牌就会诞生。

资料来源:中国营销传播网,2010-11-10,作者:福来顾问娄向鹏、郝振义

企业的市场营销活动是涉及众多因素的复杂的系统工程,需要许多的人和机构去完成。要使市场营销活动形成协调统一的整体,以达到有效作用于市场的目的,就必须对市场营销的全过程实施有效管理,即通过计划、组织与控制过程发挥作用,使企业的各个部门、各种资源相互协调,有机配合。在这一过程中,计划系统根据企业总的战略规划的要求,以市场为导向制

订营销计划，通过一定的组织系统来实施计划；控制系统则负责考察计划执行情况，将经过信息反馈回来的实际执行成效与预定计划目标进行比较，发现问题，及时纠正或调整计划本身，使之更切合实际。只有这样，才能保证企业市场营销工作卓有成效。事实上，成功的企业懂得如何制订以市场为导向的营销计划，并注重在组织、执行和控制营销活动方面提升技能。

第一节　市场营销组织

一、市场营销组织的演变

市场营销组织是指企业内部涉及市场营销活动的各个职位及其结构，是执行市场营销计划、服务购买者的职能部门。营销部门组织结构的形式与演变主要受宏观环境、企业的营销管理哲学以及企业自身所处的发展阶段、经营范围和业务特点等因素的影响。美国著名学者菲利普·科特勒先生在他所著的《营销管理——分析、计划与控制》一书中，提出了企业营销组织发展阶段的观点。他认为，企业市场营销部门的演变大体经历了五个阶段。

(一)单纯的销售部门

20 世纪 30 年代以前，企业以“生产观念”作为指导思想，把市场作为生产的终点，强调先有生产后有市场，只要把企业的产品销售出去就完事了。因此，一般均采用设立简单销售部的组织形式(图 16-1)。这一时期，生产部门和财会部门处于企业的主要地位，企业的目标和规划主要由这两个部门制订。销售部门的任务仅仅是推销生产部门生产出来的产品，生产什么就销售什么，生产多少就销售多少。销售部门对产品的种类、规格、数量等问题，几乎没有任何发言权。

(二)兼有附属职能的销售部门

20 世纪 30 年代经济大萧条以后，随着商品供应的增多，市场竞争日趋激烈，企业的经营指导思想由“生产观念”转变为“推销观念”，以强化销售为中心，企业需要经常性和专门性地组织市场营销调研、广告、顾客服务等活动。销售部门的营销职能不断扩大并逐渐变为专门的职能，当工作量达到一定程度时，主管销售的副总经理开始雇用一些专业人员专门从事这方面的活动，同时聘用广告经理、市场研究经理等执行营销职能，并设立一名市场营销主任负责这方面的工作(图 16-2)。

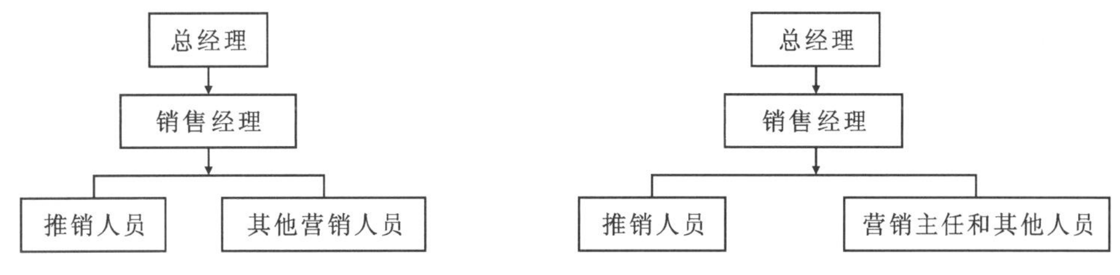

图 16-1　单纯的销售部门　　图 16-2　兼有附属职能的销售部门

(三)独立的市场营销部门

第二次世界大战以后，随着企业规模和业务范围的进一步扩大以及市场竞争的激化，企业除了推销任务以外，营销调研、新产品开发、广告促销和客户服务等市场营销职能的重要性也日益增强。销售经理一般把主要精力集中于推销而无暇顾及其他。于是，有必要建立一个独立于销售部门以外的市场营销部门，并且与原销售部门并存。作为市场营销部门负责人的市场营销副总经理同销售副总经理一样直接受总经理的领导，销售部门和市场营销部门成为两个平行的职能部门(图16-3)。在具体工作上，这两个部门既相互独立又相互联系，为强化企业市场营销发挥不同的作用。这样，企业总经理就可从中获得一个全面的、从各角度分析企业面临的机遇与挑战的机会。

(四)现代市场营销部门

尽管销售副总经理和市场营销副总经理需要配合默契和互相协调，但实践证明，两者总存在一定的矛盾和摩擦。销售副总经理总认为人员推销在企业中的作用被削弱，而市场营销副总经理总想扩大自己的非人员推销职能；销售副总经理趋向于追求企业短期利益，满足眼前的销售量，而市场营销副总经理则注重开发适宜的产品和制订适宜的市场营销战略，从满足消费者需求中获得长期利益。解决这种矛盾和冲突的办法是成立一个现代市场营销部门，即由市场营销副总经理全权负责，下设市场营销职能部门和销售部门(图16-4)。

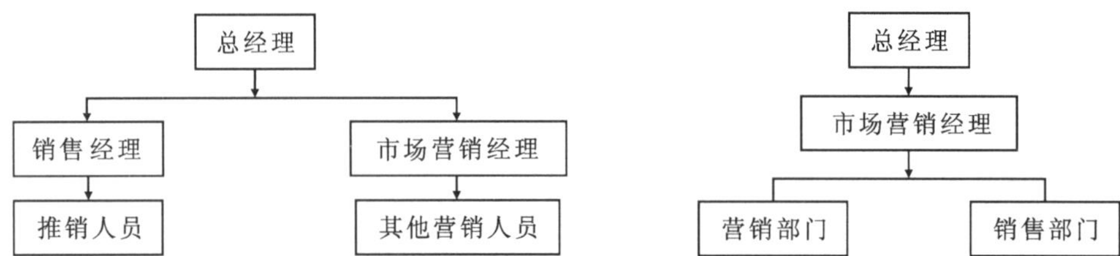

图16-3　独立的市场营销部门　　图16-4　现代市场营销部门

应当指出的是，市场营销人员和销售人员是两种截然不同的群体，尽管市场营销人员很多来自销售人员，但并不是所有销售人员都能成为市场营销人员。事实上，这两种职业有着根本的不同。就专业性而言，市场营销人员的任务是把握市场机会，制订市场营销策略，并计划、组织新产品进入，使销售活动达到预订目标，而销售人员则是负责实施新产品进入和进行销售活动。在这一过程中常出现两种问题：如果市场营销人员没有征求销售人员对于市场机会和整个计划的看法和见解，那么在实施过程中可能会导致事与愿违；如果在实施后市场营销人员没有收集销售人员对行动计划实施的反馈信息，就很难对整个计划进行有效控制。表16-1是市场营销人员和销售人员的比较。

表16-1　市场营销人员与销售人员的比较

市场营销人员	销售人员
依赖于营销调研确定目标市场并进行市场细分	依赖街头经验，了解不同个性的买主
时间用于计划工作上	时间用于面对面的促销上
从长远考虑	从短期考虑
目的在于获得市场份额并赚取利润	目的在于促进销售

(五)现代市场营销企业

如果仅仅摆正了市场营销部门的位置，建立了出色的市场营销部门，但企业全体员工没有建立以客户为中心的思想，其他各部门不积极配合，把市场营销和开拓市场单纯看作是市场营销部门的事情，市场营销职能就不可能有效地执行。只有全体员工都树立了以顾客为中心的现代市场营销观念，把满足顾客需要、开拓和巩固市场看成是每个人、每个部门的内部事务，积极自觉地配合营销部门做好工作，市场营销活动才能取得成功。由此现代市场营销企业应运而生。

二、企业市场营销部门的组织形式

随着企业营销组织的演变，营销组织的形式也得到了不断的完善和发展。现代市场营销部门可以根据职能、地理区域、产品和顾客市场建立不同形式的组织。一般来讲，市场营销组织的类型可以分为专业化营销组织与结构化营销组织两大类型。

（一）专业化营销组织

专业化营销组织是从不同角度确立市场营销组织中各个职位的营销组织体系，包括以下四种类型：

1. 职能型组织

这种组织形式是根据市场营销职能分工建立的营销组织，也是最常见的营销组织形式，主要有五种营销职能：营销行政事务、广告与促销、销售、市场营销研究和新产品开发（图 16-5）。这种组织形式的主要优点是分工明确，易于管理。其明显缺点是效率低下，表现在：没有人或机构对任何产品或市场承担责任，未受到有关职能部门偏爱的产品或市场可能被冷落，缺乏有效的计划和营销管理，市场销售效果不佳；各职能部门对预算和地位的要求都比较高，上级部门也难以协调。随着企业产品品种的增多和市场的扩大，这种组织形式的缺点会越来越突出。

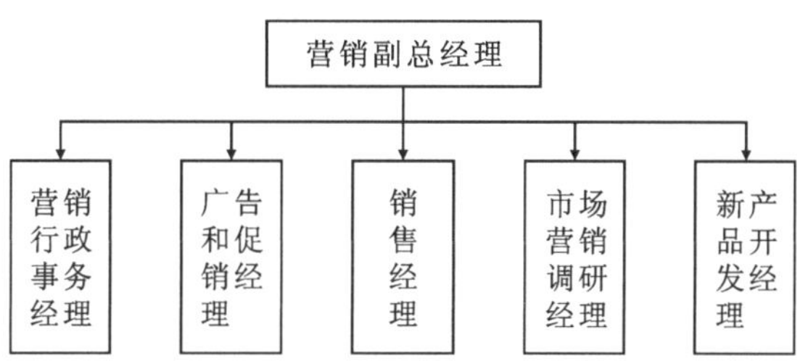

图 16-5　职能型组织

2. 产品或品牌管理型组织

产品或品牌管理型组织是按照产品或品牌建立的市场营销组织。其基本形式是产品管理部门由一名市场营销经理负责，下设几个产品线经理，产品线经理之下再设几个具体的产品或品牌经理，负责各具体的产品或品牌营销（图 16-6）。这种形式适合于各产品差异很大、产品品种多、按职能设置的市场营销组织无法处理问题的情况。产品或品牌管理型组织形式的优点在于产品市场营销经理能够有效地协调各种市场营销职能，并对市场变化做出积极反应。同时，由于有专门的产品经理，那些较小品牌产品可能不会受到忽视。

其主要缺陷是：

（1）缺乏整体观念。在产品型组织中，各个产品经理相互独立，他们会为保持各自产品的利益而发生摩擦，事实上，有些产品可能面临着被收缩和淘汰的境地。

（2）部门冲突。产品经理们未必能获得足够的权威，以保证他们有效地履行职责。这就需要他们得靠劝说的方法取得广告部门、销售部门、生产部门和其他部门的配合与支持。

（3）多头领导。导致权责划分不清楚，下级可能会得到多方面的指令。例如，产品广告经理在制订广告战略时接受产品市场营销经理的指导，而在预算和媒体选择上则受制于广告协调者，这就可能产生不协调。

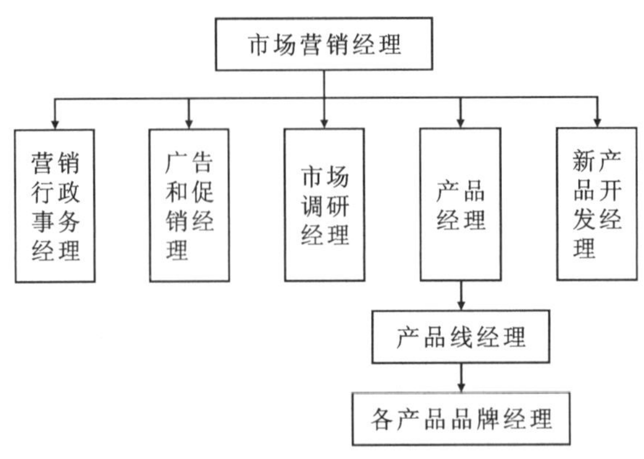

图 16-6　产品或品牌管理型组织

3. 地理型组织

地理型组织是按照地理区域范围安排销售队伍和其他营销职能的组织形式。其基本形式是设立一个全国销售经理,根据业务需要分设若干名区域销售经理,区域销售经理下设若干名地方销售经理,从而构成一个销售网络(图 16-7)。这种形式适合于计划在全国或者更大范围内销售产品的企业。地理型组织的优点在于各区域销售经理能根据本地区的具体情况,有针对性地开展销售活动并协调上下级之间的关系,最大限度地利用市场机会,扩大企业产品在本地区的销售。同时也有利于高层管理人员有效监督下级销售机构完成复杂的销售任务。其主要缺点是:管理跨度大,各地区机构设置相对独立,从而加大了高层管理人员的控制难度。同时,由于销售队伍庞大,使得各项费用开支增加。

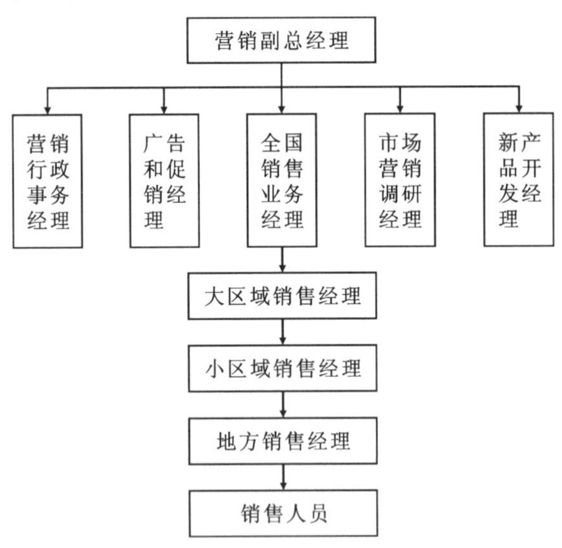

图 16-7　地理型组织

案例 16-1　Y 食品公司已经在食品行业经营了 8 年,年营业额已经达到 7 亿元人民币,主营业务为休闲糖果,旗下拥有五大主要品牌,销售区域覆盖全国市场,已经在消费者心中构筑了强势的品牌地位。该公司提出了年销售额翻一番达到 14 亿元人民币的目标。为实现此目标,策略之一是营销重心下移,强化城市营销平台及终端管理,达到市场深度挖潜的目的。与此相适应,Y 公司对其营销组织结构做了重大调整,变革前后的营销组织结构如图 16-8 和

图 16-9 所示。首先，去除区域经理层级，由省部经理直接面对城市销售，强化总部对城市营销的管理；其次，原城市负责人的级别设置由城市销售主任升级为城市销售经理，全面提升城市营销负责人的职业素养，为城市营销策略的执行提供人力资源保证；最后，原营销专员级别更改为业务代表，直接向城市销售经理汇报，负责终端管理，为 Y 公司产品在终端的表现负责。总之，营销组织体系的改变都是围绕着销售目标的达成、销售目标达成策略的执行而展开。

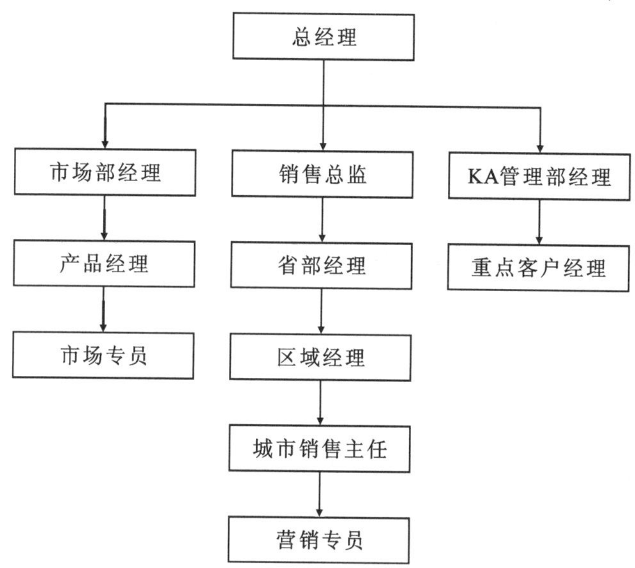

图 16-8　Y 食品公司变革前营销体系组织结构

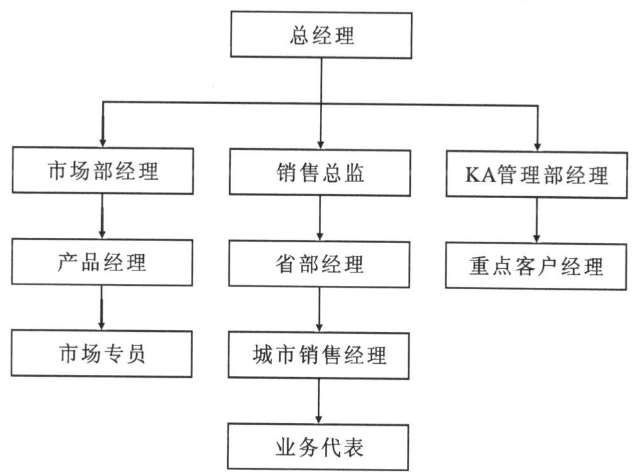

图 16-9　Y 食品公司变革后营销体系组织结构

4. 市场管理型组织

市场管理型组织是指按照一定标准将顾客分为若干类别，为不同类别的顾客分别设立营销管理组织。其基本形式是为某类市场设立一名专职市场主管经理，下设若干市场经理（图 16-10）。当顾客可以按照一定的标准如购买行为、产品偏好等因素分为不同类别时，市场管理型组织就是一种理想的形式。市场管理型组织的优点在于营销人员可以针对各类不同的顾客及其消费习惯、偏好开展营销活动，而不是把营销活动的重点集中于营销职能、销售区域或产品本身。这种形式被越来越多的企业认为是实现“市场导向”的有效方法。

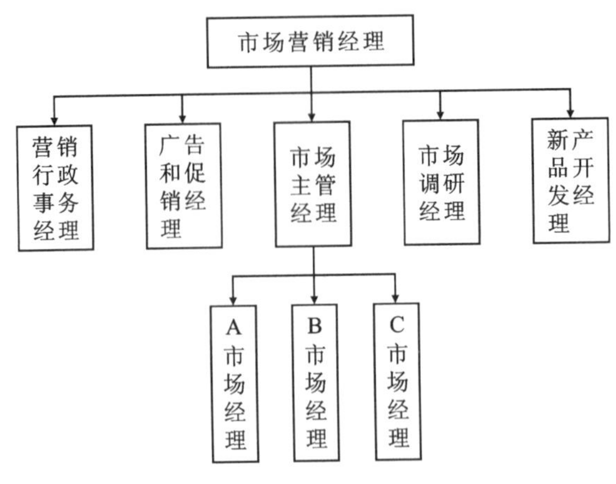

图 16-10 市场管理型组织

(二)结构化营销组织

结构化营销组织一般是指依据企业内部不同的营销组织与职位之间的相互关系而形成的不同形式的营销组织体系。有以下几种形式:

1. 金字塔型组织

金字塔型组织是由经理至一般员工自上而下建立起垂直的领导关系,管理幅度像金字塔一样从上到下逐步加宽的一种组织形式。这种组织适合于按职能专业化设置的组织结构。金字塔型组织结构的优点在于上下级权责分明、沟通迅速、管理效果较好。其主要缺点是每个员工(尤其是下层员工)的权限范围有限,往往缺乏对总体营销状况的了解。

2. 产品管理与市场管理型组织

产品管理与市场管理相结合的组织是指为某类产品和某类市场同时设立产品经理和市场经理,形成一种矩阵型的组织形式(见表 16-2 杜邦公司的矩阵型营销组织形式)。这种组织适合于大企业产品品种繁多、市场构成复杂、营销组织设置困难大、单纯的产品管理组织或市场管理组织都不能完全解决问题的情况。产品管理与市场管理型组织结构的优点在于能加强企业各部门间的协作,集中各专业人员的知识技能,组建方便,适应性强,有利于提高工作效率。

表 16-2 杜邦公司矩阵型组织

		市场经理			
		男装	女装	家具	工业市场
产品经理	人造丝				
	醋酸纤维				
	尼龙				
	奥纶				
	涤纶				

其主要缺点是:针对销售队伍如何组织,是按照产品类型来组织,还是按照市场类别来组织,解决这一问题的侧重点不明确;另外,对于谁负责制订各个产品在各个市场上的营销方案,双方分歧时谁说了算,这方面的权力和责任界限也比较模糊,易产生矛盾。

案例 16-2 自 2008 年以来,耐克致力于营销组织和管理变革,以强化耐克品牌与新兴市场、核心产品以及消费者细分市场的联系。实施这一变革，使耐克从以品牌创新为支撑的产品驱动型商业模式，逐步转变为以消费者为中心的组织形式，通过对关键细分市场的全球品类管理，实现有效益的快速增长。为此，耐克强化了四个地区运营中心，新设立了五个核心产品运营中心。四个地区运营中心是：美国、欧洲、亚太、中东及非洲。五个核心产品运营中心是：跑步运动、足球、篮球、男士训练、女士健康。这是一个矩阵式的管理，目标是把企业的资源向关键区域、核心产品集中，去抓住企业最大的市场机会。与传统的矩阵管理不同，关键是要实现跨地区、跨部门的协同。实际上，耐克公司已经有成功的经验，正是由于采用了这种协同矩阵的管理方式，耐克公司组建了一支专门的队伍，将公司足球用品市场的经营额从 1994 年的 4000 万美元扩大到 10 多亿美元。耐克品牌总裁 Charlie Denson 说：通过这种方式，我们可以更好地服务于运动员，更好地加深与消费者的联系，更好地扩大我们的市场份额，实现有效益的增长，增强我们的全球竞争力。比如中国的篮球运动市场，就由亚太区运营中心和全球篮球运营中心协同开拓。

3. 事业部型组织

事业部型组织是把管理部门升格为独立的事业部，下设若干职能部门和服务部门。这种组织形式按企业总部是否还保留营销部门可划分为三种模式：第一种是企业一级不设营销部门。其理由是：在各事业部设立营销部门后，企业一级的营销部门没有什么实际作用。第二种是企业一级保持规模较小的营销部门。其主要工作是：协助高层管理部门全面评价营销机会；向事业部提供咨询；帮助营销力量不足或没有设立营销部门的事业部解决营销方案问题；促进其他部门树立市场营销观念。第三种是企业一级建立强大的营销部门。其主要工作除上述各项外，还向各事业部提供各种营销服务。

4. 全球型组织

从事国际性营销的企业可以采用三种组织形式。刚刚开始全球化经营的企业可以从建立由一名销售经理和几名助手（以及有限的营销服务）组成的出口部开始；当公司的全球业务有长足进展之后，可成立由职能专家（包括营销）和按地域组织的经营机构组成的国际部，或成立国际子公司；当企业成为真正的全球性公司后，可配有专门的公司最高管理层及人员，对全球化经营、营销政策、资金流和后勤系统进行规划，其全球运营单位直接向最高管理层汇报，而不是向国际部的领导汇报。

市场营销组织机构作为整个企业组织机构的一个组成部分，是在一定的企业营销观念的指导下建立起来的。因此，它与企业营销观念一样，必然有一个不断演变、进化的过程。只有这样，企业才能适应多变的市场环境，保证竞争优势。

三、企业市场营销组织的设计

市场营销管理的前提是进行营销组织设计，包括设计组织结构和人员配备等。这是每一位市场营销经理的根本任务之一。

（一）营销组织设计的原则

营销组织设计的原则是进行营销组织设计时须综合性考虑的准则，不同企业由于其成长历史、经历等不同，在进行组织设计时考虑的准则各有侧重，但就一般意义上来讲，进行组织设计主要应遵循以下原则：

1. 分工原则

随着企业规模的扩大,经营环境变得更为复杂,竞争对手也更为强大。营销部门必须进行专业分工。分工既可以提高效率,又可以加强控制。

2.面向顾客原则

在现代市场竞争环境中,顾客不仅仅是企业的重要资源,而且是企业的合作伙伴,谁失去了顾客,谁就失去了生存的基础。而要成功地抓住顾客,必须转变观念,改变那种硬性推销的行为,在整个组织设计上体现市场导向,在流程和结构安排上体现顾客中心原则,使营销组织真正面向顾客,以顾客为中心,以顾客满意为最终目的。这样,整个组织才能更好地适应市场和顾客需要的变化,才更为敏感,反应更快,更有效率。

3.效率原则

一个营销组织如果缺乏效率,最终会被市场淘汰。效率原则表现在两个方面:一是与对手相比是否更有效率,二是与专业组织相比是否更有效率。营销组织的效率主要表现在销售产品的速度、市场反应速度、产品销售成本、顾客满意程度等方面。

4.授权原则

由于市场竞争日趋激烈,形势变化日益加快,而顾客的满意与否又在很大程度上取决于一线员工的积极性、创造性和敬业精神,因此应当减少营销组织层次,充分授权一线员工解决具体问题。许多企业在组织转型过程中往往为加强控制而大幅收权,结果使整个营销组织缺乏生机和活力,最后导致整个企业经营的失败。授权是要解决营销系统内部的激励机制问题,没有授权,就没有激励,但授权必须与专业分工相结合。

5.通过服务进行控制原则

控制并不意味着互相牵制或掣肘,而是相互服务,通过有效的服务来实现有效的控制。因为只有通过服务才能在提高效率的同时加强对顾客、对市场竞争形势和整个营销组织的监控,因此说服务原则实际上就是有效控制原则。例如:企业内部的广告策划部门如果效率不高,就可以直接委托给专门的机构;如果销售人员的效率不高,就可以委托给代理公司;售后服务人员如果不能让顾客满意,也可以委托给专门的服务公司。

6.整合原则

整合原则要求在流程上从前到后的整合,没有断裂或薄弱环节,不同地区、不同产品的管理不是相互割裂而是融为一体的,不同职能不是相互冲突而是相互配合的,即整个组织具有共同的目标,是协调统一的。

(二)营销组织设计的程序

由于市场营销组织形式受企业规模、市场、产品等因素的影响,并且这些因素始终处于不断的变化中,所以,企业在进行市场营销组织设计时必须充分考虑这些因素并随时进行组织调整。一般情况下,企业市场营销组织设计应按照以下程序进行:

1.分析组织环境

市场营销组织是在不断变化的社会经济环境中运行的,要受外部环境如政治、经济、社会、文化、科技等因素的制约,这些是企业的不可控外部环境因素。对企业市场营销组织影响最明显的是市场和竞争者状况。

(1)市场状况。市场状况首先是指市场的稳定程度,市场越不稳定,市场营销组织就越需要改变。其次是产品生命周期,在产品生命周期的不同阶段,企业的市场营销组织也相应地随之改变。

(2)竞争者状况。市场营销组织必须从两个方面来对付竞争者：一是明确竞争者是谁，他们在干什么；二是如何对竞争者的行为做出反应。为此，企业就要对其市场营销组织结构不断地加以改变和调整。

2. 确定组织内部活动

市场营销组织的内部活动主要有两种类型：一是职能型活动。它涉及市场营销组织的各个部门，范围相当广泛。企业在制订战略时要确定各个职能在市场营销组织中的地位，以便开展有效竞争。二是管理型活动。它涉及管理任务中的计划、协调和控制等方面。企业通常是在分析市场机会的基础上制订市场营销战略，然后再确定相应的市场营销活动和组织的专业化类型。假定一个企业容易控制成本，产品都在相对稳定的市场上销售，竞争战略依赖于广告或人员推销等技巧性活动，那么，该企业就可能建立职能型组织。同样，如果企业销售区域很广，并且每个区域的购买者的行为与需求存在很大差异，那么，它就会建立地理型组织。

3. 建立组织职位

企业在确立了市场营销组织活动之后，还要建立组织职位，使这些组织活动有所归附。为此要考虑三个因素：

(1)职位类型。每个职位的设立都必须与市场营销组织的需要及其内部条件相吻合。通常，对职位类型的划分有三种方法。一种方法是把职位划分为直线型和参谋型。处于直线职位的人员行使指挥权，能领导、监督、指挥和管理下属人员；而处于参谋地位的人员则拥有辅助性权利，包括提供咨询和建议等。事实上，直线和参谋之间的界限往往是模糊的。一个主管人员既可能处于直线职位，也可以处于参谋职位，这取决于它所起的作用及行使的职权。另一种方法是把职位划分为专业型和协调型。显然，一个职位越是专业化，它就越无法起到协调作用。但是各个专业化职位又需要从整体上进行协调和平衡，于是，协调型职位就产生了。还有一种方法是把职位划分为临时型和永久型。严格来说，没有任何一个职位是永久的，它只是相对于组织发展而言较为稳定而已。临时型职位主要是在短期内企业为完成某项特殊任务而设立的，如组织进行大规模调整时就需要设立临时型职位。

(2)职位层次。职位层次是指每个职位在组织中地位的高低。比如，公共关系和销售管理的地位孰高孰低，对于不同的企业其情况就大不一样。这主要取决于职位所体现的市场营销活动与职能在企业整个市场营销战略中的重要程度。

(3)职位数量。一般的，职位层次越高，辅助性职位数量也就越多。很明显，市场调研经理在决策时就需要依靠众多市场分析专家和数据处理专家的帮助。

职位决策的目的，是把组织活动纳入各个职位。因此，建立组织职位时必须以市场营销组织活动为基础。企业可以把市场营销活动分为核心活动、重要活动和附属活动三种。核心活动是企业市场营销战略的重点，所以，首先要根据核心活动来确定相应的职位，而其他职位则要围绕这一职位依其重要程度逐次排定。职位的权利和责任的规定，主要体现在工作说明书上。工作说明书包括工作的名称，主要职能、职责、职权和此职位与组织中其他职位的关系等。如果企业决定设立新的职位，有关部门主管就要会同人事专家拟定一份关于该职位的工作说明书，以便于对应聘人员进行考核和挑选。

4. 设计组织结构

设计组织结构的首要问题是使各个职位与所要建立的组织结构相适应。从这个意义上讲，对组织结构的分析要注重外部环境因素(包括市场和竞争状况)，它强调组织的有效性。但是,市场营销经理总是希望节约成本和费用,当然还要考虑效率。通常,组织的效率表现为以较少的人员和上下隶属关系以及较高的专业化程度去实现组织的目标。这取决于两个因素:

(1)分权化程度,即权力分散到什么程度才能使上下级之间更好地沟通。

(2)管理宽度,即每一个上级所能控制的下级人数。假设每一个职员都是称职的,那么,分权化程度越高,管理宽度越大,则组织效率就越高。例如,一个20人的销售队伍仅由1～2名经理来管理,那么,这支队伍就有较大的决策自主权,从而可能会取得较好的营销效果。

5.配备组织人员

企业配备组织人员时必须为每个职位制订详细的工作说明书,从受教育程度、工作经验、个性特征及身体状况等方面进行全面考察。对再造组织来讲,还必须重新考核现有员工的水平,以确定他们在再造组织中的职位。此外,小组的人员配备也很重要。营销组织要想有效地发挥作用,必须使小组成员与其他成员之间保持协调的关系。

6.组织评价与调整

市场营销组织建立之后,市场营销经理就要经常检查、监督组织的运行状况,并及时加以调整,使之不断得到发展和完善。

综上所述,企业市场营销组织的设计大体要遵循以上六个步骤,这六个步骤相互联系、相互作用,形成一个动态有序的过程,保持市场营销组织的生机和活力。

第二节 市场营销计划

一、市场营销计划的形式

市场营销计划是根据企业的经营方针和策略,确定一定时期的销售目标,以及实现这一目标所要进行的各项营销活动的具体安排,并对其进行管理、控制和协调。市场营销计划是企业整体计划的一个组成部分,它在企业各项计划的制订和执行过程中起着十分重要的作用。现在,企业在制订营销计划时,每个重要的组织职能部门都会加入自己的意见,然后,这些计划会在组织中适宜的层次被执行。因此,在现实的市场营销活动中,营销计划在不同的层面上被执行。一般来说,市场营销计划大体表现为以下几种形式:

1.企业计划

企业计划是指企业的业务整体计划,有年度计划、中期计划、长期计划等,包括企业使命、成长战略、营销组合决策、投资决策和现行目标,但不包括各部门的活动细节。

2.部门计划

部门计划是指企业各部门在整个公司计划的指导下,制订的有关部门的成长和盈利率计划,包括市场营销战略、财务战略、生产战略和人事战略等,按时间安排分为短期、中期和长期计划。

3.业务计划

这是业务单位制订的独立的战略计划,确定自身在较为宽广的公司使命中的具体使命,如营销计划下的广告计划、营销调研计划、推销人员计划和利润计划等。

4.市场计划

市场计划是一种关于开发特定行业市场或地区市场并为之服务的计划,由各个市场经理负责制订。

5.品牌计划

这种计划主要是描述特定品牌的目标、战略和战术的计划，由各个品牌经理负责制订。

二、市场营销计划的内容及市场营销策划书的格式

市场营销计划要在详细分析当前宏观环境、竞争环境、市场需求状况和产品(服务)定价、分销渠道及促销因素等营销策略的基础上制订。

(一)市场营销计划的内容

市场营销计划必须简明扼要，不宜冗长。关键部分是怎样实现营销目标，个别辅助计划如广告、促销计划等可保持一定的篇幅。产品的销售计划、产品结构或服务应写得具体详细，营销战略与营销组合因素要有机联系。一份完整的市场营销计划应包括摘要、当前的市场营销状况、机会和问题分析、市场营销目标、市场营销战略、市场营销组合策略、行动方案、损益预算、营销控制及修正等方面的内容。下面以 L 公司 Z 品牌棒棒糖的营销计划为例具体说明各部分内容。

1.摘要

摘要是市场营销计划的开端，主要对企业的产品在市场上的销售形势与市场占有率情况以及本计划的目标市场份额和有关的建议简短地予以概述。

案例 16-3　L 公司 Z 品牌棒棒糖市场营销计划摘要：利用 3 年的时间，成为行业领导者，年销售额突破 10 亿元，市场占有率达到同类产品市场的 20%，销售费用率控制在 15%以内，全面覆盖乡镇市场，在消费中建立品牌忠诚。

2.当前的市场营销状况

这部分内容提供与市场、产品、竞争、分销以及现实环境有关的背景资料，主要包括如下几个方面：

(1)市场形势。应说明市场规模、市场占有率、年增长情况。可以根据过去几年的总销售量以及按市场细分和地区细分来列出上述数据。其中有关消费者需求、观念和购买行为的趋势等方面的数据也应列出。

(2)产品情况。说明近几年来各主要产品品种的价格、销售额和利润率等。

(3)竞争形势。说明谁是本企业的主要竞争者，每个竞争者在产品品质、特色、定价和营销组合等方面采取了哪些策略，以及关于竞争者的意图和行为的预见性分析等。

(4)宏观环境。说明企业面临的国际国内人口、经济、政治、文化等大的环境因素。

案例 16-4　Z 品牌当前的市场营销环境状况：

(1)宏观环境。据不完全统计，中国每年消费糖约 1370 万吨，美国每年消费糖 2680 万吨，中国每年的糖消费量仅略超美国的一半。随着中国经济的持续快速发展，人民生活水平的提高，对糖果的消费将在一个较长的时间内保持平稳较快增长。食品安全问题频出迫使国家加大了对食品行业的整治。

(2)市场需求。糖果市场分为传统型、功能型和胶母型糖果分市场。近几年，中国糖果市场每年以 8%～10%的速度增长，2010 年中国糖果市场规模约 650 亿元人民币。消费者购买棒棒糖的地点主要为超市、零售小商店等。不同城市因经济水平的差异，购买地有所差别。糖果高端市场中的人群将更倾向于购买休闲性和功能性糖果；购买棒棒糖的年龄层次有逐步提

高的趋势,有更多的年轻人和成年人购买棒棒糖。

(3)产品分类。糖果分为传统型糖果、功能型糖果和胶母型糖果三类。传统型糖果主要以水果硬糖、牛轧糖、低端奶糖及酥糖为主;功能性糖果通常是指含有生理活性物质、能够促进人体健康、具有某种调节人体特定生理机能、对人体不会产生不良反应的糖果,如雅客V9、金嗓子喉宝、益生菌巧克力等;胶母型糖果以绿箭、益达口香糖为主要代表。在糖果总体市场中,传统型糖果占比约45%,市场规模为293亿元;功能型糖果占比约35%,市场规模为227亿元;胶母型糖果占比约20%,市场规模为130亿元。L公司Z品牌的棒棒糖属于传统型糖果,虽然传统型糖果占整体糖果市场的比例有下降的趋势,但棒棒糖相比较同类的牛轧糖、低端奶糖及酥糖的增长速度在近几年有复苏趋势,得益于同领域多家企业对消费群体的开拓,使得更多的年轻人和成年人购买棒棒糖产品。

(4)竞争情况。在传统型糖果市场上,L公司的主要竞争对手及它们的市场份额如下:阿尔卑丝15%,雅客13%,大白兔12.5%,金丝猴11%,徐福记10.5%,台尚9%,上好佳8%,孚特拉5%,瑞士糖4%,其他12%。在棒棒糖市场上,Z品牌面临的主要对手是阿尔卑斯、不二家以及徐福记,当然还有其他的一些品牌。同时,还应该看到其他糖果种类对棒棒糖的替代。以上各种糖果品牌已经得到了消费者的认可,知名度较高,各自也有较高的市场份额。2011年年底,雀巢收购徐福记后将改变原有的市场竞争格局。

3.机会和问题分析

机会和问题分析即SWOT分析,它根据对企业营销环境状况和资源状况的分析发现企业面临的主要机会和威胁,找出自身具有的优势和劣势,具体包括:

(1)对企业外部机会和威胁的分析。营销人员在综合分析外部宏观环境和微观环境后找出企业面临的有利因素和不利因素。

(2)对企业内部优势与劣势的分析。通过对内部营销、财务、生产和组织能力等方面的分析,说明企业资源、能力方面的基本特征。

(3)通过对机会与威胁、优势与劣势的分析,确定计划中必须强调、突出的主要方面,对这些问题做出结论,帮助企业找机会、避威胁、减风险、求效益。

案例16-5 L公司Z品牌棒棒糖的SWOT分析:

机会:稳定、较快增长的经济环境提高了老百姓的生活水平,糖果市场整体保持较快的速度增长,有更多的年轻人和成年人会购买棒棒糖这一本属于儿童消费的产品。国家对食品行业的整治有利于重塑消费者的信心和提高行业集中度。

威胁:在未来几年里,市场竞争将会更为激烈,对市场的争夺将由一二线城市蔓延至三四线城市。

优势:L公司为国际知名品牌,实力雄厚,进入中国的时间长,市场运作经验丰富,特别是对销售网络的渗透力非常强;Z品牌经过几年的运作,在棒棒糖市场中位居前列,具有较高的知名度,产品系列较为丰富。

劣势:Z品牌的产品系列还不够完善,品牌忠诚度还不够高,品牌历史相对较短。

4.市场营销目标

市场营销目标是营销计划的核心部分。它指明了企业未来的主要投资领域和产品类型,企业在销售量、利润、市场份额、企业形象、产品开发和客户服务等方面要达到的目标等。为了使其更加有效,必须做到以下几点:

(1)各个目标必须以能测度的、定量的形式进行表述,并有一定的完成期限。

(2)目标应按层次进行安排。

(3)各目标应保持内在的一致性。

(4)这些目标是切实可行的,同时又具有足够的挑战性,能激发员工的最大努力。

案例 16-6　Z 品牌的市场营销目标:

(1)财务目标:未来 3 年每年销售收入保持 15%的增速,到 2014 年达到 10 亿元,销售利润率达到 30%,销售费用率控制在 15%以内,税后净利润超 1 亿元。

(2)市场营销目标:市场占有率在同类产品中达到 20%;完善产品组合,形成夹心系列、水果系列、牛奶系列三大系列,覆盖儿童、年轻人、成年人市场;成为市场领导者。

5. 市场营销战略

市场营销战略的制订,是企业细分市场、选择目标市场、进行市场定位的过程。企业对品牌的经营首先应有明确的目标市场,根据目标市场最关心的需求点进行定位,定位时还应考虑与竞争对手的差异化。

案例 16-7　Z 品牌的市场营销战略:

(1)市场细分:青少年消费者,Z 品牌的主要消费群体;大学生消费者,儿童节消费 Z 品牌,回味童年;成人消费者,追求时尚,张扬活力。

(2)目标市场:以青少年为主要目标市场,兼具儿童市场、希望回味童年时光的成年人市场。

(3)市场定位:青少年是充满着梦想的一个群体,将品牌形象定位于“梦想、梦幻、个性、时尚、张扬”。

6. 市场营销组合策略

市场营销组合策略即企业根据自身的定位在产品、价格、分销渠道和促销手段等方面准备采取的具体策略,即 4P 策略。

案例 16-8　Z 品牌市场营销组合策略:

(1)产品。推出夹心系列、水果系列、牛奶系列三大系列及荔枝味、草莓味、香橙味、苹果味、蓝莓味、柠檬味等几十种口味的产品组合,满足不同消费者的口味需求;推出挂条装和袋装,填补该方面的空白;推出“双果恋”系列,面向情侣市场。

(2)价格。制定相对较高的价格,以符合高端品牌定位,直接掌控终端零售价格,所有终端零售价格保持一致。

(3)分销渠道。借助 L 公司在中国市场多年的渠道运作经验,在保持原来以流通批发和 KA 卖场为核心的渠道模式的基础上,逐步延伸到区域性 A 类超市、B 类超市、C 类超市、便利店、糖果店、校点、网吧以及其他特殊渠道的复杂性渠道结构体系,一线城市采取二级渠道模式,二线城市采取三级渠道模式,三四线城市采取四级渠道模式;采取密集型的分销模式,最大限度地提高产品覆盖率,通过提供赞助抢占收银台附近的最显眼位置。

(4)促销手段。邀广受年轻人喜欢的棒棒堂王子(邱胜翊)代言 Z 品牌,拍摄系列充满梦幻和梦想的广告;借助电视、网络进行传播;开设 Z 品牌专题网站;打造 Z 品牌消费者俱乐部;通过组织竞赛活动提高品牌忠诚度;赞助学校活动,开展公益活动,以提高品牌认可度;赞助销售终端棒棒糖容器,张贴宣传画,提高品牌的曝光率。

【小知识】KA 卖场:KA 即 Key Account,中文意为“重要客户”,对于企业来说 KA 卖场就是营业面积、客流量和发展潜力等三方面具备显著优势的大终端。

7.行动方案

它包括应该做什么、谁来做、何时做、需要多少成本以及达到什么要求等,须全盘考虑市场营销战略实施过程中涉及的各个因素、每个环节及所有内容。

案例16-9 Z品牌推广行动方案:

2009年12月:由市场部联系电视、网络、平面媒体的档期安排,确定2010年4月中旬开始大规模广告投放。

2010年1月:由公关部负责联系邱胜翊经纪人,协商代言相关事宜,1月31日前需确定下来。

2010年2月:由广告部负责联系广告公司,准备前期的广告拍摄事宜,2月20日前须完成广告创意策划;3月10日前完成广告拍摄。

2010年3月:3月30日前由信息部完成Z品牌主题网站功能和基本内容的构建;由市场部、公关部协助做好栏目内容的策划与主题活动策划。

2010年4月:4月15日前完成广告片的后期制作、平面广告的拍摄。

2010年4月16日—5月15日为电视广告、地铁广告、公交广告投放时间,其间,网站正式对外营运;5月1日—8月1日为搜索引擎推广时段;4月16日—7月16日为网络广告集中投放时段。

2011年年底与《梦幻西游》合作联手推出“梦享真滋味,梦幻一起来”活动。

8.损益预算

损益预算概述计划所预期的财务收益情况。市场营销人员要根据行动方案编制一个支持该方案的预算,此预算基本上为一项预算的盈亏报表。在收入方面,列出预估的产品销售量和平均单价;在支出方面,列出生产成本、实际分配成本和营销费用以及细节项目。收支之差便是预计的利润或亏损。

9.营销控制与修正

在市场营销计划目标的实施过程中,应当拥有一个适当的监督和控制系统来评价业务表现,并在需要时提出修正意见,这个监督和控制系统应包括在编写好的计划中。编写好的计划是将计划内容详细地传达给执行计划的人的文件,它应该只包括需要沟通的信息,多余的和不相关的信息应该排除在外。由于市场会受到不能控制的外部力量的影响,即使是最好的市场营销计划也有偏离市场的时候。如果有一个合适的市场营销计划以及对市场营销计划过程的理解,就能够适应充满竞争以及不断变化的市场环境,使企业各级管理层能预先考虑可能出现的问题,并及早准备防范措施。

(二)市场营销计划书的格式

根据市场营销计划的内容,可参考下列格式编制市场营销计划书(表16-3)。

表16-3 市场营销计划书

序号	内容	页码
1	前言	
2	执行提纲	
3	当前状况分析	
4	营销战略	

续表 16-3

序　　号	内　　容	页　　码
5	营销目标	
6	营销策略	
7	时间安排	
8	预算	
9	损益核算	
10	组织执行与控制	
11	活动内容的更新程序	

三、市场营销计划的实施

市场营销计划的实施是将市场营销计划转化为行动方案的过程，并保证这种任务的完成，以实现计划的既定目标。一项优秀的市场营销计划只有得以有效实施才能收到预期效果，而有效实施营销计划首先需要确定实施过程，另外还必须具备执行营销计划的技能。

(一)市场营销计划的实施过程

市场营销计划的实施过程包括如下几个方面：

1. 制订行动方案

为了有效地实施市场营销计划，必须制订详细的行动方案。这个方案应该明确市场营销计划实施的关键性决策和任务；制订实施计划的步骤、方法、措施；合理分配营销活动的时间、资金和人员配置等，力求把企业的人力、财力和物力有效地投入到营销活动中。

2. 编制计划实施时间表

行动方案制订以后还需要定出各项任务的执行时间进度，配合各项具体计划的实施。

3. 确定执行计划的管理人

不同的市场营销计划要有不同性格和能力的管理者。“拓展型”计划要求具有创业和冒险精神、有魄力的人员去完成；“维持型”计划要求管理人员具备组织和管理方面的才能；而“紧缩型”计划则需要寻找精打细算的管理者来执行。因此，市场营销计划制订后，要根据不同类型的计划确定合适的管理人。

4. 明确市场营销计划的执行职责

明确市场营销计划的执行职责即确定各部门经理及每位员工的职责，把计划实施的任务分配给具体的部门和责任人员，并规定明确的职权界限和信息沟通渠道，协调企业内部的各项决策和行动。

5. 采取正确的市场营销计划实施方法

在市场营销计划的实施过程中，采取滚动式计划法与应变计划法是比较实用的。所谓滚动式计划法，是将计划分为若干个时期，根据一定时期的实施情况和环境变化，对以后各期计划的内容进行适当的修改、调整，并向前推进一个新的实施期。这种方法的特点是：远近结合、近细远粗、逐期滚动。这样既可以使计划保持严肃性，又具有适应性和现实性，有利于保持前后期工作的衔接协调，也可以使市场营销计划能够适应市场的变化，增强对外部环境的适应能力。所谓应变计划法，也称应急计划法，是指当客观情况发生重大变化、原有计划失去作用时，企业为适应外部环境变化而采用备用计划的方法。

总之,只有通过制订详尽的执行方案,规定和协调各部门及人员的活动内容,编制详尽周密的项目时间表,明确各部门经理及每位员工的职责,充分调动每个人的积极性,使他们的才能得到极大的发挥,才可能使一项好的市场营销计划得以顺利实施,并取得预期效果。

(二)市场营销计划的执行技能

有效的市场营销计划的执行需要有四种技能:

1.发现和诊断问题的技能

当市场营销计划的执行结果未达到其目标时,就需要对计划和执行之间的内在关系进行诊断:究竟是计划不当造成的还是执行不当造成的?计划方面存在的具体问题是什么?执行方面存在的具体问题是什么?如何解决?

2.对企业层次存在的问题做出评估的技能

市场营销计划执行的问题可能出现在三个层次上:一是营销职能是否得到了有效发挥。例如,企业如何调动经销商的工作积极性,如何使广告宣传更有创造性,销售人员的销售方法是否正确等。二是营销规划是否将各种营销职能有机地结合起来了。如企业是否将各种营销职能整合成了协调统一的整体,能否把产品有效地推向市场。三是市场营销政策是否有利于市场营销计划的执行。比如,企业是否制订了促使全体员工树立以顾客为中心的观念的政策等。

3.市场营销计划执行和评估技能

市场营销计划执行和评估技能包括分配技能、组织技能和相互配合技能。分配技能指营销经理在执行各项营销职能、方案和政策时合理分配时间、费用和人员的技能。例如,举办一次展销会需要多少费用、多少时间、多少人员,在租赁场地、传播信息、对外联系等细节方面的费用、时间和人员等如何分配等。组织技能指为完成市场营销计划而建立一个有效工作组织的技能,包括正式的组织和非正式的组织。相互配合技能指营销人员借助于其他力量来完成自己工作的能力。其他力量既包括企业内部的各种力量,如新产品开发部门、生产部门、财务部门、人事部门、市场研究部门等,也包括企业外部的各种力量,如市场研究公司、广告公司、经销商等。

4.评价技能

市场营销人员还需要运用监控技能来评价营销活动的结果,及时得到反馈信息。

以上技能如若发挥良好就能获得良好的市场业绩,但这必须建立在优秀的市场营销计划基础上,所以企业应当在营销计划和营销执行方面都力争有完美表现。

第三节　市场营销控制

一、年度计划控制

年度计划控制是对企业在年度计划中制订的销售、利润和其他目标的实现情况加以控制。这是一种短期的及时控制,由高中层经理具体负责。这种控制模式适用于企业组织的每一个层次。最高管理层建立一年的销售目标和利润目标后,这些目标被分解成许多个较低层次的具体目标,每个具体部门、产品经理、地区经理都要完成规定的目标。做好年度计划控制首先要明确年度计划控制的目的,其次要运用有效的控制方法按步骤进行控制,才能达到预期的控制效果。

(一)年度计划控制的主要目的

年度计划控制的目的是保证企业实现它在年度计划中所制订的销售、利润及其他目标。这些目的可以细分为：

(1)促使年度计划产生连续不断的推动力。

(2)控制的结果可以作为年终绩效评估的依据。

(3)发现企业潜在问题并及时予以妥善解决。

(4)高层管理人员可借此有效地监督各部门的工作。

(二)年度计划控制的步骤

年度计划控制包括四个主要步骤：

1.制订标准

本步骤即管理部门确定本年度各个季度(或月份)的目标，作为评价考核的基点，如制订销售目标、利润目标等。

2.绩效测量

绩效测量即监控营销计划的执行过程和取得的成绩。

3.因果分析

因果分析即为偏离计划特别是严重偏离计划的现象找出原因。

4.改正行动

改正行动即管理部门采取正确的行动来缩小目标和实际之间的差距，弥合目标和实际之间的缺口。必要时改变行动方案，甚至改变目标本身。

(三)年度计划控制的方法

管理者往往采用五种绩效工具以核对年度计划目标的实现程度，即销售分析、市场占有率分析、市场营销费用与销售额比率分析、财务分析和基于市场的评分卡分析。

1.销售分析

销售分析就是对计划销售额与实际销售额之间的差距进行度量和评估。主要利用两种具体方法，即销售差距分析法和地区销售量分析法。

(1)销售差距分析。销售差距分析用于评估造成销售业绩缺口的不同因素及所引起的相应影响程度。

案例 16-10　一家企业在年度计划中规定，某种产品第一季度出售 4000 件，每件 1 元，总销售额 4000 元。在该季结束时，只销售了 3000 件，每件0.8元，即实际总销售额为 2400 元，比目标销售额减少了 1600 元，占预期销售额的 40%。显然其中既有价格下降方面的原因，也有销售量减少方面的原因。问题是，绩效的降低有多少归因于价格下降，有多少归因于销售数量的下降？分析计算方法如下：

因降价造成的差额＝(1－0.8)×3000＝600(元)

因售价下降减少的收入占销售绩效差额的比率＝600/1600×100%＝37.5%

因销售量下降引起的差额＝1×(4000－3000)＝1000(元)

因销售量下降减少的收入占销售绩效差额的比率＝1000/1600×100%＝62.5%

可见，约有 2/3 的销售差额归因于未能实现预期的销售数量，企业应该仔细检查为什么不能达到预期的销售量。

(2)地区销售量分析。地区销售量分析是对未能实现预期销售的特定产品、地域以及其他因素进行考察。

案例 16-11 某企业在三个地区销售产品,其预期销售额分别为 1500 元、500 元和 2000 元,总额 4000 元。实际销售额分别是 1400 元、525 元和 1075 元。就预期销售额而言,第一个地区有 7%的未完成额;第二个地区有 5%的超出额;第三个地区有 46%的未完成额。

主要问题显然在第三个地区。销售经理可对该地区进行检查,弄清绩效差的原因:是该地区的销售代表工作不努力或遇到了特殊问题,还是有主要竞争者进入该地区,或者是该地区居民的收入下降等。

除了横向比较,销售经理还可以通过比较各销售区域在不同时段的销售额来考察区域市场销售的变化,如当年华南区域的销售额为 1600 元,上年的销售额为 800 元,翻了一倍;而华北市场当年的销售额为 900 元,但上年的销售额为 1000 元,反而下降了 10%,则明显存在异常,应深入调查其原因。

2. 市场占有率分析

市场占有率显示企业在市场竞争中的相对地位与实力,它揭示了本单位的业绩与竞争对手相比究竟如何。正常情况下,如果企业的市场占有率升高,表明它较其竞争者的情况更好;如果下降,则说明其相对于竞争者绩效较差。市场占有率分析指标一般采用以下几种:

(1)总体市场占有率。以企业的销售额占全行业销售额的百分比来表示。使用这种测量方法必须作两项决策:第一是要以单位销售量或销售额来表示市场占有率。第二是正确认定行业范围,即明确本行业所应包括的产品、市场等。

(2)服务市场占有率。以企业销售额占企业所服务市场的百分比来表示。服务市场为:一是企业产品最适合的市场;二是企业市场营销努力所及的市场。公司的服务市场占有率总是大于其总体市场占有率。因此,公司的首要任务是尽力在服务市场处于领先地位,然后再不断地增加产品线和销售地区,扩大服务市场。

(3)相对市场占有率。指企业的市场占有率与最大竞争对手的市场占有率的比值。相对市场占有率上升,说明企业的市场增长速度快于最大竞争对手。如某企业有 30%的市场占有率,其最大的三个竞争者的市场占有率分别为 20%、10%、10%,则该企业的相对市场占有率为 75%(30/40×100%)。一般情况下,相对市场占有率高于 33%即被认为是强势的。

了解了企业市场占有率之后,尚需正确解释市场占有率变动的原因。企业可从产品大类、顾客类型、地区以及其他方面来考察市场占有率的变动情况。一种有效的分析方法,是通过顾客渗透率 C_P、顾客忠诚度 C_L、顾客选择性 C_s 以及价格选择性 P_s 四因素进行分析。所谓顾客渗透率,是指从本企业购买某产品的顾客占该产品所有顾客的百分比。所谓顾客忠诚度,是指顾客从本企业所购产品占其所购同种产品总量的百分比。所谓顾客选择性,是指本企业一般顾客的购买量相对于其他企业一般顾客的购买量的百分比。所谓价格选择性,是指本企业平均价格同所有其他企业平均价格的百分比。这样,全部市场占有率 Tms 就可表示为:

$$Tms = C_P \cdot C_L \cdot C_s \cdot P_s$$

3. 市场营销费用与销售额比率分析

企业可将销售额与所支付的成本联系起来进行分析,这要求企业以较小的支出取得较大的销售业绩。年度计划控制要求在实现销售目标时,各项营销费用不超过预算标准。

案例 16-12 某企业营销费用占销售额的比率为 30%,其中所包括的 5 项费用占销售额的比率分别为：人员推销费12%、广告费8%、营业推广费5%、营销调研费2%、营销行政管理费3%。管理者应该对这些费用加以分析，并将费用率控制在一定的限度内。如果变化幅度过大，或是上升速度过快，以致接近或超出控制上限，应立即采取措施。有时即使费用率落在安全控制范围之内也应加以注意。如图16-11所示，从第9天起费用率就逐步上升，如能及时采取措施，则不至于上升到超出控制上限的地步。

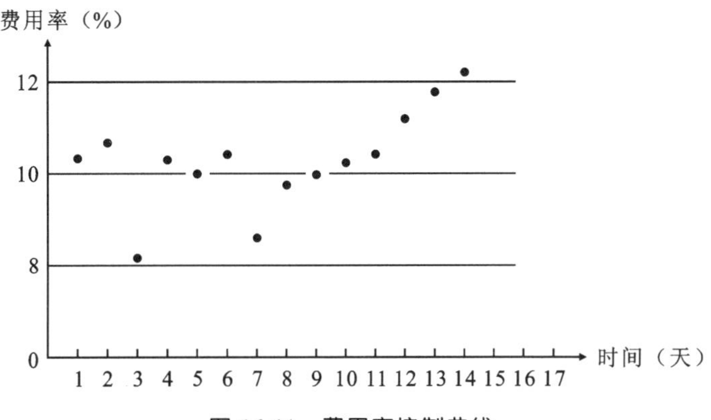

图16-11 费用率控制曲线

4.财务分析

财务分析用来判断影响企业资本净值回报率的各种因素。主要因素如图16-12所示。要提高资本净值回报率，企业就必须提高净利润与总资产的比率，或者提高总资产与资本净值的比率。企业应该分析其资产的构成（即现金、应收账款、库存以及厂房和设备），并考察是否能改善资产管理。

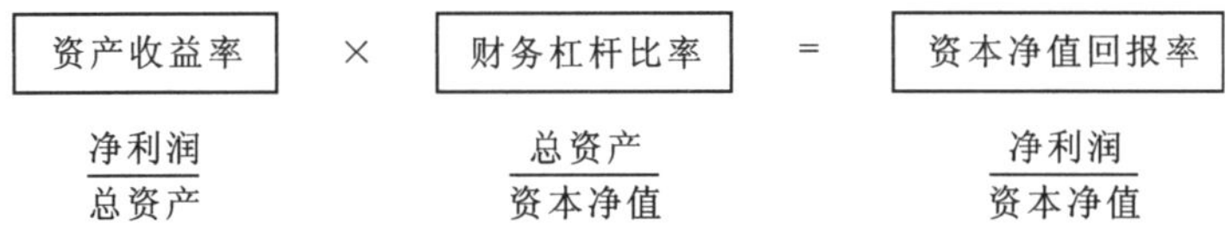

图16-12 资本净值回报率的财务模型

市场营销管理人员应就不同的费用对销售额的比率和其他的比率在一个总的财务框架中进行全面的财务分析，以决定企业如何以及在何处展开活动，获得盈利。如今，市场营销人员正在更多地运用财务分析来寻找盈利性策略，而不仅仅是加强销售。

5.基于市场的评分卡分析

以上所述的年度计划控制所采用的衡量标准大多是以财务分析和数量分析为特征的，即它们基本上是定量分析。定量分析虽然重要但并不充分，因为它们没有对市场营销的发展变化进行定性分析和描述。因此，企业需要建立一套系统来追踪其顾客、经销商以及其他市场营销系统参与者的态度。这就需要采取基于市场的评分卡来分析。这项分析主要包括顾客绩效评分卡分析和利益有关者绩效评分卡分析。

（1）顾客绩效评分卡分析。顾客绩效评分卡记录了企业历年来以顾客为基础的工作表现，包括以下要素：新顾客、不满意顾客、流失顾客、目标市场的认知、目标市场的偏好、相关的产品质量、相关的服务质量等。如果通过分析发现顾客对本企业和产品的态度发生了变化，企业管理者就应较早地采取行动，争取主动。

（2）利益有关者绩效评分卡分析。利益有关者绩效评分卡记录与企业业绩有重要关系和影响的各类人员的满意度，包括企业员工、供应商、银行、分销商、零售商和股东等。当某一或某些群体的不满意度增加时，就要采取改进行动。

二、盈利能力控制

盈利能力控制是对不同产品、地区、顾客群、分销渠道和订货量的盈利率加以分析和控制。企业必须对产品、地域、顾客群体、细分市场、分销渠道和订货量的盈利能力进行分析，这方面的分析所获得的信息有助于管理人员决定各种产品或市场营销活动是扩展、减少还是取消。

(一)盈利能力分析的步骤

盈利能力分析可以通过以下步骤进行：

1. 确定职能性费用

将销售产品、广告、包装、运输等活动发生的费用全部列出。

(1)直接推销费用，包括直销人员的工资、奖金、差旅费、培训费、交际费等。

(2)促销费用，包括广告媒体成本、产品说明书印刷费用、赠奖费用、展览会费用、促销人员工资等。

(3)仓储费用，包括租金、维护费、折旧、保险费、包装费、存货成本等。

(4)运输费用，包括托运费用等。如果是自有运输工具，则要计算折旧费、维护费、燃料费、牌照税、保险费、司机工资等。

(5)其他市场营销费用，包括市场营销管理人员工资、办公费用等。

上述成本连同企业的生产成本构成了企业总成本，直接影响到企业的经济效益。其中，有些与销售额直接相关，称为直接费用；有些与销售额并无直接关系，称为间接费用。有时二者很难划分。

2. 将职能性费用分摊到各个营销实体

测量出每一渠道的销售所发生的职能性支出后，要与其营销努力程度作一比较。例如，总推销费用是3000元，销售访问160次，平均每次访问的费用为18.75元。商场广告费用总额是2000元，一共做了50个广告，平均每个广告的成本为40元。

案例16-13 某企业的分销渠道营销损益表如表16-4所示，尽管便利商店不如百货商店的销售额高，但其盈利能力却远远高于百货商店，而专卖商店则亏损800元。通过渠道损益分析所得结果可作为企业进行分销渠道决策的重要依据。

表16-4 某企业分销渠道损益表

项目 \ 渠道	百货商店	专卖商店	便利商店	总额
销售收入(元)	40000	10000	20000	70000
销售成本(元)	29500	7500	14000	51000
销售毛利(元)	10500	2500	6000	19000
营业费用(元)				
推销(元)	4000	1300	400	5700
广告(元)	1650	620	350	2620

续表 16-4

项目＼渠道	百货商店	专卖商店	便利商店	总额
物流(元)	3500	1380	900	5780
费用总额(元)	9150	3300	1650	14100
净利润(损失)(元)	1350	−800	4350	4900
销售利润率(%)	3.4	—	21.8	7.0

从表 16-4 中可知，造成专卖商店亏损的原因主要是营业费用过高，如果采取相应措施后仍未能扭转亏损，则应舍弃这条渠道。

3. 提出改进方案

改进方案主要是对以下问题进行回答：①各地区的市场潜力怎样，本企业的市场占有率及竞争对手的情况怎样；②各地区市场在全国同行市场中的影响如何；③企业对各地区的市场营销策略是否适宜。

(二)计算盈利能力的考核指标

盈利能力的考核指标主要包括以下几个方面：

1. 销售利润率

一般来说，企业将销售利润率作为评估企业获利能力的主要指标之一。销售利润率是指利润与销售额之间的比率，表示企业每销售 100 元获得的利润，其公式是：

销售利润率＝(本期利润/销售额)×100%

2. 资产收益率

资产收益率指企业所创造的总利润与企业全部资产的比率。其公式是：

资产收益率＝(本期利润/资产平均总额)×100%

3. 净资产收益率

净资产收益率指税后利润与净资产的比率。净资产是指总资产减去负债总额后的净值。这是衡量企业偿债后的剩余资产的收益率。其计算公式是：

净资产收益率＝(税后利润/净资产平均余额)×100%

4. 资产管理效率

资产管理效率包括：

(1)资产周转率。该指标是以产品销售收入净额除以资产平均余额而得出的。其计算公式是：

资产周转率＝产品销售收入净额/资产平均余额

该指标可以衡量企业全部投资的利用效率，资产周转率高说明投资的利用效率高。

(2)存货周转率。该指标是指产品销售成本与存货(指产品)平均余额之比。其计算公式是：

存货周转率＝产品销售成本/存货平均余额

这项指标说明某一时期内存货周转的次数，从而考核存货的流动性。存货平均余额一般取年初和年末余额的平均数。一般说来，存货周转次数越多，说明存货水准越低，周转越快，资金使用效率越高。

三、效率控制

效率控制就是运用一系列指标对营销的各项工作进行日常管理。假如盈利能力分析显示出企业关于某一产品、地区或市场所得的利润很少,那么紧接着的下一个问题便是制订有效的措施,以管理与营销工作相联系的销售队伍、广告、促销及分销等营销活动提高营销效率。

(一)销售人员效率控制指标

企业各地区的销售经理要记录本地区内销售人员效率的几项主要指标,包括:

(1)每个销售人员每天平均的销售访问次数。

(2)每次销售访问的平均访问时间。

(3)每次销售访问的平均收益。

(4)每次销售访问的平均成本。

(5)每次销售访问的招待成本。

(6)每百次销售访问后订购的概率。

(7)每期间的新顾客数。

(8)每期间丧失的顾客数。

(9)销售成本对总销售额的百分比。

(二)广告效率控制指标

广告效率是非常难以衡量的,主要考核指标有:

(1)每一媒体类型、每一媒体工具接触每千名购买者所花费的广告成本。

(2)顾客对每一媒体工具注意、联想和阅读的百分比。

(3)顾客对广告内容和效果的意见。

(4)广告前后对产品态度的衡量。

(5)受广告刺激而引起的询问次数。

企业高层管理可以采取若干步骤来改进广告效率,包括进行更加有效的产品定位;确定广告目标;利用电脑来指导广告媒体的选择;寻找较佳的媒体;以及进行广告后效果测定等。

(三)促销效率控制指标

促销效率控制指标主要有:

(1)由于优惠而销售的百分比。

(2)赠券收回的百分比。

(3)因示范而引起询问的次数。

企业还应观察不同销售促进手段的效果,并使用最有效果的促销手段。

(四)分销渠道效率控制指标

分销渠道效率控制主要是对企业存货水准、仓库位置及运输方式进行分析和改进,以达到最佳配置并寻找最佳运输方式和途径。主要评价指标包括:

(1)商品库存总量。

(2)入库和出库量。

(3)库存周转率。

(4)每条渠道单位产品分销成本等。

效率控制的目的在于提高人员推销、广告、销售促进和分销等市场营销活动的效率,市场营销经理必须重视若干关键比率，这些比率表明上述市场营销组合因素的有效性以及应该如何引进某些资料以改进执行情况。

四、战略控制

市场营销战略控制是对企业的发展战略及其与市场营销环境的适应程度加以考核和控制。在复杂多变的市场环境中制订的战略目标、政策和措施有可能出现不适应或过时现象，有必要重新评估和控制，使之与变化的环境相适应。其主要考核工具有营销效益等级考核、营销审计、营销杰出企业考核和道德与社会责任考核。

（一）营销效益等级考核

营销效益等级是通过一个企业或部门对营销导向的五个主要属性所展示的程度反映出来的。五个主要属性是：顾客哲学（满足顾客的需求和需要）；综合营销组织（与其他关键部门进行营销组合）；足够的营销信息（及时进行合适的营销调研）；战略目标（开发正式的营销计划和战略）；实施效率（有效灵活地运用营销资源）。每种属性都是可以衡量的。绝大多数企业或部门的营销效益评价分数都在一般到良好之间，这表明它们的总经理能发现需要改善市场营销工作之处。若属性的得分低，则表明这种属性应引起重视。

（二）营销审计

通过市场营销效益审查而发现市场营销弱点的那些企业，应进行更全面细致的研究，可以运用营销审计这一重要工具来进行。营销审计的目的在于确定出现问题的领域，发现机会，提出行动计划，以便提高市场营销业绩。关于营销审计的具体内容将在第十七章讲解。

（三）营销杰出企业考核

营销杰出企业考核是对营销实践最佳的优秀企业进行评价。考核的主要指标有经营导向、产品质量、市场细分状况、产品对顾客需要的满足程度、营销组织对市场环境的适应程度、竞争战略、企业在竞争中的地位、分销渠道的建立、与分销渠道的关系、利益相关者的满足状况等。

（四）道德与社会责任考核

企业在市场营销活动中不能仅仅考虑自身利益，还要考虑遵守社会道德准则和承担社会责任。企业应当采用和发布书面的道德准则，建立道德行为规范，完全遵守国家法律和社会公认的道德准则。

本章小结

企业的市场营销活动是涉及众多因素的复杂的系统工程，需要许多的人和机构去完成。要使市场营销活动形成协调统一的整体，以达到有效作用于市场的目的，就必须对市场营销的全过程实施有效管理，即通过计划、组织与控制过程发挥作用，使企业的各个部门、各种资源相互协调，有机配合。市场营销组织的演变主要分五个阶段：单纯的销售部门、兼有附属职能的销售部门、独立的市场营销部门、现代市场营销部门和现代市场营销企业。市场营销组织的类型分专业化营销组织和结构化营销组织两种。市场营销设计是每一位市场营销经理的根本任务之一。设计重点主要是在组织结构和人员配备方面的合理安排。

市场营销计划不仅是企业部门计划中最重要的计划之一，而且，其他各计划都要涉及市场营销计划的内容。其主要形式有企业计划、部门计划、业务计划、市场计划和品牌计划。在编制营销计划时一般要考虑:摘要、当前的市场营销状况、机会与问题分析、市场营销目标、市场营销战略、市场营销组合策略、行动方案、损益预算、营销控制及修正等方面的内容。

在市场营销实践中,连接市场营销计划和市场营销绩效的是计划的实施过程。市场营销计划的实施是将市场营销计划转化为行动方案的过程,并保证这种任务的完成,以实现计划的既定目标。一项优秀的市场营销计划只有得以有效实施才能收到预期效果,而有效实施营销计划首先需要确定实施过程,另外还必须具备执行营销计划的技能。

由于在市场营销计划的执行过程中会出现许多意外情况,所以,市场营销的成功与否离不开对市场营销计划执行情况的监测、检查,即有效的市场营销控制。市场营销控制有四种类型:年度计划控制、盈利能力控制、效率控制和战略控制。

关键概念

市场营销计划 Marketing Planning　　市场营销组织 Marketing Organization

战略控制 Strategic Control　　计划控制 Planning Control

复习思考题

1. 如何理解市场营销组织的演变?
2. 市场营销计划的主要内容有哪些?
3. 市场营销计划的实施中存在的问题有哪些?
4. 如何建立市场营销组织职位?
5. 分析市场占有率变动原因的主要方法有哪些?
6. 如何理解市场营销的成本构成?

【案例分析】

A 公司开拓广东市场营销策划

一、公司背景

A 公司老板杨总原来是一名生物研究所的研究员,他开发出来一种氨基酸产品可用于水体中的藻类的培育,另外他还开发出了一种益生菌类产品,可用于调节水质,让水质更清洁。他下海后成立了 A 公司,注册地为广州,准备将自己的研究成果产业化。但由于他原来是做技术的,对管理和营销的技巧并不熟悉,希望你给他做一个策划,帮助他打开市场。由于杨总原来在生物研究所的关系,他成功地为他的新公司申请到了一个博士后工作站的机会。

二、产品介绍

1. 氨基酸产品

在广东的沿海地区,水产养殖业非常发达,特别是虾类的养殖占到了较大的比重,虾的养殖对水体的要求较高,由于幼虾无法直接吃虾饲料,所以它们必须靠吃水里的藻类来获得营养,而杨总的氨基酸产品就可以培育水体中的藻类,这些藻类通过直接吸收氨基酸而获得迅速成长。该产品的市场通用名为育藻素或肥水产品。杨总的氨基酸产品为流质状,每亩塘每月的平均用量在 10 千克左右。该产品的生产成本为

13 元/10千克。

2. 益生菌类产品

生物的肠道及体表栖息着数以亿计的细菌，有的是对生物有害的，被人们称为有害菌；有的是对生物有益的，被称为有益菌。有益的细菌或真菌主要有乳酸菌、双歧杆菌、放线菌、酵母菌等。益生菌可直接作为食品添加剂服用，以维持肠道菌丛的平衡，被认为是一种能够提高生物免疫力的保健品。杨总的益生菌类产品用在水产养殖中既可以调节水体水质，分解水体中的有机物，又可以增强水产品的免疫力。该产品的生产成本为 20 元/10 千克。

三、产品最终用户及市场分布介绍

产品的最终用户主要是水产养殖的农户，他们大部分是当地的农民，文化层次较低，也有部分是从水产学校毕业的中专生，在当地承包鱼塘进行水产养殖。大部分农户的养殖面积不是很大，十亩以内，也有部分农户的养殖面积达到甚至超过百亩。广东的水产养殖主要集中在沿海一带，最为密集的水产养殖基地有江门的新会、台山，珠海的斗门，中山的三角、横栏、民众、坦洲、神湾，阳江，湛江的雷州半岛，汕尾。

四、目前的市场竞争状况

目前市场上已经有较多的育藻素类产品和益生菌类产品。经过农户试用的效果反应，由于 A 公司的育藻素类产品采用的是液态状，所以肥水的见效非常快，但持久性不够好，而竞争对手的产品有些是采用固体状的，持久性要好一些，不过农户对 A 公司的育藻素类产品总体评价比较高。

农户认为 A 公司的益生菌类产品和一般竞争对手的差不多，比市场的高端产品效果要差一些。

育藻素类产品中的市场最低价大概为 18 元/10 千克，最高价为 45 元/10 千克；益生菌类产品的最低价为 30 元/10 千克，最高价的为 55 元/10 千克。

五、其他背景资料

(1)租赁一台 10 吨的车送货，在珠三角需要 1800 元一趟，若超出珠三角但在广东省范围内则要按每 100 千米加 100 元计算，如若到湛江，来回 1000 多千米，则每趟要 2800 元。

(2)A 公司的产品主要用于虾的养殖，珠三角地区以江门的新会地区、珠海的斗门地区虾的养殖面积最大，其中新会地区的三江、睦州、大鳌、古井、沙堆最为集中。

(3)对育藻素类产品的需求高峰期在冬季寒冷时期和 4～5 月，益生菌类产品需求的高峰则是在 2～3 月和 8～9 月，当然，其他时间也都会有需求。

(4)目前大部分企业采用的是二级渠道，在每个区域找一个批发商，由这个批发商负责将产品推销给零售终端——水产养殖用品、药、饲料店。这些零售终端的老板大部分是农民，一部分老板有自己的养殖塘，一般会雇佣一个技术员，专门解决虾养殖技术方面的问题；若老板本身是水产学校毕业的，就不需要技术员了。

(5)A 公司在广州天河已经建了一个工厂，不过目前规模还不是很大，最大月产能为 100 吨(育藻素＋益生菌)。

思考题

1. 您认为杨总应该以哪个区域市场作为突破口？采取怎样的定位？请为 A 公司制订未来三年的发展战略。

2. 请你为 A 公司策划一个开拓广东市场的营销方案。

第十七章　市场营销审计

本章学习提示

通过本章的学习，你应该能够：了解市场营销审计的工作程序；掌握市场营销审计的基本方法；熟悉市场营销审计的原则和内容；学会利用市场营销审计对营销活动中的问题进行检查和评估。

导引案例

洋河蓝色经典：成长的烦恼

数据显示，2004年洋河年销售总额为0.741亿元，而到了2010年第三季度，依靠其蓝色经典的出色表现，洋河的年销售总额已经突破55.5亿元大关，短短的6年时间，其销售额净增为基数的50多倍，利润率和市值一度接近或者超过茅台。

2010年，洋河已经到了一个高速发展的鼎盛时期，其不但已经在山东、安徽、河南等地形成亿元市场，在股市上也直追茅台超过五粮液。洋河不失时机地提出了百亿洋河的概念，而且2010年12月传出了洋河进军四川的消息。

中国白酒的发展总是有其特定的规律，洋河能否在其后完成自己的百亿目标，并且依然顺风顺水，像以往这样持续"蓝色风暴"，还需要时间的验证。

一、成功如何能战胜历史

洋河蓝色经典的成功在于其打破了消费者对传统白酒的认知范围，尤其是其蓝色包装和独特的诉求，成为其区别于中国其他白酒的最大差异点。白酒的消费心理有一个巨大的特点，就是酒是老的香，中国乃至世界名酒的形成无不因循了这么一个规律。洋河蓝色经典在短期内满足了消费者求新求异的心理，但是消费品市场从来都是充满求新和变数的。未来是否会有其他品牌以新的差异点来形成新的区别目前尚不可知。即便是在绵柔诉求上，洋河蓝色经典也将受到巨大挑战，不但贵州醇提出了低醉酒度的概念，而且丰谷特曲和西凤也都提出了低醉酒度的概念，这其实与洋河蓝色经典有异曲同工之妙，如果这个概念成功，未来也必然威胁到洋河蓝色经典的绵柔定位。

二、"1+1"模式还能撑多久?

在快速成长时期，洋河的厂商派驻代表与经销商共同操作的市场"1+1"模式对蓝色经典起到了巨大的推动作用。但是，这种模式的弊端也逐渐显现。2010年10月中旬，媒体爆出洋河针对其在江苏省内的主要竞争对手今世缘签订"恶性竞争合同"的新闻，而消息的来源正是洋河旗下的零售商。传出的消息称，在江苏省的扬州、连云港、苏州等多个地区，洋河的经销商正在给零售商施以压力，如果想要销售洋河股份旗下的白酒，则不能销售今世缘旗下的白酒，这种要求因被零售商认为是"霸王协议"而出现不满和对抗情绪。随着营销技术的进步，"1+1"模式也逐渐面临新的挑战。尤其是2010年以来，非代理制商业合作模式逐渐在白酒行业形成一种新的气氛。

非代理制商业合作模式开始避免以往那种把经销商当做工具使用的传统做法，而是由白酒厂家与经销商或者业外资本共同组成联合营销公司，经销商和厂家是地位基本平等的股东，这样双方的利益更紧密地绑在一起、风险共担，这与以往那种以厂家为主、以经销商为辅的合作模式形成一个巨大的反差。目前，水井坊、泸州老窖、酒鬼等品牌正在试水和推行的模式很可能会对洋河蓝色经典的“1＋1”模式形成新的挑战，并且成为主流，这样洋河经销商的流失也成为可能。

此外，在长期的营销竞争中，一大批经销商也早已经鸟枪换炮，在实力和经验上非常强势，如在全国涌现的浙江商源、华致酒行、上海南浦、河南世嘉等超级经销商，早已完全改变了以往那种单纯的产品意义上的经销商概念，他们更多地代表商业资本，并且完全可以出现客大欺主的状况，所以，以往那种将经销商用之用之、弃之弃之的思路已经不合时宜。

三、成长阈限的危险

品牌并不能够无限度地成长，当成长到一定程度后，它的盈利能力反倒下降。这在营销学上被称作“成长阈限”。

市场份额的停滞不前，竞争对手的分剥蚕食，以及企业自身的管理成长力有限，都会让一个品牌遭遇自己的成长阈限。虽然不能判定洋河蓝色经典的成长阈限值在什么地方，且在2010年前三个季度，洋河的销售额仍有55.5亿元的规模，但是其销售费用率也达到了11.48％，同比提高7.03％。销售费用率的大幅提高，对洋河的全国扩张来说风险极高。2007年，红星、沱牌、西凤、衡水、汾酒、口子等区域强势品牌均在全国范围内大幅度扩张，但是最终均因水土不服以及成本太高一度陷入扩张泥潭。随后都调整战略，压缩战线，哪里来的回到哪里去。洋河采取了大广告换市场的策略，并且形成了依赖，一旦广告停滞，其品牌势能就会受到影响。目前洋河将近七成的营业收入依然来自于以南京为中心的江苏省内，虽然蓝色经典做出了全国化的步伐，并且在山东、安徽等几个主要市场取得了过亿的销售，但是随着山东兰陵、生力源、景芝、扳倒井等鲁酒阵营的崛起，以及徽酒的觉醒，其在国内的拓展依然会受到各省一、二线品牌的夹击。

另外，洋河赖以起家的江苏本土市场已经趋于饱和，而省外几个主要市场都有区域品牌崛起，尤其是不断传出的洋河即将入川的消息未必是一个利好，洋河每年要从五粮液购买将近6000万元的基酒，一旦威胁到川酒的平衡，川酒是否会限制其基酒供应，尚不可知。川酒一旦采取限制洋河的举措，洋河将面临巨大的竞争风险。还有，在未来的全国布局中，洋河的渠道控制能力、终端升级的要求，以及管理协调工作将对其形成巨大的考验，未来人才的缺乏和管理水平的提升也将成为洋河蓝色经典进一步发展的巨大“瓶颈”。

四、品牌发展方向的考验

洋河的基酒本身产量有限，而且最近屡次传出蓝色经典有逐渐向奢侈品靠拢的消息。其实白酒的奢侈化并不适用每个品牌，尤其是二三线白酒，这在目前其实充满了凶险。能够走上奢侈道路的白酒，目前来看，也只有茅台才有可能做到，稀缺和缓慢培养是奢侈品成功的不二途径，茅台始终坚持年产2万吨。目前国内尚没有哪一家白酒品牌能把这种稀缺性做到茅台的地步，所以整个白酒行业不断鼓噪的奢侈品方向不过是一场集体的迷失，洋河蓝色经典同样不可例外。蓝色经典却总是在扩大市场销量，以抢占市场为最重要目的，这样就失去了向更高端进军的可能，何况媒体还不断传出洋河持续地从五粮液购买基酒的消息，显然洋河的高端市场发展战略已经碰到“天花板”。

目前，中国的真正消费人群恰恰集结在中产收入阶层，中国白酒近20年的大发展也恰恰是依赖这个阶层的贡献，多数二三线白酒在很长时间内是无法摆脱这种消费环境的，因此维持在中产阶层的品牌信誉，是中国多数名酒的方向，同时也是洋河蓝色经典无法躲避的方向。

洋河蓝色经典近年来成长过快，越是如此，越是有其天生的脆弱性——一有风吹草动，哪怕是小小的问题，都有可能造成危机，这些问题可能出在上述的营销模式、成长方向上，也可能出现在资本运作上，甚至股东抛售股票、基酒不足、人才不足、组织变动上，因此在高速的发展和扩张中，精心地维护品牌，对既往的成绩和今后面临的各种问题进行厘清、规范和预防，是洋河蓝色经典未来必须面对的问题，当然也是每个快速成长中的白酒品牌需要思考的问题。

市场营销审计是现代审计在市场营销领域里的延伸，属于企业内部审计范畴，是企业进行营销战略控制的有效工具。其任务是按照营销审计的程序和基本方法对一个企业的市场营销环境、系统、战略、组织、年度计划、营销成本与营销绩效等进行综合的、系统的、独立的和定期性的审查，以便确定困难所在和各项机会，并提出行动计划的建议，改进市场营销管理，提高公司的营销业绩。西方国家许多企业的实践表明，市场营销审计在控制与考核企业市场营销活动的效果方面有不可替代的优越性，因而成为众多企业经营管理的重要组成部分。

第一节　市场营销审计的基本方法和程序

一、市场营销审计的发展、概念及特点

(一)市场营销审计的产生与发展

自20世纪20年代市场营销学理论体系形成以来，市场营销受到了普遍的重视。随着社会经济环境的变化和时代的发展，市场营销学的新理论层出不穷，市场营销审计也应运而生。西方的市场营销审计是由美国的市场营销学专家阿贝·肖克曼于1959年首次提出的。其产生的历史背景是：在第二次世界大战以后，发达国家经济缓慢增长，产品翻新加快，需求趋向个性化、多样化，市场竞争日益激烈，企业的营销费用大幅度上升，但效果不尽如人意，使企业市场营销呈现危机。工业企业为提高经济效益，必须对市场营销活动进行核查、分析和控制，逐步展开市场营销审计。

20世纪70年代前，市场营销审计在西方国家仅处于一种萌芽状态，没有任何规范，是企业的一种自发的自我检查行为。20世纪70年代以后，市场营销审计的应用在国外企业中出现了三种值得注意的趋势。第一种趋势是越来越多的大型企业设立了专门的市场营销审计机构，专门从事市场营销审计。第二种趋势是越来越多的企业认识到了企业内部审计机构存在的各种弊端，如机构庞大、费用开支大、内部不经济现象增多、部门间的矛盾摩擦难以根除、内部审计机构的独立性较差、审计效果受限制等，开始转由会计公司或管理咨询公司进行市场营销审计。第三种趋势是独立审计师参与对企业管理活动的审查和评价，由他们对企业管理者受托的管理责任进行评价，并对改进经营管理提出自己的建设性意见。

目前我国企业对市场营销审计的理解和重视程度不够，人们往往把市场营销审计与财务审计联系在一起，实际上传统的财务审计偏重于结果，市场营销审计则偏重于产生结果的原因，这对企业发展而言尤其重要。当前许多企业已认识到这一问题，并开始运用市场营销审计促进企业发展，但大多数企业进行市场营销活动往往是重计划而轻考核。企业一般能够应用广泛的营销策略制订全面的计划，但在计划实施过程中不及时调整和修改计划中的问题，不注重对营销的时效考核，不注意对营销活动进行经常性审计。因此，很多企业开展市场营销活动不能取得理想的效果。这就迫切要求企业在进行年度财务审计的同时进行营销审计，使之制度化、程序化、规范化、科学化。同时，要组织更多的机构、人员从事营销审计研究，积极开展营销审计活动，以提高我国企业的整体营销水平。

(二)市场营销审计的含义和特点

市场营销审计是对一个企业的市场营销环境、目标、战略、组织、方法、程序和业务等进行综合的、系统的、独立的和定期性的核查，经过核查，确定企业的各项机会和困难所在，并提出行动计划的建议，改进市场营销管理效果。市场营销审计实际上是在一定时期对企业全部市场营销业务进行的总体效果评价。市场营销审计要想有效发挥作用，在应用中需体现以下特点：

1. 全面性

市场营销审计不是一种功能性审计，更不是仅对市场营销组合中的某一个功能因素进行审计，而是把市场营销当做一个整体来进行审核。这是由现代市场营销的整体性特点决定的。因为企业的营销活动牵扯到企业内外环境的众多组织与个人，包括职员、供应商、供销商、顾客、竞争者、传媒等，如果忽视全局而只侧重于某一方面的审计，有时会误导管理部门而找不到问题的真正原因。例如，销售人员过多地调换，可能不是销售人员培训不当或报酬微薄的症状，而是公司产品质量差或促销不力的表现。市场营销审计只有体现全面性，才能有效地对营销效果进行审核与评价。

2. 系统性

市场营销审计包括一系列有次序的诊断步骤，覆盖了组织的宏观和微观市场营销环境、市场营销目标和策略、市场营销制度及具体的市场营销活动。诊断结果显示了公司最需要改进的环节，然后把这些最需要改进的环节合并统一到校正活动计划中去，包括短期和长期措施，从而提高组织的整体市场营销效果。

3. 独立客观性

独立客观性是审计的重要特征，也是审计的精髓。营销审计人员在执行审计业务、出具审计报告时要在形式上和实质上独立于其他机构，不受外力的干扰和影响，必须保持市场营销审计结果的客观、正确才有实际意义。因此，企业在进行市场营销审计时贯彻独立客观性原则十分重要。

4. 定期持久性

通常认为，市场营销审计只是在销售衰退、销售人员士气低落且企业发现了其他方面的问题之后才进行。实际上企业陷入困境的部分原因恰恰是由于企业在经济景气的时候没有检查它们的市场营销工作的执行情况而潜伏下来的隐患。市场营销审计不是在企业营销出现问题时才进行，而是一项经常性的工作和一种管理制度。只有持之以恒地开展下去，市场营销审计才有实际效果和生命力。

二、市场营销审计的程序

市场营销审计是从企业高级职员和市场营销审计员之间的会议开始的。双方共同拟定审计的目标、覆盖领域、深度、资料来源、报告形式和审计期限等，制订出一个关于会见谁、要询问一些什么问题、会见的时间和地点等内容的详细计划。这个计划应该认真准备，以便使整个审计时间和成本保持在最小限度。市场营销审计最重要的规则是：不要单方面依赖企业经理人员的资料数据及意见观点，应该与企业顾客、中间商和企业外部的其他一些群体交流，从而获得第一手审计资料。很多企业没有意识到它们的顾客和中间商是如何看待它们的，也不完全了解顾客的需要和价值判断。

当资料收集阶段结束后,市场营销审计员要提交发现的主要问题及给予的建议。这一过程是企业反思和反省的重要过程,它能够使企业经理们通过这样一个过程来吸收、思考,树立市场营销的新观念,这是十分重要的。

市场营销审计的一般程序可以分为四个阶段:

(一)初审阶段

初审阶段即准备阶段,其主要工作是:明确审计的目标、范围、深度、数据来源及所需要的时间;熟悉被审计对象的情况;审查及测试营销控制制度,掌握其主要问题,从而制订出审计工作的计划和方案。

市场营销审计计划是为了实现审计目标而进行的工作安排,审计计划主要包括四个部分:一是审计目标、范围和要求;二是人员配备和调查时间的安排;三是审计的重点、方法和主要负责人;四是费用的估计。

市场营销审计方案是为落实审计计划而进行的具体的工作部署,其内容一般包括以下几方面:一是审计的目标、范围、要点、时间进度和主要负责人;二是按审计目的和审计重点将审计工作划分为若干个项目,分别制订出各项目的检查内容、审计方法、应该重点注意的问题、时间安排及人员分工;三是确定工作的检查方法和制度。

(二)详审阶段

详审阶段是审计计划和方案的实施阶段,其主要工作是根据计划内容和确定的方案进一步收集和核实数据,确定评价标准,查阅有关资料,进行实地访问,掌握确切的资料。

详审阶段应注意以下几个问题:一是要贯彻既有分工又有协作的原则,保质保量完成各个环节的工作。对重大问题的决定,必须经过集体讨论,并征求被审计对象的意见。二是各项资料的取得必须有证有据,取证可以采取谈话笔录、复印文件和录音、找寻实物及照片等各种形式。三是做好审计记录,在审计过程中发现的任何问题都应该随时记入审计记录中。四是调查对象必须恰当,不要单纯依靠企业领导部门的数据和观点,必须对顾客、中间商或其他有关单位和个人进行访问。五是调查问卷必须经过精心设计,防止提出含糊不清或模棱两可的问题,也要防止产生不必要的顾虑,以免造成答案不确切、不真实。六是要善于分析和发现企业存在的问题,有针对性地提出建设性的建议和意见,使企业领导能够通过比较、讨论而形成一个新的营销行动观点。

(三)结论阶段

审计的结论阶段是审计人员对审计过程中所发现的问题和改进意见作全面总结的阶段。审计人员必须以审计工作底稿为依据,对各种资料进行分析、整理和归纳,并听取各方面的意见,然后做出结论并写出审计报告。

市场营销审计报告主要包括四个方面的内容:概述被审计单位的审计情况,包括审计的目的、范围及审计的依据,也可包括对被审计单位营销管理的评价;使用的审计方法,包括审计的抽样及问卷调查等,说明各种方法的适应性及其各种限制;说明在审计中发现的问题,并对这些问题进行讨论和论述;提出审计的建议,预计其效果,如近期的打算和远期的计划等;营销审计报告中最好有一个执行时间表。

(四)后续阶段

后续阶段即追踪阶段,其主要任务是:审查结论中所提出的建议和意见的贯彻情况,促使其贯彻实现,并在客观条件发生变化时提出修改意见,以利于进一步改进工作,扩大成果。

三、市场营销审计的基本方法

市场营销审计方法是营销审计人员为了取得审计证据、形成审计结论和意见、预期完成审计工作任务而采取的一系列技术和手段。市场营销审计结论的准确性不仅取决于各种资料、情报，而且还取决于审计方法。审计方法的选用是否得当，将直接影响到审计工作的质量与效率。因此，为了充分发挥市场营销审计的作用，必须研究审计的方法。科学的营销审计方法应该是定性分析与定量分析的统一。由于每个企业都具有自身的特点，所处的环境和市场营销审计的直接目的不同，因而审计、评价的内容和侧重点也不同，这也就决定了审计方法的多样化。

(一)假设问题存在审计求证法

审计人员带着疑问和问题去实施审计是目前较为普遍采用的一种审计方法，也是最见成效的方法。市场营销审计不同于国家审计和社会审计，它主要是根据企业内部营销管理的需要而设置的。其优点是，在审计实践中通过假设问题的存在去收集审计证据，从而求证问题的真实结果，验证审计人员对问题的最终判断结果，也是提高审计效率的有效途径，使审计人员的审计活动行为有的放矢。具体做法是：利用审计客体提供的资料评估其营销活动行为，找出内部营销制度的薄弱环节，发现问题存在的可能疑点，分析疑点对营销活动行为的影响程度，确定审计样本，收集审计证据，求证问题的真实性。

(二)审计经验判断法

审计经验来源于审计实践，是审计人员长期从事审计实践积累的结果。因审计人员的知识结构和持续学习专业技能能力以及接触的审计客体和审计工作时间的差异性，使得每一个审计人员所获取的审计经验存在着很大的差异性，因此说审计经验具有独有的特性。厚积薄发是审计人员最典型的特征。一个优秀的审计人员所积累的审计经验是通过分析和总结一个个典型审计项目或审计案例而取得的，长期的审计实践培养了审计人员职业判断的敏锐性与直觉。此外，审计经验也来源于审计人员对日常生活、经济活动行为和社会交往细节的关注与感知。审计客体的千差万别，长期以来一直挑战着审计人员对不同领域知识与信息的持续获取能力，审计经验或审计专家经验也往往决定着一个审计项目的成败，如同传统中医中的国粹“望闻问切”一样绝非一日之功，诸多的客观与主观因素作用的结果最终导致不同的审计人员所形成和拥有的审计经验是不同的。营销审计人员凭借审计经验能够尽可能地揭示问题存在的真实性，由于审计经验的独有性、差异性的存在，审计人员的审计方法也各有所异，但最终都是为了完成审计目标。

(三)实际检查审计法

实际检查审计法是指营销审计人员在了解企业营销目标、确定审计范围后，深入营销的各个领域，检查各项目标的实现情况，确定原计划是否付被贯彻执行或存在哪些问题，提出改进意见。这种营销审计方法最直接、最明了，也最容易发现问题。

(四)分析性复核审计法

这是对每一个审计项目几乎都要使用的一种方法。分析性复核审计是指市场营销审计人员在面对审计客体所提供的各种资料记录时，利用审计人员的专业技术知识与经验，在审计人员收集到的相关联的审计记录的基础上，运用合理的推断、验证、计算，进一步核实其收集的营销资料的真实性、完整性和一致性，通过理性分析与复核做出具有证明力的审计结论，从而揭示出问题存在的真正根源。这种营销审计方法使用得最普遍、最科学,也最符合实际。

(五)环境因素影响审计法

环境因素影响审计法是市场营销审计人员在实施审计作业时结合经济与社会发展的大环境以及审计客体自身环境的影响,对可能导致不利事件发生的可能性进行审计判断的一种审计方法,也就是说市场营销审计人员要通过对审计客体的外部环境和内部环境因素的作用力,找出符合审计目标和能够收集审计证据的基本线索依据,有针对性地组织和进行审计作业。

(六)抽样审计与详细审计结合审计法

市场营销抽样审计是确定营销审计样本的一种审计方法,是基于营销审计成本与审计时间的制约而考虑的。从技术手段上看,抽样审计潜伏着巨大的审计风险或是因样本的确定可能导致问题不能被揭示;从实现审计的目标来看,抽样审计在一定成本与时间的基础上能够相对有效地实现审计目标。在审计实践中,审计人员确定审计样本是在内控制度与重要性水平评估的基础上进行的,当市场营销审计人员对某一样本产生怀疑时,可能会扩大样本的数量或对某一样本的业务流程进行详细审计。

(七)部门行业对比审计法

部门行业对比审计法是根据一定的标准,对两个或两个以上有联系的事物进行对照考察,比较其异同,进而予以定量定性的分析方法。常用的对比指标有百分比、比率、绝对比、相对比、倍数比和比重等,审计人员根据营销审计的具体情况会做出一种或几种选择进行比较与求证,以保证审计结果的客观真实性。同时,在进行对比分析时,还要考虑选用最适合的对比方式,然后才能运用分析方法实施具体分析。只有选用科学的对比方式、方法进行分析,才能正确把握事物的本质及其规律。方法主要有纵向对比、横向对比、计划与实际比、整体与部分比和综合对比等。

营销审计人员在审计过程中采用的其他方法有访谈法、问卷调研法、座谈法、数据分析法、市场监测法、顺查法、逆查法、核对法、审阅法、分析法、推理法、抽样法以及因素分析法、本量利分析法、均衡率计算法、统计和数学方法等。

具体问题具体分析是市场营销审计人员最基本的工作理念。审计方法的使用会随着经济社会的不断发展而发展,就一个具体的项目审计来说也往往是多种审计方法综合作用的结果。审计人员的专业技能、审计经验、对新知识的获取能力、社会综合知识与日常生活阅历以及道德品质的巨大差异都会影响到审计人员所采用的审计方法,有创新性的审计方法也会随着市场营销审计事业的发展而不断被创造。

第二节　市场营销审计的内容

一、市场营销环境审计

市场营销活动要审时度势,因此,企业必须对市场营销环境进行分析,并在分析人口、经济、生态、技术、政治、文化等环境因素的基础上,制订企业的市场营销战略。这种分析是否正确,需要经过市场营销审计的检验。由于市场营销环境不断变化,原来制订的市场营销战略必须相应地改变,也需要经过市场营销审计来修订。

市场营销环境审计主要是对市场、顾客、竞争者和其他直接影响企业营销的因素的审查分析，以及对经济、技术、政治和社会因素等宏观环境的审查分析。具体审计内容如表 17-1 所示。

表 17-1　市场营销环境审计的内容

审计项目	审 计 内 容
人口统计	1. 哪些主要人口因素的发展趋势会给企业带来机会或威胁？ 2. 企业采取了什么行动来对这些发展趋势做出反应？
经济	1. 居民收入、物价、储蓄、银行信贷方面有哪些变化会影响企业？ 2. 企业准备了哪些相应措施？
生态	1. 对企业所需要的自然资源和能源的成本及可得收益的展望如何？ 2. 就企业在环境污染与资源保护中的作用而言，企业关心的重点在哪里，采取了什么措施？
技术	1. 在产品生产技术和加工技术方面出现了哪些主要变化，企业在这些技术方面的地位如何？ 2. 哪些主要的同类替代品可以取代该产品？
政治	1. 法律制度的哪些变革会影响市场营销战略及策略？ 2. 在控制污染、就业机会、产品安全、广告、价格等管理领域中发生了哪些影响市场营销策略的事件？
文化	1. 公众对企业产品的态度如何？ 2. 消费者生活方式和价值观念的哪些变化会影响企业工作环境？
工作环境	A. 市场 1. 市场规模增长率，地区分销、利润等正在发生哪些变化？ 2. 有哪些主要的细分市场？ B. 顾客 1. 顾客的需求是什么？购买过程是怎样的？顾客和潜在顾客如何评定企业及其竞争对手的信誉、产品质量、服务、销售人员和价格？ 2. 不同细分市场的顾客如何做出购买决策？ C. 竞争对手 1. 谁是主要的竞争对手？它们的目标、战略、优势、劣势、规模及市场份额如何？ 2. 哪些趋势影响该产品的未来竞争和产品替代？ D. 分销商和中间商 1. 将产品送达顾客的主要营销网络有哪些？ 2. 不同营销网络的效率及增长力如何？ E. 供应商 1. 生产的主要资源供应前景如何？ 2. 供应商的销售方式会出现哪些趋势？ F. 公众 1. 哪些公众代表了企业的潜在市场？ 2. 企业对每类公众采取了哪些有效措施？

案例 17-1 2011年10月,淘宝商城挂出了2012年的招商新规,大幅提高了技术服务费和保证金,招致了大量中小卖家的不满,并成立了"反淘宝联盟"攻击大卖家,引发了社会广泛的关注。马云对此的解释是希望通过提高门槛来规范淘宝商城的经营水平,减少假冒伪劣产品。淘宝之所以要变革,其实最重要的是环境发生了变化。消费者的购物习惯正在发生改变,网购从最初的"淘便宜"向"淘品质"转变。在如今的消费市场,"淘便宜"已不是网购的唯一诉求,能为消费者提供从导购、商品、物流到后续服务的系列品质保障才是网购平台发展的方向。在这个过程中,B2C迅速从电子商务的大潮中壮大起来,并有望成为行业的主流。根据艾瑞咨询发布的报告,2009—2011年B2C模式的交易总额占国内网络购物交易额的比重从7.8%上升到23.2%,京东商城、当当网、卓越网、苏宁易购、麦考林等一大批B2C网站正在蚕食市场份额,迫使以C2C模式为主的淘宝进行改革。同时,淘宝还要应对当下团购兴起的机会,推出团购平台。

二、市场营销战略审计

企业是否能按照市场导向确定自己的任务、目标并设计企业形象,是否能选择与企业任务、目标相一致的竞争地位,是否能制订与产品生命周期、竞争战略相适应的市场营销战略,是否能进行科学的市场细分并选择最佳的目标市场,是否能恰当地配置市场营销资源并确定合适的市场营销组合,企业在市场定位、企业形象、公共关系等方面的战略是否卓有成效,所有这些都需要经过市场营销战略审计的检验。

市场营销战略审计是在对目标、市场、竞争者、资源等进行全面认识的基础上,考察企业营销目标、战略与当前的营销环境相适应的程度,使市场营销目标、市场营销环境和企业资源三者之间达到动态平衡。市场营销战略审计的主要内容如表17-2所示。

表17-2 市场营销战略审计的内容

审计项目	审计内容
企业使命	1.企业使命是否用市场导向的术语阐述清楚了? 2.企业的使命是否可行?
市场营销目标	1.市场营销目标是否符合国家宏观经济状况、反映市场需求、与环境变化的趋势保持协调?是否能与内部资源、企业的应变能力保持平衡? 2.市场营销目标能否全面反映市场营销各个环节的正常运转,足以防止市场脱销或库存积压? 3.市场营销目标是否已经分了轻重缓急,确定了优先次序,切实能够理顺各个目标的关系,合理确定各个目标实现的时间顺序,并能抓住有利时机,引导市场营销活动向预期状态发展?
市场机会	1.市场有什么需求?愿意付出多高的代价? 2.企业在近中期能够获得的最低限度利润是多少?远期能给企业发展提供什么机会? 3.相邻产品会给本企业产品的销售造成何种影响?

续表 17-2

审计项目	审 计 内 容
竞争者与竞争	1. 竞争者的生产规模、地理位置、市场营销战略以及领导班子的素质、决策风格如何？ 2. 竞争者的产品组合，包括产品线的构成，产品的技术水平、功能、质量、成本、包装、价格、工艺以及生产效率等如何？ 3. 竞争者的市场地位，包括目标市场，销售量及其增长率，市场占有率，市场覆盖面以及发展新产品、新技术、新工艺的力量如何？ 4. 竞争者的销售系统，包括销售组织、人员构成、分销渠道的构成、销售网点的分布、各个分销环节的差别，以及各代理商的态度、销售服务项目、服务网点的分布等如何？ 5. 竞争者的促销活动，包括销售策略、推销方式、广告宣传等如何？ 6. 竞争者的财务状况，包括其产品的成本、价格构成、企业资金来源和占用情况、主要经济指标的完成情况，以及信贷能力和其他筹资能力如何？ 7. 竞争者的技术素质和管理素质如何？ 8. 竞争者的自然资源状况、能源供应状况、原料供应渠道、对于原料价格变动的承受能力如何？ 9. 潜在竞争者的有关情况如何？
策略	1. 为实现市场营销目标，公司是否制订了明确的市场营销策略？这个市场营销策略是否令人信服？它与产品的生命周期阶段、竞争对策及经济状况是否相称？ 2. 企业是否使用了最好的细分市场的方法？是否有清楚的、准确的标准来评定细分市场的方法？是否有清楚的、准确的标准来选择最佳细分市场？对每个目标市场是否进行了精确的轮廓勾画？ 3. 企业是否对每个细分市场进行了有效的市场定位，并制订了有效的市场营销组合？资源是否被恰当地分配给了市场营销组合中的各个主要成分？ 4. 为实现市场营销目标，是否有足够的资源预算？

案例 17-2　广东健力宝集团于 2003 年全新推出了系列化休闲性饮料——“第五季”。“第五季”通过大量的广告宣传，让消费者感受到了一个年轻、时尚、前卫、自我的产品，在推出初期便得到了市场的广泛认可，但从 2006 年下半年开始，却出现了看得到“第五季”的广告却买不到产品的情况。通过对其营销战略进行审计，营销专家指出了其问题所在：

(1)单一品牌派生出过于繁复的产品线，导致其核心产品不突出。“第五季”系列饮料产品包含茶饮料、碳酸饮料、果汁饮料等，使消费者不明确“第五季”的拳头产品是什么，降低了“第五季”的品牌识别度。

(2)过于重视广告宣传的拉动作用却忽略了渠道终端的推动力。“第五季”在各大店铺的铺货率颇高，在部分地区的传统渠道中甚至已经逼近或超过了可口可乐和百事可乐，但在产品销售这一环节缺乏相应的市场促销，以及在市场上缺乏与消费者和商家的沟通，比如开展相应的互动活动或为某项活动冠名。对于季节性饮料来说，应当充分发挥中间商和终端市场的调节作用，以便更好地均衡生产。“第五季”由于产品线过长，品种繁多，却只使用单一品牌，加上健力宝集团没能充分利用中间商和终端商家的调剂作用，只蒙头做广告宣传，最终忽略了市场的存在。

三、市场营销组织审计

市场营销组织审计主要是评价企业的市场营销组织在执行市场营销战略方面的组织保证程度和对市场营销环境的应变能力。它主要对如下问题进行审计:

(一)正式结构审计

市场营销组织正式结构审计主要审查市场营销经理是否有足够的权力和责任来负责影响顾客满意程度的营销策划活动,以及市场营销活动是否按照功能、产品、细分市场、最终用户和地区界限有效地组织实施。

(二)功能效率审计

功能效率审计主要是审查市场营销部门与销售部门之间是否有良好的沟通和工作关系,产品管理制度是否有效遵守,产品经理是否有能力规划利润,还是只能够规划销售量,有关其他市场营销群体是否需要更多的培训、激励、监督及评价,市场营销部门与采购部门、生产部门、研究开发部门、财务部门、其他部门的沟通情况以及是否有密切的合作关系等。

案例 17-3 某制药公司在2008年刚进入市场时,采取快速渗透战略,强调以学术推广、终端促销、创建品牌效应来带动产品销售,为此,公司组建了地区型的销售组织,全国分为8个区共34个办事处,销售网络覆盖全国市场,并由总公司统一管理价格体系,各大区域的销售经理与办事处主任由公司总部任命。但经过一年时间的运营后,公司发现市场开发的速度很慢,销售费用太高,出现了财务上的亏损。经过内部的营销审计,公司决定对营销组织进行变革。取消了区域经理,各办事处经理直接向总公司负责,以低价从公司拿货,全权负责当地的销售。这种销售体制打破了以往大锅饭的局面,体现了能者多得、优胜劣汰,最终实现了公司和销售人员的共赢,公司的销售量也迅速增长,到2011年年底突破了4个亿。

四、市场营销系统审计

市场营销系统审计主要是评估企业的营销信息系统、规划系统、控制系统与新产品开发系统之间是否协调一致。其具体内容如表17-3所示。

表 17-3 市场营销系统审计的内容

审计项目	审 计 问 题
信息系统	1. 在关键顾客、潜在顾客、中间商、竞争对手、供应商和各类公众方面,市场营销信息系统是否能够产生精确、充足、及时的市场发展变化信息? 2. 企业的决策制订者们是否要求进行足够的市场调研?他们是否利用调研结果? 3. 企业是否会采取最好的方法进行市场预测和销售预测?
规划系统	1. 市场营销规划系统是否构思精密、使用有效? 2. 市场营销人员是否拥有决策支持系统? 3. 市场营销规划系统能否预测销售目标和销售定额?
控制系统	1. 市场营销控制程序是否足以保证年度计划目标的实现? 2. 管理部门是否定期分析产品、市场、地区、营销网络的盈利能力? 3. 管理部门是否定期检查市场营销成本和生产能力?
新产品开发系统	1. 企业是否很好地组织了收集、形成和筛选新产品构思的工作? 2. 企业在开发一个新产品构思前是否进行了足够的理论研究和业务分析? 3. 企业在推出新产品前是否进行了充分的产品和市场测试?

五、市场营销成本与绩效审计

市场营销成本与绩效审计是在企业盈利能力分析和成本效益分析的基础上，审核企业的不同产品、不同市场、不同地区以及不同分销渠道的盈利能力；审核进入或退出、扩大或缩小某一具体业务对盈利能力的影响；审核市场营销费用支出情况及其效益，进行市场营销费用—销售分析，包括销售费用与销售额之比、广告费用与销售额之比、促销费用与销售额之比、市场营销研究费用与销售额之比、销售管理费用与销售额之比，进行资本净值报酬率分析和资产报酬率分析等。

六、市场营销功能审计

市场营销功能审计是对营销组合诸因素，如产品、价格、分销、人员推销、营销组织的业绩考核以及广告管理、公共关系效果的审计。各项具体审计内容如表 17-4 所示。

表 17-4　市场营销功能审计的内容

审计项目	审 计 内 容
产品	1. 产品线的目标是什么？它们是否合理？现有的产品线是否与这些目标相适应？ 2. 产品线是应该向上扩展或收缩，还是应该向下扩展或收缩？或是两种方法都用？ 3. 哪些产品应该被剔除？哪些产品应该增加？ 4. 购买者对企业和竞争对手的产品质量、特征、式样、品牌名称等方面的了解程度和态度如何？哪些地区的产品和策略需要改进？
价格	1. 定价目标、政策、策略和程序是什么？企业在多大程度上按照成本、需求、竞争情况来定价？ 2. 顾客是否认为企业产品的价格与产品已提供的价值相当？ 3. 管理部门对价格需求弹性、经验曲线效率与竞争对手的价格和定价政策了解多少？ 4. 价格政策在多大程度上与中间商和供应商的需求以及政策法规相一致？
分销	1. 分销的目的和策略是什么？ 2. 是否有足够的市场覆盖面和服务？ 3. 企业营销网络的效率如何？ 4. 企业是否应该调整自己的营销网络？ 5. 企业内部是否有足够的广告工作人员？ 6. 企业是否有足够的销售预算？是否有效而充分地利用了外部销售促进工具，诸如样品、赠券、销售竞赛等？ 7. 公共关系部门的工作人员是否胜任？是否具有创造力？ 8. 企业是否充分利用了直接的资料来进行市场营销？
销售人员	1. 销售人员的目标是什么？ 2. 销售队伍的规模是否足以实现企业的目标？ 3. 销售人员是否按照正确的专业化原则进行组织(如按照地区、市场、产品)？有无足够的(或太多的)销售经理来指导地区销售人员？ 4. 销售人员的工资水平和结构能否提供充分的激励作用和奖励作用？ 5. 销售人员是否显示了高水平的士气、能力和努力？ 6. 确定销售定额和评价绩效的程序是否完全？ 7. 企业的销售人员与竞争对手的销售人员相比有何不同？

案例 17-4 位于广州的X公司是一家猪饲料和药品生产企业,从一开始公司就采取了双品牌策略,药品中的止泻药是公司的拳头产品,X公司决定以该产品作为市场的突破口,以低价进入市场抢份额,和经销商建立关联,将渠道打通,在珠三角采取直接给乡镇的兽药饲料店供货的方式。公司希望通过双品牌提高市场渗透率,在同一区域多铺几个销售点。为了避免引起经销商的不满,送货时每次只送一个品牌的货,这导致物流成本高昂,而且拳头产品定价太低,其他产品又没有优势,导致公司经营陷入困境。

七、市场营销计划审计

(一)检查销售计划的执行情况

通过销售差异分析和产品、销售地区、渠道等方面的分析,找出超额完成或者未能完成预定销售额的原因。

(二)检查市场占有率

通过与竞争者的比较,找出企业市场占有率上升或下降的原因。有时出现下降并非不正常,而是因为企业放弃了某些无利可图的产品,以保持盈利水平。

(三)检查市场营销费用率

分别列出销售队伍、广告、促销、市场营销调研和管理等项目的费用,计算它们各占总销售额的百分比,通过分析比较,找出市场营销费用增减的原因。

(四)检查资金的应用情况

鉴别影响企业资产净值报酬率的各项因素,企业利润率与总资产比率的升降程度,分析资金结构,研究企业能否和如何改善资产管理。

(五)检查企业对待顾客的反应和变化,看有何追踪措施

比如,建立听取意见和建议的制度,组织顾客固定样本调查小组,定期通过随机抽样的方法给顾客寄送调查表等,评价企业营销措施的成效。

八、企业形象审计

市场营销审计的产生已经历了40多年的历史,如今已成为一种重要的营销控制手段和管理审计方式。市场营销审计的内容并非固定不变,而是随着时代的发展和营销方式的创新而不断丰富和完善的。企业形象审计是企业开展企业形象管理和实施企业形象战略的必然要求,是市场营销审计不断发展演化和审计范围不断扩大的产物。企业形象审计是现代市场营销审计的新发展,也是企业形象管理与控制的专门工具。

本章小结

市场营销审计是对一个组织的营销环境、目标、战略和活动所进行的全面的、系统的、独立的和定期的检查,其目的在于发现营销机会,找出营销问题,提出正确的长期和短期行动方案,以保证营销计划的实施或不合理营销计划的修正,提高该组织的总体营销绩效。其主要特点是全面性、系统性、独立客观性和定期持久性。审计的方法多样,主要参考财务审计方法,根据实际需要灵活使用。

营销审计的程序分四个步骤:初审阶段、详审阶段、结论阶段和后续阶段。

由于市场营销审计应体现全面性和系统性的特点，所以市场营销审计包括的内容非常广，可根据审计目标及费用预算的具体情况来定，可详可略。一般认为，一个完整的营销审计应包括以下七个方面的内容：市场营销环境审计、市场营销战略审计、市场营销组织审计、市场营销系统审计、市场营销成本与绩效审计、市场营销功能审计、市场营销计划审计、企业形象审计。

关键概念

营销审计　Marketing Audit　　营销组织　Marketing Organization

营销战略　Marketing Strategy　　营销系统　Marketing System

复习思考题

1. 市场营销审计的任务和特点是什么？
2. 如何理解市场营销审计的含义与内容？
3. 简述市场营销审计的程序。
4. 简述市场营销审计产生的历史背景。

【案例分析】

S企业营销系统审计

一、资料

(一)企业背景

1. 企业性质：国有中型企业，正在转制之中。
2. 产品种类：调味品。
3. 销售规模：年销售额1亿元，在全国市场拥有9个区域办事处。

(二)企业营销组织

企业营销组织的结构如图17-1所示。

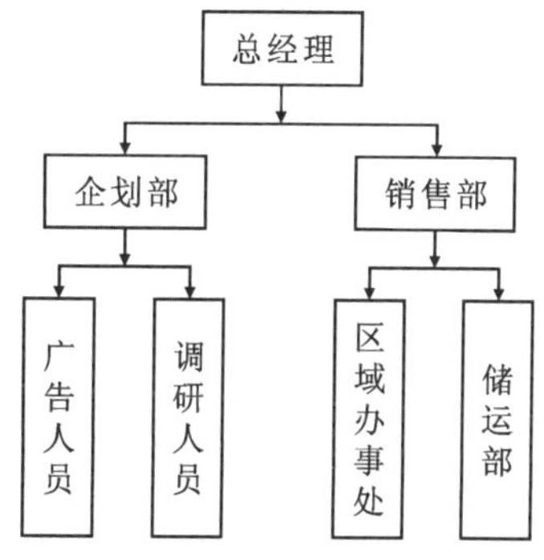

图17-1　S企业营销组织的结构

(三)营销组织运作模式

1. 营销操作系统的运作模式

(1)企划部的运作模式：一是以市场推广活动为核心工作内容，主要是广告和促销；二是承担了新市场开发的职能，即在空白市场帮办事处开发新客户，然后再交给办事处管理；三是为决策层提供营销策略规划的依据和初步方案，主要是广告和促销活动的计划，并承担营销计划的具体执行工作。

(2)销售部的运作模式：第一，采取销售责任承包的模式。销售人员在一定费用的支持下负责完成公司规定的销售目标，并由此获得基本工资和提成。提成分为两个层次：一为基本目标，二为优秀目标，实行不同的提成标准。第二，承担区域市场的部分常规推广活动，主要针对经销商。第三，销售人员的实际工作重点是管理现有经销商，而不是开发新客户。第四，销售人员只对整体销售额负责，而不对某项产品的销售额负责。第五，公司以销量作为对销售人员的唯一考核标准。

2. 营销应用系统的运作模式

(1)市场调研:由企划部负责,依靠企划部人员自身的力量对一城市场进行考察,调研时间根据公司总部的要求确定,偏重于定性考察。

(2)广告传播:由企划部负责,主要是进行媒体广告的投放计划。

(3)促销活动:企划部负责整体的促销活动,办事处负责区域性的常规促销活动。

(4)客户开发:由办事处和企划部负责,但实际上是企划部在运作。

(5)渠道管理:由办事处负责对经销商进行管理。

(6)人员管理:由销售部负责销售队伍的管理。

(7)物流管理:由销售部下属的储运部负责产品仓储和配送。

二、审计分析

(一)发现的问题

对上述资料进行分析后发现如下问题:

(1)经销商对本产品的关注不够。经销商经营的产品较多,只重视名牌产品和差价大的产品,中档品牌受冷落,对本产品的重视程度受到影响,且不愿下工夫推广新产品。

(2)销售人员不注重开发新客户。销售人员只愿意通过现有客户来完成销售目标,缺乏开发新客户的热情,只好由企划部协助开发。

(3)销售人员的业绩增长幅度不大。市场区域的开发缺乏广度和深度,业绩增长幅度不大。

(4)销售人员在推广方面缺乏专业性,而企划人员无法应付大量的市场需求。

(5)销售人员对新产品推广的积极性不高。销售人员只关心能带来最大销量的产品,并将资源倾向于销量大的老产品。

(二)审计结论

造成以上问题的原因可以概括为:销售人员缺乏对经销商的系统管理,手段落后;缺乏完善的销售绩效考核体系,销售人员压力不够;企划部和销售部的职能分工不清,客户开发依赖企划部;企划部对销售一线的专业支持不够;缺乏合理的营销政策,市场行为基于短线思维。之所以存在这些原因,根源在于企业营销管理系统的缺陷。

1. 营销管理操作系统的欠缺

(1)从表面上看该公司的营销组织架构兼顾了市场和销售两种专业职能,但实际上这两种专业职能内容的划分不合理并且模糊不清。

(2)企划部作为一个策略规划和执行部门,在实际工作中却成了执行政策的主要职能,造成公司高层决策时缺乏专业部门支持,仍然是凭经验决策,无法从根本上提升公司的整体营销运作能力。

(3)企划部在自身建设上不完善,只做了促销和部分渠道方面的工作,职能没有充分发挥。

2. 营销管理应用系统的欠缺

(1)缺乏成熟的分销网络建设模式,表现在办事处的力量很薄弱上。

(2)缺乏系统的分销网络管理模式。办事处不知道如何对渠道进行管理,仍是采取落后的传统模式。

(3)缺乏系统的市场推广模式。销售人员对如何提高经销商的经营能力、如何推动经销商开展市场推广束手无策,而公司也不能提供这方面的模式,一切凭经验行事。

(4)缺乏有效的销售业务管理模式。营销政策、绩效考核体系不完善,以销量为考核目标、以提成为销售奖励,势必使销售人员形成短线思维,在行为上不重视对市场进行系统的推广,同时公司也无法有效掌控销售人员行为、掌握市场真正信息,无法提升销售人员的工作效率和业绩。这反映出公司高层的思路是短期的,只考虑了销量的完成,而没有考虑能否获得持续性的增长。

三、短期建议

1. 营销管理系统重组的突破口

(1)重建营销管理模式。

(2)整合营销操作系统和营销应用系统。

2. 制订营销管理系统的重组方案

(1)营销操作系统的重组方案。

(2)营销应用系统的重组方案。

思考题

对S企业的营销系统进行审计后,应为该企业提出哪些长期建议?

第十八章　市场营销新发展

本章学习提示

通过本章的学习，你应该能够：了解市场营销新观念的应用领域；了解网络营销、绿色营销、关系营销、知识营销的实施策略。

导引案例

圣象绿金主义的启示　营销创新贯穿全程绿色产业链

自1995年创立以来，圣象每一个稳重的步伐都深深震撼着我们，以一个个"第一"引领整个行业的发展：第一家将强化复合木地板从欧洲引入中国的地板企业；第一家逆向OEM(Original Equipment Manufacturer，贴牌生产或原始设备制造商)的中国地板企业；第一家引进国际一流的强化复合木地板生产线的中国地板企业；第一家以品牌专卖店形式销售地板的中国地板企业；第一家通过在央视投放电视广告全面塑造品牌的地板企业；第一家打造完整产业链的中国木业企业；第一家在中国推出E0环保标准的企业；第一家全面采用F4星国际环保至高标准的中国企业。截至2010年，圣象地板累计销量超过2亿平方米，连续15年位居同类产品销量第一。

一、有形产品创新

长期以来，圣象非常善于抓住消费者消费观念和消费趋势的变化，并以技术创新带动产品升级来满足消费者不断变化的新需求。这使圣象的产品力始终处于行业风向标的位置并深受消费者喜爱。

地板采暖受到不少人青睐，但地板高低温变形问题困扰着很多消费者，也困扰着这一品类的市场供应者。圣象康树三层实木地板采用的FDT技术彻底解决了这一难题，FDT技术用超高温将木材中的"活性纤维"固化，降低了木材的吸湿性，减少了膨胀和收缩的可能，让地暖地板的稳定性升级。这一新技术的创新应用解决了地板采暖的最大困扰。创新技术带来的产品升级彻底为有地板采暖需求的消费者解决了后顾之忧。

当健康环保成为消费者的迫切消费需求的时候，圣象提前敏锐地把握了这一产业发展趋势，创新性地引进了地板标准——F4星标准，并推出按照这一标准生产的F4星地板，其检测标准在全球最为严格，要求甲醛释放量平均值不高于0.3毫克/升，这个数字远远高出同行业的水平，也远远高于国家的质检要求。技术标准升级的F4星地板不但满足了消费者对健康环保产品的需求，也将国内地板的环保标准创新性地提升了一个台阶。

在产品创新上，圣象总是推陈出新，对喜欢追求居室不同视觉效果的消费者，2011年圣象适时推出"光之语"地板系列，其外观靓丽多变，将低光部分降低2～3度，突出高光部分的亮线，在光的斜射下有强烈的视觉效果，同时从不同的距离和角度观察，所看到的效果也是不一样的。这是实木地板用油漆无法做到的，"光之语"系列地板带给了消费者多样的惊喜。

二、无形产品创新

在圣象身上，我们很容易就能发现无形的产品创新，如地板行业乃至建材家居业的第一个服务品牌"地板管家”，又如近年来圣象不断着力打造的电子销售渠道。

对于建材家居品牌而言，消费者对服务品牌的感知和印象甚至高于产品本身，基于此，圣象打造出了地板行业的第一个服务品牌“地板管家”，在行业内首家推出地板管家式的服务，并将服务品牌建设上升到战略高度长期坚持。圣象为“地板管家”建立了全时空服务资源调动系统，该系统要求服务区域内的流动服务车平均离用户不超过 3 千米，可以做到半个小时内上门。例如，在北京地区，圣象有 50 辆流动服务车和 150 个专业维修工人分布在城市的每一个片区待命，每辆车都配有先进的 GPS，在接到消费者的求助电话后能够根据客户信息系统中保留的相关住址，进行准确定位，迅速调动资源，在最短的时间内到达。

“80 后”已逐渐成为消费主力军，“80 后”网购已经常态化并有扩大化趋势，在保留优势传统渠道的基础上，圣象与多家电商合作，建立了电子商务平台。以淘宝为例，从 2010 年年初圣象进驻淘宝商城到 2011 年 4 月与淘宝网签署全面合作框架协议，双方致力于打造符合地板消费特色和电子营销规律的共同平台，为消费者提供更好的服务。圣象已取得了淘宝商城地板类销售第一名的好业绩。圣象淘宝实体店于 2011 年 11 月 11 日光棍节当天 24 小时内创造了 508 万元的销售额，荣登地板类品牌销量第一位。作为一个转战电子商务的传统企业，圣象在与电商的深度合作中积累了经验，也显示了非凡的实力。

无论是有形产品创新还是无形产品创新，都是基于圣象绿色产业链的企业发展战略，都是圣象绿色产业链战略的战略执行环节之一，是圣象绿色营销中的一部分，但绝非全部。目前，圣象的绿色产业链战略依托在资源、基材、工厂、设计、研发、营销和服务等七大环节的强大优势，对圣象产品的绿色品质实施全程的控制，以此构建出真正的绿模式。其意义就像圣象集团执行总裁郭辉所言：“在绿色产业链的统领下，生产绿色产品，引导绿色整合，为消费者创造绿色生活方式，从而实现人类的绿色发展之路。”也正是如此，圣象的绿色产业链在国内不仅独树一帜，更站在了国际低碳领域的前沿。

市场营销观念是一种意识形态，是企业营销活动的指导思想，是企业一切经营活动的出发点，它是在一定的经济基础上产生和形成的，并随社会经济的发展和市场形势的变化而发展变化。在新世纪里，企业的营销环境发生了很大变化，因此企业的营销观念也应随着营销实践的发展而不断创新。

第一节　服务营销

服务作为一种营销组合要素，真正引起人们重视的时间是在 20 世纪 80 年代后期，这时期，科学技术不断进步，社会生产力显著提高，产业持续升级，生产的专业化发展日益加速，一方面使产品的服务含量，即产品的服务密集度日益增大，另一方面，消费者的消费需求也逐渐发生变化，需求层次也相应提高，并向多样化方向拓展。

一、服务及其特征

菲利普·科特勒把服务定义为“一方提供给另一方的不可感知且不导致任何所有权转移的活动或利益”。美国市场营销学会将其定义为“主要为不可感知，却使欲望获得满足的活动，而这种活动并不需要与其他的产品或服务的出售联系在一起。生产服务时可能会或不会利用实物，而且即使需要借助某些实物协助生产服务，这些实物的所有权将不涉及转移的问题”。在综合各种不同服务的定义和分析“服务”真正本质的基础上，我们认为，服务是一种涉及某些无形因素的活动、过程和结果，它包括与顾客或他们拥有的财产间的互动过程和结果，并且不会造成所有权的转移。在我们的定义中，服务不仅是一种活动，而且是一个过程，还是某种结果。

为了将服务产品同有形商品区分开来，自20世纪70年代末至80年代初，许多市场营销专家从产品特征角度来探讨服务的本质。大多数服务产品具有以下共同特征：

(一)无形性(亦称不可感知性)

无形性可以从两个不同的层次来理解。首先，服务产品与有形的消费品或工业品比较，服务的特质及组成服务的元素很多都是无形无质的，让人不能触摸或凭肉眼看见其存在。同时，服务产品不仅其特质是无形无质的，甚至使用服务后的利益也很难被察觉，或是要等一段时间后，享用服务的人才能感觉到“利益”的存在。例如，汽车出现故障，车主将车子交由汽车修理服务公司处理，但车主在取回车子时，对汽车维修服务的特点及经修理后的汽车部件是否全部恢复正常，是难以察觉并做出判断的。

(二)不可分性

有形的工业品或消费品在从生产、流通到最终消费的过程中，往往要经过一系列的中间环节，生产与消费的过程具有一定的时间间隔。而服务产品则与之不同，它具有不可分的特征，即服务的生产过程与消费过程同时进行，也就是说服务人员提供服务于顾客时，也正是顾客消费服务的时刻，二者在时间上不可分离。由于服务本身不是一个具体的物品，而是一系列的活动或过程，所以在服务的过程中消费者和生产者必须直接发生联系，从而生产的过程也就是消费的过程。服务的这种特性表明，顾客只有而且必须加入到服务的生产过程中才能最终消费到服务。一个最简单的例子是，病人必须向医生讲明病情，医生才能作出诊断，对症下药。

(三)异质性(也称易变性或差异性)

异质性是指服务产品的构成成分及其质量水平经常变化，很难统一界定。区别于那些实行机构化和自动化生产的第一与第二产业，服务行业是以“人”为中心的产业，由于人类个性的存在，使得对于服务产品的质量检验很难采用统一的标准。一方面，由于服务人员自身因素(如心理状态)的影响，即使由同一服务人员所提供的服务也可能会有不同的水准；另一方面，由于顾客直接参与服务的生产和消费过程，因此顾客本身的因素(如知识水平、兴趣和爱好)也直接影响服务产品的质量和效果。

(四)易逝性(也称不可存储性)

易逝性基于服务产品的无形性形态以及服务的生产与消费同时进行，使得服务产品不可能像有形的消费品和工业品一样被贮存起来，以备未来出售；而且消费者在大多数情况下亦不能将服务携带回家安放。当然，提供服务的各种设备可能会提前准备好，但生产出来的服务如不当时消费掉，就会造成损失(如车船的空位等)，不过，这种损失不像有形产品损失那样明显，它仅表现为机会的丧失和折旧的发生。因此，易逝性的特征要求服务企业解决由缺乏库存所引致的产品供求不平衡问题、如何制定分销策略来选择分销渠道和分销商以及如何设计生产过程和有效地弹性处理被动的服务需求等。

二、服务营销及其特征

现实经济生活中的服务可以区分为两大类。一种是服务产品，产品为顾客创造和提供的核心利益主要来自无形的服务。另一种是功能服务，产品的核心利益主要来自形成的成分，无形的服务只是满足顾客的非主要需求。与服务的这种区分相一致，对服务营销的研究形成了两大领域，即服务产品营销和顾客服务营销。无论是服务产品营销，还是顾客服务营销，服务营销的核心理念都是顾客满意和顾客忠诚，通过取得顾客的满意和忠诚来促进相互有利的交换，最终实现营销绩效的提高和企业的长期成长。

服务营销是企业在充分认识消费者需求的前提下，为充分满足消费者需求而在营销过程中所采取的一系列活动。由于具有服务的特征，服务营销具有一系列不同于产品营销的特征：

(1)有形展示成了服务营销的一个重要工具。由于服务是无形的，顾客很难感知和判断其质量和效果，他们将更多地根据服务设施和环境等有形线索来进行判断。

(2)顾客直接参与服务的生产过程。传统的产品生产管理完全排除了顾客在生产过程中的作用，管理的对象是企业的员工而非顾客。而在服务行业中，服务产品的生产过程就是服务产品的提供者和顾客的互动过程，没有顾客便产生不了服务过程，没有服务产品的提供者，顾客就无法享受服务。另外，服务人员与顾客的互动行为也严重影响着服务的质量及企业与顾客的关系。所以，服务产品的质量管理应当扩展至对服务过程及顾客的管理。

(3)服务产品的供求关系难以调节。虽然生产服务的设备、劳动力等能够以实物的形态存在，但它们只代表一种生产能力而非服务本身。没有顾客，这些生产服务的生产设备和人员就会闲置和浪费，但如果服务需求超过供给能力，又因服务产品无法在时间上进行调剂、平衡，而使顾客无法推迟购买服务。而实体产品由于可以贮存，所以在时间上、空间上可以通过调剂达到平衡。服务产品供求关系调节的好坏，还将影响到营销成本的大小。

(4)差异性易使顾客对企业及其提供的服务产生“形象混淆”。因为，对于同一个企业，透过两家不同的分支机构所提供的服务，可能出现一个分支机构的服务水平明显优于另一个分友机构的情形。前者的顾客确实会认为该企业的服务质量很好，而另一分支机构的顾客则可能认为整个企业的服务质量都低劣。这种“企业形象”和“服务产品形象”的混淆将对服务产品的推广产生严重的负面影响。

(5)服务的分销具有不同于有形产品的特点。有形产品可以在一地或多地生产，然后运送到中间商或最终用户所在地进行销售。大多数服务却不能这样做。对这些服务来说，要么顾客必须到生产设施所在地，要么生产设施必须运到顾客所在地。后一种情况，如教师、律师、会计师和球队的“服务能力”，可以运到需要他们的地方。专家的咨询报告、税务文书、保险单这些服务的产品形式，也都可以运输。虽然如此，表述这些文件意义的实际服务却不能运输。

(6)服务企业需要比制造企业付出更多。这是因为服务不能贮存或运输的特性给大规模地生产和销售服务带来了限制。所以服务企业要获得规模经济的效益就必须比制造企业付出更多的努力。

第二节 绿色营销

工业化浪潮在为人类创造巨大的物质财富的同时，也给人类带来了极大的生存威胁，并且这种威胁是以几何增长的速度不断增强的。人口爆炸、环境污染、资源浪费、生态恶化，人类在追逐物质财富的征途中已经为自己掘下了“坟墓”。面对“有增长无发展”的困境，人类不得不重新审视自己的发展历程，寻觅一条新的发展道路。可持续发展，是 20 世纪 80 年代随着人们对全球的环境与发展问题的广泛关注和讨论提出的一个新的概念，要求人类改变生产和消费方式。对企业来讲就是要树立绿色营销观念，进行绿色营销。

一、绿色营销的内涵与特点

绿色营销主要指企业在营销活动中，谋求消费者利益、企业利益与环境利益的协调，既要充分满足消费者的需求，实现企业利润目标，又要充分注意自然生态平衡。实施绿色营销的企业，对产品的创意、设计和生产，以及定价与促销的策划和实施，都要以保护生态环境为前提，力求减少和避免环境污染，保护和节约自然资源，维护人类社会的长远利益，实现经济与市场可持续发展。

绿色营销是在传统营销的基础上发展起来的，具有传统营销的一般特点，但它又是在特定的观念指导下进行的。绿色营销指在环保层面的，以可持续发展理论为其指导思想的，在营销过程从始至终各个环节皆贯彻和实施“绿色”的新型市场营销。与传统的市场营销相比，绿色营销有如下特点：

(一)绿色营销以绿色消费为前提

根据马斯洛的需求层次理论，消费需求是由低层次不断向高层次发展的，这是不可逆转的客观规律，绿色消费是较高层次的消费观念。人们的温饱等生理需要基本满足后，便会产生提高生活综合质量的要求，产生对清洁环境与绿色产品的需要。

(二)绿色营销以绿色观念为指导

绿色营销以满足绿色需求为中心，为消费者提供能有效防止资源浪费、环境污染及损害健康的产品。绿色营销所追求的是人类的长远利益与可持续发展，重视协调企业经营与自然环境的关系，力求实现人类行为与自然环境的融合发展。

(三)绿色营销以绿色法制为法律保障

绿色营销是着眼于社会层面的新观念，所要实现的是人类社会的协调持续发展。在竞争性的市场上，必须有完善的政治与经济管理体制，制订并实施环境保护与绿色营销的方针、政策，制约各方面的短期行为，维护全社会的长远利益。

(四)绿色营销以绿色科技为物质保证

技术进步是产业变革和进化的决定因素，新兴产业的形成必然要求技术进步；技术进步如背离绿色观念，其结果有可能加快环境污染的进程。只有以绿色科技促进绿色产品的发展，促进节约能源和资源可再生、无公害的绿色产品的开发，才是绿色营销的物质保证。

二、绿色营销的兴起

绿色营销的兴起源于消费者对环境的关心，消费者主义运动的一个核心就是对企业提出环保的要求，要求企业在获取自身利益的同时必须考虑环境的代价，不能以环境的损失来达到企业盈利的目的。

(一)社会可持续发展战略呼唤绿色营销

可持续发展战略是指社会经济发展必须同自身环境及社会环境相联系，使经济建设与资源、环境相协调，使人口增长与社会生产力发展相适应，以保证社会实现良性循环发展的长远战略。然而，社会经济的长足发展，在为社会创造巨大财富、给广大消费者提供物质福利及给企业带来巨额商业利益的同时，却严重地浪费了自然资源，破坏了自然生态平衡，污染了环境，并造成了恶劣的社会环境，严重地威胁着人类生存环境的良性循环。因此，为保护自然环境，治理环境污染，改善恶劣的社会环境，实施可持续发展战略已势在必行。

可持续发展战略的实施，要求政府重视制订及实施可持续发展战略的总体目标、方针及具体办法，这是宏观上的要求。从微观方面，要求各类企业将营销活动同自然环境、社会环境的发展相联系，使企业营销活动有利于环境的良性循环发展，也就是说，要求企业从实施可持续发展战略的高度来开展绿色营销。

(二)21世纪的消费者趋向于绿色消费

消费者趋向于绿色消费主要源于两方面的原因：一是社会经济发展在为社会及广大消费者谋福利的同时，造成恶劣的自然环境及社会环境的形成，已直接威胁着人们的身体健康，因此，人们迫切要求治理环境污染，要求企业停止生产有害环境及人们身体健康的产品；二是社会经济的发展，使广大居民的个人收入迅速提高，他们迫切要求高质量的生活环境及高质量的消费，亦即要求绿色消费。

(三)政府更加重视制订和严格实施规范企业营销行为的立法

政府对企业的立法调控行为日趋严厉，既囿于保护消费者利益运动及保护生态平衡运动的压力，同时，市场经济日益发展，市场经济体制日趋成熟，亦促使政府的宏观调控手段更加成熟。

(四)绿色营销是21世纪企业兴衰的根本

21世纪的企业将面临一系列的挑战。首先是宏观环境的压力，诸如保护消费者利益运动和保护生态平衡运动的压力，以及政府规范化立法的压力，从而驱使企业必须树立环保观念，开展绿色营销；其次是广大消费者对绿色消费的需求剧增，企业必须顺应消费者的绿色消费需求，开展绿色营销，才能赢得顾客；最后是市场竞争优胜劣汰规律的作用，迫使企业改变经营观念，开展绿色营销，才能有力地对付竞争对手，不断地提高市场占有率。

(五)现代经济为企业开展绿色营销奠定了基础

众所周知，传统经济只重视劳动力和资本在经营活动中的作用，而忽略了土地等自然资源的重要作用。过去，人们认为自然资源是无价值的，例如，在种植业中认为唯一的成本是开发及耕种，而土地是无价格的。在这种观念的支配下，对自然资源的过度开采，甚至掠夺式开发也就不足为奇了。这同早期的市场营销理论一样，倾向于产品及生产导向，其发展的重点是物品数量及服务创造，而非生活的品位及消费者的满意度。如今，现代经济已取代传统经济，现代经济不仅重视劳动力、资本，而且同样重视自然资源在经营活动中的作用，强调社会经济发展必须同环境相协调，从而为企业从传统营销转化为绿色营销提供了理论基础。

三、绿色营销的实施

企业通过设计绿色营销组合实施绿色营销：

(一)树立绿色营销观念

绿色营销观念是在绿色营销环境条件下企业生产经营的指导思想。传统营销观念认为，企业在市场经济条件下生产经营，应当时刻关注与研究的中心问题是消费者需求、企业自身条件和竞争者状况三个方面，并且认为满足消费者需求、改善企业条件、创造比竞争者更有利的优势，便能取得市场营销的成效。而绿色营销观念却在传统营销观念的基础上增添了新的思想内容，包括：

企业生产经营研究的首要问题是企业与绿色营销环境的关系。企业营销决策的制订必须首先建立在有利于节约能源、资源和保护自然环境的基点上，促使企业市场营销的立足点发生新的转移。

对市场消费者需求的研究,是在传统需求理论的基础上,着眼于绿色需求的研究,并且认为这种绿色需求不仅要考虑现实需求,更要放眼于潜在需求。

企业与同行竞争的焦点,不在于传统营销要素的较量,争夺传统目标市场的份额,而在于最佳保护生态环境的营销措施,并且认为这些措施的不断建立和完善是企业实现长远经营目标的需要,它能形成和创造新的目标市场,是竞争制胜的法宝。

与传统的社会营销观念相比,绿色营销观念注重的社会利益更明确定位于节能与环保,立足于可持续发展,放眼于社会经济的长远利益与全球利益。

(二)设计绿色产品

产品策略是市场营销的首要策略,企业实施绿色营销必须以绿色产品为载体,为社会和消费者提供满足绿色需求的绿色产品。所谓绿色产品是指对社会、对环境改善有利的产品,或称无公害产品。生产绿色产品必须选择绿色资源,着重使用无公害、养护型的新能源、新资源;采用新技术、新设备,节省能源及资源,综合利用边角下料及废旧物资,提高资源利用率,减少对地球资源的耗用。在设计产品时,应考虑产品尽可能短小轻薄、节省材料;考虑选用无毒无害、容易分解处理的材料;更应使产品在使用过程中安全和节能;产品使用后的废弃物易回收处理,无污染、无公害。

(三)制订绿色产品的价格

价格是市场的敏感因素,定价是市场营销的重要策略,实施绿色营销不能不研究绿色产品价格的制订。一般来说,在市场的投入期,绿色产品的生产成本会高于同类传统产品,因为绿色产品成本中应计入产品环保的成本,主要包括以下几方面:①在产品开发中,因增加或改善环保功能而支付的研制经费;②在产品制造中,因研制对环境和人体无污染、无伤害而增加的工艺成本;③使用新的绿色原料、辅料而可能增加的资源成本;④由于实施绿色营销而可能增加的管理成本、销售费用。

但是,产品价格的上升只是暂时的,随着科学技术的发展和各种环保措施的完善,绿色产品的制造成本会逐步下降,趋向稳定。企业制订绿色产品价格,一方面当然应考虑上述因素,另一方面也应注意到,随着人们环保意识的增强及消费者经济收入的增加,消费者对产品的价格观念会逐步与消费观念相协调。所以,企业营销绿色产品不仅能使企业盈利,更能在同行竞争中取得优势。

(四)绿色营销的渠道策略

企业实施绿色营销必须建立稳定的绿色营销渠道,策略上可从以下几方面努力:①启发和引导中间商的绿色意识,建立与中间商恰当的利益关系,不断发现和选择热心的营销伙伴,逐步建立稳定的营销网络。②注重营销渠道有关环节的工作。为了真正实施绿色营销,从绿色交通工具的选择、绿色仓库的建立,到绿色装卸、运输、贮存、管理办法的制订与实施,都要认真做好;③尽可能建立短渠道、宽渠道,减少渠道资源消耗,降低渠道费用。

(五)搞好绿色营销的促销活动

绿色促销是围绕绿色产品而开展的各项促销活动的总称。我国企业绿色促销的核心,就是通过充分的信息传递来树立企业和企业产品的绿色形象,使之与消费者的绿色需求相协调,巩固企业的市场地位。绿色产品作为一种新产品,很多潜在消费者并不很了解,缺乏绿色商品化知识,可以通过推销人员直接向消费者宣传产品功能、使用方法及对环境保护的作用,并当场回答消费者的提问，来协调消费者与企业的关系，并将绿色产品的有关信息反馈给企业。绿色营销广告同其他广告相比更强调企业产品的“绿色”特性，宣传企业的绿色形象，将绿色产品信息传递给广大消费者，刺激消费需求。对于价格弹性较大的绿色产品，可以采用销售促进的方式进行销售。

尽管绿色营销是传统营销的延伸与扩展，但它毕竟是社会经济发展到现阶段的产物，所以，它与传统营销相比，无论是营销观念还是营销组合策略，都显示出了自身独特、崭新的内涵以及顽强的生命力，绿色营销必将成为21世纪市场营销的主流。

第三节　网络营销

在互联网作为信息和通讯媒体而高速发展并被普遍接受的今天，它已经成为我们生活中不可缺少的一部分，很多企业都将它作为通向世界、融入全球化经济的桥梁。互联网对市场营销实践所产生的影响，远远大于20世纪以来出现的无线电与电视技术，很多企业利用它作为市场营销的强力工具，正因为这样，“网络营销”成为一个炙手可热的名词。

一、网络营销的概念及特征

从1969年到20世纪90年代初，因特网只限于军事、学术和极少数的公司使用。1994年因特网诞生25周年，公众对互联网的兴趣开始爆发。首先是美国政府宣布取消对因特网的使用限制和资助，新的因特网干线允许商用；另一个基础性的突破就是互联网浏览器和互联网服务器的出现，使得因特网的使用变得容易。由此引发了一场革命，促成了网络营销的产生。

（一）网络营销的概念

营销是以满足人类各种需要和欲望为目的，通过市场变潜在需要为现实交换的活动总称。作为一种全新的信息沟通与产品销售渠道，互联网改变了企业所面对的用户和消费者、市场的空间以及竞争对手，企业将在一个全新的营销环境下生存。网络营销可以定义为借助于互联网络、电脑通信技术和数字交互式媒体来实现营销目标的一种营销方式。从这个定义来看，网络营销与传统的市场营销并没有根本的区别，它们都要实现其营销的目标，即将潜在的需要转化为现实的交换。另外，网络营销作为企业整体营销战略的一个组成部分，它不能脱离一般的营销环境而独立存在。尽管如此，网络的出现确实给传统的目标市场选择、产品/服务、价格、促销、渠道等策略带来了冲击。

（二）网络营销的特征

虽然网络营销需要以传统的营销理论为指导，但由于其所生存的营销环境与传统营销不同，因此与传统营销相比有其鲜明独特的特点：

1.无限的运作时空

以无时间和空间约束的互联网为依托的网络营销，没有时间、空间、地域、国别的限制，减少了市场壁垒和市场扩展的障碍。企业可以通过网络随时传递企业形象、产品等信息，直接面对全球大市场开展市场营销活动。对于客户来说，可以通过网络实时快捷地查询、浏览到所需的各种产品和服务信息，并把自己的响应及时反馈给企业。

2.公平自由的竞争环境

互联网为企业提供了一个真正公平、自由竞争的市场环境。过去由知名企业、跨国公司所形成的市场垄断局面、中小企业进入市场的障碍都将不复存在。上网的企业无论大小,面对的都是同一个覆盖全球的大市场。注意力成为网上竞争的新焦点,但它不仅仅取决于企业规模的大小、知名度的高低。网络营销不受场地、地域的限制,利于企业扩大市场和经营规模,从根本上增强企业的竞争优势。

3.便捷有效的沟通渠道

市场营销中最重要的是企业与顾客之间的信息传播与交流。传统单向式的沟通方式被网络营销中"一对一"、具有双向交互功能的沟通方式取而代之。消费者可以主动在网上选取自己感兴趣的信息、产品或服务,或向企业提出各种消费意愿。企业可以根据其反馈的信息,定制、改进或开发新产品。这种交互式的沟通方式是以消费者为主导的,非强迫性的。

4.营销目标定位准确

网络使营销从大规模无差异性向个性化集中营销转化。它更准确、更详尽地细分了目标市场,使企业可以从每一个消费者身上寻找商机,为其提供称心如意的商品或服务。同时,网络营销的效果是可以统计的,消费者的各种意愿也是可以搜索到的。如访问某企业的人数、来源都可以被安装在网上的软件所记录,从而使企业掌握消费者所需的商品信息,以及这些访问者的地理位置,确定有效的营销目标,进而可以主动地、有针对性地开展营销活动,这是其他营销手段无法具备的。

5.经营成本降低

企业利用计算机网络作为营销环境,减少了销售环节,简化了信息传播过程,网站和网页分别成为营销的场所和界面。一方面可以减少大量的店面资金和人工成本,减少库存产品对资金的占用,降低整个商品供应链上的费用;另一方面减少了多次迂回交换所带来的商品损耗,使商品在网络流通中增值。据有关调查表明,网上促销的成本是直邮促销成本的1/3,但其效果却增加了一倍以上。随着网络营销的发展,企业和消费者都将是这种新型营销方式的受益者。

6.经营效率提高,供应链缩短

网络营销减少了许多营销环节,缩短了传统的供应链,使传统的迂回模式变为直接模式,绕开了各种中间环节,减少了大量的时间,提高了运作效率。如企业生产出来的商品可以立即网上销售,实现零库存、无分销商的高效运作。潜在客户也不必等待销售人员的回复,可以主动寻找Web网页搜索相关产品的信息,提出和实现自己的购买需求。

7.营销形式丰富

网络营销可以充分发挥计算机和多媒体的技术优势,实现丰富多彩的营销形式。在商务网站上,除声文并茂的产品信息外,一般还提供大量知识性、趣味性、参与性的信息,各种广告、促销活动、公关手段都可以在Web网页上实现,且具有更丰富的内涵,如动态广告、虚拟现实等。

8.高技术条件支撑的营销手段

网络营销建立在计算机及现代通信等高新技术支撑的网络环境中,企业从事网络营销必须有一定的技术投入和技术支持,经营决策和市场运作更加依赖于科技手段。

网络营销的实质是着眼于信息流的、通过计算机网络传输信息的市场营销,这种全新的营销方式在经营环境、范围、手段、运作形式,以及供求双方的沟通等方面,有着其他营销方式所不可比拟的优势。

二、网络营销的运用方式

网络营销职能的实现需要通过一种或多种网络营销手段，网络营销的运用除了搜索引擎注册之外还有以下几种方式：网络广告、交换链接、信息发布、邮件列表、许可E-mail营销、个性化营销、会员制营销、病毒性营销等。下面简要介绍几种常见的网络营销的运用方式。

（一）搜索引擎注册与排名

这是最经典也是最常用的网络营销方法之一。现在，虽然搜索引擎的效果已经不像几年前那样有效，但调查表明，搜索引擎仍然是人们发现新网站的基本方法。因此，在主要的搜索引擎上注册并获得最理想的排名，是网站设计过程中要考虑的问题之一。搜索引擎竞价排名是近几年风靡世界的网络推广服务，竞价排名的服务模式是让用户注册属于自己的产品关键字（即产品或服务的具体名称），当网民通过搜索引擎寻找相应的产品信息时，该网站将出现在搜索结果的醒目位置，成为客户首选。这是真正的点对点广告投放，不浪费一分钱的广告费，让商品找到买家，让买家找到自己想买的产品，针对性极强。如：人们想买手机的时候，他会通过搜索引擎查找相关品牌的资料，排在前面的网站推广的产品就会有很好的销售机会。竞价排名可以解决这个问题：用户想买的东西正是销售商要卖的东西，极大地降低了厂商的推广成本，可让人们很方便地购物。可见网站正式发布后尽快提交到主要的搜索引擎，是网络营销的基本任务。

（二）交换链接

网站是地方的，网络却是世界的，交换链接将困守于地方的信息点点相连，最终成为一张大网。网站交换链接，也称为友情链接、互惠链接、互换链接等，是具有一定资源互补优势的网站之间的简单合作形式，即分别在自己的网站上放置对方网站的Logo或网站名称，并设置对方网站的超级链接，使得用户可以从合作网站中发现自己的网站，达到互相推广的目的。此方式常作为一种网站推广手段。

（三）博客营销

博客营销是通过博客网站或博客论坛接触博客作者和浏览者，利用博客作者个人的知识、兴趣和生活体验等传播商品信息的营销活动。博客营销不直接推销产品，而是通过影响消费者的思想来影响其购买行为。例如某相机厂商赞助某知名摄影博客，并向其灌输自己相关产品的内容，而后这些产品由该博客为源头传播开来，影响其他摄影爱好者和相机用户。专业博客往往是那个圈子中的意见领袖，他们的一举一动往往被其他人模仿和追逐。

（四）微博营销

微博是一个基于用户关系的信息分享、传播以及获取平台，用户可以通过WEB、WAP以及各种客户端组件个人社区，以140字左右的文字更新信息，并实现即时分享。据最新数据统计显示，新浪微博的注册用户已经超过了2.5亿，每天产生的微博内容接近1亿条。在微博热中，微博营销成为现在网络营销的主流，许多企业纷纷试水微博营销，希望通过这个高人气的平台来推广自己的服务或产品。

（五）IM工具营销

IM工具营销一般是指通过QQ、MSN、阿里旺旺等即时通信软件来实现营销的目的。常用方法一般为群发消息，利用弹出窗口弹出信息，或者采用工具皮肤内嵌广告等。

(六)论坛营销

论坛营销就是企业利用论坛这种网络交流的平台,通过文字、图片、视频等方式发布企业的产品和服务的信息,从而让目标客户更加深刻地了解企业的产品和服务,最终达到宣传企业的品牌、加深市场认知度目的的网络营销活动。

(七)网络视频营销

网络视频营销是通过数码技术将产品营销现场实时视频图像信号和企业形象视频信号传输至因特网,从而进行网络营销的活动。客户只需上网登录相应网站就能看到对有关产品和企业形象进行展示的电视现场直播。

(八)病毒性营销

病毒性营销并非真的以传播病毒的方式开展营销,而是通过用户的口碑宣传网络,使信息像病毒一样传播和扩散,利用快速复制的方式传向成千上万的受众。病毒性营销是一种高效的信息传播方式,而且,由于这种传播是用户之间自发进行的,因此几乎不需要费用。

案例 18-1 百度广告《唐伯虎篇》就采用了零成本的超级病毒营销,这绝对是传统的电视广告无法想象和做到的事情:这部由唐伯虎代言、让老外吐血的网络小电影式广告片,没有花费一分钱的媒介费,没有发过一篇新闻稿,从一些百度员工发电子邮件给朋友和一些小网站挂出链接开始,只用了一个月,就在网络上至少有超过 10 万个下载或观赏点击,现在还在扩散中,完全是以光速在猛烈地蔓延。

(九)网络广告

作为网络促销的主要形式,网络广告的发展也蒸蒸日上、绚丽多彩。除了常见的旗帜广告、按钮广告等外,网络广告商还增加了动画、音乐甚至游戏内容,提高了网络广告的感染力。网络广告的优势深深吸引着商家和顾客。一方面,网络广告追求高速度、高可靠性和高安全性,采用多媒体技术,提供了文字、声音、图像等综合性服务;另一方面,网络广告宣传更快捷、覆盖面更广、针对性更强。网络广告作为一种新的媒体传播工具,一定会在广告的发送与接收两方面都给社会各界带来巨大的利益。

(十)电子书广告营销

从理论上讲,电子书广告应用起来很简单:在制作电子书时,将广告信息合理地安排到电子书中,比如书的首页、正文的页眉或者页脚,或者在正文的合适位置,让读者在阅读免费电子书的同时,接收到一定量的广告信息。

电子书广告拥有网络广告的所有优点,比如,可以准确地测量每本书下载的次数,并可记录下载者来自哪个 IP 地址,同时比一般的网络广告具有更多的优势,如下载后可以通过各种阅读设备离线浏览,而一本好书往往会得到读者的重复阅读,并可能在多人之间传播,这样,同样数量的点击(点击电子书的表现形式为下载),明显会比普通的网络广告有更多的浏览数,读者对广告的印象自然也会加深。

(十一)信息发布

信息发布既是网络营销的基本职能,又是一种实用的操作手段。通过互联网,不仅可以浏览到大量商业信息,同时还可以自己发布信息。最重要的是可将有价值的信息及时发布在自己的网站上,以充分发挥网站的功能,比如新产品信息、优惠促销信息等。

(十二)许可 E-mail 营销

基于用户许可的 E-mail 营销与滥发邮件(Spam)不同,许可 E-mail 营销比传统的推广方式或未经许可的 E-mail 营销具有明显的优势，比如可以减少广告对用户的滋扰、增加潜在客户定位的准确度、加强与客户的关系、提高品牌忠诚度等。开展许可 E-mail 营销的前提是拥有潜在用户的 E-mail 地址，这些地址可以是企业从用户、潜在用户资料中自行收集整理的，也可以利用第三方的潜在用户资源。许可 E-mail 营销是网络营销方法体系中相对独立的一种，既可以与其他网络营销方法相结合，也可以独立应用。

(十三)邮件列表

邮件列表实际上也是一种 E-mail 营销形式，就是通常所说的邮件列表，是利用网站的注册用户资料开展 E-mail 营销的方式，常见的形式有新闻邮件、会员通讯、电子刊物等。邮件列表也是基于用户许可的原则，用户自愿加入、自由退出，通过为用户提供有价值的信息，在邮件内容中加入适量的促销信息，从而实现营销的目的。邮件列表的主要价值表现在四个方面：作为公司产品或服务的促销工具、方便与用户交流、获得赞助或者出售广告空间、收费信息服务。

(十四)个性化营销

个性化营销的主要内容包括：用户定制自己感兴趣的信息内容、选择自己喜欢的网页设计形式、根据自己的需要设置信息的接收方式和接收时间等。个性化服务在改善顾客关系、培养顾客忠诚度以及增加网上销售方面具有明显的效果。据研究，只有在个人信息得到保护的情况下，用户才愿意提供有限的个人信息，这正是开展个性化营销的前提保证。

(十五)会员制营销

一般认为，会员制营销由亚马逊公司首创。会员制营销已经被证实为电子商务网站的有效营销手段，国外许多网上零售型网站都实施了会员制计划，几乎已经覆盖了所有行业。到目前为止，仅参与亚马逊网站会员制的会员就超过了 50 万个。国内的会员制营销还处在发展初期，不过已经可以看出电子商务企业对此表现出的浓厚兴趣和旺盛的发展势头。

案例 18-2 Amazon. com 于 1996 年 7 月发起了一个“联合”行动，其基本形式是这样的：一个网站先注册为 Amazon 的会员(加入会员程序)，然后在自己的网站放置各类产品或标志广告的链接，以及亚马逊提供的商品搜索功能，当该网站的访问者点击这些链接进入 Amazon 网站并购买某些商品之后，根据销售额的多少，Amazon 会付给这些网站一定比例的佣金。这种网络营销方式广为流行并吸引了大量网站参与——这个计划现在称之为“会员制营销”。

(十六)网上商店

所谓网上商店是指建立在第三方提供的电子商务平台上的、由商家自行开展电子商务的一种形式，正如同在大型商场中租用场地开设商家的专卖店一样。建设一个功能完善的电子商务网站需要投入大量资金，还涉及网上支付、网络安全、商品配送等一系列复杂的问题。网上商店作为一种网络营销和网上销售方式，有其独特的作用。现在有许多大型门户网站和专业电子商务公司提供网上商店平台服务，如 6688. com、搜狐商城等。合理利用网上商店的功能，能在某些方面发挥企业网站的部分功能，如产品信息发布、产品促销等。

网络营销的运用方式并不限于上面所列举的内容，各企业在运用网络营销时要根据自己的实际情况选择最适合自己的最有效策略。

第四节　关系营销

企业是社会经济大系统中的一个子系统，企业营销目标的实现要受到众多外在因素的影响。关系营销,以系统论为基本指导思想,将企业置身于社会经济大环境中来考察企业的市场营销活动,认为企业营销乃是一个与消费者、竞争者、供应商、分销商、政府机构和社会组织发生互动作用的过程,正确处理与这些个人和组织的关系是企业营销的核心,是企业成败的关键。关系营销将建立与发展同相关个人及组织的关系作为企业市场营销的关键变量,把握住了现代市场竞争的特点,被西方舆论界视为是"对传统营销理论的一次革命"。

一、关系营销的概念及其特征

所谓关系营销,是把营销活动看成一个企业与消费者、供应商、分销商、竞争者、政府机构及其他公众发生互动作用的过程,其核心是建立和发展与这些公众的良好关系。关系营销与传统的交易营销相比,它们在对待顾客上的不同之处主要在于:

(1)交易营销关注的是一次性交易,关系营销关注的是如何保持顾客。

(2)交易营销较少强调顾客服务,而关系营销则高度重视顾客服务,并借顾客服务提高顾客满意度,培育顾客忠诚。

(3)交易营销往往只有少量的承诺,关系营销则有充分的顾客承诺。

(4)交易营销认为产品质量应是生产部门所关心的,关系营销则认为所有部门都应关心质量问题。

(5)交易营销不注重与顾客的长期联系,关系营销的核心就在于发展与顾客的长期、稳定关系。关系营销不仅将注意力集中于发展和维持与顾客的关系,而且扩大了营销的视野,它涉及的关系包含了企业与其所有利益相关者间发生的所有关系。

关系营销的本质特征可以概括为以下几个方面:

1.双向沟通

在关系营销中,沟通应该是双向而非单向的。只有广泛的信息交流和信息共享,才可能使企业赢得各个利益相关者的支持与合作。

2.合作

一般而言,关系有两种基本状态,即对立和合作。只有通过合作才能实现协同,因此合作是"双赢"的基础。

3.双赢

双赢即关系营销旨在通过合作增加关系各方的利益,而不是通过损害其中一方或多方的利益来增加其他各方的利益。

4.情感

关系能否稳定和得到发展,情感因素也起着重要作用。因此关系营销不只是要实现物质利益的互惠,还必须让参与各方从关系中获得情感和需求的满足。

5.控制

关系营销要求建立专门的部门,用以跟踪顾客、分销商、供应商及营销系统中其他参与者的态度,由此了解关系的动态变化,及时采取措施消除关系中的不稳定因素和不利于关系各方利益共同增长的因素。此外,通过有效的信息反馈,也有利于企业及时改进产品和服务,更好地满足市场的需求。

二、关系营销的实施策略

关系营销是与关键顾客建立长期的令人满意的业务关系的活动，应用关系营销最重要的是掌握与顾客建立长期良好业务关系的种种策略。

（一）设立顾客关系管理机构

关系营销的实施要求企业建立专门从事顾客关系管理的机构，选派业务能力强的人任该部门的总经理，下设若干关系经理。总经理负责确定关系经理的职责、工作内容、行为规范和评价标准，考核其工作绩效。关系经理负责一个或若干个主要客户，是客户所有信息的集中点，是协调公司各部门做好顾客服务的沟通者。关系经理要经过专业训练，具有专业水准，对客户负责，其职责是制订长期和年度的客户关系营销计划，制订沟通策略，定期提交报告，落实公司向客户提供的各项利益，处理可能发生的问题，维持同客户的良好业务关系。建立高效的管理机构是关系营销取得成效的组织保证。

（二）个人联系

个人联系即通过营销人员与顾客的密切交流增进友情，强化关系。比如，有的市场营销经理经常邀请客户的主管经理参加各种娱乐活动，如滑冰、野炊、打保龄球、观赏歌舞等，双方关系逐步密切；有的营销人员记住主要顾客及其夫人、孩子的生日，并在生日当天赠送鲜花或礼品以示祝贺；有的营销人员利用自己的社会关系帮助顾客解决孩子入托、升学、就业等问题。

通过个人联系开展关系营销的缺陷是：易于造成企业过分依赖长期接触顾客的营销人员，增加管理的难度。

（三）频繁营销规划

频繁营销规划也称为老主顾营销规划，指设计规划向经常购买或大量购买的顾客提供奖励，奖励的形式有折扣、赠送商品、奖品等，通过长期的、相互影响的、增加价值的关系，确定、保持和增加来自最佳顾客的产出。

频繁营销规划的缺陷是：第一，竞争者容易模仿。频繁营销规划具有先动优势，尤其是竞争者反应迟钝时，但如果多数竞争者加以仿效，就会成为所有实施者的负担。第二，顾客容易转移。由于只是单纯价格折扣的吸引，顾客易于受到竞争者类似促销方式的影响而转移购买。第三，可能降低服务水平，单纯价格竞争者容易忽视顾客的其他需求。

（四）俱乐部营销规划

俱乐部营销规划指建立顾客俱乐部，吸收购买一定数量产品或支付会费的顾客成为会员。

（五）顾客化营销

顾客化营销也称为定制营销，是根据每个顾客的不同需求制造产品并开展相应的营销活动。其优越性是通过提供特色产品、优异质量和超值服务满足顾客需求，提高顾客忠诚度。依托现代最新科学技术建立的柔性生产系统，可以大规模高效率地生产非标准化或非完全标准化的个性化产品，成本增加不多，使得企业能够同时接收大批顾客的不同订单，并分别提供不同的产品和服务，在更高的层次上实现“产销见面”和“以销定产”。

实行顾客化营销的企业要高度重视科学研究、技术发展、设备更新和产品开发；要建立完整的顾客购物档案，加强与顾客的联系，合理设置售后服务网点，提高服务质量。

（六）数据库营销

顾客数据库指与顾客有关的各种数据资料。数据库营销指建立、维持和使用顾客数据库以进行交流和交易的过程。数据库营销具有极强的针对性,是一种借助先进技术实现的"一对一"营销,可看作顾客化营销的特殊形式。数据库中的数据包括以下几个方面:现实顾客和潜在顾客的一般信息,如姓名、地址、电话、传真、电子邮件、个性特点和一般行为方式;交易信息,如订单、退货、投诉、服务咨询等;促销信息,即企业开展了哪些活动,做了哪些事,回答了哪些问题,最终效果如何等;产品信息,即顾客购买何种产品、购买频率和购买量等。数据库维护是数据库营销的关键要素,企业必须经常检查数据的有效性并及时更新。

(七)顾客退出管理

"退出"指顾客不再购买企业的产品或服务,终止与企业的业务关系。顾客退出管理指分析顾客退出的原因,相应改进产品和服务以降低顾客流失率。顾客退出管理可按照以下步骤进行:①测定顾客流失率;②找出顾客流失的原因;③测算流失顾客造成的公司利润损失;④确定降低流失率所需的费用;⑤制订留住顾客的措施。

企业应经常性地测试各种关系营销策略的效果、营销规划的长处与缺陷、执行过程中的成绩与问题等,持续不断地改进规划,在高度竞争的市场中建立和加强顾客忠诚度。

第五节　知识营销

随着电子信息技术的发展,知识经济时代的到来,知识和信息取代资本和能源成为最重要的生产要素,这是知识经济最本质的特征。以知识为基础的经济影响着当今社会的经济基础,改变着人们的生产方式、生活方式以及思维方式,给企业的竞争和发展带来了极其深远的影响,在此背景下,知识营销也势必成为一种新的营销方式。

一、知识营销的提出

人类社会正经历着一场前所未有的深刻变革。以互联网等为主流的信息革命在加快全球经济一体化的同时,也促进了人类社会由工业经济向知识经济的迈进。根据经济合作与发展组织的定义,知识经济是指建立在知识的生产、分配和使用(消费)之上的经济。相对于工业经济而言,知识经济下的人类社会已发生下列显著变化:

1. 知识更新加快

有专家指出,在知识经济时代,人类知识总量每5年翻一番。以前一项科技成果的转化和推广需要20～30年,现在由于因特网、科技园和企业孵化器的作用,许多技术成果在1年内就完成了转化。

2. 高新技术对经济增长的贡献越来越大

在工业经济时代,美国的三大支柱产业是建筑业、汽车业、钢铁业。20世纪70年代以后,电脑、通信、金融业崛起。近年来,西方发达国家的经济增长主要依靠的是以信息技术为主的高新技术产业的发展。如美国经济近几年持续低膨胀、高增长的主要源泉是5000多家软件公司和成千上万的服务企业。

3. 知识经济在资源配置上以智力资源、无形资产为第一要素

当今世界经济的发展越来越依赖于科学技术,依靠信息和知识,使资源和资本要素在经济增长中的贡献下降。

4. 知识经济社会是一个开放的社会

人类活动通过信息高速公路的拓展，可以达到地球上任意一点的网络终端。知识经济时代是经济全球化、市场国际化、企业跨国化的时代。

在知识经济时代，市场营销领域正处在重大的变革时期，企业面临的是全新的环境，对传统的企业营销理论和营销方式产生了巨大的冲击。企业市场营销是随着社会经济的发展而不断发展的，知识营销理论便应运而生了。

二、知识营销的内涵

知识营销是指通过知识资本的积累、信息的运用、技术及其产品的不断创新，满足市场需求，依靠智力快速创造企业价值，实现企业营销战略的一种管理活动过程。知识营销的内涵主要有：

1. 知识营销中产生的是知识密集型生产

生产以高新技术支持为主，而且技术呈现超前性和不确定性，其生产过程就是技术转化和知识吸收过程，它强调企业知识、文化含量。企业将自己的文化理念和精神、价值观，通过知识营销的方式灌输给消费者，达到一种文化认同的效果。而企业的产品则是文化的载体。

2. 知识营销以创造需求并满足需求为其市场导向

企业在营销过程中先投入研究开发新技术、新产品，通过广告、售前培训等手段教育消费者，提高或改变其需求水平和层次，进而接受新产品。新产品虽然技术复杂，但强调生产者和消费者在技术和知识上的对接，使消费者在使用时更容易操作。

3. 知识营销要求销售人员具有一定水准的专业知识

知识经济时代，产品的科技含量和知识密集程度不断提高，而对于非专业性的普通消费者来说，产品蕴藏的知识与消费者所掌握的知识水平之间存在很大的差异，因而要求销售人员了解自己的产品和相关知识，做好向消费者的推介工作，满足消费者对该产品的需求。

4. 知识营销注重无形资产投资

企业在生产—销售—再生产的良性循环中，以无形资产的投资，一方面加快了科技开发及生产、工艺流程的设计，使研究、开发、应用、销售等各个环节紧密衔接，另一方面在企业销售产品与服务的同时，也向消费者输送了一种文化、理念或生活方式。

5. 知识营销强调经济效益、社会效益和环境效益的紧密结合

由于高新技术的迅猛发展，对人们掌握知识的量和类别提出了更高的要求，而相对总体知识更新而言，人们知识增长的速度是相当缓慢的。企业要搞好知识营销，应建立一个技术咨询服务中心，做好售前、售中、售后的各项工作，不断向消费者传递各种产品和技术的新信息。同时，做好用户的各种服务工作，确保消费者的正确使用，让消费者不仅从直接的使用中获益，还从企业得到文化、知识等精神的享受。知识营销还注重先进科学技术的应用与消费者审美文化的同步，销售产品与社会公益、可持续发展的结合，从而使知识营销的应用程度和范围更加广泛和深入。

三、知识营销与传统营销的区别

(一)营销环境质变

知识经济时代企业的营销环境将发生巨大的变化。首先是竞争日益激烈。随着信息网络技术的飞速发展及世界经济一体化的不断演进，“国内市场国际化，国际竞争国内化”将逐步成

为现实,竞争将愈演愈烈。其次,竞争的方式也将发生变化。大家共有信息技术,共享知识资源,共同开发市场,在合作中竞争,在竞争中合作,形成良性循环的竞争环境。

(二)营销产品质变

传统营销产品逐步被知识型产品所替代。所谓知识型产品即为高科技产品的升华,产品科技含量高,如数字化彩电等。对于这些知识型产品的营销,要求营销者具有高素质,不仅要深谙营销技巧,同时也要掌握产品的相关知识,能够把这些知识推销给消费者。如果营销者对产品本身的技术、使用功能、维修知识一知半解,对消费者的询问含糊其辞,产品售出后发生故障时也不能迅捷提供售后服务的话,那么消费者将会疑云重重,营销也就很难成功。

(三)营销方式质变

发端于20世纪的计算机和网络技术正一日千里地迅猛发展,在知识经济时代必将获得更大的发展甚至出现更大的突破。如今,互联网已将世界联为一体。与此同时,国际互联网使得营销信息系统更加完善与迅速。传统的营销方式是靠媒体、广告等向消费者传达产品信息的。这种传递是单向的,往往是营销者比较主动而消费者处于被动,信息反馈速度慢并有限,而且成本较高,因而往往不能制订适宜的营销战略。而在知识经济时代,网络化的实现使营销渠道四通八达,不仅营销部门可通过网络将产品信息迅速传达给消费者,大大减少了营销环节,从而降低了成本,而且消费者可通过网络与营销部门进行对话,提出自己的愿望与要求,促使厂家生产出更适合市场需求的产品。

四、知识营销的内容

知识营销是创造、使用、储存、提升并转化知识的一种全新的营销理念,它把信息技术、市场预测、营销决策等主要环节统一起来,共同为企业服务,以取得最好的经济效益。具体而言,知识营销至少应包括以下三方面内容:

(1)挖掘产品的文化内涵,增加营销活动的知识含量,并注重与消费者形成有共鸣的价值观。在知识经济时代,知识成为一种重要的消费资料,企业和消费者都把学习知识作为一项必不可少的活动内容。知识营销活动应努力使消费者学到更多知识。随着经济的发展及人民生活水平的提高,消费者购买商品时已不仅仅考虑其使用价值,还会关注它所带来的观念价值,即日益注重商品与服务背后的文化内涵,购买与之有共鸣的价值取向。如“李宁”服装倡导青春、健康、活泼的精神生活,这与许多青少年的价值追求相吻合,因此备受青年人青睐。

(2)注重与消费者建立结构层次上的营销关系,使消费者成为自己产品的忠实顾客。营销关系一般可分为三个层次,一是财务层次,即以价格折扣、回扣、奖励等形式来回报顾客,这是最低层的竞争手段,也最易仿效;二是社交层次,即与客户建立友谊或各种社交关系,这是目前较流行的一种方式,但过度使用会产生拉关系甚至腐败的现象;三是结构层次,这是最高层次的营销关系,即产品与顾客之间在技术结构、知识结构、习惯结构上建立起稳固的关系,从而使顾客成为企业产品长期而忠实的顾客。随着产品技术含量的不断提高,建立这种结构关系更为重要。

(3)加强营销队伍建设,使营销更适合产品高技术含量、智能化、个性化的要求。知识经济时代,企业必须用知识赢得顾客,首先要让顾客了解并懂得如何使用产品,以及使用后能带来好处,才能激发顾客的购买欲望,从而扩大销售。同时营销策略要针对不同类型顾客进行特定设计,使产品或服务适应顾客的消费特点、文化品位、价值观念。而要做到这些,必须加强营销队伍建设，提高营销人员素质，这是我国企业面临的一项紧迫任务。

本章小结

营销环境不断在发生变化，营销观念也随着营销实践的发展而不断丰富和深化，一些新的营销观念应运而生。

服务营销是企业在充分认识满足消费者需求的前提下，为充分满足消费者的需求而在营销过程中所采取的一系列活动。服务营销的核心理念是顾客满意和顾客忠诚，即通过取得顾客的满意和忠诚来促进相互有利的交换，最终实现营销绩效的提高和企业的长期成长。

绿色营销，主要是指企业在营销活动中，谋求消费者利益、企业利益与环境利益相协调的一种营销行为。绿色需求是绿色营销的动力，企业应当注重培养绿色文化意识，从而形成绿色营销的市场环境，企业自身也必须奉行绿色观念，制订绿色战略。

网络营销是借助于互联网络、电脑通信技术和数字交互式媒体来实现营销目标的一种营销方式。与传统营销相比有其自有的一些特征，因此简单地把传统的营销策略搬到网络虚拟市场是行不通的，网络营销应该在发展中创新，在创新中指导实践。

关系营销是把营销活动看成一个企业与消费者、供应商、分销商、竞争者、政府机构及其他公众发生互动作用的过程，其核心是建立和发展与这些公众的良好关系。

知识营销是指通过知识资本的积累、信息的运用、技术及其产品的不断创新，满足市场需求，依靠智力快速创造企业价值，实现企业营销战略的一种管理活动过程。

关键概念

网络营销　Network Marketing　　绿色营销　Green Marketing

关系营销　Relationship Marketing　　知识营销　Knowledge Marketing

复习思考题

1. 网络营销和传统营销相比有何优势？
2. 假设你是一家大型超市的总经理，你会如何开展关系营销？
3. 我国绿色营销的现状如何？企业实施绿色营销应该从哪些方面着手？
4. 何谓知识营销？知识营销的内涵是什么？

【案例分析】

新浪微博快跑：随时随地分享

据权威机构统计，2010 年年底，中国互联网微博累计活跃注册账户数突破 6500 万个，2011 年突破 1 亿，2013 年国内微博市场将进入成熟期。无疑，微博会成为未来商战的又一重要战场。

2010 年 8 月 28 日，新浪微博一周年。这一天，一场“微博快跑”活动绕城举行：十辆造型各异的 MINI 微博车队，载着特色礼物和 8 名网上征集的微博用户，从中关村出发，穿越北京的大街小巷，途经五道口、鸟巢、朝阳公园、天坛、西单、南锣鼓巷等北京地标性场所，将微博“随时随地分享”的精神传递给每一个路人。

"微博快跑"是新浪为庆祝微博开通一周年而组织的活动,是国内微博产品第一次大规模从线上延伸到线下,充分利用微博创新的特点,大胆突破常规的活动模式,以活动造事件,让博友自己创造内容并帮助传播。

从8月20日开始,"微博快跑"官方微博ID成立,通过话题讨论、悬念设置、投票PK、礼品激励等为活动预热。活动当天,车队每到一站都会组织车内、现场和线上的网友进行互动,共产生30000多条微博内容,引发各大媒体高度关注和报道。活动结束后的第三天,百度搜索"微博快跑"获得71万条相关结果。通过裂变式的传播,"微博快跑"的信息瞬间传递到了更多的网民,用户品牌好感度、忠诚度大幅提升。因此,从某种意义上来说,这不只是一场成功的庆生秀,更是新浪微博发展的新起点。

在我国,微博真正进入人们生活的时间还不长。许多微博先驱者先后进行了不懈探索,但大多以倒下告终,直到2009年8月新浪微博正式开通。新浪微博沿用博客推广的成功经验,短时间内迅速掀起国内微博风潮,"你围脖(微博)了吗?"成为很多人寒暄的第一句话。

作为国内最早由门户网站推出的微博,新浪微博已成为国内微博领域的领先者。《中国微博元年市场白皮书》数据显示,随着用户数的不断增长,新浪微博上每天都会产生海量信息。以微博进行营销的前景是非常诱人的。

思考题

1. 总结新浪微博的营销策略。
2. 微博营销需要注意哪些事项?

【实训题】

分销商关系营销分析

实训目的:了解中小企业是如何维系与分销商的关系的。

实训任务:选择学校所在城市的中小企业作为调查对象,制作调查问卷;进行实地调查,对所选择行业内的中小企业进行走访,了解其渠道选择、渠道运行、渠道管理的状况;总结该中小企业维系与分销商关系的现状及存在的问题;针对渠道运行中存在的问题,提出具体的关系营销措施。

实训实施:以小组为单位展开,形成书面报告。

附录　市场营销学核心词汇

市场(Market)
需求(Demands)
市场营销(Marketing)
商品(Goods)
服务(Service)
交易(Transaction)
营销者(Marketer)
生产观念(Production Concept)
产品观念(Product Concept)
推销观念(Selling Concept)
市场营销观念(Marketing Concept)
社会营销观念(Societal Marketing Concept)
顾客(Customer)
顾客让渡价值(Customer Delivered Value)
顾客总价值(Total Customer Value)
顾客总成本(Total Customer Cost)
顾客满意(Customer Satisfaction)
维系顾客(Keep Customer)
关系营销(Relationship Marketing)
全面质量营销(Total Quality Marketing)
市场营销环境(Marketing Environment)
微观环境(Micro Environment)
宏观环境(Macro Environment)
市场机会(Market Opportunity)
愿望竞争者(Desired Competitors)
属类竞争者(Generic Competitors)
产品形式竞争者(Product Form Competitors)
品牌竞争者(Brand Competitors)
公众(Publics)
目标市场(Target Market)
市场营销组合(Marketing Mix)
情绪(Moods)
消费者行为(Customer Behavior)
文化(Culture)
人口统计因素(Demographics)
社会阶层(Social Class)
亚文化(Subculture)
参照群体(Reference Group)
角色模型(Role stereotype)
知觉(Perception)
认知学习(Cognitive Learning)
动机(Motive)
个性(Personality)
情绪(Emotion)
态度(Attitude)
自我概念(Self-Concept)
生活方式(Life style)
组织市场(Organizational Market)
企业市场(Business Market)
非营利组织(Non-Profit Organization)
非营利组织市场(Non-Profit Organization Market)
政府市场(Government Market)
直接再购(Straight Rebuy)
修正再购(Modify Rebuy)
新任务采购(New Task)
购买中心(Buying Center)
倡议者(Initiators)
使用者(users)
影响者(Influencers)
决定者(Deciders)
购买者(Buyers)
控制者(Gatekeepers)
营销信息(Marketing Information)
营销信息系统(Marketing Information System,MIS)

市场调研(Marketing Research)

描述性调研(Descriptive Research)

解释性调研(Interpretive Research)

预测性调研(Predictive Research)

市场需求量(Market Demand)

企业需求量(Enterprise Demand)

定性预测(Qualitative Forecasting)

定量预测(Quantitative Forecasting)

企业战略(Enterprise Strategy)

使命说明书(Mission Statement)

战略经营单位(Strategic Business Units, SBU)

波士顿矩阵(Boston Matrix)

通用电气公司方法(The General Electric Model,GE)

市场吸引力(Marketing Attractiveness)

业务实力(Business Attractiveness)

密集型增长战略(Intensive Growth Strategies)

市场渗透(Market Penetration)

市场开发(Market Development)

产品开发(Product Development)

一体化增长战略(Integrative Growth Strategies)

前向一体化(Forward Integration)

后向一体化(Backward Integration)

水平一体化(Horizontal Integration)

多角化增长战略(Diversification Growth Strategies)

同心多角化(Concentric Diversification)

水平多角化(Horizontal Diversification)

复合多角化(Conglomeration Diversification)

市场营销战略(Marketing Strategy)

市场营销组织(Marketing Organization)

职能型组织(Functional Organization)

地区型组织(Regional Organization)

产品管理型组织(Managerial Organization of Product)

市场管理型组织(Managerial Organization of Market)

公司与事业部型组织(Organization of Corporation and Business Unit)

市场营销管理(Marketing Management)

市场营销计划(Marketing Planning)

市场营销方案(Marketing Program)

市场营销控制(Marketing Controlling)

市场竞争(Market Competition)

完全竞争(Perfect Competition)

非完全竞争(Imperfect Competition)

垄断竞争(Monopolistic Competition)

市场领导者(Market leader)

市场挑战者(Market Challenger)

市场追随者(Market Follower)

市场利基者(Market Nicher)

市场细分(Market Segmentation)

目标市场(Target Market)

市场定位(Market Positioning)

无差异性市场战略(Undifferentiated Marketing Tactics)

差异性市场战略(Differentiated Marketing Tactics)

集中性市场策略(Concentrated Marketing Tactics)

产品(Product)

服务(Service)

核心产品(Core Product)

形式产品(Actual Product)

期望产品(Expected Product)

延伸产品(Augmented Product)

潜在产品(Potential Product)

耐用品(Durable Goods)

非耐用品(Nondurable Goods)

产品线(Product Line)

产品项目(Product Item)

产品组合(Product Mix or Product Assortment)

产品组合长度(Product Mix Length)

产品组合深度(Product Mix Depth)

产品组合宽度(Product Mix Width)

产品组合的关联度(Product Mix Consistency)

产品生命周期(Product Life Cycle)

开发期(Development Stage)

引进期(Introduction Stage)

成长期(Growth Stage)

成熟期(Maturity Stage)

衰退期(Decline Stage)

新产品开发(New Product Development)

产品概念(Product Concept)

商业化(Commercialization)

包装(Package)

包装策略(Packaging Strategy)

品牌(Brand)

品牌命名(Brand Naming)

品牌决策(Brand Decision)

统一品牌(Blanket Family Brand)

品牌使用者决策(Brand-Sponsor Decision)

个别品牌(Individual Brand)

多品牌(Multi-Brands)

统一的个别品牌(Company/individual Brand)

合作品牌(Co-Branding)

品牌资产(Brand Equity)

品牌设计(Brand Designing)

品牌延伸(Brand Extension)

内涵不变式延伸(Gradual Changing Meaning Extension)

品牌管理(Brand Management)

成本导向定价(Cost-Driven Pricing)

需求导向定价(Demand-Driven Pricing)

竞争导向定价(Competition-Driven Pricing)

折扣定价(Discount Pricing)

地区定价(Region Pricing)

差别定价(Discrimination Pricing)

撇脂定价(Skim Pricing)

渗透定价(Penetration Pricing)

满意定价(Neutral Pricing)

尾数定价(Mantissa Pricing)

整数定价(Integer Pricing)

招徕定价(Fetch-in Pricing)

声望定价(Prestige Pricing)

目标收益定价法(Target-Return Pricing)

认知价值定价法(Perceived-Value Pricing)

价值定价法(value Pricing)

通行价格定价法(Going-Rate Pricing)

分销渠道(Distribution Channel)

中间商(Intermediate)

分销渠道设计(Distribution Channel Design)

实体分配(Physical Distribution)

渠道冲突(Channel Conflict)

促销(Promotion)

促销策略(Promotion Policies)

情感诉求(Emotional Appeals)

理性诉求(Rational Appeals)

道德诉求(Moral Appeals)

大众传播媒体(Mass Media)

气氛(Atmosphere)

事件(Events)

量力支出法(Affordable Method)

销售额百分比法(Percentage-of-Sales Method)

竞争对等法(Competitive-Parity Method)

目标任务法(Objective-Task Method)

广告(Advertising)

公共关系(Public Relations)

营业推广(Sales Promotion)

促销组合(Promotion Mix)

推动策略(Push Strategy)

拉引策略(Pull Strategy)

广告目标(Advertising Mission)

告知性广告(Information Advertising)

劝说性广告(Persuasive Advertising)

提示性广告(Reminder Advertising)

整合营销传播(Integrated Marketing Communication)

接触管理(Contact Management)

人员推销(Personal Selling)

服务核心产品(Core Product)

服务附加产品(Supplementary Product)

整合服务营销(Integrated Service Marketing)

服务的无形性(Intangibility of Service)

服务的体验属性(Experience Attributes Service)

服务的信任度属性(Credence Attributes Service)

服务的有形展示(Physical Evidence Service)

关系营销(Relationship Marketing)

绿色营销(Green Marketing)

网络营销(Network Marketing)

文化营销(Cultural Marketing)

参考文献

1 [美]菲利普·科特勒(Philip Kotler),加里·阿姆斯特朗(Gary Armstrong).市场营销原理.第11版.郭国庆,等,译.北京:清华大学出版社,2007.

2 [美]菲利普·科特勒(Philip Kotler).市场营销原理.亚洲版第2版.何志毅,等,译.北京:机械工业出版社,2010.

3 [英]卡尔·摩尔,奈科斯·巴瑞克.市场营销学基础:原理篇.注释版.师英杰,吴鹏昊,译.北京:经济科学出版社,2011.

4 沃伦·J.基坎,马克·C.格林.全球营销原理.第四版.北京:中国人民大学出版社,2005.

5 [美]约翰·科伊尔(John Coyle).市场营销与供应链管理.北京:电子工业出版社,2003.

6 [美]迈克尔·波特.竞争优势.北京:华夏出版社,2001.

7 [英]菲欧娜·吉尔摩,[法]杜孟.中国品牌大赢家.北京:中信出版社,2003.

8 范云峰,梁士伦.营销公关.北京:中国经济出版社,2004.

9 吴健安.市场营销学.第四版.北京:高等教育出版社,2011.

10 郭国庆.市场营销学.北京:中国人民大学出版社,2011.

11 王杜春.市场营销学.北京:机械工业出版社,2012.

12 彭代武,梁士伦.市场营销学.北京:高等教育出版社,2004.

13 梁士伦.公共关系理论与实务.北京:机械工业出版社,2009.

14 黄方正.市场营销学.成都:西南财经大学出版社,2012.

15 周立功.市场营销学.北京:清华大学出版社,2011.

16 王旭.市场营销学——学习指导与练习.第三版.北京:高等教育出版社,2007.

17 万后芬.市场营销学.武汉:华中科技大学出版社,2011.

18 王中亮.市场营销学.上海:立信会计出版社,2011.